I0244543

GILBERT ET GILBERTE

PAR

EUGÈNE SUE

I

Gilbert et Gilberte (voilà des noms vraiment prédestinés!), Gilbert et Gilberte, quoique mariés depuis dix-huit mois, semblaient vivre encore sous la douce influence de leur *lune de miel*.

Ils comptaient à eux deux au plus quarante ans. Tous deux étaient presque artistes, l'un en sa qualité de dessinateur-lithographe, l'autre d'ouvrière en fleurs artificielles. Rien de plus délicatement nuancé que les fleurs de Gilberte, toujous copiées d'après nature ; à leur aspect, à leur fraîcheur, à leur éclat, des abeilles se seraient méprises. Rien de plus moelleux, de plus correct que le crayon de Gilbert, lorsqu'il reproduisait sur la pierre quelque gravure ou quelque portrait pour le compte des marchands d'estampes. Nos deux jeunes gens, vivant d'un salaire modique et précaire, n'avaient, hasard ou bonheur, pas eu à regretter un moment de chômage depuis leur union. Aussi, un beau jour, Gilbert put-il offrir à sa femme une robe de soie et un gentil chapeau, parure des dimanches, et Gilberte offrir à son mari une redingote de fin drap (non pas achetée au Temple, mais toute neuve), un gilet écossais, des bottines en cuir verni, des gants paille et une badine, moyennant quoi son Gilbert, disait-elle, avait tout à fait l'air *d'un lion*.

Dieu sait la joie du jeune couple lorsque venait le dimanche, un beau dimanche bien bleu de ciel, bien doré par le soleil..... et que, la subsistance de la semaine suivante assurée, il restait à ces enfants de quoi le passer gaiement ce fortuné jour dominical! Aussi, lorsque le soir, après quelque partie fine, ils rentraient dans leur chambrette, le *roi*, comme on dit, *n'était point leur maître*, surtout lorsque ces mots (et ils y arrivaient souvent) arrivaient à leurs oreilles :

— Voilà un couple d'amants bien gentils!

Alors Gilberte, serrant contre son sein le bras de son Gilbert, lui disait rayonnante :

— Quel bonheur! as-tu entendu, *Bibi* (elle l'appelait *Bibi* ou *Chéri*, selon l'occurrence)? faut-il que nous nous aimions! nous n'avons pas encore l'air mariés!

— J'espère diantre bien que nous ne l'aurons jamais cet air-là! — répondait Gilbert en dévorant des yeux sa Gilberte. — Cependant, quand nous aurons quatre-vingt-dix-neuf ans et six mois révolus, nous pourrons nous permettre un petit air conjugal.

Or, par un beau dimanche de printemps, après quel

1

ques heures passées au Musée, Gilbert admirant les grands maîtres, et sa femme les rares mais admirables tableaux de fleurs de l'école flamande, nos deux jeunes gens traversant la grande allée des Tuileries, dont les arbres commençaient à verdoyer, se dirigeaient vers la rue de la *Paix*. Jamais la démarche de Gilberte n'avait été plus alerte, plus joyeuse sous sa robe de taffetas changeant *couleur du temps*, comme dit le vieux conte de fée; jamais sa fraîche et jolie figure ne s'était épanouie plus souriante sous son chapeau de crêpe, rose comme ses joues satinées; jamais ses petits pieds n'avaient du bout de leurs bottines effleuré plus légèrement les dalles du trottoir, trop légèrement même, car de temps à autre la jeune femme sautillait suspendue au bras de son Gilbert, qui, plus grave et jouant négligemment avec sa badine et se donnant des airs de *lion*, disait en souriant à sa compagne:

— C'est pour le coup que tu n'as pas l'air d'une femme mariée!

— C'est que, vois-tu, les pieds me brûlent! Ah! je voudrais déjà y être à cet ébouriffant *Café de Paris!* Nous allons donc enfin la boire cette fameuse bouteille de champagne glacé!

Cette fameuse bouteille de vin de Champagne devant jouer un rôle assez important dans la vie de nos jeunes gens, nous impose quelques explications: depuis longtemps ils étaient possédés de l'énorme ambition de dîner un dimanche au Café de Paris et d'arroser ce dîner d'une bouteille de vin de Champagne, en véritables épicuriens du bel air.

Ceux-là qui dépensent journellement trente ou quarante francs à leur dîner dans les meilleurs cabarets de Paris, souriront de cette naïve ambition et de la joie du gentil couple au moment de voir ses espérances réalisées après une longue et impatiente attente. Durant plusieurs mois la petite somme prélevée sur le salaire de la semaine et consacrée aux plaisirs du dimanche n'avait jamais atteint le chiffre rigoureusement indispensable à ce festin de Lucullus. Un calculateur morose dira qu'en ne dépensant rien pendant quelques dimanches, Gilbert et Gilberte pouvaient accumuler de quoi satisfaire à leur fantaisie. Nous répondrons que la satisfaction de cette fantaisie leur aurait paru trop chèrement achetée par le renoncement à leur *partie* du dimanche, si modeste qu'elle fût. Il faut s'être livré pendant une semaine, de l'aube au soir, à un travail incessant pour comprendre l'impérieux, l'invincible besoin de plaisir que l'on éprouve à vingt ans lorsque luit ce bienheureux jour de délassement! Les physiologistes ne vous disent-ils pas qu'en beaucoup de circonstances le plaisir devient une question de santé? n'ordonnent-ils pas, sous peine d'accidents graves, aux hommes voués à des professions studieuses, sédentaires, de détendre leur esprit en le récréant souvent par les spectacles, par la musique? Or, Gilbert et Gilberte, sans être de grands docteurs, avaien

deviné cette physiologie; et ils consacrèrent religieusement leur épargne à la célébration du dimanche, comptant, pour leur fameux dîner au Café de Paris, sur le hasard d'une *bonne semaine*. Ce hasard vint à point; une des femmes les plus à la mode de Paris, madame la marquise de Montlaur, donnait un bal; grand nombre d'élégantes demandèrent leur coiffure à l'illustre madame Batton, chez qui Gilberte était employée, quoiqu'elle travaillât en chambre; et, comme elle excellait dans la confection des parures de fleurs naturelles et artificielles, on la chargea de plusieurs commandes pressantes; aussi après trois nuits de veilles, rémunérées par une augmentation de salaire, Gilberte put offrir à son Gilbert ce fin repas au Café de Paris, lieu considéré par ces enfants comme le rendez-vous du *beau monde*: la friandise entrait pour beaucoup moins qu'une innocente vanité dans le plaisir qu'ils se promettaient, et qui devenait, au point de vue de leurs modestes habitudes, une sorte d'événement. De ce grand événement Gilbert attendait l'heure avec une félicité contenue que lui commandait *sa dignité d'homme*; Gilberte, au contraire, ne cherchait pas à modérer sa turbulente impatience. Aussi, l'avons-nous dit, parfois la jeune femme sautillait de joie sous les arcades de la rue de Rivoli. Durant l'un de ces moments d'effervescence de bonheur, passait rapidement sur la chaussée un leste et frinquant équipage: calèche à quatre chevaux conduits en d'*Aumont* par deux postillons d'égale taille, veste de soie vert-pomme, capes de velours noir, culotte de daim blanc, bottes à revers; leur tenue était non moins irréprochable que celle de deux grands valets de pied, poudrés, assis sur le siège de derrière de la voiture. Les quatre chevaux, de pareille encolure et pleins de race, d'un bai doré qui brillait au soleil comme du satin, ardents, cadencés, merveilleusement attelés, portant une rose à chaque oreille, emportaient avec vitesse la voiture armoriée; à droite se tenait nonchalamment étendue, l'air distrait et rêveur, une très-jeune et très-jolie femme, mise avec une élégante simplicité; à gauche un beau jeune homme qui, par politesse, détournant un peu la tête afin de n'être pas vu de sa compagne, bâilla énormément au moment où la voiture passait devant Gilberte et Gilbert qui, ainsi que d'autres promeneurs, s'étaient arrêtés frappés de la beauté de cet équipage.

— Je reconnais cette dame... c'est la marquise de Montlaur, notre voisine, qui donne ce soir cette grande fête — dit Gilberte à son mari. — As-tu vu, en sortant, les ifs que l'on plantait ce matin devant la porte de l'hôtel pour l'illumination?

— Ce sera pour nous un spectacle magnifique... et pas cher; ce soir en rentrant nous assisterons au défilé des voitures et nous regarderons à travers les glaces les toilettes des belles dames.

— As-tu remarqué le mari de la marquise comme il bâil

lait? Bâiller à côté d'une si jolie femme! bâiller dans une si belle voiture! bâiller lorsque le soir on va donner une fête! hein! Bibi, ce n'est pas nous qui à leur place bâillerions!

— Parbleu! puisqu'à la nôtre nous ne bâillons pas. Dis donc, Minette, nous vois-tu dans cet équipage? et ce soir, recevant dans notre hôtel le plus beau monde de Paris?

— Ah! ah! c'est moi qui me ferais pour le bal une jolie coiffure! — reprit ingénument Gilberte. — Oh! oui, elle serait jolie et coquette, et nouvelle!

— Es-tu drôle? Est-ce que, si tu étais marquise, tu te ferais ta coiffure?

— Tiens! c'est vrai — et, s'interrompant, Gilberte serrant vivement le bras de son mari, lui dit, cette fois en ne sautillant plus, mais en bondissant sur elle-même : — Le vois-tu? le voilà là-bas, ce fameux Café de Paris?

En devisant les deux jeunes gens étaient arrivés au coin du boulevard et de la rue de la Paix; de là l'on apercevait le bienheureux cabaret.

— Ah çà! — dit Gilbert — récapitulons un peu, afin de ne pas nous trouver, comme on dit, en affront; nous avons huit francs.

— Tu les as...

— Écoute, — reprit Gilbert, en frappant fièrement sur la poche de son gilet qui rendit un son argentin; — nous avons donc huit francs : faisons notre compte.

— D'abord la fameuse bouteille de champagne.

— Cinq francs... Je sais les prix de consommation; je les ai demandés à un *praticien* qui a été régalé au Café de Paris par le sculpteur *amateur* qui l'emploie; ce beau monsieur se donne des airs d'artiste, et c'est le praticien qui fait les statues. Ainsi donc nous disons : le champagne, cinq francs; deux petits pains, dix sous.

— Cinq francs dix.

— Un bœuf au naturel, vingt sous.

— Six francs dix.

— Une méringue à la crème pour Minette, quinze sous.

— Sept francs cinq — dit Minette affriolée en passant sur ses lèvres vermeilles le bout de sa langue rosée.

— Enfin cinq sous pour le garçon; tu conçois, quand on boit du champagne.

— Il faut faire grandement les choses.

— Nous disons donc : sept francs dix sous..., restent cinquante centimes avec lesquels nous irons, si c'est l'avis de Minette...

— D'avance c'est l'avis de Minette.

— Nous irons donc en nous promenant jusqu'au boulevard du Temple prendre au café Turc une petite bouteille de bière en écoutant chanter.

— Après quoi, comme il fait un clair de lune superbe, nous reviendrons tout le long des boulevards jusqu'à la rue Richelieu pour gagner notre faubourg Saint-Germain, si c'est l'avis de Chéri.

— C'est l'avis de Chéri; et nous aurons pour bouquet la file des équipages qui se rendront au bal de la marquise notre voisine.

— Pour regarder les belles dames, monstre... monstrissime?

— Je crois bien... afin de pouvoir me dire : Eh bien.... malgré leurs diamants et leurs atours, pas une de ces belles dames n'est pourtant aussi gentille que Minette.

— Voyez-vous le câlin?

— Enfin, quand nous aurons joui de ce spectacle magnifique et pas cher, nous sonnons à notre porte...

— Très-doucement, pour que madame Badureau, la concierge qui a *zévu des malheurs*, comme elle dit, — ajouta gaiement la jeune femme en contrefaisant la portière, — ne nous accuse pas d'abuser de sa cruelle position, reproche dont elle vous accable lorsqu'on sonne trop fort ou que l'on ne dit pas : *Le cordon s'il vous plaît.*

— Ou bien encore lorsqu'on se plaint qu'elle s'adjuge les plus belles bûches de votre bois, toujours au nom des malheurs qu'elle a *zévus!* Donc nous remontons bien gentiment à notre nid, et puis... et puis...

— Et puis... et puis... monsieur Bibi, nous voilà devant le Café de Paris. Vite regardez, *sans en avoir l'air*, si mon écharpe n'est pas de travers et si ma robe ne fait pas de plis dans le dos.

— L'écharpe à Minette est droite, et sa robe ne fait pas de plis dans le dos... je le jure par les cheveux blancs qui un jour couronneront mon vénérable front! Ah! nom d'un petit bonhomme! je crois que j'ai fait un vers.

— Voyons, Gilbert, ne va pas dire des bêtises dans le café; il n'y a là que du beau monde; essuie donc le bout de tes bottines; elles sont toutes poudreuses... on ne voit pas le vernis...

— Comment veux-tu que je fasse?

— Mon Dieu! frotte tes pieds l'un après l'autre derrière ta jambe au bas de ton pantalon.

— C'est une idée... mais pour l'exécuter il me faudrait un balancier.

Ce disant Gilbert passa dextrement son pied gauche derrière sa jambe droite afin d'essuyer le bout de sa bottine à la partie inférieure de son pantalon, exercice quasi-gymnastique qu'il ne put accomplir sans trébucher et renverser une des chaises du boulevard.

— Ne fais donc pas de folies, on va nous remarquer — dit la jeune femme avec une petite moue d'impatience. — Allons, c'est bien, en voilà assez; finis donc, on voit maintenant le vernis de la bottine... donne-moi le bras et montons le perron.

Ainsi dit, ainsi fait. Le gentil couple gravit les degrés qui descendent au boulevard.

— Dis donc, Chéri — murmura tout bas la jeune femme

avec embarras — pourvu qu'il n'y ait pas trop de monde...

— Bah ! reprit crânement Gilbert — notre entrée fera plus d'effet ; — et en prononçant ces paroles outrecuidantes, il tourna, mais à contre-sens, le bouton de la porte vitrée qui donnait accès dans le premier salon ; naturellement, la porte ne s'ouvrit point. Gilbert, insistant avec une héroïque ténacité, secoua, ébranla les vitres, tandis que Gilberte, devenue toute rouge, lui disait :

— Prends garde, prends garde, tu vas tout casser ; mon Dieu ! si tu continues, je crois bien que notre entrée fera de l'effet.

Heureusement un garçon accourut en aide à l'inexpérience de Gilbert et, soit malice, soit hasard, ce garçon ouvrit les deux battants de la porte vitrée. La lutte de Gilbert contre le bouton de la serrure avait attiré déjà l'attention des dîneurs, et elle redoubla lorsque les deux panneaux vitrés se développèrent bruyamment devant nos deux jeunes gens ; aussi lorsque ceux-ci, rouges jusqu'aux oreilles, mirent le pied dans le premier salon, ils virent toutes les têtes des dîneurs levées sur eux, et sur eux braqués tous les yeux.

Ce fut pour Gilbert et Gilberte un moment plein d'angoisse, oui d'angoisse ; j'ai entendu des hommes très-résolus, très-spirituels, très-rompus aux habitudes d'une excellente compagnie où ils étaient parfaitement placés, dire qu'ils avaient toujours éprouvé une sorte d'anxiété en entrant pour la première fois dans l'un des trois ou quatre salons d'élite qui, au temps de ma jeunesse, réunissaient chaque soir la fine fleur du meilleur et du plus grand monde de Paris. Toute comparaison gardée, l'on comprendra donc l'angoisse de Gilbert et Gilberte à l'aspect de tous les visages curieusement levés vers eux. Ils auraient, comme on dit, voulu être à cent pieds sous terre. La jeune femme serrait convulsivement le bras de son mari ; celui-ci, commençant de suer à grosses gouttes, battait machinalement sa jambe droite de sa badine afin de se donner une contenance et regardait devant lui sans rien voir. Aussi de quelles bénédictions il eût comblé, s'il l'avait osé, un charitable garçon qui lui dit en montrant une table située à quelques pas :

— Voilà une table vacante ; si monsieur et madame veulent la prendre, on va les servir.

Allégés d'un pesant embarras et s'asseyant en face l'un de l'autre avec une béatitude ineffable, Gilbert et Gilberte, pendant que le garçon s'occupait d'aller chercher les pains et des couverts, reprirent peu à peu leurs esprits et échangèrent un regard et un sourire qui semblaient dire :

— Enfin nous y voilà ! Ce n'est pas sans peine...

Et seulement alors ils jetèrent autour d'eux un regard furtif. Leur trouble avait singulièrement grossi à leurs yeux le nombre des dîneurs.

Il était au plus cinq heures et demie, et nos jeunes gens ignoraient que ces salons ne sont guère complétement remplis qu'une heure plus tard par ce qu'on est convenu d'appeler le monde élégant ; aussi, d'autant plus rassurés que leur embarras avait eu moins de témoins, ils se sentirent plus en confiance, et Gilbert dit à demi-voix :

— Minette, si tu te débarrassais de ton écharpe et de ton chapeau, il y a là à côté de nous une jeune dame qui a ôté le sien.

— Tu ne feras pas mal non plus d'ôter le tien et de te débarrasser de ta canne et de tes gants, — répondit en souriant Gilberte à demi-voix.

Puis, se levant bravement cette fois, elle dégagea sa jolie taille de l'écharpe qui la cachait à demi, quitta son chapeau et remit ces objets à Gilbert. Celui-ci assez empêché de les placer convenablement, cherchait des yeux une patère, lorsqu'un jeune homme, assis à une table voisine avec la jeune femme déjà remarquée par Gilbert, lui dit cordialement :

— Donnez, donnez, monsieur, il y a là au-dessus de nous une seconde patère où il n'y a rien d'accroché...

— Merci, monsieur, vous êtes trop honnête, je suis fâché de votre peine — répondit Gilbert en donnant l'écharpe et le chapeau à son voisin, de qui la politesse prévenante lui causait en ce moment un double plaisir ; Gilberte, partageant ce sentiment, adressa un joli petit signe de remercîment à cet obligeant jeune homme ; puis chacun se rassit à sa table.

Ces deux personnes, à peu près de l'âge de Gilbert et de Gilberte, paraissaient fort gaies, fort à leur aise, et un petit plat d'argent placé devant eux, nettoyé jusqu'au poli du métal, témoignait, sinon de ce qu'un raffiné appellerait *leur savoir-vivre*, du moins de leur excellent appétit, et Gilbert entendit le jeune homme dire à sa compagne :

— Ma foi, tant pis, je demande encore du pain ! C'est pour la troisième fois, mais c'est égal.

Et il porta la main au goulot d'une bouteille placée près de lui et vidée à peu de chose près jusqu'à la moitié ; mais la jeune femme prévint le mouvement de son compagnon de table, s'empara de la bouteille, et après l'avoir élevée à la hauteur de ses yeux pour juger de ce qu'elle contenait encore, à travers sa transparence, elle versa lentement et avec précaution environ deux doigts de vin dans le verre du jeune homme ; puis, lui jetant un coup d'œil significatif, elle replaça la bouteille sur la table.

Gilbert et Gilberte, déjà prévenus en faveur de leurs voisins, ne perdirent pas un des détails de cette petite scène.

Ce jeune couple, demandant bravement par trois fois du pain, laissant le fond des plats d'un brillant superbe et n'osant pas outrepasser cette limite sacrée pour le modeste consommateur, qui doit se borner à boire une demi-bouteille de vin ; ce couple n'appartenait pas non plus à la classe des fastueux habitués de ces salons, pensaient Gilbert et Gilberte se sentant réconfortés par cette similitude de position avec leurs voisins devenus pour eux : des *compatriotes* en pays étranger ; puis ces jeunes gens semblaient si heureux, leur physionomie était si douce, si avenante, que Gilberte dit à demi-voix à son mari :

— Je suis sûre que cette petite dame et ce jeune homme viennent comme nous pour la première fois dans ce fameux Café de Paris.

— Minette a raison — répondit Gilbert tout à fait à son aise — mais je doute que l'entrée de nos voisins ait fait autant d'effet que la nôtre... ah çà, mais le garçon nous oublie donc !

— Appelle-le... mais pas trop fort.

Gilbert adressa un signe rassurant à sa femme et cria *garçon* d'une petite voix étranglée, la plus singulière du monde ; cette intonation fit brusquement lever la tête à un gros homme qui, attablé à quelque distance, dînait gloutonnement le nez dans son assiette ; sa physionomie insolente et brutale, ses cheveux blancs coupés en brosse, ses épaisses moustaches grises, ses yeux à fleur de tête à demi injectés de sang comme ceux d'un molosse de combat, son regard audacieux et provocateur, lui donnaient une apparence redoutable, et il se mit à rire tout haut, lorsque son voisin eut appelé le garçon d'une voix de fausset : aussi le pauvre Gilbert, regrettant cette malencontreuse intonation, reprit aussitôt d'une voix de basse renforcée :

— Garçon ! garçon !

— Mon Dieu ! — dit Gilberte — comme tu appelles drôlement le garçon !

— C'est ma foi vrai, et je me demande où diable j'ai pu prendre les deux voix que je viens de faire entendre.

Le garçon se rendait à l'appel de nos jeunes gens lorsqu'il fut arrêté au passage par le gros dîneur à moustaches grises, qui, la bouche encore pleine, dit d'une voix très-haute avec une aisance d'habitué :

— Pierre, faites émincer pour moi une douzaine de belles truffes autour d'un filet de poularde en suprême.

— Oui, mon général — répondit le garçon en faisant un mouvement pour s'éloigner.

— Attendez donc, Pierre ! — reprit le général en promenant autour de lui un regard superbe, voulant sans doute donner aux autres dîneurs une haute opinion de son goût raffiné et les écraser de son luxe culinaire — vous me servirez après mes champignons à la provençale, des petits pois au sucre.

— Ce sont des petits pois de primeur, mon général...

— Je le sais bien, sacrebleu ! est-ce que sans cela j'en voudrais manger de vos petits pois ? — répondit le général en haussant les épaules.

Il est dans tout une sorte de pudeur, ou, si l'on veut, de réserve dont beaucoup de gens, et souvent des mieux placés, n'ont et n'auront jamais la moindre intelligence. Ce monsieur, parlant à haute voix afin d'apprendre à ses voisins qu'il mangeait des mets fort chers et des primeurs, semblait prendre en pitié des dîneurs plus modestes dans leur goût.

Ce tact parfait qui vient de l'âme et que l'éducation, l'esprit ou la fortune ne sauraient donner et dont l'homme à moustaches manquait absolument, Gilbert et Gilberte le possédaient à un haut degré. Ils furent, moins par retour sur leur humble condition que par un sentiment de délicatesse naturelle, blessés de l'impertinence gastronomique de l'habitué. Aussi, lorsque le garçon arrivant enfin auprès de la table de nos jeunes gens, se planta devant eux sa serviette sous le bras et leur demanda : — Que faut-il servir à monsieur et à madame ? — Gilbert se sentit de nouveau mal à l'aise pour lui et pour sa femme en songeant à la comparaison que le garçon allait établir entre leur dépense et celle du somptueux dîneur, leur voisin ; mais changeant soudain de physionomie, relevant la tête, passant sa main dans ses cheveux, et parlant à son tour très-haut, Gilbert articula fièrement et lentement :

« — D'abord, garçon, donnez-nous une bouteille de champagne ! »

Et il jeta sur le général qui s'était remis à mastiquer, le nez dans son assiette, un regard qui semblait dire ; « Ah ! « tu demandes des truffes, toi ; eh ! bien ! moi je demande « du vin de Champagne, attrape ! »

— Et ensuite — reprit le garçon — que faudra-t-il servir à monsieur et à madame ?

— Ensuite ? — dit Gilbert en feuilletant la carte — nous vous dirons tout à l'heure ce que nous prendrons — et, cédant à un mouvement de curiosité, il dit tout bas au garçon : — Quel est donc ce gros monsieur à moustaches grises, qui aime tant les truffes et les petits pois ?

— Monsieur, c'est le fameux général *baron Poussard* — répondit à demi-voix le garçon avec un certain orgueil de citer un pareil hôte parmi les habitués de sa maison — monsieur doit le connaître de réputation ?

— Ma foi non — dit Gilbert — qu'est-ce qu'il a donc fait de si beau ?

— Comment, monsieur ? dans l'ancienne guerre d'Espagne, il faisait scier *entre deux planches* tous les prisonniers espagnols qui lui tombaient entre les mains, et le surnom du *scieur-de-long* lui en est resté ; au siége de Marmora, plutôt que de rendre la ville, il y a mis le feu et tous les habitants ont été rôtis ; femmes, enfants, tout a péri ; sans compter que le général a tué en duel on ne sait combien de personnes : c'est un tireur de première force, au pistolet et à l'épée. Je conseille à monsieur de ne pas regarder de son côté, le général n'aime pas ça.

— Voyez-vous donc ? — reprit délibérément Gilberte — un chien regarde bien un évêque !

— Merci, garçon — répondit Gilbert en hochant la

tête et risquant un coup d'œil oblique du côté de ce terrible spadassin.

Le garçon s'éloigna en disant : — Sommelier, une bouteille de vin de Champagne !

— Et frappé ! — s'écria héroïquement Gilbert en regardant sans crainte du côté du redoutable général baron Poussard, qui, avouons-le, en ce moment ne pouvait apercevoir le jeune homme. — Frappé le vin de Champagne !

— Oui, frappé, — ajouta résolûment Gilberte comprenant la pensée de son mari, et elle se retourna vers l'autre jeune couple, *ses compatriotes* dans ce lieu étrange, ses *pairs* en modestes repas, comme si elle avait voulu les venger par cette riposte dirigée contre le général ; oubliant, hélas ! qu'une riposte est un *coup* aussi bien qu'une attaque et qu'avant d'arriver à son but elle avait atteint ceux-là qu'elle devait venger, car Gilberte entendit le jeune homme dire à sa compagne d'un air humble et résigné :

— *Ils* demandent du champagne ! — puis il ajouta, avec un soupir de regret : — Ah ! ma pauvre Juliette !

Et il allait, sans doute en manière de consolation, se verser machinalement quelques doigts de vin, lorsque sa compagne, qui veillait avec sollicitude sur la bouteille alors vide tout juste à sa moitié, dit vivement :

— Auguste, Auguste, à quoi penses-tu donc ?

— Tu as raison ! — reprit Auguste, abandonnant brusquement le goulot de la bouteille, et il répéta en soupirant : — Ah ! ma pauvre Juliette... du champagne !

Tandis que Gilbert vérifiait *de visu* sur la carte le chiffre des prix, dont son ami le praticien lui avait donné connaissance, Gilberte n'avait pas perdu un mot, un signe, un geste échappés à ses voisins. Merveilleusement servie par la bonté de son cœur, par la délicatesse de son instinct et aussi, disons-le, par cette sorte d'intuition que donne l'habitude de vivre dans un milieu pareil à celui où vivent les gens que l'on observe, Gilberte s'était dit avec autant de justesse que de pénétration :

— Ce général, en demandant tout haut avec affectation ses truffes et ses petits pois, nous a blessés, moi et Gilbert, de même que nous venons de blesser, mais sans le vouloir, nos deux voisins en demandant tout haut du champagne. Ce n'est pas chez eux ressentiment d'envie ou de gourmandise ; non, non, je l'ai deviné au regard de pauvre jeune homme lorsqu'il a dit : — Ah ! ma pauvre Juliette, du champagne ; — non. Il éprouvait le regret de ne pouvoir offrir à sa compagne ce vin trop cher pour leur bourse, puisqu'ils n'ont bu que la moitié de cette bouteille que la petite dame ne quittait pas des yeux. Enfin, si elle est sa maîtresse, à ce jeune homme, comme il doit être humilié pour elle et pour lui, de voir deux amants (puisque Gilbert et moi nous n'avons pas l'air mariés), de voir deux autres amants, et comme eux du petit monde, se payer du champagne ! Les femmes sont si drôles ! cette petite dame est capable de faire une scène affreuse à ce pauvre garçon en sortant d'ici et de lui dire : « — J'en « connais, moi, parmi de petites gens comme nous, qui « ont au moins *la chose* d'offrir du champagne à leur « chérie. » — C'est bête ces scènes-là, mais il n'en faut pas davantage pour gâter un beau dimanche. Oh ! mon Dieu ! Et si par surcroît ce jeune homme est faible de caractère, ne peut-il pas se laisser aller à une vilaine action, que sais-je ? oublier la probité, poussé par le maudit amour-propre de pouvoir dire à sa maîtresse : — « Eh bien, tiens, en voilà du champagne ! » — Et après un moment de réflexion, Gilberte fit un petit mouvement de tête, se disant à elle-même, et tout haut :

— C'est ça.

— Oui, c'est ça ! — reprit Gilbert en replaçant la carte sur la table. — J'ai fait le compte : c'est sept francs cinq sous et cinq sous pour le garçon... — puis voyant celui-ci arriver avec la bouteille de vin de Champagne, dont le col goudronné dépassait la glace empilée dans le vase à rafraîchir, Gilbert dit joyeusement à sa compagne :

— Nous allons donc enfin la boire... cette fameuse...

Mais il fut interrompu par Gilberte qui dit résolûment au garçon :

— Monsieur, nous avons fait erreur : nous ne prendrons pas de champagne.

— Mais, madame, il est débouché !

— Eh ! bien, vous le reboucherez !

— Mais, madame, il est frappé.

— Eh ! bien vous le défrapperez,

— Mais, madame...

— Mais, monsieur, nous croyions avoir plus d'argent que nous n'en avons. Cela peut arriver à tout le monde, de se tromper, n'est-ce pas ? Pauvreté n'est pas vice ! Ainsi servez-nous une demi-bouteille du vin le moins cher que vous ayez, une meringue à la vanille, du bœuf au naturel pour un et... pas de potage !

— Ah ! ah ! ah ! — fit le général donnant cours à l'hilarité qu'excitait en lui le singulier dîner de nos deux jeunes gens ; car Gilberte avait à dessein parlé tout haut afin d'être entendue de ses deux voisins. Heureusement Gilbert, stupéfait de la résolution de sa femme, ne fit aucune attention aux rires peu charitables du baron Poussard et regarda machinalement le garçon enlever brusquement la bouteille déjà placée sur la table.

— Ah çà ! Minette — dit Gilbert lorsque son étonnement lui permit de parler — à quoi penses-tu donc ? j'ai les huit francs... les voilà — et il les montra — pourquoi renvoyer ce vin ?

— Mon Chéri... parce que...

— Parce que... quoi ?

— Mais mon Dieu... parce que !!!...

— Ah ! très-bien, c'est différent — fit le jeune homme en s'inclinant devant la mystérieuse toute-puissance du *parce que* — très-bien! seulement je ne comprends rien du tout à la chose!

Ce franc aveu de Gilberte, disant résolûment au garçon : — pauvreté n'est pas vice — avait été entendu avec un sympathique intérêt par ses deux voisins, et pourtant (ainsi va la nature humaine) ils se sentirent assez aises de ce qui venait de se passer; sans pour cela ressentir cette joie méchante que la mésaventure d'autrui inspire à certains esprits, car le jeune homme, après avoir soldé le montant de sa carte et recevant quatre francs sur dix, s'approcha de Gilbert et lui dit cordialement :

— Monsieur, c'est plaisir que de s'obliger entre braves gens; j'ai entendu votre dame dire qu'il vous manquait de l'argent... voulez-vous sans façon partager? vous me rendrez cela quand vous voudrez. Je m'appelle Auguste Meunier, commis *à la Barbe d'or*, rue du faubourg-Saint-Martin près le boulevard.

— Vous êtes trop honnête, et j'accepterais de grand cœur — répondit Gilbert; mais nous avons suffisamment d'argent pour payer notre écot; je ne vous suis pas moins reconnaissant, monsieur : je me nomme Gilbert, dessinateur lithographe, rue de Lille, n° 22, et je n'oublierai jamais votre obligeance.

Après cet échange d'affectueuses paroles, Gilbert et Gilberte virent leurs voisins s'éloigner au moment où le garçon, posant un plat sur la table, disait avec un sourire sardonique :

— Monsieur et madame sont servis : voilà le bœuf au naturel.

Malgré le sourire sarcastique du garçon, le jeune couple fit bravement honneur au bœuf au naturel et à une demi-bouteille de vin ordinaire, mais Gilbert par galanterie ne voulut pas absolument accepter la moitié de la meringue à la vanille, et Minette, contrainte de manger à elle seule cette friandise, s'y résigna en chafriolant comme une chatte qui lape de la crème. Six heures et demie sonnèrent; les dîneurs élégants, arrivant peu à peu, prenaient place çà et là, non loin de nos deux jeunes gens.

— Voilà qui est singulier — dit Gilbert qui venait de demander sa carte — au lieu de boire cette fameuse bouteille de champagne, nous n'avons bu chacun qu'un quart de vin ordinaire et je ne me sens pas embarrassé du tout pour nous en aller d'ici à travers ce beau monde; or, je t'avoue que pour moi c'était là le hic...

— Mon Chéri, c'est que nous avons tout bonnement dîné selon notre bourse, au lieu de vouloir nous donner des airs de seigneur; et maintenant, monsieur, offrez à Minette son écharpe et son chapeau et allons faire notre jolie promenade sur les boulevards jusqu'au jardin Turc.

Gilberte mit son chapeau, ajusta son écharpe, et nos jeunes gens, traversant d'un pas assez délibéré les salons du café de Paris, passèrent sans trembler sous le feu des gros yeux du terrible général Poussard, au moment où celui-ci, se curant nonchalamment les dents, répondait à haute voix à un autre habitué qui l'interrogeait sur l'emploi de sa soirée.

— Mon cher, je vais à une fête superbe donnée par madame la marquise de Montlaur.

Et le spadassin gonfla ses joues enluminées, en prononçant ces mots : madame la marquise de Montlaur.

— Tiens — dit à demi voix Gilbert — ce fameux duelliste doit aller à la fête de notre voisine.

— Et il fera honneur au souper, il peut s'en flatter — répondit Gilberte à son mari qui cette fois ouvrit sans malencontre la porte vitrée conduisant au perron, et le jeune couple chemina bientôt gaiement sur le boulevard.

— Maintenant Chérie — dit Gilbert, m'apprendras-tu pourquoi tu as refusé de boire du champagne? Tu m'as dit : parce que... C'est une raison, une excellente raison, mais enfin il y en a peut-être une autre?

— Oui, et cette autre tu vas la savoir, mon bon Gilbert — répondit la jeune femme; et serrant plus étroitement encore contre son sein le bras de son mari, elle lui raconta, avec une naïveté charmante, sa crainte d'humilier leurs voisins en se payant (comme elle disait) du champagne. Gilberte mit dans ce récit tant de cœur, de gentillesse et d'enjouement, que son mari, après l'avoir attentivement écoutée sans l'interrompre, s'arrêta un moment et, la regardant avec une expression de tendresse ineffable :

— Vois-tu, Chérie — lui dit-il d'un ton pénétré — ce que tu as fait là n'a l'air de rien; et pourtant j'en suis touché... oh! mais touché!... tiens, regarde mes yeux... — le digne garçon avait les yeux humides de douces larmes; — quel bon cœur que le tien!

— Ne me regarde pas ainsi; tu me rendrais presque fière de ce que j'ai fait, et pourtant c'est si simple!

— C'est justement parce que tu as agi simplement selon ton cœur, que je suis si touché... Une autre que toi, moi par exemple, ayant aussi remarqué l'espèce d'humiliation de nos voisins, je leur aurais dit : « Partagez sans façon notre régal. » — Cette offre partait d'un bon sentiment et cependant c'était risquer de les humilier encore. Toi, au contraire, tu as, tu as... — et, dans son émotion s'interrompant de nouveau, il ajouta : Tiens, vois-tu, Gilberte, il y a des gens riches qui donnent beaucoup aux pauvres, n'est-ce pas! Hé bien! moi je dis, je soutiens que ta conduite en cette circonstance est cent fois plus touchante que si tu avais fait l'aumône, oui! Il n'en faudrait pas davantage pour te juger à coup sûr et dire : voilà le meilleur cœur de femme qu'il y ait au monde! — *C'est vrai* — murmura une petite voix d'un timbre à la fois si suave et si doucement sonore que les deux jeunes gens tressaillirent, se retournèrent brusquement, croyant qu'un mauvais plaisant les ayant suivis et écoutés, venait de jeter ce mot à leur oreille.

Gilbert et Gilberte restèrent stupéfaits...

Ils ne virent personne auprès d'eux, absolument personne, quoiqu'il y eût bon nombre de promeneurs sur le boulevard Saint-Denis où ils se trouvaient alors.

II

Gilbert et Gilberte, au moment où une petite voix d'une douceur merveilleuse avait frappé leur oreille et causé leur surprise, s'étaient arrêtés sur la pente du boulevard à peu de distance de la Porte-Saint-Denis : à l'angle de cette rue, sous la sombre voûte d'une vieille porte cochère, se voyait l'un de ces étalages assez fréquents, après la vente des mobiliers, étalages composés de toutes sortes d'objets de rebut ; ferrailles rouillées, plats fêlés, tasses ébréchées, gravures maculées, bustes en plâtre jaunis par la fumée, auxquels il manque le nez, ustensiles en fer-blanc bossués, etc...

Un Auvergnat présidait à cette exhibition, comptant pour sa vente sur l'affluence des promeneurs qu'un beau dimanche de printemps devait amener sur les boulevards.

Nos jeunes gens, debout et immobiles, non loin de cette boutique en plein vent, étaient encore stupéfaits d'avoir entendu cette petite voix si douce qui, semblant sortir d'un corps invisible, venait de prononcer à leur oreille ces deux mots : *C'est vrai*, lorsque Gilbert, les yeux humides de larmes, avait proclamé sa Gilberte le meilleur cœur de femme qu'il y eût au monde.

— Voilà qui est extraordinaire — disait le digne garçon en regardant de ci, de là. — Je ne rêve pas ; j'ai bien entendu dire : *C'est vrai*.

— Moi aussi — répondait Gilberte avec une surprise mêlée d'inquiétude ; — y comprends-tu quelque chose ?

— Rien absolument..... si encore nous avions bu cette fameuse bouteille de champagne, je dirais : c'est une illusion bachique..... mais.....

— Ah ! ah ! ah ! — reprit la jeune femme avec un franc éclat de rire — sommes-nous nigauds ? Je devine.....

— Quoi ? que devines-tu ?

— Regarde ce gros arbre.

— Bon..... et après ?

— C'est à côté de cet arbre que tu t'es arrêté pour me dire tes câlineries.

— Et puis ?

— Dans ton émotion, bon Gilbert, tu gesticulais, tu faisais les grands bras.....

— Va pour les grands bras, mais ensuite ?

— Quelque mauvais farceur nous aura remarqués, suivis, se disant : « Voilà des amoureux qui se chamaillent ; il faut les écouter ; » puis te voyant quitter mon bras, t'arrêter, me regarder en face, et, croyant que tu me faisais une *scène*, il se sera caché derrière un gros arbre ; et prenant une petite voix flûtée...

— Tu as raison, cent fois raison, Minette. Il n'y a que cette explication-là de possible....., et pourtant cette petite voix, si douce... si douce... est-ce que tu as jamais entendu pareille voix ?

— La belle histoire ! c'est que le farceur avait la voix douce ; et puis l'éloignement où il était de nous l'aura encore affaiblie.

— C'est vrai, et pourtant...

— Et pourtant ?

— Non, jamais homme n'a eu pareille voix.

— Hé bien ! c'est que le farceur était une farceuse ; c'est une femme qui nous aura fait une niche. Voyons, est-ce que par hasard si je voulais prendre la peine de dire bien doucement, bien gentiment du bout des lèvres : C'est vrai, cela me serait défendu ? tiens, écoute.

Et Gilberte dit bien bas de sa voix la plus suave :

— *C'est vrai.*

— Il y a quelque chose — reprit le jeune homme en secouant la tête — mais ce n'est pas ça.

— Comment, ce n'est pas ça, monstre de Bibi ! — reprit Gilberte en riant — vous prétendez qu'une autre femme peut avoir la voix aussi douce que votre Minette ?

— Non, non ; mais enfin...

— Enfin ? tu vas croire aux sorciers, n'est-ce pas ? Nous avons entendu une voix, donc quelqu'un a parlé ; or, comme nous n'avons vu personne, c'est que le parleur était caché. Sors de là si tu peux.

— C'est évident — dit Gilbert, car aucune autre explication n'était possible. — Oui, c'est évident ! une femme nous aura joué ce tour-là, mais elle peut se vanter d'avoir une voix, une voix... enfin j'en suis pour ce que j'ai dit ; je n'en ai jamais entendu de pareille... et...

— Gilbert, regarde donc cet étalage sous cette porte cochère, — reprit la jeune femme qui, parfaitement satisfaite de l'explication qu'elle avait donnée à son mari, et qu'elle s'était donnée à elle-même du *phénomène* dont tous deux avaient été d'abord si surpris, l'oubliait complétement. — Il y a souvent de très-bonnes occasions chez ces marchands en plein vent — ajouta-t-elle en entraînant son mari vers la porte cochère. — Il nous reste nos cent sous de notre fameuse bouteille de champagne, si nous les employions à acheter quelque chose pour notre ménage ?

— C'est une bonne idée, répondit Gilbert, déjà non moins que sa femme oublieux de la voix mystérieuse, et tous deux entrèrent sous la voûte de la porte cochère où se tenait l'Auvergnat attendant les acheteurs.

Pendant que sa compagne furetait de l'œil parmi ces objets divers, Gilbert, avisant un vieux buste de plâtre auquel manquait le nez et une partie du menton, dit à l'Auvergnat d'un air gravement narquois :

— Mon brave homme, ce buste-là, s'il est ressemblant, doit être celui d'un guerrier, dans le genre du terrible général Poussard, le défenseur de Marmora, qui faisait scier les gens entre deux planches ! Le héros que voilà aura eu le nez et le menton enlevés d'un coup de canon à la bataille...

— Dame! monsieur, je ne sais pas — répondit l'Auvergnat. — J'ai acheté le tout ensemble... mais je pourrais vous laisser le buste pour trente sous.

— Un héros! trente sous! On a fièrement raison de dire que la gloire est une chose sans prix!

— Gilbert! — s'écria soudain la jeune femme en se relevant, de courbée qu'elle était, et montrant à son mari un objet qu'elle venait de découvrir et de prendre au fond d'une vieille tasse fêlée — vois donc quel amour de petite bonne femme!

La petite figurine, que Gilberte montrait à son mari, était en effet un merveilleux et mignon chef-d'œuvre. Haute à peine de deux pouces, elle représentait une femme demi-nue agenouillée, les mains jointes, près d'une fontaine, simulée par quelques aspérités verdâtres entourant irrégulièrement un morceau de métal brillant comme un miroir. Cette charmante petite créature était blonde et rose; ses longs cheveux tombaient sur ses épaules, si brillants, si fins que le brin de soie le plus délié eût paru un câble auprès d'eux; l'espèce de tunique qui l'enveloppait à demi semblait tissée de ces fils impalpables qui, au matin, s'étendent sur les prairies baignées de rosée; quant aux traits de cette figurine, ils échappaient à l'analyse. Les mots manquent pour rendre ce mélange de grâce, de finesse, d'idéale beauté, qu'offrait dans son expression de prière touchante, ce visage à peine grand comme l'ongle d'un enfant; cependant malgré l'incroyable ténuité de leurs proportions, les plus petits détails des traits étaient non-seulement rendus, mais, chose incroyable, parfaitement visibles. Les yeux, les yeux surtout, paraissaient vivants; leur prunelle transparente et bleue, que la tête d'une épingle aurait couverte, semblait, sous leurs paupières frangées de longs cils blonds, implorer la pitié.

Quelle matière avait servi à la confection de cette figurine? impossible de le deviner. Plus légère qu'une coque d'œuf de roitelet, elle était au toucher dure et polie comme l'agate; et pourtant, à la vue, elle possédait la souplesse, le grenu satiné de l'épiderme le plus délicat. On aurait cru à les voir si soyeux, si légers, qu'au moindre souffle les cheveux devaient onduler; les touchait-on, ils offraient à l'ongle la dureté du diamant. Il en était de même de la tunique assez diaphane dans sa blancheur lactée pour laisser vaguement deviner les contours rosés du petit corps qu'elle voilait à demi.

Gilbert, assez artiste pour reconnaître un chef-d'œuvre dans cette figurine dont la gentillesse touchante frappait surtout Gilberte, restait saisi d'admiration et de surprise; la forme causait son admiration, la matière sa surprise.

— Voilà qui est singulier — disait-il en examinant ce bijou qu'il tenait dans le creux de sa main — on dirait que mes yeux ont la propriété des lunettes d'approche qui rendent, sans les grossir, tous les objets clairs et distincts.

— Mais c'est tout simple — ajouta Gilberte d'un air capable — cette petite bonne femme est si précieusement travaillée que l'on distingue tout à l'œil. Tiens, sans vouloir, bien entendu, me vanter par une comparaison, ces dernières roses pompon, qui m'ont coûté trois jours de travail, étaient dans leur genre très-achevées. On distinguait leurs étamines, les nervures et les dentures des feuilles; et toi, n'es-tu pas arrivé au même fini dans ta copie lithographiée d'une gravure ancienne représentant une ménagère dans sa cuisine au milieu des légumes et des fruits qu'elle a rapportés du marché; on aurait compté les grains de tes grappes de raisin et les feuilles de tes choux... Mais enfin nos chefs-d'œuvre à nous ne sont que de la *Saint-Jean* auprès de cet amour de petite figure! Quel bonheur que nous n'ayons pas dépensé nos cent sous au Café de Paris! Si ce bijou ne dépassait pas nos *moyens*, nous l'achèterions! hein! Gilbert, en le plaçant sous une petite cage de verre, quel joli effet il ferait sur notre cheminée entre nos deux oranges pailletées.

— Ma foi! c'est une folie! mais tant pis, faisons-la.. demandons d'abord le prix de l'objet.

— Je m'en charge, les hommes ne savent pas marchander, — répondit Gilberte, en s'approchant de l'Auvergnat et prenant trop tardivement un air d'indifférence affectée.

— Mon brave homme, combien ce brimborion? et elle désigna la figurine que Gilbert examinait toujours curieusement.

— Oh! oh! — reprit l'Auvergnat qui avait sournoisement observé l'évidente admiration des deux jeunes gens à l'endroit de l'achat qu'ils méditaient, — vous me demandez là ce qu'il y a de plus cher dans mon étalage.

— Ça... cher! — reprit Gilberte avec un étonnement simulé — cette petite bonne femme de rien du tout!...

— Une petite bonne femme de rien du tout... fichtra! comme vous y allez! — riposta le marchand — ça me coûte les yeux de la tête... j'en ai refusé dix francs à un milord anglais.

— Dix francs! — s'écria Gilberte — allons, vous n'êtes pas raisonnable; nous vous en donnerons quatre francs, et ce sera encore joliment bien payé!

— Quatre francs! ah bien oui! j'en ai refusé dix à ce milord anglais. Non, non, je veux douze francs de l'objet; c'est à prendre ou à laisser, ma petite dame.

— Mettons quatre francs dix sous et n'en parlons plus — dit Gilbert en donnant la figurine à sa femme et fouillant dans la poche de son gilet; — c'est convenu?

— Douze francs — répondit l'Auvergnat en tendant la main pour reprendre la figurine que Gilberte dévorait des yeux — douze francs, pas un liard de moins.

— Mettons cent sous, la pièce ronde — dit la jeune femme dont le cœur battait de crainte et d'espérance et qui ne pouvait renoncer à son trésor et le rendre à l'Auvergnat. — Gilbert, donne vite à ce brave homme ses cent sous.

— Douze francs — reprit opiniâtrément le marchand — pas un rouge liard de moins.

— Eh bien — dit Gilberte — nous...

Mais son mari l'interrompit en lui jetant un coup d'œil significatif.

— C'est trop cher pour nous, viens, Minette, allons-nous-en.

— Quel dommage! — dit la jeune femme en soupirant et jetant un regard de regret sur la figurine avant de la rendre au marchand; — vois donc, mon ami, sa pauvre petite mine suppliante, ses mains jointes! ne dirait-on pas qu'elle nous regarde et nous demande en grâce de l'emmener avec nous?

— Allons, viens, rends cet objet à monsieur et partons.

— Adieu, — pauvre petite mignonne — dit gentiment Gilberte à la figurine. — Dame! ce n'est pas notre faute si nous n'avons plus d'argent; sans cela nous t'aurions gardée... enfin adieu...

Et la jeune femme, poussant un gros soupir, rendit la figurine au marchand, et prit le bras de son mari en disant :

— J'allais offrir cent dix sous, tout ce que nous possédions; tu m'en as empêchée.

— Il sera toujours temps; marchons tout doucement; tu vas voir que le *fichtra* va nous rappeler.

Il n'en fut rien. L'Auvergnat ne bougea pas, et au bout de quelques instants, Gilbert dit à sa femme :

— Allons, jouons nos dernières cartes; — et revenant près du marchand : — Voyons, voulez-vous cent dix sous?

— Douze francs — répéta l'Auvergnat — douze francs, pas un liard de moins.

— C'est fini; il faut renoncer à notre achat — dit tristement la jeune femme en s'éloignant de nouveau; — quel dommage de n'être pas riche!

— Bah! — c'était une fantaisie... moi je n'y tenais, Minette, que parce que je te voyais y tenir.

— Ça aurait été si joli sur notre cheminée au milieu de nos deux oranges pailletées... enfin — reprit résolûment Gilberte — ce qui ne se peut, ne se peut... après tout il n'y a pas de quoi se désoler; notre dimanche finira gaiement comme il a commencé.

— Monsieur — cria de loin l'Auvergnat — hé monsieur! hé ma petite dame!...

— Le marchand nous rappelle — s'écria la jeune femme en tressaillant; — la figurine est à nous... victoire!

— Victoire! — répéta Gilbert non moins allègrement que sa compagne — le *fichtra* est enfoncé sur toute la ligne!

— Allons, monsieur — dit en effet l'Auvergnat à Gilbert lorsque nos deux jeunes gens furent de retour auprès de l'étalage — prenez la petite bonne femme pour cent dix sous; il faut bien gagner sa pauvre vie.

Gilberte, pendant que son mari payait le marchand, saisit avidement la figurine et, dans sa joie naïve, ne put s'empêcher de porter ce bijou à ses lèvres en disant :

— Enfin tu nous appartiens, cher petit trésor — et, s'adressant à Gilbert : — Vois donc, on dirait qu'elle nous remercie de l'emmener avec nous; et d'abord c'est moi qui la porterai, n'est-ce pas?

— Oui, Minette; mais pour ne pas la perdre, où vas-tu la mettre?

— Dans mon corsage donc! elle n'est pas plus grosse que le pouce — et ce disant la jeune femme entr'ouvrit le corsage de sa robe et plaça le bijou entre sa chemisette et l'étoffe qui se croisait par-dessus.

— Hum! — fit Gilbert en riant — heureusement c'est une petite bonne femme; mais, nom d'un petit bonhomme! si c'en était un... petit bonhomme? je le ferais déménager de cet appartement-là, en ma qualité de scélérat de propriétaire qui aime à *louer* lui-même sa jolie petite propriété. Dis donc, Minette, tu comprends : *à louer*...

— Je l'ai bien entendu ton affreux calembour — reprit Gilberte en partageant la gaieté de son mari. Ah! infortuné! il faut que tu sois comme madame Badureau, que tu aies *vévu* bien des malheurs pour commettre de pareils jeux de mots dans ton désespoir... Tiens, notre amour de petite bonne femme, en l'entendant, en a trémoussé dans mon corsage.

— Trémoussé! ah çà! nom d'un petit bonhomme, décidément c'en est un! Il y a des apparences si fallacieuses!

Et nos deux jeunes gens, devisant ainsi, tout joyeux de leur acquisition, allèrent par cette belle soirée printanière jusqu'au café Turc; et, ne pouvant entrer dans le jardin, leur bourse étant épuisée par l'achat de la figurine, ils écoutèrent en se promenant la musique lointaine, puis regagnèrent le faubourg Saint-Germain par un clair de lune magnifique.

Lorsque Gilbert et Gilberte arrivèrent par le pont Royal dans la rue de Lille, où ils demeuraient, la foule des voitures qui se dirigeaient vers l'hôtel de Montlaur, s'avançait lentement. La soirée était tiède et d'une magnifique sérénité; plusieurs des femmes, qui se rendaient à la fête donnée par la marquise, avaient abaissé la glace des portières de leurs voitures, très-basses selon la mode d'alors; aussi nos deux jeunes gens, debout sur le bord du trottoir, plongeant facilement leur regard dans l'intérieur des carrosses, purent, selon qu'ils se l'étaient promis, admirer les belles toilettes; — ils en virent de charmantes et de magnifiques; ils virent des flots de satin, de gaze et de dentelles, à demi cachés par l'hermine ou la martre qui doublent les manteaux de velours. Ils virent dans la pénombre de ces voitures intérieurement doublées de soie, et éclairées par la réverbération des lanternes, scintiller étoiles et diadèmes de diamants au front de belles jeunes femmes, ruisseler les pierreries sur leur sein demi-nu et étinceler à leur corsage; ils sentirent les suaves odeurs de l'héliotrope, du jasmin, de la violette, du lilas blanc, qui s'exhalaient des bouquets énormes que ces élégantes tenaient de leurs petites mains gantées de blanc, odeurs pénétrantes qui se joignaient à celles du patchouli, du vetiver et de la verveine dont s'imprègnent les étoffes. Ils virent enfin, pendant l'espace d'un quart d'heure, passer sous leurs yeux éblouis toutes les merveilles de l'élégance la plus raffinée, du luxe le plus splendide. Entre autres ils remarquèrent une ravissante créature coiffée d'une couronne de camélias rose tendre; au milieu de chacune de ces fleurs, brillait un diamant semblable à une goutte de rosée matinale. Le corsage de la robe de crêpe rose de cette jeune femme, véritablement brodé de pierreries, disparaissait à demi sous les plis de son manteau de velours bleu d'azur doublé d'hermine. Elle tenait à la main un colossal bouquet de violettes de Parme; cette jeune femme avançant alors sa tête charmante en dehors de la portière armoriée, dit à un valet de pied qui marchait à côté de la voiture alors arrêtée :

— Mais, Joseph, il y a donc encombrement? cette file est d'une lenteur insupportable; sommes-nous encore loin de l'hôtel de Montlaur?

— Oui, madame la duchesse — répondit le valet de pied en ôtant son chapeau galonné; — il y a encore au moins une cinquantaine de voitures avant celle de madame.

— Alors, ordonnez à Williams de couper la file — dit la jeune femme avec un accent d'impatience et de mauvaise humeur; — c'est intolérable!

Et elle se rejeta dans le fond de sa voiture où elle se trouvait seule.

— Williams, coupez! — avait dit le valet de pied en s'élançant derrière la voiture; aussitôt Williams, gros cocher anglais à perruque blanche, trônant sur la housse blasonnée de son siége, fit légèrement siffler la mèche de son fouet aux oreilles de deux superbes chevaux noirs, dont les harnais resplendissaient d'ornements argentés; l'attelage s'élançant impétueusement au milieu des étincelles qui jaillirent sous ses fers, sortit de la file en brisant la lanterne d'une voiture voisine; et, malgré les cris des sergents de ville chargés de maintenir l'ordre, la brillante voiture prit au grand trot le milieu de la rue pour arriver plus tôt à l'hôtel de Montlaur.

— En voilà une petite sans patience! — dit Gilbert, qui, ainsi que sa femme, avait assisté à cette scène; — il paraît que les jambes de madame la duchesse lui démangent furieusement à l'endroit de la contredanse!

— Tu ne l'as pas reconnue? — s'écria Gilberte avec un naïf orgueil — et pourtant tu me l'as vu faire.

— Comment, Minette, tu as fait cette jolie duchesse?...

— Je te parle de sa coiffure, cette charmante couronne de camélias roses avec un diamant au milieu de chaque fleur!

— C'est ma foi vrai! Trois heures du matin sonnaient lorsque tu achevais cette parure!

— A la bonne heure! on est glorieuse de voir son ouvrage bien porté — reprit Gilberte avec ravissement. — Est-elle belle cette jeune duchesse! Hé! hé! je suis pour quelque chose dans sa beauté; c'est de moi l'idée de monter des fleurs naturelles avec des diamants.

— L'idée à Minette est excellente! seulement moi je ne vis pas pendant que tu t'occupes de ces travaux-là! penser qu'on a chez soi pour dix ou douze mille francs de diamants!

— Tiens, qu'est-ce que ça fait donc? est-ce que madame Batton ne me connaît pas? quand elle me confie des diamants, elle dort bien tranquille, va! et moi aussi.

— Moi non, car enfin si une pierrerie s'égarait?

— Bah! avec du soin rien ne s'égare; — puis s'interrompant, Gilberte reprit à demi-voix d'un air indigné : — ah! par exemple c'est trop fort! si j'avais su que je travaillais pour une pareille figure, va, vilaine! — ajouta-t-elle avec une petite moue de reproche — on t'en fera de jolies couronnes de feuilles de houx avec ses grappes de fruits rouges comme du corail! quelle horreur! si ce n'est pas dépitant! une coiffure si élégante, si distinguée, qui m'a coûté tout un jour de travail, porter cela sur le front comme la visière d'une casquette! Regarde-la donc, Gilbert! mais regarde-la donc cette grande blonde! est-elle laide! est-elle maigre! avec son cou de cigogne!

Et Gilberte montrait à son mari une très-laide femme blonde, portant sa couronne presque sur les yeux et qui, pourtant affectant des airs de joliesse, sortait parfois coquettement la tête de la portière de sa voiture.

— Ma foi, ça console d'être à pied quand on voit de si vilaines figures en carrosse! Dis donc, Minette, c'est toi qui serais gentille à croquer avec ton teint si blanc, tes joues si roses et cette charmante couronne verte à grappes rouges sur tes beaux cheveux châtains.

— Dame! — répondit la jeune femme en étouffant un léger soupir — ça ne m'irait toujours pas plus mal qu'à une autre...

— Enfin! — dit Gilbert en étouffant, ainsi que sa compagne, un léger soupir, et continuant de regarder comme elle le brillant défilé — voilà ce qu'on appelle des gens heureux, fièrement heureux! hein, Minette!

— Ah oui! bien heureux!

Et les deux jeunes gens restèrent pendant un moment silencieux et rêveurs.

Éprouvaient-ils de l'envie, amenés à un retour involontaire sur leur pauvre et humble position par le contraste même de cette élégance et de ce luxe?

Une sorte d'amertume involontaire ne se glissait-elle pas

dans le cœur de Gilberte à cette pensée : que, laborieuse et intelligente ouvrière, elle avait, en retour d'un modique salaire, veillé des nuits, pour achever ces parures éphémères, chefs-d'œuvre de goût et d'élégance dont elle ne devait jamais parer ses dix-sept ans et sa charmante figure?

Gilbert adorait sa Gilberte; n'éprouvait-il pas un vague sentiment de regret, de tristesse, en songeant à l'abîme infranchissable qui séparait à jamais sa femme de ce monde éblouissant dont le rayonnement splendide venait de frapper leurs yeux?

Enfin nos deux jeunes gens ne se trouvaient-il pas alors sous l'obsession inévitable, fatalement née de la comparaison du luxe et de la pauvreté, comparaison qui amène ces réflexions :

— Pourquoi le pain de ceux-ci dépend-il par exemple du caprice que ceux-là peuvent avoir d'assister à une fête? — car enfin si cette jolie duchesse ou cette vilaine blonde ne s'étaient point senties en goût d'assister au bal de la marquise de Montlaur, Gilberte, au lieu de gagner une *bonne semaine* et de pouvoir même offrir à son Gilbert cette fameuse bouteille de vin de Champagne, manquait peut-être du nécessaire!

Pourquoi cela? pourquoi cette inégalité si saisissante, surtout dans les villes comme Paris?

Nos deux jeunes gens ne se posaient-ils pas vaguement, involontairement ces redoutables questions?

Certes, ils se les posaient, car ils appartenaient à l'espèce humaine, et nous défions philosophes, moralistes, théologiens, législateurs, d'empêcher que de pareilles questions, non-seulement ne se posent, mais ne s'imposent! elles ressortent de la nature même des choses.

Est-ce à dire que ceux qui souffrent, se privent et travaillent, doivent se croire investis du droit légitime de prendre la place de ceux qui jouissent, dans la fainéantise, de toutes les somptuosités du superflu?

Superbe logique! en vertu de laquelle de laborieux travailleurs deviendraient à leur tour d'opulents fainéants!

Si de telles imaginations n'étaient pas le comble de l'imbécillité, elles seraient le comble du monstrueux.

Aussi hâtons-nous de le déclarer, Gilberte et Gilbert ne pouvaient aucunement les partager ces prétendues doctrines, maladies chimériques inventées par ces grands docteurs toujours si habiles à sauver leurs clients de maux affreux... qui n'existent point.

Non, Gilbert et Gilberte avaient ingénument, chacun à part soi, résumé leurs impressions par cette pensée à la fois si profondément humaine et d'une si naïve bonhomie :

— Ah! voilà des gens bien heureux! je voudrais être comme eux! Pauvre Gilbert! serait-il content! pauvre Gilberte! serait-elle contente!

Et encore, ce désir inoffensif, purement spéculatif, car ils le savaient irréalisable, fut-il bientôt oublié par nos deux jeunes gens, grâce à une joyeuseté de Gilbert qui, à la grande surprise de sa femme, se penchant à l'ouverture de la portière d'une voiture à un cheval, s'écria d'une voix caverneuse :

— Gros goinfre, tu dors! parce que tu t'es trop empiffré de truffes et de petits pois! ô vaillant défenseur de Marmora!

Gilbert s'adressait ainsi au général baron Poussard, qu'il venait de reconnaître. Celui-ci, toutes les glaces de la voiture baissées, dans le but de ventiler sa digestion, s'était profondément endormi au doux et lent balancement de son véhicule qui suivait la file.

— Des truffes, des petits pois! — répéta machinalement le spadassin encore appesanti par le sommeil.

Puis, reprenant tout à fait ses esprits, le baron s'écria d'un air matamore et courroucé en mettant la tête à la portière :

— Mille tonnerres! quel est le polisson, le pékin, le jeanfesse qui a osé se permettre cette plaisanterie? — je lui couperai les oreilles.

Mais le baron Poussard parlait aux étoiles et s'avançant presqu'à mi-corps au dehors de sa voiture, il eut beau promener de ci de là ses gros yeux sanglants et furibonds, il ne vit personne. Gilbert et Gilberte, riant aux éclats, étaient déjà loin.

— Ah! la bonne farce! — disait la jeune femme, — mais c'était imprudent; le garçon du café nous a dit que ce monsieur était un duelliste.

— Un duelliste! eh! bien, après? Je m'en moque pas mal! Je lui aurais proposé de nous battre... à... à la pierre de taille! On prend chacun une pierre de taille pesant six mille livres, non d'un petit bonhomme! et en avant!... on cherche à s'écraser à mort!

Cette saillie de Gilbert redoubla l'hilarité de nos jeunes gens et, toujours courant, toujours riant, comme des écoliers craignant d'être pris en faute, ils arrivèrent devant la porte de leur maison. Gilbert, cédant au mouvement convulsif de son rire, tira brusquement par deux ou trois fois le bouton qui correspond à la sonnette du portier.

— Ah! bon! — dit Gilberte — madame Badureau va nous faire une jolie scène!... tu as sonné à tout briser...

— C'est ma foi vrai, allons, hardi, Minette... suis-moi. *la garde meurt et ne se rend pas!* comme a dit cet autre vieux de la vieille!

La porte cochère s'ouvrit, et les deux joyeux *locataires* aperçurent madame Badureau redoutablement campée sur le seuil de sa loge.

Gilbert s'avança bravement, et prenant sa voix la plus insinuante :

— Bonsoir, ma chère madame Badureau! voulez-vous, s'il vous plaît, avoir la bonté de nous faire l'honneur de nous octroyer notre *rat* allumé pour monter chez nous?

— Quand on a zévu l'indécence d'insulter z'aux gens

qui ont zévu des malheurs z'en les sonnant aussi grossièrement que des chiens, on n'a pas le front de venir encore leur demander son rat.

Après ces mots prononcés avec un courroux imposant, la portière ferma brusquement le vitrage supérieur de la porte de sa loge dont elle ferma la serrure.

— Allons, ma bonne madame Badureau, — dit Gilbert en frappant au carreau — pas de mauvaises plaisanteries ! que diable ! nous ne pouvons pas monter sans lumière jusqu'à notre cinquième sans risquer de nous casser le cou ; l'escalier est noir comme un four... donnez-nous notre rat pour l'amour de Dieu !

— Vaines prières ; les deux jeunes gens virent à travers les vitres de la loge l'intraitable portière se rasseoir complaisamment sur sa chaise, prendre sur ses genoux son chat favori et le caresser avec une affectation sardonique.

Vieille bête ! — s'écria Gilbert, oubliant le respect dû à l'âge et au malheur — je lui donnerai une boulette... à ton chat !

— Bah ! laissons-la ! dit Gilberte — nous marcherons doucement, tu me prendras par la main et tu monteras le premier...

Gilbert et Gilberte, guidés par la clarté de la lune, traversèrent la cour au fond de laquelle s'élevait la haute maison dont ils habitaient le cinquième étage ; l'escalier était profondément obscur, mais grâce à leur connaissance des êtres, et à l'appui de la rampe, ils gagnèrent leur réduit sans mésaventure.

— Je craignais surtout de tomber de peur de casser notre amour de petite bonne femme — disait Gilberte, tandis que son mari prenant dans sa poche la clef du logis, cherchait à tâtons l'orifice de la serrure qu'il ouvrit enfin.

— Les allumettes chimiques sont sur le poêle — dit Gilberte ; — allume une lumière, je t'attends à la porte.

Au bout d'un instant, une étincelle jaillit et la chambre fut éclairée, chambre modeste mais merveilleusement proprette ; elle composait, avec un cabinet servant de cuisine, la demeure du ménage ; l'ameublement se bornait au strict nécessaire : des rideaux de cotonnade aux fenêtres, quatre chaises de merisier, un lit de fer dans l'alcôve, une commode de noyer bien luisante, placée entre les deux croisées mansardées ; devant l'une d'elles, la table de travail de Gilbert, chargée de ses pierres lithographiques et de ses crayons, ayant à sa droite le chevalet de bois blanc où il posait ses modèles dans un *passe-partout;* devant l'autre croisée la table de travail de Gilberte, ses cartons renfermant les matériaux nécessaires à la confection de ses fleurs et dans le vase, où elle avait germé, une petite tulipe de Thol, jaune et pourpre, qu'elle se proposait de copier ; un poêle de fonte, chauffage plus économique, était placé dans la cheminée, ornée, ainsi que l'avait dit Gilberte, de deux oranges pailletées, amical et humble cadeau survivant au dernier jour de l'an.

Tout dans ce pauvre logis annonçait des habitudes de propreté, d'ordre et de travail.

— J'ai justement là une boîte avec du coton où je mettais les diamants que j'ai employés à la coiffure de cette belle duchesse ; cette boîte sera le *dodo* de notre petite bonne femme — dit Gilberte en fouillant dans son corsage — et demain nous lui ferons une cage en verre. Quel joli effet cela fera sur la cheminée ! n'est-ce pas, Gilbert ?

— Certes, mais voyons-le donc à la lumière, notre petit chef-d'œuvre...

— Laisse-moi d'abord le mettre sur la cheminée pour juger de l'effet...

Et Gilberte ayant placé sur la cheminée la figurine, entre les deux oranges qui la dépassaient de beaucoup en hauteur, se recula d'un pas pour *juger,* ainsi qu'elle disait, de *l'effet* de son acquisition.

Or *l'effet* dépassa singulièrement l'attente de nos deux jeunes gens...

III

Gilberte, après avoir placé la figurine sur le milieu de la tablette de la cheminée, la partie la moins éclairée de la chambre en ce moment, s'était, ainsi que Gilbert, reculée de quelques pas.

Soudain ils aperçurent poindre autour de la figurine une faible auréole de lumière azurée, à peu près pareille à cette douce lueur que projettent certains insectes phosphorescents ; aussi Gilbert s'écria-t-il :

— Dis donc, Minette, voilà qui est singulier ! il y a un ver-luisant dans notre acquisition !

— Tiens, c'est vrai ! sans doute il s'est fourré entre les petites pierres qui entourent ce morceau de miroir imitant la fontaine...

— Ah çà ! mais... ah çà mais !... — reprit Gilbert d'une voix suffoquée par la stupeur, — qu'est-ce que cela signifie ?

— Mon Dieu ! mon Dieu !... — murmura la jeune femme en saisissant le bras de son mari et se serrant contre lui — mon ami... j'ai peur ; je t'en supplie... ne restons pas là..... sauvons-nous... sauvons-nous !!

Mais les deux époux, en proie à une sorte de vertige, sentirent leurs jambes flageoler, il leur fut impossible de faire un pas.

La faible lueur azurée qui d'abord avait entouré la figurine, s'était peu à peu changée en un petit foyer de si vive clarté qu'elle remplissait toute la chambre, et que la flamme d'une chandelle placée sur la commode semblait d'un rouge sombre.

Cependant, malgré son éclat, la lumière qui rayonnait autour de la figurine était si pure, si douce, que l'œil la contemplait sans éblouissement, et qu'au milieu de son orbe argenté, l'on voyait la mignonne créature aussi diaphane qu'une feuille de rose interposée entre l'œil et le soleil, se mouvoir avec toutes sortes de gentillesses. Elle s'était d'abord levée debout, en secouant sa tête blonde et détirant ses bras comme une personne fatiguée d'être longtemps restée dans la même position, disant de cette petite voix à la fois mélodieuse et sonore, dont l'oreille de nos jeunes gens avait été déjà frappée :

— Ah! qu'il est bon de se dégourdir les jambes après plus de deux mille ans d'immobilité !

Et la petite bonne femme couleur de rose, courant, bondissant sur la tablette de la cheminée, sautait légère comme un colibri sur les oranges deux fois hautes comme elle, puis s'élançant de l'une à l'autre pour prendre encore ses ébats, toujours entourée de son auréole argentée.

Nous laissons au lecteur à imaginer, s'il le peut, les impressions de Gilbert et de sa femme à l'aspect de ce prodige, le cou tendu, le regard fixe, le cœur battant à se rompre, en proie à une stupeur qui approchait de l'épouvante... de l'épouvante, non... la gentillesse de la ravissante figurine ne pouvait inspirer d'effroi, mais cet événement merveilleux inspirait aux deux jeunes gens cette anxiété profonde, ce doute de nous-mêmes, de la sûreté de nos sens et de la sanité de notre raison, auxquels nous sommes en proie, lorsqu'une apparence supernaturelle frappe notre idée et nos yeux.

La sueur inondait le front de Gilbert, et Gilberte, cramponnée au bras de son mari, respirait à peine, et tremblait. Soudain, tous deux comprirent ce prodige... autant qu'il se pouvait comprendre, grâce aux souvenirs impérissables que laissent en nous ces adorables *contes de fées* dont a été bercé notre jeune âge et qui, lors de notre adolescence, nous ont fait tant de fois délicieusement rêver à ces merveilles enchanteresses! Ces souvenirs s'éveillèrent soudain en foule dans l'esprit troublé de Gilbert et de Gilberte.

Peau d'âne, l'Oiseau bleu, la Belle au bois dormant, le Prince Persinet, Aladin et tant d'autres ressouvenances classiques dans le fantastique, devenaient pour nos jeunes gens des réalités, des précédents historiques, des faits incontestables, avérés, connus de chacun.

Grâce à ces faits de *notoriété publique*, Gilbert et sa Gilberte, forcés d'ailleurs de se rendre à l'évidence, finirent, nous l'avons dit, par s'expliquer ce prodige autant que peut s'expliquer un événement supernaturel; une curiosité dévorante, remplaçant peu à peu la première angoisse des deux époux, ils se hasardèrent à se rapprocher de la tablette de la cheminée sur laquelle la petite bonne femme couleur de rose continuait ses ébats, en répétant que : *c'était chose excellente que le mouvement après deux mille ans d'immobilité.*

— Le fait est — dit tout bas Gilbert qui, de plus en plus rassuré acceptait résolûment l'aventure — le fait est que,

garder la même position pendant deux mille ans, il y a de quoi fièrement vous engourdir les jambes!

— Prends garde de l'irriter! — répondit Gilberte d'une voix inquiète — j'ai lu dans les contes de fées (les contes de fées devenaient, sans profane comparaison, l'*Évangile* de ces jeunes gens), j'ai lu que souvent rien n'était plus colère, plus rancuneux que les génies...

— Je n'en reviens pas! — ajoutait Gilbert en se frottant les yeux — nous voilà donc en pleine féerie... il n'y a pas à dire... non! que diable! nous voyons, nous entendons.

— Que veux-tu? on assure qu'il y a eu des miracles... pourquoi n'y aurait-il pas de féerie ? — et s'interrompant, la jeune femme s'écria : — Ah! mon Dieu! c'est bien autre chose maintenant! voilà qu'elle vole comme un papillon ; si elle allait se brûler à notre chandelle...

La petite bonne femme, après avoir bondi pendant quelques instants sur la cheminée, s'élançait en effet dans le vide, toujours entourée de l'auréole qui semblait rayonner de son corps rose et transparent ; mais cette lumière prit soudain une telle intensité qu'au moment où Gilbert et Gilberte éblouis fermaient à demi les yeux, ils virent la petite bonne femme pour ainsi dire se fondre, se dissoudre dans cette auréole devenue étincelante comme de l'argent en fusion. Puis, leur éblouissement passé, lorsqu'ils se hasardèrent de rouvrir les yeux, ils n'aperçurent plus qu'une lueur rosée qui, jetant ses derniers reflets au plafond de la chambre, s'affaiblit de plus en plus, disparut tout à fait, et la modeste demeure des deux époux resta faiblement éclairée par la flamme vacillante de la chandelle placée dans son flambeau de cuivre.

— Ah! mon Dieu — s'écria Gilbert avec un accent de profond regret — la voilà partie!

— Je te le disais bien — reprit tristement la jeune femme ; car tous deux s'habituaient parfaitement au merveilleux — tu l'auras irritée avec ta plaisanterie... Nous ne la reverrons plus, et peut-être nous aurait-elle porté bonheur...

— Je suis là, près de vous, mes amis — reprit la douce voix de la petite fée; — je suis là, invisible à vos yeux... mais je ne vous quitte pas.

— Quel bonheur! — reprit Gilbert — elle ne nous quitte pas !

— C'est toujours dommage de ne plus la voir — dit Gilberte en soupirant — elle était si gentille !

— Mes amis, reprit la voix — vous m'avez déjà rendu un grand service... Et seuls vous pouviez me le rendre, d'abord parce que vous êtes bons... et puis pour d'autres raisons que vous saurez plus tard ; oui vous deux seuls pouviez rompre le charme qui, depuis deux mille ans, me retenait enchaînée, pauvre *Korrigan* que je suis; il dépendra de vous d'achever votre ouvrage et de me faire quitter cette terre-ci pour aller dans les autres mondes rejoindre mes sœurs, Korrigans comme moi. Le voulez-vous, mes amis?...

— Gilberte — dit tout bas le jeune homme — te rappelles-tu si dans les contes des fées on tutoie les fées?

— Je ne crois pas; il me semble qu'on leur dit pour les flatter : « Bon génie, qu'exigez-vous de moi! »

— Bon génie — reprit Gilbert — qu'exigez-vous de nous?

— Appelez-moi Korrigan, mes amis, c'est mon nom et je l'aime.

— Très-bien, pardon, je ne savais pas — s'empressa de répondre Gilbert. — Korrigan, qu'exigez-vous de nous?

— Que vous me demandiez tout ce que vous pouvez désirer en ce monde... mes amis, et que, vos vœux satisfaits... vous me disiez : va-t'en, Korrigan... va-t'en.

— Comment... c'est aussi simple que ça... — s'écria Gilbert. — Nous n'aurons qu'à vous demander tout ce que nous désirons et vous dire ensuite?...

— Va-t'en, Korrigan — reprit la petite voix douce — va-t'en!

— Ces paroles nous semblaient si grossières, si ingrates, — ajouta Gilberte — que mon mari n'osait les répéter, aimable fée?

— Oh! rassurez-vous, mes amis — reprit l'invisible Korrigan — ces paroles seront ma joie et ma délivrance, je ne les entendrai jamais trop tôt; car je vous l'ai dit : dès qu'elles seront prononcées par vous, je quitterai ce monde-ci pour aller retrouver mes sœurs...

— Si je vous comprends bien, gentille Korrigan — reprit Gilbert — nous vous demanderions, je suppose, d'être millionnaires? vous nous feriez à l'instant millionnaires, en reconnaissance de quoi nous vous dirions... Pardon, mais je ne peux m'empêcher de trouver toujours cela d'une ingratitude dégoûtante. Nous vous dirions : Va-t'en, Korrigan!

— Oui.

— Et... c'est une supposition, si nous ne vous disions pas de vous en aller?

— Alors, mes amis — reprit la petite voix d'un ton soumis et résigné — je resterais en ce monde-ci toujours prête à satisfaire vos désirs... jusqu'à ce qu'enfin ils soient comblés.

— Quelle différence de langage et de procédés avec cette abominable mère Badureau, qui, ce soir, nous a refusé notre *rat* — dit tout bas Gilbert à sa femme; — cette pauvre Korrigan, elle aussi a *zévu des malheurs*. Ils ont duré... pendant deux mille ans! et pourtant elle se fait pour ainsi dire notre servante!

— Pauvre petite! puisque cela dépend de nous, il faut lui demander vite ce que nous voulons et la renvoyer tout de suite, n'est-ce pas, Gilbert?

— Je reconnais là Minette qui l'autre jour a acheté des hirondelles à un gamin pour avoir le plaisir de leur donner la volée... Sois tranquille, j'aurai bientôt dit ce que nous voulons, et nous donnerons la clef des champs à la gentille fée; — puis il ajouta tout haut : — Korrigan, nous voulons être millionnaires...

— C'est fait — répondit la voix — regarde dans la boîte où Gilberte met ses fleurs, tu y trouveras un million.

Gilbert courut à la boîte, l'ouvrit et y trouva dix paquets dont chacun contenait mille billets de banque, puis, feuilletant avidement ces légers papiers, il s'écria dans sa joie délirante :

— Gilberte, ma Gilberte! nous voilà riches à tout jamais! tu ne passeras plus de nuits à travailler! tu iras en voiture! tu auras de superbes toilettes! des diamants, comme une duchesse!... nous aurons un hôtel! un château! des domestiques! Riches! nous voilà riches!...

— Quel bonheur!... mon Gilbert, tu ne seras plus courbé sur ta pierre du matin au soir; tous nos jours seront des dimanches, nous pourrons donner beaucoup d'argent! faire tant d'heureux!

— Alors tant pis! demandons deux millions... Bah! une fois qu'on y est!

— Ah! Gilbert! c'est abuser...

— Abuser? qu'est-ce que cela lui coûte donc à cette chère Korrigan! et puis elle nous l'a dit : une fois nos vœux comblés et que nous lui aurons donné sa volée, bonsoir la compagnie; il sera trop tard pour lui demander encore quelque chose; — et, s'adressant à la fée invisible :

— Bonne Korrigan, ce n'est pas par avarice que nous vous demandons encore un million, s'il vous plaît, mais il est si doux de donner à ses amis... que...

— C'est fait — répondit la voix — regarde dans ta boîte à crayons, tu y trouveras un autre million...

Gilbert courut à la boîte, l'ouvrit et s'écria :

— Minette, l'autre million y est!!!

— Merci, oh! merci, bonne fée — dit la jeune femme en joignant les mains; — tous nos désirs sont comblés, nous allons vous rendre la liberté. Vous pourrez rejoindre vos sœurs... et maintenant..... va-t'...

— Gilberte! — s'écria Gilbert en interrompant sa femme au moment où elle allait prononcer ces mots décisifs : *Va-t'en, Korrigan* — pourquoi tant nous presser de renvoyer notre bon génie? pour elle qui a attendu pendant deux mille ans sa délivrance, qu'est-ce qu'un quart d'heure de plus ou de moins? On ne rencontre pas tous les jours des Korrigans, nom d'un petit bonhomme! laisse-nous donc un peu le temps de nous reconnaître...

— Au fait — reprit Gilberte — un quart d'heure de plus ou de moins...

— Chère petite Korrigan — reprit Gilbert — voyons, franchement, là, entre nous... est-ce que si par exemple, et je mets la chose au pis, au lieu de vous renvoyer ce soir, nous vous gardions jusqu'à demain...

— Ah! Gilbert — dit la jeune femme avec un accent

de reproche amical — il n'y a qu'un instant tu parlais d'un quart d'heure seulement!...

— Mais Minette, c'est une supposition, une simple supposition; je mets la chose au pis. — Et s'adressant à la fée invisible — oui, si nous vous gardions jusqu'à demain soir ou, à la grandissime rigueur, jusqu'après-demain matin, Korrigan?... cela vous désobligerait-il énormément?... je vous parle là, bonne fée, le cœur sur la main... ma parole d'honneur la plus sacrée, si ce retard à votre délivrance vous est vraiment par trop désagréable, nous n'insisterons pas.

— Oh! non! — ajouta Gilberte — nous vous sommes déjà si reconnaissants.

— Et puis enfin lorsque l'on est deux fois millionnaire — ajouta Gilbert, avec une certaine importance — l'on peut se contenter de cette position; aussi, chère Korrigan, si cela vous chagrinait trop de rester, nous vous dirions... hum! nous vous dirions... hum!... hum! (je ne sais pas ce que j'ai dans la gorge) nous vous dirions...

— Va-t'en, Korrigan! se hâta d'ajouter généreusement Gilberte voyant l'hésitation de son mari.

Celui-ci, palpitant d'anxiété, craignant que les paroles fatidiques de Gilberte n'eussent éloigné la fée, reprit d'une voix inquiète :

— Êtes-vous encore là, Korrigan?

— Oui, mes amis, — répondit le génie invisible — il ne suffit pas de me dire, seulement des lèvres : *Va-t'en, Korrigan*; non, non! le charme qui me retient dans ce monde-ci ne peut être rompu que lorsque, n'ayant plus rien à souhaiter, vous me direz du cœur et des lèvres : « *Tous nos désirs sont comblés, va-t'en, Korrigan* — » mais, hélas! le moment n'est pas venu... peut-être ne viendra-t-il pas de longtemps! peut-être, dussiez-vous vivre en ce monde-ci jusqu'à cent ans, n'est-ce point vous qui achèverez d'accomplir ma délivrance?

— Quoi — reprit Gilberte avec un léger accent de tristesse — vous croyez, chère petite fée, que nous serons insatiables, nous qui vivons de si peu et au jour le jour?

— Je crois que toi et ton mari vous êtes bons, qualité suprême entre toutes; je crois que ton cœur, gentille Gilberte, est le meilleur qui soit au monde ainsi que le disait tantôt ton Gilbert; car, bien que condamnée à l'immobilité, je pouvais voir et entendre parler à quelque distance que ce fût; mais, malgré la bonté de votre cœur, mes amis, vous appartenez à l'humanité! aussi jamais peut-être ne me direz-vous : *Va-t'en, Korrigan!* Vos désirs d'aujourd'hui comblés, aurez-vous le courage de dire : *Va-t'en* à celle-là qui peut combler vos désirs de demain?

— Pardon, Korrigan, si je vous interromps — dit Gilbert — mais une idée me vient... vous, qui pouvez tout, pouvez-vous éloigner de Gilberte et de moi toutes les maladies?

— Oui — répondit la voix.

— Oh! ma Gilberte! — dit le jeune homme avec émotion — jamais tu ne connaîtras la douleur. — Et s'adressant à l'invisible fée : — Vous concevez que maintenant, adorable Korrigan, je ne pousserai pas l'indiscrétion jusqu'à vous demander que Gilberte et moi, nous ne mourions jamais... — puis le jeune homme ajouta en se grattant l'oreille — Cependant... la mort a quelque chose de fastidieux qui...

— La mort — dit la voix avec une sorte d'impatience moqueuse en interrompant Gilbert — la mort!... mourir!!!... est-ce que l'on meurt?

— Korrigan... permettez... — reprit le jeune homme avec une respectueuse déférence — loin de moi l'idée de vous contredire et de vous chicaner, mais la vérité m'oblige de vous déclarer qu'on a vu des gens mourir...

— Non — reprit doucement la voix — l'homme corps et esprit est immortel!... il quitte ce monde-ci pour d'autres mondes, comme il en a quitté d'autres pour celui-ci; jamais il ne meurt! il va seulement continuer de vivre *ailleurs;* son âme change de corps et de monde, de même que vous changez de vêtements et de logis!

— Mon Dieu! mon Dieu! Gilbert! comme c'est singulier — reprit ingénument la jeune femme — et pourtant tout le monde croit à la mort!

— Ce que c'est que la routine! — reprit Gilbert; — mais, Korrigan, ces mondes, dont vous nous parlez, où sont-ils?

— Vous les voyez chaque jour, mes amis.

— Nous les voyons! — s'écria le jeune homme. — Pardon, Korrigan, mais je puis vous certifier que jamais, au grand jamais, ni Gilberte, ni moi, nous n'avons...

— Levez les yeux au ciel, mes amis — reprit la douce voix — et vous serez éblouis en contemplant ces milliers de mondes scintillants, où vous attend une vie nouvelle.

— Quoi! bonne Korrigan — demanda Gilbert — nous irons dans les étoiles après notre mort?

— La mort, toujours la mort! — reprit la voix. — Oh! le sot et vain mot! la vaine et sotte invention des hommes! Ils sont parvenus, à l'aide de ces contes lugubres et niais, à faire un épouvantail de l'un des moments les plus intéressants et les plus curieux de notre immortelle vie.

— Pourtant! Korrigan, je...

— Mais ne l'interromps donc pas ainsi sans cesse — dit Gilberte à son mari; — en sa qualité de fée, la Korrigan sait ces choses-là mieux que nous.

— Voyons, bon Gilbert — reprit la voix — tu n'es jamais allé, n'est-ce pas, dans l'Inde, en Perse ou en Chine?

— Non, Korrigan; notre plus long voyage à Gilberte et moi a été de nous rendre à Versailles par le chemin de fer.., rive gauche... celui de notre quartier.

— Eh bien! — reprit la voix — si demain tu me disais : « Korrigan, je veux quitter Paris que je connais, pour Pékin « que je ne connais pas, » Soit, te répondrais-je; partons pour Pékin; or, la seule pensée de ce voyage, serait-elle pour toi un sujet de lamentations? d'épouvante? Serais-tu assez simple pour t'imaginer que le néant commence aux barrières de Paris, comme tu te figures qu'il commence au terme de cette vie-ci? Non, tu te sentirais au contraire rempli d'allégresse, d'impatience et de curiosité, à ce moment de quitter un pays que tu connais pour un pays inconnu.

— S'il s'agissait de quitter Paris pour Pékin, Korrigan, je ne dis pas non... cependant...

— Il en est de même de ce monde-ci où vous vivez, mes amis, vous le quittez pour des mondes merveilleux où vous allez, âme et corps, continuer d'exister. Est-ce que le papillon toujours vivant, malgré sa métamorphose, lorsqu'il a dépouillé sa chrysalide, ne s'élance pas des profondeurs de la terre vers les plaines azurées du ciel?

— Bonne Korrigan, encore une question : lorsque Gilberte et moi nous mourrons... non, je me trompe, lorsque nous irons continuer de vivre dans les étoiles, est-ce que nous serons toujours l'un pour l'autre Gilbert et Gilberte?

— Sans doute, de même que pendant votre voyage de Versailles vous étiez aussi bien Gilbert et Gilberte qu'à Paris.

— Et si je pars avant elle pour ce prodigieux voyage?...

— Elle te retrouvera, ainsi que se retrouvent deux amis dont l'un a devancé l'autre.

— Et nos parents? car elle et moi nous sommes orphelins.

— Vous retrouverez aussi vos parents.

— Mais c'est charmant — dit ingénument Gilberte — voir toutes sortes de mondes nouveaux et merveilleux en compagnie de ceux qu'on aime et que l'on a aimés, quel délicieux voyage! Ça vous donnerait presque envie de partir de suite; n'est-ce pas, Gilbert?

— Pas du tout! nom d'un petit bonhomme, un instant!!! nous n'avons vu ce *monde-ci*, comme dit la Korrigan, que par le petit bout de la lorgnette; nous sommes millionnaires, n'oublions pas cela. De plus, nous sommes certains de n'être jamais malades, de voir réussir tous nos désirs quels qu'ils soient, n'est-ce pas, chère petite fée?

— Oui.

— Tu l'entends, Gilberte? or, selon moi, avant d'aller voir dans les étoiles si nous y sommes, nous devons commencer d'abord par nous délecter infiniment dans ce monde-ci, sans pourtant abuser par trop longtemps de notre chère petite Korrigan, n'est-ce pas ton avis?...

— Au fait, pouvoir tout ce que l'on veut, c'est bien tentant! — reprit la jeune femme en souriant; puis, s'adressant à la petite fée invisible; — mais rassurez-vous, Korrigan, nous ne serons pas insatiables comme vous le craignez; avant peu nous vous dirons ces vilains mots : *Va-t'en, Korrigan*, et vous pourrez aller rejoindre vos sœurs.

— Je le désire — reprit mélancoliquement la douce voix; — maintenant ordonnez : vous possédez deux millions, en voulez-vous dix, en voulez-vous cent?

— Peuh!!! — fit Gilbert en regardant sa femme — des millions... c'est bien commun! tout le monde en a... il doit y avoir à demander mieux que cela, hein! Minette?

— Ce que c'est que de nous pourtant! — reprit Gilberte d'un petit air philosophique. — Tantôt nous calculions notre fameux dîner du Café de Paris de manière à ne pas dépasser nos pauvres sept francs dix sous... et voilà que de ce soir nous rebutons déjà sur les millions; — puis, s'arrêtant à une pensée soudaine, Gilberte s'écria joyeusement : — dis donc, Bibi, ces deux jeunes gens qui tantôt ont été si gentils pour nous au Café de Paris et qui regardaient à boire un doigt de vin de plus que leur demi-bouteille... il faut leur faire une surprise?

— Je te comprends, combien désirons-nous qu'ils aient ces jeunes gens? deux millions?

— Oui, mais un d'abord, l'autre un peu plus tard ; — reprit la jeune femme — leur bonheur sera double.

— Bons cœurs! — dit la voix — bons cœurs!

— Chère Korrigan — reprit Gilbert, — nous voulons qu'à l'instant M. *Meunier* commis au magasin de la *Barbe d'Or* rue Saint-Martin, soit riche d'un million.

— C'est fait! mes amis, répondit la voix — à cette heure, un courrier descend de cheval à la porte du magasin de la *Barbe d'Or* et apprend à M. Meunier qu'un parent inconnu mort aux Indes lui laisse une succession dont on lui offre un million comptant, payable à Paris, chez M. de Rothschild... l'autre million viendra quand vous voudrez.

— Merci, Korrigan, ce n'est pas tout...

— Ordonne.

— Je veux savourer le plaisir des dieux, la *vengeance*! la féroce vengeance! nom d'un petit bonhomme!

— Ah! Gilbert — fit Gilberte — que dis-tu là? une méchante pensée tandis que nous sommes si heureux?

— Korrigan! — reprit Gilbert d'une voix solennelle — je veux que ce duelliste forcené, le général baron Poussard, qui, afin d'humilier de modestes dîneurs, comme nous et notre ami Meunier, a demandé à tue-tête des truffes et des petits pois, je veux, j'entends, j'ordonne que le susdit général baron Poussard qui assiste à la fête magnifique de la marquise notre voisine, soit pris, au milieu du bal, d'une colique atroce, le goinfre!

— C'est fait — répondit la voix. — Le général, qui en ce moment s'évertue à flatter la marquise, dans l'espoir de se voir inviter prochainement à dîner, balbutie, se pince fortement les lèvres, et prend une physionomie des plus étrangement embarrassées...

— Ah! ah! ah! — fit Gilbert en riant aux éclats — quel dommage de ne pas le voir!

— Une idée! — s'écria Gilbert — Korrigan, je veux que la colique du vieux spadassin cesse à l'instant.

— C'est fait — répondit la voix. — Les lèvres du général se déplissent, sa figure s'épanouit... il prend un air souriant.

— Après tout, — dit Gilberte — ce monsieur en comman-

2

dant son dîner à haute voix ne songeait peut-être pas à nous humilier ; c'est égal, Bibi, maintenant que sa colique a passé, j'aurais voulu voir la drôle de mine qu'il faisait en parlant à la marquise...

— Calme tes regrets, Minette, nous jouirons de ce délicieux point de vue — reprit Gilbert après être resté un moment pensif — et, s'adressant à la fée : — Korrigan, tu peux tout...

— Oui..

— Peux-tu faire que Gilberte et moi nous devenions le marquis et la marquise de Montlaur, nos voisins?

— Rien de plus facile — répondit la voix — tout à l'heure, mes amis, je vous le disais : le corps est à l'âme ce que les vêtements sont aux corps, votre âme prendra donc l'enveloppe de la marquise et du marquis de Montlaur, et vous *entrerez dans leur vie :* le destin qui les attend sera le vôtre : vous deviendrez en un mot : *eux-mêmes* ; tout mon désir est que vous soyez assez satisfaits de cette condition pour me dire un jour : *Va-t'en, Korrigan.*

— Et moi — s'écria Gilberte les larmes aux yeux — je m'oppose à cet arrangement-là !

— Que dis-tu, Minette?

— Bonne petite Korrigan — reprit la jeune femme d'un ton suppliant — n'écoutez pas Gilbert, sa figure me plaît, je l'adore tel qu'il est : avec ses cheveux bruns, ses yeux bleus, sa bonne figure franche et ouverte, son gai sourire, ses dents blanches, et j'aurais beau savoir que mon Gilbert est sous l'enveloppe de M. le marquis, que si celui-ci... non, que si Gilbert s'avisait de vouloir m'embrasser, sous la figure de M. le marquis, malgré moi je lui arracherais les yeux !

— Mais, Chérie, écoute-moi donc...

— Laissez-moi, monsieur ; sans doute l'enveloppe de cette belle marquise vous plaît davantage que mon enveloppe à moi.

— Ah ! Gilberte... Gilberte !

— Vous préférez ses cheveux noirs à mes cheveux châtains, son nez aquilin à mon nez retroussé, sa taille à la mienne, et sous prétexte que je serai sous tout cela, vous voulez, monstre... que vous êtes... allez ! c'est affreux ! non, non, chère petite Korrigan, reprenez tous vos dons, vos millions, sauf celui de ces deux pauvres jeunes gens et laissez-moi mon Gilbert tel qu'il est, avec son bon cœur et sa bonne figure.

— Mais, Minette, encore une fois écoute-moi donc. Je n'avais pas, il est vrai, songé à cette objection de l'enveloppe et...

— Taisez-vous, monsieur ! voilà l'effet des grandeurs ; mon enveloppe ne vous suffit plus, vous me voudriez celle d'une marquise !

— Mes amis — dit la voix — tout peut se concilier : vous resterez Gilbert et Gilberte, en cela qu'aux yeux l'un de l'autre, vous garderez votre apparence charnelle ; mais aux yeux de tous vous aurez la figure du marquis et de la marquise.

— Ah ! bonne Korrigan, que vous êtes gentille ! — s'écria Gilbert — eh ! bien Minette, qu'as-tu à répondre à cela? Je disais bien, moi, que nous avions mieux que des millions, car tous les millions du monde ne feraient pas de nous un vrai marquis et une vraie marquise, ne nous donneraient de pas belles manières, de superbes connaissances ; sans compter le délice de nous dire : — « C'est nous qui donnons cette magnifique fête de ce soir » — nous qui étions trop heureux, il y a une heure, de regarder passer les voitures des invités.

— Le fait est que ce serait fièrement drôle et amusant — reprit Gilberte en souriant de plaisir, puis se ravisant elle ajouta : — mais d'abord, bonne Korrigan vous nous assurez que si nous prenons la figure du marquis et de la marquise, il ne leur arrivera aucun mal?

— Il ne leur arrivera aucun mal — répondit la voix — leur âmes ainsi que cela parfois arrive même dans ce monde-ci, changeront d'enveloppe comme les vôtres en auront changé.

— Alors la fête est complète puisqu'elle ne cause de peine à personne — dit joyeusement Gilberte en frappant dans ses mains — aussi je crois, chère petite fée, que nous vous dirons bientôt : *va-t'en, Korrigan,* — et se tournant vers Gilbert en prenant de son mieux un air de grande dame : — n'est-ce pas ton avis, marquis ?

— Mais oui, marquise, mais oui — répondit Gilbert avec suffisance — je crois, palsambleu, que nous nous en tiendrons là ; et pour commencer partons vite, la fête doit être dans tout son beau. N'oubliez pas, Korrigan, l'atroce colique du spadassin, au moment où nous entrerons dans notre superbe hôtel. Je veux repaître mes yeux du spectacle du général baron Poussard se trouvant dans une situation extraordinairement délicate... et peu intéressante ! allons vite, partons, Minette.

— Partons, répondit non moins gaiement Gilberte.

— Ah ! nos millions que j'oubliais, nom d'un petit bonhomme, quoique marquis, ou parce que l'on est marquis, les millions ne sont jamais de trop, n'est ce-pas chère petite fée ?

— Ne prends point souci de cet argent, — dit la voix — tu le retrouveras à l'hôtel de Montlaur.

— C'est juste, vous êtes notre caissier, adorable Korrigan... — et réfléchissant — cependant je veux garder deux billets de mille francs ; je suis dans un jour de vengeance, j'ai soif de victimes ! — et Gilbert détacha de la liasse deux des billets et déposa les autres sur la table ; en un instant ils s'évanouirent à ses yeux.

— C'est étonnant — dit le jeune homme — ça vous fait toujours un effet de voir votre fortune fondre comme la neige au soleil !

Gilberte en même temps regardait dans son carton à

fleurs; l'autre million avait aussi disparu; elle ne put retenir un léger mouvement d'inquiétude.

— Mes amis — dit la voix — voulez-vous revoir votre trésor?

— Non, non, — reprirent à la fois nos deux jeunes gens — ce serait douter de vous, chère petite Korrigan; partons.

— Vous n'avez pas besoin de sortir d'ici, — reprit la voix — en un instant vous serez transportés au milieu des salons de l'hôtel Montlaur.

— Bonne fée, si cela vous est indifférent, — dit Gilbert — j'ai un terrible compte à régler avec cette abominable Badureau qui ce soir nous a refusé notre *rat*.

— C'est vrai, elle nous l'a refusé, aussi pour descendre comment allons-nous faire? — dit Gilberte — l'escalier est si noir.

— Je vous guiderai — dit la voix — je répandrai devant vous ma clarté.

— Voilà ce qui s'appelle : une voix claire — dit gaiement Gilbert, qui ce soir-là se trouvait en veine de jeux de mots — hein, Minette, as-tu entendu?... une *voix claire*.

— Chère petite Korrigan, vous qui pouvez tout — s'écria Gilberte — empêchez, s'il vous plaît, mon scélérat d'époux, de commettre d'affreux calembours, c'est son seul vice.

— Il n'en fera plus — dit la voix.

— Enfin! — fit joyeusement Gilberte en éclatant de rire.

— Hélas! — fit Gilbert en affectant un profond chagrin. Et il ouvrit la porte de la chambre.

Aussitôt le palier fut éclairé par une lumière douce et azurée.

— Vois donc, Minette — reprit Gilbert — on dirait un superbe clair de lune, viens donc... que fais-tu là?

La jeune femme, arrivée au seuil de la porte, jetait un regard mélancolique sur cet humble logis.

— Adieu — disait-elle — adieu pauvre chambrette où nous avons vécu si heureux pendant dix-huit mois, jasant et travaillant du matin au soir, Gilbert à sa table et moi à la mienne, puisque nous avons eu la chance de ne jamais manquer d'ouvrage; veillant souvent les nuits, mais veillant gaiement ensemble, en faisant nos projets pour notre cher dimanche! Adieu donc, pauvre chambrette, toi qui nous as toujours vus si gais, si heureux et si amoureux, que l'on ne pouvait pas nous croire mariés! Adieu, nous voilà millionnaires!... nous voilà grands seigneurs!... mais nous ne serons jamais ingrats pour le passé, n'est-ce pas, mon Gilbert?

— Bons cœurs! — murmura la douce voix — Bons cœurs!

— C'est étonnant, Chérie, j'éprouve aussi une sorte de tristesse au moment de quitter notre pauvre logis — reprit, après un moment de silence, le digne garçon en s'avançant ainsi que sa femme au seuil de la porte, — ça me serre le cœur d'abandonner pour jamais nos deux tables de travail, ce cabinet, où de tes mains blanchettes tu préparais notre petit repas, que nous prenions gaiement sur le poêle en hiver, près de la fenêtre ouverte en été, à l'ombre de nos capucines, mangeant à la même assiette, buvant au même verre! et puis ce petit lit... mais, bah! nous sommes bien sots de nous attrister! est-ce que, lorsque nous le voudrons, nous ne la retrouverons pas notre chambrette? puisque tous nos vœux seront exaucés!

— Tiens c'est vrai! tu as raison, mais c'est égal je t'en prie, mon Gilbert, ne l'abandonnons pas cette chère petite chambre, quoique nous soyons marquis et marquise, nous y reviendrons souvent, n'est-ce pas? Puis s'adressant à l'invisible fée : — Gentille Korrigan, nous ne voulons pas qu'on y mette écriteau pour notre chambre.

— Ah! ah! ah! — fit Gilbert en éclatant de rire — mettre écriteau! mais tu oublies donc, Minette, que nous sommes millionnaires et, pour garder notre chambrette nous achèterons, s'il le faut, la maison, son scélérat de propriétaire et la mère Badureau par-dessus le marché. Ceci me rappelle ma vengeance!

En descendant l'escalier avec Gilberte, tous deux guidés par la lumière azurée que répandait le corps invisible de la Korrigan, Gilbert fredonna sur l'air de la *Parisienne*.

« En avant marchons!
« Contre Badureau!
« Cou...rons à la vengeance!
« Cou...rons à la vengeance! »

— Bonne fée, — dit Gilberte en riant comme une folle, — vous pouvez tout, empêchez ce monstre de Bibi de faire de pareils vers...

— Il n'en fera plus, — dit la voix.

— Merci, Korrigan.

— Malédiction! — fit Gilbert — je ne te chanterai donc plus, ô Badureau, mais je me vengerai! Ah! tu as *zévu* des malheurs toi! hé bien! attends, attends!

Nos deux jeunes gens arrivèrent devant la porte de la loge, fermée en dedans et complètement obscure, car minuit avait sonné. Gilbert entoura son poing de son mouchoir, pesa peu à peu sans secousse, mais fortement sur l'un des carraux du vitrage, et le brisa presque sans bruit dégageant alors des débris du verre l'ouverture à travers laquelle il passa la tête, il appela d'une voix caverneuse :

— Madame Badureau... madame Badureau!

— Hein! — fit la portière éveillée en sursaut, et se dressant à demi sur son lit placé au fond de la loge dans une soupente — Hein! qu'est-ce? qui va là? qui m'appelle?

— Celui qui vous appelle, ô Badureau! vous appelle à cette seule et unique fin de vous avertir officieusement que vous embêtez énormément les locataires...

— Au voleur! au feu! au secours! — s'écria le portière en s'enroulant dans sa couverture — au secours!

— Vous embêtez, reprends-je, ô Badureau, énormément

les locataires, leur prenant leurs plus belles bûches, les faisant droguer une heure à la porte en leur refusant leur rat avec férocité, le tout sous le prétexte que vous avez *zévu des malheurs*, ritournelle éternelle et simpiternelle. Or voici deux mille francs, le diable vous les envoie dans l'espérance qu'il vous feront oublier les malheurs que vous avez *zévus*... et qu'ainsi vons n'embêterez plus les locataires.

— Au voleur! au feu, à l'assassin! cria la portière d'une voix étouffée — c'est ce brigand de lithographe du *cintième!*

— C'est lui-même — répondit Gilbert d'une voix sépulcrale. — Oui, et ce brigand-là vous jette deux billets de mille francs dans votre niche, après quoi ce grossier lithographe se tire le cordon à soi-même, sans vous dire s'il vous plaît, ô Badureau.

Ainsi Gilbert sortit en riant aux larmes ainsi que sa Gilberte.

— Oh! la bonne farce — disait la jeune femme — vois-tu, voilà une vengeance comme je les aime.

— Bons cœurs! — murmura la douce voix — bons cœurs!

Nos deux jeunes gens, après avoir fait quelques pas dans la rue, se trouvèrent devant la grande porte de l'hôtel de Montlaur, flanquée de deux ifs chargés de lampions non loin desquels se tenaient deux gardes munipaux à cheval. Au fond de la cour immense alors traversée par les voitures de quelques invités retardataires, on voyait le péristyle de l'hôtel brillamment éclairé et à travers les grandes vitres de glaces du vestibule, des massifs d'arbustes et de fleurs décorant les abords d'un large escalier de marbre blanc à rampe dorée au pied duquel se tenait rangée une nombreuse livrée richement galonnée. Une vive lumière étincelait à travers la soie des rideaux pourprés qui voilaient les fenêtres de ce palais, et plusieurs d'entre elles percées dans une vaste galerie, servant de salle de bal, et entr'ouvertes à l'air rafraîchissant de cette belle soirée de printemps, laissaient arriver au dehors les harmonieux accords d'un nombreux et excellent orchestre jouant alors une délicieuse valse de Straüs.

Gilbert et Gilberte s'étaient arrêtés un moment pour contempler l'aspect splendide de ce magnifique hôtel, puis la jeune femme dit à son mari :

— Et penser que c'est là *chez nous!!!* que nous allons nous trouver dans ces superbes salons, au milieu de ce beau monde. Tiens, Gilbert, le cœur me bat encore plus fort que tantôt au moment d'entrer dans ce fameux Café de Paris.

— Mais, Chérie, dans cet hôtel, tu l'as dit : nous serons chez nous, à notre aise comme l'on est chez soi, puisque nous serons le marquis et la marquise de Montlaur, maîtres de la maison. Allons, viens... — Puis s'arrêtant au moment où il allait mettre le pied dans la cour de l'hôtel. — Ah çà, chère petite Korrigan, ces grands laquais ne vont peut-être pas vouloir nous laisser passer... Comment entrer chez nous? dans nos salons?

— C'est fait — répondit la voix de Korrigan — vous voici dans le grand salon de l'hôtel, vous êtes aux yeux de tous le marquis et la marquise du Montlaur.

IV

La fête donnée par la marquise de Montlaur était dans tout son éclat, nous ne décrirons pas l'opulence de cette demeure princière, ornée de tout ce que le luxe le plus raffiné, l'art le plus exquis, peuvent créer pour charmer les yeux; l'élite de l'aristocratie parisienne et européenne, celle-ci représentée par les ambassadeurs, les ambassadrices et par quelques grandes familles étrangères remplissaient ces salons, et çà et là les regards curieux ou admirateurs suivaient un *lion* ou une *lionne*, ainsi que dans le jargon de la fashion anglaise on est convenu d'appeler les hommes ou les femmes, très-souvent étrangers au monde aristocratique, mais recherchés dans ce monde-là en vertu d'une célébrité quelconque et incontestable.

La lionne et le lion de la fête donnée à l'hôtel de Montlaur étaient madame de *Saint-Marceau* et M. *Georges Hubert*.

Madame de Saint-Marceau après avoir, sous le nom triomphant de la *diva Bernardi*, obtenu sur les premiers théâtres lyriques de l'Europe, des succès égaux à ceux de la Malibran ou de la Pasta, et gagné une fortune considérable, s'était unie à ce qu'on appelle un *homme du monde*, M. de Saint-Marceau. Cette admirable cantatrice d'une éblouissante beauté, mariée depuis quelques jours seulement, et éloignée pendant assez longtemps de la scène, avait, la veille, fait sa *rentrée* à l'Opéra Italien dans la *Semiramidè* avec un succès colossal. Les plus anciens habitués de ce théâtre ne se souvenaient pas de s'être trouvés témoins d'un pareil enthousiasme. Madame de Saint-Marceau, le lendemain de ce triomphe, reçut la visite du marquis de Montlaur, qui vint la supplier de daigner venir chanter à un concert donné par la marquise avant son bal; madame de Saint-Marceau accueillit cette demande avec une parfaite bonne grâce, mais posa la condition que, contre l'usage, elle ne recevrait aucune rétribution. Le marquis lui répondit avec beaucoup de tact, qu'en ce cas, ce n'était plus à la grande artiste qu'il s'adressait, mais à la femme du monde, à madame de Saint-Marceau, et qu'il serait trop heureux de la voir agréer une invitation pour la fête donnée par la marquise ; madame de Saint-Marceau, afin de reconnaître la délicatesse du marquis, insista pour chanter au concert, y chanta et se surpassa dans un morceau de la *Gazza Ladra*. Ce nouveau succès, joint à la rare beauté de la prima donna, à sa célébrité européenne, à sa position de nouvelle mariée, mariage compliqué d'incidents romanesques qui avaient eu beaucoup de retentissement, donnaient à madame de Saint-Marceau tous les titres à cette appellation de la *lionne* de la soirée.

Monsieur de Saint-Marceau, homme du monde, marié à une artiste dans des circonstances assez excentriques, aurait aussi brillé d'un certain reflet *léonin*, mais il n'accompagna pas sa femme à l'hôtel de Montlaur.

M. Georges Hubert était *lion* en sa qualité d'illustre poète dramatique, d'une réputation européenne ; puis, peu de temps avant la fête donnée par la marquise de Montlaur, Georges Hubert, reçu membre de l'Académie française, avait prononcé devant la fine fleur du monde parisien un discours tour à tour plein de verve, d'esprit ou de haute éloquence.

L'effet de ce discours fut prodigieux et l'on en parlait beaucoup ce soir-là à l'hôtel de Montlaur ; d'autres raisons contribuaient aussi à rendre Georges Hubert lion de cette fête : la reprise d'*Octave*, l'un de ses plus beaux drames, joué deux années auparavant, venait d'obtenir un succès peut-être encore plus étourdissant que par le passé. De plus, l'on devait représenter le surlendemain pour la première fois une œuvre nouvelle de ce grand écrivain, qui depuis deux ans n'avait rien offert à l'impatiente attente de ses admirateurs. Et telle était sa renommée, que cette prochaine solennité littéraire devenait un véritable événement ; enfin depuis deux ans, Georges Hubert, autrefois assez assidu dans le monde, n'y paraissait presque jamais ; ce brusque renoncement à ses anciennes habitudes, cette retraite prolongée dont la cause fut vainement cherchée avait fait singulièrement *jaser* ; aussi, en raison même de sa rareté, la présence du poète à l'hôtel de Montlaur causait-elle une sorte de sensation ; la marquise rencontrant le jeudi précédent au sortir de la séance de l'académie une femme de ses amies causant avec l'illustre écrivain se l'était fait présenter et l'avait engagé avec une gracieuse insistance à la fête qu'elle donnait prochainement.

Georges Hubert, jeune encore, d'un abord froid, d'une réserve polie, d'une physionomie grave, un peu hautaine, que tempérait parfois un sourire bienveillant et fin, se partageait avec l'illustre cantatrice l'attention et la curiosité de la brillante assemblée. Tous deux pouvaient savourer la louange sous toutes ses formes : depuis l'appréciation sincère, délicate, éclairée de leurs rares talents, jusqu'à l'admiration banale et verbeuse, ou à l'exagération d'une flatterie trop effrontément hyperbolique pour ne pas cacher une secrète et jalouse envie.

Madame de Saint-Marceau rayonnante de bonheur et de beauté, ne cachait pas sa joie de se voir accueillie dans cette société d'élite au moins autant comme *femme du monde* que comme artiste. Georges Hubert plus contenu, très-observateur et allant au fond des choses, répondait aux distinctions et aux empressements dont il était l'objet avec modestie, bon goût et dignité.

La signification donnée au mot *lion* dans le jargon de la société est tellement variée qu'il n'était pas jusqu'au général baron Poussard qui ne fût une manière de *lion* en raison de sa triste réputation de duelliste forcené. En le voyant passer l'on se disait :

— C'est le général Poussaad, vous savez... il a tué douze ou quinze personnes en duel...

L'harmonieux orchestre de la salle du bal se reposait, ainsi que les danseurs, durant l'intervalle qui séparait une valse d'une contredanse. Les hommes offrant leurs bras aux femmes les conduisaient dans une immense salle à manger, où était dressé un splendide buffet, où étincelaient des chefs-d'œuvre d'argenterie soit massive, soit *repoussée*, dus au merveilleux talent de Froment-Meurice, le Cellini moderne. Parmi les plus empressés autour de ce buffet, l'on remarquait le général Poussard, il ne songeait déjà plus à l'inconvénient qui pendant un moment avait interrompu la conversation avec la marquise : inconvénient différé, mais toujours menaçant, car Gilbert avait dit à la Korrigan : « — Je veux que ce vieux spadassin soit « repris d'une colique atroce, lorsque Gilberte et moi nous « entrerons dans les salons de l'hôtel sous l'apparence du « marquis et de la marquise, car nous voulons jouir de la « mine piteuse du général Poussard. » Donc, celui-ci dans son ignorance du péril, et planté devant le buffet s'empiffrait de bouchées à la reine sortant du four et de sandwichs aux truffes qu'il arrosait de fréquentes rasades de vin de Champagne frappé ; puis, parlant là bouche pleine, il se prit à dire à l'un de ses voisins de réfection, grand et beau jeune homme svelte et blond, d'une mine hautaine :

— La cuisine est excellente ici ! je n'y ai malheureusement jamais dîné, mais d'après l'échantillon de ce buffet, on peut dire que nous sommes dans une véritable maison de grand seigneur.

— Une bonne maison, oui... mais une maison de grand seigneur, non, — répondit sèchement le grand jeune homme blond en buvant à petits traits une tasse de chocolat glacé, — pour avoir une maison de grand seigneur, il faut d'abord, je pense.. être grand seigneur.

— Hé bien, monsieur le duc — reprit le général en avalant coup sur coup deux bouchées à la reine, — est-ce que les Montlaur ne sont pas de très-grands seigneurs ?

— Les vrais Montlaur étaient, monsieur, de fort grands seigneurs, mais la branche s'est éteinte en 1471.

— Mais, pourtant monsieur le duc..,

— Mais, monsieur, je sais l'histoire, j'imagine ? — reprit avec hauteur le jeune duc, — ma maison a jadis eu des alliances avec cette ancienne et puissante maison de Montlaur, éteinte je le répète, faute d'*hoirs* mâles en 1471 ; ce fut alors qu'un piètre gentilhomme poitevin, un certain Gautier de Hauterive, espèce d'aventurier, n'ayant que la cape et l'épée, se fit épouser par la dernière héritière de cette grande famille, et prit, sans plus de façon, le nom, les armes et le titre de la maison de Montlaur, usurpations fréquentes alors et déplorables.

Le général réfléchit un instant, puis fronçant légèrement les épais sourcils qui surmontaient ses gros yeux injectés de sang, il reprit d'un ton assez *cassant* :

— Permettez, monsieur le duc, vous parlez d'usurpation de titres... mais savez-vous que le mot d'usurpation... c'est...

— C'est le mot poli... — répondit le jeune homme avec une impertinence distraite en replaçant sa tasse vide sur le buffet et approchant un lorgnon de son œil, pour examiner une femme qui entrait.

— Monsieur le duc! — reprit le général d'une voix presque menaçante, — qu'entendez-vous par le mot poli?

Le duc de Saligny, qui s'éloignait du buffet son lorgnon à l'œil et qui tournait en ce moment le dos à son interlocuteur, fit brusquement volte-face et toisant le général, il lui dit avec une courtoisie de la dernière insolence :

— Si j'ai bien entendu, Monsieur, vous me faites la grâce de m'interroger?

— Oui, monsieur le duc.

— Et à qui ai-je l'honneur de parler, monsieur?

— Au général baron Poussard! — répondit le spadassin en se campant sur la hanche et en roulant ses gros yeux, croyant sans doute par son nom redoutable *méduser* M. de Saligny; il n'en fut rien, celui-ci reprit en redoublant de hauteur et de politesse sardonique :

— Oserai-je prier monsieur le général baron Poussard de vouloir bien me faire connaître le but de son interrogation?

— C'est très-facile, monsieur le duc, — répondit le spadassin d'un ton bravache, — sans être l'ami intime de M. le marquis de Montlaur, puisque je n'ai jamais dîné chez lui, et que c'est seulement cet automne, aux eaux de Bade, que j'ai fait sa connaissance, il me suffit d'être reçu chez lui pour trouver singulier... oui, monsieur le duc, prodigieusement singulier, et c'est le mot poli, que vous vous permettiez de... de turlupiner les aïeux du marquis, et, certain de n'être pas démenti par lui, je vous dirai en son nom et au besoin en mon nom à moi, monsieur le duc... que... que... je... oui... je... vous... dirai... que...

Gilbert avait dit à la Korrigan — « Je veux que le général Poussard soit pris d'une colique atroce lorsque » nous entrerons dans l'hôtel... » — de sorte que soudain le général après avoir balbutié la fin de son entretien avec le jeune duc, resta muet, pinça ses lèvres sous ses moustaches grises, et ses traits exprimèrent bientôt une inquiétude mêlée d'angoisse, il se dandina tour à tour sur une jambe et sur l'autre, appuya sa grosse main velue et crispée au rebord du buffet, des gouttes de sueur perlèrent son front. Il voulut s'efforcer de continuer l'entretien, mais il ne put articuler que deux ou trois hem... hem... et de nouveau la parole expira sur ses lèvres au grand étonnement de M. de Saligny qui, sans se départir de son flegme persifleur, reprit :

— Vous me faisiez, je crois, monsieur, l'honneur de me dire, au nom de M. de Montlaur et au besoin en votre nom, que?... quoi?...

— Monsieur le duc — répondit le général d'une voix haletante qui trahissait les plus vives appréhensions, — nous reprendrons tout à l'heure cet entretien... Voici le marquis... il vient de ce côté; il est inutile de lui parler de rien, et..

Mais le général Poussard n'acheva pas sa phrase et se hâta de traverser la salle du buffet aussi rapidement qu'il le put sans être remarqué.

Monsieur de Saligny, très-surpris de la brusque retraite de son interlocuteur, le suivait des yeux, lorsqu'un de ses amis, M. de Bourgueil, jeune secrétaire d'ambassade, portant au col le ruban d'un ordre étranger, et à sa boutonnière une petite chaînette d'or où étaient suspendues plusieurs croix, s'approcha du duc avec assez d'empressement et lui dit à demi-voix :

— Mon cher Gaston, décidément la marquise s'affiche avec Georges Hubert... Voilà un quart d'heure qu'elle n'a pas quitté son bras... du reste, c'est une partie carrée, car le marquis ne quitte pas la *Diva Bernardi*, ou, si tu le préfères, madame de Saint-Marceau. Déjà!... Tiens... les voilà, entrant chacun par une des portes de cette salle à manger. C'est théâtral... A propos, faut-il toujours que j'engage ton cheval contre celui du marquis pour le *steeple-chase* de la croix de Berny, course de gentlemen riders ? Vous courrez tous deux ; il y aura cinq haies, *la Bièvre*, quatre fossés à franchir.

— Oui, oui, engage mon cheval contre celui du marquis. Je voudrais l'humilier, le blesser, ne fût-ce que par le dépit de me voir gagner cette course. Car je le hais plus que jamais — répondit le jeune duc avec une irritation contenue. Viens... malgré mon calme je me sens hors de moi, tu as raison, et je l'ai déjà remarqué; la marquise s'affiche d'une inconvenance révoltante. Elle ne quitte pas le bras de M. Georges Hubert. Oh!... ce soir même, elle saura que je ne suis pas le jouet de sa coquetterie effrontée... Je suis outré! Viens... viens!...

Ce disant, M. de Saligny et M. de Bourgueil disparurent par une galerie aboutissant à la salle à manger, au moment où Gilbert et Gilberte, devenus le *marquis* et la *marquise* de *Montlaur*, entraient par deux autres portes latérales se faisant face.

A ce moment même venait de s'opérer, par la puissance magique de la Korrigan, la transfiguration et la métamorphose de nos jeunes gens.

Une seconde auparavant, la petite fée leur disait,

lorsque arrêtés devant le seuil de l'hôtel ils en contemplaient les somptuosités extérieures :

— C'est fait... vous êtes monsieur et madame de Montlaur, et aux yeux de tous, sauf aux vôtres, vous avez l'apparence charnelle du marquis et de la marquise.

A peine la Korrigan fût-elle partie, que Gilbert et Gilberte éprouvèrent une sorte de vertige, pendant lequel ils perdirent jusqu'à la conscience de leur être; puis ils se virent l'un et l'autre entrer dans la salle à manger de l'hôtel. Gilberte parée avec une magnificence du meilleur goût, le front ceint d'une couronne de diamants et de fleurs, donnait le bras au grand poëte Georges Hubert, tandis que Gilbert, vêtu avec autant d'élégance que de recherche, donnait le bras à la célèbre et éblouissante madame de Saint-Marceau.

Cette double apparition, fatale au général baron Poussard, venait de motiver sa brusque sortie, en coupant court l'hostile entretien de M. de Saligny et du général.

Le marquis Gilbert et la marquise Gilberte (nous leur donnerons désormais ces noms pour la clarté de notre récit) éprouvaient une sensation étrange, presque inexplicable et intraduisible; essayons cependant d'en donner une idée :

Que l'on se figure d'excellents comédiens jouant un rôle, l'imitation de la nature n'est-elle pas pour les spectateurs saisissante? Rien n'y manque, ni le geste, ni la physionomie, ni l'accent, ni l'attitude! l'émotion, le sourire, la joie, les larmes : tout semble vrai. Telle est en un mot la puissance de ces comédiens, que la fiction se confond avec la réalité. Ils se sont si profondément incarnés au personnage qu'ils représentent, ils *ont si carrément entré dans sa peau* (pour nous servir d'une juste et énergique expression); ils se sont assimilés à lui avec un si prodigieux naturel, qu'ils ne sont plus eux, *mais lui*, avec son langage, ses manières, ses défauts, ses qualités, ses vices ou ses vertus.

Et cependant le comédien, en s'incarnant le rôle qu'il joue, en exprimant comme siennes les pensées du poëte dramatique, en devenant enfin l'*acteur* de toutes les actions bonnes, mauvaises, terribles, touchantes ou grotesques à lui imposées par la volonté souveraine du poëte, cependant disons-nous, le comédien conserve toujours son *moi*, son individualité, son caractère, son appréciation intérieure, du langage qu'il tient, des actions qu'il commet sur la scène.

Certes le comédien représente à s'y tromper : — *Hernani*, *Louis XI*, *Richard III*, *le Joueur où Antony*. — Emporté par l'irrésistible entraînement des situations, il s'oublie et, nous le répétons, il s'incarne dans le personnage duquel il est l'expression visible, agissante et parlante, mais malgré ces entraînements, le comédien conserve son *moi*, la liberté de jugement à l'endroit du caractère d'Hernani, de Louis XI, de Richard III, du Joueur, d'Angelo, d'Antony. Hors du théâtre il répudierait leurs actions; mais une fois en scène, une fois dans leur rôle, dans leur *peau* il va fatalement, forcément jusqu'au bout...

Or, autant qu'il est possible d'expliquer une chose supernaturelle : Gilbert et Gilberte devenus par leur métamorphose le marquis et la marquise de Montlaur, se trouvaient dans une situation quelque peu analogue à celle de comédiens; ils jouaient excellemment leur rôle; mais du fond de leur conscience, de leur for intérieur, ils s'entendaient, ils se voyaient pour ainsi dire agir et parler seulement... ici la comparaison cesse.

Le comédien, s'il trouve par impossible son rôle trop pénible ou trop odieux, peut au risque d'être hué par le public, quitter la scène...

Gilbert et Gilberte, au contraire, ne pouvaient plus quitter le rôle qu'ils devaient jouer dès lors sur le théâtre du monde où ils *représentaient* le marquis et la marquise de Montlaur. En entrant dans leur vie (ainsi que l'avait dit la Korrigan) ils ne pouvaient modifier en rien les événements qui devaient s'accomplir, et acceptaient fatalement les chances bonnes ou mauvaises que l'avenir réservait à ceux dont ils prenaient la place.

Et puis enfin sauf de rares exceptions dans lesquelles entraîné par la situation, le comédien pleure les larmes de son rôle, ses larmes sont feintes comme ses joies ou ses douleurs.

Il n'en allait pas être ainsi de Gilbert et de Gilberte. Joies ou douleurs, rires ou larmes, tout devait être sincère, *réel*. Ils devaient éprouver absolument tout ce qu'auraient ressenti le marquis et la marquise de Montlaur : et cependant le *moi*, le for intérieur de nos deux jeunes gens conservaient la faculté de leur donner conscience des paroles et des actes résultant de leur métamorphose.

Ceci posé, revenons à Gilbert et à Gilberte alors qu'ils entraient dans la vaste salle à manger par deux portes différentes et au moment où le duc de Saligny outré, disait-il, de l'inconvenance de la marquise, oubliait dans son courroux l'étrange et brusque sortie du général baron Poussard.

Gilbert donnant le bras à madame de Saint-Marceau lui disait avec un empressement contenu, mais où perçait la vive impression que lui causaient le talent et la beauté de la célèbre artiste :

— C'est une banalité que de vous exprimer, madame, mon admiration pour le talent inimitable que vous avez montré ce soir dans ce morceau de la *Gazza* si admirablement chanté par vous, et pourtant il me faut choisir : être banal... ou sincère.

Et le *moi* de Gilbert s'émerveillait de parler si galamment et ne trouvait rien de plus charmant que d'être marquis et d'improviser de si jolies choses.

— Prenez garde monsieur le marquis, — avait répondu en souriant madame de Saint-Marceau — si vous me parlez musique, je vous parlerai du goût merveilleux qui a présidé à cette fête. Ce sera aussi une banalité, mais vous me forcerez à mon tour d'être sincère !

— Oh! madame permettez, la comparaison n'est pas juste, — reprit Gilbert, — avec quelque peu d'argent, tout le monde peut donner une fête... mais ce merveilleux talent dont vous êtes douée est un don unique, divin, et... allons je me tais... je me tais ! Je comprends que souvent les reines aiment à oublier leur royauté, fatiguées des hommages dont on les accable : parlons donc du premier, du plus envié, et, je n'en doute pas, du plus fidèle de vos sujets...

— De qui voulez-vous parler, monsieur le marquis?

— De Saint-Marceau ? comment n'est-il pas ici ce soir ? ah! si j'avais le bonheur d'être à sa place, — ajouta Gilbert avec expression en cherchant le regard de madame Saint-Marceau, — avec quel doux orgueil je jouirais de vos succès ! votre gloire serait la mienne ! j'en serais, ce me semble, aussi jaloux que je le serais de votre cœur, et de votre beauté.

Soit que l'accent du marquis trahît une émotion qui n'était plus de la galanterie, soit que le nom de son mari vint rappeler à la célèbre artiste quelque chagrin secret, sa figure jusqu'alors rayonnante de joie et de bonheur s'assombrit, un nuage passa sur son front, mais habituée à se dominer, elle quitta le bras de Gilbert, s'approcha du buffet et prenant une glace, qui lui servit pour ainsi dire de maintien elle répondit avec un sourire un peu contraint :

— Y pensez-vous, monsieur le marquis, monsieur de Saint-Marceau, le premier de mes sujets ? Il est, au contraire, mon seigneur et maître : cet aimable empire m'est trop cher pour que je ne sois pas mille fois heureuse de le subir, M. de Saint-Marceau, à son grand regret, n'a pu m'accompagner ce soir, il souffre... d'une migraine nerveuse... dont il est parfois atteint, mais, — ajouta la grande artiste, en paraissant satisfaite de trouver l'occasion de couper court à un entretien qui l'embarrassait — voici M. de Bourgueil qui désire, je crois, vous parler, et il craint de nous interrompre... n'est-ce pas, monsieur — ajouta-t-elle en s'adressant à l'ami du duc de Saligny.

En effet, M. de Bourgueil voyant le marquis causer avec madame de Saint-Marceau s'était arrêté à deux pas, et il répondit en s'avançant et s'inclinant :

— Je serais, madame, très-fier et très-jaloux des quelques moments d'entretien que vous me feriez la grâce de m'accorder : aussi je respecte une faveur que j'envie, — et se tournant vers Gilbert — mon cher marquis, puisque madame permet que je l'interrompe... Je viens de la part de Saligny vous proposer d'engager pour demain, au *steeple chase* de la Croix-de-Berny votre cheval *Bewerley* contre sa jument *Aurora*, course de gentlemen riders, vous monterez tous deux vos chevaux... Il y aura cinq fossés, la Bièvre et quatre haies à franchir.

— Voilà de singuliers plaisirs, c'est à se rompre cent fois le cou — pensait le *moi* de Gilbert, mais en sa qualité de marquis il dut répondre avec un imperceptible accent de malveillante ironie :

— Saligny fait ses engagements de course par ambassadeur?... voilà qui sent véritablement son grand seigneur.

— Il n'en saurait guère être autrement, — répondit M. de Bourgueil avec une gaieté un peu factice, — puisque je viens vous proposer cet arrangement de la part de Saligny et que je suis secrétaire d'ambassade.

— C'est vrai, mon cher Bourgueil, je plaisantais. J'accepte donc la proposition de Saligny, j'engage *Bewerley* contre *Aurora*, mais à une condition, c'est que madame de Saint-Marceau nous promettra d'assister à cette course?

— Ah! madame, — ajouta M. de Bourgueil en remarquant l'hésitation de madame de Saint-Marceau, — ne nous privez pas demain de votre présence... Le *steeple chase* sera magnifique... tout Paris s'est donné rendez-vous à la Croix-de-Berny.

— Franchement, — répondit la cantatrice. — j'ai grande envie d'assister à l'une de ces courses qui sont si à la mode en ce temps-ci, mais malheureusement il me faut renoncer à ce plaisir, car l'indisposition de M. de Saint-Marceau ne lui permettrait certainement pas de m'accompagner demain.

— N'est-ce que cela, madame, — répondit M. de Bourgueil en regardant Gilbert avec une expression de malignité satisfaite, car il allait mettre l'admirateur de la grande artiste dans une position cruellement difficile et il ajouta : — Mon cher, puisque Saint-Marceau ne peut conduire madame au *steeple chase*, elle fera, j'en suis certain, le plus grand plaisir à la marquise en lui demandant pour demain une place dans sa voiture pour aller ensemble à la Croix-de-Berny, n'êtes-vous pas de mon avis ?

Le marquis malgré son empire sur lui-même, ne put cacher son pénible embarras; tels sont les singuliers préjugés d'un certain *monde*, que ce monde devait crier au scandale en voyant une aussi grande dame que la marquise donner place dans sa voiture à une cantatrice illustre; sans doute celle-ci était mariée à un homme de ce même monde, et par sa conduite honorable jamais elle n'avait autorisé la moindre médisance, mais madame de Saint-Marceau était devenue célèbre sous le nom de : la Bernardi, et elle *montait encore sur les planches*. Certes, on l'accueillait à merveille; dans les salons où elle était reçue les femmes ne dédaignaient pas de s'asseoir à ses côtés, et de lui adresser courtoisement la parole, ensuite d'un concert où son admirable talent venait de briller dans tout son lustre ; mais donner place dans sa voiture à madame de Saint-Marceau et cela en public aux yeux *de tout Paris*, comme on dit, c'était une marque d'intimité, de familiarité telle, surtout de la part d'une aussi jeune femme que l'était la marquise, que le blâme de cette énorme inconvenance devait être unanime et retomber sur le marquis assez faible et assez peu soucieux de sa dignité pour tolérer les extravagances de sa femme.

Ces réflexions absurdes au point de vue du *moi* de Gilbert, mais complètement dans la logique de son personnage de marquis, se présentèrent à son esprit avec la rapidité de la pensée. Repousser la proposition de M. de Bourgueil, c'était faire une sanglante injure à madame de Saint-Marceau, vers qui un vif et secret penchant entraînait le marquis, et cependant offrir à la grande artiste une place dans la voiture de la marquise sans être même certain du consentement de celle-ci, c'était braver toutes les convenances, et c'est véritablement quelque chose de très-grave, pour les gens élevés dans la religion du convenable et du *convenu*, que de manquer à ses lois. Gilbert, entre ces deux extrémités, n'hésita pas, car il ressentait un goût très-vif pour madame de Saint-Marceau, et s'adressant à elle :

— Ai-je besoin de vous dire, madame, que puisque Saint-Marceau ne peut pas vous accompagner demain à cette course où vous désirez vous rendre, madame de Montlaur s'empressera d'aller vous chercher ; si vous voulez bien lui faire la grâce d'accepter une place dans sa voiture, elle sera demain, madame, à onze heures chez vous.

Cette réponse fut accueillie avec bonheur par la grande artiste, car remarquant le léger embarras que pendant un moment le marquis ne put dissimuler, elle redoutait un refus poli ou un *échappatoire*, dont elle eût ressenti un cruel affront, notre susceptibilité devenant d'autant plus ombrageuse que notre position est plus délicate; aussi madame de Saint-Marceau dit-elle à Gilbert avec effusion :

— Je ne saurais vous exprimer, monsieur, combien je suis touchée de l'offre que vous me faites au nom de madame la marquise, et j'accepte avec le plus grand plaisir. Comptez sur mon exactitude; demain à onze heures je serai prête.

A ce moment quelques accords de l'orchestre retentissant dans la galerie du bal, rappelèrent le plus grand nombre de personnes réunies dans la salle du buffet; un jeune homme venant saluer madame de Saint-Marceau réclama d'elle une contredanse promise. La jeune femme prit le bras de son danseur et s'éloigna du marquis au moment où un homme d'un âge mûr, s'approchant de M. de Bourgueil, lui dit tout bas d'un air contrarié et affairé :

— Mon cher, venez vite, Saligny nous attend dans le petit salon chinois. La chose est fort grave.

— Ainsi, mon cher, c'est convenu, — dit M. de Bourgueil à Gilbert, resté pensif auprès du buffet après le départ de madame de Saint-Marceau qu'il suivait du regard: — *Bewerley* est engagée demain contre *Aurora*. — Puis il ajouta avec une légère nuance d'ironie : — la charmante *Diva* assistera au *steeple-chase*, heureux présage pour votre triomphe, mon cher.

— Venez donc, Bourgueil, venez donc — reprit à demi-voix l'homme d'un âge mûr en conduisant son interlocuteur vers le salon chinois — il s'agit bien de *Bewerley* et d'*Aurora !*

— De quoi s'agit-il donc ?

— Eh ! mon Dieu ! d'un duel.

— Un duel ? et avec qui ?

— Silence — répondit l'homme d'un âge mûr en désignant du regard M. de Bourgueil, avec lequel il s'éloigna, le général baron Poussard, qui alors radieux, dégagé, sûr de lui-même, s'approcha vivement du marquis après l'avoir en vain cherché dans les salons.

. . . .

Pauvre Gilbert ! pauvre Gilberte ! dans quel guêpier êtes-vous tombés en devenant le marquis et la marquise de Montlaur ! ! !

V

Le général Poussard s'étant approché de Gilbert avec un officieux empressement lui dit d'un air parfaitement satisfait, en se frottant les mains :

— Monsieur le marquis, je vous cherchais, notre affaire est arrangée, ça va bien.

— Quelle affaire, monsieur ? — demanda Gilbert fort surpris, car il connaissait peu le général, il l'avait seulement rencontré à une saison des eaux de Bade et après quelques relations très-superficielles, le marquis s'était cru obligé de répondre à de fréquentes cartes de visite du *général baron Poussard* par une invitation à cette soirée. Gilbert de plus en plus étonné, reprit donc : — En vérité, monsieur, je ne sais ce que vous voulez dire, de quelle affaire parlez-vous ?

— Monsieur le marquis, en deux mots voici l'histoire : je suis un vieux soldat et j'ai l'excellente habitude d'être encore plus chatouilleux si c'est possible pour l'honneur de mes amis que pour le mien...

— Eh bien, monsieur ?

— Eh bien, monsieur le marquis, il y a un quart d'heure, ici, à cette même place, un freluquet vous a insulté.

— Moi ?

— Vous ! aussi vous pensez qu'à l'instant j'ai demandé des explications à ce monsieur... mais... les suites d'une de mes veilles blessures reçue au siège de Marmora m'ayant causé une espèce de crampe... d'estomac, j'ai été prendre l'air un moment, puis en rentrant j'ai ramassé mon homme au demi-cercle et lui ai dit en votre nom et au besoin au mien qu'il était un jean-fesse, et que vous ou moi lui couperions les oreilles. L'affaire est donc, comme je vous l'ai dit, arrangée : nous avons le choix des armes, le rendez-vous est fixé pour demain matin à huit heures au bois de Verrières. Nous saignerons notre freluquet comme un poulet, et à onze heures nous reviendrons déjeuner chez vous... seulement je vous en préviens, *mon cher* marquis, j'aurai une faim de tigre !

Le *moi* de Gilbert commençait à trouver son personnage de moins en moins agréable; il avait en expectative : pour plaisir une course à se briser les os, et voilà qu'un duel inattendu, provoqué par ce maudit spadassin qu'il avait voué à une colique atroce, venait encore rembrunir l'horizon; mais en sa qualité de marquis jaloux du point d'honneur, il écoutait avec plus de surprise que de crainte le général Poussard. Cependant il lui répondit assez froidement :

— Monsieur, j'ai l'habitude de me considérer comme seul juge de mon honneur; lorsque j'ai eu le malheur d'offenser quelqu'un, j'ai toujours cru devoir me mettre à ses ordres; quant aux offenses dont je puis avoir à me plaindre, je vous le répète, moi seul je juge si elles valent le sang d'un homme.

— Eh bien moi, — reprit le spadassin, — j'ai tué à vingt-cinq pas un petit jeune homme de dix-neuf ans, et cela, tout bonnement parce qu'en débouchant une bouteille d'eau de seltz au Café de Paris, à une table voisine de la mienne, il avait envoyé l'écume de sa bouteille dans un salmis de perdreaux que je mangeais; ce qu'il y a de drôle, mon cher marquis, c'est que la maman du petit est venue le matin chez moi en pleurant comme une Madeleine pour me supplier de...

— Monsieur je vous l'ai dit, — reprit Gilbert en interrompant le général, — chacun est juge de son honneur et je vous ferai observer qu'avant de prendre en mon nom un grave engagement, vous deviez ce me semble me prévenir; en vérité, monsieur, voilà qui est au moins fort singulier. J'ai selon vous un duel, et j'ignore jusqu'au nom de mon adversaire...

— De fait, marquis, c'est assez cocasse... aussi je vais satisfaire à votre légitime curiosité, votre adversaire est le duc de Saligny.

— Saligny! — reprit vivement Gilbert, de qui les traits exprimèrent soudain une sorte d'animosité satisfaite et après un moment de réflexion il ajouta avec un sourire amer : — Allons puisqu'il s'agit de M. de Saligny il n'y a que demi-mal... si la chose en vaut la peine...

— Si elle en vaut la peine, mon cher marquis ! — reprit le général Poussard en redevenant familier. — D'abord ce beau duc a eu l'impertinence de dire ici devant moi que votre famille avait usurpé son nom, son titre et ses armes.

— Saligny vous a dit cela, monsieur? — dit Gilbert de qui l'orgueil aristocratique se révoltait à une pareille accusation, et il ajouta avec l'accent d'une irritation à peine contenue : — M. de Saligny vous a dit que ma famille avait usurpé son nom, son titre, ses armes !

— Foi de vieux soldat, il me l'a dit; vous comprenez, marquis, que cela a commencé de m'échauffer furieusement les oreilles, car vous êtes un excellent garçon que j'affectionne beaucoup, parole d'honneur. Alors j'ai dit à ce freluquet : « Mais, monsieur, savez-vous que prétendre que la famille de quelqu'un a usurpé son nom... c'est fort grave? »

— Usurper, est le mot poli, — m'a répondu ce blanc-bec en m'interrompant. C'est alors qu'une de mes anciennes blessures, j'en suis cousu... m'a donné une crampe d'estomac, et m'a obligé de sortir un moment; mais ma crampe passée, j'ai repêché mon duc et je lui ai dit : « Mon« sieur, lorsqu'il s'agit de nom et de titre, si *usurper* est « le mot poli, quel est donc le mot impoli? — Le mot im« poli, monsieur, — m'a répondu le duc : — est *voler*. »

— Oh ! M. de Saligny paiera cher cette insulte ! — s'écria le marquis avec une fureur concentrée. — Est-ce que ma maison ne vaut pas la sienne, qui n'a dû son élévation qu'aux infâmes complaisances de l'un de ses aïeux pour Henri III ? Depuis assez longtemps je suis fatigué des insolentes prétentions de ce duc orgueilleux qui prétend me primer par la naissance! N'a-t-il pas eu ce soir l'impertinence de m'envoyer proposer par un tiers un engagement de course, M. le duc se croyant sans doute trop grand seigneur pour me faire cette offre directement? Enfin pour d'autres motifs encore... je suis pardieu ravi de ce qui arrive !

— Et moi donc ! mon cher marquis; mais pour en revenir à notre homme, je lui réponds : « — Ainsi, mon« sieur, vous dites que les aïeux de mon ami le marquis sont « des voleurs de noms et de titres? » — Je vous rends grâces « monsieur le général de m'avoir épargné le désagré« ment de dire une vérité si dure pour la *prétendue* mai« son de Montlaur, » m'a répondu ce beau duc avec son air persiffleur. — « Et moi, monsieur, ai-je riposté, j'aurai « l'agrément de vous déclarer au nom du marquis, mon « ami, dont je me porte caution, que vous êtes un jean« fesse ! » — Mon cher, — a dit ce blanc-bec avec son flegme dédaigneux à l'un de ses amis présent à notre conversation; « — Tu as entendu? c'est assez clair, va « trouver Bourgueil, toi et lui vous conviendrez de tout « avec M. le général, seulement je tiens à ce que le rendez« vous ait lieu au bois de Verrières, il se trouve tout près « de la Croix-de-Berny; or que j'y coure ou non, je tiens « à y assister au... au... » et ma foi il a baragouiné des mots dans le genre de *pipe* et de *chaise*.

— *Steeple-chase?* reprit le marquis en souriant et prononçant ce mot anglais avec son véritable accent *stiple-t'chèse.*

— C'est ça... et là-dessus M. le duc de me tourner les talons. Alors moi et son ami en attendant qu'il eût trouvé dans vos salons son autre témoin, nous sommes convenus de tout : le choix des armes nous appartient, l'on se rendra d'abord à sept heures du matin à la barrière d'Enfer dans deux voitures : les premiers arrivés attendront les autres et l'on ira ensuite dans le bois de Verrières, où je voulai dit, mon cher marquis, car foi de vieux soldat, j'ai toujours porté bonheur à ceux dont j'étais témoin... nous saignerons ce beau duc comme un poulet, après quoi nous venons déjeuner chez vous, et alors... en avant le vieux Sauterne et les huîtres de Marennes ! Tel que vous me voyez, marquis, j'avale mes six douzaines avant de déjeuner pour me décrasser les dents, et je décrotte ensuite mes deux bifteks, des rognons au vin de Champagnes, quelques tranches de galantine de volaille, une salade de légumes et mon roquefort ; mais sacrebleu à la condition qu'il marche tout seul... hé... hé... hé... cinq ou six *puros* de la Havane par là-dessus, en sirotant notre moka et notre pousse-café et nous serons lestés jusqu'au dîner ! Ah çà, marquis, vous tirez l'épée ? hein...

— Oui, — répondit Gilbert, d'un air rêveur qui succéda chez lui aux premiers emportements de la colère, et machinalement il prêtait l'oreille aux enivrants accords de l'orchestre de Strauss qui retentissait dans la galerie voisine.

— J'aurais deviné, marquis, rien qu'à vous voir, que vous étiez un tireur ; à propos ! si vous n'avez pas d'épées de combat, j'apporterai les miennes, des bijoux, et *culottées*... faut voir !!! il y a six pouces de lame à partir de la pointe qui sont d'une petite couleur d'un noir rouge très-gentille, car après l'affaire je n'essuie jamais mes armes, moi ; le sang se sèche à l'air, brunit l'acier et ça fait ce que j'appelle une épée de combat *culottée*. Je viendrai demain à cinq heures du matin faire un bout d'assaut avec vous pour vous remettre *en armes*, si vous n'avez pas tiré depuis longtemps. Et tenez, mieux que cela, marquis ? l'on étendra un matelas dans votre chambre, et j'y bivouaquerai, je ne suis pas douillet. Mordieu ! un vieux lapin comme moi en a vu de grises en Espagne, en Allemagne, en Russie, partout ; c'est dit, je bivouaque dans votre chambre ; on nous sert en guise de réveille-matin une soupe à l'oignon, bien poivrée, un morceau de viande froide, une vieille bouteille de vin blanc, un verre de cognac, j'allume ma pipe et sacrebleu, nous chanterons la mère Gaudichon, jusqu'au moment de partir pour aller saigner M. le duc... hein ? Marquis, ça vous va-t-il ?

Gilbert, dont le *moi* trouvait son rôle de marquis de plus en plus déplorable, quoiqu'il dût le jouer jusqu'au bout, Gilbert n'avait prêté qu'une oreille distraite aux offres du général Poussard ; celui-ci, assez *finaud* sous sa grossière enveloppe, commençant l'entretien par : monsieur le marquis et le finissant par : mon *cher* marquis, se familiarisait de plus en plus, espérant s'impatroniser dans cette opulente maison, dont il subodorait l'appétissante cuisine. Cependant, malgré sa rêverie, Gilbert entendit parfaitement la dernière proposition du général, qui offrait de bivouaquer à l'hôtel, et il répondit :

— Je ne veux pas, monsieur, abuser de votre obligeance à ce point de vous demander de passer la nuit ici ; puis cette fête finira tard, et comme l'issue d'un duel est toujours douteuse, j'aurai quelques dispositions à prendre, et elles m'occuperont jusqu'au jour : je vais prévenir l'un de mes amis, et demain matin à six heures, monsieur, puisque vous voulez bien me faire l'honneur de me servir de second, je vous attendrai. J'accepte l'offre de vos épées, car je n'en possède pas ; lors du seul duel que j'aie eu de ma vie, je me suis servi des armes de mon adversaire.

— Et l'avez-vous pincé, votre adversaire?

— Je l'ai blessé grièvement.

— Bravo ! marquis, vous connaissez le terrain... cette fois-ci vous tuerez notre homme ; c'est moi qui vous le dis.

A ce moment, cette jeune et charmante duchesse dont la grâce et l'élégance avaient frappé Gilbert et Gilberte, lorsqu'avant leur métamorphose ils s'étaient arrêtés devant la file de voitures qui se rendaient à l'hôtel, s'approcha du marquis et lui dit gaiement :

— Eh bien, mon cousin, il faut que ce soit moi qui vienne vous rappeler que vous m'avez promis une valse ?

— Ma chère cousine, — reprit Gilbert en souriant, — je n'ai pas le courage de regretter mon oubli tant je suis fier de vous voir venir me rappeler ma promesse. — Offrant alors son bras à la jeune duchesse et faisant un signe d'intelligence au baron Poussard, il lui dit :

— Ainsi, monsieur, tout est convenu.

— Oui, mon cher marquis, comptez sur moi. Je vous reverrai d'ailleurs avant de quitter l'hôtel.

— Gros goinfre, abominable spadassin, c'est pourtant toi qui es cause de ce duel, pensait le *moi* de Gilbert en conduisant la duchesse vers la galerie où l'on dansait.

Le spadassin se rapprocha du buffet dont il s'était éloigné durant son entretien avec le marquis, le regarda s'éloigner en se disant :

— Toi... tu penses à ton testament, tu es toisé, mon homme ? tu me fais fièrement l'effet d'une *poire molle*, tandis que le duc me paraît rageur à froid et solide... Aussi à l'heure qu'il est, marquis, je ne donnerais pas un napoléon de ta peau. — Et se tournant vers l'un des maîtres d'hôtel placés derrière le buffet : — Dites donc, mon cher, servez-moi de ces petites bouchées à la reine toutes chaudes, comme celles que j'ai déjà mangées, vous savez ? et puis vous me donnerez par là-dessus un verre de Madère sec.

Les scènes précédentes s'étaient passées dans les salons de l'hôtel de Montlaur, sans avoir éveillé en rien l'attention des invités à cette brillante fête.

Dans un certain monde, il faut le dire (est-ce un éloge ? est-ce une critique ?) grâce au savoir-vivre et au respect des convenances, les ressentiments les plus pénibles ou les plus violents se dissimulent sous les apparences si calmes, si courtoises, souvent même si souriantes ; l'on met, pour ainsi dire, de si merveilleuses *sourdines* aux émotions que les plus graves événements de la vie intime s'accomplissent souvent sans le moindre retentissement.

Gilberte, devenue marquise, comme son mari était devenu marquis, Gilberte, tout en jouant fatalement son rôle, sentait son *moi* follement s'inquiéter de bien des choses; elle traversait en ce moment la salle du buffet en s'appuyant sur le bras de Georges Hubert, le poëte célèbre; elle le conduisit dans un petit salon alors presque désert, et s'assit sur une causeuse; Georges Hubert prit place à côté d'elle, continuant alors un entretien commencé; Gilberte lui dit avec l'expression d'une vive curiosité.

— Ainsi, monsieur, ils sont heureux?

— Oui, madame, aussi heureux que l'on peut l'être, lorsque l'on a mutuellement payé un bonheur commun par de grands sacrifices.

— Cependant, monsieur, ne trouvez-vous pas que madame d'Orbeval a sacrifié davantage que M. de Baudricourt? A vingt-cinq ans à peine n'a-t-elle pas renoncé au monde, à ses parents, à ses amis, à son pays? N'est-ce donc pas une terrible chose que de braver les suites d'un scandale éclatant? et après avoir été l'une des idoles de Paris d'aller s'ensevelir à jamais dans la retraite! Vous parlez d'égalité de sacrifices?... franchement, quel sacrifice a donc fait M. de Baudricourt en acceptant le dévoûment héroïque d'une femme charmante et du plus grand monde?

— Croyez-moi, madame, celui qui accepte un pareil dévoûment, fermement résolu de s'en montrer digne... contracte un engagement plus grave encore que celui de la femme qui confie son avenir à la loyauté de cet homme, désormais son seul appui, à elle... que le monde poursuit de ses mépris ou de sa colère.

— A ce point de vue, monsieur, vous avez raison ; mais quelle énergie, quelle abnégation cette pauvre madame d'Orbeval a montrée dans cette circonstance! — dit Gilberte avec exaltation. — Elle a été vraiment héroïque, n'est-ce pas? Vous qui la connaissiez, qui étiez son meilleur ami, vous pouvez l'apprécier plus que personne.

— Oui, madame... et plus que personne je l'ai admirée! A cette grave résolution elle ne s'est pas décidée légèrement et par coup de tête : non, non, elle a longtemps réfléchi, longtemps combattu! elle ne s'aveuglait pas sur les conséquences de son sacrifice, car elle redoutait cruellement le bruit et l'éclat. Mais il lui fallait absolument choisir entre l'hypocrisie... ou le scandale; elle a préféré rompre ouvertement avec le monde. Et cependant elle eût toléré une liaison coupable, dissimulée sous un léger vernis d'hypocrisie. Tromper son mari en y mettant assez de formes pour sauvegarder les apparences et conserver une brillante position sociale, cela se voit et s'accepte journellement; mais renoncer vaillamment à cette position si enviée, plutôt que de ruser, que de mentir effrontément tous les jours, se séparer d'un mari qui vous a donné les plus graves sujets de plainte, plutôt que de le déshonorer sournoisement... ah voilà ce que le monde ne pardonne point.

— En effet, j'ai entendu traiter cette pauvre madame d'Orbeval avec le dernier mépris par des femmes qui étaient loin de la valoir par le cœur et par le caractère, et au risque de me compromettre, je tâchais de la défendre — reprit Gilberte. — Enfin, son bonheur l'a vengée! puisqu'elle est heureuse.

— J'ai dernièrement reçu d'elle une lettre, elle y faisait un tableau enchanteur de la vie qu'elle mène avec M. de Baudricourt. Ils habitent une petite maison isolée située dans une position ravissante sur les bords du lac d'*Annecy*, au milieu des bois et des montagnes les plus pittoresques de la Savoie; la lecture, la promenade, les arts se partagent leurs instants; car vous le savez, madame, notre amie et M. de Baudricourt sont excellents musiciens, et dessinent tous deux à merveille; leur existence est modeste, mais comfortable; M. de Baudricourt a emmené un vieux valet de chambre qui l'a vu naître, et madame d'Orbeval a pour la servir une excellente créature autrefois sa nourrice : leur domestique se compose de ces deux braves gens d'un dévouement à toute épreuve; madame d'Orbeval m'écrivait que jamais, lorsqu'elle avait la meilleure maison de Paris, elle n'avait été entourée d'autant de soins et de prévenances.

— Ah! malgré soi, l'on se prend à envier cette vie paisible, retirée, si merveilleusement remplie, — dit Gilberte profondément rêveuse et triste, à la grande surprise de son *moi* qui se demandait comment une jeune et jolie marquise pouvait être triste, au milieu de cette belle fête qu'elle donnait à la plus élégante société de Paris, puis continuant son *rôle*, Gilberte, tressaillant soudain, dit au poëte :

— Vous allez, monsieur, me trouver bien fantasque, je vous ai tout à l'heure prié de me parler de madame d'Orbeval, maintenant je vous demande en grâce de changer d'entretien... Tenez... parlons de vous, et quoique j'aie le plaisir de vous connaître depuis très-peu de temps... permettez-moi une question bien indiscrète peut-être... je voudrais savoir si vous savez apprécier le bonheur dont vous jouissez?

— En ce moment, madame, — reprit le poëte en souriant — je n'ai rien à désirer...

— De grâce, monsieur Georges Hubert, ne me répondez pas par des galanteries, vous avez trop d'esprit pour dire des fadeurs. Avouez-moi donc... est-ce si difficile, que rien ne manque à votre bonheur? Voyons? qu'avez-vous à désirer? à envier? votre célébrité est européenne, votre nom dans toutes les bouches, vos moindres actions inspirent une vive curiosité; depuis deux ans, vous paraissez à peine dans le monde, et chacun s'évertue à deviner le secret de ce changement dans vos habitudes; l'on annonce une nouvelle œuvre de vous pour après-demain... au Théâtre-Français, vous avez pu juger ici de l'importance que l'on attache à cette représentation si ardemment attendue, désirée... que vous dirai-je enfin... la meilleure compagnie vous recherche avec empressement, votre présence, où que vous alliez, est non moins remarquée que votre absence...

— Madame...

— Pas de fausse modestie, mieux que moi vous savez, monsieur Georges Hubert, que je n'exagère pas, et de plus, par une exception assez rare, on accueille en vous, non-seulement l'un des plus grands poètes de ces temps-ci, mais encore l'homme du monde; car nous vous revendiquons, monsieur Georges Hubert, vous êtes de notre société, enfin vous êtes des nôtres... et pardonnez à notre orgueil, nous croyons que cette distinction doit vous flatter quelque peu... quoi, vous souriez? allez-vous me contester cela?

— J'ai l'honneur d'être accueilli dans votre société, madame, avec une bienveillance fort au-dessus de mon faible mérite, mais je ne suis pas de votre monde, je ne suis point : des vôtres... ainsi que vous voulez bien le dire, madame.

— Je ne vous comprends pas. Qu'entendez-vous par ces mots ; vous n'êtes pas des nôtres?

— Tenez, madame, le hasard me sert à merveille, — répondit Georges Hubert en souriant et montrant à Gilberte une charmante jeune fille qui donnait le bras à un homme à cheveux blancs et traversait le salon, — voilà mademoiselle de Merinville qui passe accompagnée de monsieur son père, le prince de Merinville; supposez, madame, que frappé de la beauté, de la grâce, des rares qualités de mademoiselle de Merinville, je devienne très-épris d'elle... et que je désire l'épouser, supposons encore que... par impossible, mademoiselle de Merinville désire aussi cette union et que monsieur son père daigne avoir de moi l'opinion si flatteuse que vous me faites la grâce d'en avoir, madame la marquise, ajoutons, et ceci n'est plus une supposition, mais un fait, — dit Georges Hubert avec une dignité fière, ajoutons que je suis un *honnête homme* dans la plus complète acception du mot, et puis encore, si vous le voulez, que ma naissance est honorable et que mon patrimoine, joint aux fruits de mes œuvres, m'assure une existence indépendante, hé bien! madame, mieux que moi vous connaissez ce monde qui est le vôtre... Veuillez me répondre : en toute sincérité? M. le prince de Merinville m'accorderait-il, à moi Georges Hubert, la main de mademoiselle sa fille?

— En vérité, monsieur, vous prenez des exemples si exceptionnels!... — répondit Gilberte avec embarras — qu'il est impossible de vous répondre.

— Soit, madame, prenons un autre exemple, — répondit Georges Hubert en souriant. — Demain j'épouse une jeune fille de ma condition, en un mot née dans une honorable bourgeoisie et digne de tous points de porter mon nom; vous donnez après-demain une fête comme celle-ci, avouez que si vous me faites l'honneur de vous souvenir de moi, je recevrai une invitation ainsi conçue : *Madame la marquise de Montlaur invite Monsieur Georges Hubert*, etc., etc... mais de madame Georges Hubert... pas un mot...

— Mon Dieu, monsieur! encore une fois vous choisissez si singulièrement vos exemples...

— Pourquoi, madame, vous défendre de ce qui est passé en coutume? Est-ce qu'à la cour l'on invite ce que l'on y appelle : les *femmes d'artistes*? les *femmes d'écrivains*? non, jamais, et si quelque chose me surprend, c'est que des hommes illustres dans les arts, les lettres ou les sciences acceptent une invitation qui devient blessante par l'exclusion de leurs femmes.

— A cela du moins, monsieur, je répondrai victorieusement.

— Madame, je n'en doute pas.

— Ce qu'on accueille, ce qu'on recherche en vous, monsieur, c'est le mérite, c'est la célébrité personnelle. Or, tout en admettant, ce dont je ne saurais douter, que madame Georges Hubert fût douée des plus rares qualités, il est impossible de ne pas établir entre elle et vous une très-grande distinction.

— Je pourrais vous objecter, madame, qu'un homme de votre société, véritablement des *vôtres*... épouserait demain la fille d'un bourgeois millionnaire, que, sotte ou spirituelle, elle serait accueillie par vous sur le pied d'une égalité parfaite, en vertu du nom et de la naissance de son mari; donc ces distinctions dont vous parlez, madame, n'existent que pour nous autres qui, je le maintiens, pardonnez mon opiniâtreté, ne sommes pas des vôtres... Mais je ferai mieux, je me servirai de vos propres paroles contre vous-même, madame la marquise...

— Voyons cela, monsieur.

— C'est, dites-vous, la célébrité personnelle d'un homme que l'on accueille?

— Oui, monsieur.

— D'où il suit que si une femme jouissait d'une grande célébrité personnelle, elle serait accueillie à l'égal de son mari?

— Certainement.

— Permettez-moi une question, reprit Georges Hubert en souriant de nouveau. — Que pensez-vous de madame de Saint-Marceau?

— Mais... — reprit Gilberte en plissant légèrement les sourcils, — c'est une femme d'un admirable talent.

— Sa célébrité personnelle est donc incontestable, et de plus son mariage avec M. de Saint-Marceau lui a donné l'accès de votre maison. La conduite de cette grande artiste a toujours été irréprochable, aussi vous offririez à madame de Saint-Marceau une place dans votre loge à l'Opéra... ou une place dans votre voiture pour une promenade aux Champs-Élysées... Je n'en doute pas, madame la marquise...

— Monsieur, — répondit Gilberte presque avec dépit, — l'on peut estimer beaucoup le caractère d'une femme, admirer ses talents, sans pour cela se croire obligée de...

— De paraître en public avec elle? n'est-ce pas, madame? et cependant contradiction au moins... étrange! on paraît en public avec des femmes qui vous épargnent la peine d'admirer leur talent, et dont on estime médiocrement le caractère et les mœurs... Ceci soit dit entre nous, sans aucune allusion à la comtesse de Seneterre, à qui ce soir, devant moi, vous avez, madame, offert une place dans la loge que vous me faisiez l'honneur de me demander pour la représentation d'après demain...

— Mon Dieu, monsieur, que voulez-vous! — reprit Gilberte ne sachant plus que répondre, — il faut voir et prendre le monde comme il est...

— Oh! ceci, madame, est profondément juste, aussi je crois prendre et voir le monde comme il est, en me rendant parfaitement compte que grâce à un accueil dont je sens tout le prix, je suis admis dans votre société, mais que ni madame de Saint-Marceau, ni moi, nous ne sommes des *vôtres*... et je vous dis cela, vous devez le penser, madame, sans le moindre sentiment d'humilité, sans que mon amour propre soit en quoi que ce soit blessé ; c'est un de ces faits curieux, particuliers aux sociétés qui pendant des siècles ont été monarchiques et aristocratiques : je constate ce fait, rien de plus.

— Soit, monsieur... vous n'êtes pas des nôtres, qu'en concluez-vous?

— Ma conclusion, madame, sera la réponse à cette question que vous vouliez bien m'adresser en me demandant si je n'étais pas le plus heureux des hommes.

— Je ne vois pas, monsieur... quel rapport..,

— Permettez, madame; l'un des secrets du bonheur, selon moi, est de ne point s'exposer à des déceptions possibles ou ridicules, et cela me serait certainement arrivé si, ébloui par l'accueil que je reçois dans vos salons, je n'avais tenu compte, non pas de la *distance*... je n'admets pas de distance entre gens honorables et bien élevés, mais de la *différence*... qui existe entre moi, je suppose, et M. de Montlaur votre mari... je me trouve donc fort heureux, madame, en cela surtout que j'ai, ainsi que vous le disiez, toujours su prendre et voir le monde comme il est, sans cependant jamais lui sacrifier un devoir, un sentiment ou un plaisir; je lui sacrifie peu, parce que je lui demande peu... je ne heurte point de front ses préjugés, mais je ne m'expose pas à en souffrir; je lui sais un gré extrême de son bienveillant accueil, mais je retrouve ma solitude avec délices. J'aurais, madame, à vous demander pardon de vous parler si longtemps de moi, si cette philosophie n'était applicable à chacun et à tous; or, pour en revenir au premier sujet de notre entretien, notre amie,

madame d'Orbeval, a pratiqué cette philosophie : tant qu'elle a beaucoup demandé au monde, c'est-à-dire ses hommages, ses empressements, ses flatteries, ses succès qui sont la vie d'une femme à la mode... elle a beaucoup sacrifié au monde; mais plus tard, ne pouvant lui sacrifier un sentiment profond, où était attaché le bonheur de sa vie, elle n'a plus rien demandé au monde, elle l'a quitté, et a trouvé, je l'espère, le bonheur dans cette résolution ; mais quoi qu'il arrive, sa conduite, quoique blâmable au point de vue des lois humaines, aura du moins été pure d'hypocrisie ou de lâcheté. — Puis s'interrompant et remarquant que depuis qu'il parlait de madame d'Orbeval les traits de Gilberte trahissaient une sorte de rêverie pénible, Georges Hubert ajouta d'un accent pénétré : — Pardon... mille fois pardon, madame, d'être involontairement revenu sur un sujet que vous m'aviez prié d'écarter...

— C'était sagesse et prudence de ma part — répondit Gilberte avec un accent qui surprit le poëte.

Il attendait que la jeune femme complétât ou expliquât sa pensée, lorsque cet entretien fut interrompu par le duc de Saligny; celui-ci, pendant que ses témoins s'entendaient avec le général Poussard pour le duel du lendemain, avait, de l'embrasure d'une porte, épié avec une jalousie concentrée les moindres mouvements de la physionomie de la marquise durant sa longue conversation avec le célèbre écrivain. La contredanse était terminée, une valse lui succédait; M. de Saligny, s'approchant de la causeuse où étaient assis Georges Hubert et Gilberte, s'inclina devant elle et lui dit avec une légère nuance d'affectation ironique :

— Je suis désolé, madame, de venir troubler un entretien qui fait bien des envieux ; c'est chose si rare de causer familièrement avec le *génie!*

Après ces mots, dont l'hyperbolique exagération cachait une secrète malveillance, le jeune duc regarda fixement Georges Hubert, qu'il croyait embarrasser par cette louange d'une crudité brutale; mais le poëte, de l'air le plus naturel du monde, se retournant à demi comme s'il eût cherché des yeux le personnage de *génie* dont parlait M. de Saligny, dit en souriant à Gilberte, qui avait tressailli et rougi à l'approche du duc :

— Combien était grande notre illusion, madame! nous croyions causer seuls et nous avions en tiers un génie... invisible.

— Il se peut que le génie qui brille dans chacune de vos œuvres, soit invisible à votre modestie, monsieur — répondit le jeune duc d'un ton gourmé, — mais il frappe les yeux de vos nombreux admirateurs, et vous me permettrez, je suppose, de me compter parmi eux?

— Certainement! je vous le permets, et de grand cœur, monsieur! l'admiration si aveugle qu'elle puisse être dans ses choix, est un sentiment très-généreux : je me félicite de ce que mes œuvres aient éveillé en vous, monsieur, ce noble sentiment; seulement, j'aime à penser qu'un jour vous accorderez votre admiration à des ouvrages véritablement dignes de l'inspirer.

Cette réponse d'une réserve froide et un peu hautaine, prouvait suffisamment à M. de Saligny que Georges Hubert n'était pas dupe de ses louanges embarrassantes; aussi le jeune duc n'adressant plus la parole au grand poète s'inclina devant Gilberte et lui dit :

— Vous m'avez fait l'honneur, madame, de m'accorder la prochaine valse, je viens vous offrir mon bras.

A un léger mouvement de Gilberte, il fut facile de deviner qu'elle n'avait pas promis cette valse à M. de Saligny; néanmoins elle se leva en répondant par un gracieux signe de tête à Georges Hubert, qui, se levant aussi, s'était incliné devant elle, puis donnant le bras au jeune duc, elle s'éloigna lui disant à demi-voix :

— Je ne vous ai pas promis de valser, et votre invitation n'était qu'un prétexte... pour interrompre un entretien, qui, sans doute, et je ne sais pourquoi, vous portait ombrage... mais je vous pardonne ce vilain soupçon... — ajouta-t-elle en souriant — allons dans le jardin d'hiver, il y aura peu de monde... j'ai besoin de respirer l'air frais, il fait ici une chaleur étouffante... ma tête brûle...

— Madame, — dit tout bas M. de Saligny à Gilberte en la conduisant à un jardin d'hiver attenant à l'un des salons, — Madame... votre conduite est indigne...

— De grâce parlez plus bas! on peut vous entendre, — dit la jeune femme d'une voix tremblante et avec un accent de surprise, — qu'avez-vous à me reprocher?

— Vous vous affichez outrageusement avec M. Georges Hubert!

— Mais vous êtes fou, je ne sais ce que vous voulez dire — reprit Gilberte en haussant les épaules, quoique son *moi* commençât de s'alarmer sérieusement du rôle qu'elle devait jouer jusqu'à la fin, puisqu'elle était *entrée dans la vie* de la marquise de Montlaur.

Gilberte arriva ainsi que M. de Saligny dans un endroit assez écarté du jardin d'hiver où des camélias couverts de fleurs et de huit à dix pieds de hauteur formaient plusieurs massifs éclairés par des lustres de bois rustiques garnis de bougies. — Où avez-vous vu, je vous prie, ajouta la jeune femme, — que je m'affichais avec M. Georges Hubert?

— J'ai vu cela ainsi que tout le monde l'a vu, madame! vous n'avez quitté le bras de... ce monsieur, que pour le faire s'asseoir à vos côtés et vous entretenir confidemment tout bas ensemble avec une affectation révoltante, or, je vous déclare, madame, il n'est pas dans mes habitudes d'accepter un rôle parfaitement ridicule... je ne saurais être plus longtemps dupe de votre coquetterie...

— Monsieur...

— Madame, vous ne m'avez jamais aimé! il vous a plu de m'agréer pour adorateur afin de me rencontrer chaque jour dans le monde, de donner un but à vos soirées, de vous parer pour quelqu'un, de tenir à la main un bouquet de bal, qui n'ait pas été commandé par l'une de vos femmes, d'écrire de temps à autre un billet le matin, de m'avoir à Saint-Thomas d'Aquin, non loin de votre chaise, et aux Champs-Élysées à cheval à la portière de votre voiture, ou bien encore derrière vous, dans votre loge, si vous faisiez quelque partie de petit spectacle. Voilà pour vous, madame, ce que c'est que l'amour!

— Ah! vous me faites cruellement expier...

— Expier?... expier quoi? je vous prie? quelle preuve d'amour m'avez-vous donc jamais donnée? sauf quelques lettres écrites de Bade où l'été dernier vous m'aviez devancée.

— C'est une grande imprudence que j'ai commise, monsieur! — répondit Gilberte avec une émotion douloureuse, — mais grâce à Dieu je n'ai rien autre chose à me reprocher, je vois maintenant quel serait mon repentir et mon malheur!

— Ne vous hâtez pas, madame, de vous féliciter d'une prudence... qui ressemble, à faire peur, à une indigne sécheresse de cœur...

— Je ne saurais plus longtemps, monsieur, écouter un pareil langage! — dit Gilberte les larmes aux yeux en faisant un pas pour s'éloigner, — je ne vous ai pas donné le droit de me traiter ainsi...

— Madame... il faut pourtant m'écouter... Prenez garde... dans l'état d'exaspération où je suis, je ne reculerai pas devant un éclat, quelles qu'en puissent être les suites!

L'accent du jeune duc en prononçant ces mots, sa pâleur, la résolution empreinte sur ses traits crispés effrayèrent Gilberte, elle n'osa s'éloigner, bien qu'elle sentît qu'une conversation si prolongée dans cet endroit écarté pouvait être fâcheusement remarquée.

— Écoutez-moi donc, madame — reprit M. de Saligny avec une violence à peine contenue — je vous le répète, prenez garde! mon amour pour vous et vos dédains me rendent capable de tout! et d'abord, apprenez que demain je me bats avec votre mari... que je hais à la mort!

— Grand Dieu! — s'écria Gilberte en pâlissant. — Que dites-vous?

— Mais comme votre mari peut me tuer, je ne mourrai pas sans vengeance... et avant le combat je lui montrerai vos lettres...

— Ah! monsieur! — dit Gilberte presque défaillante et d'une voix étouffée — cela est infâme...

— Oui, cela est infâme... je le sais; mais votre indifférence pour moi et votre coquetterie pour d'autres m'ont poussé à bout... Il vous reste un moyen d'empêcher ce duel et le scandale qui s'ensuivra... Nos témoins ont fixé le rendez-vous pour demain à huit heures du matin, soyez chez moi à sept, une voiture de voyage nous attendra près de la barrière d'Italie... nous quitterons la France... et je vous consacrerai ma vie entière !!!

— Mon Dieu, mon Dieu! — reprit Gilberte en frissonnant — dans quel abîme suis-je tombée!

— Quoique j'aie fait mes preuves — poursuivit impitoyablement M. de Saligny — je passerai pour un lâche en paraissant fuir ce duel... avec votre mari; mais votre amour me consolera de tout. — Et voyant quelqu'un s'approcher, le jeune duc ajouta tout bas : — Je vais faire mes préparatifs pour le combat ou pour notre départ! Vous choisirez, madame; vous serez chez moi à sept heures... sinon à huit heures je me bats avec votre mari et je lui montre vos lettres!

Puis M. de Saligny s'inclina respectueusement devant la jeune femme comme s'il prenait congé d'elle, car à ce moment un jeune élégant s'avançant avec empressement, lui disait :

— Madame la marquise, on vous attend pour commencer et conduire le *cotillon*; et si j'étais assez heureux pour que vous n'eussiez pas de danseur, bonne fortune que je n'ose espérer, je vous prierais de m'accorder la faveur d'être votre cavalier; je serai à la hauteur de mes fonctions, car tout fait présager que le *cotillon* sera d'une gaieté folle et terminera dignement cette fête charmante. Voyez, madame la marquise, ces dames accourent pour réclamer aussi votre présence.

En effet, plusieurs jeunes femmes et leurs danseurs entrèrent dans le jardin d'hiver, et la jolie duchesse de Mercœur, qui semblait la plus impatiente de ces impatientes, s'adressant à Gilberte :

— Mais venez donc, chère belle, on vous attend... nous serons plus de cinquante à ce *cotillon*, il sera ravissant.

— Excusez-moi, chère duchesse — balbutia Gilberte, — mais... je ne sais... une migraine subite... de grâce, dansez sans moi... je me sens vraiment souffrante.

— Une migraine? — répondit en riant la duchesse de Mercœur. — Oh! nous connaissons ces migraines-là — et prenant gaiement le bras de Gilberte : — Venez, venez, chère paresseuse... Ces migraines viennent toujours merveilleusement à point lorsqu'on a besoin d'elles. N'est-ce pas? — Et se penchant à l'oreille de Gilberte. — M. de Saligny est parti, et il ne veut pas que vous dansiez le *cotillon* sans lui... quel affreux tyran !

Gilberte tressaillit, et craignant qu'une plus longue résistance n'éveillât des soupçons, dont la gravité pouvait compliquer les événements du lendemain, la jeune femme se laissa entraîner... En proie à une sorte de vertige, elle espérait oublier un moment ses navrantes préoccupations dans l'étourdissement d'une danse bruyante et animée.

. . . .

Ah pauvre Gilbert!... pauvre Gilberte! qu'alliez-vous faire *dans la vie* du marquis et de la marquise de Montlaur!

VI

Le *cotillon* est terminé, les dernières voitures des invités à cette fête splendide ont quitté l'hôtel de Montlaur, les gens éteignent les bougies des lustres et des girandoles, les ténèbres envahissent peu à peu ces vastes galeries, ces salons immenses, naguère étincelants de lumières, de dorures, de cristaux et des fleurs.

Un morne silence succède aux joyeux accords de l'orchestre.

Le tintement mélancolique d'une horloge lointaine, jusqu'alors couvert par le joyeux bourdonnement de cette nuit de plaisir, semble prendre *sa revanche* et sonne trois heures du matin d'une manière lugubre.

L'on dirait le glas funèbre de cette fête brillante.

Le marquis et sa femme, lors de leurs soirées de réception, avaient coutume, après le départ des invités, de souper seuls dans une salle à manger beaucoup moins vaste que celle où l'on dressait le buffet; cette pièce, tendue de damas ponceau, était ornée de plusieurs beaux tableaux de chasse ou de portraits de chevaux affectionnés du marquis; un épais tapis et des rideaux d'étoffe pareille à la tenture, soigneusement fermés, concentraient la chaleur d'un grand feu brûlant dans une cheminée de porphyre, surmontée de candélabres et d'un *cerf aux abois*, superbe bronze de Barye.

Le couvert préparé pour le marquis et la marquise offrait un coup d'œil enchanteur. Deux grandes girandoles d'argent massif, représentant un cep de vigne et soutenues par des groupes de figurines, se terminaient par des corbeilles de filigranes remplies de fleurs naturelles du milieu desquelles semblait jaillir la flamme des bougies; leur clarté faisait miroiter le bruni des cloches, des réchauds et des plats ciselés, où étaient dressés des mets exquis; à chaque extrémité de la table l'on voyait encore des rafraîchissoirs en verre de Bohême couleur de rubis, rehaussés de montures d'argent composées de satyres et de nymphes se jouant au pied des ceps de vigne, dont les branches, les vrilles, les feuilles, formaient les anses et contournaient les bords de ces vases remplis de glace où se congelait dans d'élégantes carafes ce nectar dû aux coteaux champenois d'Aï et de Sillery.

Gilbert et Gilberte, sombres, silencieux, préoccupés, s'assirent en face l'un de l'autre à cette table servie avec une somptuosité sans égale : verrerie de Venise, assiettes de porcelaine de vieux Sèvres valant dix louis chacune, linge damassé de Saxe, etc., etc., quatre maîtres d'hôtel vêtus de noir, gantés de blanc, chaussés de bas de soie et de souliers à boucles d'or, offraient tour à tour à Gilberte et à Gilbert les mets et les vins placés sur la table; mais les deux époux, qui, craignant de donner à penser aux gens de leur maison en renonçant ce soir-là à une habitude prise dès longtemps, s'étaient résignés à *paraître* souper, mangèrent à peine et du bout des lèvres, burent un peu de vin trempé d'eau, échangèrent par *décorum* quelques rares et insignifiantes paroles, puis le repas promptement terminé. Gilbert dit à sa femme :

— Ma chère amie, j'aurais à causer quelques moments avec vous, je vous accompagnerai jusqu'à votre salon si vous le permettez.

Assez surprise de cette proposition, car depuis longtemps ces deux époux occupaient des appartements séparés, la jeune femme se leva de table, ainsi que son mari, et après avoir traversé quelques pièces encore à demi éclairées, ils arrivèrent dans le petit salon qui précédait la chambre à coucher de la marquise, salon blanc et or, à tentures vert tendre et délicieusement meublé de bois de rose incrusté de porcelaine de Sèvres.

Gilbert, malgré ses graves préoccupations, au sujet de son duel du lendemain avec M. de Saligny, n'oubliait pas la promesse qu'il avait dû faire à la belle madame de Saint-Marceau, qui lui inspirait un goût très-vif; il pensait aussi, non sans une certaine satisfaction, que s'il remportait l'avantage dans ce duel avec le duc, il se poserait pour ainsi dire en *vainqueur* aux yeux de la célèbre artiste, lors de ce *steeple-chase* de la Croix-de-Berny; sans doute la course engagée entre lui et son adversaire n'aurait pas lieu, puisque l'un des deux *gentlemen riders* (afin de parler ce jargon) serait blessé dans la rencontre du matin, mais s'il en sortait victorieux, Gilbert se consolerait par ce triomphe de celui qu'il avait espéré obtenir comme jockey en présence de la grande cantatrice. Il lui fallait donc décider la marquise à aller le lendemain chercher à onze heures, en voiture, madame de Saint-Marceau chez elle. A cet arrangement il tenait doublement, car s'il devait être blessé et ramené chez lui dans un état alarmant, sa femme serait absente, et un spectacle toujours pénible lui serait ainsi épargné.

Gilbert, ayant remarqué les préoccupations de son mari pendant le souper, ne doutait plus de la réalité des menaces de M. de Saligny. Devait-elle prévenir l'effet de ses menaces par un aveu loyal? convaincre son mari grâce, à l'irrésistible accent de la vérité, que, sauf quelques lettres imprudemment écrites au jeune duc, elle n'avait aucun acte coupable à se reprocher?... Une telle résolution semblait à Gilberte au-dessus de ses forces.

Garderait-elle au contraire le silence sur ces lettres que M. de Saligny voulait produire avant le combat?... Elle s'exposait sûrement à un scandaleux éclat dont elle retardait seulement l'explosion.

Enfin, empêcherait-elle ce duel en quittant Paris avec M. de Saligny, afin de vivre avec lui dans la retraite comme les deux amants de qui elle s'était si longuement entretenue avec Georges Hubert?...

Gilberte, quoique son imagination romanesque se fût parfois complu dans ces pensées de séparation hardie, regardait cette extrémité comme terrible. Aussi, en proie à mille anxiétés, attendait-elle avec angoisse les premières paroles de son mari.

— Ma chère — lui dit-il — vous savez qu'il y a demain un grand *steeple-chase* à la Croix-de-Berny?

— Sans doute? — répondit Gilberte très-surprise de ce début. — Votre intention est, je crois, d'assister à cette course?

— Oui, et je désire que vous y assistiez aussi.

— Soit, je vous accompagnerai.

— Malheureusement pour moi, ma chère amie, cela n'est pas possible. J'ai engagé un cheval contre M. de Saligny. Nous courons nous-mêmes, et il me faudra, selon l'habitude, aller, avant la course, visiter le terrain, pour me rendre compte des obstacles à franchir. Vous vous rendrez donc à Berny de votre côté, moi du mien.

Gilberte écoutait son mari avec une surprise croissante. Il lui parlait d'une course avec M. de Saligny, il ne devait donc pas se battre contre lui.

— Le duc, en me menaçant des conséquences du prétendu duel de demain, — pensait la jeune femme, — me trompait indignement. Sans doute, il me tendait un piège!

Gilbert continua s'adressant à sa femme :

— Sans doute, ma chère, vous n'irez pas seule à Berny?

— Non, mais je ne sais encore qui je prierai de m'accompagner...

— Vous pourriez, ce me semble, offrir une place dans votre voiture à madame de Saint-Marceau!

Gilberte bondit sur son fauteuil, et reprit presque avec stupeur.

— Vous dites, monsieur?

— Je dis que madame de Saint-Marceau pourra vous accompagner; je lui ai d'ailleurs promis, en votre nom, que vous iriez la chercher chez elle à onze heures.

— Il est impossible, monsieur, que vous parliez sérieusement...

— Pourquoi cela?

— Moi... prendre madame de Saint-Marceau dans ma voiture! Nous couvrir vous et moi de ridicule!... vous n'y pensez pas, monsieur!

— Vous recevez, ce me semble, madame de Saint-Marceau dans votre salon...

— En vérité je crois rêver en vous entendant parler de la sorte! Je reçois aussi chez moi, *M. Lablache, M. Tamburini, M. Mario*, lorsqu'ils viennent chanter à mes concerts, irai-je leur donner en public une place dans ma voiture?

— La comparaison n'est pas juste : madame de Saint-Marceau est une femme, et de plus une femme du monde. Saint-Marceau, son mari, est parfaitement bien né!

— Hé! monsieur, la parfaitement bonne naissance de son

3

mari n'empêche pas madame de Saint-Marceau de monter sur les planches! et jamais je ne consentirai à donner, aux yeux de tout Paris, place dans ma voiture à... une actrice!

— Madame...

— De grâce, monsieur, n'insistez pas; je vous ai dit non... c'est non.

— Écoutez-moi, je suis trop sincère, je sais trop les susceptibilités, je ne voudrais pas dire les préjugés du monde, pour ne pas convenir avec vous, ma chère, qu'il y a quelque chose d'un peu irrégulier dans ce que je vous demande... mais..

— Alors, monsieur, pourquoi me le demander avec tant d'insistance?

— Ce soir, je parlais de la course de demain avec M. de Bourgueil, en présence de madame de Saint-Marceau ; elle témoignait le regret de ne pouvoir aller à Berny, où son mari souffrant ne pouvait la conduire; alors M. de Bourgueil lui dit étourdiment : « Mais, madame, qu'à cela ne « tienne, la marquise se fera un plaisir de vous offrir une « place dans sa voiture. »

— Je ne sais véritablement pas où M. de Bourgueil a appris à vivre!

— L'étourderie commise... que pouvais-répondre?

— Vous deviez, monsieur, faire sentir à M. de Bourgueil l'inconvenance de sa proposition!

— Mais cela, je vous l'ai dit, ma chère amie, se passait en présence de madame de Saint-Marceau. Un refus de ma part l'eût cruellement blessée... Je n'ai pas eu ce courage et, je vous le répète, j'ai cru devoir promettre en votre nom que...

— Je suis aux regrets, monsieur, de ne point partager votre inconcevable crainte de blesser madame de Saint-Marceau, mais elle se rendra à Berny comme il lui plaira, ce n'est certes pas moi qui l'y conduirai !

— Encore une fois, ma chère, je vous prie, je vous supplie de considérer dans quelle position délicate et difficile je me trouvais...

— Tenez, monsieur, quoique certains reproches soient du plus mauvais goût, je ne peux m'empêcher de vous dire que votre insistance à vouloir me forcer de me couvrir de ridicule, plutôt que de choquer les étranges prétentions de madame de Saint-Marceau, me donne beaucoup à penser...

— Expliquez-vous, madame.

— Je n'avais pas voulu remarquer, ce soir, votre empressement très-significatif auprès de cette..... actrice..... mais votre demande de tout à l'heure me prouve malheureusement que l'inimitable *prima donna* vous fait perdre complètement la tête...

— Madame, si comme vous je ne craignais le mauvais goût de certains reproches, je vous dirais, à mon tour, que ce n'est pas seulement d'aujourd'hui que je n'ai pas

voulu remarquer les assiduités compromettantes de M. de Saligny auprès de vous...

— La diversion n'est pas très-adroite, monsieur.

— Cependant, madame, elle vous accable...

— Pas du tout! je reçois chez moi M. de Saligny, comme je reçois les autres hommes de ma société.

— Tenez, croyez-moi, madame, n'entrons pas dans la voie des récriminations !

— Je le désire aussi, mais dans votre intérêt, monsieur.

— Dans mon intérêt. Ah! je suis curieux de connaître les reproches que vous pouvez m'adresser.

— Je vous en prie... ne me contraignez pas, monsieur, à une sincérité... désobligeante.

— Il en est toujours ainsi ! les femmes, pour excuser à leurs propres yeux des représailles trop souvent réelles, attribuent à leurs maris des torts imaginaires, et lorsqu'on les somme d'énumérer ces torts... la confusion les rend muettes !

— Des torts imaginaires, monsieur? et quelle est donc ma vie depuis que je vous ai épousé? car, puisque vous me poussez à bout, il faut bien enfin que je parle ! Après ces trois mois passés à votre terre, où nous nous sommes rendus le jour de notre mariage, n'avez-vous pas, de retour à Paris, repris les habitudes de vie de garçon? me priant d'aller seule dans le monde, sous ce prétexte que le monde vous ennuyait et que vous préfériez passer votre soirée au club en faisant votre whist et fumant votre cigare?

— Vous ai-je jamais reproché d'aimer ce monde qui pour vous a tant d'attraits?

— Et que voulez-vous donc, monsieur, qu'une femme fasse de ses journées, de ses soirées, à moins que, comme la LUCRÈCE de M. Ponsard, *elle ne file de la laine au logis*?

— Ah ! les temps des matrones romaines sont, hélas ! bien loin de nous, madame !

— Je ne suppose pas, monsieur, que lorsque par convenances de famille et d'intérêt vous avez fait demander ma main à M. de Parceval, mon tuteur, vous ayez jamais cru épouser une femme qui passerait sa vie comme une sotte, dans l'abandon et la solitude.

— Peste ! quelle solitude ! quelle thébaïde que l'hôtel de Montlaur, où chaque semaine vous recevez tout Paris !

— Ces soirs-là du moins, monsieur, vous honorez cette demeure de votre présence; sauf cela, quels sont les moments que vous me sacrifiez? je vais vous le dire : au déjeuner, une demi-heure, après quoi, vous vous retirez chez vous pour recevoir vos amis ; à trois heures, si le temps est beau, vous montez à cheval, sinon vous sortez en voiture; à sept heures, vous rentrez pour dîner ; à neuf heures, vous allez au club, d'où vous revenez à quelle heure? je l'ignore et me soucie peu de le savoir... Allons-nous à votre terre pendant la saison des chasses, vous partez à l'aube et revenez le soir, harassé de fatigue. Après dîner, vous jouez une partie de whist avec quelques-uns de nos hôtes, et vous regagnez votre appartement.

— Eh madame, qu'est-ce que tout cela prouve, sinon que, vivant à ma guise, je vous ai laissée vivre à la vôtre, comptant sur la solidité de vos principes... mais je crains fort de m'être trompé!...

— Monsieur !

— Madame, me croyez-vous aveugle? est-ce que je n'ai pas été patient. oui, patient autant et plus peut-être que je n'aurais dû! car vingt fois j'ai été choqué, peiné des assiduités de M. de Saligny et de vos préférences pour lui? Cependant vous ai-je jamais adressé le moindre reproche? non. Votre âge, à mes yeux, excusait votre coquetterie; je voulais, je veux encore la croire innocente; et c'est à une pareille réserve de ma part que vous répondez en me reprochant de m'occuper de madame de Saint-Marceau et en me refusant avec sarcasme et hauteur de...

— Oh! assez, monsieur! de tels marchés révoltent le cœur...

— Que voulez-vous dire, madame?

— Oui... vous fermeriez les yeux sur ce qu'il vous convient d'appeler les assiduités de M. de Saligny, si j'avais la lâcheté de fermer les yeux sur vos assiduités auprès de madame de Saint Marceau, et si... qui mieux est... je me résignais à être sa complaisante!... et la vôtre!

— Ah! madame! madame! pour concevoir seulement la pensée d'une pareille indignité, il faut être une femme sans cœur!

— Monsieur... après de telles paroles il ne me reste plus qu'à vous prier de sortir de chez moi !

— Comment! vous osez...

— J'oserai plus encore, monsieur, en vous déclarant qu'il me serait désormais impossible de vivre avec un homme qui m'a cruellement outragée! Jamais... entendez-vous bien? jamais je n'oublierai cette injure! et comme il est inutile de nous rendre l'existence insupportable l'un à l'autre, vous trouverez bon que nous nous séparions sans bruit, sans éclat: dès demain je retourne chez madame de Perceval, la femme de mon tuteur.

— Nous séparer! vous êtes folle, madame !

— Vous avez pourtant, monsieur, une très-belle fortune... sans compter la mienne... mais rassurez-vous, vos gens d'affaires trouveront les miens très-faciles sur les questions d'intérêt... ils auront mes ordres... je ne marchanderai pas ma liberté !

— Cette dernière insulte est sanglante! Je m'en vengerai, madame! Ah! la liberté que je vous laisse vous semble encore insuffisante?... Ah! il vous faut une séparation pour vous livrer aux désordres que vous rêvez sans doute? Hé bien, madame, j'userai de mes droits : dès demain vous partirez pour ma terre, vous n'en sortirez qu'alors que le bon sens vous sera revenu, et j'aime à croire qu'il vous reviendra... j'y tâcherai !

— C'est charmant! garder ma fortune et me retenir prisonnière, afin de vous occuper à votre aise de madame de Saint-Marceau... Ce plan fait honneur à votre imagination, monsieur; seulement vous me permettrez de vous rappeler humblement que le bon temps où les maris enfermaient leurs femmes est passé; je ne suis plus une pensionnaire; épargnez-moi donc, de grâce, ces menaces ridicules... et ces contes de Barbe-Bleue.

— La loi me donne des droits, madame, et j'en userai! vous irez où il me plaira de vous conduire! vous vivrez à ma terre comme il me conviendra que vous y viviez, et vous resterez là aussi longtemps qu'il me plaira que vous y restiez...à moins cependant que vous ne deveniez veuve! — ajouta Gilbert avec un sourire amer. — Tenez, vous m'inspirez tant d'intérêt... vous me témoignez un si tendre attachement... que je veux réjouir votre excellent cœur par une douce confidence .. ce veuvage auquel vous aspirez si ardemment n'est pas impossible...

— Je ne vous comprends pas, monsieur.

— Rien de plus simple, ce matin je me bats avec M. de Saligny.

— Grand Dieu!

— Or, il peut parfaitement me tuer! Il est vrai... que moi aussi, je peux le tuer. Je l'espère même.. mais enfin vous le voyez, madame, vous avez quelque chance de devenir veuve... et libre! combien votre cœur doit se réjouir !

A ces mots, Gilberte ne douta plus de la réalité du duel, le duc ne l'avait pas trompée. Malgré l'extrême froideur qui depuis longtemps régnait entre son mari et elle, malgré les duretés qu'ils venaient d'échanger dans l'emportement de leur colère, son cœur se révoltait à la pensée de ce combat, dont devaient être victimes ou son mari qu'elle ne pouvait s'empêcher d'estimer. ou M. de Saligny qu'elle aimait sincèrement; et si le duel avait lieu, M. de Saligny, afin de ne pas succomber sans vengeance, devait, en arrivant sur le terrain, montrer à son adversaire les lettres de sa femme.

Gilberte, de toute façon, se voyait perdue avec éclat!

Perdue, si le combat n'était pas empêché;

Perdue si, pour l'empêcher, elle se rendait chez le duc et fuyait avec lui, comme avait fui madame d'Orbeval avec son amant.

Gilberte, bouleversée, en proie à mille angoisses et incapable dans son épouvante de s'arrêter à une résolution, ne put que s'écrier en fondant en larmes :

— Non, c'est impossible, vous ne vous battrez pas..... Ah! si j'étais la cause involontaire d'un pareil malheur, ce serait le désespoir de toute ma vie. .

— Vous tremblez pour les jours de M. de Saligny ! — s'écria Gilbert; — vous avez raison de trembler... car tout me dit que je le tuerai, cet homme! Oh! vous n'aurez pas encore le bonheur d'être veuve... et je saurai, par des mesures sévères, mettre désormais mon honneur à l'abri de votre inconduite!

Quelques coups discrètement frappés à la porte du petit salon interrompirent ce triste entretien conjugal.

La jeune femme, craignant d'être surprise en larmes, rentra brusquement dans sa chambre à coucher.

— Qu'est-ce? — avait dit Gilbert en entendant heurter — qui est là?

— Moi — monsieur le marquis — répondit une voix au dehors, — moi Joseph.

— Entre, — répondit Gilbert voyant sa femme retirée, chez elle, tu peux entrer.

La porte s'ouvrit et parut un vieux valet de chambre à cheveux blancs, très-pâle et très-ému.

Gilbert, sans remarquer l'altération des traits de ce serviteur, lui dit brusquement :

— Que veux-tu?

— Monsieur le marquis... c'est M. le général Poussard... Mon Dieu!... il apporte... il apporte des épées...

— Déjà — reprit Gilbert; — quelle heure est-il donc?

— Cinq heures et demie du matin, monsieur le marquis.

— Et le vieux serviteur répéta en frissonnant : — Mon Dieu! mon Dieu! des épées!

— Fais entrer le général dans la bibliothèque et prie-le de m'attendre un moment.

— Oui, monsieur le marquis; mais M. le général m'a ordonné de lui faire tout de suite une soupe à l'oignon... et de lui servir quelque chose de froid... avec une bouteille de vin de Sauterne.

— Eh! fais-lui servir tout ce qu'il voudra, — répondit Gilbert en sortant impétueusement du salon.

— Mon pauvre maître! — reprit Joseph en essuyant une larme qui tremblait au bord de ses paupières, — encore un duel... et ce général!... quel gros sans-cœur! Venir chez quelqu'un avec des épées et demander en entrant une soupe à l'oignon!..... Le chef de cuisine s'est couché à quatre heures du matin... Bah! je vais prévenir son premier aide, il sera bien suffisant pour faire une soupe à l'oignon.

Au moment où Gilbert allait quitter le salon, Gilberte y rentra, livide, tremblante, les yeux rougis par les larmes, les traits décomposés; elle dit vivement à Joseph :

— Je sais tout... mon mari se bat ce matin!

— Madame... Mon Dieu! je ne sais que répondre à madame... Je ne...

— Je sais tout, vous dis-je! Joseph... je connais votre affection pour votre maître, vous l'avez vu naître... il faut à tout prix empêcher ce duel. Cela, je crois, est en mon pouvoir.

— Ah! madame la marquise, que le ciel vous entende!

— Gardez-moi surtout le plus profond secret..., ou tout est perdu.

— Madame peut-elle douter de mon dévouement à ses ordres!

— Il est cinq heures et demie?

— Oui, madame.

— Il faut qu'à six heures une voiture quelconque, un fiacre, m'attende à la petite porte du jardin de l'hôtel.

— Madame, je vais courir aux écuries... réveiller les gens... et faire atteler.

— Non, non, personne ici ne doit soupçonner mon absence; il ne faut pas que l'on me voie sortir. Je veux une voiture du dehors, parce qu'à cette heure matinale je n'oserais aller seule dans les rues.

— Il y a un loueur de voitures à deux pas, dans la rue Saint-Dominique, ma femme va y courir.

— Pourquoi charger votre femme de ce soin?

— Madame, monsieur le marquis peut me sonner d'un moment à l'autre, et je réponds de ma femme comme de moi-même.

— Joseph, je vous le répète, pas un mot de ceci à votre maître, ou tout est perdu.

— Madame, on me pilerait dans un mortier que je n'ouvrirais pas la bouche.

— Dites à votre femme de sortir par la petite porte du jardin, de la laisser entr'ouverte et de ramener à cet endroit la voiture qui m'attendra.

— Oui, madame.

— A quelle heure fait-il jour?

— A six heures et demie au plus tôt, madame.

— Tous les gens sont couchés?

— Oui, madame.

— Les lumières sont éteintes dans le grand escalier, dans le salon et la galerie qui conduit au jardin?

— Oui, madame; mais les contrevents des portes donnant sur le perron sont fermés avec des barres de fer; madame la marquise ne pourrait les soulever. Je vais m'occuper de ce soin.

— Allez! mais, Joseph, encore une fois, pas un mot de tout ceci, ni à votre maître, ni à personne, sinon ce malheureux duel a lieu.

— Ah! madame! pour l'empêcher je donnerais les jours qui me restent à vivre...

— Je compte sur vous! Il faut qu'à six heures une voiture m'attende à la petite porte, reprit Gilberte en rentrant précipitamment chez elle.

— Courons vite prévenir ma femme! — dit le vieux serviteur. — Quel bonheur si madame la marquise pouvait... Ah! n'oublions pas d'ouvrir les contrevents de la galerie du jardin... Bon, et la soupe à l'oignon du général! Ah bah! ma foi tant pis! qu'il attende! L'on n'a jamais vu non plus quelqu'un venant servir de témoin à un duel demander en arrivant une soupe à l'oignon!

Et Joseph sortit précipitamment en disant :
— Ah! mon pauvre maître... mon pauvre maître!...

VII

Le général Poussard, cravaté de noir, militairement vêtu d'une longue redingote bleue, boutonnée jusqu'au menton, s'était établi avec des manières singulièrement possessives et familières, dans la bibliothèque du marquis, vaste pièce dont les quatre murs disparaissaient sous de grands corps de bibliothèque en ébène, incrustée de cuivre et rehaussée de moulures en bronze doré. A travers les vitres l'on voyait une collection de livres reliés avec magnificence.

Le spadassin, les deux mains croisées derrière son dos, fumant dans une vieille pipe de buis, du plus pur *caporal* dont la senteur âcre et pénétrante empestait l'appartement, se promenait de long en large dans cette pièce, s'arrêtant tantôt devant la bibliothèque, tantôt devant des étagères chargées de bronzes florentins, d'ivoires sculptés, d'émaux de la Renaissance et autres curiosités précieuses au milieu desquelles, il tracassait, les prenant, les retournant en tous sens, les replaçant au hasard sur les tablettes, haussant les épaules et disant avec un souverain mépris en lançant amoureusement une bouffée de fumée, aspirée de sa pipe :

— Quelles blagues que ces antiquailles ! ! — puis il ajoutait d'un ton de récrimination : Voilà un clampin de cuisinier qui met b...igrement longtemps à faire une soupe à l'oignon !

Le baron Poussard, continuant ainsi sa promenade et ses investigations, s'arrêta devant le vitrage de la bibliothèque et lut entre ses dents : *Voltaire, Montesquieu, Descartes, Rousseau, Loke, Leibnitz ;* puis haussant de nouveau les épaules, il répétait avec un superbe dédain :

— Quelles blagues que ces écrivassiers ! — et il ajoutait avec une intonation de plus en plus impatiente et courroucée : — Clampin de cuisinier ! une demi-heure pour faire une soupe à l'oignon ! ah ! si j'étais ton maître, je te ferais marcher au pas, moi, et crânement !... mais le marquis doit être, en tout et pour tout une *poire molle* ; je vous demande un peu ! un farceur qui, au moment d'un duel, écrit son testament ! Va ! tu es toisé, conscrit ! tu n'as plus qu'à faire graisser tes bottes par l'aumônier du régiment ! j'en suis pour ce que j'ai dit : je ne donnerais pas un napoléon de ta peau, mon pauvre bonhomme. C'est dommage, la maison du marquis promettait ! quelle fameuse table ! j'aurais eu mon couvert mis ici deux ou trois fois par semaine !...

Puis cette pensée culinaire lui rappelant ses griefs contre le cuisinier, le spadassin ôta brusquement sa pipe d'entre les dents, et la mettant, quoique encore allumée, sur un riche tapis de soie de Smyrne qui recouvrait une longue table chargée d'in-folio, il s'écria :

— Ah çà, décidément ce *fouille-au-pot*-là me prend pour une recrue !

Et avisant un cordon de sonnette au-dessus de la cheminée, il sonna violemment à plusieurs reprises ; presqu'au même instant parut Joseph, portant sur un plateau d'argent une soupe à l'oignon fumant dans une écuelle de vermeil et flanquée d'un perdreau froid en galantine, d'une terrine de foie gras et d'un saucisson de Bologne : une bouteille poudreuse de vétusté se dressait au milieu de ces mets dont l'aspect calma l'irritation du général, et il dit d'un ton moins bourru à Joseph qui déposait le plateau sur un guéridon voisin de la cheminée :

— Allons donc, vieux lambin ! allons donc ! sacrebleu ! vous avez mis le temps à me servir !

— J'en demande pardon à monsieur le général, — reprit Joseph en approchant de la table un fauteuil où se plongea le défenseur de Marmora. — Tous les gens étaient couchés. J'ai été obligé de réveiller le cuisinier, le sommelier, l'argentier...

— Ah çà, c'est du bon coin, hein ? — fit le général en montrant à Joseph la bouteille dont il se versait préalablement une rasade qu'il avala prestement ; puis, plongeant sa cuillère dans l'écuelle fumante : — et le marquis, où est-il ?

— Monsieur le marquis est dans son cabinet, — répondit le vieux serviteur, et il ajouta sans pouvoir contenir un soupir navrant, — il écrit...

— Toujours son testament. *Poire molle !* va ! — marmotta le spadassin entre ses dents.

Puis continuant de manger sa soupe, et faisant bientôt signe à Joseph d'emporter l'écuelle, il attaqua la galantine de perdreau, et ajouta :

— Le marquis a-t-il demandé sa voiture ?

— Oui, monsieur le général, — répondit Joseph avec un nouveau soupir. — Monsieur le marquis a demandé ses chevaux pour sept heures.

— La soupe à l'oignon n'était pas fameuse, elle manquait de poivre ! — reprit le spadassin en parlant la bouche pleine, — mais en revanche voilà un excellentissime perdreau. A propos, j'y pense, le marquis a-t-il fait prévenir son chirurgien ?

— Je l'ignore, monsieur le général, — répondit le vieux serviteur, que chacune de ces questions mettait au supplice, malgré son espérance de voir le duel rendu impossible grâce à l'intervention de la marquise.

Gilbert entrait à ce moment dans la bibliothèque ; il fit signe au serviteur de sortir, et le général, jetant sa serviette sur le guéridon, s'empressa d'aller chercher sur un fauteuil, où il les avait déposées, deux épées de combat. Jamais instruments homicides n'eurent, si cela peut se dire, un aspect plus meurtrier ! plus sinistre ! il est de ces sortes d'épées dont la garde dorée, artistement ciselée, offre un heureux contraste avec le bleu du damasquinage et l'éclat miroitant de la lame : aussi, pour peu qu'un rayon de soleil fasse chatoyer, cet or, cet azur cet acier, rien n'est plus plaisant à l'œil: mais telles n'étaient point les armes du spadassin ; parfaitement *culottées*, comme il disait dans son cynique et féroce jargon ces épées à gardes noires, défendues par une coquille bronzée par le temps et percée d'une multitude de petits trous destinés à engager, si cela se pouvait, la pointe de la lame de l'adversaire ; légères, parfaitement trempées, triangulaires et à arêtes vives, éraillées çà et là par le ferraillement des combats où elles avaient figuré, ces épées, fort larges au-dessous de leurs montures allaient en s'effilant jusqu'à leur pointe presqu'aussi acérée que celle d'une aiguille ; leur lame terne, noirâtre, devenait couleur de rouille, çà et là, veinée d'un brun rougeâtre à trois ou quatre pouces au-dessus de la pointe... Ce *culottage* était dû à l'action toujours corrosive du sang séché sur le fer...

— Hé, hé, mon cher marquis, que dites-vous de ces joujoux ? — dit le général Poussard en présentant à Gilbert l'une des épées qu'il avait sortie de son vieux fourreau de chagrin noir. — Prenez-moi ça et voyez comme c'est léger ! comme c'est bien à la main.

Le *moi* du pauvre Gilbert frissonnait à l'aspect de cette arme meurtrière, et maudissait le spadassin, cause première de ce duel ; mais jouant fatalement jusqu'au bout son rôle de marquis, Gilbert prit l'épée, la soupesa, décrivit dans le vide quelques *contres*, quelques *cercles* et *demi-cercles* avec une aisance et une rapidité qui démontraient son habitude de l'escrime : puis rendant l'arme au général :

Cette épée est en effet, Monsieur, très bien à la main.

— A propos, marquis, je veux vous donner un bon avis : vous n'êtes pas de ces conscrits à qui l'on fait croire aux *bottes secrètes* ; mais voici la chose, et elle m'a réussi neuf fois sur dix, écoutez-moi bien : Vous engagez le fer, vous débutez par quelques feintes pour tâter le jeu de votre homme, et en feignant ainsi, vous tâchez de le piquer à la main ; si vous l'atteignez, la douleur lui fait brusquement retirer la patte... en arrière. Or, presque toujours dans ce mouvement involontaire, il se découvre, alors vous partez droit, à fond, vous lui f...lanquez six pouces de fer dans le ventre, et il est saigné... C'est ainsi que j'ai décrotté mon neuvième individu... beau tireur du reste.

— Le conseil est bon, monsieur, et je vous en remercie, — répondit Gilbert ; — au besoin je m'en souviendrai ; si vous le voulez, nous allons partir, nous avons encore à prendre sur notre route mon médecin, le docteur Dufour, et M. de Bonrepos, mon second témoin.

— Je vide mon verre de sauterne, je rallume ma pipe et je suis à vous, marquis. A propos, avez-vous fait donner un coup de râpe aux semelles de vos bottes ?

— A quoi bon ?

— Diable ! c'est très utile : le pied tient plus ferme le terrain, et l'on ne risque pas de glisser en se fendant.

— Je crois, Monsieur, cette précaution superflue ; d'ailleurs le temps nous presse, voici bientôt sept heures.

— Mon cher marquis, un mot encore : vous le voyez, j'agis sans façon ; j'ai demandé à votre valet de chambre une soupe à l'oignon et un morceau froid, c'est un régime du matin que mon docteur m'a ordonné, sous peine de voir mes blessures se rouvrir ; or, moi, en ma qualité de vieux soldat, je ne connais que ma consigne...

— Ma maison est à vos ordres, monsieur.

— J'accepte votre invitation, mon cher marquis ; mais ne vous formalisez pas si je viens plus souvent dîner chez vous qu'y déjeuner. J'aime assez, voyez-vous, à déjeuner là où je me trouve après avoir flâné durant la matinée ; mais vous pouvez être certain que je ferai souvent honneur à votre dîner. Voilà maintenant ce dont il s'agit ; Figurez-vous, mon cher, que cette nuit en rentrant j'ai trouvé une lettre... ah ! une lettre... tenez, marquis, je ne suis pas tendre, et, sacrebleu ! les larmes me sont venues aux yeux et...

— Ensuite, monsieur ?

— Cette lettre m'était écrite par la veuve d'un officier des mamelouks de la vieille garde.. La pauvre femme est aveugle, sans pain et chargée de sept orphelins, enfants de sa fille morte depuis longtemps. Entre nous, je ne suis pas riche, je n'ai que ma solde de retraite, et quelques économies faites jadis en Espagne sur les ustensiles d'église de ces *carracos* d'Andalousie ; aussi je me suis dit :
« Ma foi, tant pis, ce cher marquis est cinq ou si fois mil-
« lionnaire ; je lui emprunterai tout bonnement un billet
« de mille francs que je lui rendrai au premier jour, et je
« pourrai ainsi soulager la pauvre veuve du vieux brave ! !
« du vieux mamelouk ! ! »

— Veuillez m'attendre, je reviens à l'instant, monsieur, — répondit Gilbert en se dirigeant vers son cabinet, — je suis trop heureux de vous rendre ce léger service.

Et presque aussitôt il rentra tenant un billet de banque à la main et il l'offrit au baron Poussard qui rallumait sa pipe.

— Mille remerciments, mon cher marquis, — dit le spadassin en empochant le billet, — des camarades de duel sont, sacrebleu, des frères d'armes, et entre frères d'armes on agit sans gêne ; aussi nous serons désormais, vous et msi, à tu et à toi, à pot et à rôt Et maintenant, — ajouta le général en prenant les épées, — allons saigner M. le duc !

Gilbert sonna, Joseph parut.

— Ma voiture ! dit Gilbert ; puis réfléchissant, il ajouta au moment où le vieux serviteur allait sortir :

— Dis à Tom d'aller m'attendre, avec la voiture, à la petite porte du jardin, je passerai par la galerie. — Et s'adressant au général : — Je préfère ne pas être vu de mes gens avec cet attirail de combat.

— Très-bien, mon cher, mais vous oubliez l'essentiel.
— Quoi donc, monsieur?
— Le déjeuner, sacrebleu! Notre promenade au bois de Verrières va me donner une faim de tigre; je vous en ai prévenu, marquis!
— Joseph, — dit Gilbert sans pouvoir contenir un mouvement d'impatience, — tu donneras les ordres au maître d'hôtel.
— Et surtout, mon vieux, n'oubliez pas les huîtres de Marennes, — reprit le spadassin en se dirigeant vers la porte avec le marquis, — une demi-cloyère, au moins!
— Il ne songe qu'à manger! murmura Joseph en voyant le général s'éloigner avec le marquis. — Goulafre! va! — puis soupirant : — C'est égal! je le verrais baffrer de bon cœur, ce gros goinfre... si madame pouvait empêcher ce malheureux duel... Elle est partie de l'hôtel il y a une heure en fiacre (il aurait fallu attendre trop de temps pour faire atteler une voiture de remise). Heureusement madame n'a été aperçue par personne. Puisse-t-elle avoir réussi, mon Dieu! Mais courons dire à Tom d'aller attendre M. le marquis à la petite porte du jardin.

Un jour sombre et gris éclairait à peine la cime des arbres du jardin de l'hôtel de Montlaur, lorsque Gilbert et le spadassin arrivèrent près de la petite porte à laquelle ils entendirent soudain heurter violemment. Le marquis assez surpris s'approcha rapidement, ouvrit cette porte et se trouva en face d'un cocher de fiacre; la senteur fortement alcoolique qui s'échappa de la bouche de cet homme aux premiers mots qu'il prononça, sa trogne rouge, sa voix rauque, annonçaient qu'il avait déjà copieusement bu; aussi dit-il à Gilbert d'un ton insolent et courroucé :

— C'est embêtant à la fin! Je suis las de droguer à cette porte. Voilà dix minutes que je cogne! Qui est-ce qui paie ici?

— Comment, qui est-ce qui paie? — répondit Gilbert, — que voulez-vous qu'on vous paie?

— Hé nom d'un nom! la course de cette petite dame.

— Quelle petite dame?

— Mais nom d'un nom! cette petite dame que je suis venu prendre à cette porte... qui pleurait... (la petite dame) et que j'ai conduite rue de Varennes, n° 27. Elle s'est élancée dans la maison comme une biche et m'a refermé la porte sur le nez sans me payer ma course; alors moi je suis revenu ici et il faut qu'on me paie, nom d'un nom! ou ça ira mal!

— Si tu ne te tais pas, mauvais drôle! je vais, moi, te donner un à-compte en te cassant les reins, — s'écria le général en prenant le cocher au collet et le secouant rudement, sans remarquer l'espèce de stupeur où était plongé Gilbert. En effet, celui-ci, après avoir passé ses deux mains sur son front comme pour rassembler ses esprits, fouilla dans la poche de son gilet, y prit vingt francs, les remit au cocher et lui dit :

— Parle... Il y a une heure que tu as pris une dame ici?
— Oui, monsieur.
— Jeune?
— Oui, monsieur.
— Brune, avec des sourcils très-noirs?
— Oui, monsieur, à preuve qu'elle sanglotait et qu'elle avait un chapeau rose!
— Et tu l'as conduite rue de Varennes n° 27?
— Oui, monsieur.
— Numéro *vingt sept*, tu ne te trompes pas?...
— Non, monsieur, à preuve qu'il y a deux colonnes à la porte...
— Plus de doute : ma femme est chez Saligny! ils s'entendent ; et moi qui allais aux bois de Verrières, croyant y trouver ce beau duc? oh! c'est infâme! — s'écria Gilbert impétueusement; puis se retournant vers le spadassin : — Général... attendez-moi! je reviens.

Et voulant s'assurer par lui-même de la réalité de ses soupçons, il disparut en courant à travers les massifs du jardin.

— Que diable est-ce que tout cela signifie? se demanda le baron Poussard; — puis voyant le cocher s'éloigner en mettant soigneusement dans sa poche la pièce d'or que venait de lui donner le marquis, le spadassin s'écria : — Hé mon drôle!... et la monnaie?

— Quelle monnaie, monsieur?

— Comment, coquin? mais la monnaie de ce napoléon que mon ami le marquis t'a donné! Ah çà, est-ce que tu me prends pour un conscrit?

— Tiens... je croyais que les vingt francs étaient pour moi?

— Excusez du peu, mon drôle, des courses payées un napoléon... en fais-tu souvent, hein?

— Faut donc que je vous rende?...

— Quinze francs! et mon ami le marquis, ami encore, fait les choses en grand seigneur.

Le cocher maugréant s'exécuta, remit quinze francs au spadassin qui les emboursa en marmottant :

— *Il ne faut rien laisser traîner*, disait toujours en Espagne le colonel Soupiot du 7° dragons, qui, après l'affaire de Mérida, faisait, au profit de la *masse* du régiment, déshabiller, depuis le col jusqu'aux bottes, les officiers anglais pendant l'affaire. Il avait b...igrement raison, le troupier : il ne faut rien laisser traîner!

Au moment où le cocher sortait en gromelant, Gilbert accourut, la figure livide et bouleversée par la rage et s'écria en passant rapidement auprès du général :

— J'en étais certain! elle a quitté l'hôtel! il est peut être encore temps de la trouver chez Saligny... venez, venez!

VIII

Le baron Poussard, ne comprenant rien aux paroles du marquis, se hâta de le suivre et, ainsi que lui, monta dans un petit coupé, dont les deux vigoureux chevaux partirent à toute vitesse, car Gilbert avait dit à son cocher :

— Rue de Varennes, n° 27, ventre à terre !

— Mais ce malheureux-là va nous verser ! — s'écria le défenseur de Marmora qui, n'étant pas doué de tous les courages, se cramponnait très-effrayé à l'appui intérieur de la portière ; — sacrebleu, marquis, faites donc arrêter votre voiture ! nous allons être en charpie ! ce gredin de cocher est pris du vertige ! mille tonnerres… je veux descendre !

La misérable !… fuir chez lui ! — murmurait Gilbert dans l'exaspération de sa rage et sans entendre les doléances de son compagnon. — Oh ! je les tuerai tous deux ! Enfer !!! nous n'arriverons donc pas !

Et abaissant violemment la glace devant laquelle se trouvait le siège du cocher, il lui cria :

Mais va donc ! mais va donc à tout briser !

— Je suis perdu ! — murmura le spadassin d'une voix tremblante… blême de frayeur et le front baigné de sueur ; — le marquis a le vertige comme son cocher ! je suis mort !

Et, poussé à bout par le délire de la peur, le général saisit Gilbert au collet d'une main et de l'autre le menaçant de l'une des épées, il s'écria :

— Si tu n'ordonnes pas à ton cocher de s'arrêter, je te tue comme un chien !

Vaine menace, car presque au même instant un choc terrible faillit renverser le coupé ; on entendit des cris d'épouvante et le fracas retentissant des fers des chevaux s'abattant sur le pavé ; le cocher culbuta de son siège et la voiture après un choc violent, qui la fit s'incliner sur le côté, reprit son assiette et demeura immobile… tandis que Gilbert dont la tête était depuis un moment penchée hors de la portière, l'ouvrit et se précipita dans la rue en criant avec un accent de joie farouche :

— Les voilà… il était temps !

— Que les cinq cents millions de tonnerres du diable m'écrasent si je remets jamais les pieds dans la voiture de ce fou ! — dit le baron Poussard en se hâtant de sortir du coupé sans oublier les épées. — Où court-il maintenant ?

Telle avait été la cause de cet accident :

Les chevaux du marquis arrivant à toute bride dans la rue de Varennes ne purent, malgré les efforts du cocher, être assez maîtrisés par lui pour s'arrêter à quelques pas de la porte du n° 27, et dans leur impétueux élan, leur poitrail heurta violemment le flanc d'un autre attelage, qui sortait de cette maison : le choc fut terrible, les deux paires de chevaux s'abattirent, rompirent leurs traits, brisèrent le timon, et par suite du brusque mouvement de recul que lui imprima la chute de son attelage, l'autre équipage fut refoulé sous la voûte de la porte dont il sortait.

Dans cette voiture se trouvaient le duc de Saligny et Gilberte.

Gilbert sur le point d'arriver au numéro 27, s'étant penché au dehors de son coupé, avait, d'un coup d'œil rapide et perçant jeté au fond de la voiture à demi sortie de la voûte, reconnu sa femme et monsieur de Saligny, à l'instant où celui-ci allait prudemment baisser les stores, espérant bientôt rejoindre sa berline de voyage qui, attelée de quatre chevaux de poste, l'attendait à la barrière d'Italie.

Gilbert, suivi du général, traversa les groupes de curieux et d'officieux, qui s'empressaient d'aider aux deux cochers à remettre leurs attelages sur pied, entra sous la voûte, courut ouvrir la portière de la voiture où se cachaient les deux fugitifs, abaissa le marche-pied et dit à Gilberte avec un sourire affrayant :

— Je vais, madame, vous offrir la main pour sortir de voiture. — Puis lançant au jeune duc un regard de haine implacable. — Monsieur de Saligny voudra-t-il bien me faire l'honneur de me recevoir chez lui ?…

— Je suis à vos ordres, monsieur, — répondit le duc en s'inclinant, tandis que, pâle comme une morte, Gilberte anéantie, défaillante, avait à peine la force de descendre les degrés du marchepied, soutenue par son mari. Celui-ci se retournant alors comme s'il cherchait quelqu'un des yeux, aperçut le spadassin debout derrière lui.

— Ah ! vous voilà général, — lui dit Gilbert avec une satisfaction sinistre, — je vous cherchais, — et il ajouta tout bas : — Vous avez les épées ? nous allons nous en servir. Un salon vaut bien la clairière d'un bois…

— Un salon ?… la clairière d'un bois ? — répondit très-ébahi, le baron Poussard d'une voix encore essoufflée, en essuyant la sueur qui coulait de son front. — Qu'est-ce que cela veut dire ?

— Monsieur, — reprit Gilbert en s'adressant à monsieur de Saligny, voulez-vous nous faire la grâce de nous montrer le chemin ? car moins heureux que madame… — et du regard il indiqua sa femme, — j'ignore où est votre appartement.

M. de Saligny, précédant les deux époux, gravit les degrés d'un large escalier, aux dalles de marbre, revêtues d'un épais tapis ; derrière le duc montaient lentement Gilbert donnant le bras à sa femme qui, à chaque pas, semblait prête à s'évanouir ; venait enfin le spadassin qui, s'essuyant le front, marmottait entre ses dents :

— Gredin de cocher ! je l'ai échappé belle. — Puis trompé par l'apparence de courtoisie glaciale que se témoignaient les deux adversaires, il ajouta dédaigneusement au moment où le duc sonnait à la porte de son appartement situé à l'entresol :

— Je comprends à peu près comment et pourquoi la petite marquise se trouve là... c'est une fière luronne ! mais c'est égal; en présence d'une femme... l'affaire va s'arranger. Ces conscrits-là *vont plumer des canards !*

Le valet de chambre de M. de Saligny ayant ouvert la porte de l'appartement, le duc fit poliment passer devant lui Gilberte et son mari. Celui-ci regardant alors M. de Sagny en face, lui dit à demi-voix avec un sourire insultant :

— Faut-il, monsieur, que je prie le général de prendre dans sa poche la clef de la porte de votre appartement ?

— Pourquoi cela, monsieur ?

— Pour que vous ne fuyiez pas encore une fois et très-lâchement le combat...

— Ainsi, monsieur, vous voulez...

— Me battre ici, et sur l'heure, — repondit Gilbert, — j'ai des épées !

— Je suis et serai toujours à vos ordres, monsieur, reprit M. de Saligny.

Et s'inclinant devant le général resté quelques pas en arrière, il lui fit signe du geste de passer devant lui, et de suivre le marquis et la marquise.

La porte de l'appartement se referma sur eux.

La demeure de M. de Saligny était, ainsi qu'on le dit vulgairement, une véritable *bonbonnière*. Rien de plus coquet, de plus élégant, de plus recherché que le salon où il introduisit Gilbert, Gilberte et le général Poussard. Des jardinières de bois de rose placées dans l'embrasure des fenêtres, contenaient des corbeilles de fleurs du plus riant éclat; leur senteur embaumait l'appartement, les portes d'ébène, rehaussées d'incrustations de cuivre et de moulures de bronze doré contrastaient avec la couleur orange du damas des rideaux et de la tenture.

L'on voyait çà et là, dans leurs cadres armoriés, un assez grand nombre de portraits de famille représentant des personnages chamarrés de rubans et de croix; çà et là, sur des consoles de bois doré ou de véritable *Boule*, de magnifiques vases de vieux Sèvres bleu ciel ou vert tendre et aussi remplis de fleurs fraîchement épanouies, charmaient la vue par la variété de leurs nuances; de petits cadres en velours rouge, suspendus aux côtés de la glace de la cheminée, servaient de fond à des médaillons peints par *Petitot*, et représentaient plusieurs ancêtres du duc, hommes importants du règne de Louis XIV. Enfin, pieux souvenir filial, au-dessous du portrait de son père revêtu de l'uniforme d'officier général, M. de Saligny avait réuni dans un cartouche recouvert d'une vitre, les insignes de chevalier des ordres du roi portés de son vivant par le feu duc de Saligny.

Ces souvenirs aristocratiques, ce luxe, cette élégance, ces fleurs contrastaient étrangement avec la physionomie des quatre personnes alors réunies dans ce salon.

Gilberte, le visage caché dans son mouchoir, sanglotait, le front appuyé au coussin d'un canapé où elle venait de tomber épuisée, brisée par la violence de ces dernières émotions, et cependant elle en redoutait de plus terribles encore.

Le spadassin déposait ses épées sur une table, et Gilbert debout, l'œil ardent, la figure livide et contractée, ayant passé par deux fois sa main sur son front baigné d'une sueur froide, allait s'adresser à M. de Saligny, lorsqu'il vit celui-ci se diriger vers les fenêtres et détacher les embrasses des rideaux, qui en retombant cachèrent les vitres; le jour n'arrivant plus qu'à travers la transparence de cette étoffe orange, l'appartement fut éclairé d'une lumière douteuse et sinistre.

M. de Saligny, se rapprochant alors de Gilbert, lui dit :

— J'ai fermé les rideaux, monsieur, parce que ma mère occupe un corps de logis en face de celui-ci et que de chez elle on peut voir ce qui se passe chez moi...

— Très bien, monsieur, et maintenant, habit bas, — reprit Gilbert d'une voix sourde. — Général... les épées.

— Oh ! oh ! — murmura le spadassin en se dirigeant vers l'endroit où il avait en entrant déposé les armes ; — décidément ils ne feront pas *plumer les canards*. Pour la première fois j'aurai vu un duel dans un salon, je n'en suis pas fâché pour la rareté du fait.

A ces mots de son mari :

— Général, les épées !

Gilberte, tressaillant, avait brusquement redressé son visage empreint d'une indicible épouvante : l'œil fixe, les bandeaux de ses cheveux s'échappant à demi dénoués de dessous son chapeau, elle leva au plafond ses deux mains agitées par un tremblement convulsif, répétant avec horreur : — les épées ! les épées ! — comme si elle ne pouvait croire à ce qu'elle entendait. Elle voulut alors faire un pas vers Gilbert, mais, les forces lui manquant, elle tomba au pied du canapé, agenouillée, affaissée sur elle-même, et s'adressant à son mari elle s'écria :

— Grâce, monsieur ! grâce !

Gilbert, à ce moment, ayant ôté son gilet, et ne gardant que son pantalon et sa chemise, dont il relevait la manche droite, tourna la tête du côté de sa femme et lui dit avec une ironie farouche :

— Vous demandez grâce pour votre amant, madame ! il est trop tard...

— Monsieur, répondit la jeune femme en se traînant aux pieds de son mari, — je vous le jure..... sauf trois lettres que j'ai imprudemment écrites à M. de Saligny, je n'ai rien à me reprocher ! Ce matin, la tête perdue par vos reproches de cette nuit, je suis accourue ici pour empêcher ce duel affreux. Oh ! par pitié ! — ajouta-t-elle d'une voix déchirante, — interrogez M. de Saligny... vous croirez peut-être plus à sa parole qu'à la mienne. Il vous jurera comme moi que je n'ai pas déshonoré votre nom ! — Puis, toujours à genoux et s'adressant au duc : Est-ce vrai, monsieur ? mais répondez donc, mon Dieu ! répondez donc ! dites la vérité !...

— Madame, — reprit M. de Saligny qui venait de recevoir du général l'une des épées, — je n'ai en ce moment aucune explication à donner.

S'inclinant alors à demi devant Gilbert qui, déjà en garde, brandissait impatiemment son arme :

— J'ai l'honneur, monsieur, d'être à vos ordres.

Voyant le combat sur le point de s'engager, Gilberte, paralysée par la terreur, ne put que jeter un cri désespéré en cachant sa figure entre ses deux mains, et restant agenouillée et ployée sur elle-même :

— Un instant, messieurs! — s'écria le spadassin, — le duel est déjà fort irrégulier puisque j'en suis le seul témoin; n'engagez donc pas le fer avant que j'aie donné le signal : je frapperai trois coups dans mes mains, et au troisième... en avant! sacrebleu !

Pendant les quelques secondes d'intervalle qui séparèrent les trois signaux donnés par le général, il régna dans le salon un silence effrayant, seulement interrompu par les sanglots convulsifs de Gilberte; inerte, glacée, mourante, incapable de faire un mouvement, elle ne vivait plus que par le cœur... et le cœur lui manquait.

Le spadassin frappa une dernière fois dans ses mains en disant de sa grosse voix enrouée :

— Allez, messieurs... allez!

Le combat s'engagea rapide, acharné, silencieux.

L'on n'entendait que le froissement des épées, la respiration haletante des deux adversaires, leurs piétinements sourds, amortis par l'épaisseur du tapis, et de temps en temps les râlements de la jeune femme, ou la voix du général qui, les mains derrière le dos et placé dans l'embrasure d'une fenêtre, disait à demi-voix en secouant la tête d'un air approbatif :

— Ils vont bien! très-bien!..... mais, sacrebleu! c'est qu'ils vont comme de vrais amours!

Pendant un duel les minutes semblent des heures... Le combat durait depuis quarante secondes au plus, lorsque Gilbert et M. de Saligny, déjà blessés tous deux assez grièvement, cédant à leur fureur croissante, s'engagèrent corps à corps.

— Messieurs, pas de corps à corps! s'écria le général. — C'est un mauvais jeu... je...

Mais s'interrompant et frappant dans ses mains :

— Ah! f...ichtre! ils ont fait coup fourré! ils se sont enferrés !

A peine le spadassin prononçait-il ces mots que Gilbert et M. de Saligny roulaient sur le tapis.

Le duc mourut en disant :

— Oh! ma mère!... ma mère!...

Gilbert, tombant d'abord à genoux, puis sur le côté, s'affaissa aux pieds de sa femme à demi-étendue sur le plancher... Elle sentit un sang chaud et fumant inonder ses mains, et elle entendit la voix agonisante de son mari lui dire :

— Vous voilà veuve... mais j'ai tué... votre amant...

— Diable! — dit le général en faisant un pas vers les deux corps et se courbant vers eux les deux mains appuyées sur ses genoux, — c'est pardieu bien ça! ils ont fait un superbe coup fourré... ils sont saignés tous deux... Allons, je vas prévenir le domestique, car on ne peut pas laisser ici la marquise, — ajouta le spadassin en se dirigeant vers la porte. — Je vais revenir chercher mes épées, ensuite je ferai ma déclaration au commissaire de police, vu qu'il faut se mettre en règle. Et puis au lieu de déjeuner chez le marquis, j'irai déjeuner au Café de Paris et crânement! La soupe à l'oignon m'a creusé l'estomac.

Le général sortit et ferma la porte...

Soudain une lueur tour à tour rose et azurée remplit le salon de sa douce lumière...

Gilbert et Gilberte presque mourants, elle de douleur, lui de sa blessure... entendirent à ce moment suprême la voix de la KORRIGAN.

— La blessure de Gilbert ne doit pas être *mortelle*... selon le langage des hommes, — disait la petite fée, — Gilberte survivra aux terribles émotions qui en ce moment la brisent... Voulez-vous, tous deux, continuer d'être le marquis et la marquise de Montlaur ?

A mesure que la voix de la Korrigan arrivait à leur oreille, les deux époux se sentaient redevenir *eux-mêmes;* de même que le comédien, la toile tombée, le drame joué, reprend possession de son *moi*, de sa personnalité, tout en conservant le souvenir des moindres incidents de son rôle.

Gilbert et Gilberte éprouvaient aussi la sensation d'un doux réveil, succédant à un songe horrible. Leurs douleurs morales et physiques s'apaisaient par enchantement ; ils regardèrent autour d'eux et virent le salon du duc de Saligny éclairé par la lueur rose et azurée qui annonçait la présence de la fée, invisible à leurs regards...

Le cadavre sanglant du jeune duc étendu sur le dos et tenant encore son épée de sa main crispée par la mort, frappa les regards de Gilberte; elle s'écria :

— Ah! Korrigan, par pitié! sortons d'ici. Retournons dans notre petite chambre !!

— Oh oui! — reprit Gilbert, — c'est assez de marquisat, Korrigan... c'en est trop !

A ce moment le spadassin rentrait accompagnée du valet de chambre de monsieur de Saligny qui disait en pleurant :

— Oh! mon pauvre jeune maître! Et sa mère..... mon Dieu, et sa mère! qui est ici, dans la même maison !

— Ah! dame, mon garçon voilà! à ce jeu-là... on se pique, — répondit le général en se baissant pour ramasser ses épées ensanglantées que ce nouveau duel *culottait* encore.

Le spadassin dut ouvrir les doigts livides et raidis de M. de Saligny, pour lui enlever son arme des mains : après quoi mettant les deux épées sous son bras et s'adressant au serviteur qui, les mains jointes et agenouillé près du cadavre de son maître, éclatait en sanglots, le général lui dit :

— Mon cher, où demeure le commissaire de police du quartier?

En attendant la réponse du valet de chambre, le baron Poussard jeta curieusement les yeux sur le corps du marquis ; ses paupières demi-closes, ses lèvres violâtres et entr'ouvertes d'où s'échappait une sorte de râle, semblaient annoncer que le blessé touchait à sa dernière heure...

Quelle fut la stupeur, l'épouvante du général lorsqu'il entendit ces mots, prononcés d'une voix sonore et vibrante, quoiqu'elles parussent sortir de la bouche immobile et décolorée du marquis :

— Korrigan? je veux que ce spadassin de général Poussard, encore plus féroce qu'il n'est goinfre, ait une colique atroce toutes les fois qu'il mettra l'épée à la main pour se battre en duel!

C'est fait, — répondit la douce voix de l'invisible fée, — ta volonté s'accomplira...

— Oh... — s'écria le général en pâlissant d'effroi. — Les morts parlent ici!!

— Oui, — reprit la voix de Gilbert, voix de plus en plus lointaine et qui semblait venir du ciel..... Oui, les morts parlent, et ils te prédisent, abominable spadassin, une colique atroce toutes les fois que tu iras sur le terrain !

IX

Un instant après que Gilbert et Gilberte eurent dit à la Korrigan :

— Nous voulons retourner dans notre petite chambre et redevenir ce que nous étions hier, les deux époux éprouvèrent un moment de vertige qui leur ôta jusqu'à la conscience de leur être, puis ils se trouvèrent transportés chez eux, vêtus comme ils l'étaient la veille ; à peine furent-ils en présence, que pleurant de joie et se jetant dans les bras l'un de l'autre ils se tinrent longtemps embrassés.

— Mon Gilbert! — disait la jeune femme.
— Ma Gilberte! — disait le jeune homme.

Et leurs douces larmes de couler encore au milieu d'étreintes passionnées.

— Pauvre Minette! il me semble que je te revois après une longue absence!

— Ah! Chéri, quel affreux voyage dans le pays des marquisats!

— Dieu merci, nous en voilà revenus et pour toujours, hein, *marquise?*

— Ah! ne m'appelle plus ainsi! je crois que pendant huit jours le souvenir de cette horrible nuit me donnera le cauchemar! Te voir tomber à mes pieds tout sanglant..... Mais cette blessure, tu ne t'en ressens plus?

— Pas le moins du monde! l'épée du duc a percé la peau du marquis, mais non la mienne... Dieu merci!

— Laisse voir?

Reprit Gilberte avec un accent de tendresse ingénue et charmante. Écartant alors le revers du gilet et les plis de la chemise de son mari, de qui elle mit ainsi une partie de la poitrine à nu, la jeune femme, rassurée par cet examen et emportée par un élan passionné, baisa la place de la blessure.

— Nom d'un petit bonhomme! — s'écria Gilbert, — si j'avais été blessé, tu m'aurais guéri!

— Ah! mon pauvre ami! quelle nuit! quelle nuit!

— Et pourtant ça commençait si joliment! étais-tu belle sous tes brillants atours! avec ta guirlande de fleurs et de diamants, et ta robe de crêpe rose!

— Et toi? comme cet habit bleu-clair à boutons dorés t'allait bien!... c'est que tu avais vraiment l'air d'un marquis.

— Et comme tout ce grand monde s'empressait autour de nous?

— Oh! c'est vrai, mais dis donc, Gilbert, une drôle de chose.

— Quoi donc?

— Je me rappelle de tout ce qui nous est arrivé, comme si j'étais encore marquise.

— Moi de même, je n'ai rien oublié.

— Voyons! est-ce que les empressements de ce beau monde te causaient un grand plaisir?

— Ma foi non ; en tant que marquis ça ne me faisait rien du tout! les personnes invitées à notre fête me devaient ces égards, ces prévenances... et moi je les acceptais, ma foi, tout bonnement comme une chose due...

— Est-ce que tu éprouvais un énorme bonheur à voir nos magnifiques salons si brillants de dorures, de fleurs et de lumière?

— Je n'y pensais seulement pas, ma pauvre Minette!

— Ni moi non plus : c'est singulier! et pourtant lorsque nous avons pu nous *régaler* de ces deux paires de grands rideaux de fenêtre en cotonnade, que j'ai paillés et cousus moi-même (et la jeune femme les désigna du geste), nous nous reprochions de perdre souvent notre temps à les regarder, ces pauvres rideaux, en nous disant : Comme ça fait bon effet! comme ça meuble! Non, vrai, ce n'est pas parce que c'est chez nous, mais enfin voilà qui est *cossu!*

— Tu as raison. Mais autre chose! tu te rappelles avec quelle impatience nous avons attendu pendant des mois le moment de boire au Café de Paris cette fameuse bouteille de champagne?...

— Que nous n'avons pas bue...

— Cela grâce à ton bon cœur. Hé bien, cette nuit lorsqu'après le départ de nos invités, nous avons soupé tête à tête dans notre belle salle à manger, sur cette table couverte d'argenterie si magnifique, que j'en suis encore ébloui? Certes, il y en avait là du champagne frappé et du fameux! cependant je n'ai pas seulement eu l'envie d'en goûter; un de nos maîtres d'hôtel, en gants blancs, m'en a versé, de ce nectar... mais je n'en ai pas bu, tant j'étais préoccupé de mon duel avec le duc, et de mon idée de te forcer d'offrir à madame de Saint-Marceau une place dans ta voiture, pauvre Chérie!

— Et moi donc... je n'ai avalé qu'un verre d'eau pour apaiser l'espèce de fièvre que me causaient les menaces de M. de Saligny, qui voulait se battre contre toi, mon pauvre Bibi... et te montrer mes lettres!

— Quant aux mets, nous ne leur avons pas plus fait honneur qu'aux vins! Un autre de nos maîtres d'hôtel m'a servi... ma foi, je ne sais pas de quoi; c'était tout tortillonné et décoré de petites tranches de truffes, ça avait à peu près un goût de volaille, cela devrait être excellent, mais cela m'a semblé amer, car je n'avais pas la moindre faim, et, par parenthèse... ce n'est pas comme ce matin.

— Le fait est que, malgré nos aventures de la nuit, j'ai les dents d'une longueur... d'une longueur!

— Et cette scélérate de Badureau qui ne nous apporte pas notre lait et notre pain. Neuf heures doivent être depuis longtemps sonnées!

— Non, Chérie, tiens... les voilà qui sonnent..... Notre faim avance.

A ce moment, nos deux jeunes gens qui, tour à tour sous l'impression de leurs souvenirs nocturnes, et sous l'influence de leurs modestes habitudes de chaque jour, y revenaient machinalement, oubliant pour un instant la Korrigan et ses merveilles, nos deux jeunes gens entendirent frapper discrètement à leur porte.

— C'est la portière qui nous apporte notre lait! — s'écria joyeusement Gilbert. — Vive à jamais... à jamais la Badureau! — et après ce cantilène, il cria : — Entrez!

— Il faut qu'elle aie *zévu* quelque chose pour se montrer si ponctuelle! Nous apporter notre déjeuner à neuf heures sonnant! — reprit en riant Gilberte.

La jeune femme oubliait, ainsi que son mari, les deux mille francs si *diaboliquement* jetés la nuit précédente dans la loge de la portière. Aussi quel fut l'étonnement des deux époux en la voyant entrer marchant à pas comptés, tenant sous son bras un long pain de quatre livres, une bouteille d'une main, et de l'autre un plat qu'elle avait déposé sur le carreau pour ouvrir la porte! après quoi, s'avançant vers le petit poêle de fonte qui servait de table à manger, madame Badureau déposa sur ce meuble le pain, la bouteille et le plat qui contenait un quart d'oie froide, deux pommes cuites et un morceau de fromage de gruyère.

Gilbert et Gilberte ouvraient des yeux énormes à l'aspect de ce déjeuner splendide, aussi peu prévu que venant à souhait, pour satisfaire à leur appétit matinal.

Aussi, regardant tour à tour ces mets et madame Badureau, les deux jeunes gens disaient avec une surprise croissante :

— Un quart d'oie rôtie!!
— Des pommes cuites!!
— Du fromage!!!
— Une bouteille de vin cacheté!!!

Madame Badureau prenant alors la parole, s'exprima de la sorte avec un accent tour à tour mystérieux et pénétré :

— J'ai *zévu* bien des malheurs, mais je n'ai jamais *zévu* celui d'oublier mes bienfaiteurs! je me homme! vous n'êtes pas plus lithographe que mademoiselle n'est fleuriste! vous êtes un prince polonais déguisé, qui a enlevé la fille d'un milord anglais, riche comme un crésus, qui cachez vos amours dans une mansarde! Jeune homme! j'ai compris la farce de cette nuit! les deux mille francs que vous m'avez jetés dans ma loge, étaient une manière de me dire : « Madame Badureau, soignez-nous et vous « en recevrez autant à chaque terme pour votre peine. » — C'est convenu, jeune homme, vous serez soigné en prince polonais que vous êtes, car vous n'êtes pas fait pour prendre le matin pour deux sous de lait, dans un poêlon, comme des chats, pour tout potage à vous deux mademoiselle! Voilà le déjeuner, vous verrez le dîner... il y aura des huîtres... du rognon de veau à la casserole et... du... pou...oulet!!!

Il est impossible d'accentuer autrement la pompeuse prononciation de madame Badureau lorsqu'elle fit cette annonce culinaire, ensuite de quoi elle ajouta :

— Jeune homme! comptez sur moi à la vie et à la mort... mais motus!

Madame Badureau se retirant alors à pas de loup, sur la pointe des pieds, ouvrit doucement la porte, se retourna en appuyant son index sur ses lèvres, à l'instar du dieu du silence, elle disparut en répétant :

— Motus!

A peine la portière fut-elle partie que Gilbert, d'abord ébahi, se frappa le front, partit d'un franc éclat de rire, et s'écria :

— Ma parole d'honneur, Minette, nous sommes fous!
— Comment?
— Nous oublions que nous pouvons tout ce que nous voulons?
— Que veux-tu dire?
— Et la Korrigan ! et les deux mille francs que par farce, j'ai jetés cette nuit dans la niche à Badureau, qui, vu ma magnificence, me prend pour un prince polonais déguisé!

— Tiens! c'est ma foi vrai! — dit Gilberte en frappant dans ses mains, — il faut que nos aventures de cette nuit nous aient *toqués*? Heureusement elles ne nous ont pas ôté l'appétit. Hein, Bibi, a-t-il bonne mine ce quart d'oie rôtie?

— Un quart d'oie ! — reprit Gilbert avec un superbe dédain. — Fi ! fi ! ma chère ! Allons donc ! un quart d'oie ! quand nous pouvons demander à la Korrigan... — Et tournant çà et là la tête : Êtes-vous là, Korrigan ?

— Oui, — répondit la douce voix, je suis là...

— Tu vois bien, la Korrigan est là... — et nous pouvons.....

— Bah ! bah ! — répondit Gilberte qui, après avoir couru chercher deux couteaux et deux fourchettes de fer brillantes comme de l'argent, s'occupait déjà de couper pour son Gilbert le *croûton* d'un pain tendre, croquant et doré ! — moi d'abord j'aime à savoir ce que je mange ! et en me rappelant tous ces mets qu'on nous servait hier, à souper, dans des plats d'argent, je ne saurais pas seulement dire si c'était chair ou poisson... Tiens, Bibi... tu seras au moins certain de savoir que tu manges de l'oie !

Et Gilberte offrit à son mari le croûton du pain, sur lequel elle plaça un appétissant morceau de l'aile d'oie rôtie qu'elle avait soigneusement soupoudré de sel blanc.

— Au fait, Minette, tu as raison ! — reprit Gilbert en mordant à belles dents le croûton. — Nous avons une faim de tigre (comme disait ce féroce goinfre de général Poussard...), voilà de l'oie... Eh bien, mangeons de l'oie ! nous aurons toujours le temps de manger de toutes sortes de friandises quand l'envie nous en prendra !

— Hum... la bonne peau croustillante, dit Gilberte avec un petit frémissement de friande convoitise, en prenant bravement du bout de ses doigts roses, un morceau de l'épiderme doré de l'oie, et elle le croqua tandis que Gilbert disait à la fée invisible :

— Ah ! chère Korrigan, dans quel affreux pétrin vous nous avez jetés sans le vouloir (nous n'en doutons point) en nous métamorphosant selon notre volonté en marquis et en marquise !

— Vous avez commandé, — reprit la voix, — j'ai obéi.

— Oh ! ce n'est pas un reproche que nous vous adressons, bonne petite fée, — reprit Gilberte, — nous avons cru que le bonheur suprême consistait à être grands seigneurs ; nous nous sommes trompés. . voilà tout...

— Et l'on ne nous y rattrapera plus à être marquis ou marquise, nom d'un petit bonhomme ! — ajouta Gilbert en débouchant la bouteille cachetée de rouge et remplissant le verre qui lui servait à lui et à sa Gilberte, celle-ci but crânement trois doigts de vin pur, et rendit le verre à son mari, qui le vida d'un trait, puis s'essuyant les lèvres :

— Voilà un petit bourguignon que j'aime fièrement, mieux que notre champagne frappé de cette nuit. Hein, Minette ?

— Ah ! ne me parle plus de cette horrible nuit... Tu m'ôterais l'appétit, et je le réserve pour les pommes cuites !

— Ah ! la diable de nuit ! j'en frissonne encore..... Brrr...

— Pourquoi vous décourager sitôt ? — reprit la voix de la fée. — Qui vous prouve que le bonheur ne consiste que dans une grande naissance et une grande fortune ? Je vous l'ai dit, le marquis de Montlaur et sa femme survivront, elle à son chagrin, lui à sa blessure : si vous ne voulez pas *entrer* de nouveau *dans leur vie*, il est beaucoup de grands seigneurs de qui vous pouvez prendre la place...

— Merci, Korrigan ! si nous étions absolument forcés de choisir, Minette et moi, entre le métier de fleuriste et celui de lithographe, ou la condition de marquis et de marquise... je vous répondrais peut-être : « Korrigan es-« sayons encore des grandeurs. » — Mais il nous reste de la marge pour notre nouveau choix, et entre nous, chat échaudé craint l'eau froide. — Puis, Gilbert, donnant à sa femme les deux pommes cuites, lui dit : — Voilà le dessert de Minette, puisqu'elle ne mange pas de fromage, je me l'adjuge ; un bon petit verre de vin par là dessus et nous aurons déjeuné comme des rois !

— Dis donc, Gilbert ? — reprit la jeune femme en secouant la tête, comme une ménagère qui s'effraie d'une consommation coûteuse, — sais-tu que la moitié de notre pain de quatre livres y aura passé ! — et mordant à belles dents sa dernière pomme cuite, elle se leva en disant : — Je vais nettoyer nos fourchettes et nos couteaux !

— Korrigan ? — reprit Gilbert en riant de nouveau, — entendez-vous ma petite femme ? elle oublie toujours que je suis pour le moins un prince polonais déguisé et elle la fille d'un milord anglais, ainsi que le prétend la Badureau. Voilà Minette qui parle de nettoyer nos fourchettes.

— C'est vrai, — reprit Gilberte, — j'oublie toujours notre pouvoir ; mais c'est égal ! ça m'amuse de m'occuper de notre petit ménage. Moi, d'abord, je m'ennuie quand je n'ai rien à faire.

Et la jeune femme entra dans le cabinet qui servait de cuisine où l'on entendit bientôt le grincement du sable sur le fer des couteaux et des fourchettes.

— Pour ce qui est de fainéantiser, j'avoue aussi que cela me semble assommant ; et si notre pain n'était pas au bout de nos doigts, je crois que j'aimerais mieux travailler gratis que de rester oisif. Une semaine bien remplie ! nom d'un petit bonhomme!!! c'est le sel d'un gai dimanche.

— Braves cœurs ! murmura la voix de la fée, — bons cœurs !

— Dis donc, chérie, — reprit Gilbert après un moment de réflexion, — une idée ?

— Voyons ? — répondit Gilberte toujours occupée dans le cabinet à fourbir ses couverts, — quelle idée !

— Nous avons à causer avec notre chère Korrigan sur le choix de la nouvelle condition où nous allons chercher et trouver certainement, cette fois-ci, le bonheur. Veux-tu que nous nous mettions... (seulement histoire d'occuper notre temps), moi à ma pierre? toi à tes fleurs? nous jaboterions comme à notre ordinaire tout en travaillant.

— Fameuse idée, — reprit joyeusement la voix de Gilberte, — oh! fameuse! et pour ta peine je t'embrasserai quand j'aurai fini de nettoyer nos couverts.

— Korrigan, — reprit Gilbert en s'approchant de la table où étaient sa pierre lithographique et ses crayons, — cela ne vous paraîtra pas impoli de notre part, qu'en causant avec vous, nous travaillions?

— Non, mes amis, — répondit la douce voix, — et elle murmura : braves et bons cœurs!

— Où est-il ce Bibi? qu'on l'embrasse pour sa bonne idée! — dit gaiement Gilberte en sortant du cabinet avec une gentille pétulance, — où est-il qu'on l'embrasse! vite! vite!

— Présent... — fit Gilbert.

Et le bruit de plusieurs baisers pris et rendus s'entendit dans la chambre, après quoi nos deux jeunes gens s'assirent joyeusement chacun devant sa table de travail.

— Ah! ah! — dit Gilberte en s'adressant à la tulipe de Thol, orange et pourpre, qui, placée dans un vase, lui servait de modèle, — bonjour, chère petite fleur! tu ne t'attendais pas, ni moi non plus, à ce que nous nous reverrions... je vais tâcher d'achever aujourd'hui ton portrait.

Puis fouillant dans ses cartons, la jeune femme ajouta avec ce petit frémissement de désir ou de convoitise qui lui était naturel :

— Hum! quel bonheur si je pouvais imiter, à s'y méprendre, ces jolies pétales orangés, frangées d'un pourpre si vif! c'est ça qui est fièrement difficile. — Et elle reprit, il faut l'avouer, avec une certaine fatuité : — Difficile... difficile... Enfin .. l'on verra !!!

Gilbert, de son côté, s'approcha de la table où se trouvait sa pierre lithographique préservée de la poussière par un léger papier de soie; il l'enleva et mit au jour un dessin commencé, représentant deux enfants jouant avec un gros chien de Terre-Neuve; la magnifique gravure anglaise qui lui servait de modèle était placée sur son chevalet près de la table, où le jeune homme s'assit, regardant son œuvre, et disant avec une satisfaction profonde :

— Vrai! ça fait plaisir de revoir un travail bien commencé! Hé! hé! mais oui, pas mal commencé, — ajouta-t-il en se mirant pour ainsi dire complaisamment dans son dessin lithographique.

— Moi, reprit Gilberte toujours assise devant sa table, — tu sais que j'adore le gros chien... a-t-il l'air bonne personne? avec son grand œil intelligent et doux, on croirait vraiment qu'il regarde avec tendresse les deux marmots qui jouent entre ses grosses pattes..

— Chacun son goût, certes. je ne méprise pas le gros chien, — reprit Gilbert, — mais j'aime mieux les deux enfants, et encore j'ai pour l'un d'eux une préférence forcenée; mon préféré est celui qui tient la patte du chien, j'ai mis tous mes soins à bien *réussir* la tête frisée de ce bambin parce que Minette devait lui ressembler... quand elle était bambine.

— Voyons! — reprit Gilberte se levant, tenant à sa main ses ciseaux et un morceau de gaze orange où elle taillait la ressemblance de la tulipe d'Itol. La jeune femme s'accouda sur l'épaule de son mari, penchant sa tête si près de la sienne, que leurs cheveux se confondaient :

— Ah! câlin! reprit Gilberte après avoir contemplé le dessin : — Vous me flattez afin que j'excuse votre injuste préférence : quel mauvais père! ne pas aimer également ses enfants! Eh bien, moi je soutiens que ce chérubin qui se pend au cou du bon gros chien, sera tout aussi gentil que l'autre si vous voulez vous donner aussi la peine de le *réussir*.

— Parbleu, je crois bien que je le *réussirai*, puisque nous pouvons tout ce que nous voulons, et à preuve... — dit Gilbert en tournant la tête du côté de sa femme et lui présentant son front. — A preuve... c'est que je veux que Minette m'embrasse.

— C'est fait! — répondit gaîment Gilberte en donnant le baiser et en imitant la voix de la fée. — Il n'est pas besoin de votre puissance pour que j'aime à embrasser mon mari? n'est-ce pas chère petite Korrigan? — Puis regagnant sa table de travail, elle ajouta : — Maintenant je jure de ne plus déranger Bibi de son ouvrage!

— Et moi je jure de ne pas distraire Minette, — reprit Gilbert. — A cette heure, Korrigan, parlons un peu, s'il vous plaît, de nos petites affaires...

X

Gilbert et Gilberte occupés de leurs travaux habituels, et placés chacun devant sa table, continuaient de s'entretenir avec l'invisible fée.

— Nous disions donc, chère Korrigan, — reprit Gilbert en taillant avec soin son crayon tendre et friable, — nous disions donc que nous avions assez de la condition de marquis et de marquise, n'est-ce pas, Chérie?

— Ah! je crois bien! si l'on nous y reprend il fera chaud!

— Mes amis, — reprit la voix de la Korrigan, — je vous le répète, l'enchaînement des faits a voulu que vous *entriez dans la vie* de M. et de madame de Montlaur en un moment fatal...

— Et cette fatalité vous l'ignoriez, chère Korrigan ! — dit Gilbert, — nous en sommes certains!

— Je ne puis vous répondre là-dessus, mes amis, je suis destinée à vous obéir; mais il n'est pas en mon pouvoir de vous conseiller : soumise à vos volontés, j'attendrai le mo-

ment où n'ayant plus de souhaits à former, vous me direz :
— *Va t'en, Korrigan.*— Cependant, sans vous conseiller, il m'est permis de vous apprendre que les événements de cette nuit sont généralement exceptionnels dans la vie des grands seigneurs.

— Pardon, Korrigan, distinguons, s'il vous plaît, — reprit Gilbert tout en dessinant. — Laissons de côté les tribulations des gens du grand monde, quoiqu'en cette nuit maudite j'aie furieusement souffert! nom d'un petit bonhomme! étais-je courroucé et humilié de ce que le duc de Saligny prétendait que mes ancêtres avaient volé leur nom et leur titre! je crois que cela me navrait autant que les ressentiments de ma jalousie contre le duc!

— Et moi donc, Gilbert? Non, vois-tu, jamais tu ne pourras comprendre ma fureur contre toi, lorsque tu voulais me forcer de donner une place dans ma voiture à cette madame de Saint-Marceau! Et ce n'était rien encore, auprès des angoisses, des terreurs que m'a causées ce terrible duel! Sans t'avoir jamais beaucoup aimé (en tant que marquise et toi marquis, bien entendu), je tremblais presque autant pour toi que pour M. de Saligny. Je l'avais aimé par ennui, par désœuvrement, et pourtant je voulais fuir avec lui. Ah! quelle nuit, mon Dieu! J'en frissonne encore! rien que d'y songer.

— Aussi, Minette, je réponds à notre chère Korrigan : bon! j'admets qu'il n'arrive pas à tous les grands seigneurs de se battre en duel dans un salon, et de se transpercer avec leur adversaire comme des poulets embrochés, d'accord! Maintenant Korrigan, parlons un peu, s'il vous plaît, des plaisirs du grand monde : que diable! je les connais! Maintenant, Minette et moi, nous avons eu à nous l'hôtel de Montlaur, un vrai palais. Est-ce qu'à chaque instant nous nous disions : « Ah! sapristi! que nous sommes donc « heureux de posséder un si bel hôtel? »

— Ah! mon Dieu non. Habitués à posséder ce bel hôtel, nous ne songions plus à ses magnificences.

— Ainsi, Korrigan, voilà déjà pour ce qui est du logement, — reprit Gilbert. — Passons à l'habillement : est-ce que Minette et moi, qui pouvions nous vanter d'être furieusement bien mis, c'est vrai! nous nous arrêtions devant les glaces pour nous mirer et nous dire : — « Nom d'un petit « bonhomme sommes-nous bien mis! » — Est-ce que nous nous sentions plus aises que nous le sommes, lorsque le dimanche Minette est habillée de sa jolie robe de soie, et moi de ma fine redingote d'Elbeuf, sans compter mes bottes vernies? et ma badine?

— Ah bien oui! je m'en souciais bien de mes beaux atours! Figure-toi, Chéri, que, lorsque j'ai eu obtenu de ce vieux domestique d'aller me chercher une voiture pour me rendre chez le duc, je suis rentrée dans ma chambre à coucher. Renvoyant alors mes femmes de chambre, qui m'attendaient pour me déshabiller (je ne voulais pas qu'elles me vissent sortir), j'ai presque mis en morceaux ma belle robe, tant j'avais hâte de changer de vêtements pour courir chez le duc! j'ai jeté çà et là sur le tapis mon collier de diamants, mon diadème, mes bracelets de pierreries, et il me semble qu'à travers mes terribles angoisses, j'ai eu comme un moment de bonheur, lorsque je me suis vue en robe de soie toute simple avec un mantelet et un chapeau *de velours,* tant ma parure me pesait!

— Ainsi, chère Korrigan, voilà déjà pour le logement et pour l'habillement, passons à la nourriture. Vous me direz que Minette et moi nous étions trop tourmentés pour faire honneur au souper, c'est vrai; mais enfin l'on ne dîne qu'une fois; et si l'on boit du champagne frappé tous les jours, on doit s'y habituer comme au reste : or, j'aurais soupé avec la goinfrerie du général baron Poussard (n'oubliez pas, s'il vous plaît, la colique de cet affreux spadassin, toutes les fois qu'il ira sur le terrain).

— Ton désir sera satisfait — reprit la voix — toutes les fois que le général Poussard sera au moment de se battre en duel... il subira la punition que tu as infligée à sa férocité.

— Ça me donnerait l'envie d'aller le provoquer, afin de jouir de sa mine piteuse — dit en riant Gilbert. — Nous songerons à cela plus tard; mais pour en revenir à mon entretien, je vous disais, Korrigan, que quand bien même hier au soir j'aurais soupé comme un ogre, bu comme une éponge, ma soif et ma faim n'auraient pas été mieux satisfaites qu'elles ne l'ont été, ce matin, avec l'excellent quart d'oie de la mère Badureau et sa fine bouteille de vin cacheté.

— Oh! c'est vrai, le quart d'oie était délicieux! et les pommes cuites donc! un vrai sucre! — reprit Gilberte en se renversant un peu en arrière pour contempler avec contentement la petite tulipe qui semblait croître et fleurir entre ses doigts habiles et légers.

— Maintenant, passons aux plaisirs des grands seigneurs, — reprit Gilbert, — ils sont gentils! je m'en vante! M. de Bourgueil vient me proposer une course dans laquelle j'aurais à sauter cinq fossés, trois haies, et pour bouquet, une rivière à franchir. Merci du peu! Des plaisirs à se casser le cou mille fois. Après cela, qu'y a-t-il encore! Ah! le club où l'on va fumer et jouer un jeu d'enfer...

— Aussi qu'arrive-t-il? — reprit Gilberte — on laisse sa femme toute seule et par désœuvrement, ne sachant à quoi passer son temps, elle se laisse courtiser, se compromet, et un beau jour elle veut fuir avec un jeune homme!

— Voyons, chère petite Korrigan, répondez? à peu de différence près, n'est-ce point là la vie du grand monde? du moins je le soupçonne fort? et quant aux mariages, ne ressemblent-ils pas pour la plupart, sauf le dénoûment tragique, à l'union du marquis et de la marquise : indifférence d'un côté... coquetterie de l'autre?

— Il en est ainsi souvent, il est vrai — répondit la voix ; — mais qu'importe si ces gens sont heureux ?

— Mais, Korrigan, c'est justement là le *hic*. Sont-ils heureux ?

— Tu as été grand seigneur, — reprit la voix. — Souviens-toi et juge... d'ailleurs toutes les destinées ne se ressemblent pas ; il est, je vous l'ai dit, mes amis, d'autres grands seigneurs *dans la vie de qui vous pouvez entrer*. Quel avenir vous prépare cette nouvelle métamorphose ? je ne saurais vous le faire connaître, ni le changer... Je vous le répète, mes amis, je peux combler tous vos désirs, à vous Gilbert, et à vous Gilberte ; mais si vous devenez d'autres personnages, vous subirez, quels qu'ils soient, les hasards de leur destin ; donc choisissez la vie, à vos yeux la vie la plus enviable, et si elle satisfait à tous vos vœux, vous me direz alors : *Va-t'en, Korrigan*.

— Ah mon Dieu ! — s'écria Gilberte avec angoisse en interrompant son travail, — j'y songe seulement à cette heure et j'en frémis ! Ce matin, chère petite fée, lorsque Gilbert était mourant de sa blessure, et moi mourante de chagrin... si vous n'étiez pas venue à nous... nous allions donc mourir ?

— Pauvre Minette, tu as raison, — reprit Gilbert en interrompant aussi son travail, et puis si nous perdons notre pouvoir sur la Korrigan *en entrant*, comme elle le dit, *dans la vie* d'autres personnes, nous n'avons pas même l'espoir d'appeler notre bonne fée pour nous sortir d'un affreux guêpier, comme celui de ce matin, puisque nous n'étions plus Gilbert et Gilberte... mais le marquis et la marquise !

— Non, vous ne pouviez plus m'appeler, — dit la voix — mais moi, je suis venue, et je viendrai toujours vous demander, à un moment donné, si la condition que vous avez choisie satisfait à vos désirs ?

— Sans reproche, chère Korrigan, vous aviez ce matin singulièrement choisi votre moment nom d'un petit bonhomme ! nous demander si nous voulions continuer d'être le marquis et la marquise, au moment même où nous étions chacun de notre côté accablés de malheurs et quasi agonisants ?

— Mes amis, reprit doucement la voix, — ma délivrance dépend, n'est-ce pas, de la complète satisfaction de vos souhaits ?

— Oui, Korrigan.

— Et pour que vous me disiez : *Va t'en*, il faut que vous soyez, n'est-ce pas, encore vivants de ce monde-ci ?

— C'est évident.

— Donc, mes amis, si étrange que vous ait paru, que vous paraîtra peut-être encore, le moment que j'ai choisi et ceux que je choisirai, pour vous demander si tous vos vœux sont comblés, — ne m'interrogez pas à ce sujet, je ne saurais vous répondre ; qu'il vous suffise d'être certains que, quelque condition que vous ayez choisie et bien que vous deviez subir la destinée, ressentir toutes les impressions des gens *dans la vie* desquels *vous serez entrés*, toujours à un moment donné, que vous m'ayez ou non appelée, vous me trouverez près de vous et ma voix vous dira : « Tous vos désirs sont-ils comblés ? me permettez-« vous d'aller rejoindre mes sœurs ? »

— Pauvre petite Korrigan, soyez tranquille, — reprit Gilberte, — nous ne vous retiendrons pas longtemps. Oh non ! par inexpérience nous avions cette fois mal choisi, que voulez-vous ? tout le monde se serait trompé ainsi que nous ; on voit un grand seigneur et une grande dame, jeunes, beaux, riches, la première pensée qui vous vient n'est-elle pas de se dire : *ah ! je voudrais bien être comme eux ?*

Gilbert, depuis quelques instants pensif et courbé sur sa pierre, avait suspendu le mouvement de son crayon : le silence régnait dans sa chambrette, et l'on entendait les premières grosses gouttes d'une pluie de printemps qui fouettait les vitres.

Soudain Gilbert, relevant la tête, dit à sa femme :

— Tu as raison, Minette, les apparences nous ont trompés dans notre premier choix, mais il y a des conditions sur le bonheur desquelles il est heureusement impossible de se méprendre !

— Lesquelles, Bibi ?

— Hier soir, quand j'étais marquis, sais-tu quelle est la personne de notre brillante société que j'enviais le plus ? et, je me le rappelle maintenant, cette jalouse envie me faisait par moments prendre en dégoût ma noblesse et ma fortune !

— De qui veux tu parler ?

— De *Georges Hubert*, le grand poète.

— Le fait est qu'il a l'air bien doux, bien aimable, et pas fier du tout, malgré son génie : il a longtemps causé avec moi, et je me souviens lui avoir dit : — « Combien vous « devez être heureux, monsieur Georges Hubert ! » — Il m'a répondu que le secret du bonheur était de ne pas s'abandonner aux illusions, de ne jamais sacrifier aux exigences mondaines ses goûts, ses sentiments, ses devoirs, et que ce secret, il le possédait.

— Nom d'un petit bonhomme : si celui-là n'est pas véritablement heureux, qui donc le serait ? hein, Minette ! Justement hier, quand Georges Hubert causait avec toi, je me disais avec un dépit concentré : « Je suis grand sei-« gneur, jeune, point sot, maître d'une fortune énorme, « aussi bien placé dans le monde qu'on peut l'être ; enfin « c'est moi qui donne cette fête somptueuse et cependant « tous les regards, toutes les louanges, tous les empresse-« ments sont pour M. Georges Hubert ! il reçoit ces hom-« mages avec une sorte de froide réserve, qui prouve assez « qu'il saurait se passer de ces adulations ! J'ai cinq cent « mille livres de rentes » (dis donc, Minette... nous avons eu cinq cent mille livres de rentes ! quelle farce !...) « j'ai « un grand nom, et pourtant, m'annonce-t-on dans un sa-« lon, personne ne tourne la tête ; annonce-t-on au contraire

« M. Georges Hubert? tous les yeux le cherchent, et l'on se
« dit tout bas : Le voilà, le voilà ! L'influence de ce nom
« est partout la même ; oui, dans nos salons, dans la bour-
« geoisie et jusque dans la mansarde de la grisette ou de
« l'ouvrier qui ont pleuré aux drames de Georges Hubert,
« ce nom éveille chez tous un sentiment d'admiration et
« de sympathie ! J'ai voyagé en Angleterre, en Allemagne,
« en Espagne, en Italie, l'engouement était partout le
« même ! Il est cruel de s'avouer cela, mais fussiez-vous
« le plus grand et le plus riche seigneur de l'Europe, une
« fois hors de votre pays, vous n'êtes pas plus connu du
« public étranger que si vous étiez M. Jean-Pierre, tandis
« que le nom de M. Georges Hubert est européen ! »

— Hé bien ! Chéri, ce que tu pensais de M. Georges Hubert, moi je le pensais de madame de Saint-Marceau ; je
m'apercevais que tu faisais le galant auprès d'elle, mais
elle m'inspirait encore plus d'envie que de jalousie ; je me
rappelais son triomphe de la veille à l'Opéra-Italien où
j'étais dans ma loge... (Dis donc Bibi ? il paraîtrait que
nous avons eu notre loge aux Italiens). Je me disais :
« Non, jamais je n'ai assisté à une pareille ovation ! c'était
« de la frénésie, du délire ! Je n'ai pu m'empêcher même
« de lui jeter mon bouquet, à cette madame de Saint-Mar-
« ceau ! Une reine seule reçoit de pareils hommages ! et
« encore non, les hommages que l'on rend à une reine
« sont souvent intéressés, obligés ou factices, tandis que
« rien n'oblige cette foule idolâtre à porter aux nues cette
« grande artiste. Ah ! quelle différence entre sa vie et la nô-
« tre, à nous autres femmes du monde, qui ne connaissons
« d'autres succès que ceux de la coquetterie ! d'autres plaisirs
« que ceux que l'on achète grâce à une grande fortune ! Et
« pour comble de bonheur, après avoir gagné par son talent
« une fortune considérable, cette femme de théâtre a épousé
« un homme du monde jeune, aimable, distingué, qui
« l'aime autant qu'il est aimé d'elle... Est-elle heureuse
« cette madame de Saint-Marceau ! est-elle heureuse ! »
— Oui, mon Gilbert, voilà ce que je me disais avec un très-
méchant sentiment d'envie. Aussi, juge de mon chagrin, de
ma colère, lorsque tu as voulu me forcer de donner à cette
femme une place dans ma voiture !

— En un mot, Chérie, tu enviais la condition de madame de Saint-Marceau autant que moi j'enviais la condition de Georges Hubert ?

— Ah mon Dieu oui !

— Une idée !... combien je serais heureux et fier de te
voir applaudie, idolâtrée, par une foule enthousiaste de
ton magnifique talent ! quelle ivresse pour moi, ma Gilberte, lorsque je me dirais : C'est pourtant ma femme qui
cause ces transports.

— Ah c'est mal ! monsieur Bibi, c'est très-mal !

— Quoi donc ?

— Vous avez volé l'idée à Minette ! monsieur ! oui, justement j'allais te dire : Serais-je fière, serais-je heureuse
si je voyais mon Gilbert admiré, applaudi comme l'est
M. Georges Hubert ! te rappelles-tu son drame à la Porte-
Saint-Martin : *Antonia?* nous sommes allés à ce théâtre un
dimanche : quelle admiration ce drame inspirait, quoiqu'il
date au moins de trois ou quatre ans ! et en sortant, avec
quel enthousiasme on parlait de l'auteur ! chacun s'exclama-
mait : — « Quel homme de génie ! — comme il connaît
« l'âme humaine ! — quel bon et noble cœur il doit avoir,
« pour peindre avec tant de vérité les douleurs d'une mère !
« — et dans le caractère du héros de la pièce, quelle gé-
« nérosité, quelle grandeur ! On ne saurait créer de pareils
« personnages, leur prêter de si admirables sentiments
« sans les éprouver soi-même ! »

— Et puis te souviens-tu, Minette, de ce monsieur placé
près de nous, à la troisième galerie ? il avait dit pendant
un entr'acte qu'il demeurait dans la même maison que
Georges Hubert ? Aussi comme on le questionnait avec
avidité, ce monsieur ? c'était à qui lui demanderait :
« — M. Georges Hubert est-il vieux ? — est-il jeune ? — est-
« il beau ou laid ? — brun ou blond ? — grand ou petit ? »

— C'est pourtant vrai, ce brave homme, par cela seulement qu'il demeurait dans la maison de ce grand poëte,
était devenu presque un personnage !

— Combien ce jour-là nous avons été heureux d'apprendre que Georges Hubert était aussi bon qu'il était
célèbre !

— C'est tout simple cela, Chéri ; on est toujours content
de savoir que ceux que l'on admire méritent d'être aimés ;
certainement Georges Hubert doit avoir bon cœur, car cette
nuit en causant avec lui, j'étais frappé de l'expression touchante de sa figure, lorsqu'il me parlait du bonheur de
madame d'Oberval et de M. de Baudricourt, ces deux amants
si heureux...

— Quels amants ?

— Un homme et une dame du grand monde, amoureux
l'un de l'autre, qui se sont enfuis pour vivre libres et ignorés dans la solitude, au milieu d'un pays charmant : voilà
encore des gens dont le bonheur est assuré ! Georges Hubert
était ami de la dame et il me parlait de la félicité de ces
deux amants avec tant de charme que son récit m'a tourné
la tête (il paraît que je ne l'avais pas très-forte), et ce récit
a au moins autant contribué que ma jalousie contre madame de Saint-Marceau à ma résolution de fuir avec
M. de Saligny.

— Eh bien, Minette n'aura plus à envier cette illustre
artiste !

— Que veux-tu dire ?

— Si ce ménage-là n'est pas heureux ! c'est à donner sa
langue aux chiens ! ou à ne jamais dire de sa vie : *Va-
t'en, Korrigan !* Entrons dans la vie de M. et de madame
de Saint-Marceau ! Ah Chérie ! que je serais fier de t'applaudir, de jouir de tes triomphes !

— Y penses-tu ?

— Je fais mieux que cela : je demande à la Korrigan que *tu sois* cette admirable cantatrice et que je *sois* son mari.

— Non, Gilbert, non ; mon rêve à moi serait de te voir à la place de Gorges Hubert. Serai-je heureuse glorieuse et fanfaronne !

— Oh ! ma petite Minette, je t'en prie, consens à *être* madame de Saint-Marceau ?

— Non, non, Chéri, c'est toi qui *seras* Georges Hubert, je tiens à t'admirer, moi ! c'est plus dans mon caractère que d'être admirée ; et puis il me semble que le mari d'une femme célèbre... c'est un rôle... enfin un rôle bête comme tout ! Et je ne veux pas de ce rôle-là pour mon Gilbert ; ainsi c'est dit, tu seras Georges Hubert : n'est-ce pas, Korrigan ?

— Que vos vœux soient d'accord, — répondit la voix, — et il en sera ce que vous déciderez.

— D'abord, Minette, — reprit Gilbert, — tu ne sais pas si Georges Hubert est marié ?

— C'est vrai ; j'ignore cela... Georges Hubert est-il marié, chère petite Korrigan ?

— Non, — répondit la voix ; — il n'est pas marié.

— Ah, ah ! vois-tu, — reprit Gilbert d'une voix triomphante, — or, comme nous nous aimons trop pour nous séparer, il s'ensuit que tu *seras* madame de Saint-Marceau et moi son mari....

— Ainsi, — reprit Gilberte avec un soupir de regret, — Georges Hubert n'est pas marié, Korrigan ?

— Non, — répondit la voix ; — mais ce grand poète a une maîtresse, et leur noble amour ne le cède en rien à celui des deux époux les plus tendrement épris l'un de l'autre !

— Entends-tu, Gilbert ! — s'écria la jeune femme en frappant joyeusement dans ses mains, — *amant et maîtresse !*... comme ça doit nous aller à nous, qui n'avons pas l'air mariés du tout !

— Cependant...

— Oh ! je t'en supplie, ne refuse pas cela à ta Minette ? Désire comme moi que nous soyons Georges Hubert et sa maîtresse ! Doit-elle être heureuse ! aimer un si grand génie et en être aimée ! oh ! dis ! ne sois pas méchant, accorde-moi ce que je te demande... Bibi Chéri ?...

— Que veux-tu que je te dise ?... — reprit le bon Gilbert, — Quand tu m'appelles à la fois Bibi et Chéri..... je n'ai plus de défense...

— Korrigan, vous l'entendez ? — s'écria la jeune femme, Gilbert et moi nous *voulons être* Georges Hubert et sa maîtresse.

— Vous serez obéis, — dit la voix, — la métamorphose va s'opérer à l'instant...

— Un moment, Korrigan ! — reprit Gilberte en réfléchissant. Puis elle ajouta : — Dis donc, Chéri, si nous attendions à demain ? Je voudrais avoir terminé ma petite fleur ; ce travail me plaît tant ! Jamais, je crois, je n'ai trouvé plus de plaisir à mon ouvrage, et puis il pleut à verse... nous sommes si bien dans notre chambrette ; restons dans notre nid jusqu'à demain. Veux-tu ?

— Hé ! hé ! c'est une idée à Minette, je ne serais pas fâché de mon côté d'avancer mon dessin... le bambin qui se pend au cou du bon gros chien, ne *vient* vraiment pas mal, et tu ne seras plus jalouse de ma préférence pour l'autre mioche. Je suis comme toi, jamais je n'ai trouvé plus de plaisir au travail. Il pleut à verse, il fait grand vent, cela nous accoquine chez nous... sans parler du fameux dîner que nous a annoncé la Badureau.

— Il... y... aura du... pou... ou... let ! — fit Gilberte en contrefaisant madame Badureau. — Et ma foi, quand six heures sonneront, j'aurai les dents aussi longues que je les avais ce matin !

— C'est ça ! nous ferons un gentil petit dîner, nous allumerons une flambée dans notre poêle, nous continuerons notre causette au coin du feu jusqu'à dix heures... et alors..... et alors..... — ajouta Gilbert en jetant un regard vers l'alcôve, — et alors bonsoir la compagnie. Nom d'un petit bonhomme, hein, Minette !

— Korrigan, ne regardez pas mon Gilbert quand il fait ces yeux-là... — reprit la jeune femme en souriant et en rougissant, il vous ferait peur !

— Oui, oui ! mais tu ne dis pas à notre chère petite fée comme à l'endroit des calembours : « Korrigan, je veux « que Gilbert ne me fasse plus jamais ces yeux-là ! »

— Tiens, je crois bien ! — reprit naïvement Gilberte, - et puis, vois-tu, Bibi, c'est qu'aussi, quand tu me fais ces yeux-là, tu ne regardes pas ta pierre, et tu perds ton temps.

Nos deux jeunes gens, en devisant ainsi avec la fée invisible, achevèrent leur journée, continuant de travailler l'un à son dessin, l'autre à sa fleur artificielle.

La pluie tombait toujours à torrents, et son bruissement monotone, mêlé aux rafales du vent, semblait rendre au deux époux encore plus douces et plus rapides ces heures paisibles, intimes et occupées.

A six heures madame Badureau, fidèle à sa promesse entra majestueusement, apportant le dîner ; une voisine la suivait, lui servant d'aide en cette circonstance. Le menu du repas, dépassant le programme, se composait de deux douzaines d'huîtres, d'un rognon de veau à la casserole, d'un poulet rôti, d'une salade, d'un pot de confitures et d'une bouteille de vin cacheté.

La suivante de madame Badureau, à un signe mystérieux de celle-ci, ne dépassa pas le seuil du logis, et disparut lorsque les plats furent déposés, soit sur le poêle, soit sur la tablette de la cheminée ainsi transformée en buffet.

— Savez-vous, madame Badureau, que vous êtes un vrai cordon bleu ! — dit Gilbert tandis que sa femme allumait une lumière et allait chercher les couverts. — Voilà un vrai festin de Balthazar !

— Ah! jeune homme, — répondit mélancoliquement madame Badureau, — j'aurais voulu *savoir* le bonheur de vous servir un repas polonais! mais j'ignore les fricots de votre pays.

— De mon pays?... quel pays?

— C'est vrai, j'oubliais que vous êtes déguisé. Motus! — dit la portière, et elle appuya son index sur ses lèvres. — Oh! jeune étranger! plutôt mourir que de trahir vos amours avec la fille de milord!

— J'y compte, madame Badureau, — répondit gravement Gilbert, — sinon le milord viendrait à la tête de son clan écossais, et nous séparerait Minette et moi!

— La séparer de son Polonais, lui; il aurait ce front-là! S'il osait jamais!... vieille canaille de milord!

— Chut! madame Badureau, ma femme pourrait vous entendre, et, après tout, le milord... est son père!

— C'est juste! on doit penser ces choses-là de ses parents, mais ne jamais le dire tout haut. Chut! voilà la fille du milord qui apporte vos couverts... — fit la portière en voyant rentrer Gilberte. Puis, adressant un signe d'intelligence à Gilbert, elle ajouta finement, comme si elle continuait un entretien commencé :

— Oui, jeune homme, le marquis notre voisin, le propriétaire de ce superbe hôtel, a été rapporté à demi massacré ce matin par un duc qui est mort!

— Ah! mon Dieu! que nous apprenez-vous là, madame Badureau? — dit Gilbert en simulant la surprise, — le marquis est à demi massacré!

— Oui, jeunes gens, et il n'a plus que le souffle!

— Et la marquise? — demanda Gilberte — cette jeune t jolie personne si élégante?

— Ne m'en parlez pas, jeunes gens, pour l'amour de Dieu, e m'en parlez pas de cette drôlesse! c'est une vraie... marot!!!

— Madame Badureau, sans reproche, voilà une expression un peu...

— Un peu!... dites donc pas assez! figurez-vous qu'elle été cause de tous ces massacres!

— Ah bah?

— Jeunes gens, je suis réduite à tirer le cordon, grâce ux malheurs que j'ai *zévus*, mais je n'ai jamais *zévu* elui de faire massacrer défunt Badureau... à preuve que...

— Madame Badureau, si vous nous parlez de vos malheurs, et de défunt Badureau, vous allez nous faire tremper notre festin de nos larmes, — reprit Gilbert, — ce qui âterait considérablement cette délicieuse sauce aux petits ignons.

— Une idée! — dit joyeusement Gilberte, — ma bonne adame Badureau, faites-nous aller ce soir au spectacle ans sortir de chez nous?

— Ah çà, Chérie, tu prends donc madame Badureau our une Korrigan!

— Korrigan?... connais pas, — fit la portière, — c'est sans doute un mot polonais! Ah! ah! prenez garde, jeunes gens..... prenez garde! avec une autre que moi, vous vous seriez trahis .. Motus!

— Ma bonne madame Badureau, — reprit Gilberte avec câlinerie, vous savez où est le cabinet de lecture ici près? Soyez assez gentille pour aller tout de suite y demander *Octave*.

— *Octave?*... sans doute un autre Polonais déguisé, je vole le chercher. Seulement, songez-y, c'est peut-être imprudent!

— Mais non, madame Badureau! *Octave* est un livre de comédie; c'est le dernier drame de Georges Hubert, représenté il y a deux ans et que l'on vient de reprendre avec le plus grand succès.

— Georges Hubert? ah! le scélérat d'homme! m'a-t-il fait pleurer, à la Porte-Saint-Martin, avec sa pièce d'*Antonia*! — dit la portière. — Georges Hubert! ah! jeunes gens... c'est mon dieu! je l'idolâtre, et malgré mon âge et mon sexe, si je le rencontrais dans la rue... parole d'honneur je le suivrais!... tant pis!... tiens, après tout je suis veuve de défunt Badureau et libre de moi-même!

— Madame Badureau, prenez garde de vous compromettre! — dit Gilbert, — si Georges Hubert savait le secret de votre cœur... il pourrait en abuser!

— Ah! je n'aurais jamais ce bonheur-là, jeunes gens! — répondit madame Badureau en se dirigeant vers la porte. — Je vole au cabinet de lecture chercher *Octave*... Quand vous l'aurez fini, vous me le repasserez afin qu'à mon tour... je le dévore!

— Et voilà pourtant dans quel abîme tu prétends me jeter en voulant que je sois Georges Hubert! — dit gaîment Gilbert à sa femme après le départ de la portière. — Tu m'exposes à être suivi... par la Badureau! et elle est veuve et libre d'elle-même! non d'un petit bonhomme!

— Vois donc, Gilbert, quelle gloire pour Georges Hubert? Être accueilli comme nous l'avons vu dans le plus grand monde, et tourner la tête d'une pauvre portière! Est-elle asez universelle, la célébrité de cet homme de génie?... combien la femme qui l'aime doit être fière? Ah! cette fois, mon Gilbert, nous dirons à la petite fée : *Va-t'en, Korrigan!* et puis vois donc... comme ça vient à point...

— Quoi donc?

— Hier, dans nos salons (dis donc, Chéri... nos salons!...) j'ai entendu dire que l'on donne après-demain la première représentation d'un drame de Georges Hubert, qui, depuis deux ans qu'il vivait dans la retraite, n'avait rien écrit pour le théâtre... Tout le monde assurait que ce drame serait sublime comme les autres... Vois donc comme ça se trouve? ce drame que l'on attend avec tant d'impatience, c'est toi qui l'auras fait. Tu *entreras dans la vie* de Georges Hubert par un nouveau succès! et moi... serai-je heureuse?

— Et moi serai-je fier pour toi! il me semble te voir

dans une loge... et entendant à la fin de la pièce le public applaudir à tout rompre et crier : L'auteur !... l'auteur !... Tu as raison, Minette, cette fois-ci nous pourrons dire : — *Va-t'en, Korrigan !*

Les deux époux achevèrent gaîment leur repas, en causant ainsi avec autant de radieuse espérance que de curiosité sur leur prochaine métamorphose. La nuit venue, ils firent une *flambée* dans le petit poêle dont le joyeux ronflement contrastait avec les gémissements du vent et le bruissement de la pluie qui tombait au dehors.

Madame Badureau rapporta le drame d'*Octave*, et nos deux jeunes gens, assis l'un contre l'autre, lurent tour à tour avec une émotion mêlée d'enthousiasme cette œuvre admirable dans laquelle les plus profonds sentiments du cœur étaient mis en relief avec une rare puissance. Ravis, électrisés, les yeux humides de larmes, le cœur palpitant d'émotions diverses, Gilbert et Gilberte trouvèrent un charme infini dans cette lecture.

— Oh! mon Gilbert, disait la jeune femme, — quelle joie de penser que demain *ce sera toi* qui auras écrit ces belles choses, et que c'est à moi que tu les auras dédiées, car tu n'as pas remarqué ce qu'il y a d'imprimé sur la première page du livre?

— Non... quoi donc?

— Tiens, regarde : la huitième édition de ce drame imprimée lorsqu'on l'a repris dernièrement, est dédiée à une dame ; sans doute Georges Hubert ne la connaissait pas encore lorsqu'il y a deux ans on jouait Octave pour la première fois.

En effet, on lisait au commencement du volume une dédicace ainsi conçue :

A ***

MAINTENANT ET TOUJOURS !

Georges Hubert.

— Cette madame *Trois Étoiles*, c'est certainement sa maîtresse, qu'il aime autant qu'il en est aimé, — reprit Gilberte. — *Maintenant et Toujours*... Ça veut dire qu'il aime cette dame maintenant et qu'il l'aimera toujours ! Mais qui peut-elle être, cette madame *Trois Étoiles* ? — Puis, après avoir un instant réfléchi : — Chère petite Korrigan, nous connaissons assez la vie de Georges Hubert, son génie, son bon cœur, pour ambitionner sa destinée, car nous sommes presque certains d'y rencontrer le bonheur ; mais de madame *Trois Étoiles* nous ne savons rien. Vous qui pouvez tout, Korrigan, pouvez-vous nous renseigner sur cette dame?

— Minette a raison, sans cela on court le risque d'acheter *chat en poche*, ainsi qu'il nous est arrivé pour notre marquisat...

— L'avenir doit être impénétrable à vos yeux, — répondit la voix. — Il n'en est pas de même du passé... Je vais satisfaire à votre désir... Justement, à cette heure, la maîtresse de Georges Hubert commence à écrire le récit de sa vie... jusqu'à ce jour : voulez-vous lire ce récit à mesure qu'elle l'écrira?

— Certes, chère Korrigan. Mais comment faire? nous avons tous deux, il est vrai, ma femme et moi, d'excellentes paires d'yeux, mais à moins de posséder une lunette de sept lieues, je ne sais pas trop comment nous pourrions...

— Regarde sur les genoux de Gilberte , — répondit la voix.

Les deux époux, assis côte à côte, baissèrent simultanément la tête, et la jeune femme poussa un léger cri de surprise en apercevant sur ses genoux un petit cahier de papier ; elle le prit, l'ouvrit, puis avec désappointement :

— Mais, Korrigan, il n'y a rien sur ces feuillets.

— Parce que la maîtresse de Georges Hubert n'a pas encore commencé d'écrire, — répondit la fée ; — mais à nez... maintenant vous devez lire...

En effet, Gilberte, qui tenait le cahier, vit des caractères se former, comme si une main invisible les eût tracés ; Gilbert lut tout haut et à mesure :

Histoire d'une jeune fille.....

— Quel bonheur! — s'écria Gilberte ; — la lecture de récit terminera notre soirée d'une manière charmante, au moins je saurai qui *je dois être* puisque demain je serai cette madame *Trois Étoiles* si aimée de Georges Hubert.

Nos deux jeunes gens lurent le suivant récit à mesure qu'une main invisible le traçait à leurs yeux.

XI

Gilberte commença donc de lire le suivant récit que traçait une main invisible :

HISTOIRE D'UNE JEUNE FILLE.

« *Louise*, encore enfant, perdit sa mère, et ne fut jamais aimée de son père. Envoyée en pension dès son jeune âge, timide et fière, profondément impressionnable, opiniâtre dans ses résolutions, détestant le mensonge, et poussant la franchise jusqu'à l'impolitesse, lorsque la politesse commandait le mensonge, Louise, en grandissant au milieu de ses compagnes de pension, rechercha l'isolement et n'eut pas d'amies. Son cœur, cependant, n'était ni égoïste, ni froid; non, oh non ! tant s'en faut!!! Mais de crainte de froisser personne par son indomptable franchise, de crainte aussi de voir ses avances repoussées, Louise ne pouvait résoudre à faire les premiers pas et à rechercher l'affection de ses compagnes : et personne ne cherchait la sienne pourquoi d'ailleurs l'aurait-on recherchée? Louise, par son caractère et par son esprit, n'offrait rien d'attrayant : taciturne et concentrée, elle se montrait d'une susceptibilité extrême ; presque toujours mal ou ridiculement vêtue, car son père, qui ne l'aimait pas, chargeait de l'achat de ses vêtements une vieille servante de la maison ; ne pouvant offrir à ses compagnes de petits présents ou partager avec elles ces friandises dont l'affection des parents comble certains enfants ; mal venue des *maîtresses*, parce qu'elle se révoltait à la moindre injustice, Louise fuyait les jeux de son âge, préférant à tout plaisir la solitude et la lecture... la *lecture*, qui absorbait son âme tout entière, et lui faisait oublier son chagrin d'avoir, si jeune, perdu sa mère, et de ne trouver dans son père qu'indifférence ou répulsion. »

— Pauvre fille ! — dit Gilbert en interrompant Gilberte qui lisait à mesure que la main invisible écrivait, — elle m'intéresse déjà... quoiqu'elle se montre, à mon avis, un peu *loup*... Qu'en penses-tu, Minette ?

— Moi aussi, elle m'intéresse ; orpheline de mère, et ayant un mauvais père ! c'est si triste... Mais laisse-moi continuer ; vois : les caractères se tracent plus vite que nous ne les lisons.

« Très-jeune encore, Louise ressentait une sorte de reconnaissance passionnée pour ceux-là qui, doués du talent d'écrire, savaient, par la nature de leurs ouvrages, intéresser l'esprit et satisfaire le cœur. L'auteur de chaque livre qui lui plaisait devenait pour elle *un ami inconnu*; à mesure qu'elle grandissait, et que son intelligence se développait, Louise apprécia, admira de plus en plus cette mystérieuse et bienfaisante puissance de l'écrivain, qui, inconnu à des milliers de spectateurs ou de lecteurs, se trouve cependant journellement en communion avec eux, les émeut, les effraie, les charme ou les attendrit, prend pour ainsi dire possession de leur âme, en fait tressaillir les fibres les plus délicates, et acquiert souvent une influence décisive sur leur destinée, en les pénétrant de ses principes et de ses idées ! »

— C'est bien vrai ce qu'elle dit là, — ajouta Gilberte, — et comme c'est glorieux pour l'écrivain...

— Aussi, n'y a-t-il rien de surprenant qu'avec des dispositions pareilles, Louise soit devenue amoureuse de Georges Hubert.

— C'est ce que sans doute nous allons voir... mais en attendant, on peut dire que ces deux amants-là étaient vraiment nés l'un pour l'autre !

— Sous ce rapport, cela commence bien... Poursuis ta lecture, Minette ; tu m'avertiras quand tu seras fatiguée.

« *Louise*, à seize ans, sortit de pension pour venir surveiller et diriger la maison de son père, pour être, en un mot, sa première servante. A ces devoirs que Louise eût accomplis avec bonheur auprès d'un père aimant et aimé, elle se résignait comme à l'une des nécessités de sa triste position, et elle les remplissait de son mieux, non par affection filiale, mais par une conséquence de la loyauté qu'elle mettait en toutes choses ; puis ses fonctions de ménagère terminées, libre de la disposition de son temps par les fréquentes absences de son père, que ses occupations retenaient souvent éloigné du logis, elle pouvait, dans sa retraite, se livrer à son goût favori ; la ville voisine possédait un cabinet de lecture, bibliothèque assez complète.

« Sans guide dans le choix de ses lectures, Louise ne connaissait que deux sortes de livres : les *bons* et les *mauvais*.

« Bons... étaient les livres qui l'intéressaient et, sous quelque forme que ce fût, éveillaient en elle des sentiments élevés, généreux, redoublant son amour instinctif du juste et du bien, et son aversion du mal et de l'injuste.

« Mauvais... étaient, sans rémission aucune, les livres qui l'ennuyaient. »

— Et elle avait fièrement raison, mademoiselle Louise! — dit Gilbert ; — tout ce qui n'est pas amusant est ennuyeux. Je ne sors pas de là.

— Je voudrais bien savoir si, dès cette époque, elle connaissait déjà les ouvrages de Georges Hubert?

— Quelle sans-patience que Minette ! nous saurons cela tout à l'heure.

— Tu as raison... poursuivons.

« *Louise* vécut ainsi pendant quelques mois, ni heureuse ni malheureuse ; sauf le soin qu'elle prenait de la maison de son père, elle n'était pas, si cela se peut dire, — de ce monde, — son âme et son esprit errant toujours à l'aventure dans les espaces où la conduisaient ses écrivains de prédilection.

« Cependant Louise se trompe, en disant qu'elle n'était pas malheureuse ; elle ne veut point parler de la froideur et de la dureté de son père à son égard. Non, il est des caractères tels, qu'on leur sait presque gré de la répulsion qu'ils vous témoignent... Non, Louise ne se chagrinait pas de l'inaffection paternelle ; mais elle ne pouvait voir sans effroi arriver, chaque semaine, certain *jeudi*, choisi par son père pour recevoir ses amis et leur offrir l'un de ces dîners interminables, qui sont l'une des habitudes de la province (Louise habitait la province, dans le voisinage d'une assez grande ville).

« Le père de Louise, au temps des conquêtes impériales, servait dans l'administration de l'armée, fonctions parfaitement pacifiques qui l'avaient toujours tenu éloigné des champs de bataille. Cependant, il se plaisait à affecter les souvenirs soldatesques, exprimés dans un jargon de caserne, très-propre, selon lui, à donner à ses hôtes une haute idée de ses antécédents militaires, et il citait toujours à l'appui de ses récits l'un de ses anciens compagnons d'armes nommé le général Poussard. »

— Tiens, — dit Gilbert ! — voilà par exemple une singulière rencontre ; le père de Louise connaissait ce spadassin glouton à qui j'ai donné la colique !

— Le père de Louise n'avait pas là une fameuse connaissance ; mais je continue de lire :

« Pendant ces *jeudis*, de déplorable mémoire, Louise, pendant cinq heures durant, entendait son père se complaire dans des récits... (elle veut les croire exagérés), dans des récits de batailles meurtrières, de villes incendiées, saccagées, pillées, livrées à toutes les horreurs de l'assaut... C'était encore l'histoire de plusieurs malheureux peuples défendant héroïquement leur sol, leur religion, leur foyer, mais écrasés par le nombre ou par une bravoure irrésistible, forcés de subir les hontes poignantes de la conquête ; voyant l'étranger railleur, assis en maître dans leur maison, faisant rougir leurs femmes et leurs filles, paissant ses chevaux de guerre au milieu des récoltes fécondées par tant de labeurs, et s'amusant dans son ivresse à massacrer de pauvres bestiaux, la joie, l'orgueil et la fortune du laboureur ! »

— On croirait voir le général Poussard chez les Prussiens ou les Allemands, — dit Gilbert ; — a-t-il dû, celui-là, en massacrer du bétail et de la volaille à seule fin de dévorer les morts... le goinfre !

— Je t'en réponds ! mais je continue... Moi, j'aime beaucoup le caractère de Louise, il me semble original...

Et la jeune femme poursuivit ainsi sa lecture :

« *Louise* veut croire à l'exagération des horribles récits de son père, qui tenait sans doute à se poser en soudard, en victorieux conquérant aux yeux éblouis de ses amis bénévoles ; néanmoins en faisant même la part de l'exagération dans ces lamentables histoires de guerres et de conquêtes, dont le fond n'était que trop réel, Louise prenait dès lors en singulière aversion la gloire militaire, gloire sanglante qui se résume ainsi pour l'homme qui la poursuit : *tuer ou être tué*. Est-ce donc pour *tuer* ou pour *être tués* que Dieu a réparti à ses créatures cette divine intelligence qui les rapproche du Créateur ?

« Louise insiste autant sur ces malheureux *jeudis*, parce que ce qu'elle entendait ce jour-là, en redoublant son horreur pour le culte de la force, augmentait le culte religieux que Louise avait voué à l'intelligence. L'INTELLIGENCE... don divin, grâce auquel l'homme participe de la grandeur de Dieu !

« Aussi, quittant la table de son père au moment où ses amis et lui bourraient leurs pipes et se passaient de main en main les flacons en chantant des chansons obscènes, Louise regagnait sa chambre, et là elle retrouvait avec un bonheur indicible ses livres qui charmaient sa solitude ! Avec quel pieux recueillement elle songeait alors à la prodigieuse et féconde influence de ces génies immortels qui enchantent l'esprit des hommes, élèvent leur âme, l'agrandissent, l'améliorent et développent enfin ce qu'il y a en nous de plus sacré : l'INTELLIGENCE.

« — Ces génies ! eux aussi, — pensait Louise, — savent conquérir dans leur siècle à venir des millions de sujets !

Mais cette conquête sublime, cet empire adorable de la souveraineté de l'esprit, ne fait couler d'autres larmes que celles de l'attendrissement ou de l'admiration.

« Oh ! venez ! — disait Louise, — venez à moi, beaux et purs génies au front rayonnant d'une véritable gloire ! Venez, ô vous dont les triomphes sont la joie, l'orgueil, le salutaire enseignement de l'humanité ! Une plume, quelques gouttes d'encre, un feuillet de papier, voilà vos armes ! et vos conquêtes sont impérissables, et tous les cœurs sont à vous, et votre auguste nom, traversant les siècles, est salué d'âge en âge avec amour et respect !

« Tels étaient les sentiments de Louise lorsqu'un incident, puéril en apparence, décida de sa destinée...

« Un jour, parmi les livres qu'elle reçut du cabinet de lecture, se trouvaient les œuvres de *Georges Hubert*. »

— Ah ! enfin... voici Georges Hubert qui paraît en scène, — dit Gilbert — et il faut en convenir, n'est-ce pas, Minette, mademoiselle Louise était fièrement préparée à l'entrevue !

— Oh ! oui, et cela se comprend. Vivant toute seule, sans être aimée de personne, et adorant l'esprit, les ouvrages de Georges Hubert devaient faire une grande impression sur elle... Voyons, je grille de savoir ce qui va résulter de ces livres qu'elle reçoit par hasard....

— Tu n'es pas fatiguée de lire ?

— Mais non, mais non, écoute donc :

« *Louise* connaissait de renom GEORGES HUBERT.

« L'on avait représenté dans la ville voisine, avec un grand succès, plusieurs de ses drames les plus en vogue à Paris ; mais le père de Louise ne la conduisant jamais au théâtre, les œuvres dramatiques de son grand poète lui étaient inconnues, ainsi qu'un recueil de poésies et un petit livre intitulé : PENSÉES D'UN HONNÊTE HOMME.

« Ces œuvres complètes (jusqu'au jour de leur publication) étaient ornées du portrait de l'auteur et d'un *fac-simile* de son écriture ; Louise éprouva une grande satisfaction de posséder le portrait de cette homme illustre ; mais, par une fantaisie singulière, elle eut le courage de ne pas regarder son image avant d'avoir lu ses œuvres.....

« Cette fantaisie avait pour cause l'une des *manies* de Louise : elle se plaisait à se figurer d'après l'esprit et le caractère de leurs ouvrages, la physionomie des écrivains dont elle lisait les livres ; elle voulut savoir en manière d'épreuve si son imagination s'accorderait avec la réalité.

« Louise lut et relut avec une insatiable avidité les ouvrages de Georges Hubert, drames, poésies et prose. Il serait impossible d'exprimer le mélange d'admiration, d'attendrissement et de respect qu'elle ressentit après cette lecture : oui, son enthousiasme se mêla de *respect*.

« L'homme capable de concevoir tant de créations sublimes devait, par la noblesse, par l'élévation de son caractère, inspirer, mériter le respect de tous. Ce fut surtout dans le livre publié sous ce titre à la fois rempli de modestie et de dignité de soi : — PENSÉES D'UN HONNÊTE

HOMME, — que Louise crut voir se révéler à elle, et tout entière, l'âme de Georges Hubert : à chacune de ces pages l'on sentait, pour ainsi dire, les battements d'un cœur ferme, haut et chaleureux ; jamais le beau, le juste, l'honnête ne fut glorifié dans un langage plus convaincu ; observation d'une sagacité profonde, sentiment d'une délicatesse exquise ou d'une élévation radieuse, foi inébranlable aux grands devoirs de : — *l'homme envers l'homme*, — touchante mansuétude pour les faibles, les ignorants et les déshérités; préceptes simples, clairs, salubres, fruits excellents d'une longue pratique du bien : tel était ce petit livre. Il contenait toute une philosophie, et ainsi que Louise l'expérimenta plus tard, sa lecture pouvait et devait rendre *les méchants meilleurs et les bons meilleurs encore...* »

— Eh bien! cela ne m'étonne pas du tout, — reprit Gilbert en interrompant sa femme. — Te souviens-tu, Minette, de cette dame placée près de nous à la représentation d'*Antonia* et qui, au dénoûment, te disait en pleurant d'attendrissement comme nous pleurions nous-mêmes : « Le croiriez-vous, madame? j'avais une certaine préfé- « rence pour l'un de mes enfants : mais après avoir vu dans « ce drame quelles terribles conséquences peut amener « une préférence injuste... j'en suis, je vous le jure, à « jamais guérie ! »

— C'est pourtant vrai ! et rien n'obligeait cette dame à nous faire cette confidence, sinon l'effet que produisait sur elle le drame de Georges Hubert... Aussi, je ne m'étonne pas non plus de ce que dit Louise, de l'influence exercée plus tard sur elle par ce livre ! Combien je suis curieuse de savoir si elle devinera juste quand elle se figurera le portrait de Georges Hubert?

— Je partage ton impatience et je me dis : Voilà pourtant une drôle de chose : demain ce sera ma Gilberte qui aura pensé, éprouvé, écrit tout ce que nous lisons à cette heure, à mesure que la main invisible écrit sous nos yeux...

— Ah çà, tu es fou, Chéri?

— Comment?... si je deviens Georges Hubert et toi Louise?... entre nous, ça me paraît prendre fièrement cette tournure-là... est-ce que tout ce qui est arrivé à Louise ne te sera pas arrivé?

— C'est vrai... je ne pensais pas à cela. Mon Dieu! que c'est donc amusant de lire sa bonne aventure à rebours, et sens devant derrière! aussi je continue vite :

« Il fallut à Louise une sorte de courage, après la première lecture de ce petit livre, ainsi que des drames et des poésies de Georges Hubert, pour résister à l'ardent désir de contempler les traits de l'écrivain de qui le génie la ravissait : à chaque pensée profonde ou charmante, à chaque cri du cœur, à chaque élan de l'âme traduit dans un divin langage, Louise mourait d'envie de recourir au portrait placé en tête du premier volume ; mais elle sut résister à la tentation, et n'y céda qu'après avoir relu les œuvres du poëte avec ce double plaisir que l'on éprouve à parcourir de nouveau un site enchanteur, dont l'aspect vous a profondément impressionné : alors seulement l'on apprécie, l'on savoure à loisir mille beautés, mille détails perdus au premier aspect dans la grandeur de l'ensemble.

« Sa lecture achevée, Louise ferma le livre, réfléchit longtemps et se dit :

« Georges Hubert doit avoir de trente à trente-six ans ; un homme de cet âge peut seul posséder cette profonde connaissance du cœur humain qui distingue les œuvres de ce grand poëte ; l'expression de sa physionomie doit être grave et pensive, spirituelle et bienveillante :

« *Grave et pensive...* parce que tel est le caractère qu'ont dû imprimer à ses traits l'habitude du travail et la méditation.

« *Spirituelle...* parce que l'esprit pétille dans le dialogue de certains personnages de ses drames.

« *Bienveillante* enfin, parce que son âme se révèle à chacune de ses *Pensées d'un honnête homme*, et que Georges Hubert doit être essentiellement BON... de cette bonté céleste, qui élève aux yeux de Dieu l'homme simple à l'égal de l'homme de génie dont elle double la puissance!

« Louise, avec une sorte de vague inquiétude, leva lentement le léger papier de soie à travers lequel apparaissait vaguement l'image du poëte ; l'expression et le caractère de ce portrait n'eussent pas répondu à l'image qu'elle rêvait, Louise l'avoue, elle aurait éprouvé une sorte de pénible déception. Quelle fut donc sa joie, lorsqu'elle vit apparaître, à mesure qu'elle levait la feuille transparente, un jeune et noble visage, dont la mâle fermeté s'alliait à la finesse et à la douceur !

« Combien de temps Louise demeura-t-elle dans cette contemplation?... elle l'ignore ; mais la nuit venue, elle regardait encore le portrait de Georges Hubert, ou plutôt elle contemplait Georges Hubert lui même, car éprouvant peu à peu une sorte d'hallucination, elle crut voir cette image s'animer, le coloris de la vie remplacer les teintes mornes de la gravure, les yeux, pensifs, briller dans leur large orbite en se fixant sur elle, et la bouche vermeille lui sourire avec bonté. »

— Ah ! tant mieux, — dit Gilberte, — la pauvre Louise avait deviné juste... Vois-tu, Bibi, c'est sans doute à partir de ce moment qu'elle sera devenue amoureuse de Georges Hubert? mais comment a-t-elle fait connaissance avec lui ?

— C'est ce que je vais t'apprendre, car je vais lire à mon tour ; je ne veux pas que tu te fatigues.

— Je t'assure que cela ne me fatigue pas...

— Minette, je t'en prie..... ce sera pour moi un plaisir...

— Oh ! alors... lis, mon Chéri. — Puis prêtant l'oreille au tintement lointain d'une horloge, à demi voilé par le bruissement de la pluie et les sifflements du vent : — Entends-tu? déjà neuf heures ! Mon Dieu, comme le temps passe vite ! quelle bonne soirée !!!

— Et quelle bonne journée! — Travailler en causant, dîner gaîment et faire tour à tour, au coin du feu, une lecture attachante...

— Et surtout, Bibi, ne lis pas trop vite.

— Sois tranquille... Écoute à ton tour.

« *Louise*, ce soir-là, prétextant d'une légère indisposition, ne parut pas à la table de son père; elle détacha le portrait de l'intérieur du livre, et le serra dans un coffret, où elle renfermait ses objets les plus précieux : un médaillon contenant des cheveux de sa mère, et quelques bijoux d'un assez grand prix, qu'elle avait portés.

« Louise, quoique éveillée, rêva de Georges Hubert pendant toute la nuit. Pourquoi avait-il, plutôt que tout autre écrivain contemporain et d'un égal renom, si profondément impressionné la jeune fille? Elle ne chercha pas d'abord à analyser ce sentiment, tant elle se sentit heureuse et fière de l'éprouver. Mais plus tard elle se dit, non sans raison, que nul autre écrivain, quel que fût son génie, n'avait jusqu'alors complètement répondu aux secrètes sympathies de son âme, ni absolument satisfait aux affinités de son esprit; elle pensait qu'il en est des œuvres du poëte comme de celles du peintre ou du musicien; quoique de mérite pareil, telle symphonie, tel tableau plaisent à tous, mais ne *passionnent* que quelques-uns, et puis enfin la jeune fille s'expliquait encore l'exaltation de sa préférence enthousiaste pour Georges Hubert, par la lecture d'une notice biographique sur lui, placée en tête de ses œuvres et écrite par un ami non moins célèbre que celui auquel ces pages étaient consacrées.

« Cette biographie, pure de toute exagération louangeuse, donnait des détails curieux et intéressants sur la vie de Georges Hubert. *Il n'était pas marié*, vivait souvent durant quelques mois dans une retraite absolue où il composait ses écrits, puis de nouveau il se mêlait au monde, à ses fêtes, fréquentait les classes les plus diverses de la société, voyageait, et son existence devenait alors aussi active, aussi mondaine, aussi animée, qu'elle était parfois solitaire et recluse. Selon son biographe, Georges Hubert devait à ses rares facultés d'observation la profonde connaissance du cœur humain qui se révélait dans ses œuvres : semblable à l'abeille qui, retirée dans son alvéole, compose son miel des sucs de mille fleurs différentes, le poëte, après avoir beaucoup vu, beaucoup senti, beaucoup appris, durant les périodes de sa vie active, rentrait dans sa solitude, où il élaborait à loisir ces fruits nombreux et variés de son observation et produisait une de ses grandes œuvres si justement admirées. Quelques renseignements intimes sur la famille, sur la première jeunesse, sur les habitudes de travail de Georges Hubert, terminaient cette étude, appréciation très-juste et très-élevée du talent de ce grand écrivain et de ses généreuses qualités d'homme privé.

« Rien ne manquait donc à la *connaissance* que Louise avait faite de Georges : déjà familiarisée avec ses traits, sachant son âge, le lieu de sa naissance, la position de sa famille, les détails particuliers de sa vie, ayant surtout pénétré dans son âme par ses écrits, la jeune fille commença d'aimer Georges Hubert... de l'aimer passionnément.

« Loin de paraître insensé, cet amour, si l'on y réfléchit, était raisonnable, naturel et logique : qu'aime-t-on dans un homme? son esprit? son cœur? sa figure? Louise pouvait aimer tout cela dans Georges Hubert, puisque, grâce à l'éclat de sa célébrité, qui mettait en lumière son image, sa vie intime, son caractère, ses habitudes, elle le connaissait, sans jamais l'avoir vu, mille fois mieux que beaucoup de femmes ne connaissent souvent le mari qu'elles épousent.

« L'amour de Louise allait toujours croissant; plusieurs fois dans la journée elle ouvrait son coffret pour contempler les traits de l'homme qui absorbait sa pensée; elle apprenait ses vers par cœur, copiait et recopiait certains passages de ses œuvres, où elle croyait deviner plus spécialement la pensée personnelle du poëte : enfin la nuit elle rêvait de lui.

« Toute passion profonde distrait de ce qui ne se rattache pas à cette passion; il en fut ainsi de l'amour de la jeune fille. Elle s'occupa moins soigneusement de la surveillance de la maison de son père, et un jeudi, lorsqu'après dîner les convives s'apprêtaient à faire joyeusement circuler les flacons... les flacons se trouvèrent vides ainsi qu'ils étaient restés depuis le jeudi précédent : le courroux du père de Louise fut extrême; il la traita devant ses hôtes avec une humiliante dureté. Incapable de feindre et de se contenir, la jeune fille répondit avec hauteur; son père, animé par le vin, excité par la présence de ses amis et se croyant sans doute obligé d'être violent et impitoyable, en sa qualité d'*ancien soldat*, ainsi qu'il s'appelait complaisamment, la traita grossièrement et s'oublia jusqu'à prononcer ces mots irréparables :

« — *Vous êtes une misérable! vous deviendrez comme votre mère..... une femme indigne! Je ne sais qui me retient de vous chasser de chez moi, car j'en aurais le droit! entendez-vous..... Oui, j'aurais le droit de vous chasser de chez moi, car si je vous considère comme ma fille, c'est par pitié... Méditez ces paroles, et craignez de lasser ma patience!*

« A ces insultes prodiguées à la mémoire de sa mère, devant des hommes avinés, Louise ne répondit rien, sortit de la salle à manger, remonta dans sa chambre, réfléchit une partie de la nuit, et au jour sa résolution fut prise : de temps à autre son père s'absentait un jour ou deux, appelé hors de chez lui par ses affaires d'intérêt. L'un de ces voyages eut lieu le surlendemain de cette soirée où, après avoir outragé la mémoire de la mère de Louise, il l'avait menacée de la chasser de sa maison, lui donnant à entendre qu'elle *n'était pas sa fille*... et qu'il ne l'avait jusqu'alors conservée près de lui..... *que par pitié*.....

« Possédant plusieurs bijoux de prix, maternel héritage, qu'à sa sortie de pension son père lui avait remis pour accomplir, disait-il, les derniers vœux de sa femme, Louise pouvait réaliser une somme assez importante : elle avait, par ses bontés, gagné l'affection de l'une des servantes de la maison. Elle proposa à cette jeune fille de faciliter sa fuite; cette offre acceptée par elle, la servante se chargea d'arrêter, sous un nom emprunté, une place à la diligence de Paris et de vendre deux boucles d'oreilles de diamants, qui devaient, et de beaucoup au-delà, subvenir aux frais du voyage. La servante fit sortir du logis, comme si elle lui eût appartenu, une malle contenant une partie des vêtements de Louise, son coffret contenant ses bijoux et le portrait de Georges Hubert. Le moment du départ venu (la diligence quittait la ville à huit heures du soir), Louise sortit avec la servante pour aller, dit-elle, visiter une amie dans le voisinage... Peu de moments après, elle avait pour toujours quitté la demeure de son père et se mettait en route pour Paris. »

— Voilà le nœud! — dit Gilbert. — C'est à Paris que Louise va sans doute rencontrer Georges Hubert.

— C'est égal, il lui a fallu une fière résolution, à cette pauvre fille, pour se mettre ainsi toute seule en route pour Paris, — reprit Gilberte; — je ne dis pas cela pour moi, car nous autres du petit monde qui vivons à la garde du bon Dieu, nous ne sommes pas habituées à avoir toujours une servante sur nos talons quand nous sortons; mais pour une jeune demoiselle, c'est pénible de s'en aller ainsi à l'aventure! Du reste, à la place de Louise, ma foi, j'aurais fait comme elle; il n'en coûte guère de quitter un si méchant père! qui dit des horreurs de votre mère qui est morte, et vous reproche de ne vous avoir gardée chez lui que par pitié... Tiens ! est-ce que c'est un père, ça !

— Tu as joliment raison, Minette, et cet olibrius-là, avec ses rabâchages de batailles, qu'il avait vues de loin, me fait l'effet d'un Poussard *pékin* ainsi que disent les troupiers !

— C'est vrai, mais comment Louise va-t-elle rencontrer Georges Hubert?

— Nous allons le savoir, Minette.

XII

Gilbert poursuivit ainsi la lecture de *l'Hitoire d'une Jeune fille* :

« Le premier soin de Louise, lorsqu'arrivée à Paris elle eut choisi son logement dans un modeste hôtel garni, fut de s'informer de la demeure de Georges Hubert, renseignement facile à obtenir, grâce à la célébrité du poète : puis, heureux et singulier hasard, Louise apprit en même temps que ce soir-là on jouait au Théâtre-Français, pour la première fois, un drame de Georges Hubert (Louise écrit ce récit deux années après, jour pour jour, que ce drame intitulé *Octave* a été représenté). La jeune fille n'ayant pu dissimuler son vif désir d'assister à cette représentation, accepta l'offre que lui fit un des garçons de l'hôtel d'aller louer pour elle une stalle de balcon. Mais, hélas ! le messager revint désappointé, toutes les places étaient dès longtemps retenues à l'avance, grâce à l'empressement habituel du public, lorsque l'on représentait un drame de ce célèbre écrivain; cependant, ajoutait le garçon d'hôtel, il avait rencontré sous le péristyle du théâtre l'un de ces hommes qui trafiquent des billets de spectacle, et il proposait une stalle de balcon moyennant le prix énorme de *cent* francs ; Louise, ravie de voir avec quelle avidité l'on accueillait les œuvres du poëte qu'elle adorait, remit au messager les cent francs, et eut bientôt en sa possession la stalle si désirée. Choisissant dans son modeste bagage sa robe la plus fraîche, la jeune fille, se parant de son mieux, par coquetterie pour Georges Hubert qu'elle n'avait jamais vu, attendit avec une fiévreuse impatience le moment de se rendre au théâtre; cette heure venue, elle monta en fiacre et fut bientôt assise à la place louée par elle.

La jeune fille, en attendant le lever du rideau, contemplait, avec éblouissement et curiosité, la brillante compagnie qui peu à peu vint prendre place dans les loges louées à l'avance. Des femmes en grande toilette entraient à chaque instant, et Louise entendait ses voisins signaler parmi ces élégantes, les femmes les plus à la mode de Paris ou les plus haut placées par leur naissance et leur fortune. Les hommes dont elles étaient accompagnées représentaient, selon les termes consacrés, *l'élite de la société;* grands seigneurs, savants, ministres, écrivains et artistes illustres ; enfin Louise vit entrer dans une splendide loge, qui lui faisait face, les princesses et les princes du sang royal, partageant l'impatience des plus humbles spectateurs. Ces grands personnages se rendaient aussi au théâtre avant le lever du rideau !

« O merveilleuse puissance de l'esprit! — pensait Louise, — parce qu'il a plu à Georges Hubert d'écrire un drame et de le faire représenter aujourd'hui, grandes dames, femmes à la mode, poètes, artistes, grands seigneurs, princes et princesses royales, en un mot la fine fleur de cette aristocratie de talent, de rang, de fortune ou d'élégance qui n'a sa pareille chez aucun peuple de l'Europe, s'empresse, au seul nom du poëte, d'accourir curieuse et impatiente d'assister à cette solennité littéraire !!! Puis à ces places d'un prix modeste, se presse l'élite d'une population laborieuse, éclairée, intelligente et amoureuse de l'art; passionnée, ardente, enthousiaste, elle aussi est accourue au nom de Georges Hubert, son poëte favori, qu'elle aime, qu'elle révère parce que chacune de ses œuvres est un enseignement !!! enseignement grand comme le peuple auquel il s'adresse...

« Ce concours immense de personnes de conditions si diverses, quel millionnaire, quel prince, quel roi, quel conquérant, aurait le pouvoir de l'attirer par le seul prestige de son nom? Combien ces réceptions de cour, ces parades guerrières, ces fêtes mondaines auxquelles l'étiquette, le devoir ou la vanité, entraînent les conviés, sont puériles auprès de cette fête de l'intelligence qui s'adresse à ce qu'il y a de véritablement divin dans l'humanité : — l'âme, l'esprit et le cœur!

« Quelques mots de l'un des voisins de Louise, vieil habitué du théâtre, vinrent changer en angoisses l'espèce d'ivresse, d'extase où elle était délicieusement plongée.

« — Certes, j'aime et j'admire autant que personne le talent de Georges Hubert, — disait le vieil habitué à d'autres spectateurs ; — mais je n'ose espérer qu'il obtienne encore un succès ; l'on attend trop de ce nouveau drame, et fût-il supérieur au dernier, ce qui me semble peu probable... l'admiration se fatigue et la fortune se lasse...

« Ces paroles, si éloignées de la malveillance, blessèrent cependant Louise ; elle trouva son voisin étrangement outrecuidant et lui sut mauvais gré d'oser mettre en doute le nouveau triomphe de Georges Hubert ; puis songeant cependant que le génie, après tout, peut faillir... elle éprouva un serrement de cœur douloureux et une anxiété poignante, qui devinrent une torture, lorsqu'après les trois coups sacramentels frappés derrière le rideau de la scène, il se leva lentement au milieu d'un religieux silence.

« A ce moment solennel la jeune fille sentit son cœur lui manquer, sa vue se troubler ; si elle avait eu la force de se lever, elle eût quitté sa place, afin d'échapper à ce supplice nouveau pour elle ; mais elle ne put faire un mouvement et resta fascinée par le spectacle qui commença à se dérouler devant elle.

« Le regard fixe, le cou tendu, le sein palpitant, les mains convulsivement crispées sur le rebord du balcon, Louise éprouva bientôt une impression étrange. Il lui semblait que chez elle les sens de la vue et de l'ouïe se multipliaient à l'infini. Ainsi le visage tourné vers la scène, elle ne perdait pas un mot, pas une inflexion de voix, pas un geste des comédiens ; et pourtant elle voyait toute la salle, elle ne perdait pas un geste, pas une aspiration, pas un souffle de cet être multiple, fantasque, nerveux, impressionnable, susceptible, défiant, ombrageux et pourtant sympathique que l'on nomme : LE PUBLIC...

« Ce soir-là, et de prime abord, le public fut froid durant le premier acte du drame ; les spectateurs semblaient, par leur empressement et leur ponctualité à se rendre à l'appel du poëte, avoir suffisamment témoigné de leur intérêt pour sa nouvelle œuvre, et sauf quelques applaudissements rares ou isolés, ce premier acte, tout en excitant une vive curiosité, ne reçut aucune marque d'approbation éclatante.

« Le rideau baissé, Louise entendit, au milieu du bourdonnement des conversations particulières, des paroles qui tour à tour calmaient ou redoublaient ses angoisses.

« — Hum! — disait le vieil habitué qui avait paru à Louise si outrecuidant, — le public, ce soir, est difficile à émouvoir, il se tient sur la réserve... sur la défensive ; il ne veut se livrer qu'à bon escient ; mais après tout, dans l'intérêt même de Georges Hubert, il vaut mieux que ce premier acte n'ait pas été plus chaleureusement accueilli... Il faut se défier des premiers actes trop applaudis, souvent ils écrasent les autres.

« — Monsieur a parfaitement raison, — disait un autre voisin de Louise, — ce n'est guère qu'au troisième acte que le succès se dessine et se déclare ; jusqu'ici le nouveau drame excite suffisamment la curiosité ; les caractères sont nettement posés, quelques-uns sont neufs et très-originaux ; maintenant il faut attendre, nous verrons bien...

« — La pensée de l'ouvrage, autant que l'on peut la deviner, me paraît trop philosophique, — reprenait un autre spectateur, — et la philosophie, au théâtre, risque fort d'être ennuyeuse!

« — Je ne dis point non, mais lorsqu'à l'idée philosophique se joint une action dramatique et saisissante ?

« — Oh! alors c'est différent, mais jusqu'à présent l'action du drame est presque nulle ; enfin attendons... nous verrons bien.

« Louise, pendant ces entretiens dont pas un mot ne lui échappait, ressentait tantôt de cruelles défaillances, tantôt d'ineffables espérances ; quant à son impression personnelle, ce premier acte lui semblait plein d'intérêt, d'élévation, et excitait vivement sa curiosité.

« Bientôt un religieux silence régna dans la salle, et pour la seconde fois le rideau se leva...

« Que l'on juge de la joie, de l'ivresse croissante de la jeune fille! Dès la fin de ce second acte jusqu'au dénoûment, ce public d'abord froid, réservé, défiant, passa par toutes les phases de l'admiration et de l'enthousiasme.

« Oh! dans cette soirée, que de larmes arrachées par l'émotion et l'attendrissement! que de bravos frénétiques! quels transports! Les femmes les plus élégantes, les hommes les plus graves, les princes et les princesses du sang royal applaudissaient non moins chaleureusement que les spectateurs placés au parterre, et lorsqu'après le cinquième acte, qui tint cette salle immense muette, fascinée, palpitante, et trop passionnément émue pour songer à applaudir, une explosion de cris presque fanatiques eut demandé l'auteur, il est impossible de rendre les glorieuses acclamations dont son nom fut salué lorsque l'un des comédiens prononça ces simples paroles :

« — *Messieurs, le drame que nous avons eu l'honneur de représenter devant vous est de* M. GEORGES HUBERT...

« Deux des princesses royales, dans l'élan spontané de leur admiration, jetèrent leurs bouquets sur le théâtre, comme un hommage rendu au grand écrivain ; cet exemple fut imité par les femmes placées aux autres loges voisines de la scène, et bientôt ces mots circulèrent de bouche en bouche parmi les spectateurs : — Le voilà... voilà Georges Hubert dans la loge royale!

« Tous ceux qui se trouvaient situés de façon à apercevoir le poëte se dressèrent curieusement sur leurs siéges ou se penchèrent hors de leurs loges, et ils aperçurent Georges Hubert au fond de la loge royale. Quoique nullement homme de cour, tant s'en faut..., le poëte avait dû se rendre au désir des princesses, qui avaient envoyé, non pas l'un de leurs gentilshommes, mais leur frère, prier M. Georges Hubert de vouloir bien venir auprès d'elles recevoir leurs vives félicitations de son éclatant succès. A une avance à la fois bienveillante et honorable, cet homme illustre ne pouvait répondre qu'avec déférence ; il accompagna donc dans la loge royale le frère des princesses et reçut d'elles les louanges les plus délicates ; c'est à ce moment qu'il fut aperçu de plusieurs spectateurs ; et de nouveau retentirent d'enthousiastes bravos adressés à la fois et au grand écrivain et aux princesses qui rendaient ainsi publiquement hommage au génie.

« Georges Hubert, avec un tact parfait, prit prétexte de ces applaudissements, véritable ovation, pour sortir respectueusement de la loge royale, après avoir, en quelques mots, exprimé aux princesses combien il était touché de leur accueil.

« Si Louise avait pu éprouver quelque remords de son amour passionné pour Georges Hubert, l'enthousiasme qu'il venait d'exciter encore, les distinctions méritées dont elle le voyait l'objet, auraient chassé de son âme tout scrupule ; mais loin de rougir de son amour, la jeune fille se sentait fière d'avoir su s'élever jusqu'à un pareil choix ; aussi, dans son exaltation, quittant précipitamment le théâtre et traversant la foule où elle entendait de nouveau glorifier le poëte, Louise monta dans un fiacre et se fit conduire à la porte de la maison de Georges Hubert, de qui elle avait demandé l'adresse presqu'aussitôt son arrivée dans l'hôtel garni où elle logeait. »

— Oh! mon Gilbert, s'écria Gilberte avec une joie ingénue en interrompant son mari, — quel bonheur pour moi de penser que demain tu seras cet auteur admiré, fêté, à qui des princesses auront dit de charmantes choses après l'avoir envoyé chercher par leur frère, un prince aussi! Quel enthousiasme ce drame d'*Octave* a produit! Cela ne m'étonne pas, si j'en juge par l'émotion que nous avons éprouvée ce soir en le lisant! Aussi, voyons... Chéri, avoue franchement à Minette, combien tu seras glorieux d'être Georges Hubert!... hein?

— Ma foi... je ne dis pas non, — reprit Gilbert en se rengorgeant, — un pareil triomphe doit vous grandir de cent pieds! et de cette hauteur-là, j'aimerai fort, je l'avoue, à regarder marquis, princes, millionnaires, ministres et autres comme des paltoquets! Oh non, non! il n'est pas au monde de sort plus heureux que celui de Georges Hubert, surtout si sa Louise l'aime, comme tu m'aimes, ma Gilberte!

— Est-ce que cela fait seulement l'ombre d'un doute? Pauvre Louise! Ah! je comprends qu'après avoir été témoin d'un semblable succès, elle ait eu la tête tournée pour Georges Hubert; il y a de quoi vous rendre folle d'amour ; pourtant je la trouve fièrement hardie d'aller chez lui... moi je n'aurais jamais osé à sa place... Et puis que va-t-elle lui dire? Parler en face à un si grand homme, quelle chose terrible! Il me semble que dans une position pareille je ne pourrais pas trouver deux mots de suite!

— Ni moi non plus, ou qui pis est, je craindrais de ne trouver que des mots très-bêtes, comme ce jour où pour la première fois l'on m'a montré M. Ingres... le grand Ingres! le Raphaël moderne!! Il passait dans la rue Saint-Honoré, comme un simple homme, les mains derrière son dos, tenant sous son bras son parapluie ; il le laisse tomber, je me précipite pour le ramasser et je le lui rends, tout heureux d'avoir pu ramasser le parapluie du grand Ingres et de pouvoir envisager un homme aussi célèbre ; il me dit poliment : « — Monsieur, je vous remercie mille « fois de la peine que vous avez prise. » Alors le cœur me bat, je vois trente-six chandelles, je patauge, et balbutiant sans savoir ce que je dis, je réponds à ce grand homme, comme s'il m'avait demandé de mes nouvelles, et j'articule avec effort : — « Très-bien, et vous?... merci. »

— Pauvre Bibi! M. Ingres t'aura pris pour un serin?

— Ce grand homme en avait le droit, Minette! mais il est si bon enfant, qu'il aura eu pitié de mon embarras! Quel fameux peintre! un moment tantôt j'avais envie de demander à la Korrigan d'être le grand Ingres! Pour moi, simple lithographe, *passer* Ingres du premier coup, c'était de conscrit passer maréchal de France!

— Je crois bien.

— Mais je me suis ressouvenu d'un autre grand peintre... tu sais, *Léopold Robert*... je t'en ai parlé?

— Oui, oui, le malheureux s'est tué... de désespoir... à cause d'un tableau manqué.

— Hélas! oui... et cela m'a dégoûté de vouloir être M. Ingres. Quoique je sois certain qu'il ne finira pas comme Léopold Robert, car le papa Ingres ne manque pas ses tableaux, lui!... mais enfin, c'est égal, je me suis senti très-refroidi à l'endroit du désir d'être grand peintre en me rappelant le sort de ce pauvre Léopold Robert.

— Et puis songes-y donc? est-ce qu'un peintre, fût-il célèbre comme ce M. Ingres dont tu as ramassé le parapluie, est-ce qu'un peintre entend jamais des bravos frénétiques pareils à ceux que Georges Hubert a entendus? Et moi, Bibi, je tiens absolument à ce que tu sois applaudi, acclamé avec enthousiasme... tant pis!

— Hé! hé! Minette, je me laisserai faire de bon cœur.

Ah çà ! où en sommes-nous ? Au moment, je le crois, où Louise se fait descendre à la porte de Georges Hubert.

— C'est ça... Oh ! le cœur me bat pour cette pauvre Louise !

Et la lecture se poursuivit ainsi :

« *Georges Hubert* demeurait à l'extrémité de la rue Blanche, quartier où se trouvent encore de vastes et nombreux jardins ; Louise fit arrêter sa voiture à peu de distance de la maison du poëte et descendit.

« La nuit était superbe : une nuit de la fin de mai, éclairée par une lune brillante.

« La jeune fille, en attendant Georges Hubert, se promenait le long d'une muraille, derrière laquelle étaient plantés des acacias et des ébéniers alors fleuris. Leur doux parfum s'épandait au loin dans la rue. Quelques rossignols, nichés dans les arbres et luttant entre eux de mélodieux accords, chantaient, se répondaient et troublaient seuls le profond silence de la nuit, toujours si calme dans ce quartier retiré.

« Louise éprouvait des émotions profondes et variées. Moment suprême et si longtemps désiré ! Elle allait enfin voir Georges Hubert et lui parler ! Que pourrait-elle lui dire ? Elle l'ignorait encore et n'y voulait pas songer. Cependant un vague pressentiment lui disait que sa destinée devait dépendre de cet entretien avec le poëte. L'heure s'avançait, et pourtant il n'avait pas encore regagné sa demeure ; en vain la jeune fille prêtait l'oreille, regardait au loin dans la rue, presque aussi brillamment éclairée par la lune que si le soleil avait lui, Georges Hubert ne paraissait pas...

« Une pensée, qui vingt fois aurait dû déjà se présenter à l'esprit de Louise, la fit tressaillir et remplit son âme d'une tristesse inexprimable...

« Cet homme illustre, jeune, beau, admiré, avait sans doute une maîtresse. (Louise avait lu dans sa biographie qu'il n'était pas marié.) Cette maîtresse assistait sans doute au nouveau succès de son amant, et triomphante, avait dû l'emmener chez elle dans l'enivrement de sa tendresse et de son orgueil !

« Cette supposition très-probable navra le cœur de Louise, quoiqu'elle n'eût jamais eu, pauvre fille inconnue et obscure qu'elle était, la vaine prétention de voir son amour partagé par Georges Hubert, lui qui n'avait qu'à choisir parmi les femmes les plus belles et les plus spirituelles. Louise ne ressentait donc pas de jalousie. Non, elle n'avait pas le droit d'être jalouse ; mais elle songeait avec un douloureux serrement de cœur au bonheur de la femme assez heureuse pour être aimée de Georges Hubert...

« Soudain, un bruit de pas lents et lointains vint distraire la jeune fille de ses poignantes rêveries, un pressentiment lui dit : c'est Georges Hubert. Aussitôt elle se cacha dans l'ombre projetée par le mur au long duquel elle se trouvait, et resta palpitante, immobile, non loin du fiacre qui l'avait amenée ; le cocher dormait sur son siége.

« Louise avait deviné juste : c'était Georges Hubert. Il marchait lentement un peu courbé, tête nue, s'appuyant sur sa canne d'une main, et de l'autre tenant son chapeau ; il semblait jouir délicieusement de la sérénité de cette nuit printanière. De temps à autre il s'arrêtait et regardait le ciel, ce qu'il fit de nouveau en restant quelques instants immobile et contemplatif assez près de la jeune fille, qu'il ne pouvait apercevoir. Elle fut aussi frappée que surprise de la mélancolique expression de ses traits ; au lieu de trouver sur son front, ainsi qu'elle s'y attendait, un glorieux reflet de son récent triomphe, elle vit le noble et beau visage du poëte, que la lune éclairait, empreint d'une tristesse douce et tendre : il resta ainsi pensif durant quelques secondes, puis, passant sa main sur ses yeux, où Louise crut apercevoir une larme, il soupira, poursuivit lentement sa marche, la tête inclinée sur sa poitrine, et heurtant machinalement du bout de sa canne les pavés sonores.

« Singulière impression ! Louise, après avoir involontairement surpris la vague et secrète tristesse du poëte, se sentit presque rassurée ; elle n'ose dire : presque heureuse... elle l'aurait vu, ainsi qu'elle s'y attendait, rentrer chez lui, le front haut, le regard fier, comme s'il eût encore entendu l'écho lointain des applaudissements frénétiques dont son nom venait d'être salué par une foule idolâtre, que la jeune fille n'eût peut-être pas pu surmonter son embarras, sa crainte, et adresser la parole à ce triomphateur superbe, mais elle devina chez lui un chagrin ou un regret ; pensant alors que la tristesse ou l'attendrissement prédisposent à l'indulgence tout cœur généreux, Louise sortit résolûment de l'ombre où elle se tenait cachée, rejoignit bientôt Georges Hubert et, s'avançant à ses côtés, lui dit d'une voix émue et tremblante :

« — Monsieur... monsieur Georges Hubert... je... je...

« Mais les paroles expirant sur ses lèvres tremblantes, tant son trouble un moment vaincu redevenait accablant, la jeune fille resta muette, et baissa la tête.

« Georges Hubert très-étonné s'arrêta, jeta sur l'inconnue un regard pénétrant, et... (Louise l'a su plus tard) frappé de la physionomie candide et de l'extrême jeunesse de la jeune fille qui, la tête inclinée sur son sein palpitant, semblait éprouver une pénible confusion, le poëte crut d'abord que l'une de ces infortunes, si nombreuses à Paris! s'adressait à lui. Hélas ! dans cette grande ville où à chaque pas le luxe coudoie la misère, combien de jeunes femmes et de jeunes filles honorables et honorées, après avoir vécu dans l'aisance, se trouvent soudain, par des revers inattendus, réduites à une misère d'autant plus affreuse, qu'il leur faut, par respect humain, la cacher à tous les yeux ; aussi n'osent-elles s'adresser que la nuit à la charité des passants pour leur demander, avec une timidité craintive et navrante, le pain d'une mère ou d'un enfant...

« Georges Hubert crut donc que Louise implorait sa charité, aussi lui dit-il avec bonté :

« — Mademoiselle, que puis-je faire pour vous ?

« — Monsieur... je voudrais... je... voudrais... vous parler...

« — Mademoiselle, je vous écoute.

« — Mais... je désirerais... vous... parler chez vous, monsieur Georges Hubert...

« — Chez moi ? — reprit le poëte fort surpris, en jetant de nouveau un regard observateur sur l'inconnue ; puis voyant qu'elle devenait de plus en plus tremblante et remarquant en outre à peu de distance de là le fiacre qui l'avait amenée, Georges Hubert se dit que l'on ne va guère demander l'aumône en voiture ; enfin, grâce à sa modeste attitude, à ses dehors ingénus, la jeune fille ne ressemblait pas à une aventurière ; aussi après un moment de réflexion et quoiqu'il ne comprît rien à cette rencontre singulière, le poëte dit poliment à Louise :

« — Si vous désirez absolument, mademoiselle, m'entretenir chez moi, malgré l'heure avancée de la soirée j'aurai l'honneur de vous recevoir..... si au contraire vous désirez remettre cette conversation à demain, je vous attendrai, mademoiselle, à l'heure qu'il vous plaira de m'indiquer.

« — Monsieur Georges Hubert, dans le cas où cela ne vous contrarierait pas trop... je vous... serais très... reconnaissante, si vous aviez la bonté de m'entendre maintenant...

« — Je suis à vos ordres, mademoiselle ; nous sommes à quelques pas de chez moi... voulez-vous accepter mon bras ?

« — Oh ! oui, monsieur ! — dit vivement Louise avec un élan de joie naïve en saisissant le bras du poëte, bonheur inespéré pour elle ! ! ! Mais regrettant son premier mouvement, si sincère dans sa vivacité, elle recommença de trembler si fort, si fort... que Georges Hubert sentit le bras de la jeune fille vaciller sur le sien. Touché de cette émotion, le poëte reprit avec un redoublement de bienveillance respectueuse :

« — J'ignore, mademoiselle, la cause de votre trouble, j'ignore aussi l'objet de l'entretien que vous m'avez demandé, mais, croyez-moi, vous me trouverez digne et honoré de la confiance que vous voulez peut-être bien placer en moi.

« — Oh ! monsieur Georges Hubert (Louise se plaisait à prononcer ce nom), ma confiance en vous ne m'a jamais manqué... depuis que... depuis que... je... — mais un embarras mortel empêcha de nouveau la jeune fille d'achever sa phrase commencée d'une voix altérée.

« — Que je suis malheureuse ! — pensait-elle, — je vais lui paraître encore plus sotte que je ne suis !

« Georges Hubert, compatissant à la confusion de l'inconnue, feignit de ne plus s'en apercevoir, et quittant son bras il lui dit en lui indiquant une petite porte percée dans le mur au-dessus duquel s'élevait la cime verdoyante de plusieurs grands arbres ;

« — Nous voici arrivés chez moi, mademoiselle : lorsque je rentre tard comme à cette heure, je désire que l'on ne m'attende pas... et au lieu de frapper à la porte cochère je passe par celle-ci... Pardon... je vais l'ouvrir...

« Le poëte, tirant alors de la poche de son gilet une petite clef de sûreté, pria l'inconnue de passer devant lui, et la porte qu'il ouvrit se referma.

« Louise croyait rêver... Elle était chez Georges Hubert ! ! !

« Autant pour chercher à s'étourdir sur sa situation que pour satisfaire à son ardente curiosité, la jeune fille regardant, comme on dit, de tous ses yeux... ou plutôt de tout son cœur, vit à la clarté de la lune un vaste jardin ; sa pelouse verdoyante s'étendait devant la maison, à demi cachée par plusieurs massifs d'acacias et d'ébéniers fleuris dont la suave odeur s'épandait jusque dans la rue. A cette senteur se joignait, plus pénétrante, celle de nombreuses corbeilles d'héliotropes et de rosiers disséminés çà et là aux confins de la pelouse ; des jasmins et des chèvrefeuilles tapissant les dehors d'un pavillon rustique, abrité sous une plantation de grands arbres verts, mêlaient aussi leurs parfums : on apercevait la maison ; une faible lueur éclairait intérieurement le vitrage d'un petit vestibule servant d'entrée au rez-de-chaussée.

« — Voilà donc *sa* maison, *son* jardin ! — pensait Louise qui, absorbée dans ses pensées, restait immobile à quelques pas de la porte. — Voici son jardin où il promène ses méditations et ses rêveries ! Voici sa maison où il a écrit tant de chefs-d'œuvre ! Quel calme, quelle solitude, quelle riante retraite... et moi, pauvre fille inconnue... je suis ici avec lui... avec lui, Georges Hubert !

« Le poëte voyant Louise s'arrêter au bout de quelques pas, s'était par politesse arrêté aussi. Mais la station de l'inconnue se prolongeant outre mesure, il ne sut comment s'expliquer la cause de cette contemplation silencieuse, et dit à la jeune fille qui ne bougeait non plus qu'une statue :

« — Voici là-bas, mademoiselle, la maison que j'habite. Et il lui désigna le rez-de-chaussée dont le petit péristyle était faiblement éclairé. — Permettez-moi de vous montrer le chemin.

« Louise, rappelée à elle-même par ces mots, sentit combien elle devait sembler bizarre, importune à Georges Hubert et répondit avec confusion :

« — Excusez-moi... monsieur... c'est que... c'est que... je regardais... ce jardin...

« — Et je me trouve, mademoiselle, très-heureux de l'avoir, car les jardins deviennent de plus en plus rares à Paris, — reprit Georges Hubert ; et il ajouta d'autres paroles sur le même sujet, afin de donner quelque aliment à l'entretien pendant le court trajet qui restait à parcourir pour arriver à sa demeure. Mais Louise, qui marchait lentement aux côtés du poëte, ne trouva pas un mot à lui répondre ; puis, le voyant la précéder de quelques pas, afin d'aller ouvrir le vestibule, elle se baissa et cueillit vitement et de crainte d'être vue quelques fleurs de l'une des corbeilles d'héliotropes disséminées au bord de la pelouse et plaça ces fleurs dans son corsage.

« Quoi qu'il arrive... et si je ne dois plus jamais revoir Georges Hubert, — pensait la jeune fille — ces fleurs seront pour moi les témoins de cette soirée, dont le souvenir ne s'éteindra qu'avec ma vie!!

« Et elle rejoignit le poëte qui se retournait vers elle, après avoir ouvert la porte du péristyle. En entrant dans cette habitation, Louise sentit sa curiosité redoubler, tant l'aspect de la demeure du poëte lui inspirait d'intérêt.

« Le péristyle, d'une extrême simplicité, conduisait à une vaste bibliothèque alors faiblement éclairée par la lueur d'une lampe à demi voilée par un abat-jour vert, révélation des habitudes de travail nocturne, familières au maître de la maison. D'innombrables rayons chargés de livres remplissaient trois des côtés de cette pièce ; dans l'entre-deux des fenêtres, ainsi que sur les panneaux de boiserie que ne cachaient pas les corps de bibliothèque, Louise remarqua plusieurs grands tableaux de famille, remontant au commencement du siècle dernier : ils représentaient différents personnages qui, d'après la sévérité de leur costume, semblaient avoir appartenu à la magistrature et aux professions libérales : parmi les portraits de femmes il en était deux revêtues d'habits religieux du dix-huitième siècle. Elles avaient fait partie de la célèbre maison de *Port-Royal*, quelques parents de Georges Hubert ayant figuré parmi les plus fervents adeptes du jansénisme, le *républicanisme* de ce temps-là. L'un des portraits de femmes, placé plus en évidence que les autres, représentait une figure charmante ; il fallait qu'elle fût charmante pour paraître telle malgré la mode parfaitement déplaisante de ses vêtements, mode universellement adoptée sous l'Empire : sauf la différence d'âge et la délicatesse féminine des traits, il existait assez de ressemblance entre le visage du poëte et ce portrait, pour que Louise reconnût la mère de Georges Hubert ; sur le cadre du tableau, cadre large, plat et doré en mat, la jeune fille remarqua, non sans surprise, quelques caractères tracés à l'encre dont elle ne pouvait de loin distinguer la signification. Des meubles confortables, mais très-simples, une garniture de cheminée en bronze d'un excellent goût artistique complétaient l'aspect de ce cabinet, occupé dans son milieu par une grande table de travail, recouverte d'un tapis vert et encombrée de livres de toute sorte.

« Louise, encore plus absorbée par la contemplation du *sanctuaire* du poëte qu'elle ne l'avait été à la vue de son jardin, retomba dans une profonde rêverie, d'où elle fut tirée par la voix de Georges Hubert, qui lui disait en indiquant du geste un fauteuil :

« — Veuillez, mademoiselle, prendre la peine de vous asseoir... Puis-je savoir l'objet de l'entretien que vous avez bien voulu me demander ? »

— Ah! pauvre Louise!... — dit Gilberte en interrompant la lecture — voilà le moment fatal... que va-t-elle pouvoir dire à Georges Hubert... tiens, Bibi, j'en ai la chair de poule...

— Le fait est que la position est fièrement délicate ! voici Louise forcée d'avouer à Georges Hubert qu'elle vient, comme on dit, se jeter à sa tête!

— Hé bien moi, Chéri, j'ai tant de confiance dans le caractère de Louise et de Georges Hubert que je suis sûre que tous deux se retireront de là... très-gentiment!

— Hum! Minette?

— Enfin que veux-tu, c'est mon idée.

— Nom d'un petit bonhomme! ça me paraît pourtant a moi une situation furieusement croustilleuse... enfin, nous allons voir!

XIII

Gilbert et Gilberte continuèrent ainsi la lecture de l'*Histoire d'une Jeune Fille* :

« *Louise*, entendant Georges Hubert lui demander l'objet de l'entretien qu'elle avait désiré, frissonna... le moment *fatal* était venu, elle redevint toute tremblante : le cœur lui manqua, ses genoux vacillèrent ; elle fut obligée de s'appuyer d'une main au dossier du fauteuil qui lui était offert et où elle ne s'assit pas... mais, surmontant bientôt son trouble, sa timidité, sa honte, elle prit une résolution désespérée, redressa la tête et, le front serein, regardant fixement le poëte, elle lui dit d'une voix presque ferme :

« — Monsieur Georges Hubert, j'ai dix-sept ans... je m'appelle Louise ; mon cœur n'a appartenu à personne, je suis maîtresse de mes actions... je vous aime...

« L'incroyable effort fait par la jeune fille sur elle-même, pour se résoudre à articuler un pareil aveu, fut suivi d'une telle prostration, d'un tel accablement, que pâle, anéantie, elle cacha son visage entre ses deux mains, et tomba presque défaillante dans le fauteuil, en fondant en larmes.

« Georges Hubert, à ce brusque aveu de Louise, se sentit d'abord presque aussi confus qu'elle-même ; puis, comme il devait à sa longue habitude d'observation et à sa profonde étude du cœur humain, une sûreté de jugement qui rarement le trompait, à son embarras succéda un touchant intérêt pour l'inconnue ; il n'en doutait pas, elle était sincère ; son extrême jeunesse, son émotion, l'altération de sa voix, son trouble, ses préoccupations, son silence même, tout prouvait qu'elle subissait l'influence d'une passion insurmontable.

« Georges Hubert était de tous les hommes le moins orgueilleux, et surtout le moins infatué de lui-même, car il s'appréciait de beaucoup au-dessous de sa valeur. Cependant il sentait qu'exagérée ou non, son éclatante renommée pouvait avoir, comme on dit, *tourné la tête* d'une enfant de dix-sept ans, et n'eût-il pas été le *héros* de l'aventure, qu'il aurait encore éprouvé pour cette jeune fille commisération, sympathie et respect...

« Il se rapprocha de Louise. Celle-ci, la figure cachée dans ses mains, pleurait toujours et attendait *son arrêt* avec une angoisse mortelle. Sa destinée devait dépendre des premiers mots prononcés par le poëte; aussi, lorsqu'elle entendit sa voix, elle crut que les battements de son cœur s'arrêtaient, sa vie semblait suspendue aux lèvres de Georges Hubert.

« — Mademoiselle, — reprit-il d'une voix émue, pénétrée, presque paternelle, — de grâce rassurez-vous : l'aveu que vous venez de me faire me touche profondément, croyez-moi, j'en suis fier, oh! oui, très-fier : savez-vous pourquoi? Parce que cet aveu ne s'adresse pas, j'en suis certain, à *l'homme*, mais à l'écrivain, ou mieux encore aux sentiments généreux qu'il a peut-être eu le bonheur d'exprimer dans ses œuvres! Ne regrettez donc pas cet aveu, mademoiselle, il n'a rien que de pur... et d'honorable ; ce que vous aimez en moi ce sont des sentiments élevés qui appartiennent à la nature humaine, dont parfois j'ai été le peintre fidèle..... rien de plus..... Celui qui vous parle, mademoiselle, est un *honnête homme*. Cette prétention il l'a justifiée par sa vie passée, il la justifiera par sa vie à venir... C'est vous dire, mademoiselle, que je garderai le secret le plus absolu sur notre entrevue, et que j'apprécie comme elle mérite de l'être, votre démarche franche et résolue... démarche, je le répète, honorable pour vous, honorable pour moi, et dont ni vous ni moi n'aurons jamais à rougir...

« Aux angoisses de Louise succédait peu à peu un bonheur, un attendrissement inexprimable. Georges Hubert, avec un tact parfait et une bonté sans égale, relevait la jeune fille à ses propres yeux, la délivrait du poids de sa confusion, la mettait, pour ainsi dire, à l'aise, en croyant ou paraissant croire que l'aveu qu'elle lui adressait, s'adressait non pas à *l'homme*, mais aux généreux sentiments dont il s'était si souvent rendu l'organe. Il promettait à la jeune fille une discrétion absolue, et, dans une démarche aux yeux de tous des plus compromettantes, il ne voulait voir que la résolution hardie d'un cœur loyal.

« Les angoisses de la jeune fille se fondirent en une reconnaissance d'une douceur ineffable, aussi saisit-elle la main de Georges Hubert et la porta vivement à ses lèvres en disant :

« — Vous êtes bon..... oh! vous êtes bon!

« — C'est vrai — répondit-il, touché de l'ingénuité de Louise qui, toute confuse de sa familiarité, laissa retomber la main du poëte après l'avoir portée à ses lèvres. — C'est vrai, je suis bon...... J'oubliais cette autre prétention, que je crois avoir toujours justifiée. Aussi, est-ce parce que je suis bon... que vous m'intéressez beaucoup, pauvre enfant..... permettez-moi de vous parler ainsi, — ajouta-t-il avec une affectuosité paternelle. — Car enfin j'ai deux fois votre âge, et je pourrais être votre père. — Puis souriant afin de détendre l'entretien et de diminuer encore l'embarras de Louise : — Voyons, ajouta-t-il — c'est un père de trente-six ans qui va confesser son enfant de dix-sept ans? la différence d'âge est d'une proportion parfaite; elle autorise la gravité du père, et cependant, comme il touche encore un peu à la jeunesse, il se sent disposé à témoigner à sa fille la plus tendre indulgence; et d'abord, mon enfant, une question? celle-ci est grave... voici bientôt deux heures du matin : vous l'oubliez sans doute? avez-vous songé que rentrer chez vous à une heure si avancée, c'est commettre une grande imprudence?

« — Je vous l'ai dit, monsieur Georges Hubert, je suis maîtresse de mes actions. Je demeure seule dans un hôtel où je suis descendue ce matin...

« — Vous êtes donc étrangère à Paris?

« — Oui.

« — Et vos parents?

« — Je suis orpheline...

« — Pauvre enfant... Et qu'êtes-vous venue faire à Paris?

« — Vous voir, monsieur Georges Hubert, tâcher de parvenir jusqu'à vous et vous dire... que... que... je...

« — Que vous avez lu mes vers... — reprit le poëte de plus en plus ému par l'ingénuité de la jeune fille, et voulant lui épargner la confusion d'un nouvel aveu. — Cette sympathie, cette estime pour mon caractère et pour mes écrits m'honore, je vous l'ai dit, mon enfant, et en même temps m'impose des devoirs envers vous... Autorisé par votre franchise, à mon tour je serai franc; votre langage, vos manières, annoncent une éducation distinguée; avez-vous bien pesé toutes les conséquences de votre voyage à Paris où vous vous trouvez seule, m'avez-vous dit... absolument seule?

« — Depuis bientôt un an, monsieur Georges Hubert, je n'ai songé qu'à une chose : vous voir et vous parler. Sans être même certaine d'avoir ce bonheur, j'ai quitté la province... vous devez croire que je me soucie peu des autres conséquences de mon voyage... j'ai de quoi vivre modestement à Paris pendant longtemps... et j'y resterai...

« — Pauvre chère enfant, votre candeur, votre loyauté percent à chacune de vos paroles..... Soyez sincère jusqu'à la fin : maintenant vous m'avez vu, vous m'avez parlé, je ne vous ai pas caché l'intérêt que vous m'inspirez, quels sont vos desseins?

« — Je n'en ai aucun... puisque ma destinée dépend maintenant de vous.

« — Comment cela?

« — De deux choses l'une : ou vous m'autoriserez à venir quelquefois vous voir... et seulement quand cela vous conviendra, car je n'oserais jamais me présenter chez vous sans votre permission... ou bien vous m'éconduirez avec indulgence... et jamais vous ne me reverrez...

« — Eh bien ! dans le premier cas, si nous devons nous revoir, qu'espérez-vous?

« — Je ne suis qu'une pauvre fille, obscure et abandonnée; mais peut-être, à force de dévouement et de respect, je parviendrai à vous inspirer un peu d'affection... et alors les vœux les plus chers de mon cœur seront comblés! si au contraire vous exigez que je ne vous revoie jamais.. j'obéirai, je m'éloignerai... emportant du moins de vous, monsieur Georges Hubert, un souvenir, qui ne s'éteindra qu'avec ma vie.

« Le poëte écoutait Louise avec autant de surprise que de croissant intérêt. Ce singulier mélange d'ingénuité, de hardiesse, d'abnégation, de franchise, le frappait beaucoup. Il se sentit touché jusqu'aux larmes de ce dévouement absolu et résigné.

« — Ma chère enfant, — reprit-il avec tendresse et gravité, — si vous n'étiez pas orpheline, si quelque parent, quelque ami s'intéressait à vous...

« — Je suis seule au monde, monsieur Georges Hubert, — reprit la jeune fille en interrompant le poëte; — personne ne s'intéresse à moi, et si le bonheur de vous revoir m'est réservé... de grâce ne me parlez jamais de ma famille; son nom même doit rester ignoré de vous... pour vous je serai *Louise*... Louise... l'orpheline...

« — Soit, je respecterai désormais votre secret.

« — Désormais?... je vous reverrai donc?

« — Souvent, très-souvent.

« — Oh! mon Dieu ! — murmura la jeune fille en joignant les mains avec un geste d'adoration, — combien vous êtes bon, monsieur Georges Hubert?

« — C'est vrai; j'en suis déjà convenu avec vous, mon enfant, et c'est parce que je suis bon que je ne saurai vous laisser seule à Paris, sans conseils, sans appui. Si vous aviez, ainsi que je vous le disais tout à l'heure, quelque parent, quelque ami, j'userais de cette influence que vous m'accordez, pour vous décider à retourner auprès de ceux que votre disparition aurait sans doute laissés dans les angoisses et le chagrin; mais vous êtes seule au monde, me dites-vous... Le hasard vous a rapprochée de moi; votre isolement, vos sentiments à mon égard m'imposent des devoirs; je les accomplirai, n'en doutez pas...

« — Monsieur Georges Hubert, je crois rêver, — dit Louise plongée dans une sorte de délicieuse extase. — Cela est bien vrai? je vous reverrai? vous vous intéressez à moi?... vous, vous qui, ce soir encore, avez excité un enthousiasme dont je me sentais si fière... pardonnez-moi cette vanité...

« — Quoi?... ce soir vous étiez...

« — Oui, j'étais au Théâtre-Français; le bonheur a voulu qu'aujourd'hui même, jour de mon arrivée à Paris, l'on représentât votre drame. Jugez de ma joie d'abord, et de mon triomphe ensuite! Oh ! de ce succès immense j'ai été certes plus triomphante que vous... car...

« — Pourquoi vous interrompre?

« — C'est qu'il est mal d'épier quelqu'un... et cette faute... je l'ai commise...

« — Vous m'avez épié?

« — Ce soir, en vous attendant, je me promenais dans votre rue et, cachée par l'ombre du mur, je vous ai vu venir lentement, vous arrêter, frappé sans doute de la beauté de la nuit, puis lever les yeux vers le ciel avec un regard si mélancolique que je pensais à part moi : Comment! après une pareille soirée, M. Georges Hubert ne revient pas chez lui enchanté, radieux ! aussi vous le disais-je : de votre immense succès, je me sentais plus triomphante que vous-même...

« Le poëte, se détournant quelque peu, indiqua du geste le portrait de femme auquel il ressemblait beaucoup, et dit à Louise :

« — Mon enfant, ce portrait est celui de ma mère... je la chérissais et elle m'adorait. Je ne crois pas lui avoir, de sa vie, causé un chagrin sérieux; mais lorsque j'ai eu le malheur de la perdre, j'étais à peu près de votre âge, et je n'avais jamais en rien flatté l'orgueil de ma mère... orgueil excessif comme sa tendresse pour moi... C'est seulement plusieurs années après sa mort que mon nom a commencé d'être connu. Vous dire que je suis insensible au succès de ce soir, qui a dépassé toutes mes espérances, serait un mensonge et une ingratitude envers un public si bienveillant pour moi ; mais je regrette, mais je regretterai toujours que ma mère n'eût jamais joui de mes succès ; ils auraient été si doux à son cœur! Aussi, lorsque ce soir vous m'avez vu m'arrêter, pensif, presque triste, et regarder le ciel, je songeais à elle... me disant quel aurait été mon bonheur si après cette soirée, si flatteuse pour moi, j'avais, en rentrant, retrouvé ma mère, qui m'eût dit de cette voix dont l'accent est toujours présent à mon oreille : — Eh bien! Georges, ce drame a-t-il réussi?

« En prononçant ces mots, la voix du poëte s'altéra, il passa sa main sur ses yeux humides et resta un moment silencieux.

« Louise, non moins attendrie, n'osa pas interrompre le pieux recueillement de Georges Hubert. Celui-ci, sortant bientôt de sa rêverie, reprit :

« — Pardon, mon enfant, mais grâce à Dieu, le souvenir de ma mère, loin de s'affaiblir en moi, semble s'augmenter avec l'âge et devenir plus constant et plus vivace.

« Le poëte alors, se levant, prit une plume qu'il trempa

dans son encrier, s'approcha du portrait et écrivit sur le cadre, large et plate bordure dorée en mat, ces mots :

A ma mère!

« Et au-dessous il ajouta le nom d'*Octave*, titre du drame joué le soir, et la date de la représentation.

« Louise comprit alors la signification des caractères tracés sur le cadre; Georges Hubert lui dit en revenant auprès d'elle et lui souriant avec bonté :

« — Nous sommes déjà presque de vieux amis, aussi vous le voyez, j'agis sans cérémonie ; je me suis fait une loi, lorsqu'un de mes ouvrages a réussi, de le mettre ainsi sous l'invocation du souvenir de ma mère, dès ma rentrée chez moi.

« — Hélas ! monsieur Georges Hubert, des regrets tels que les vôtres sont sans consolation, sans compensation... mais du moins, laissez-moi vous dire qu'un cœur fervent, dévoué, quoique inconnu de vous, a, ce soir, ressenti, dans son humble obscurité, cette joie délicieuse que votre mère n'a pu malheureusement connaître.

« — On parle des jouissances que donne la renommée — répondit Georges Hubert avec émotion — oh! je vous aurai dû l'un des moments les plus heureux de ma vie...

« — A moi? mon Dieu... si je pouvais croire !

« — Croyez-moi, chère enfant, je connais le cœur humain, rarement ma pénétration m'a fait défaut. Il m'est impossible de douter de la sincérité de vos impressions, de vos sentiments ; aussi, dans votre aveugle confiance en moi, dans ce complet abandon de votre volonté à l'influence de la mienne, abandon qui va jusqu'à la témérité, je vois le triomphe le plus noble, le plus pur, le plus doux qu'un homme de cœur puisse ambitionner ! Ne vous récriez pas, nous n'en sommes à nous flatter. Je vous le prouve en vous disant que votre démarche auprès de moi a été, dans sa franchise..... inconsidérée, téméraire! elle suffirait à vous perdre de réputation aux yeux du monde, et pourtant, de cette démarche je me sens glorieux. Ah! pour mériter une pareille confiance, il faut que le caractère d'un homme soit véritablement aimé ! honoré ! Je vous le répète, lorsque de tels sentiments se personnifient dans un dévouement pareil au vôtre, mon enfant, l'homme qui l'inspire jouit du triomphe le plus pur et le plus doux !

« — Je vous comprends, monsieur Georges Hubert, oui, il doit être doux et glorieux pour un homme de disposer d'une existence si humble qu'elle soit...

« — Hé bien, ma chère enfant, puisque de cette existence vous me faites l'arbitraire, il faut me promettre de suivre mes conseils.

« — Oh ! je vous le promets de grand cœur !

« — Et d'abord, comme il est bientôt deux heures du matin, je vais vous reconduire à votre hôtel...

« — Je suis confuse du dérangement que je vous cause. Vous... vous, mon Dieu !... prendre cette peine pour moi !

« — Je ne vous laisserai pas à pareille heure de la nuit à la merci d'un cocher. Je vous engage aussi à ne plus loger dans un hôtel garni, cette demeure est peu convenable pour une jeune personne.

« — Je ferai ce que vous voudrez.

« — Voici mon projet : je connais dans cette rue paisible et retirée une excellente femme, veuve des plus respectables ; depuis longtemps je l'ai chargée de transcrire mes manuscrits. Elle occupe un petit rez-de-chaussée ayant vue sur un jardin ; je ne doute pas qu'à ma recommandation, madame *André* (c'est son nom) ne vous cède une chambre chez elle et ne vous prenne en pension, à la condition expresse, chère enfant, que vous lui cacherez le sujet de votre voyage à Paris. Elle pourrait en concevoir de fâcheuses préventions contre vous ; car sans être rigoriste à l'excès, elle a des principes très-arrêtés. Il faudra donc nous résoudre à un mensonge ; nous dirons qu'orpheline et venue à Paris pour suivre un procès, vous m'avez été particulièrement recommandée ; je suis certain, d'après ce que je sais de votre caractère et du sien, que madame André éprouvera bientôt pour vous une affection presque maternelle.

« — Je ne saurais, monsieur Georges Hubert, que répéter encore : vous êtes bon ! dans votre sollicitude pour moi vous pensez à tout! Enfin, vous me promettez que je vous verrai quelquefois... Pardonnez-moi si j'insiste là-dessus, mais pour moi... c'est la vie !

« — Vous me verrez très-souvent, et même je...

« — Ne m'en dites pas davantage, mon ambition est satisfaite... me voici heureuse — ajouta Louise en essuyant ses yeux humides de larmes. — Oh ! la plus heureuse des femmes !

« La pendule sonna deux heures du matin, la jeune fille se leva.

« — Quel temps précieux je vous ai fait perdre, monsieur Georges Hubert! Cette lampe vous attendait, vous vouliez sans doute travailler cette nuit?

« — Jamais nuit n'aura été par moi mieux employée, chère enfant, croyez-le ; elle prendra place dans mes meilleurs, dans mes plus honorables souvenirs !

« — Et c'est vous..... vous de qui le nom et la présence excitaient ce soir tant d'enthousiasme dans la foule ! vous que des princesses accueillaient avec tant d'empressement ! c'est vous qui vous montrez si indulgent, si généreux envers une pauvre fille comme moi...

« — Cet accueil flatteur, ces applaudissements glorifiaient les travaux éphémères de l'écrivain... — répondit Georges Hubert, — votre présence ici glorifie son cœur, son caractère... et je préfère ce dernier triomphe. Mais la nuit s'avance, venez ; après votre voyage, après des émotions si diverses, vous devez avoir besoin de repos, je vais vous conduire à votre hôtel ; demain matin je verrai madame André, je conviendrai de tout avec elle, et j'espère pouvoir aller vous chercher et vous présenter à cette excellente femme dans l'après-dîner : vous voudrez bien seulement m'attendre à votre hôtel.

« Telle a été la première entrevue de Louise avec Georges Hubert, entrevue qui décida de l'avenir de la jeune fille. »

Gilbert et Gilberte s'étaient tellement intéressés à ce récit et à la situation délicate et pénible de Louise, qu'entraînés par la marche des événements racontés, ils n'avaient pas songé à interrompre cette lecture attachante pour eux à plus d'un titre ; mais la fin de cet épisode formant pour ainsi dire un temps d'arrêt dans la narration, Gilberte s'écria triomphante :

— Hé bien, Chéri ! quand je te le disais que Georges Hubert et Louise se tireraient gentiment, honnêtement de cette situation selon toi si *croustilleuse ?*

— C'est ma foi vrai ! je ne m'attendais pas à cela..... c'est égal ! Georges Hubert peut se vanter d'être fièrement aimé !

— Avoue qu'il le mérite ! quelle délicatesse de cœur ! comme il a bien vite mis à l'aise cette pauvre Louise, toute honteuse de son aveu, lorsqu'il l'a appelée : *sa chère enfant...* en lui parlant presque comme un père... Oh ! mon Gilbert, suis-je fière de penser que demain nous serons, toi cet homme de génie d'une bonté si touchante... moi, cette excellente Louise qui pour l'amour et pour le dévouement est un *vrai bon chien !* qui ne sait qu'une chose, aimer son maître et lui obéir ! ! Vont-ils être heureux tous les deux ! quel paradis qu'un pareil ménage...

— Ma foi, si le bonheur n'est pas là..... il n'est nulle part ! gloire, amour, jeunesse, fortune... je dis fortune, car enfin Georges Hubert habite une maison avec un jardin...

— Et je me rappelle que lorsque j'étais *marquise* il me disait que son travail joint à son patrimoine lui assurait une existence très-indépendante. Ce n'est pas que nous tenions à une fortune énorme... non, non, nous en avions une fameuse fortune dans notre marquisat... et...

— ... Et nous avons vu de quoi il en retournait, n'est-ce pas, ma pauvre Minette ?

Cette fortune ne nous faisait point dîner deux fois, au contraire, puisque nous n'avons pas dîné du tout, mais enfin, tout en étant revenu de ces idées de grandissime luxe auquel on s'habitue comme à autre chose... j'avoue que je ne suis pas fâché pour nous, que cet homme célèbre, sans être colossalement riche, jouisse d'une belle aisance ; on peut ainsi venir en aide à un ami ou à de pauvres gens, enfin ça complète le sort, et ainsi que je le disais tout à l'heure, Georges Hubert et sa Louise réunissent tout : gloire, génie, jeunesse, amour, fortune ; tous deux ont les meilleurs cœurs du monde, les plus généreux caractères. Encore une fois, nom d'un petit bonhomme ! le bonheur doit être là... il est certainement là... et demain nous pourrons dire à notre chère petite fée : *Va-t-en, Korrigan !*

— Pour vous et pour moi je le souhaite, mes amis, — dit la douce voix ; — puissé-je, vos derniers vœux accomplis, aller rejoindre mes sœurs...

— Oh ! soyez tranquille, bonne Korrigan, je pense comme mon Gilbert, je suis presque certaine que demain, lorsque *nous serons Louise et Georges Hubert,* nous vous rendrons votre liberté... Mais, Bibi, reprenons notre lecture. Louise écrit toujours pendant que nous bavardons, elle doit avoir sur nous maintenant beaucoup d'avance.

Nous en étions au moment où Georges Hubert l'a reconduite chez elle et lui conseillant de ne plus loger dans un hôtel garni, et de se mettre en pension chez une digne veuve, madame André.

XIV

SUITE DE L'HISTOIRE D'UNE JEUNE FILLE.

« *Louise* fut accueillie comme une fille par madame André, à qui Georges Hubert l'avait présentée ; jamais elle n'oubliera la sollicitude presque maternelle dont elle fut entourée par cette excellente femme ; pour comble de bonheur, la jeune fille put bientôt l'aider dans les travaux de copie que lui donnait le poète.

« Avec quelle émotion, quelle respectueuse curiosité, Louise, toute glorieuse d'être la première confidente de ces œuvres impatiemment attendues par une foule avide, contemplait ces feuillets remplis de l'écriture de Georges Hubert ! écriture ici rapide et courante comme le flot de l'inspiration qui déborde ; ailleurs lente, raturée, laborieuse, lorsque la réflexion, l'analyse, la consciencieuse recherche du mieux, l'implacable critique envers soi-même, succédaient chez le poète à l'improvisation.

« Combien d'heures fortunées passait Louise ainsi livrée à ces occupations chères à son cœur et à son esprit, suivant d'un œil curieux, attentif et charmé, à travers le labyrinthe de ratures et de renvois dont était chargé le manuscrit de Georges Hubert, les transformations successives de sa pensée, parfois vague et diffuse à son éclosion, puis, à chaque correction, devenant de plus en plus claire et précise ! Enfin, prodige de l'intelligence humaine, prodige que plus d'une fois Louise admira : souvent un mot ajouté ou changé dans une scène dramatique... oui, un seul mot... éclair du génie, illuminait un caractère jusqu'en ses dernières profondeurs !

« Pendant plusieurs mois, Georges Hubert vint voir Louise presque chaque jour ; il la traitait avec une bonté paternelle, se plaisait à cultiver, à développer, à mûrir son intelligence, à former, à épurer son goût, à élever son âme par des entretiens d'une bonté douce, ou par des lectures choisies avec discernement ; parfois, il priait, il forçait Louise de lui dire naïvement les impressions favorables, ou non, qu'avait éveillées en elle la transcription d'une œuvre récemment composée par lui. Louise, surmontant sa timidité, répondait avec sa sincérité habituelle, et, plus d'une fois, Georges Hubert profita de ses observations : souvent aussi il allait faire de longues promenades aux environs de Paris avec Louise et madame André ; l'étude et l'admiration raisonnée des grands tableaux de la nature était le sujet de leurs entretiens ; le soir venu, l'on dînait gaiement dans quelque auberge de village et l'on revenait à la ville.

« Ainsi délicieusement occupés s'écoulaient les jours de la jeune fille ; son amour passionné pour le poëte s'enracinait de plus en plus avant dans son cœur ; et pourtant jamais elle n'avait osé, depuis son premier aveu, reparler de cet amour à Georges Hubert, tant il lui imposait ; non qu'il fût dédaigneux, indifférent ou sévère, non, non. Il témoignait toujours à Louise une tendre affection, et l'entourait de soins, de prévenances, et dans ses entretiens avec elle il donnait librement cours à une gaieté charmante, mais jamais il ne prononçait un seul mot qui pût faire supposer à Louise qu'il eût gardé le moindre souvenir de l'aveu de son amour ; alors elle se disait :

« Georges a une maîtresse aimée : il s'intéresse à moi, parce qu'il est le meilleur des hommes ; il se plaît à cultiver mon esprit, à améliorer, à élever mon âme, parce que la noble et brillante intelligence de cet homme illustre rayonne le juste, le bien, le beau, comme la lumière rayonne d'une auréole ; mais jamais il ne m'aimera... d'amour ; je ne suis ni assez belle ni assez spirituelle pour lui plaire... à lui... qui peut choisir parmi les plus belles, les plus élégantes et les plus spirituelles. Il n'importe ! tel qu'il est, mon sort est si heureux, si enviable, que je ne suis ni assez sotte ni assez vaine pour troubler mon bonheur par des vœux extravagants. Est-ce que ma vie ne se passe pas presque tout entière dans une intimité délicieuse avec ce génie dont la France s'honore ? que puis-je désirer de plus ? »

« Cependant, malgré le bon sens de ces réflexions, qu'elle mettait en pratique, malgré sa ferme volonté de ne se point bercer d'espérances chimériques, enfin malgré le bonheur réel dont elle jouissait, Louise, peu à peu minée par une fièvre lente et par de brûlantes insomnies, tomba dans de noires mélancolies ; elle maigrissait, perdait l'appétit et souvent cédait à des langueurs énervantes ! on eût dit que dans ces heures de morne inertie, son sang se figeait, que sa vie demeurait suspendue ; si elle s'occupait alors de quelques travaux pour Georges Hubert, sa plume s'arrêtait, s'échappait de ses mains, sa pensée se troublait, se voilait, son front appesanti s'inclinait sur sa table ; puis de cette atonie du corps, de cet obscurcissement de l'esprit souvent prolongés, elle sortait surprise, chagrine, abattue, comme l'on s'éveille d'un mauvais songe, et se disait en pleurant ;

« C'est folie ou maladie !!! Jamais femme n'a été plus heureuse que moi, et je ne peux vaincre ces accablements... et de jour en jour je me sens dépérir ! »

« Louise alors se raidissait de toutes ses forces contre ces langueurs, mais elle n'y pouvait résister ; de même qu'en un jour d'orage, on cède malgré soi à l'accablement d'un lourd sommeil longtemps combattu.

« A cet état pénible et singulier se joignaient, pour la jeune fille, de cruelles angoisses.

« Tantôt elle craignait que la véritable cause de son dépérissement ne pût échapper à la pénétration de Georges Hubert, et que, ne pouvant l'aimer d'amour, il ne s'éloignât d'elle par un sentiment de pitié, comptant sur l'oubli, sur le temps pour la guérir de sa folle passion.

« Tantôt elle s'apercevait que son esprit troublé, inquiet et souvent distrait jusqu'à l'aberration complète, ne lui permettait plus de s'occuper assidûment de ces travaux jadis sa joie et son orgueil : plusieurs fois elle commit des *non sens* ou des erreurs incroyables, en transcrivant les manuscrits de Georges Hubert. D'abord il la gronda gaiement comme on gronde une enfant gâtée, puis ses erreurs se renouvelant, il ne lui en parla plus, et fit refaire en secret les *copies* de la jeune fille par madame André : en vain cette excellente femme, dont la tendresse véritablement maternelle ne se démentait pas, supplia Louise de lui confier la cause de ses chagrins... Louise garda et ensevelit son secret au plus profond de son cœur...

« Un dernier coup lui était réservé.

« Elle s'aperçut de certains changements dans les rapports de Georges Hubert avec elle ; tantôt soucieux et absorbé, tantôt grave, réservé, presque froid, sa gaieté disparut. Il restait souvent plusieurs jours sans voir Louise ; revenait-il près d'elle, il paraissait en proie aux mêmes préoccupations ; souvent elle surprit son regard pénétrant attaché sur elle, avec une expression indéfinissable... Enfin il s'absenta pendant un mois entier sans que Louise entendît parler de lui.

« C'est fait de moi ! — pensait-elle avec un morne désespoir, — je ne le reverrai plus !!! il a deviné mon amour insensé, il ne peut me pardonner ma lâche faiblesse... et sa sévérité n'est que trop légitime ! A lui je devais le sort le plus fortuné, je n'ai pas su m'en rendre digne et le conserver. C'est ma faute, c'est ma faute... allons ! quoi qu'il arrive, dussé-je m'éteindre dans une maladie de langueur, du moins j'aurai connu le bonheur pendant quelques mois ! Pas une plainte ne sortira de mon âme, car ce bonheur, qu'avais-je fait pour le mériter ? je l'ai perdu... c'es ma faute, c'est ma faute ! »

« Lorsque Louise revit Georges Hubert après cette absence d'un mois, absence qu'elle avait regardée comme le présage d'une séparation définitive, elle fut stupéfaite du changement qu'elle remarqua dans la physionomie et les manières du poëte ; la joie, la confiance, la sérénité brillaient sur son front ; il vint à Louise, prit ses mains qu'il baisa (il ne s'était jusqu'alors jamais permis cette innocente familiarité). Puis s'asseyant à ses côtés, il lui dit avec une expression de tendresse ineffable, presque passionnée :

« — Louise, parlons un peu du passé, beaucoup du présent et encore plus de l'avenir !

« Ces paroles, leur accent, l'air radieux du poëte, firent bondir le cœur de la jeune fille et l'ouvrirent à toutes les espérances.

« *Elle se sentit sauvée.*

« Ces mots seuls peuvent rendre l'impression qu'elle éprouva, en revoyant, en entendant Georges Hubert.

« — Louise, — reprit-il, — depuis plusieurs mois, je vous ai attentivement étudiée... suivie, et surtout appréciée ; aussi, peu à peu, à mon attachement presque paternel pour vous, a succédé un sentiment tout autre... en un mot, Louise... je vous ai aimée... je vous aime d'amour !

« — Vous m'aimez d'amour ! — s'écria la jeune fille avec un ravissement inexprimable... elle avait le ciel dans le cœur ! — Vous m'aimez... moi ?... moi, Louise ?...

« — Je vous aime passionnément ! Ah ! contre ce sentiment j'ai longtemps lutté, mais votre cœur m'a vaincu...

« — Vous avez lutté... je...

« —Écoutez-moi, Louise, — reprit Georges Hubert en interrompant la jeune fille. — Celle de vos qualités qui m'a charmé davantage, c'est votre franchise. La mienne égalera la vôtre. Ainsi, entre nous, jamais de réticence ; oui, longtemps j'ai lutté contre cet amour, qui chaque jour prenait sur moi un nouvel empire ; j'ai lutté... savez-vous pourquoi ? parce qu'après de profondes réflexions je m'étais promis de ne jamais me marier ; à cet engagement pris avec moi même, je n'ai pas renoncé sans inquiétude, sans combats : arrivé à la maturité de la vie, accoutumé d'envisager mon avenir sous un certain aspect, il me fallait m'habituer à un horizon nouveau, imprévu, changer enfin de voie et de but, à un âge où l'on n'envisage pas sans crainte un si brusque changement. Ce n'est pas tout, Louise : une considération plus grave, puisqu'elle vous est personnelle, ajoutait à mes hésitations : le mariage, selon moi, est l'engagement le plus solennel, la responsabilité la plus imposante qu'un honnête homme puisse prendre et assumer sur lui ; car, à mon sens, *ce ne sont presque jamais les* FEMMES, *mais les* HOMMES *qui font les unions malheureuses ;* et lorsque parfois je me suis vu au moment d'entendre les doléances confidentielles de certains maris, j'ai toujours répondu : — Je ne sais rien de ce que vous allez me raconter, mais je suis certain d'avance que vous ne devez attribuer qu'à *vous-mêmes* les chagrins dont vous vous plaignez. — Et je me trompais rarement ; c'est vous dire, Louise, mes irrésolutions, mes doutes de moi-même, à cette pensée : que votre bonheur et le mien allaient dépendre de cette irrévocable solidarité qu'on appelle *le mariage !...* Enfin, après avoir mûrement pesé une à une toutes les conséquences de notre union, e longtemps médité sur votre caractère, sur le mien... je suis arrivé à cette conviction : que nous réunirions toutes les chances de bonheur possible et désirable si vous acceptiez ma main, et cette main... Louise, je vous l'offre, je vous l'offre avec amour, avec orgueil. »

— Ah ! enfin, je respire ! — s'écria Gilbert avec un soupir d'allégement en interrompant sa lecture, — quelle peur j'ai eue pour cette pauvre Louise !... un moment je l'ai crue perdue...

— Pauvre chère fille ! moi aussi je tremblais pour elle, — reprit Gilberte. — Quelle douce résignation ! quel amour ! quel courage ! et comme ce digne Georges Hubert a su apprécier le brave bon cœur de Louise en se mariant avec elle...

— Ah çà, mais voilà quelque chose que je ne comprends pas.

— Quoi, Bibi ?

— La Korrigan nous a dit que Georges Hubert n'était pas marié ?

— Hé bien ?

— Et voici pourtant qu'il va épouser Louise ?

— Tiens... tiens... tiens ! tu as raison. Comment cela se fait-il ?.. heureusement nous allons le savoir. Continue vite... nous en sommes au moment où Georges Hubert vient de proposer sa main à cette pauvre Louise, qui se mourait d'amour pour lui.

Gilbert poursuivit ainsi la lecture :

« Louise avait écouté Georges Hubert avec une ivresse indicible, de douces larmes coulèrent de ses yeux. Elle prit les deux mains du poëte, les couvrit de pleurs et de baisers, puis lui dit d'une voix palpitante de joie :

« — Georges... cette main... cette noble main... vous me l'offrez ?

« — Je vous l'ai dit, Louise, je vous l'offre avec bonheur, avec orgueil !

« — Oh merci, mon Dieu ! merci, — reprit la jeune fille en se laissant glisser à genoux, puis levant vers le poëte son visage rayonnant d'amour et de reconnaissance, elle s'écria : —Georges Hubert... m'offre sa main... à moi...

« Le poëte, jouissant délicieusement de la félicité de Louise, dont le visage était baigné de douces larmes, se pencha vers elle, et la fit rasseoir à ses côtés en disant :

« — Ce serait à moi à m'agenouiller devant vous, ma Louise bien-aimée... c'est à celui qui reçoit... de remercier, et le don de votre main assure le bonheur de ma vie...

« La jeune fille, après avoir silencieusement contemplé Georges Hubert, lui répondit avec un accent d'amour profond et passionné :

« — Cette main que vous m'offrez... mon Georges... je la refuse. »

— Que dis-tu ! — s'écria Gilberte avec stupeur, — Louise refuse de se marier avec Georges Hubert ?...

— Laisse-moi donc lire, Minette, — reprit Gilbert entraîné par l'intérêt du récit et faisant signe à sa femme de ne pas l'interrompre, — et il répéta cette dernière phrase de Louise.

« — Cette main que vous m'offrez, mon Georges... je la refuse...

« — Louise! — s'écria le poëte ne pouvant croire ce qu'il entendait, et surtout frappé de l'accent de tendresse profonde et passionnée avec laquelle la jeune fille lui déclarait qu'elle se refusait à ce mariage, — Louise..... ces paroles..... y songez-vous?.... Oh! de grâce, revenez à vous...

« — Ne craignez rien, Georges, le bonheur ne me fait pas perdre la raison... je vous le prouve... en refusant ce mariage...

« — Louise... encore une fois, votre langage est inexplicable! Vous m'aimez, dites-vous?... et ce mariage...

« — Je le refuse... parce que je vous aime, Georges!!! parce que je vous aime... oh! voyez-vous, comme jamais homme n'a été aimé! Je serai votre maîtresse... votre servante, je serai tout ce que vous voudrez que je sois, mais votre femme!... jamais! oh jamais!

« — En vérité, ma raison se perd, mon esprit s'épuise à vouloir comprendre...

« — Comment, mon Georges, vous qui connaissez le cœur humain dans ses replis les plus cachés, vous ne me comprenez pas? — et elle ajouta souriante : — Oh! mon divin poëte... combien Louise est heureuse et fière de vous révéler, à vous... à vous, penseur profond, une des mille nuances, un des mille secrets de l'amour...

« — De l'amour! — reprit Georges Hubert avec un accent navré ; — non, non, vous ne m'aimez pas !

« — Je ne l'aime pas ! — et Louise haussa les épaules avec un mouvement d'une compassion pleine de tendresse, puis, prenant la main du poëte, elle ajouta d'un ton de supériorité puisée dans la profondeur de son dévouement : — Je ne vous aime pas? Allons, mon Georges, parlons raison... Ce mariage a été pour vous, n'est-ce pas, le sujet de luttes prolongées contre le vœu de votre cœur... vous me l'avez dit.

« — Oui... je vous ai dit aussi la cause de ces hésitations, de cette lutte...

« — Oh! je le sais... ce sentiment vous honore comme tous ceux qui font battre votre noble cœur ; mais pour qu'une âme aussi élevée, aussi fermement trempée que la vôtre doute et hésite...

« — Mais, enfant que vous êtes ! — s'écria impétueusement le poëte, — c'est au nom de votre bonheur, de votre avenir que j'hésitais...

« — Me croyez-vous capable d'en douter, Georges! Oh! non, non, et c'est justement pour ne compromettre en rien mon avenir, mon bonheur à moi, que je refuse d'être votre femme... Que voulez-vous! je suis égoïste...

« — Louise...

« — Écoutez-moi, vous m'avez étudiée, appréciée, m'avez-vous dit ; votre pénétration est extrême, vous devez me connaître, vous me connaissez ! Maintenant répondez sincèrement : croyez-vous que je serais heureuse, si chaque jour je me disais : Georges ne voulait pas se marier... il m'a vue mourante d'une folle passion pour lui, et dans la générosité de son cœur adorable, il m'a offert sa main?...

« — Quoi ! vous pensez que la pitié...

« — Non, non, l'amour aussi a déterminé votre résolution, mon Georges. Oh! vous m'aimez, je le crois, je le sens !... mais l'amour passe... Oh ! n'allez pas me répondre que l'affection lui survit... Je n'en doute pas : mais que prouve cela! Est-ce que votre affection, vos soins, votre sollicitude m'ont jamais manqué depuis que je suis venue à vous? et cependant je n'étais pas votre femme ! Encore un mot, mon Georges, et je termine, — ajouta Louise en voyant le poëte prêt à l'interrompre. — Non, je ne serais pas heureuse en pensant que votre vie est à jamais liée à la mienne par un lien toujours sacré aux yeux d'un homme tel que vous; non, je ne serais plus heureuse, parce que chaque jour je me dirais : Ce brillant génie a enchaîné sa destinée à la mienne, et le génie doit rester libre et maître souverain de sa volonté, de son avenir...

« — Eh! malheureuse enfant, est-ce que je ne fais pas preuve de cette volonté dont vous parlez en vous demandant votre main ?

« — Oui, mais c'est à moi, si humble que je sois, de vous empêcher, mon Georges, d'aliéner votre liberté.

« — Présomption étrange! — s'écria le poëte avec amertume ; — mieux que moi elle veut savoir ce qui peut me rendre heureux !

« — Voyons, mon Georges, qu'est-ce qui peut vous rendre heureux? — reprit Louise avec un accent de tendre supériorité que lui donnait son dévouement. — Vous voulez m'épouser? pourquoi? pour que je sois à vous? pour passer votre vie avec moi? pour avoir auprès de vous une femme dévouée, aimante, empressée, heureuse? tout cela je vous l'offre... moins le mariage.

« — Et plus la honte !..... malheureuse enfant ! Oh! je vous aime, je vous respecte trop..... je me respecte trop moi-même pour devenir complice de votre déshonneur !

« — Ce sont là, mon Georges, des mots et rien de plus.

« — Des mots !

« — Aux yeux de qui serais-je déshonorée? est-ce aux vôtres?...

« — Non, pas aux miens, si je partageais votre faiblesse, mais tôt ou tard vous seriez déshonorée à vos propres yeux, et dès demain à ceux du monde !

« — Le monde?... le monde c'est pour moi l'endroit où vous êtes, Georges ; quant à moi, et j'ai la prétention de me connaître en cela mieux que vous ne me connaissez, ce serait, non la honte, mais l'orgueil de ma vie d'être aimée par Georges Hubert...

« — Louise... je vous en conjure à mains jointes... réfléchissez ! ne vous laissez pas aveugler par le mirage d'un dévouement, d'une abnégation que je ne puis m'empêcher d'admirer, pauvre enfant ! mais que les principes de toute ma vie... m'ordonnent de refuser... Louise, je vous en supplie, ne faites pas, par votre refus, mon malheur et le vôtre peut-être !

« — Georges... vous avez parfois loué, parfois blâmé à juste titre l'opiniâtreté de mon caractère... dans ses résolutions bonnes ou mauvaises : ma détermination est prise... je vous appartiens, disposez de moi, de ma destinée, mais jamais je ne serai votre femme...

« — Louise... je vous en conjure...

« — Croyez-le bien, je n'agis pas légèrement, le fanatisme de l'abnégation ne m'aveugle pas, je vous le répète une dernière fois, mon Georges bien-aimé. Tout le bonheur que je pourrais vous devoir en devenant votre femme serait empoisonné par cette pensée de tous les instants, qu'un jour peut-être vous regretteriez votre liberté...

« — Louise... prenez garde... mon caractère est aussi résolu que le vôtre..... et je vous le déclare, jamais je n'accepterai la solidarité de votre égarement, jamais je ne serai complice de votre honte !

« — Vous me quitterez, Georges ?... mon refus de vous épouser me coûtera votre amour, n'est-ce pas ?..... Je saurai me résigner.

« — Et moi, pauvre insensé ! et moi qui mettais en vous toutes les espérances de ma vie ! que deviendrai-je ? s'écria le poëte, les yeux pleins de larmes, et d'un accent si douloureux, si pénétrant, que Louise tressaillit et ne put retenir ses larmes. — Louise, — ajouta-t-il avec une insistance passionnée en remarquant l'émotion de la jeune fille, — ma prière vous touche... par pitié pour moi, par pitié pour vous, ne me refusez pas...

« Louise, en proie à une lutte cruelle, fondant en larmes, resta pendant quelques instants silencieuse ; puis, faisant sur elle-même un effort presque surhumain, elle répondit d'une voix étouffée par les sanglots :

« — Non, Georges... jamais !

« — Louise...

« — Non ! non ! Je me rappelle, voyez-vous, ce que j'ai souffert quand j'ai cru que vous vouliez vous éloigner de moi pour toujours ! Mais grand Dieu ! que serait cette douleur comparée à mes angoisses de chaque jour, à cette seule pensée que notre mariage pourrait un jour vous devenir à charge ! Vains regrets, que par générosité vous auriez le courage de me cacher. Georges, dussé-je vous voir aujourd'hui pour la dernière fois... je ne saurais que vous répéter : je vous appartiens !... disposez de ma destinée, mais jamais je ne serai votre femme !

« — Adieu donc ! créature insensée ! — s'écria Georges Hubert dans son violent désespoir — Adieu... et pour toujours... adieu !

« — Adieu ! — répondit Louise avec l'inébranlable conscience du dévouement et d'une abnégation réfléchie. — Adieu, mon Georges !... jamais femme ne vous a aimé, ne vous aimera davantage que moi ! »

— Ah ! c'est bien vrai, dit Gilberte en essuyant ses yeux humides de larmes. — Pauvre Louise ! quel courage ! quel sacrifice ! refuser la main de Georges Hubert, refuser de porter un nom si glorieux, tandis qu'il y a des femmes qui pour se faire épouser sont comme des enragées !

— Ma foi, Minette, tu m'as interrompu à propos. Je ne pouvais plus lire... les larmes m'aveuglaient. Quels deux vaillants cœurs ! Ce n'est pas parce que je dois être Georges Hubert, mais je trouve sa conduite à la hauteur de celle de Louise. Et toi ?

— Moi aussi... certes ils se valent et sont faits l'un pour l'autre ; mon Dieu ! les voilà séparés ! comment cela va-t-il finir ?

— Nous allons le savoir — reprit Gilbert en essuyant ses yeux humides. — Ah ! Chérie, nous avons bien souvent lu ensemble, le soir, des romans au coin de notre feu ; mais il me semble que jamais histoire ne nous a autant intéressés que celle-ci !

— Dame... c'est tout simple, c'est notre propre histoire que nous lisons, puisque *nous allons être* Louise et Georges.

— Tu as raison. Voyons donc un peu ce qui va nous arriver ou plutôt ce qui nous est arrivé, car tu l'as dit : c'est notre bonne aventure à rebours et sens devant derrière !

— Nous en étions au moment où Louise et Georges se disent adieu et sont sur le point de se séparer.

— Oui... et je relis la dernière phrase :

« — Adieu ! — répondit Louise avec l'inébranlable conscience du dévouement et d'une abnégation réfléchie. — Adieu, mon Georges !... jamais femme ne vous a aimé, ne vous aimera davantage que moi !

« Georges Hubert, après s'être éloigné rapidement de Louise, s'arrêta au seuil de la porte, immobile, silencieux et cachant son visage entre ses deux mains, puis il murmura d'une voix étouffée :

« — Je ne peux pourtant pas l'abandonner ainsi !

« Puis, après une assez longue hésitation, il ajouta, comme brisé par la lutte :

« — O faiblesse humaine !!! ô puissance invincible de l'amour ! !

« Il fit alors un mouvement pour se rapprocher de Louise, mais résistant à son premier entraînement, il sortit à la hâte en s'écriant :

« — Non..... non, cette faiblesse coupable je saurai la vaincre ! ! ! adieu, Louise, vous ne me reverrez plus !

« La jeune fille le suivit d'un regard désespéré..... puis

lorsqu'il eut disparu elle se sentit défaillir et tomba évanouie.

« À dater de ce jour, Louise, en proie à une fièvre ardente, tomba si dangereusement malade que l'on perdit presque tout espoir de la sauver. Madame André, lui prodiguant les soins de la mère la plus tendre, ne quitta pas son chevet ; lorsque Georges Hubert apprit par une lettre de cette excellente femme que la vie de Louise était en danger, il accourut et resta jour et nuit dans la maison, épiant à la porte de la malade, tâchant d'entendre sa voix affaiblie, son souffle ; car, craignant de lui causer de funestes émotions, il n'osait se présenter à ses yeux..... La science d'un célèbre médecin ami de Georges, la jeunesse de Louise, la renaissance d'un vague espoir dont elle se berça en apprenant (lorsque son état permit à madame André cette confidence) avec quelle douloureuse anxiété Georges Hubert, ne bougeant de la maison, avait suivi les différentes phases de cette maladie d'abord jugée mortelle, amenèrent peu à peu la convalescence de la jeune fille.

« Vint enfin le jour où, sans danger pour elle, Georges Hubert put la revoir.

« — Louise, — lui dit le poëte — nous nous aimons trop pour vivre séparés l'un de l'autre ; votre amour une fois encore m'a vaincu... L'engagement qu'un honnête homme prend et tient envers soi-même est aussi sacré que ceux qu'il prend devant la loi...

« Vous refusez ma main, Louise..... vous n'en serez pas moins ma femme ! entendez-vous : *ma femme* dans l'acception la plus sainte de ce doux nom d'épouse, je le jure ici ! Oui, lorsque vous serez rétablie, vous viendrez chez moi, et là, devant l'image sacrée de ma mère, prenant votre main dans la mienne, je ferai le serment de regarder nos liens comme indissolubles ! Vous me connaissez, Louise, vous savez mon pieux respect pour la mémoire de ma mère : vous croirez à mon serment !...

« La jeune fille revint rapidement à la santé, Georges Hubert tint sa promesse, et, depuis ce moment fortuné jusqu'à cette heure où Louise écrit ces lignes, sa vie n'a été qu'un enchantement ; l'ineffable bonheur dont elle jouit est partagé par son Georges bien-aimé.

« Ce bonheur est entouré de mystère et de solitude, grâce à une charmante idée de Georges ; rien de plus délicieux et de plus singulier que sa double existence...

« Là-bas, à la ville, le bruyant tumulte de la gloire et des hommages rendus au génie.

« Ici, dans cette retraite, le calme, l'obscurité, des plus humbles et des plus inconnus.

« Pendant que tu veilles non loin de moi, à la clarté de ta lampe studieuse, ô mon Georges, unique dieu de mon cœur et de ma vie ! j'ai voulu commencer et achever ce simple récit de la *Vie d'une jeune fille*... (je vis seulement depuis que je t'ai connu)... d'une jeune fille que tu as rendue la plus fortunée, la plus glorieuse des femmes !

« J'ai choisi cette nuit pour écrire ces quelques pages, ô mon Georges, parce qu'il y a deux ans, à pareille époque et la nuit aussi, je venais, encore enivrée de ton nouveau triomphe, je venais t'attendre à la porte de ta maison pour te dire d'une voix timide et tremblante :

« *Monsieur Georges Hubert... je... voudrais vous parler.* »

« Il y a deux ans, j'entendais, comme je l'entends à cet instant, sonner deux heures du matin, alors que, pénétrée de ton adorable bonté, après notre long entretien, je m'appuyais sur ton bras presque folle de bonheur, d'espérance, et je sortais de ta maison où j'étais entrée si craintive, si abattue !

« Dans ce récit que demain tu liras, ô mon Georges, ne vois que l'expression insuffisante, hélas ! et décolorée de mon amour et de ma pieuse reconnaissance envers toi.

« Louise. »

Deux heures du matin sonnaient aussi dans le lointain au moment où Gilbert et Gilberte achevaient de lire les derniers mots tracés à leurs yeux par une main invisible ; à peine eut-elle signé le nom de *Louise* que le manuscrit sembla fondre entre les mains des deux époux et disparut.

— Quel amour que celui de Georges et de Louise ! — s'écria Gilberte avec ravissement. — Dis, comprends-tu, mon ami, que l'on puisse rêver une félicité égale à celle de ces deux amants ?

— Je ne connais qu'un homme au monde, tout simple d'esprit, qui est capable d'aimer sa femme comme Georges Hubert aime sa Louise ; et cet homme, c'est moi, Chérie ! — reprit Gilbert en se penchant vers Gilbert et l'enlaçant dans ses bras.

— Oh ! mon Gilbert, — répondit-elle en s'abandonnant avec une douce langueur à l'amoureuse étreinte de son mari, — oh ! mon Gilbert ! cette bonne journée de travail, de causerie et d'amour, aura du moins été l'une des meilleures de cette vie que nous allons quitter pour entrer dans cette vie si belle, si glorieuse, qui nous attend et dont je suis fière et pour toi et pour moi ! — Puis la jeune femme ajouta d'une voix passionnée : — Je t'aime tant, Chéri ! Oh ! je t'aime, je t'aime... je t'aime...

— Bonsoir, Korrigan ! — dit la voix palpitante de Gilbert, — bonsoir, chère petite fée... à demain ! En attendant que nous soyons *Georges* et *Louise*, cette nuit encore nous serons Gilbert et Gilberte !

Bientôt la modeste chambre fut plongée dans l'obscurité ; le brasier du poêle, s'éteignant peu à peu, jetait ses mourantes clartés sur les rouges carreaux du sol, tandis qu'on entendait au dehors le vent gémir et la pluie fouetter les vitres.

— Pauvres bons cœurs ! — dit la voix mélancolique et douce de la Korrigan, — âmes honnêtes et naïves !! après une pareille journée ils demandent où est LE BONHEUR !

Le trésor est à leurs pieds... ils passent... et le cherchent au loin d'un impatient regard à travers les mirages d'un horizon menteur! Hélas! telle est donc la loi fatale de l'humanité en ce monde-çi :

UNE EXPÉRIENCE DOULOUREUSE DONNE SEULE LA SAGESSE...

L'HOMME NE PEUT ARRIVER A LA MODÉRATION QUE PAR LA SATIÉTÉ...

POUR DÉDAIGNER LES BIENS TROMPEURS IL FAUT LES AVOIR POSSÉDÉS !

Gilbert et Gilberte sauront-ils s'arrêter à temps dans leur recherche? oh! je désespère de revoir mes sœurs... pauvre Korrigan que je suis !

XV

Le lendemain du jour où Gilbert et Gilberte avaient lu l'histoire de *Louise*, cette jeune fille si passionnément éprise de Georges Hubert, deux hommes entrèrent dans un café situé sur la place du Palais-Bourbon. L'un de ces deux hommes était le général baron Poussard.

Révélons ici au lecteur que le spadassin usurpait ce titre et ce grade : Voici les faits : M. Poussard, après avoir servi, très-bravement d'ailleurs, comme chef de bataillon sous l'Empire, passa devant un conseil de guerre, pour crime de malversation, et fut cassé de son grade, dont il déshonorait les épaulettes. M. Poussard quitta la France, alla tenter fortune dans l'Amérique du Sud, en proie aux guerres civiles.

L'aventurier obtint le commandement d'un corps franc, se battit intrépidement, rançonna les vainqueurs, pilla les vaincus, puis sa *pelote faite*, comme il disait, il revint en France et jugea convenable de s'intituler baron et ex-général au service de Bolivar ; ce titre et ce grade, l'audace du spadassin aidant, furent peu à peu acceptés sans conteste, grâce à l'insouciance et à la facilité habituelle au monde parisien, et l'aventurier put se produire impunément sous l'appellation du général baron Poussard.

Ceci dit, revenons à notre récit ; le spadassin, accompagné de l'un de ses amis, entra donc dans un café situé sur la place du Palais-Bourbon, et se fit servir deux verres d'absinthe, apéritif, dit-on, infaillible. L'ami du général se nommait M. Rapin ; il avait été *garde-magasin des vivres* durant les dernières guerres de l'Empire. M. Rapin avait une physionomie participant à la fois de celles du renard et du vautour; comme ce dernier, il avait le crâne pelé, un long cou, l'œil rond, clair, perçant, mais son nez, comme celui du renard, était mobile et pointu ; enfin ses épais favoris gris, coupés en croissant, encadraient ses joues, comme la fourrure blanchâtre encadre le museau du trop intelligent quadrupède qui sert de prototype à la ruse.

M. Rapin paraissait accablé de lassitude, soucieux et irrité ; ses bottes poudreuses, un léger désordre dans ses vêtements, la sueur dont son front luisant était baigné, sa respiration encore quelque peu haletante, disaient assez que l'ancien garde-magasin venait de se livrer à une course longue et rapide.

Le général Poussard, invinciblement préoccupé, oubliait parfois, au milieu de nombreuses distractions, le plaisir d'avoir retrouvé un ancien camarade après une longue séparation. Les deux amis s'assirent à une table, dans un coin reculé du café, à peu près désert en ce moment, et lorsque le garçon leur eut servi leurs deux verres d'absinthe, ils continuèrent ainsi un entretien commencé au dehors :

— Pour en revenir à cette maudite et déplorable histoire, — reprit M. Rapin en jouant machinalement avec la planchette où se trouvait, comme d'habitude, fixé l'un des journaux du jour — lorsqu'à ma grande surprise, je t'ai rencontré sur le boulevard des Invalides, à ton retour de cet enterrement... dix minutes auparavant, mon cher, j'avais aperçu ma fille... j'en ai la certitude !...

— Alors comment ne l'as-tu pas arrêtée ? — reprit le spadassin avec une distraction si marquée, qu'au lieu de verser le trop-plein de l'absinthe qu'on lui avait servie, et dont était remplie une petite soucoupe d'argent, il en répandit le contenu sur le marbre de la table sans s'apercevoir de sa méprise. — Sacrebleu, mon vieux camarade, — ajouta-t-il, — il fallait arrêter ta pécore de fille, et la ramener tambour battant !

— Ah çà, Poussard, à quoi diable penses-tu ? — reprit M. Rapin avec autant de surprise que d'impatience, — ne t'ai-je pas dit que j'avais couru après le fiacre en criant : « Cocher, arrêtez ! » mais bah ! obéissant probablement à un ordre donné par ma fille, le coquin a fouetté ses chevaux à tour de bras; j'ai suivi ce damné fiacre, tant que je l'ai pu, mais à notre âge, l'on n'a plus ses jambes de quinze ans, et lorsque le hasard m'a fait te rencontrer, j'avais perdu la voiture de vue à la hauteur de la rue Plumet; ma colère, ma lassitude étaient telles que tu m'as trouvé furieux et hors d'haleine, assis sur une borne. Comment viens-tu, maintenant, me dire : Il fallait arrêter cette voiture?

— C'est vrai, — reprit le général en sortant de sa rêverie, — j'avais oublié cela... Et tu es certain d'avoir rencontré ta fille ?

— Oui, quoique je l'aie entrevue pendant un instant à peine...

— Et elle était seule dans cette voiture?

— Je n'ai aperçu *Louise* (je t'ai dit qu'elle s'appelait Louise) qu'au moment où elle avançait un peu la tête, aussi je n'ai pu regarder dans le fond du fiacre, mais je crois qu'elle était avec un homme!

— Mille tonnerres, mon vieux! nous saignerons le séducteur, ni plus ni moins qu'un poulet, et c'est moi qui... c'est moi qui...

— C'est toi qui?... achève donc, — reprit l'ancien garde-magasin très-étonné de voir le général brusquement s'interrompre et rouler autour de lui ses gros yeux d'un air effaré. — Ah çà, Poussard, je ne te reconnais plus, tu ne dis pas quatre mots de suite sans tomber dans des distractions incroyables !

— Non ! — s'écria le spadassin, non, ça ne peut pas durer, il faut qu'aujourd'hui même j'en aie le cœur net ! sacrebleu !

— Le cœur net, de quoi?

— De rien ! — répondit brusquement le général. — Tu me disais donc que ta drôlesse de fille ?...

— Écoute, Poussard, — reprit M. Rapin d'un air piqué, quoique nous soyons d'anciens amis, je ne prétends pas te fatiguer de mes doléances; tu les accueilles malgré toi sans doute, avec tant de distraction, que je regrette d'avoir abordé un pareil sujet... mais que veux-tu ? dans mon exaspération contre ma fille, et te retrouvant après plusieurs années d'absence, mon cœur a débordé : pardonne-moi cette indiscrète effusion, je ne te parlerai plus de mes chagrins ; causons d'autre chose !

— Comment, Rapin, tu prends la mouche pour si peu ! tu te piques ! tu doutes de l'intérêt que m'inspire ta position ! sacrebleu, c'est absurde ! Tu me connais depuis assez longtemps pour être certain de mon amitié; j'ai eu quelques distractions en t'écoutant, je ne le nie pas ; excuse-les, je n'y retomberai plus, et continue tes confidences : au besoin je suis, tu le sais, homme de bon conseil.

— Certainement, aussi voulais-je m'ouvrir à toi. Tu connais Paris, ses allures, ses ressources, tandis que moi je suis devenu complétement étranger à cette ville, depuis quinze ans que je vis dans mes propriétés près de Bordeaux.

— Je te le répète, mon vieux, compte sur moi en tout et pour tout ; parle, je t'écoute sans distraction cette fois, je te le promets ; et, afin de nous bien recorder, reprends, je te prie, les choses d'un peu loin...

— Tu sais que j'ai perdu ma femme il y a douze ans?

— Et, par parenthèse, elle a dû te laisser une jolie fortune : elle t'avait apporté plus de deux cent mille francs de dot !

— Oui, mais de cette fortune je dois rendre compte à ma fille au jour de sa majorité, — répondit M. Rapin en étouffant un soupir et en fronçant les sourcils. — Donc, lors de la mort de ma femme, Louise avait huit ans, puisqu'elle en a maintenant près de dix-neuf ; je l'ai mise en pension à Bordeaux, où je l'ai laissée jusqu'à sa seizième année ; je l'ai alors rappelée près de moi, afin d'avoir quelqu'un qui surveillât ma maison et empêchât mes servantes de me voler... ma fille, pendant quelque temps, s'est tant bien que mal acquittée de sa tâche et puis un beau jour, il y a deux ans de cela... elle a disparu de chez moi !

— A dix-sept ans à peine, c'était précoce. Elle se sera fait enlever par quelque amant. Et tu n'as aucun soupçon sur le ravisseur?

— Aucun... je ne recevais dans mon intimité que quelques voisins, gens de notre âge et mariés. D'ailleurs, nul d'entre eux n'a quitté le pays depuis cet événement. Je ne peux donc les soupçonner.

— Ta fille n'avait aucun sujet de se plaindre de toi?

— Je ne me montrais pas, il est vrai, pour elle, d'une tendresse exagérée, car tu sais qu'autrefois sa mère...

— Que veux-tu, mon vieux, c'est un petit malheur, mais l'on n'en meurt pas ; et puis deux cent mille francs de dot font passer sur bien des choses. Et sacrebleu ! tel que tu me vois, Rapin, si je trouvais une pareille dot... hum ! c'est un joli denier deux cent mille francs ! Il y a là dedans fièrement de poulardes truffées, d'huîtres de Marennes et de feuillettes de Chambertin ! je ferais pardieu bien, à ce prix-là, une baronne Poussard, d'autant plus que je commence à me lasser de la cuisine du restaurant ; mais pardon, mon vieux, de cette interruption culinaire et conjugale. Je t'écoute.

— Je te disais donc que le souvenir de ma femme ne me rendait pas d'une tendresse folle pour ma fille... si tant est que Louise soit ma fille, ce dont je doute fort.

— Bah ! mon vieux, elle est toujours la fille de la dot de sa mère... et c'est là l'important. Quant au reste, à ta place, je m'en battrais l'œil.

— Tu parles toujours de cette dot — reprit l'ancien garde-magasin avec impatience — et tu ignores...

— Quoi donc?

— Attends un peu, tu le sauras. Que diable ! chaque chose a son heure, tu m'interromps toujours ! Je te répète que ma fille n'avait point à la rigueur à se plaindre de moi : occupé de mes vignobles et de mes affaires, je ne la voyais guère qu'aux heures du repas. Elle était d'un caractère taciturne, concentré, aimait si peu le monde qu'il me fallait user de mon autorité pour la conduire parfois à quelques réceptions de nos voisins ; elle surveillait d'ailleurs suffisamment ma maison et employait le reste de son temps à lire, car elle avait une passion forcenée pour la lecture.

— Ah ! mon vieux, j'en reviens à mon dire : quelle mauvaise blague que les livres ! Ta fille aura eu la cervelle tournée par les romans. Ainsi elle t'a quitté tout d'un coup sans que rien ait pu te faire soupçonner ses projets de fuite.

— Rien. J'étais allé passer deux jours à Bordeaux ; de retour chez moi, j'apprends que, la veille au soir, Louise est sortie sous prétexte d'aller voir une voisine, et qu'elle n'a pas reparu. Je cours à sa chambre, et je trouve sur sa cheminée une lettre de quelques lignes, à peu près conçue en ces termes :

« Monsieur,

« Vous n'avez aucune affection pour moi, je n'en ressens
« aucune pour vous, depuis que vous m'avez parlé de ma
« mère en des termes que jamais je n'oublierai. Vous m'a-
« vez dit que je n'étais pas votre fille et que vous me gar-
« diez chez vous par pitié. Le séjour de votre maison m'est
« devenu insupportable, vous ne me reverrez plus. J'em-
« porte les bijoux de ma mère, que vous m'avez remis lors
« de ma sortie de pension. »

— Voilà une conduite fièrement à la houzarde pour une poulette de dix-sept ans à peine ! ainsi toutes tes recherches?...

— Ont été vaines ! Je me suis adressé à la police de Bordeaux, et par correspondance à celle de Paris, impossible de découvrir l'adresse de Louise; ayant depuis deux ans renoncé à l'espoir de la retrouver, j'arrive hier à Paris pour régler quelques affaires, et tantôt, je le répète, j'ai aperçu Louise en voiture, et peu de moments après je t'ai rencontré revenant de cet enterrement...

A ce lugubre souvenir, le spadassin, jusqu'alors très-attentif au récit de son ami, tressaillit et parut de nouveau profondément distrait et préoccupé, tandis que le père de la fugitive poursuivait ainsi :

— Maintenant, mon vieux camarade, tu comprends qu'après l'indigne abandon de Louise, ma médiocre affection pour elle s'est changée en aversion. Toute ma crainte est qu'elle se soit fait enlever par un aigrefin qui aura flairé sa dot, car, à sa majorité, elle aura plus de cinq cent mille francs à réclamer de moi, capital et intérêts, puisque depuis plus de onze ans sa mère est morte.

Ces mots magiques : une dot de *cinq cent mille francs*, eurent le pouvoir d'arracher le spadassin à ses préoccupations ; il écarquilla ses gros yeux, se leva à demi de son siége et saisissant son ami par le bras :

— Hein ! mon vieux, que dis-tu là... ta pécore de fille aura cinq cent mille francs de dot !

— Non pas... Je dis qu'elle *aura à réclamer* de moi cette somme, et c'est fort différent.

— Comment donc cela ?

— Nous voici arrivés à l'histoire de cette dot, dont tu parles toujours : tu es un vieil ami, je ne dois te rien cacher, puisque je te demande de m'aider de tes conseils. Or, je te l'avoue, j'ai fait des spéculations, j'ai joué à la Bourse, les chances ont été contre moi : presque la moitié de la fortune de Louise se trouve compromise ou perdue dans mes affaires, et je tremble en voyant s'approcher le moment où il me faudra rendre des comptes à ma fille ou à l'aigrefin qui l'aura séduite ou épousée en vue de la dot; ces inquiétudes, tu les comprends, n'est-ce pas ?

— Parfaitement, — répondit le spadassin en passant ses doigts dans ses moustaches d'un air pensif, car ses préoccupations avaient changé de sujet. — Ainsi... ta fille, au lieu d'avoir cinq cent mille francs de dot... n'en aura plus qu'environ la moitié ?

— Oui, mais comme je suis un vieux renard, prévoyant que tôt ou tard je pourrais retrouver Louise, je me suis assuré d'un *en-cas*.

— Que veux-tu dire avec ton en-cas ?

— J'ai trouvé à Bordeaux un avoué, madré compère, qui consentirait, si je rattrapais Louise, à l'épouser et à approuver les yeux fermés mes comptes de tutelle, pourvu que ma fille lui apportât deux cent mille francs comptant ; or, j'estime à moins de deux cent mille francs le déficit causé dans la fortune de Louise par mes spéculations. Il lui reste environ deux cent quatre-vingt mille francs réalisables du jour au lendemain; or, si j'en donne deux cent mille à mon futur gendre moyennant un *quitus* de sa part pour ma gestion de tuteur, tu conçois que je suis délivré de mes angoisses et qu'il me reste un agréable *boni* ; hein, Poussard ?

— Certainement, — répondit le général de plus en plus pensif. —De sorte qu'en fin de compte ta fille aura une dot de deux cent mille francs net...

— Oui... si elle est encore à marier... mais toute ma crainte est que l'aigrefin qui l'aura enlevée pour sa dot, l'ait épousée...

— Diable... c'est vrai.

— D'un autre côté je me dis : peut-être en homme avisé le séducteur aura-t-il voulu attendre la majorité de Louise pour se marier, afin de ne pas acheter chat en poche, et de pouvoir, avant le *conjungo*, s'assurer de la quotité de la fortune de sa future. Ma dernière espérance est qu'il aura agi de la sorte, car une fois ma fille en mon pouvoir, conservant tous mes droits jusqu'à sa majorité, je la coffre préalablement dans un couvent, pour la punir de son escapade, après quoi j'intente une action au criminel contre l'aigrefin en détournement de mineure : le reste va de soi. Lorsque j'aurai cette damnée Louise sous la main, je saurai bien l'obliger à épouser mon compère l'avoué. Maintenant, tu conçois de quel intérêt serait pour moi la capture de Louise ; j'ai de mon côté le droit et la loi. Mais ce n'est pas tout, et il y aurait peut-être un moyen de... — Puis, s'interrompant en jouant machinalement avec le journal qu'il avait, durant le cours de cet entretien, plusieurs fois pris et replacé sur la table, M. Rapin réfléchit pendant quelques instants en laissant errer son regard distrait sur il feuille qu'il tenait entre ses mains, sans songer à la lire. Soudain il tressaillit de surprise... ses yeux s'étaient par hasard arrêtés sur le titre d'un article du petit journal le Furet, titre imprimé en gros caractères, et qui devait d'autant plus exciter en ce moment la curiosité de l'ancien garde-magasin, que telle était la teneur de ce sommaire affriolant :

Enlèvement d'une riche héritière par un illustre écrivain.

Le père de Louise, déjà frappé de ce titre, lut, avec une curiosité croissante à chaque instant, cet article ainsi conçu :

« Le Furet furète, et par droit de naissance, et par droit de nature.

« Donc, en furetant, notre Furet a fureté l'anecdote suivante; nous donnons ce *furetage* à nos lecteurs sous toute réserve, quoique nous ayons la prétention d'être, comme de coutume, parfaitement renseignés.

« Il était une fois... un célèbre écrivain, illustre poëte dramatique...

« Oh! curieux lecteur, il nous semble déjà t'entendre t'écrier impatiemment :

« — Son nom? quel est le nom de cette célébrité?
« — Son nom?

« Nous ne pousserons pas l'indiscrétion jusqu'à te le faire connaître, cher lecteur, nous ne l'indiquerons pas même par l'initiale de rigueur... tant nous avons une sainte et légitime horreur du scandale !!!

« Seulement, nous te dirons ceci tout bas... bien bas, cher lecteur :

« 1° Les échos de l'Académie française retentissent encore du récent triomphe académique du grand poëte en question.

« 2° L'on a dernièrement *repris* à la Comédie-Française l'un des drames de ce grand homme, drame joué il y a deux ans au même théâtre avec un succès étourdissant, et la *reprise* de cet ouvrage attire autant de foule qu'il en attirait lors de sa nouveauté.

3° Cet illustre poëte, qui depuis deux ans, aux profonds regrets du public, n'avait livré à son admiration aucune œuvre nouvelle, fera prochainement... demain peut-être, représenter pour la première fois un drame en cinq actes et en vers, œuvre colossale, pyramidale ! sculpturale ! monumentale! dont le succès mirobolant, ébouriffant ! stupéfiant! abracadabrant, doit dépasser tous les succès passés, présents et futurs !

« Prrrrrenez... prrrrrenez vos billets!

« Les simples stalles d'orchestre se négocient à la Bourse avec prime de *onze mille neuf cent quatre-vingt-dix-neuf frans soixante-quinze centimes !!* On croit généralement que la prime atteindra le chiffre fabuleux de douze mille francs!

« Prrrrrenez... prrrrrenez vos billets. — Bâoun ! bâoun... zin... zin... zin... prrrrenez vos billets.

« Maintenant, cher lecteur, si tu n'as pas deviné de quel *prince de lettres* il s'agit, nous nous affligerons de ton manque de pénétration, lecteur ; cependant pour te venir en aide, nous ajouterons, comme dernier renseignement, que le portrait de notre héros sourit gracieusement aux passants, appendu à tous les étalages des marchands d'estampes avec *fac-simile* de son écriture.

« Ceci posé, cher lecteur, revenons à notre *furetage*.

« — Donc il était une fois un célèbre écrivain qui depuis longtemps éprouvait le besoin d'épouser une riche héritière; il voulait aux verts lauriers d'Apollon adjoindre le diadème d'or de Plutus.

« Cette héritière on parle de plusieurs millions de fortune) notre célèbre écrivain la rencontra...

« — Où?
« — Quand?
« — Comment?

« Vas-tu t'écrier, cher lecteur.

« Mais le *Furet* en furet bien appris sait au besoin être discret, d'ailleurs là n'est point le piquant de l'aventure

« Le piquant le voici :

« Notre grand poëte est *un* et il est *deux*.

« Ne te récrie pas, lecteur, poursuis cette lecture véridique et tu auras le secret de cette mystérieuse *dualité*.

« Une ou deux fois par semaine, et pendant plusieurs heures, notre célèbre écrivain trône royalement au milieu des rayons de sa gloire, dans le domicile officiel qu'il occupe, rue...

« — Quelle rue?

« — Peu importe la rue, cher et trop curieux lecteur.

« Mais bientôt le roi de la poésie moderne dépose sa couronne, le génie quitte ses ailes diaprées, revêt un humble paletot, se rend hors de la *barrière des Invalides*... (nous t'engageons à vérifier par toi-même l'exactitude topographique de ce récit, cher lecteur ; le printemps est charmant, tu feras une promenade à la fois agréable et curieuse). Le grand poëte, disons-nous, se rend hors de la barrière des Invalides, avenue MÉRICOURT, longe cette avenue solitaire et presque inhabitée, s'arrête devant une porte verte encadrée de charmille et surmontée du n° 3. La porte s'ouvre, et...

« Oh! prodigieuse et subite métamorphose !

« A peine la porte est-elle refermée sur lui, que notre poëte illustre, de qui le nom retentit d'un bout à l'autre du monde civilisé, devient en entrant dans cette humble retraite M. DUMESNIL (n'oubliez pas le pseudonyme, cher lecteur), modeste employé de bureau, vivant très-modestement dans un très-modeste mais très-riant réduit avec son épouse qui, aidée d'une femme de ménage nommée *Catherine* (oh, le *Furet* a bien fureté... !), suffit à tous les besoins de la maison, remplit enfin tous les devoirs ordinairement dévolus à la femme d'un employé à dix-huit cents francs.

« Or, cette *active ménagère* n'est autre que la RICHE HÉRITIÈRE en question!

« Or, le *modeste employé* n'est autre que notre CÉLÈBRE ÉCRIVAIN !

« La chronique se tait sur la cause de ce mystère, et le *Furet* imite la chronique.

« Tout ce que le *Furet* peut apprendre à ses lecteurs, (toujours sous toute réserve), c'est que le prologue de ce drame intime aurait pu... (nous employons la forme dubitative) AURAIT PU SE PASSER DANS LES ENVIRONS DE BORDEAUX.

« Si le *Furet* furette quelques nouveaux détails, nous offrirons à nos lecteurs la primeur de ce furetage. »

XVI

M. Rapin, après la lecture de cet article du petit journal le *Furet*, bondit sur son siége; le prologue de ce drame intime, disait le *Furet*, s'était passé dans les *environs de Bordeaux ;* de sorte que, sauf l'exagération relative au chiffre de la fortune de *l'héritière*, la désignation de la localité, le mystère dont s'entouraient le poëte et sa compagne, faisaient assez vraisemblablement supposer à l'ancien garde-magasin que l'héritière enlevée par le célèbre écrivain n'était autre que *Louise ;* aussi dans l'élan de la joie que lui causait sa découverte, il s'écria en saisissant le bras du général et de l'autre main lui tendant le petit journal :

Lis cela... lis cela... — et il ajouta d'une voix haletante, — Ah! Poussard! il est un Dieu pour les pères!!!

Le spadassin, malgré ses préoccupations diverses, fut tellement frappé des paroles et de l'expression de physionomie de son compagnon qu'il prit le FURET et lut l'article.

Le général n'avait écouté qu'avec une extrême distraction le récit de M. Rapin; néanmoins il partagea les espérances de ce dernier, grâce à certaines circonstances et notamment à l'indication d'une localité voisine de Bordeaux comme scène du prologue de cette aventure.

— Tu as sacrebleu raison, — reprit le spadassin ; — il se pourrait bien que cette héritière fût ta pécore de fille !

— Oh! s'il était possible de savoir quel est le célèbre écrivain dont on parle... j'aurais eu bientôt éclairci mes doutes!

— Attends, donc! — répondit vivement le général en se frappant le front, et, reprenant le journal, il lut de nouveau le passage où il était question de la réception récente du grand poëte à l'Académie française, du grand succès de la *reprise* de l'un de ses drames et de l'impatience avec laquelle le public attendait une nouvelle œuvre prochainement promise.

— Plus de doute! — s'écria-t-il — c'est lui... justement avant-hier, à la fête du marquis... j'ai entendu...

Mais s'interrompant, le spadassin ajoute :

— Rapin! la chose est grave, mérite attention et m'inspire à moi-même un intérêt dont tu sauras plus tard la cause... mais pour aviser mûrement à notre ordre de marche et à notre plan de bataille, mon vieux camarade, il convient que j'aie l'esprit libre, et je ne l'ai point !

— Que veux-tu dire?

— Je n'ai pu te cacher mes distractions, mes préoccupations, il faut que j'en aie le cœur net. Un souvenir m'oppresse, m'abrutit, me fait, comme disait le colonel Soupiot, *tourner en bourrique !* Donc, écoute-moi sans me traiter de fou, de visionnaire, et ensuite je suis à toi, tout à toi pour te conseiller et au besoin pour agir... car la chose commence à me toucher presque personnellement, je te dirai pourquoi... et quels pourraient être..... le cas échéant, mes projets... nous nous entendrions, j'en suis certain... car enfin ta diablesse de fille... me... mais nous en reparlerons ; encore une fois il faut, pour aviser à tout, que j'aie l'esprit libre, et que je te fasse une confidence.

— Allons, soit! — reprit l'ancien garde-magasin avec impatience — mais songe que les moments sont précieux.

— D'abord crois-tu aux événements surnaturels ?

— Comment, Poussard! c'est pour me conter de telles balivernes que tu interromps notre entretien sur un objet si important pour moi ?

— Ce ne sont pas des balivernes, f.....ichtre!!! en te parlant d'un événement surnaturel, je te parle de ce que j'ai entendu de mes deux oreilles, et vu de mes deux yeux... est-ce clair !

— Quoi ! qu'as-tu entendu? qu'as-tu vu?

— Avant-hier matin, j'ai été témoin d'un duel où a été tué ce jeune duc, à l'enterrement de qui j'assistais ce matin par convenance. Ce duel, pour des raisons qu'il serait trop long de t'expliquer, avait lieu dans un salon; or écoute-moi bien : le duc et son adversaire font coup fourré dans un corps à corps, s'enferrent et tombent tous deux; l'un, le duc, meurt à l'instant; l'autre, le marquis, tourne l'œil, son nez et ses lèvres blanchissent, il se raidit en un mot, il n'a plus que le souffle... tu m'entends, il n'a plus que le souffle... il commence à râler son agonie !

— Ensuite ?... où y a-t-il du surnaturel là-dedans ?

— Attends donc ! le marquis tombe expirant, je le vois encore, couché sur le dos, l'œil fixe et demi-clos, la bouche violette et entr'ouverte, laissant échapper à peine un petit râle... je ramassais l'une de mes épées de combat tombée près du marquis, lorsque... lorsque...

— Achève donc... que diable as-tu? la sueur te coule du front !

— Il y a sacrebleu bien de quoi suer à grosses gouttes, quand on se rappelle avoir entendu d'une voix haute, sans remuer les lèvres, un moribond, qui, je te l'ai dit, n'avait plus que le souffle !

— Ah çà, Poussard? est-ce que tu deviens fou, mon pauvre vieux?

— Nous y voilà ! j'en étais sûr ! je suis fou ! mais mille tonnerres de diable ! quand je te dis que, quoique râlant, ce marquis a parlé, oui, il a parlé... sans remuer les lèvres et d'une voix si pleine, si nourrie, si sonore, qu'on l'aurait entendue à vingt pas, et ses paroles les voici, je vivrais mille ans que je ne les oublierais pas : « Korrigan ! « je veux que ce spadassin de général Poussard, encore « plus féroce qu'il n'est goinfre, et qui a causé tous ces « maux, ait une colique atroce toutes les fois qu'il sera au « moment de se battre en duel ! »

— Ah! ah, ah, la bonne plaisanterie ! — fit M. Rapin ne pouvant s'empêcher de rire; mais son intempestive hilarité parut causer à son ami tant de chagrin et de courroux, que, redevenant sérieux et lui tendant la main il ajouta :

— Pardon, mon vieux camarade, mais...

— Tu ris ! — reprit avec un courroux amer le spadassin, — tu ris à cette pensée que le général Poussard que jusqu'ici personne n'a osé regarder dans le blanc des yeux, et qui y regarde tout le monde, lui ! que le général Poussard qui a tué onze hommes en duel, pourrait passer pour le dernier des jeanfesses ! Tu ris en pensant que je ne pourrais plus mettre l'épée à la main sans avoir la colique !

— Écoute-moi donc !

— Mille millions de tonnerres, la colique ! au moment de me battre, moi ! un crâne de qui le maréchal Soult a dit : « Le commandant Poussard engagerait son bataillon « contre dix mille hommes et ferait tuer jusqu'à son « dernier conscrit ! c'est la bravoure même ! »

— Mais encore une fois, ce n'est pas de toi que j'ai ri, mon brave camarade ! et d'ailleurs je regrette ce moment de gaieté puisqu'elle t'a peiné ; seulement je ne conçois pas que, croyant avoir entendu ce moribond parler... tu !...

— Comment ! *croyant* avoir entendu ! je l'ai entendu... de mes deux oreilles entendu !

— Parbleu c'est que cet homme n'était pas aussi moribond qu'il semblait.

— Hé f......ichtre ! je m'y connais peut-être ! j'ai assez tué ou vu tuer de gens, pour distinguer la face d'un cadavre ou d'un moribond de celle d'un vivant ! Vas-tu me soutenir à moi que l'on peut parler d'une voix claire et sonore, lorsque, l'œil à l'envers, on râle, avec six pouces de lame dans le ventre, et que votre blessure pisse le sang ?

— Que veux-tu que je te dise, la chose me semble impossible. Tu affirmes en avoir été témoin, je crois à ta parole, seulement cela me semble incompréhensible.

— Incompréhensible ? oui, d'un côté, mais d'un autre, ce n'est sacrebleu que trop clair. La colique ! ça se comprend ! et justement moi qui ai toujours eu un estomac d'autruche, des entrailles de fer, avant-hier à cette fête où s'est arrangé le duel, j'ai eu la colique ! ah ! mon pauvre vieux, c'est atroce ! le cœur vous manque, la sueur vous monte au front, les jambes vous flageolent, et serait-on un *Cambronne*, il faut filer... oui, et très-prestement ! Tiens, Rapin, quand je pense que demain, aujourd'hui, un polisson n'aura qu'à m'insulter, et qu'en arrivant sur le terrain, au lieu de me déshabiller par en haut, ce soit peut-être le contraire que je sois forcé de faire ! moi, moi ! le général Poussard ! les cheveux m'en dressent sur la tête !

— Hé bien... au pis aller, ne te bats plus ! ne fais plus le crâne, ne cherche plus querelle à personne !

— Est-ce que je peux m'en empêcher, moi ? c'est dans le sang ! je ne peux pas résister à l'envie de souffleter une face qui me déplaît ou qui me regarde d'un certain air.

— Alors... que veux-tu ?...

— Je suppose encore que je puisse vaincre mes habitudes ! que dira-t-on de moi ? Vous ne savez pas : ce fameux général Poussard, qui était jadis si crânement sur la hanche, hé bien, il vieillit, il ne se bat plus, il devient *poire molle*. Enfin... soit, je me résigne à cette honte, mais mille tonnerres, si l'on m'insulte !

— Hé, qui veux-tu qui t'insulte ! tes preuves sont faites, ton nom redoutable ; ta figure est comme ton nom ; tes grosses moustaches, ton regard audacieux, imposent et effrayent... or il faudrait être fou pour venir se frotter à un sanglier tel que toi ! Tu vivras sur ta vieille réputation de terrible duelliste.

— Mais sacrebleu, cependant...

— Mais sacrebleu, que veux-tu faire ? moi je suis en ceci comme les dévots : je crois à ce que tu me dis sans y rien comprendre ; en un mot, tu n'as que deux partis à prendre : t'assurer si l'inconvénient dont tu es menacé est réel, et pour cela provoquer le premier venu...

— J'y ai cent fois pensé depuis hier ; mais si, en arrivant sur le terrain.. j'ai la colique !... je suis déshonoré ! mille tonnerres !

— Alors, résigne-toi à l'autre parti, ne sois plus crâne et, je te l'ai dit, vis sur ta vieille réputation. Enfin, crois-moi, tâche surtout de te distraire de ces pensées dues peut-être à un trouble de tes sens, à une hallucination...

— Une hallucination !

— Oui ; j'ai entendu dire à l'armée, par les docteurs, que les gens d'un tempérament violent et sanguin (et entre nous, tu es fièrement de ce tempérament-là, mon vieux) étaient parfois sujets à des sortes d'hallucinations qui trompaient leurs yeux ou leurs oreilles. Telle est, selon moi, la seule explication du fait qui t'agite et te trouble ; mais encore une fois, suis mon conseil, au lieu de t'appesantir sur ce souvenir, tâche de l'écarter de ton esprit...

— Crois-tu que c'est facile...

— Essaye du moins, et tu as pour essai une excellente occasion : tu peux distraire ton esprit et me rendre un service ; tu viens de lire l'article de ce petit journal, qu'un bienheureux hasard a placé sous mes yeux. Tout me dit, et tu n'es pas éloigné de partager cette espérance, que l'héritière dont il s'agit est ma fille... et tout à l'heure, tu allais, je crois me faire part de tes soupçons au sujet du célèbre écrivain désigné dans cet article ?

— Tu as peut-être raison, je dois tâcher d'oublier..... cette maudite aventure, car lorsque j'y songe, je ne me reconnais plus, tant je me sens hébété, — répondit le spadassin en faisant un grand effort sur lui-même. — Donne-moi le journal... je veux le relire afin de m'assurer que je ne me trompe pas dans mes soupçons.

Et après une nouvelle lecture de l'article, le général ajouta :

— C'est bien cela... Évidemment c'est lui.

— Tu sais de qui l'on veut parler?

— Avant-hier, à cette fête où j'assistais, se trouvait aussi un écrivassier; on n'avait d'yeux et d'oreilles que pour lui. Conçois-tu cela? aussi je me sentais si impatienté, si agacé des hommages que l'on rendait à ce drôle-là, que je serais allé le regarder sous le nez si je n'avais pas eu à régler le duel du marquis.

— Son nom... son nom! puisque tu penses que cet écrivain est celui que l'on désigne dans l'article du journal? — reprit vivement l'ancien garde-magasin, craignant de voir son ami retomber dans ses préoccupations. — Son nom?

— Ce monsieur se nomme *Georges Hubert*, reprit le spadassin, — car j'ai entendu dire autour de moi que l'on venait de reprendre avec grand succès une pièce de lui jouée jadis aux Français; qu'il venait d'être reçu à l'Académie et qu'il allait donner un nouveau drame. Tu le vois, ces renseignements concordent parfaitement avec ceux que donne le journal.

— Ah! plus de doute... c'est lui... Georges Hubert! quel souvenir!

— Explique-toi.

— Je t'ai dit la passion de Louise pour la lecture, je me rappelle maintenant que, non-seulement elle lisait les drames de ce maudit Georges Hubert, mais qu'elle les apprenait par cœur, la malheureuse! Oui, elle les récitait en déclamant comme une actrice! Plusieurs fois, en m'approchant de la porte de sa chambre, j'entendais ma fille parler à haute voix, je la croyais avec quelqu'un! point, elle déclamait!

— Elle aura eu la tête tournée par les tirades de ce drôle! hein? Rapin, quelles mauvaises blagues que les livres! Ah çà, ce pékin-là est donc venu à Bordeaux?

— Jamais que je sache.

— Mais alors, si c'est de lui qu'il s'agit, comment aura-t-il pu enlever Louise?

— Voilà ce que j'ignore... De même que j'ignore aussi s'ils sont mariés...

— C'est là l'important pour nous, — reprit le général pensif. — Je dis pour *nous*, car vois-tu, Rapin, je serais tout aussi disposé que ton avoué de Bordeaux à te donner *quitus* de tes comptes de tutelle moyennant deux cent mille francs de dot.

— Toi... épouser ma fille... lorsque tu sais?...

— Je sais que je serais le dernier des jeanfesses, si j'avais l'indignité d'épouser ta fille pour en faire ma femme, après son escapade!

— Que veux-tu dire?

— En échange de sa dot, je lui donne mon nom, je la fais *baronne Poussard*, rien de plus; nous vivons toujours séparés, quoique demeurant sous le même toit, et si elle surveille bien la cuisine, si elle vit comme une recluse, la fille trouvera en moi comme qui dirait un père... sinon, gare! enfin je la mettrai rudement au pas... de toute façon je t'en débarrasse, et je te donne *quitus* pour tes comptes de tutelle....., tout aussi bien que ton pékin d'avoué...

— Je ne dis pas non — reprit M. Rapin d'un air pensif. — je ne dis pas non.

— Mais encore une fois, et j'insiste là-dessus, nous serons mariés, ta fille et moi, seulement pour la forme; car après ses aventures je me regarderais comme un misérable, si j'en faisais vraiment ma femme.

— Nous reparlerons de cela, mon vieux, mais tous nos projets seront bâtis sur le sable, tant que nous ne saurons pas si Louise est, oui ou non, mariée avec le Georges Hubert.

— C'est vrai...

— Avant peu nous le saurons, nous sommes sur la piste, nous avons déjà le nom et l'adresse du ravisseur, et si son signalement nous devient nécessaire, le journal dit que l'on trouve le portrait de cet écrivain chez tous les marchands de gravures... Ah! ah! messieurs, les grands hommes, — ajouta l'ancien garde-magasin avec un sourire sardonique en se frottant les mains, — ah! vous voulez de la célébrité, vous en avez, je l'espère! On s'occupe assez de vous! Oui, mons Georges Hubert, malgré le mystère dont vous vous entourez, le public est instruit de vos actions les plus secrètes, et dans cinq minutes je vais connaître votre figure, afin de pouvoir, au besoin, vous mettre la main sur le collet! Viens, Poussard, sortons de ce café. Allons d'abord acheter le portrait de ce grand homme; je suis curieux de connaître le visage du ravisseur, contre qui, si nos soupçons ne nous trompent point, je déposerai d'abord au parquet du procureur du roi une plainte au criminel en détournement de mineure. Viens... viens... nous allons, comme tu dis, mon vieux camarade, prudemment, habilement combiner notre ordre de marche et notre plan de bataille...

Et les deux amis sortirent du café.

XVII

« — Nous voulons *être* Georges Hubert et Louise, » avaient dit, la veille, Gilbert et Gilberte à la Korrigan;

« — mais nous voulons attendre jusqu'à demain matin « pour entrer dans cette vie nouvelle. »

La nuit se passa.

Le jour venu, la pluie avait cessé, un gai soleil printanier jetait ses rayons vermeils à travers les rideaux de la chambrette des jeunes gens.

— C'est décidé, Bibi. Quel bonheur! nous allons être Georges Hubert et Louise! — disait Gilberte, debout devant son petit miroir, et cambrant sa taille fine et charmante dans son corset de bazin, afin d'enrouler derrière sa tête ses longs cheveux châtains, fins et brillants comme de la soie brune. — Oh! cette fois, je n'en doute pas! nous dirons notre bonne petite fée : *Va-t'en, Korrigan!*

Gilbert, qui en ce moment ajustait sa cravate devant le même miroir dont se servait sa femme, et se haussait sur la pointe des pieds, afin de *se voir* par-dessus la tête de Gilberte, ne lui répondit pas; tenté par l'aspect des blanches épaules à fossettes qui charmaient ses yeux, il y déposa un baiser; Gilberte se retourna en souriant, et dit à son mari avec une petite moue, la plus délicieuse du monde :

— Mais vous ne pouvez donc pas, monsieur Bibi, parler un moment raison?

— Je trouve que rien n'est plus raisonnable que de parler du bout des lèvres... aux jolies épaules de Minette. Voilà mon caractère!

— Il est gentil, votre caractère! Mais voyons, Chéri, pas de bêtises, sommes-nous décidés, tout à fait décidés à être Georges Hubert et sa maîtresse? Quant à moi, je n'hésite pas!... je serai si fière de ta gloire!

— Ma foi, je m'arrangerai fort bien de la gloire; car enfin, l'on est marquis par le hasard de la naissance, millionnaire par le hasard de la fortune, mais écrivain de génie, nom d'un petit bonhomme! c'est diablement différent, car ni la fortune ni la naissance ne vous donnent le génie.

— Ainsi, va pour Georges Hubert et Louise!

— C'est convenu!... vous entendez, chère petite Korrigan?

— J'entends, — reprit la douce voix, — vos vœux vont être exaucés.

— C'est drôle, Minette — reprit Gilbert en se grattant l'oreille — la pensée de cette nouvelle transformation me fait un singulier effet... Si nous allions tomber dans un guêpier pareil à celui de notre marquisat de l'autre nuit?

— Chère Korrigan — reprit Gilberte — vous ne pouvez donc pas nous dire si, pour être heureux, nous avons tort ou raison d'entrer dans la vie de Georges Hubert et de Louise?

— Je vous le répète, mes amis — reprit la voix — je dois vous obéir, mais il ne m'est pas permis de vous guider dans votre pèlerinage à la recherche de la félicité en

ce monde-ci; sans cela, je vous dirais où est le véritable bonheur pour vous, Gilbert et Gilberte, et à l'instant je redeviendrais libre!

— Ainsi vous savez où serait pour nous le bonheur, Korrigan?

— Oui.

— Et vous ne voulez pas nous l'apprendre ce précieux secret?

— Hélas! malheureusement pour moi, et malgré ma bonne volonté envers vous, mes amis, ce secret, je suis forcée de le garder.

— Mais, Korrigan, nous ne trouverons donc pas encore le bonheur dans la vie de Georges Hubert et de Louise?

— Vous en jugerez...

— Ainsi, ce qui doit arriver à Georges Hubert et à sa maîtresse nous arrivera infailliblement? — reprit Gilbert;
— vous ne pouvez rien changer à cette destinée, Korrigan?

— Rien... du moment où vous serez entrés dans leur vie, de même que je ne pouvais rien changer à la destinée du marquis et de la marquise de Montlaur, lorsque vous *êtes devenus eux-mêmes*; le destin de Georges Hubert et de sa maîtresse sera le vôtre...

— Bah! tant pis, — reprit résolûment Gilbert, — qui ne risque rien n'a rien! Soyons Georges Hubert et Louise.

A ce moment on frappa extérieurement à la porte de la chambre, et l'on entendit la voix de madame Badureau disant :

— Jeunes gens, c'est moi : je vous apporte votre premier déjeuner, une excellente tasse de café à la crème...

— Oh! Minette! — dit Gilbert, — une bonne farce à la Badureau! Korrigan, nous voulons être Georges Hubert et Louise; mais avant de partir pour ce nouveau voyage, nous désirons rester invisibles à madame Badureau pendant que nous lui parlerons.

— C'est fait! — répondit la fée.

— C'est vous qui frappez, madame Badureau? — reprit la voix de Gilbert, car leurs corps avaient disparu; — c'est bien vous?

— C'est moi en chair et en os, jeunes gens..... ne craignez rien. Motus...

— Je vais vous ouvrir, — dit la voix de Gilbert.

Et le verrou de la porte ayant été tiré, madame Badureau entra dans la chambrette où, à sa grande surprise, elle ne vit personne, quoiqu'elle entendit tout près d'elle les voix de Gilbert et de Gilberte lui disant tour à tour :

— Bonjour, madame Badureau.

— Oh! comme il a bonne mine, votre café à la crème!

— Et ce petit pain au lait, comme il est doré, madame Badureau!

La portière, bouche béante, les yeux écarquillés, resta d'abord immobile au milieu de la chambre, regardant de ci de là avec un étonnement croissant, puis sortant de sa stupeur elle visita l'alcôve, le petit cabinet; elle n'y vit personne, et cependant on lui disait presque à l'oreille :

— Voulez-vous mettre le café sur le poêle, madame Badureau?

— Il fait bien beau temps ce matin, madame Badureau.

Après un moment de réflexion, la portière secoua la tête en souriant complaisamment à la profonde pénétration de son intelligence, déposa le pain et l'écuelle de café sur le poêle et s'écria :

— Jeune homme! j'ai *zévu* bien des malheurs; mais ils ne m'ont point rendue bête comme une oie. Jeune homme! je comprends! vous n'êtes pas un prince polonais déguisé, vous êtes un ventriloque et un escamoteur! Vous êtes peut-être même *Robert Houdin* ou le fameux *Bosco* en personne; oui... vous devez être, vous êtes *Bosco!!* car j'ai lu sur vos affiches que vous escamotiez une personne comme on escamote un mouchoir de poche! or, c'est bien le moins que quelqu'un qui escamote les autres s'escamote soi-même. Monsieur *Bosco*..... c'est votre nom! je vous le rends! Monsieur Bosco, le tour est superbe! et si vous m'en donnez l'étrenne, merci! Vous devez être né dans le sac à la malice, et avoir été nourri de poudre à *perlin-pinpin!* Motus! Vous vous êtes retiré ici pour préparer en catimini, avec madame *Bosco* votre épouse, vos manigances, qui est votre compère, pour les produire ensuite en public avec elle! Motus!! comptez sur ma discrétion. Votre second déjeuner sera servi à neuf heures; je ne vous dis rien du dîner : vous verrez voir, monsieur *Bosco!*

Et la portière, selon son habitude, sortit mystérieusement de la chambre; à ce moment les deux époux redevinrent visibles.

— Bon! fit Gilberte en riant aux larmes, — nous voici déchus de nos grandeurs... tu n'es plus un prince polonais et moi la fille d'un milord! nous sommes monsieur et madame *Bosco!*

— Ah çà mais, est-elle crâne cette Badureau! — reprit Gilbert; — as-tu vu, Minette? sa première surprise passée, elle ne sourcillait pas... Le général Poussard a été bien autrement interloqué lorsque, avant-hier matin, je lui ai prédit qu'il aurait la colique toutes les fois qu'il irait sur le terrain pour se battre en duel. Ne l'oubliez pas, Korrigan?

— Vos vœux seront exaucés, — répondit la voix. — Maintenant, mes amis, voulez-vous décidément entrer dans la vie de Georges Hubert et de Louise?

— Oui, Korrigan,

Répondirent à la fois Gilbert et Gilberte; et pourtant celle-ci, ne pouvant surmonter une vague appréhension, serrait contre son sein le bras de son mari. — Oui, — répondirent-ils. Nous voulons être Georges Hubert et sa maîtresse!

— C'est fait! — reprit la douce voix, — *Vous êtes Georges Hubert et Louise Rapin sa maîtresse!*

Gilbert et Gilberte éprouvèrent un moment de vertige... pendant lequel ils perdirent la conscience de leur être..... La métamorphose était accomplie.

Les deux jeunes gens ayant (sauf à leurs propres yeux) pris les traits de *Georges* et de *Louise,* se trouvaient dans cette modeste petite maison, située en dehors de la barrière des Invalides, demeure si exactement signalée par l'article du journal le *Furet.*

Cette demeure s'élevait à l'extrémité d'une avenue solitaire; dans toute la longueur de cette route, qui traversait un taillis assez épais, l'on n'apercevait que deux ou trois habitations éloignées les unes des autres et séparées par des terrains vagues ou en culture : la modeste retraite où s'abritait l'incognito du poëte offrait à l'œil un riant aspect; le jardin, clos de charmilles et dans lequel on entrait par une petite porte à claire-voie, entourait la maisonnette, ombragée au midi par un bouquet d'acacias, et entourée de massifs de lilas, de rosiers, alors en pleine floraison; un peu plus loin, l'on voyait quelques plates-bandes de fleurs cultivées avec amour par le poëte et sa compagne, qui désormais seront Gilbert et Gilberte : sauf en cette partie du terrain destinée à l'*agrément,* le jardin avait été consacré à l'*utile.* Un fin maraîcher eût envié les belles *planches* de légumes, symétriquement entourées de bordures d'estragon, de thym et de pimprenelle, non moins amoureusement soignées que les fleurs par les deux habitants de la maisonnette : affolés du jardinage, ils trouvaient dans cette culture, l'un, de doux délassements à ses travaux d'esprit, l'autre, une distraction charmante; un petit verger, composé d'une vingtaine d'arbres fruitiers en plein vent, complétaient cette horticulture. La maison répondait par son extérieur et par son intérieur à la simplicité rustique du jardin : au rez-de-chaussée, une cuisine, une salle à manger et un petit salon servant au poëte de cabinet de travail; à l'étage supérieur, une chambre à coucher et deux cabinets de toilette, telle était la disposition de cette demeure meublée sans aucun luxe, mais avec confort et brillante d'une minutieuse propreté.

Au moment où Gilbert et Gilberte, grâce au pouvoir de la Korrigan, avaient subi leur métamorphose, Gilbert (devenu Georges Hubert) était assis dans son cabinet, rêvant et songeant à son drame, dont la première représentation devait avoir lieu le soir même; il évoquait dans son souvenir les scènes les plus importantes de cette œuvre nouvelle pour les soumettre à une dernière appréciation critique et préjuger, (autant que le hasard se peut préjuger) les bonnes et mauvaises chances réservées à son ouvrage; puis, grâce à l'un de ces enchaînements successifs de la pensée, qui, la faisant peu à peu dévier de son point de départ, l'amènent insensiblement à un point complètement opposé, le poëte, après avoir commencé par songer à son drame achevé, vint à songer vaguement au drame qu'il écrirait ensuite; soudain, il éprouva l'un de ces rares moments de joie profonde, touchant presque à l'extase, et que ressent le poëte, lorsqu'une idée, neuve, puissante, féconde, souvent laborieusement, inutilement demandée par lui à l'inspiration pendant des jours, pendant des mois, vient, imprévue, commencer d'apparaître à son esprit; il ne la *perçoit* pas encore, mais il la pressent. Ce n'est ni le jour ni même le crépuscule de l'aurore : c'est cette lueur presque insaisissable qui le précède et annonce pourtant les prochaines splendeurs du lever du soleil : quelques instants de plus, et l'idée encore confuse, se dégageant peu à peu de ses limbes comme la divinité de son nuage, se révélait à Gilbert dans sa lumineuse clarté..... lorsque la porte de son cabinet de travail s'ouvrit brusquement et Louise (nous l'appellerons désormais Gilberte) entra, la figure rayonnante de bonheur et s'approcha de Gilbert sur la pointe des pieds; elle tenait à la main plusieurs feuillets écrits, elle les dépose devant le poëte, puis le baisant au front, elle sortit en disant gaiement :

— Tu travailles?... je me sauve! lis cela quand tu auras un moment libre!

Et, s'éloignant promptement, elle ne s'aperçut pas que sa brusque arrivée avait causé à Gilbert, ainsi distrait de ses méditations, un mouvement d'impatience presque douloureuse.

C'est qu'hélas!... ils sont bien mobiles, ces mirages de l'imagination, aussi insaisissables que l'ombre et la lumière! c'est qu'hélas! il est bien fragile, ce fil mystérieux, lien et conducteur de la pensée, qu'il élève jusqu'à ces espaces inconnus où parfois apparaît L'IDÉE! tantôt éblouissante, rapide, mais fugitive comme l'éclair, elle illumine soudain l'esprit... ou le laisse plongé dans les ténèbres, s'il n'a point été assez prompt à la saisir; tantôt nébuleuse encore, comme un astre à sa naissance, elle ne se dévoile que peu à peu à l'esprit tendu, attentif, recueilli... et lui échappe à la moindre distraction.

Ainsi fut-il du poëte. Soudainement distrait de ses pensées par l'arrivée de la jeune femme, il perdit le fil précieux qui l'avait conduit jusqu'à l'idée, un moment entrevue, et elle lui échappa pour longtemps, pour toujours peut-être! car la mémoire est impuissante à se rappeler quelque chose d'aussi confus, d'aussi incertain que le plus vague des rêves inachevés!

De là le mouvement d'impatience douloureuse, presque courroucée de Gilbert à l'aspect de Gilberte venant inopinément l'interrompre, et pourtant il adolâtrait sa compagne! mais il y a quelque chose de si profondément égoïste et irritable dans l'âme du poëte, à l'endroit de ses conceptions, qu'en ces moments de laborieux enfantement, la venue d'un ami cher, d'une femme adorée, d'une mère vénérée, ou d'un enfant bien-aimé, lui est toujours importune ou pesante!

Gilbert se leva en frappant du pied avec colère et s'acharnant à la recherche de son idée évanouie, il se promena dans son cabinet, ouvrit sa fenêtre, regarda le ciel, les arbres, vint se rasseoir, appuya son front dans ses mains, ferma les yeux pour s'isoler des objets extérieurs... mais l'idée que pendant un moment il avait cru saisir... ne revint pas, et ainsi qu'il arrive d'ordinaire, la persistance même de la poursuite chimérique de l'écrivain lassa, troubla, épuisa son esprit. L'inspiration, feu divin, mais aussi éphémère qu'un météore, se refroidit, s'éteignit, et Gilbert, morose, abattu, retomba des hautes régions où naguère il planait radieux... Frappant alors de nouveau du pied avec colère, il s'écria :

— Maudite soit-elle de m'avoir interrompu! ne pouvoir compter même sur un moment de solitude absolue!

Cette irritation, cette véritable et poignante douleur intellectuelle fut aussi profonde que de peu de durée. La bonté naturelle de l'homme domina bientôt l'égoïste courroux du poëte, et, regrettant son emportement, il dit avec un soupir d'allégement :

— Heureusement cette pauvre enfant ne s'est pas aperçue de la contrariété que sa présence m'a causée pendant un instant... Mais quels sont ces feuillets? — ajouta-t-il en les prenant sur la table, et il lut ces mots en tête du manuscrit:

HISTOIRE D'UNE JEUNE FILLE.

— Grand Dieu! — s'écria-t-il avec une sorte d'impatience chagrine où perçait encore quelque peu son ressentiment d'avoir été distrait de ses pensées, — va-t-elle se croire femme de lettres parce que je l'aime? va-t-elle devenir un *bas-bleu* et compromettre, par une malheureuse prétention, ce naturel exquis et charmant que j'adore en elle? Rien, jusqu'ici, ne m'avait fait soupçonner qu'elle occupât de la sorte ses loisirs. — Et relisant le titre écrit sur le premier feuillet : *Histoire d'une Jeune Fille?* — Qu'est-ce que cela peut être?... Lis cela, m'a-t-elle dit; allons! — ajouta-t-il avec un soupir, — ou il me faudra blesser l'innocente vanité de cette chère enfant, en étant pour elle d'une sévère franchise, ou, de crainte de l'affliger, lui mentir, la flatter, encourager cet essai; d'autres le suivront et... non, non, je l'aime trop pour ne pas me montrer sincère... Beaucoup d'essais m'ont été confiés par des gens très-indifférents à mon cœur, et j'ai toujours regardé comme un devoir de leur dire la vérité, d'encourager de tout mon pouvoir leur vocation si elle me semblait réelle, sinon de couper court à de dangereuses illusions... Ainsi je dois agir avec cette chère enfant : je l'arrêterai dès son début dans cette voie sans issue, où elle ne saurait trouver, comme tant d'autres, que soucis, déceptions et...

Mais s'interrompant, Gilbert haussa les épaules et se dit d'un ton de reproche :

— O poëte! avec quelle naïveté tu trahis le naturel de ta race irritable et rancunière! La compagne de ma vie...

cette femme adorable qui n'est qu'amour et dévouement, a commis le crime affreux de troubler mon inspiration... et voilà que, sans avoir lu un mot de ce qu'elle a écrit, je m'arme à l'avance d'une sévérité formidable contre ces pauvres pages, que, confiante et heureuse, elle vient de m'apporter... De quel droit est-ce que je la déclare sans talent possible? Est-ce que son esprit si vif et si franc ne me charme pas autant que la bonté de son cœur? Est-ce que l'esprit et le cœur ne sont pas les premiers éléments du talent? En vérité, j'aurais honte de moi-même, si je n'avais du moins le bon sens de m'apercevoir que je suis odieusement ridicule... Lisons ce récit, en punition de ma sottise, trop douce punition! et pour la compléter, je désire qu'il soit charmant!

Et il lut les pages écrites par la jeune femme pendant la nuit précédente, pages où elle racontait la touchante histoire de son amour; à mesure qu'il avançait dans cette lecture, son attendrissement augmentait et lorsqu'il l'eut terminée, il sortit précipitamment de son cabinet et aperçut près de là, sous une tonnelle de verdure, Gilberte s'occupant d'un modeste déjeuner : sans dire un seul mot, Gilbert la serra passionnément entre ses bras. Elle se retourna et vit les yeux du poëte humides de douces larmes.

— Tu as lu... déjà? — lui dit-elle, partageant son émotion. — Tu ne me reproches pas ma prétention à devenir un *bas-bleu*?

— Si! telle a été ma première pensée... Ma franchise m'absoudra de ma sotte prévention, car ce simple récit, écrit par toi, sera la plus belle page de ma vie...

— Tu ne me reproches pas non plus l'ignorance où je te laisse au sujet de mon nom de famille dans cette confession?

— J'ai toujours respecté ton secret, je le respecterai toujours, tu n'as qu'un nom pour moi : Adorée... ce nom sera toujours le tien. Oh! tu ne peux comprendre ce que je dois à ce récit, surtout dans les circonstances présentes; j'y vois je ne sais quel heureux présage... que veux-tu? le poëte est comme le joueur... superstitieux...

— Que veux-tu dire?
— Et ce soir?
— Ce soir?
— Cette première représentation.
— Eh bien?

— Depuis notre mariage ou... si ce mot te choque comme un mensonge, disons depuis *notre bonheur*, nous serons du moins d'accord sur cette vérité... le drame de ce soir est le premier que je fais représenter. Tu sais quelle importance j'attache à cette œuvre nouvelle d'une vie nouvelle, embellie, transformée, régénérée par toi! de cette vie enchanteresse où, pour la première fois, j'ai goûté les joies intimes et sédentaires du foyer domestique, délicieuses habitudes de l'esprit et du cœur qui chaque jour senties deviennent chaque jour plus chères et qui m'ont fait prendre en pitié mon existence d'autrefois toujours active, bruyante et agitée! Oui, ce drame auquel depuis dix-huit mois j'ai travaillé dans cette retraite, sous tes yeux, sous ton inspiration, avec tant d'amour et d'ardeur, sera pour ainsi dire l'expression, la glorification de notre intimité solitaire et fortunée; ah! si mon nom ne doit pas un jour passer éphémère et oublié, cette œuvre seule peut-être sauvera de l'oubli!... j'ai ce pressentiment, moi... toujours jusqu'ici d'une défiance invincible envers mes œuvres!

— Ami, cette espérance de succès je la partage, et je suis en cela beaucoup plus orgueilleuse que toi, car enfin, c'est sous mon inspiration, dis-tu, que ce drame a été conçu, élaboré, achevé? mais j'ai la conscience de l'aimer si passionnément, de t'aimer tant et tant... pour toi... pour ta gloire, que je ne puis m'empêcher non plus de croire à la bonne influence de mon amour!

— Aussi te le disais-je, le poëte, superstitieux comme le joueur, cherche ou voit, comme lui, partout des présages, et moi j'en vois un, et des plus heureux, dans ce charmant récit, écrit par toi, durant cette nuit... anniversaire de notre rencontre à qui je dois le bonheur de ma vie! durant cette nuit, anniversaire aussi du succès dont tu as été témoin; tout cela est, selon moi, d'un excellent augure pour la représentation de ce soir, et si, comme je l'espère, j'obtiens un succès, avec quelle ivresse je te dirai : Ce succès, c'est le tien... mon adorée...

L'entretien des deux amants fut interrompu par la femme de ménage qui dit au poëte d'un air presque alarmé :

— Monsieur... monsieur?
— Qu'y a-t-il, madame Catherine?
— Mais, monsieur, vous oubliez donc l'heure?
— Quelle heure?
— L'heure de votre bureau... C'est votre jour d'aller aujourd'hui? il est dix heures passées! vous serez en retard, vos chefs vous gronderont.

— Rassurez-vous, bonne Catherine, — reprit Gilbert souriant et échangeant un regard d'intelligence avec Gilberte. — J'ai aujourd'hui la permission de n'arriver à mon bureau qu'à midi... Il y a fort peu de besogne dans mon administration.

— Ça ne m'étonne pas, car vous y allez au plus deux ou trois fois par semaine.... pendant quelques heures. Après tout, puisque l'on vous paye tout de même, ça vous est bien égal... n'est-ce pas? Mais pardonnez-moi, monsieur, de vous avoir dérangé pour rien. C'est que, voyez-vous, vous êtes, parlant par respect, si bon enfant, que cela me fâcherait de vous voir arriver du chagrin à cause de votre bureau.

— Je vous remercie, madame Catherine, de cette marque d'attention, — répondit Gilbert; — mais j'ai le bonheur d'être parfaitement bien avec mes chefs...

— Il faudrait qu'ils soient joliment difficiles pour n'être

pas contents, — dit la femme de ménage en emportant les tasses et les assiettes qui venaient de servir au déjeuner des deux amants; — je les défie de trouver un employé aussi exact que vous et ayant une belle écriture... à preuve cette lettre que vous avez bien voulu écrire, il y a trois jours, pour ma nièce... c'était moulé, on aurait dit de l'imprimé.

— Avouez, madame Catherine, que vous n'avez pas été aussi satisfaite de la rédaction que de l'écriture? ajouta Gilberte en souriant. — Car vous avez préféré une lettre dictée par vous-même à celle que mon mari avait d'abord écrite.

— Dame... moi, sans avoir la prétention de *dicter* beaucoup mieux que monsieur, je l'ai trouvée trop... trop *molle*, sa lettre. Je voulais gronder ma nièce, parce qu'elle reste trop longtemps sans me donner de ses nouvelles, et ma foi, je crois sans vanité avoir mieux que monsieur salé l'épître! En vérité, parce que Claudine est cuisinière chez un journaliste... on dirait qu'elle se croit le droit de renier ses parents, par orgueil!

— Ah! fit Gilbert assez surpris, — votre nièce est cuisinière d'un journaliste?

— Oui, monsieur, elle est en maison chez M. Duport, rédacteur en chef du journal le *Furet*.

— Voilà du moins un titre qui promet — dit Gilberte en souriant — et s'il tient ce qu'il promet... les indiscrétions doivent abonder dans ce journal?

— Je ne pourrais pas vous le dire, madame, car je ne sais ni lire ni écrire, mais depuis qu'elle est dans cette maison-là, ma nièce fait la fière... et l'ingrate, car enfin, dernièrement encore, madame, vous vous souvenez de cette malle?

— Quelle malle, madame Catherine?

— Cette vieille malle, vous savez bien? qui était au grenier, pas celle de cuir, l'autre, sur laquelle il restait encore cloué une de ces cartes de diligence qui indiquent le départ et l'arrivée des effets?

— Hé bien, madame Catherine, — reprit Gilbert, — cette malle qui m'avait autrefois servi ne valait plus grand'chose, vous me l'avez demandée, je vous l'ai donnée, sans vous faire en cela un fort beau cadeau.

— Enfin, madame, la malle pouvait encore servir : Claudine m'écrit... (oh! elle sait toujours m'écrire quand elle a quelque chose à me demander); Claudine m'écrit qu'elle aurait besoin d'un coffre pour emballer ses effets, lorsqu'elle irait chez le journaliste du *Furet*. J'avais vu cette vieille malle dans le grenier. Je vous la demande, madame, vous me la donnez. Je l'envoie à ma nièce, et au lieu de me remercier de cette malle... elle... ne me...

— Espérons, madame Catherine, que votre nièce s'amendera, — dit le poëte qui, après avoir écouté ce récit de la femme de ménage avec une patience héroïque, le trouvait décidément trop prolongé. — Veuillez, je vous prie, desservir tout à fait cette table.

— Oui, monsieur, — répondit dame Catherine en s'éloignant, — mais n'oubliez pas l'heure de votre bureau... Il faut que vous y soyez à midi, et la demie de dix heures va bientôt sonner.

— Je l'avoue, — reprit Gilberte en souriant, — je trouve toujours très-amusant ton incognito! Le croirait-on? ce modeste employé, qui sert au besoin de *secrétaire* à dame Catherine, est un grand poëte d'une réputation européenne; son nom glorieux est sur toutes les lèvres et, ce soir encore, la foule l'acclamera dans son enthousiasme!

— Ainsi que toi, chère adorée, je trouve cet incognito fort piquant, mais il est de plus indispensable à notre tranquillité, à mes travaux et surtout au charme de notre solitude : sans cet incognito, notre demeure ne serait-elle pas constamment envahie? et alors adieu le plaisir de jardiner à la fin des beaux jours d'été! adieu nos longues causeries, adieu nos lectures du soir! Si tu savais à quelles obsessions, à quelles importunités, à quels excès de curiosité souvent puérile je me soumets résolûment lorsque deux ou trois fois par semaine je vais, comme tu le dis, *trôner* rue Blanche, dans la maison que j'ai conservée, afin de faire croire que j'y réside... Mon vieux valet de chambre et le portier, seuls dans notre secret et impitoyables aux visiteurs, leur répondent toujours par ces mots invariables : — *Monsieur est sorti*. — Mais nos deux cerbères s'humanisent pendant ces quelques heures, que je vais de temps à autre passer *rue Blanche*, pour y recevoir ce que tu appelles *ma cour*.

— Oui, certes, n'es-tu pas l'un des souverains de l'intelligence de ce temps-ci? royauté oblige...

— Je ne dirai pas royauté, mais politesse, mais reconnaissance obligent, car il y a quelque chose de si honorable, non pour moi personnellement, mais pour la dignité de l'intelligence, au fond même de ces obsessions, que j'en suis profondément touché, quoiqu'à ces empressements je préfère cette retraite ignorée et partagée avec toi.

— O superbe dédain des grandeurs!

— Dédain, non... mais conscience.

— Conscience... de quoi, mon prince de l'esprit?

— Du peu que je vaux, lorsque je compare mon mérite à la louange...

— Tu es sincère, car jamais talent illustre n'a été à la fois plus modeste et pourtant plus orgueilleux que toi... Oh! je te connais! et.....

Mais voyant Gilbert qui, plusieurs fois avait déjà tourné la tête du côté de la charmille de quatre pieds de hauteur dont le jardin était clos, faire un mouvement d'impatience, la jeune femme ajouta :

— Mon ami, qu'as-tu donc?

— En vérité c'est insupportable !

— Que veux-tu dire?

— Voilà déjà deux ou trois fois qu'un monsieur, qui se promène derrière cette charmille, avance la tête et nous regarde avec une inconcevable indiscrétion.

— Allons, pardonne-lui, le riant aspect de notre jardin l'aura séduit et il l'admire; c'est ta faute... pourquoi es-tu si bon jardinier... et puis je te soupçonne fort de vouloir, en te courrouçant contre ce pauvre curieux, faire une habile diversion afin d'échapper aux vérités que je suis en goût de te dire...

— Quelles vérités!

— Je reprends notre entretien : tu es à la fois le plus modeste et le plus orgueilleux des hommes.

— Orgueilleux!... moi? certes, mon adorée, quand je songe à ton amour... mais hors de là...

— Voyons, mon prince, lorsque l'autre soir, vous avez, cédant à mes instances, accepté cette invitation chez madame de Montlaur, où votre présence, par cela même que maintenant vous n'allez presque jamais dans le monde, a produit, j'en suis certaine sans l'avoir vu, une sorte de sensation, avouez-le, vous avez été très-orgueilleux de ces hommages rendus à l'esprit par la plus brillante compagnie de Paris?

— Oh! quant à cela, oui, amie, je suis orgueilleux ou plutôt fier comme un ambassadeur, qui, quel que soit son mérite, porte haut et ferme la dignité du souverain qu'il représente; et, quelle que soit la réserve et la bienveillance de mon caractère, je deviens d'une impitoyable arrogance lorsque l'on ne rend pas les respects que l'on doit à ma souveraine à moi : l'*intelligence*.

— Oui, oui, voilà le noble orgueil que j'aime et que j'admire; tu es le plus modeste, et j'oserai ajouter... (pardon, mon poëte) le plus ignorant des hommes, lorsqu'il s'agit d'apprécier ta valeur personnelle, mais tu es le plus hautain... (pardon mon prince) le plus insolent des grands seigneurs, lorsque l'on ne traite pas avec la déférence qui lui est due, cette souveraine aristocratie de l'esprit dont tu fais partie...

— J'avouerai, mon amie, que... — mais s'interrompant :

— Ah! c'est par trop fort! — s'écria Gilbert en se levant avec impatience et regardant encore du côté de la charmille. — Voici maintenant deux femmes qui nous lorgnent avec des lorgnettes de spectacle, sans compter l'autre fâcheux!

— Ah, mon Dieu, — ajouta Gilberte, — et ce tout jeune homme à longs cheveux que voilà grimpé dans l'orme qui domine la charmille, il risque de tomber et de se blesser, car il ne songe qu'à nous regarder!

XVIII

Gilbert et Gilberte restaient aussi surpris que contrariés de la soudaine apparition de ces curieux, qui, postés en dehors de la charmille, les dévoraient des yeux; le premier fâcheux, penché à mi-corps sur la solide épaisseur de la haie vive, où il avait momentanément déposé un énorme album, se faisait de sa main gauche un abat-jour afin de s'abriter des rayons du soleil, et ne quittait pas du regard le poëte et sa compagne.

Deux femmes, dont l'une était jeune et jolie, l'autre d'un âge mûr, et qu'à leur tournure, à leurs atours, on reconnaissait facilement pour des Anglaises, se tenaient aussi aux abords de la charmille; la plus jeune des deux se servait d'un binocle, l'autre d'une énorme lorgnette de spectacle, sans doute afin de mieux distinguer les traits de l'illustre écrivain et de la femme qui partageait sa retraite.

Enfin un tout jeune homme, âgé de dix-huit ans au plus, d'une figure pâle et douce, encadrée de longs cheveux, après avoir grimpé à l'orme avec l'agile ardeur de son âge, s'était établi à califourchon sur une grosse branche et s'occupait de replacer dans la poche de son paletot un gros rouleau de papier, qui avait failli tomber durant l'ascension de l'adolescent.

Soudain Gilbert et Gilberte, déjà stupéfaits de ces apparitions successives, virent accourir tout essoufflée madame Catherine s'écriant :

— Ah! monsieur, en voilà bien d'une autre! il faut qu'on ait lâché les fous de Charenton. Heureusement la petite porte à claire-voie du jardin est fermée à clef...

Mais tenez... entendez-vous, monsieur, entendez-vous! il sonne à tout briser !

En effet Gilbert et Gilberte entendirent les tintements réitérés d'une sonnette.

— Mais au nom du ciel, madame Catherine, — dit la jeune femme — qu'est-ce que cela signifie?

— Cela signifie, madame, que cet homme-là est fou, à moins qu'il ne s'obstine à vouloir faire, comme on dit, une *farce* à ce pauvre monsieur Dumesnil (c'était le nom d'emprunt du poëte). Cet enragé qui sonne à tout briser, doit être un Provençal ou un Marseillais, il m'a dit avec son accent du midi et d'un air furieux : « Je veux parler à M. Georges Hubert! »

L'illustre écrivain tressaillit de surprise, échangea un regard désolé avec sa compagne, et frappant sur la table avec impatience, s'écria :

— Au diable! notre incognito découvert! notre retraite connue!

— Mon ami — reprit tristement la jeune femme — ainsi que toi, je regrette cette mésaventure, mais comment toutes nos précautions auront-elles été trompées?

— Moi — reprit la femme de ménage en continuant son récit, — je réponds à ce Marseillais : M. Georges Hubert ne demeure pas ici. « *Tron de l'air!* » — se récrie-t-il en roulant des yeux comme un possédé, — si vous ne « m'ouvrez pas la porte... je l'enfonce! je vous dis que

« M. Georges Hubert demeure ici ! M. Georges Hubert « l'auteur ! » Moi, je réponds au Marseillais : — Je sais bien que M. Georges Hubert est auteur, j'ai assez pleuré à ses pièces, mais je vous dis, monsieur, qu'il ne demeure pas ici. Cette maison est occupée par M. Dumesnil, employé. « — C'est justement cela — reprend le Marseillais — Georges Hubert demeure ici caché sous le nom de « Dumesnil, et... »

Mais s'interrompant à la vue des curieux qui, soit debout, soit perchés, se tenaient en dehors de la charmille et continuaient d'observer ce qui se passait dans le jardin, la femme de ménage ajouta :

— Tiens, ces dames qui regardent par ici avec des lorgnettes, et ce jeune homme grimpé dans un arbre?... Voyez donc, madame !

— Viens, rentrons ! — dit Gilbert à Gilberte avec une impatience chagrine; — il nous est impossible de rester ainsi exposés à la curiosité des passants. Ah ! maudits soient ces fâcheux !

A peine le poëte et sa compagne atteignaient-ils le petit perron du rez-de-chaussée, que le Marseillais, qui s'opiniâtrait à sonner en vain, accomplit la menace faite par lui à la femme de ménage. Il enfonça d'un coup de pied la porte fragile, et agissant d'ailleurs en homme complètement étranger à l'égoïsme, il cria aux autres curieux groupés en dehors de la charmille :

— Victoire ! la place est enlevée d'assaut... Tron de l'air ! Venez, venez...

— Monsieur ! — accourut dire dame Catherine tout effarée — monsieur, l'enragé Marseillais vient d'enfoncer la porte ! le jeune homme dégringole de son arbre ! et les dames accourent avec le gros monsieur à lunettes !

Gilberte, presque effrayée de ces hommages forcenés rendus au génie du grand écrivain, et ne voulant pas, par sa présence, compliquer cette scène étrange, se retira dans une pièce voisine du cabinet de travail où se rendit Gilbert. Celui-ci faisant, comme on dit *contre fortune bon cœur*, et sentant ce qu'il y avait d'honorable pour lui dans la curiosité flatteuse qu'il inspirait, mais qu'il fuyait par modestie, s'apprêtait à recevoir avec politesse et dignité les enthousiastes envahisseurs de sa chère solitude : calmant à grand'peine l'effarement et l'ébahissement de dame Catherine, il la pria de faire entrer l'une après l'autre dans son cabinet les personnes qui venaient de s'introduire inopinément chez lui.

Le premier visiteur qui, par *droit de conquête*, se présenta dans le cabinet de travail du poëte, fut le Marseillais, petit homme brun, pétulant, et dont l'accent méridional fortement prononcé s'alliait merveilleusement à une incroyable volubilité de paroles : Gilbert, faisant poliment quelques pas à sa rencontre, lui dit avec une parfaite courtoisie, et sans faire la moindre allusion à sa singulière invasion :

— Puis-je savoir, monsieur, ce qui me procure l'honneur de vous voir?

— Tron de l'air ! monsieur, si l'on parvient à vous voir, ce n'est pas sans peine ! — s'écria le Marseillais avec un accent de récrimination courroucée; — j'ai été obligé d'enfoncer votre porte !... c'est indigne !

— Je me permettrai, monsieur, de vous faire observer que je n'attendais ici aucune visite; il était donc assez naturel que ma porte fût fermée — répondit Gilbert avec un redoublement de politesse — et je...

— Monsieur... un homme de votre célébrité ne s'appartient pas, il appartient au public qui a fait sa gloire ! — reprit brusquement le Marseillais en interrompant Gilbert. — Se cacher comme vous le faites, c'est montrer du dédain, de l'ingratitude pour vos admirateurs !

— Monsieur... croyez au contraire que...

— Bagasse ! monsieur. Je crois ce que je vois ! Je pars de Marseille il y a quinze jours, pour faire à Paris un voyage d'affaires ; mes amis du café de la *Grainette* me disent : « Marius, tu t'en vas à Paris, c'est une fameuse « occasion de voir Georges Hubert, ce fameux Georges « Hubert que nous avons tant applaudi au théâtre. »

— Monsieur, je suis extrêmement flatté de...

— Flatté? ah oui ! il y paraît. Je suis allé en cinq jours onze fois chez vous, rue Blanche ; oui , afin de vous présenter les hommages et les respects de mes amis du café de la *Grainette*, et toujours visage de bois ! Vous croyez que c'est agréable...

— Mais, monsieur...

— Mais, monsieur, j'ai failli avoir l'œil crevé à cause de vous ! Voilà ma récompense !

— Je suis désolé de ce que...

— Oui, monsieur, l'œil crevé ! c'était à la première représentation d'*Octave*, au grand théâtre de Marseille. Moi et tous mes amis du café de la *Grainette*, nous n'avions pas dîné pour occuper les premiers bancs de l'orchestre. Nous avions appris que là devaient se nicher des cabaleurs menés par un poétereau de notre ville... Jaloux de vous, de vous, le double âne ! le triple crétin ! Jaloux de vous, une des gloires de la France !

— Monsieur, en vérité... je ne mérite pas...

— Ah ! tron de l'air ! certes, non, vous ne méritez pas que l'on risque de se faire crever l'œil pour vous, et c'est ce qui a failli m'arriver, au moment où les cabaleurs conduits par le poétereau ont commencé à murmurer dès le premier acte et à dire : Oh ! mauvais... mauvais ! — A la porte, la cabale ! — avons-nous crié, moi et mes amis du café de la *Grainette*. — A bas la claque ! — ont riposté les partisans du poétereau. — Tron de l'air ! Je monte sur mon banc et je m'écrie : — Bagasse ! Le premier qui parle de claque en recevra une !... — c'est qu'aussi j'étais exaspéré. Ne pas écouter avec attention, avec respect votre drame d'*Octave* ! un chef-d'œuvre... Je l'ai vu cinq fois, et avec plus de plaisir encore la dernière fois que la première... où j'avais, il est vrai, failli avoir l'œil crevé...

— J'en suis d'autant plus désolé, monsieur, que votre approbation me..,

— Laissez-moi donc tranquille ! vous vous en fichez pas mal de mon approbation ! Tant et si bien, que l'un des cabaleurs se lève et dit : « — Qui est-ce qui parle ici de don- « ner des claques ? — Moi — ai-je répondu — et je cla- « querai le premier viédaze qui osera cabaler contre Georges « Hubert, à commencer par vous ! » Alors ce viédaze de cabaleur qui se trouvait tout proche des musiciens, a la bassesse de saisir le trombonne d'un exécutant, et de m'en flanquer un coup à travers la figure. Bagasse! je suis tombé couvert de sang. J'ai cru avoir l'œil crevé... il m'en reste, vous pouvez le voir, une fière cicatrice. Le public, indigné, a mis les cabaleurs à la porte, car, à Marseille comme à Paris, comme partout, on es est fanatique de vous ! Enfin, l'on m'a transporté au café du Théâtre pour me panser. Mais à peine le pansement fini, il n'y a pas eu moyen de me retenir; malgré mes amis du café de la *Grainette*, j'ai voulu rentrer au théâtre avec mon bandeau sur l'œil, pour assister à la représentation de votre chef-d'œuvre, l'applaudir à tout rompre... et pour récompense, il me faut enfoncer votre porte afin de me procurer l'avantage de vous voir ! Tron de l'air !... est-ce croyable ?

— Monsieur, de grâce, laissez-moi vous expliquer la cause de...

— Et encore sans l'article du *Furet*, que j'ai lu hier, je n'aurais pas pu vous dénicher ici !

— Quel article, monsieur?

— Hé ! bagasse ! un article où le *Furet* dit que vous habitez ici, avenue Méricourt n° 3, sous un nom supposé, avec une héritière du côté de Bordeaux et riche à millions. Cela m'est bien égal à moi, l'héritière ! habitez avec toutes les héritières que vous voudrez... mais je tenais seulement à vous dire votre fait : Monsieur Georges Hubert, vous n'êtes qu'un ingrat !

— Monsieur...

— Oui, monsieur, un ingrat, et de plus un dédaigneux... Moi qui ai manqué perdre l'œil pour vous, moi votre fanatique, moi qui me serais fait, ainsi que mes amis du café de la *Grainette*, hacher pour vous soutenir envers et contre tous !!

— Mais, morbleu ! monsieur, laissez-moi donc vous répondre et vous expliquer pourquoi je suis obligé de...

— Voyez-vous, maintenant, malgré votre talent, j'ai autant d'aversion pour vous que j'avais d'admiration ! c'est absurde, mais l'on n'est pas maître de ça... non... et comme on donne ce soir aux Français une première représentation de vous, bon, bon, suffit. Ah ! tron de l'air !! vous pouvez-être certain que cette fois-ci je ne risquerai pas de me faire crever un œil pour empêcher la cabale... au contraire... quand je devrais faire queue depuis midi et payer une place de parterre quarante francs... je serai aux Français ce soir. J'ai exprès retardé mon voyage d'un jour ; encore des dépenses auxquelles vous m'aurez forcé, car la vie est horriblement chère à Paris ! merci ! mais c'est égal... ce soir à votre première représentation... *je ferai mes frais*, comme nous disons au café de la *Grainette*... Et là-dessus... serviteur, je ne vous prends pas en traître ! J'étais votre fanatique ! mais maintenant je connais votre ingratitude et je vous déteste autant que je vous ai admiré !

Ce disant, cet admirateur déçu et irrité sortit du cabinet de Gilbert encore plus furieux et irrité qu'il n'y était entré. Presque aussitôt parurent les deux Anglaises.

L'une, grande et osseuse, portait sous son chapeau de faux bandeaux de cheveux blonds, ornés d'une ferronnière de diamants et montrait à chaque instant des dents d'une longueur formidable ; sa compagne, beaucoup plus jeune, était fort jolie ; toutes deux s'avancèrent dans le cabinet de Gilbert d'un pas égal et d'une raideur automatique, comme si elles eussent obéi à l'impulsion d'un même ressort, puis s'arrêtant à quelques pas de l'illustre écrivain, la plus jeune des deux visiteuses appliqua son binocle à ses yeux, et elles commencèrent à regarder de ci de là, autour d'elles, examinant avec une curiosité indiscrète et flagmatique l'appartement du poëte et sa personne, parlant bas en anglais, et élevant seulement de temps en temps la voix pour se dire ou se répondre :

— *Oh yes!*

— *Oh no!*

Gilbert, déjà peiné de l'algarade de son ex-admirateur, et s'impatientant de l'examen dont il était l'objet, mais n'oubliant pas qu'il parlait à des femmes, s'avança vers les deux Anglaises, les salua poliment et leur dit :

— Mesdames... pourrais-je savoir ce qui me procure l'honneur de votre visite?

Les deux Anglaises se consultèrent du regard, et chuchotèrent encore à voix basse, puis faisant à leur tour, et simultanément, quelques pas à l'encontre du poëte, toujours comme si elles eussent été mues par le même ressort, elles s'arrêtèrent, et la plus âgée, souriant d'un air aimable et montrant ses longues dents, dit à Gilbert en lui faisant un petit signe de tête des plus engageants :

— Le *Furette*...

— Madame? — fit le poëte — vous me faites l'honneur de me dire?

— Le *Furette*... le... petit bête !...

— Oh ! no... no, — reprit la plus jeune en regardant sa compagne, — no pas le petit bête... le petit journal...

— Oh yes, — reprit l'autre, et s'adressant à Gilbert en découvrant jusqu'aux gencives ses dents vraiment phénoménales ; — oh yes... le *Furette*... le petite journal... nous avons lu lui, et connu la demeure de vô... et nous venions voir vô... et le dedans de vô !!

Et après un dernier regard jeté sur le poëte et sur *son*

dedans (l'intérieur de son cabinet), les deux Anglaises lui adressèrent un petit signe de tête des plus dégagés, en manière d'adieu, tournèrent sur leurs talons et sortirent de ce même pas raide, compassé, automatique qui leur était particulier.

— Au diable le journal qui me vaut de si fâcheuses visites! — s'écria Gilbert. — Mais comment a-t-on pu savoir... — Puis un souvenir soudain éclairant son esprit : — Plus de doute! la nièce de madame Catherine est servante chez le rédacteur du *Furet*. Ce journaliste, grâce à des *fac-simile* partout répandus, reconnaissant mon écriture dans la lettre que m'a dictée notre femme de ménage, et soupçonnant quelque mystère, aura interrogé sa servante; celle-ci aura répondu que la lettre avait été sans doute écrite par un employé de qui sa tante faisait le ménage. La curiosité du rédacteur excitée, il sera venu rôder autour de cette maison, m'aura reconnu et de là... son indiscrète révélation sur ma retraite partagée avec une riche héritière de Bordeaux... Pourquoi de Bordeaux? Ah!... je comprends, cette vieille malle donnée par ma femme à madame Catherine portait encore la désignation du lieu de départ et d'arrivée de la voyageuse! il n'en a pas fallu davantage au *Furet* pour bâtir son histoire... et jeter en pâture au public les incidents de ma vie privée, transformer ma femme en riche héritière et me forcer de quitter cette retraite dont la situation nous plaisait, où nous vivions heureux et ignorés. Oui, cette damnée lettre écrite par moi a causé tout le mal... mais qu'y faire! mes moindres billets ont la gloire de devenir des autographes.. et les *fac-simile* de mon écriture sont aussi répandus que mon portrait! Gardez donc votre incognito après cela! Oh! maudite soit la renommée! Je ne jouis pas de ses plaisirs, je ne ressens que ses ennuis!

Pendant que Gilbert, péniblement préoccupé, donnait ainsi cours à ses regrets, il n'avait pas vu s'approcher le gros homme à lunettes, porteur d'un énorme album et qui, entrant sur la pointe du pied, aussitôt après le départ des deux Anglaises, s'était glissé dans le cabinet. Ce fâcheux, afin d'attirer l'attention du célèbre écrivain qui lui tournait le dos et ne s'apercevait pas de sa présence, toussa par deux fois. A ce bruit, Gilbert se retourna brusquement et l'homme aux lunettes s'avança, souriant de l'air le plus caressant, et dit en montrant son album :

— Je viens auprès du plus illustre poëte de notre époque, sans avoir l'avantage d'être connu de lui, et après m'être bien des fois inutilement présenté à son domicile de la rue Blanche, quêter la faveur de dix lignes de son écriture; elles seront les diamants de mon écrin déjà si riche... Il renferme, entre autres, des spécimens de l'écriture de tous les souverains de l'Europe... il ne manque à ma collection, pour lui donner tout son prix, qu'un autographe du grand poëte qui est aussi roi par le génie...

Gilbert en d'autres circonstances eût, selon son habitude, accueilli avec courtoisie cette flatteuse demande de quelques lignes de son écriture, mais cette demande venait si mal à propos, en ce moment même où le poëte en était à maudire la glorieuse publicité donnée à ses moindres billets, que, réprimant à peine son impatience, il dit à l'homme à l'album :

— Je regrette extrêmement, monsieur, de ne pouvoir répondre à un désir très-honorable pour moi, mais je me suis irrévocablement promis, si peu de valeur que puisse avoir mon écriture, de n'en plus donner à personne!

— Ah! monsieur, vous n'aurez pas le courage... que dis-je... la barbarie de me refuser...

— Je vous en conjure, monsieur, épargnez-moi la nécessité de vous réitérer un refus... pénible...

— Monsieur... ah! monsieur, songez que j'attache un prix inestimable à ces quelques lignes de votre main... Ces lignes seules donneront à ma collection son entière valeur!

— Mon Dieu, monsieur, je sens combien je dois me trouver flatté de votre insistance; mais je ne puis faire ce que vous désirez.

— Monsieur... je vous en supplie.

— Ma résolution, j'ai l'honneur de vous le répéter, est inébranlable.

— Permettez-moi seulement, monsieur, de vous montrer cette belle page de vélin blanc, ornée de vignettes, que je vous réservais, — dit l'homme aux lunettes en ôtant prestement son album de son étui de maroquin et le développant sur le bureau du poëte; — voyez, monsieur, votre écriture sera placée entre celle de Sa Majesté la reine d'Angleterre et de celle de Sa Majesté la reine d'Espagne!!

— Monsieur... j'ai déjà eu l'honneur de vous dire que...

— Préférez-vous le voisinage de la reine Pomaré? tenez, monsieur, voilà un billet d'elle, écrit à M. Pritchard à propos de la naissance du dix-septième enfant de cette féconde majesté!

— Monsieur, je suis malheureusement obligé de sortir... et...

— Ce sera si vite fait... de grâce, seulement votre signature... tenez, voici votre plume... cette plume incomparable... illustre, qui a écrit tant de divins chefs-d'œuvre...

Et l'amateur d'autographes imbiba la plume d'encre et la présenta au poëte.

— Allons, monsieur, c'est l'affaire d'un instant.

— Mais, monsieur...

— Préférez-vous le voisinage de Sa Majesté le czar Nicolas? il reste une page blanche à côté de celle... où...

— Monsieur, j'ai eu l'honneur de vous dire, et je vous répète une dernière fois que je regrette de ne pouvoir faire ce que vous me demandez...

— Soit, monsieur, — reprit l'amateur d'autographes

en fermant brusquement son album et le remettant dans son étui ; — je ne pensais pas mériter un pareil accueil à propos d'une demande dont tant d'autres personnes, peut-être non moins illustres que vous, se trouveraient, permettez-moi de vous l'affirmer... infiniment honorées...

— Je n'en saurais douter, monsieur... seulement, moi, je décline cet honneur.

— Dieu merci, quoique privé de votre nom, monsieur, mon album ne perdra pas pour cela sa valeur.

— Évidemment, monsieur... quelques lignes de moi n'auraient en rien augmenté la richesse de votre collection...

— Ma foi, monsieur, — reprit le fâcheux en rebouclant la courroie de l'étui de son volume — je vous avouerai que mon album est... assez illustré par les noms qui figurent sur ses pages... pour qu'il puisse, à la rigueur, parfaitement se passer du vôtre !

— Hé, monsieur, — reprit Gilbert avec impatience — que n'avez-vous eu cette conviction plus tôt ! elle vous eût épargné une demande et à moi un refus...

— Vous pouvez être certain, monsieur, que je n'oublierai jamais... oh ! jamais, avec quelle bonne grâce j'ai été accueilli par vous, — dit l'amateur d'autographes avec un sourire contraint et sardonique en remettant son album sous son bras ; puis reprenant son chapeau, il sortit brusquement et se croisa avec un tout jeune homme qui, entendant ouvrir la porte, s'était précipité dans le cabinet du poëte.

XIX

L'adolescent qui se présenta chez le célèbre écrivain aussitôt après le départ courroucé de l'amateur d'autographes, avait au plus dix-huit ans : l'on ne saurait imaginer une plus charmante figure que la sienne, figure doublement intéressante par sa légère pâleur, par le timide et doux regard de ses grands yeux bleus, et par le sourire mélancolique qui effleurait ses lèvres. L'adolescent tenait entre ses mains le gros rouleau de papier qui avait failli tomber de sa poche, lorsque, dans l'effervescence de son âge, il s'était élancé sur l'arbre afin de pouvoir mieux contempler le grand poëte, objet de son juvénil enthousiasme, de son culte religieux ; aussi, après être entré précipitamment dans le cabinet, il s'arrêta, plein de trouble, rougissant, le cœur palpitant, et n'osant lever les yeux sur l'homme illustre dont la présence lui causait une émotion si profonde.

Gilbert, touché de l'embarras et de la jeunesse du débutant littéraire, frappé de l'expression de ses traits, devinant le but de sa visite à la vue du manuscrit qu'il tenait entre ses mains, fit quelques pas à sa rencontre, et lui dit avec une bienveillance encourageante, en lui montrant un siège près du sien :

— Veuillez, monsieur, prendre la peine de vous asseoir.

Le jeune homme s'assit tout au bord du siège, et, roulant son manuscrit entre ses mains, répondit en baissant les yeux, et d'une voix si faible qu'on l'entendait à peine.

— Monsieur..... c'est moi qui suis..... *Auguste Clément.*

— *Auguste Clément ?...*

— Oui, monsieur.

— Pardon... mais je ne me rappelle pas...

— Monsieur, je vous ai envoyé un drame intitulé LA MORT DANS LA VIE. J'ai été grand nombre de fois chez vous, rue Blanche, sans pouvoir vous rencontrer... Je vous ai aussi écrit bien souvent, sans jamais recevoir de réponse.

L'adolescent parut tellement chagrin en prononçant ces derniers mots que le poëte lui dit avec un redoublement de bienveillance et de courtoisie :

— Monsieur, j'ai des excuses à vous faire... Je me rappelle maintenant votre nom et votre drame, que j'ai lu ; très-attentivement lu... Si j'ai tant tardé à vous répondre, ce dont je vous demande encore mille fois pardon, c'est que j'ai été depuis quelque temps fort occupé des répétitions d'un ouvrage que l'on joue ce soir... Ceci dit, mes excuses agréées par vous, et laissez-moi espérer qu'elles le sont... parlons de votre drame...

— Ah ! monsieur, — répondit l'adolescent rougissant, pâlissant tour à tour et en proie à une angoisse profonde, — comme le cœur me bat... vous allez décider de mon sort.

— Je voudrais du moins vous voir écouter mes avis. Aussi vais-je vous parler franchement ; dites-moi d'abord, et n'attribuez cette question qu'au véritable intérêt que vous m'inspirez, quelle est votre position ? Vous occupez-vous de littérature ; seulement par goût et comme passe-temps ?

— J'habite avec mes parents, monsieur, ils sont dans le commerce, ils voudraient me faire embrasser leur profession, jamais je ne pourrai m'y résigner ; je n'ai de goût que pour la littérature, — et Auguste Clément ajouta d'une voix un peu plus rassurée : — Il me semble que la littérature... est ma seule vocation...

Le poëte contempla la douce et intéressante figure de l'adolescent avec une sorte de tendre commisération ; après un moment de silence, il lui dit d'un ton à la fois affectueux et grave :

— Monsieur Clément, j'ai toujours regardé comme devoir d'honneur de répondre par une entière sincérité à la confiance des débutants dans la carrière des lettres, lorsqu'ils me font l'honneur de me communiquer leurs premiers essais et de me demander mes conseils ; mon appréciation, je m'en félicite, m'a jusqu'ici rarement trompé, trouvant chez les uns des aptitudes réelles, j'ai encouragé, facilité de tout mon pouvoir leur vocation, et souvent leurs succès ont justifié mes prévisions. Ne trouvant même pas chez les autres le germe ou l'indice de ces aptitudes indispensables au poëte ou à l'écrivain, je leur ai dit : « Croyez moi, renoncez à des illusions dangereuses; « abandonnez une carrière où vous ne rencontreriez que « déceptions cruelles, regrets amers et pauvreté! mais « n'abandonnez pas pour cela le culte de l'intelligence; « non, non! si informes que soient vos essais, ils annon- « cent du moins un goût prononcé pour les lettres. Ce « goût, cultivez-le durant les moments de loisir que vous « laissera une profession utile, honorable, qui vous assu- « rera le pain de chaque jour; oh! alors, en de telles con- « ditions, le goût des lettres deviendra pour vous un noble « délassement; cette distraction salutaire vous préservera « d'entraînements souvent pernicieux à votre âge, et vous « donnera les plaisirs les plus purs, les plus élevés dont « l'âme puisse jouir... » Voilà, monsieur Clément, ce que j'ai toujours dit à ceux qui... par une erreur, digne d'intérêt d'ailleurs, regardaient comme une vocation réelle leur goût passionné pour les lettres; vous êtes de ceux-là, monsieur Clément, je vous le dis sincèrement, sans détours, certain qu'en homme de cœur vous apprécierez la franchise de mon langage.

L'adolescent avait d'abord écouté le poëte avec un mélange d'espérance et d'anxiété impossibles à rendre ; un léger tremblement agitait ses mains, la sueur perlait son front candide, et, surmontant sa timidité, il attachait ses grands yeux bleus et mélancoliques sur ceux de l'homme qui allait décider de sa destinée... mais aux dernières paroles qui lui ôtaient tout espoir, Auguste Clément devint encore plus pâle que d'habitude, ses lèvres s'agitèrent sans faire entendre aucun son, les larmes inondèrent son visage, qu'il cacha dans ses mains... Puis il murmura d'une voix désespérée :

— Mon Dieu! mon Dieu...

Le poëte, douloureusement ému, prit une des mains de l'adolescent, et lui dit avec une bonté paternelle.

— Ah! mon pauvre enfant! croyez-moi, il me faut puiser dans ma conscience un certain courage pour me résoudre à détruire, comme je le fais en ce moment, de jeunes illusions, de riantes espérances... au lieu de les flatter par quelques louanges banales ou insoucieuses: peut-être en ce moment, je vous parais sévère, blessant, injuste... et pourtant j'accomplis l'impérieux devoir que votre confiance m'a imposé. Allons, courage... ne vous désolez pas ainsi... n'est-il pas au monde d'autre carrière que celle des lettres?

Auguste Clément releva son doux visage inondé de pleurs, les essuya du revers de sa main, et reprit d'une voix entrecoupée par les sanglots qu'il ne pouvait étouffer :

— Ainsi... monsieur... ce drame... ce drame...

— Votre drame, mon enfant, je l'ai lu, le voici, — répondit Gilbert en prenant un manuscrit dans un tiroir de sa table. — Je l'ai lu très-attentivement... plusieurs notes marginales écrites par moi au crayon vous feront connaître les critiques les plus fondamentales, et, malheureusement, ces critiques sont d'une telle gravité, que, dans l'intérêt de votre avenir, je vous adjure de vous rendre aux désirs de vos parents, d'embrasser comme eux l'utile carrière du commerce, et, ainsi que je vous le disais, de ne vous occuper de littérature que pour charmer noblement vos loisirs...

— Ah! monsieur, — répondit l'adolescent avec un accent de douleur navrante et résignée, — je ne me plains pas... mais sans le vouloir, vous me rendez bien malheureux! hélas!... pas un mot!! pas un seul mot d'encouragement!

— Des encouragements!... à quoi vous encourager, mon pauvre enfant? à poursuivre une carrière pour laquelle vous n'avez aucune aptitude? Voyons, raisonnons un peu, — reprit le poëte de plus en plus apitoyé. — Vous me parlez d'encouragement? Supposons qu'au lieu de lire attentivement votre drame et de le juger avec une sévérité consciencieuse, je l'aie laissé dans ce tiroir, puis, qu'au bout de quelque temps et sans avoir seulement jeté les yeux sur votre manuscrit, je vous l'aie renvoyé accompagné d'un billet contenant ces mots ou leur équivalent : « *Monsieur, j'ai lu votre drame, il donne les plus bril-* « *lantes espérances; je suis certain qu'elles se réaliseront* « *bientôt : courage et persévérance, vous êtes un homme* « *de style et de pensée... l'avenir est à vous, etc. etc...* »

— Oh monsieur! — s'écria l'adolescent en joignant les mains, — une telle lettre de vous m'aurait rendu si heureux!... m'aurait donné tant de courage... quand même je n'aurais pas mérité ces louanges de votre part!

— Ah! pauvre enfant, quelle erreur est la vôtre! vous ne songez donc pas aux funestes conséquences d'une louange menteuse? savez-vous ce qui serait arrivé? encouragé par ma lettre, ivre de joie et d'espérance, vous adressiez aussitôt votre drame à quelque directeur de théâtre, attendant de jour en jour une réponse favorable, — ne vous avais-je pas écrit : que votre drame vous assurait un glorieux avenir? — de sorte que déjà vous rêviez les enivrements d'un succès prochain; et pourtant les jours, les semaines, les mois se passaient, la réponse du directeur n'arrivait pas; alors à vos rêves enchanteurs, succédaient le découragement, la tristesse, le doute de vous-même. Et encore non, non, malheureusement, vous ne pouviez douter de votre vocation ; ne l'avais-je pas encouragée, glorifiée! grâce à mes louanges imprudentes et menteuses, à chaque déception nouvelle, vous relisiez ma lettre avec un orgueil amer. « Et pourtant j'ai du talent — vous disiez-vous. — « Un écrivain de renom, un honnête homme qui n'avait

« aucun intérêt à me tromper, moi qui m'adressais loya-
« lement à lui, m'a promis un glorieux avenir, et cet
« avenir serait le mien, sans le mauvais vouloir, sans l'in-
« justice des hommes... je suis un talent inconnu... étouffé
« à sa naissance, je suis un TALENT INCOMPRIS ! » — Ah !
tenez, mon enfant, je m'indigne quand je pense aux rires
méprisants que soulèvent toujours ces mots : *un talent
incompris* ! Ils ne savent donc pas ces stupides et féroces
railleurs, que pour celui-là qui se croit un talent incompris, la vie... est un supplice de tous les instants! la jalousie, la haine, rongent son cœur noyé de fiel ! Si légitimes qu'ils soient, les succès d'autrui semblent à cet
infortuné un vol fait à son génie méconnu ! une insulte à
sa misère imméritée ! il maudit Dieu et les hommes et
lui-même ! Un talent incompris ! mais c'est l'envie, l'impuissance, la rage, la douleur ! mais c'est l'enfer! et pourtant quelques flatteries accordées par faiblesse, insouciance
ou misérable coquetterie de popularité, peuvent plonger
à jamais dans cet enfer une âme d'abord confiante et
bonne! Non, non! j'aurais horreur de moi-même si je
m'exposais jamais à commettre un tel crime. Et maintenant dites, mon cher enfant, dites, vous étonnerez-vous
encore de me trouver si sévère dans ma franchise? me
reprocherez-vous encore de ne pas vous donner le moindre encouragement au risque de faire de vous un *talent
incompris.*

Ces paroles du poëte, chaleureuses, cordiales, con-
vaincues, impressionnèrent profondément l'adolescent;
son angélique visage, reflétant tour à tour les agitations
de son âme, avait exprimé la pitié, la douleur ou l'effroi,
à mesure que Gilbert lui montrait les terribles conséquences de ces louanges banales, parfois si complaisamment
prodiguées aux débutants littéraires par des écrivains illustres. Aussi, les yeux baignés de larmes, Auguste Clément s'écria-t-il d'une voix altérée :

— Oh! merci, monsieur, merci de votre franchise, elle
m'aura sauvé de l'affreux supplice auquel sont voués les
talents incompris... il ne me restera du moins aucune illusion... aucune... et après une dernière preuve de générosité de votre part, mon sort sera fixé... Ah! monsieur...
cette dernière preuve de bonté, par pitié ! donnez-la-
moi !

— De grand cœur... de quoi s'agit-il?

— Mon drame ne vaut rien, n'est-ce pas, monsieur? —
reprit l'adolescent avec un soupir étouffé, — absolument
rien?

— Non, mon enfant, selon moi du moins, et je vous
l'ai dit, vous trouverez des notes marginales à l'appui de
mon jugement.

— Monsieur, je crois à vos paroles comme je croirais à
celles de Dieu, s'il me parlait... et puis combien vous êtes
bon! avoir pris la peine d'annoter vous-même un si mauvais ouvrage... un ouvrage qui n'annonce pour le théâtre

aucune disposition, n'est-ce pas, monsieur, aucune?...
pas la moindre...

— Pas la moindre.

— Même en tenant compte de l'inexpérience naturelle
à un premier ouvrage? — reprit Auguste Clément avec un
mélange de désespoir contenu, de résignation touchante,
et, si cela peut se dire, d'espérance agonisante. — Enfin
mon drame ne vous permet pas d'espérer que je ferai
mieux un jour?... et qu'à force de soins, de persistance,
d'études, de travail... Oh! je travaillerais avec tant d'ardeur, si vous me disiez : Travaillez !

— Mon enfant, à force de travail, vous parviendrez, je
l'espère, à écrire correctement votre langue, science qui
vous manque absolument jusqu'ici, mais ni l'étude ni le
travail ne nous donnent jamais l'invention : cette faculté
de créer des caractères, des personnages, et de les faire
agir au milieu de situations dramatiques qu'il faut aussi
créer; cette faculté, don pour ainsi dire naturel, analogue
aux aptitudes qui font les peintres et les musiciens, cette
faculté, vous ne la possédez pas... Je ne peux évidemment
affirmer qu'elle ne se développera pas plus tard...
mais...

— Vraiment vous croyez... — s'écria l'adolescent avec
un accent d'espérance, d'une ténacité naïve, — vous
croyez que plus tard...

— Pauvre enfant ! reprit Gilbert en secouant mélancoliquement la tête, il m'est impossible de vous empêcher
de conserver un vain espoir; mais, loin de l'encourager, je vous répéterai, quoique à regret : rien, absolument
rien dans votre drame ne peut me faire supposer que ce
don d'invention existera un jour en vous; car, s'il en devait
être ainsi, ce don se serait révélé dans quelque partie de
votre drame, et je n'y ai malheureusement pas trouvé le
moindre indice d'une véritable vocation littéraire...

— Je vous crois, monsieur, — répondit l'adolescent avec
un morne et sombre accablement, — je vous crois. —
Puis, faisant un grand effort sur lui-même, il reprit : —
Tout à l'heure... j'ai osé solliciter de vous, monsieur, une
dernière preuve de bonté.

— Parlez, disposez de moi.

— Je n'ai, vous m'en avez convaincu, monsieur, aucune disposition pour le drame... j'y renonce... il me reste
cependant, malgré moi, une espérance. — Et offrant timi-
dement au poëte le rouleau de papier qu'il tenait dans sa
main, — il ajouta d'une voix tremblante : Si plus tard...
si un jour vous aviez le temps de lire ceci... ce sont des
odes... des odes adressées à une personne... une personne... nommée *Lucile.*

Auguste Clément, rougissant, prononça ces derniers mots
et ce nom de *Lucile* avec un accent si doux, si navré, que
Gilbert se dit :

— Pauvre enfant... un naïf et premier amour sans
doute. C'est pour *Lucile* qu'il rêvait la gloire!... peut-être

ces odes écrites sous l'inspiration d'une femme aimée me révéleront-elles quelque indice, si faible qu'il soit, d'une vocation sérieuse... Oh alors! avec quel bonheur je dirais : Courage... à ce cœur souffrant et désolé.

Et le poëte, cédant à une généreuse espérance, reprit tout bas en déroulant le manuscrit avec une impatiente curiosité :

— Voyons les odes et sur l'heure...

— Quoi, monsieur.. j'ai déjà si longtemps abusé de vos moments et vous voulez bien encore...

— Mon enfant... je devine vos angoisses; je ne veux pas prolonger cette espèce d'agonie morale; du moins lorsque tout à l'heure nous nous quitterons... vous serez fixé sur votre avenir... si toutefois vous acceptez ma décision.

— Monsieur... quel que soit votre jugement... je l'accepte d'avance... il réglera mon sort, — reprit le jeune homme d'une voix sourde, mais plus ferme, et avec un accent de résignation presque sinistre, qui échappa au poëte, déjà occupé de lire les odes.

Il faut renoncer à peindre la physionomie, l'attitude, les angoisses terribles... oh! oui, terribles, d'Auguste Clément durant la lecture de ses odes faite par Gilbert, non pas avec une insoucieuse précipitation, mais avec une lenteur réfléchie.

L'adolescent, pâle, le front baigné de sueur, la respiration oppressée, couvant le poëte du regard, épiait avec une avidité inquiète le moindre pli de la bouche, le plus léger tressaillement des sourcils de son suprême arbitre!

Hélas! Gilbert l'avait dit : ce devait être pour Auguste Clément une *agonie*, que d'assister à la muette lecture de ses odes, l'agonie de sa mourante espérance! mais avant son complet anéantissement, combien d'angoisses! combien de douloureuses convulsions! Tantôt l'adolescent voyait son JUGE approcher le manuscrit de ses yeux, comme s'il eût voulu relire quelques vers, puis, pensif, lever ses regards au plafond, semblant se demander : Qu'est-ce que cela signifie... et bientôt un geste indiquait qu'il ne comprenait pas, ou qu'enfin il ne comprenait que trop; tantôt découragé, ses deux mains tenant le manuscrit s'abaissaient et se reposaient sur la table, comme si, malgré lui, les forces lui eussent manqué pour poursuivre cette lecture; tantôt enfin ses traits révélaient une compassion douloureuse pour l'aberration de ce malheureux enfant, à qui cette œuvre informe, absurde, sur laquelle il fondait de si glorieuses espérances, avait dû coûter tant de veilles!

Toutes ces nuances presque imperceptibles de la physionomie, du geste, de l'attitude de Gilbert, le seul regard d'Auguste Clément, le seul regard d'un *auteur*... pouvait les surprendre; car le poëte, dans sa délicate réserve, s'efforçait de contenir ou de cacher ses impressions jusques à la fin de sa lecture... Lorsqu'il l'eut terminée, il déposa lentement le manuscrit sur la table, et se tourna vers l'adolescent; celui-ci, les lèvres contractées par un sourire amer qui donnait à sa figure, jusqu'alors si angélique dans sa résignation, une expression de sombre désespoir, attacha sur Gilbert ses yeux rougis par les larmes, et lui dit d'une voix altérée :

— Les odes ne valent pas mieux que le drame, n'est-ce pas, monsieur?... Oh! je m'y attendais... Allons.., c'est fini, tout est fini pour moi!...

Le grand écrivain, navré de cette douleur, prit affectueusement la main de l'adolescent et lui dit :

— Mon enfant, permettez-moi quelques questions.

— A quoi bon.., monsieur?... tout est fini pour moi...

— Non, tout n'est pas fini pour vous : je vous en supplie, répondez, vos parents sont-ils dans l'aisance?

— Oui, monsieur.

— Quel est leur commerce?

— Ils sont.., ils sont... épiciers.

— Jusqu'à présent leur tendresse vous a-t-elle fait défaut?

— Jamais, monsieur; seulement mon père me gronde lorsque, au lieu de rester à la boutique, je monte dans ma chambre... pour lire... et travailler.

— Et votre mère?... elle est, j'en suis certain, plus indulgente?

— Elle m'excuse auprès de mon père.

— Votre mère... vous l'aimez tendrement?

— Oh oui, monsieur... c'est pour elle... et pour une autre personne... que... je... voulais...

— Achevez...

— Je m'étais dit : Si j'avais du talent.,. comme ma mère et... et... une autre personne... seraient fières de moi... Mais bah! — ajouta-t-il avec un éclat de rire convulsif, presque égaré, — illusion! démence! Je n'étais fait que pour être garçon épicier, c'est si glorieux!

— Oui, il est plus glorieux d'exercer honnêtement une profession modeste que d'user sa jeunesse à des travaux stériles; tenez, mon enfant, croyez-moi et surtout ne vous méprenez pas sur le sens de mes paroles, gardez-vous surtout d'y voir un encouragement à de dangereuses espérances...

— Oh! ne craignez rien, monsieur, — répondit le jeune homme avec un sinistre accablement. — Je n'ai plus... je ne peux plus avoir d'espérances... elles sont mortes... bien mortes... vous les avez tuées...

— Tant mieux, car elles auraient fait le malheur de votre vie; mais après avoir, autant qu'il était en moi, tâché de vous montrer le néant de funestes illusions, je vous dirai ceci : Vos odes, non plus que votre drame, n'annoncent en quoi que ce soit la moindre vocation poétique; mais elles prouvent votre goût pour les lettres : ce goût est excellent en soi, cultivez-le, je vous le répète, dans les moments de loisir que vous laissera la profession à laquelle vos parents vous destinent; cette profession, embrassez-la résolûment; satisfaites ainsi aux vœux de votre père : à cette condition je vous dirai : Écrivez encore; cette distraction... pourvu qu'elle ne soit qu'une distraction, est bonne et saine; venez me voir chaque dimanche, je lirai vos nouveaux essais, nous en causerons, et si par aventure, je devrais dire par impossible... plus tard je découvrais dans vos écrits les symptômes de quelque aptitude littéraire, je serai aussi sincère dans mes encouragements que j'ai été sévère dans mes critiques; mais avant tout, je vous le répète, livrez-vous activement à cette profession qu'un puéril préjugé vous porte à dédaigner. Je sais l'adresse de votre demeure, et si vous voulez conserver nos relations, il faut me permettre d'aller voir votre père, de m'enquérir de lui si vous suivez mes conseils; en ce cas, je tiendrai ma promesse, et nous nous reverrons souvent pour causer de littérature. Allons, mon enfant, quittez cet air morne, désolé; savez-vous que votre chagrin est un outrage à l'infortune de tant de jeunes gens, qui, dans l'abandon, dans la misère où ils vivent, ambitionneraient la vie paisible et heureuse que vous semblez dédaigner? Mais quoi! vous ne me répondez pas — ajouta Gilbert voyant Auguste Clément, l'œil fixe et hagard, rassembler et rouler machinalement les feuillets épars de son manuscrit.

— Mon enfant, — reprit le poète frappé, presque effrayé cette fois de l'expression des traits de l'adolescent, — vous ne m'avez donc pas écouté?

— Si... oh si!... — reprit le malheureux jeune homme avec un éclat de rire sardonique; — je ne suis bon qu'à être *un garçon épicier.* — Puis, levant au plafond ses yeux désolés, il soupira ces mots d'une voix désespérée :

— O mes rêves! ô *Lucile!!* c'est fini, c'est fini..... — Et après un moment de silence, se levant brusquement, il dit à Gilbert avec un accent de poignante amertume et de reproche :

— Peut-être, monsieur, d'autres pauvres jeunes gens, attirés comme moi par votre renom de générosité, viendront aussi vous confier des essais... détestables, pitoyables, comme le sont les miens! Je suis bien sot, bien jeune, et, je l'avoue, incapable d'être même garçon épicier, car ce bel état ne sera pas le mien... laissez-moi pourtant, monsieur, vous donner un conseil : une autre fois, prenez garde, voyez-vous, prenez garde... de tuer les gens... en voulant les guérir!

Et, après cette brusque apostrophe, dont le poète resta un moment stupéfait, Auguste Clément, serrant brusquement ses manuscrits dans ses mains crispées, quitta précipitamment le cabinet de Gilbert : celui-ci, malgré lui, se sentit d'abord blessé des adieux amers de cet adolescent, qu'il venait de traiter avec une sage et paternelle bonté! Puis, se reprochant ce mouvement d'irritation, il se dit :

— Soyons indulgent : ce n'est pas sans douleur qu'à cet âge l'on voit ses illusions détruites... « Prenez garde, » m'a-t-il dit avec amertume, « prenez garde: souvent, en voulant guérir les gens on les tue. » Pauvre enfant! puissé-je avoir tué en lui sa fausse et funeste vocation; elle eût abreuvé sa vie de dégoûts et de chagrins!

Gilberte parut à la porte de la pièce voisine, où elle s'était tenue jusqu'alors, et dit à demi-voix en s'avançant un peu hors du seuil :

— Ami... tu n'as plus personne à recevoir?

— Non, pas que je sache, Dieu merci!

D'un bond la jeune femme fut auprès de Gilbert, elle le serra dans ses bras et l'embrassa tendrement lui disant :

— Avec quelle bonté délicate, patiente et éclairée tu as conseillé ce jeune homme! quelle peinture terrible et vraie des *talents* incompris, ces victimes des flatteries mensongères! Oh! mon ami, avec quel ravissement je t'écoutais! Va, tu accomplis dignement, ce religieux sacerdoce que le génie t'impose... — Puis souriant : — Et ta réponse à cet amateur forcené d'autographes, qu'elle était piquante et juste! Et ces deux Anglaises! non, il n'y a au monde que des Anglaises, assez courageusement excentriques, pour oser venir chez un homme, afin de le voir et... — Mais s'interrompant, Gilberte ajouta : — Est-ce donc à moi de m'étonner de l'excentricité de ces pauvres Anglaises? comme elles, ne suis-je pas venue, il y a deux ans, et seule... et la nuit pour voir, pour admirer le grand poëte! Chères sœurs en admiration, pardonnez-moi de m'être un moment étonnée de trouver en vous un sentiment qui fait ma vie! Oh! mon bien-aimé, quelle gloire est la tienne! Ton nom n'est plus un nom, mais un *titre* au-dessus de tous les vains titres de noblesse! Il n'est pas jusqu'à ce digne Marseillais, si bourru dans son enthousiasme pour toi, qui ne témoigne de l'inconcevable, ou plutôt très-concevable influence que ton nom exerce... Oh! mon prince de l'esprit! combien vous êtes célèbre! combien vos royaumes sont vastes et vos sujets nombreux!

— Enfant! — reprit Gilbert en souriant mélancoliquement à l'orgueilleuse joie de la jeune femme — que l'influence exercée par mon nom soit méritée, je diffère avec toi d'avis sur ce point; mais à tort ou à raison, cette influence existe, j'en suis profondément honoré; seulement, avoue-le, tendre amie, si toutes mes journées ressemblaient à celle-ci, et, je le sais par expérience, elles y ressembleraient presque toutes, si notre porte demeurait ouverte à chacun, avoue qu'au milieu de journées ainsi occupées, mes travaux, mes études, notre tendre intimité, nos chères et douces distractions deviendraient à jamais impossibles?

— C'est vrai. Mais j'y songe... comment donc ce maudit journal a-t-il pu découvrir ton incognito?

— La nièce de Catherine est servante chez le rédacteur du *Furet*. Cette lettre, écrite par moi pour notre femme de ménage, aura été vue par le journaliste..... il connaît mon écriture par des *fac-similz* répandus dans le public, et guidé par cet indice...

— Je comprends tout..... c'est un petit malheur..... que veux-tu? nous nous mettrons en quête d'une autre retraite, car je serai la première à regretter le charme de notre solitude si délicieusement occupée...

— Et cependant, je te l'avoue, j'éprouve parfois comme un remords de me dérober opiniâtrément aux empressements dont je suis l'objet... C'est presque de l'ingratitude, ainsi que le disait ce pétulant et digne Marseillais, mon ex-fanatique. J'appartiens presque au public à qui je dois ma renommée. Ah! cette renommée a ses devoirs, ses charges, ses chagrins, ses périls!

— Combien je suis heureuse de t'entendre parler ainsi à la veille d'un nouveau succès! — dit en souriant la jeune femme. — Ce dédain de la gloire en un pareil moment est à mes yeux un présage de plus de notre triomphe de ce soir. Mais à propos de ce triomphe, dont je m'apprête à jouir avec délices, tu n'as pas oublié ma stalle?

— Non; elle est retenue.

— C'est la même qu'il y a deux ans j'occupais à cette première représentation qui a décidé du sort de ma vie! Oh! je ne veux pas d'autre place que celle-là!!

— Tu l'auras, enfant! c'est la même, te dis-je..... la troisième stalle de balcon du premier rang à droite du spectateur.

— A merveille... c'est cela.

— Ainsi, tu tiens absolument à cette place... tu la préfères à une loge où tu serais seule?

— Peux-tu me faire une pareille question? Moi, aujourd'hui ta compagne aimée, glorieuse, me retrouver à cette même place où il y a deux ans, inconnue de toi, mourant de peur à la seule pensée de paraître à tes yeux, de te parler, j'assistais à cet immense succès qui n'aura d'égal que celui de ce soir... car tu l'as dit, ce drame auquel depuis près de deux ans tu travailles avec tant d'amour sera l'expression, sera le fruit de ce bonheur ineffable que nous goûtons depuis deux ans.

— O femme bien-aimée! — s'écria Gilbert avec une douce ivresse. — Faiblesse, orgueil ou conscience! j'accepte ton présage! oui, je le sens là, cette œuvre méritera, je ne dirai pas l'admiration, mais, j'en suis certain, la sympathie de tous. Écrite dans le doux recueillement de la vie intime, elle a été inspirée par le dévouement et par l'amour... enfin par toi, mon adorée!

Le soir vers cinq heures, Gilbert et Gilberte montèrent en voiture pour se rendre à la Comédie-Française. Le poëte se rendit au théâtre, sur la scène, *son poste de combat*, et, radieuse d'espérance, la jeune femme s'empressa d'aller occuper cette stalle où, deux ans auparavant, elle avait assisté à la première représentation de ce drame, alors applaudi avec tant d'enthousiasme.

XX

Le poëte, pendant que sa compagne entrait dans la stalle, arrivait sur le théâtre, *dans les coulisses*, ainsi que l'on dit vulgairement.

A mesure qu'approchait le moment solennel du lever du rideau, les confiantes espérances de Gilbert dans le succès de son drame s'éteignirent peu à peu; d'inexprimables angoisses effaçaient jusqu'au dernier souvenir de ses succès passés. Oui, telle est l'invincible mais glorieuse convoitise de l'esprit humain, lorsqu'il poursuit avec ardeur et conscience cette noble carrière littéraire, remplie de luttes, de périls, que l'appréhension d'une défaite lui fait oublier ses triomphes. Ces ressentiments, notre poëte devait, plus que tout autre, les éprouver; se dérobant aux flatteuses conséquences du succès, il en jouissait moins que personne. Son génie et le sort l'avaient servi à souhait. Ménager de ses œuvres, se montrant pour elles d'une impitoyable sévérité, il ne les livrait jamais au public qu'après un long et consciencieux labeur; toutes avaient plus ou moins réussi, quoique avant chaque première représentation il eût connu les poignantes appréhensions d'une *chute*. Par cela même qu'il prodiguait à chaque œuvre le même soin, un échec, mille fois plus sensible à sa conscience qu'à son orgueil d'écrivain, devait être à ses yeux le symptôme de la décadence de son génie; ou peut-être, s'il parvenait à dominer les scrupules de sa modestie, le poëte devait attribuer cet échec à la fantasque aberration du goût public; or, dans ces deux hypothèses, telle était l'exquise délicatesse et la dignité naturelle du poëte, tel était surtout son culte religieux pour la divinité de l'intelligence, qu'en ce moment suprême il se disait ceci :

— Ce drame dans lequel, durant deux années, j'ai concentré toute la puissance de mon âme et de mon esprit, ce drame, écrit avec tant d'amour, est bon ou il est mauvais : s'il est mauvais, il me faudra reconnaître que mon intelligence commence à défaillir; tout poëte digne de ce nom est doué d'une certaine puissance créatrice; est-elle épuisée? il ne produit plus que des œuvres débiles, informes avortons de sa vieillesse prématurée... S'il en est ainsi de moi, je ne donnerai plus désormais aux justes mépris du public le honteux spectacle de mon impuissance! De ce jour ma plume est brisée, par respect pour le don divin qui a fait ma gloire.

Si mon drame est bon, — et cette voix mystérieuse de la conscience, qui parfois encourage et soutient le poëte au milieu de ses longs travaux en lui disant : — *C'est bien;* — cette voix parfois m'a dit : « — Courage! la pensée de « ton œuvre est noble et grande; elle doit ouvrir l'âme à « tous les sentiments généreux, faire couler de douces lar- « mes, et raviver l'admiration de ce qui est beau jusqu'à

« l'idéal; » — si mon drame est bon et que le public le siffle... la souveraine dignité des lettres me dicte mon devoir. Je ne m'exposerai plus à être le jouet des caprices de la foule, et de ce jour ma plume est brisée..... Ainsi mon impuissance ou l'injustice du public vont en cette soirée... dans un moment, décider de mon sort d'écrivain...

Exagération! dira-t-on. Non, c'est une réalité sublime que ce mélange d'humilité touchante et de fierté superbe! En veut-on un exemple? Que l'on songe à l'un des plus grands génies des temps modernes : ROSSINI!... L'une de ses œuvres immortelles, son chef-d'œuvre peut-être, *Guillaume Tell*, cet hymne de liberté dont les échos ont fait trembler les trônes, est accueilli plus que froidement à sa première représentation..... Rossini s'éloigne à jamais du théâtre...

En vain la foule, d'abord éblouie par le rayonnement de ce chef-d'œuvre, se familiarise peu à peu avec l'éclat de ces beautés, les comprend, les apprécie, les admire; en vain à sa première stupeur succède l'enthousiasme, l'adoration; en vain, suppliante et désolée, la foule rappelle le dieu de l'harmonie, le dieu reste sourd, impitoyable : Rossini, dans la toute-puissante maturité de son génie... n'écrit plus une note, et son ombrageuse et légitime fierté prive la postérité de nouveaux chefs-d'œuvre.

Cet exemple et d'autres encore au besoin justifieraient la résolution de notre poëte de briser sa plume au nom de la souveraine dignité de l'intelligence, si le public se montrait injuste, et de briser encore sa plume par dignité, s'il croyait devoir attribuer son échec à la défaillance de son génie.

Or, tout écrivain qui a éprouvé les anxiétés fiévreuses dont sont précédés les joies du triomphe ou les amers découragements de la défaite, défaite mille fois plus cruelle dans ses ressentiments que le succès dans les siens; tout écrivain, ainsi que le poëte le disait à sa compagne, offre avec le joueur cette frappante analogie : que pour le joueur, toujours moins sensible au gain qu'à la perte, ce qu'il y a de plus désespérant est moins encore de perdre *que de ne plus jouer,* de renoncer enfin à ces âpres, à ces brûlantes émotions qui sont sa vie...

Il en est ainsi du poëte dramatique : sa pensée, son âme, se trouvent, par l'organe des comédiens, en communication directe avec les spectateurs. Une première représentation devient ainsi pour lui une terrible partie de jeu et en a les ardentes péripéties : doutes accablants, espérances radieuses. Comme le jeu, une œuvre dramatique, quel que soit le talent de l'écrivain ou de ses interprètes, dépend aussi du hasard, dieu fantasque, insaisissable, qui déjoue les plus profondes, les plus habiles combinaisons du joueur et du poëte... et s'ils perdent! et si par impuissance ou colère, ils ne risquent plus un nouvel enjeu... oh! pour tous deux la perte n'est rien auprès de ce renoncement!

L'écrivain renonce-t-il à écrire parce qu'il a conscience de l'épuisement de son intelligence? c'est horrible! il se survit à lui-même. Ses succès d'hier lui semblent autant d'insultes à son impuissance d'aujourd'hui : il s'envie, il se hait comme un envieux jalouse et abhorre un rival! Sa vie jadis remplie par l'étude, par la création, par mille sensations profondes, variées, s'écoule alors oisive, inquiète, languissante et stérile... Ce n'est plus la vie..... et ce n'est pas encore la mort. C'est un milieu sans nom qui participe de la vie par ses regrets, par ses douleurs, et de la mort par le refroidissement glacial de facultés jadis si ardentes, si vivaces!

L'écrivain, blessé dans sa légitime et ombrageuse fierté, renonce-t-il à écrire? autre torture de tous les jours, de tous les instants! Le feu divin de l'intelligence, désormais sans issue, brûle sourdement en lui et lentement le consume, le mine, le ronge, au lieu de jaillir au dehors en flammes étincelantes, avivées par les grands courants de l'opinion publique. Un écrivain n'écrit pas pour lui-même; il peut rapprocher ou éloigner l'heure de mettre son œuvre au jour; mais il n'écrit jamais qu'en vue de cette publicité. Une œuvre inconnue n'existe pas : aussi est-ce en vain que l'imagination du poëte résolu de ne plus écrire assiége son esprit; en vain elle lui montre dans les limbes mystérieuses de l'invention mille figures encore vagues, flottantes, mais qui attendent le souffle fécondant du génie, pour se formuler, pour prendre un corps, une âme, une physionomie, un caractère, des passions, un nom... pour *vivre* enfin de cette vie que le poëte, nouveau Prométhée, dispense aux enfants de sa création. Le poëte résiste, et dans sa fierté superbe il détourne la vue de ce séduisant mirage. Non, non, ces œuvres qui ne demandent qu'à éclore resteront dans leurs limbes, ne seront pas du moins bafouées par le caprice du public!

Alors adieu à cette existence laborieuse, agitée, dont les angoisses mêmes ont un charme violent et nerveux; adieu à ces triomphes, à ces louanges, à ces empressements, à ces obsessions même, jadis pesantes, souvent insupportables, et que dans son exil volontaire le poëte regrette amèrement! Admirateurs et zoïles ne prendront plus son nom pour drapeau; ce nom, autour duquel se faisait tant de bruit, tombera peu à peu dans l'oubli, n'éveillera plus ni sympathie ni haines; cet homme de qui l'Europe voulait, dans son enthousiaste curiosité, connaître la vie privée, les habitudes, la demeure, la figure; cet homme qui ne pouvait écrire une ligne sans qu'elle devînt un *autographe* envié, cet homme aura bientôt passé de la mémoire des hommes. L'on appréciera peut-être encore les œuvres auxquelles il a dû sa renommée, mais il restera en dehors de *l'actualité,* c'est-à-dire en dehors du mouvement, des goûts, des besoins, des tendances, des passions du jour; Et désormais, quoique encore plein de vigueur et de sève, il vivra dans un obscur délaissement.

Telles étaient les angoisses dont l'esprit de Gilbert se

bourrelait, alors que, dans l'appréhension d'un échec où il devait voir le symptôme de sa décadence ou une blessante injustice, il songeait à l'avenir ; absorbé par ces réflexions, il se promenait sur la scène déserte, allant et venant, tantôt d'un pas lent, tantôt d'un pas précipité, longeant ainsi le rideau alors baissé ; puis, songeant à Gilberte, il appliqua son œil à l'une des deux petites ouvertures arrondies pratiquées au bas de la *toile* et qui permettent aux comédiens d'embrasser la salle du regard. Le poëte vit sa compagne, assise au balcon ; elle éprouvait une naïve fierté, en se disant qu'inconnue de ses voisins, elle était adorée de l'homme illustre auquel tout présageait un nouveau triomphe. L'on comptait en effet beaucoup sur ce nouveau drame, ainsi que le disait un vieil habitué de la Comédie-Française, qui, fidèle à sa coutume, occupait, de même que la jeune femme, la place où il siégeait aussi deux années auparavant.

— J'ai vu ce matin l'un de messieurs les comédiens, — disait l'habitué à ses voisins, — et il m'assurait qu'au théâtre l'on croyait à un très-grand succès.

Puis l'entretien suivant s'engagea entre l'habitué et ses voisins, entretien que Gilberte, à demi cachée sous son voile, écouta curieusement.

— Georges Hubert aura eu le temps de *limer* son œuvre, — avait répondu un autre spectateur, — car depuis deux ans il n'a rien donné au public...

— Oh, oh, c'est qu'il filait aux pieds d'Omphale !

— Monsieur, où prenez-vous Omphale, s'il vous plaît ?

— Vous n'avez donc pas lu le *Furet* d'avant-hier ?

— Non.

— Il racontait une excellente histoire sur Georges Hubert et sur une riche héritière.

— Ah bah !

— Il paraît qu'il a enlevé cette héritière aux environs de Bordeaux, et que la fortune de la belle Bordelaise se compte par millions.

— Hé... hé... les poëtes pensent au solide, les gaillards ! la fumée de la gloire ne leur suffit point !

— Mais voici le piquant de l'aventure ; imaginez-vous, messieurs, que depuis deux ans Georges Hubert vit avec la belle héritière bordelaise dans un profond incognito, sous le nom de M. *Dumesnil* ; les deux amoureux, complétement séquestrés du monde, ne voient âme qui vive, et ne sortent presque jamais de leur chère retraite, modeste petite maison près de la barrière des Invalides, car ce diable de *Furet* sait tout, il donne jusqu'au numéro de la maison !

— C'est en effet fort curieux. Et pourquoi Georges Hubert garde-t-il cet incognito, et vit-il pour ainsi dire cloîtré, lui qui, selon des biographies, menait, dit-on, autrefois une vie mondaine et active ?

— Sans doute, il espérait ainsi échapper aux recherches des parents de l'héritière.

— J'en reviens là... il paraît que les poëtes visent au solide, et qu'ils aiment assez la prose des écus. Hé... hé...

— Moi, messieurs, — reprit le vieil habitué avec impatience, — je ne crois pas un mot de cette scandaleuse histoire.

— Mais pourtant, monsieur, si le *Furet*... affirme que...

— Le *Furet* invente au besoin des histoires, messieurs. le caractère de Georges Hubert est assez honorablement connu pour qu'il ne soit pas même besoin de le défendre contre une accusation d'avidité sordide..... non, jamais je ne le supposerai capable d'avoir séduit et enlevé une héritière pour jouir de sa fortune.

— Mais si en effet le *Furet*, comme le dit monsieur, cite des faits, donne l'adresse de la maison...

— Parbleu ! le *Furet* n'est jamais à court d'imagination ; encore une fois, messieurs, je ne puis ajouter foi à cette ridicule histoire !

— Ah ! messieurs !... s'écria l'un des spectateurs qui, tout en lisant le journal du soir qui venait de paraître, écoutait l'entretien précédent... — ah ! messieurs... c'est affreux.

— Quoi donc ?

— Pauvre jeune homme !

— Mais de quoi s'agit-il ?

— En vérité, Georges Hubert a du malheur...

— Comment ! il s'agit encore de lui ?

— Écoutez plutôt, messieurs, ce que rapporte le *Journal du soir*, un journal semi-officiel, et conséquemment sérieux...

Et le spectateur lut à demi-voix pour ses voisins, le *fait Paris* suivant :

« Au moment de mettre sous presse, nous sommes ins« truits d'un bien douloureux événement. Tantôt vers les « deux heures, un très-jeune homme, paraissant en proie « à une extrême agitation, a enjambé le parapet du pont « d'Iéna... et s'est précipité dans la Seine : il avait déposé « sur le parapet deux rouleaux de papier, ainsi qu'une « lettre adressée à ses parents, honorables commerçants « de la rue des Prouvaires : quelques passants, et parmi « eux le témoin oculaire des faits que nous rapportons, « ont appelé à grands cris les mariniers, les conju« rant d'aller au secours de ce malheureux jeune « homme ! Les bateliers ont noblement répondu à l'a« pel fait à leur humanité. Mais, hélas ! l'infortuné qu'ils « voulaient arracher à la mort disparut dans un tourbillon, « et quelques instants après, lorsque l'on parvint à retirer « son corps de la rivière, il avait cessé d'exister. »

— C'est un grand malheur sans doute, — reprit le vieil habitué en interrompant la lecture, — mais je ne vois dans ce récit rien qui concerne Georges Hubert.

— Attendez, monsieur, nous y voilà, — reprit le lecteur, et il continua :

« ... L'infortuné qui venait de se suicider avait laissé

« sur le parapet deux rouleaux de papier manuscrits, con-
« tenant, l'un un drame dédié à M. *Georges Hubert*, l'autre
« des odes ; enfin, dans la lettre adressée à sa famille, ce
« jeune homme, nommé AUGUSTE CLÉMENT, annonçait que
« ressentant une vocation irrésistible pour la carrière lit-
« téraire, il avait consulté sur ses essais M. Georges Hu-
« bert, mais que l'illustre poëte ayant répondu à cet in-
« fortuné qu'il n'avait et qu'il n'aurait jamais aucun talent,
« cette déception lui causait un si violent désespoir, que
« la vie lui devenait à charge, et qu'après la perte de ses
« illusions, il n'avait plus qu'à mourir. Auguste Clément
« n'a que trop persévéré dans sa funeste résolution, et son
« cadavre, d'abord déposé à la Morgue, a été retiré le soir
« par la famille désolée de ce jeune homme, à peine âgé de
« dix-huit ans. »

— C'est un triste événement, — reprit l'un des auditeurs, — et sans doute Georges Hubert se reprochera
toujours d'avoir involontairement été cause de ce suicide !

— Involontairement... soit, mais toujours est-il que
sans la dureté des critiques dont ses essais ont été probablement l'objet, cet infortuné qui s'est noyé vivrait encore !

— Ah ! voilà bien les hommes : on est arrivé au faîte de
la gloire littéraire, et au lieu de tendre aux débutants
une main bienveillante, on les décourage brutalement...
tout talent naissant vous porte ombrage !

— C'est hideux !

— C'est révoltant.

— Ainsi va le monde !... Pauvre jeune homme !

— Parbleu, messieurs, vous êtes bien peu charitables !
— s'écria vivement le vieil habitué qui prenait toujours
la défense du poëte. — Est-ce que Georges Hubert est
responsable de l'action d'un malheureux insensé qui perd
la tête et se jette à la rivière, parce qu'on lui dit sincèrement qu'il n'aura jamais aucun talent de poésie ?

— Chacun a son opinion, monsieur ; moi, je trouve que
le devoir de ceux qui sont arrivés à une haute position
littéraire est d'aider ceux qui débutent dans la carrière...

— Monsieur a raison, parfaitement raison ; et moi, si
j'avais l'honneur d'être monsieur Georges Hubert, j'aurais
toujours sur la conscience la mort de cet infortuné jeune
homme !

— Messieurs, messieurs, voici la famille royale au
grand complet, qui entre dans sa loge...

Ces derniers mots, en attirant l'attention des voisins de
Gilberte, mirent fin à un entretien dont chaque mot l'in-
dignait et la navrait profondément. Ainsi, à en croire ses
calomniateurs, le poëte avait, par cupidité, enlevé une
riche héritière... Ainsi le poëte, par dédain... par jalousie
peut-être d'un talent naissant... pourquoi non ? avait si
brutalement découragé un jeune débutant littéraire, que
dans son désespoir il s'était suicidé, mort horrible qui
devait peser sur la conscience du poëte !

Vingt fois Gilberte fut sur le point d'intervenir dans cet
absurde et odieux entretien, mais une invincible timidité
la retint ; et de cette timidité elle se consolait, se disant
que son poëte bien-aimé n'avait pas besoin d'être défendu :
quelques instants encore, il serait dignement, magnifiquement vengé ! ses envieux, ses calomniateurs eux-mêmes
partageraient l'enthousiasme de la foule pour l'œuvre que
l'on allait jouer.

La jeune femme, afin de se distraire des pénibles pensées soulevées par la conversation de ses voisins, se ré-
fugia et s'absorba dans ses souvenirs, se rappelant avec
quelle ivresse, deux années auparavant, elle avait joui du
triomphe du poëte de qui elle était alors inconnue ; combien plus enivrante serait sa joie, si en ce jour, où elle se
savait adorée de lui, il obtenait un nouveau succès ! A
l'appui de ses espérances elle cherchait à trouver dans la
foule dont le théâtre était rempli, ces symptômes d'attente
sympathique et de flatteuse impatience d'un si heureux
présage pour la réussite de l'œuvre qui doit être représentée. L'élite de la société parisienne se pressait encore
ce soir-là dans ces loges brillamment éclairées ; des femmes
élégantes arrivaient à chaque instant : la salle était comble ;
des spectateurs s'entassaient dans les couloirs aux abords
de l'orchestre et des galeries ; d'autres, juchés sur des ta-
bourets, tâchaient d'apercevoir un coin de la scène à travers les lucarnes des loges. Grand nombre de places, sans
avoir été « cotées à la Bourse » avec des primes ridiculement exagérées, ainsi que le disait le *Furet*, s'étaient ven-
dues des prix exorbitants. L'empressement des spectateurs attirés par la renommée de l'écrivain était peut-
être plus considérable encore cette fois qu'il ne l'avait
été deux années auparavant, lors de son dernier succès...
et cependant Gilberte se sentit soudain saisie d'une vague
appréhension ; elle remarquait qu'à l'orchestre, aux galeries et aux premières loges, les spectateurs se passaient
de main en main le *Journal du soir* où l'on racontait le
suicide d'AUGUSTE CLÉMENT..... A mesure que la nouvelle
de ce triste événement circulait et se répandait dans la
salle, Gilberte observa, *sentit*, pour ainsi dire, peu à peu
le refroidissement glacial de cette foule, un instant auparavant sympathique à l'écrivain. Les figures s'assombrirent
de proche en proche, sous l'impression d'une sourde malveillance et d'une répulsion croissante. La jeune femme
observa encore avec inquiétude que le *Journal du soir*
avait aussi pénétré dans la loge royale ; l'une des princesses, après l'avoir lu, le rendit brusquement à l'un des
princes, ses frères, avec un geste de pitié douloureuse.

Soudain les trois coups sacramentels, retentissant derrière la toile, eurent un écho dans le cœur de Gilberte et
le remplirent d'angoisses.

Le moment suprême était venu...

Alors, le sein palpitant, l'œil fixé sur la scène, la jeune
femme vit le rideau se lever lentement au milieu d'un

Cependant après la provocation du poëte, cette pensée revint soudain à l'esprit du spadassin, mais après un moment de frayeur il fit ce raisonnement :

« — Cette prédiction est, comme me l'a dit Rapin (et
« j'incline de plus en plus à le croire), une hallucination
« de mon cerveau, ou bien, si inexplicable qu'elle soit, cette
« prédiction est réelle et se réalisera ; s'il en arrive ainsi,
« si par malheur je dois avoir la colique, lorsque dans
« deux heures je mettrai l'épée à la main contre ce rimail-
« leur, je suis un homme perdu, déshonoré ; en ce cas, je
« coupe mes moustaches, je prends un autre nom, et me
« donnant pour un notaire retiré ou autre métier de jean-
« fesse, je vais planter mes choux avec la baronne dans
« quelque trou de province où le vin soit bon, la volaille,
« le gibier abondants, et je mène une vie de coq en pâte,
« ne demandant à ma femme rien autre chose que de
« surveiller la cuisinière ; enfin, si le honteux souvenir de
« ma colique me pince par trop fort, je boirai, pour m'é-
« tourdir, quelques bouteilles de vin vieux de plus mon
« dîner. Mais si au contraire, j'ai été dupe d'une halluci-
« nation, et je le crois, car, tonnerre du diable ! un homme
« qui jouit de six pouces de fer dans le ventre, et qui a
« l'œil à l'envers, le bout de nez blanc et les lèvres vio-
« lettes, ne parle pas... si enfin je me trouve sur le ter-
« rain, le vieux Poussard ! le brave Poussard ! le vrai
« Poussard ! je saignerai le rimailleur, et jamais je n'au-
« rai saigné personne avec plus de jubilation : j'aimerais
« beaucoup que le premier mari de la baronne ait six
« pieds de terre sur la carcasse... ça me mettrait tout à
« fait à l'aise au vis-à-vis de moi-même ; car enfin, quoi-
« que je sois décidé à n'être qu'un père pour la baronne,
« sacrifice plus que facile, vu que papa Poussard ayant
« fièrement rôti le balai dans son jeune temps, préfère
« la table au cotillon, cependant il me serait désobligeant
« de penser que celui qui a été le mari de ma femme sans
« l'épouser est vivant, ainsi que moi, qui l'ai épousée, ne
« suis point son mari ; donc, il faut que je tue le rimail-
« leur ! et je le tuerai. Oui, oui, décidément la colique
« est une blague ! »

En ruminant ainsi ses sinistres espérances, le spadassin, se séparant de M. Rapin et de sa fille qui n'avaient pas le moindre soupçon de ce nouveau duel, se rendit en hâte chez lui pour y chercher ses épées *culottées*, monta en voiture peu de temps avant le lever du soleil, se fit conduire chez deux de ses anciens compagnons d'armes, qui ayant toujours ignoré la malversation en suite de laquelle le commandant Poussard avait été cassé de son grade en 1814, conservaient avec lui des relations et l'acceptaient comme ex-général au service de Bolivar. L'un de ces officiers était le *commandant* Dupont, et l'autre le *capitaine* Robin; le spadassin les prit, comme on dit, au saut du lit, et leur proposa d'être ses témoins dans une affaire grave et inarrangeable. Ces militaires ne partageaient pas la manie sanguinaire de leur ancien camarade, néanmoins ils ne pouvaient lui refuser d'être ses seconds, au nom de leur ancienne confraternité d'armes ; afin de régulariser le duel l'on convint de prendre en passant, à l'hôtel des Invalides, voisin du lieu du rendez-vous, deux vieux soldats destinés à servir de témoins à l'adversaire du général ; le hasard voulut que l'un de ces invalides eût jadis fait partie du régiment dont le spadassin avait longtemps commandé l'un des bataillons. La reconnaissance fut des plus touchantes, et les deux soldats, montant dans un second fiacre, suivirent celui qui contenait le général et ses amis. Le jour commençait de poindre lorsque les voitures entrèrent dans l'avenue *Méricourt*, à l'extrémité de laquelle se trouvait la maison du poëte.

— Qui de vous deux va descendre pour aller me chercher et m'amener le poulet ? — dit le spadassin à ses témoins ; — je vois ici près, et à gauche de la route, un petit taillis ; s'il s'y trouve une clairière, nous serons là comme des amours pour nous peigner !

— Diable de Poussard, — dit le commandant Dupont — toujours le même... crâne comme à vingt ans !

— Tu trouves donc cela très-amusant de tuer les gens ? — reprit le capitaine Robin ; — moi je trouve ça bête au possible ! sans compter que c'est toujours la même chose.

— Mon vieux — reprit le spadassin en caressant le pommeau de ses épées — tu ne trouverais pas ça bête du tout, si, comme moi, tu étais à ton *douzième* ; car le rimailleur va être mon *douzième*.

— Prends garde ! — reprit le commandant Dupont — un beau jour tu te feras pincer...

— Oh ! oh ! celui qui pincera le papa Poussard est encore à naître — répondit en riant le spadassin. — Tonnerres du diable ! vous allez me voir sous les armes ! J'ai de l'œil, de la main et du jarret comme dans mon beau temps.

— Ce serait un peu curieux, si ce diable de vieux Poussard allait tuer ce fameux écrivain ! — dit le commandant — ce que c'est que de nous pourtant !

— Moi, — reprit le capitaine Robin, — je trouverai cela triste ; il n'y a pas déjà trop d'hommes de génie, et puis ce serait peu flatteur pour toi, Poussard, car un homme de plume n'a guère l'habitude de l'épée ; tu devrais le ménager un peu... Voyons, n'abuse pas de ta supériorité ! blesse-le et que tout soit fini.

— Le ménager ! — répondit le spadassin avec un éclat de rire féroce. — Aussi vrai que je m'appelle Poussard, avant un quart d'heure le rimailleur aura *le ventre rouge et l'œil blanc !*

La voiture s'étant en ce moment arrêtée non loin de la demeure du poëte, le commandant Dupont dit au spadassin :

8

— Je vais descendre pour avertir ton adversaire que nous sommes là avec ses témoins.

— Oui; et si, flairant trop tard la mort que je lui apporte, il voulait fouiner, amène-moi ce pékin-là par les deux oreilles, comme un veau à l'abattoir! Nous allons avec Robin jusqu'au petit taillis que j'ai remarqué en passant; nous examinerons le terrain, et, j'en suis certain, nous trouverons là juste la place qu'il nous faut : tu nous rejoindras, nous t'attendrons.

Pendant que le commandant Dupont sonnait à la porte du jardin de la maison du poëte, le spadassin, le capitaine Robin et les deux invalides se dirigèrent vers le taillis.

— Te voilà donc, mon vieux grognard — disait en cheminant le général Poussard à l'ancien soldat de son régiment, vieillard à moustaches blanches et manchot. — Sais-tu que nous ne nous sommes pas vus depuis la bataille de Tarragone?

— C'est vrai, mon commandant.

— Combien es-tu resté dans le 72°?

— J'y suis entré à Burgos, mon commandant, quand vous étiez sous-lieutenant, et j'ai quitté le régiment quand vous avez été nommé chef de bataillon.

— Tu as bonne mémoire!

— Dame, c'est que je suis diablement bien payé pour me rappeler la date de vos grades.

— Comment cela, vieux loustic?

— C'est tout simple, mon commandant : à l'affaire où vous avez été nommé lieutenant, j'ai reçu une balle dans les reins... bon... et d'une ; à la défense de *Marmora* qui vous a valu le grade de capitaine, j'ai reçu un coup de baïonnette dans le ventre... bon, et de deux... enfin à la bataille de *Puytrago*, j'ai eu le bras emporté par un boulet... bon, et de trois. Je me suis dit : De ce coup-là mon capitaine va être fait chef de bataillon..... ça n'a pas manqué?

— Tu n'es qu'une vieille bête! et au régiment je t'aurais f...lanqué un mois de cachot pour des réflexions pareilles. Ah çà, grognard, est-ce que tu n'étais pas maître d'armes au 72°?

— Non, mon commandant, j'étais seulement *prévôt*.

— Hé bien, tu vas voir que le père Poussard n'est pas manchot.

— Je crois bien! c'est moi qui le suis, mon commandant...

— Silence dans les rangs, grognard : je dis que tu vas me voir en découdre contre ce pékin dont tu es témoin : tiens le voilà.

Ce disant le spadassin montra du geste le poëte qui s'avançait dans l'avenue, causant avec le commandant Dupont ; celui-ci, en homme bien élevé, se montrait fort courtois. Après avoir salué poliment Gilbert, il rejoignit le général baron Poussard et le capitaine Robin, puis il dit aux deux invalides :

— Mes braves, allez rejoindre ce monsieur à qui vous servirez de témoins.

— Et habit bas! s'écria le spadassin en remettant au commandant ses deux épées *culottées*. Jetant alors son chapeau à terre, il commença d'ôter sa cravate, sa redingote et son gilet. — Enfin nous allons donc saigner le rimailleur.

— Et ses gros yeux à fleur de tête, de plus en plus injectés de sang, paraissaient sortir de leur orbite. — Je vais donc mettre mon *douzième* sous terre!... D'abord je vous en préviens, mes vieux camarades, s'il veut canner, je lui casse la figure à coups de pommeau d'épée...

— Allons, Poussard, pas d'injures — dit le commandant Dupont, en haussant les épaules ; — et d'ailleurs ne t'abuse pas, tu n'as point affaire à un... poltron! Je me connais en hommes, ton adversaire ne reculera pas d'une semelle, c'est moi qui te le dis.

— Lui!... le jean-fesse! Hé bien! examine un peu sa frimousse lorsqu'il verra la pointe de mon épée à la hauteur de ses yeux.

En devisant ainsi, le spadassin, se dépouillant d'une partie de ses vêtements, n'avait conservé que son pantalon et sa chemise, qui, à demi entr'ouverte, laissait voir son cou de taureau et sa poitrine velue : de sa main gauche, il relevait la manche droite de sa chemise, qu'il enroulait au-dessus de l'avant-bras ; en proie à une sorte d'érétisme sanguinaire, ses cheveux blancs coupés en brosse semblaient se hérisser sur sa tête, et dans sa farouche impatience, il mâchonnait l'extrémité des longues moustaches grises qui cachaient ses lèvres...

Le poëte, après avoir cordialement remercié les deux vieux soldats d'avoir consenti à lui servir de témoins, commença aussi de se dévêtir ; sur sa noble figure, pâle et impassible comme un masque de marbre, on lisait le mépris de la vie ; se croyant victime d'une horrible déception, ne pouvant plus croire à rien ; maudissant Gilberte, et lui même, et l'humanité, son unique espoir était de mourir sous l'épée du spadassin, ou bien, grâce à une chance plus que douteuse, de tuer cet homme, devenu pour lui un rival abhorré.

Lorsque Gilbert eut ôté son gilet, il se rapprocha du général Poussard : cette rencontre se passait au milieu d'une clairière entourée de trois taillis assez épais et aboutissant à l'avenue par un chemin gazonné ; une dizaine de pas séparaient encore le poëte du spadassin, lorsque celui-ci, malgré les remontrances de ses témoins, cria grossièrement à son adversaire :

— Avance donc!... avance donc! ça pue la mort... hein? et tu renâcles.

Gilbert ne répondit rien, fit quelques pas de plus ; les deux invalides ses témoins s'écartèrent, et le capitaine Robin, tenant à sa main et placées en croix les deux épées *culottées* qu'il avait d'abord loyalement mesurées, afin de s'assurer qu'elles étaient de longueur égale, les présenta au poëte: il en prit une; l'autre fut remise par le commandant au spadassin, qui la saisit avec une joie sauvage en s'écriant :

— Avance ici... que je te saigne !

Le commandant Dupont, afin de mettre un terme aux brutales invectives de son partner, dit à voix haute :

— Allons, messieurs, en garde...

Gilbert, toujours pâle et impassible, se mit en garde avec aisance; il n'était pas étranger à la science de l'escrime ; le général Poussard s'apprêtait à se développer dans toute la redoutable puissance de sa pose... déjà il se hanchait, s'arc-boutant sur une jambe, et avançant l'autre... lorsque soudain ses traits se crispèrent d'une façon étrange; son bras gauche, qu'il levait lentement pour se mettre en garde, tandis que de sa main droite il serrait son épée, s'arrêta... comme s'il eût été paralysé... puis tressaillant, le spadassin se pinça les lèvres sous ses épaisses moustaches, sa large face enluminée commença de pâlir... de grosses gouttes de sueur coulèrent de son front; sa figure de plus en plus contractée grimaça, et la main dont il tenait son épée... trembla convulsivement...

Le commandant Dupont, le capitaine Robin et les deux invalides s'entre-regardaient avec une surprise muette et croissante, tant les symptômes qui se manifestaient chez le forcené duelliste ressemblaient à ceux de la frayeur ! Ces symptômes, le poëte ne les remarquait pas, son esprit était ailleurs... mais dans son ardeur fiévreuse d'en finir avec la vie, ou de satisfaire la haine que lui inspirait le futur époux de Gilberte, il dit à son adversaire avec une sombre impatience :

— Allons donc, monsieur, en garde !

— Poussard, — dit le commandant Dupont à demi-voix — que diable as-tu donc ?... Te voilà tout pâle... ta main tremble... tes jambes flageolent...

— Poussard... je te connais; ce n'est sacrebleu... pas de la peur que tu éprouves ! — ajouta aussi à demi-voix le capitaine Robin. — Tu es donc indisposé ?...

— Blanchard — dit à son tour et tout bas à son camarade le soldat qui avait servi sous les ordres du duelliste — regarde donc le commandant... J'étais aussi pâle que lui la première fois que j'ai été au feu... mais un vieux troupier comme lui pâlir devant une épée, c'est tout de même drôle....

Pendant ces observations à son endroit, faites tout haut ou tout bas par les témoins du duel, les traits du spadassin, s'altérant de plus en plus, exprimèrent bientôt un mélange de rage, de honte et d'épouvante impossible à décrire; la prédiction oubliée par lui, dans le paroxysme de sa fureur meurtrière, se réalisait ponctuellement : à peine avait-il eu mis l'épée à la main, qu'il ressentit soudain les épreintes croissantes d'une colique atroce... s'il eût été possible d'oublier les victimes de la forfanterie stupide et féroce de ce misérable, plus hideux encore, dans sa cruauté, qu'une bête carnassière, qui du moins, poussée par la faim, vit de ses tueries; si ce meurtrier depuis longtemps impuni n'avait pas laissé sur son passage tant de larmes, tant de sang et tant de deuil, il aurait excité de la compassion. Il se voyait perdu, déshonoré aux yeux de ces officiers, de ces soldats autrefois témoins de sa bravoure ; son nom, hier encore terrible, n'inspirerait bientôt plus que le mépris et la raillerie ! Ce que ce spadassin employa d'énergie pour lutter contre cette colique vengeresse est incroyable; mais dans cette lutte de la volonté contre la douleur physique, il fut vaincu... Cependant, conservant un dernier espoir, il remit brusquement son épée au capitaine Robin, lui disant d'une voix palpitante et d'un air presque égaré :

— C'est... c'est l'effet d'une ancienne blessure... une crampe d'estomac... ce ne sera rien... attends-moi, je vais prendre l'air... et je reviens...

Le duelliste, en prononçant ces mots, se hâta de disparaître dans les profondeurs du taillis, laissant ses témoins consternés, comme on dit, *pour l'honneur du corps;* aussi le commandant Dupont, extrêmement embarrassé, dit-il à Gilbert :

— Monsieur... je suis vraiment confus... de ce qui arrive, mais le général... est saisi d'une indisposition subite...

— Soit... monsieur, — répondit Gilbert en s'inclinant — j'attendrai...

Et il retomba dans ses douloureuses rêveries.

— Hum ! — fit soudain l'un des invalides, s'adressant tout bas à son camarade : — Dis donc, Blanchard... le général appelle ça prendre l'air !

— C'est égal, il a b...igrement l'air de fouiner devant le bourgeois.

— Et on l'appelait au régiment le bourreau des crânes ! ce que c'est que l'âge... mon vieux Blanchard.

Le général Poussard reparut bientôt, accourant d'un pas ferme, dégagé ; le souvenir de sa honte et de tout ce qu'il avait souffert en songeant aux conséquences de cette honte, qui le déshonorait aux yeux de ses anciens compagnons d'armes, redoublait sa rage sanguinaire; il la ressentait aussi furieuse qu'il l'avait ressentie quelques minutes auparavant, à l'instant de mettre l'épée à la main; aussi se croyait-il certain de se réhabiliter au yeux de ses témoins ; — la prédiction une fois déjà réalisée ne se réalisera pas de nouveau — pensait le spadassin. Et d'ailleurs, cette prédiction (hallucination de sa cervelle échauffée; plus que jamais il persistait à le croire) s'était probablement accomplie en vertu de cette étrange réaction du moral sur le physique grâce à laquelle l'on est parfois réellement affligé des maux dont la crainte chimérique a longtemps frappé, absordé notre esprit ; ces raisons devaient paraître d'autant plus victorieuses au duelliste qu'il avait besoin d'y croire ; une seconde mésaventure le déshonorerait à jamais, puisque, comme la première, elle ne pourrait être attribuée à une indisposition subite ; le général accourut donc alerte, dispos, se sentant plein de vigueur et d'énergie. S'adressant alors au poëte qui, les bras croisés, quoiqu'il tint toujours son épée à la main, attendait, sombre et rêveur, le moment du combat, l'incorrigible spadassin s'écria :

— Sans la crampe d'estomac que m'a causée une ancienne blessure... (tu ne connais pas cela... toi... les anciennes blessures), ton affaire serait déja faite ! mais sois tranquille, avant cinq minutes tu seras saigné !

— Sacrebleu, Poussard — dit à demi-voix le capitaine Robin — ne sois pas ainsi grossier... sinon Dupont et moi nous nous retirons à l'instant !

— Mon épée ! — s'écria le spadassin peu soucieux de ces reproches, — mon épée, f...ichtre !

— Tiens — dit le commandant Dupont d'un air péniblement inquiet — et cette fois du moins... sers-t'en de ton épée, sinon tu nous mettrais dans une position déshonorante !

— Mille millions de tonnerres ! — s'écria le spadassin en écumant et attachant ses yeux sanglants sur son ancien frères d'armes. — Oserais-tu douter de mon courage, toi... toi qui m'as vu au feu ! si le croyais... pendant que je suis en train, je te...

— Prends ton épée — répondit le commandant Dupont en haussant les épaules — et finis-en d'abord avec ton adversaire... nous verrons ensuite...

Et il remit l'arme au duelliste qui s'en saisit ; tombant alors en garde, il s'écria, voyant Gilbert toujours immobile et rêveur :

— Allons, dépêchons-nous ! si tu as oublié quelque chose sur ton testament... tant pis pour tes héritiers, il est trop tard !!! — Et vous autres — ajouta-t-il en s'adressant aux quatre témoins du duel — voyez bien ce coup-là... je parie que je vas lui f...lanquer six pouces de lame au-dessous du teton droit ! si je le manque, si le poulet n'est pas saigné dans cinq minutes, vous me cracherez à la figure comme au dernier des lâches !!!

Le poëte se remit en garde, mais à l'instant où le commandant Dupont prononçait les paroles sacramentelles :

— *Allez, messieurs,* — il vit avec autant de chagrin que de colère les mêmes apparences de frayeur se manifester de nouveau sur les traits pâlissants et contractés du spadassin ; de nouveau sa main trembla convulsivement, de nouveau son front se trempa de sueur, ses jambes semblèrent se dérober sous lui... puis au bout d'un moment son épée tomba de sa main, et des larmes, oui... de grosses larmes... coulèrent de ses yeux ! cachant alors sa figure sous ses poings crispés, il s'écria d'un ton déchirant, désespéré :

— Perdu... déshonoré... oh ! je...

Mais le spadassin n'eut pas le loisir d'ajouter un mot, il se hâta de quitter le champ clos, et disparut pour ne plus revenir, laissant Gilbert son épée à la main, et fort surpris de cette seconde et brusque retraite.

— Ah çà, Blanchard, il paraît que décidément le commandant *a perdu sa clef...* Le bourgeois le fait fièrement aller !!! — dit l'invalide à son compagnon en argot de caserne. — Nous en rirons longtemps de ce duel-là !!!

— Sacredieu ! — s'écria le capitaine Robin exaspéré — je donnerais dix années de ma solde pour être ailleurs qu'ici !

— C'est incompréhensible — répondit le commandant Dupont. — Comment Poussard... lui ? lui ?

— C'est incompréhensible, mais cela est ; nous ne pouvons pas ainsi, mort-Dieu, laisser déshonorer l'épaulette — reprit le capitaine Robin. — Nous sommes tous solidaires de l'honneur militaire... il faut que toi ou moi nous prenions la place de Poussard... Ce duel ne peut pas se terminer ainsi...

— Comment ! tu veux ?... mais c'est absurde...

— Il ne sera pas dit qu'un officier ait par deux fois tourné les talons devant un bourgeois, sans que, pour l'honneur de l'épaulette, un militaire ne soit du moins présenté à la place de l'absent et ait pris fait et cause pour lui.

— Mais encore une fois c'est insensé...

Le capitaine Robin, sans vouloir entendre davantage son compagnon, s'avança vivement vers Gilbert qui, retombé dans ses réflexions désolantes, semblait étranger à ce qui se passait autour de lui.

— Monsieur — lui dit brusquement le capitaine que la disparition du spadassin mettait de fort méchante humeur, — en ma qualité de témoin de M. Poussard, il est de mon devoir de vous demander à l'instant une explication...

Gilbert, rendu de son côté très-irritable par le désespoir, et choqué de l'accent rude et presque hostile du capitaine, lui répondit sèchement :

— Quelle explication avez-vous à me demander, monsieur ?

— Je désire, monsieur, que vous me déclariez sur l'honneur que vous n'attribuez pas à la lâcheté la conduite de M. Poussard dans cette circonstance... sinon...

— Sinon... quoi, monsieur.

— Comme je n'admets pas qu'un officier puisse être seulement soupçonné de lâcheté en ma présence, je prendrais pour une insulte personnelle votre refus d'accéder à la déclaration que je vous demande... et je serais obligé, monsieur, de vous demander à l'instant satisfaction.

— Monsieur, puisqu'il vous faut absolument une déclaration...

— Oui... monsieur... il m'en faut une absolument.

— Je vous ferai donc celle-ci : Je considère M. Poussard comme le plus lâche des hommes...

— Monsieur...

— ..... Pour le plus lâche des hommes — répéta Gilbert en appuyant sur ces mots. — Je ne sais rien de plus honteux, de plus exécrable que les duels nombreux et meurtriers dans lesquels, abusant de la supériorité de son escrime, ce misérable spadassin assassinait ses victimes presque à coup sûr...

— Monsieur, permettez — dit le commandant Dupont qui forcément dut se mêler à cet entretien. — Notre camarade Poussard s'est souvent battu avec des adversaires de sa force...

— Vraiment, monsieur? ce duelliste, quand il ne joue pas à coup sûr, comme joue un escroc avec des dés pipés, a l'honnêteté de jouer à chance égale? Vraiment? il sait au besoin risquer sa peau, pour se donner le sanglant plaisir de tuer un autre homme? Voilà qui est pardieu fort honorable!

— Monsieur... si ce n'est point un honneur, ce n'est pas du moins une lâcheté — reprit le commandant Dupont, qui semblait porté à la conciliation. — Aussi je ne doute pas que vous regrettiez l'expression de lâche... adressée à l'officier qui nous avait pris pour témoins.

— Monsieur, je ne regrette nullement l'expression dont je me suis servi : l'on peut audacieusement jouer sa vie, dans un duel ou à la guerre, et commettre des lâchetés, des indignités sans nombre, ainsi qu'en a commis M. Poussard.

— Vous oubliez, monsieur, que nous portons l'épaulette — reprit le commandant Dupont — et qu'entre soldats nous sommes forcément solidaires... de l'honneur militaire!

— Messieurs — reprit Gilbert — je vous tiens pour gens d'honneur, et comme tels, vous ne pouvez réclamer la moindre solidarité avec ce spadassin.

— Et moi, je la réclame ; à tort ou à raison, monsieur, cela me regarde! — s'écria le capitaine Robin. — Et si vous ne rétractez pas tout ce que vous avez dit à propos de notre camarade Poussard,.. je saurai bien vous forcer à mettre l'épée à la main.

— Vous n'aurez à faire pour cela, monsieur, aucun effort — répondit Gilbert impatient d'en finir avec la vie; et il se dit avec une amertume sardonique : — O vanité de la résolution des hommes! j'ai toujours regardé le duel comme un préjugé sauvage et stupide... et voilà que par dégoût de la vie je demande la mort à un duel !

Contre son espérance le poëte ne trouva pas la mort dans ce duel ; le capitaine Robin ne se battait que pour un faux point d'honneur, il le sentait; aussi, le combat engagé, ne chercha-t-il qu'à blesser légèrement le poëte, et il réussit au gré de ses désirs : Gilbert reçut au bras droit un coup d'épée peu dangereux.

Le lendemain on lisait dans les journaux :

« — Hier, une rencontre a eu lieu entre M. le capitaine « Robin et M. Georges Hubert. Ce dernier a été blessé, etc., « etc. »

Gilberte, malgré son inébranlable résolution d'accomplir jusqu'à la fin le sacrifice qu'elle s'était imposé, fut saisie d'une angoisse mortelle, en apprenant l'issue de ce duel par la voix publique; ignorant le degré de gravité de la blessure du poëte, elle ne put résister au besoin d'aller elle-même s'informer de ses nouvelles, et se fit conduire avenue Méricourt. Elle trouva la porte du jardinet entr'ouverte, monta le perron croyant rencontrer madame Catherine dans l'une des pièces du rez-de-chaussée, mais elle ne vit personne, la femme de ménage s'étant absentée pendant un instant. Cette solitude, l'apparence d'abandon et le silence qui régnaient dans ce logis redoublèrent les inquiétudes de Gilberte; elle monta rapidement les degrés conduisant à la porte de la chambre à coucher, prêta l'oreille... et n'entendit rien ; de sinistres appréhensions assiégèrent son esprit. Elle s'imagina que madame Catherine, la seule qui pût donner des soins à Gilbert, le voyant dans un état désespéré, avait couru au dehors chercher du secours ; cédant alors à son anxiété croissante, la jeune femme ouvrit doucement la porte de la chambre à coucher... Là... elle vit le poëte étendu sur son lit et en proie au délire de la fièvre. De temps à autre, il murmurait des paroles entrecoupées :

— Maudite... soit-elle! — disait-il... — Avant... ma vie... paisible... glorieuse... Oh! chère solitude... d'autrefois!... étude... poésie... consolation... vous... me... vengerez... de l'abandon... Ah... maudite.,. maudite!...

Ces mots presque sans suite et interrompus par de longs silences peignaient l'agitation de l'âme du grand écrivain, ses ressentiments se faisaient jour à travers l'égarement de son esprit; Gilberte le contemplait dans un pieux recueillement : l'instinct de son cœur lui disait que, malgré l'ardeur de sa fièvre, le poëte ne courait aucun danger sérieux ; plusieurs fois en parlant il avait agité son bras, enveloppé d'un appareil ensanglanté. La blessure ne devait donc pas être grave; bientôt les paroles sans suite qu'il prononçait furent coupées par des silences de plus en plus prolongés ; ses yeux, jusqu'alors demi-clos, se fermèrent complètement, sa respiration devint de moins en moins saccadée... un sommeil bienfaisant commençait évidemment à succéder à l'ardeur de la fièvre ; les mots qu'il essayait encore de prononcer expirèrent sur ses lèvres, à peine agitées par un souffle doux et régulier ; Gilbert cédait peu à peu à l'un de ces sommeils profonds où l'âme et le corps, après de cruelles agitations, trouvent enfin un calme réparateur.

— O mon poëte... tu vivras! — murmura la jeune femme, les yeux baignés de larmes et contemplant Gilbert avec une tendresse passionnée. — Tu vas renaître pour l'admiration de la France, pour l'honneur de l'esprit humain!!! Moi, pauvre créature ignorée, je me serai élevée presque à ta hauteur par le sacrifice! Dans l'amertume de ta déception, tu songes encore à moi pour me maudire... Mais bientôt, fuyant mon souvenir détesté... tu m'auras complétement oubliée, grâce aux maternelles douceurs de l'étude et à l'enivrement de tes nouveaux succès! Peut-être pourtant... plus tard te les rappelleras-tu comme on se rappelle un songe lointain, ces deux années de paisible et tendre intimité... qui auront été, qui seront toute ma vie... à moi! O mon poëte! pour toi-même, ne les regrette jamais ces jours fortunés! ton génie, non pas éteint, mais assoupi, mais reposé dans leur douce uniformité, va, plus puissant peut-être encore qu'autrefois, s'élancer dans les glorieuses régions où il planait naguère en souverain! Du fond de mon obscur oubli, je te suivrai des yeux jusqu'à l'heure où la mort aura clos ma paupière! A ce moment suprême, tu auras ma dernière pensée, ô mon poëte! et je me dirai : — « Meurs heureuse... jamais « femme n'a aimé... comme tu as aimé!!! »

Essuyant alors les pleurs qui baignaient son visage, elle se pencha vers Gilbert endormi et murmura d'une voix affaiblie :

— Maintenant, adieu... pour toujours adieu... âme de ma vie... un dernier baiser sur ton front...

Gilberte effleurait de ses lèvres tremblantes le front du poëte, lorsque la douce voix de l'invisible fée se fit entendre à l'oreille des deux jeunes gens et leur dit:

— Gilbert et Gilberte, voulez-vous continuer d'ÊTRE Georges Hubert et Louise?... Leur vie si enviée par vous comble-t-elle vos désirs ?

A la voix de la Korrigan, Gilbert et Gilberte, redevenus soudainement EUX-MÊMES, et reprenant possession de leur MOI, tout en conservant le souvenir du passé, s'écrièrent :

— Ah! Korrigan, nous ne voulons plus être Georges Hubert et Louise!

— Nous voulons à l'instant retourner dans notre petite chambre.

— C'est fait!... — répondit la voix.

Gilbert et Gilberte éprouvèrent un moment de vertige pendant lequel ils perdirent la conscience de leur être, et ils se retrouvèrent dans leur modeste chambrette de la rue de Lille.

XXVI

Gilbert et Gilberte, se retrouvant en face l'un de l'autre dans leur modeste demeure, éprouvèrent ce même ressentiment de joie déjà éprouvé par eux, lorsqu'après leur première métamorphose ils étaient *sortis de la vie* du marquis et de la marquise de Montlaur.

Nos deux jeunes gens s'embrassèrent passionnément à plusieurs reprises, les yeux humides de douces larmes :

— Ah, mon pauvre Chéri! — disait Gilberte — qu'il est bon de nous retrouver *nous-mêmes* dans notre petite chambre...

— Ah, Minette! il en est de la gloire... comme du *marquisat!* j'en ai par-dessus les oreilles! Quelle galère! Non, vois-tu, jamais je n'oublierai mes angoisses avant cette maudite première représentation!... Et je ne savais pas encore si mon drame réussirait... quelles tortures! un accusé attendant son arrêt ne doit pas éprouver de pires tourments! J'étais littéralement sur le gril! Ma pièce eût réussi, qu'avant d'être bien certain du succès, je n'en aurais pas moins souffert comme un damné, à cause de mille appréhensions plus poignantes les unes que les autres! Aussi... juge un peu de ma position, lorsque, pour bouquet, j'ai entendu le public siffler comme un merle... Qu'est-ce que je dis?... siffler comme cinq cents merles! Et les huées... et les cris... et les injures! sans compter l'horrible coup que m'a porté la mort de ce pauvre Auguste Clément qui va se jeter à la rivière, au lieu de rester tout bonnement garçon épicier! Enfin, espérant me consoler près de toi, je rentre à la maison, et je te trouve méconnaissable pour le cœur, pour le caractère; tu m'abandonnes, quand jamais je n'avais eu plus besoin de ton affection! Tu refuses de te marier avec moi pour épouser... qui? cet affreux général Poussard... pour devenir la baronne POUSSARDE! Ah, Minette! Minette! ce n'était guère gentil de ta part.

— Mais, Chéri... je t'aimais au contraire plus passionnément que jamais...

— Ah bah!

— Certainement.

— Et tu voulais en épouser un autre!

— Justement! figure-toi que pendant cette maudite représentation j'avais entendu dire autour de moi : — « Georges Hubert est fini, coulé depuis qu'il s'est aco- « quiné avec une femme, depuis qu'il est devenu *pot-au* « *feu...»*

— Pot-au-feu! hein, Minette? comme on traite le génie! Ma parole d'honneur, c'est dégoûtant!

— Ne m'en parle pas, Bibi, j'étais outrée! cependant, j'ai tout de suite compris que, malgré mon amour, mon influence sur toi nuisait à ta gloire; alors je me suis dit:

— « Il paraîtrait que décidément j'abrutis celui que j'a- « dore, il faut nous séparer !» — Cela, tu le sens bien, me brisait le cœur, mais je t'aimais tant pour toi... pour ton génie, qu'afin de ne pas même te laisser un regret de notre rupture, j'ai fait tout mon possible pour que tu me haïsses! Enfin, j'ai promis d'épouser ce gros vilain Poussard pour ne te laisser aucune espérance de nous revoir jamais!

— Nom d'un petit bonhomme! figure-toi, Minette, qu'un moment je me suis douté de la chose! Ta conduite me semblait si extraordinaire que je pensais qu'il y avait quelque manigance là-dessous...

— Oh! j'ai bien vu que tu étais sur le point de me deviner, mais en redoublant d'adresse j'ai dérouté tes soupçons...

— Pauvre Minette! combien tu m'aimes! Et ce pauvre Georges Hubert, qui, à l'heure qu'il est, te regarde comme une pas grand'chose! J'aurais presqu'envie d'aller lui dire : « — Rassurez-vous, Louise vous adore : je sais ça par « ma femme qui A ÉTÉ Louise comme J'AI ÉTÉ vous-même « M. Georges Hubert. »

— Au fait! nous devrions les prévenir tous deux... après cela, peut-être ne nous croiraient-ils pas!

— C'est probable; mais quel courage tu as eu... et je te maudissais.. je t'exécrais... Ah! si j'avais su!

— Tu le sais maintenant. — Veux-tu rentrer avec Gilberte dans la vie de Louise et de Georges Hubert? — dit la douce voix de l'invisible Korrigan. — Emettez ce vœu, mes amis, et vous redevenez Georges Hubert et Louise...

— Merci, Korrigan — répondit Gilbert. — Ah, vous étiez là? Hé bien, vous nous avez entendus? nous voici revenus de la gloire comme du marquisat.

— Oh! oui — répondit Gilberte — nous en voilà revenus... et pour toujours, chère petite fée.

— Je vous répéterai, mes amis, ce que je vous disais lorsque vous renonciez à continuer d'être le marquis et la marquise de Montlaur : — Georges Hubert n'est pas le seul poëte illustre de ce temps-ci... il en est d'autres et des plus glorieux... dans la vie desquels vous pouvez entrer!

— Et sans reproche, Korrigan, nous vous répéterons :

— Merci, nous sortons d'en prendre! l'échantillon nous suffit! n'est-ce pas, Gilberte?

— Certainement; car enfin, avouez-le, bonne petite fée, tant qu'à vouloir être un grand poëte et sa maîtresse, pouvions-nous mieux choisir?... Quels généreux caractères que ceux de Georges et de Louise! En est-il beaucoup de semblables, Korrigan?

— Non, mes amis...

— Et puis, tenez, Korrigan — reprit Gilbert d'un air réfléchi — faisons en deux mots le *compte* du grand poëte, comme nous avons fait le compte du grand seigneur, parce que — « l'on apprend, comme on dit, beaucoup en voyageant, » — et quoiqu'ils n'aient pas été positivement couleur de rose, nos deux voyages à travers le marquisat et la gloire...

— ... Ils nous ont toujours donné un peu d'expérience, n'est-ce pas, Bibi? — ajouta la jeune femme d'un air capable et le plus charmant du monde. Nous savons déjà que... (pour notre goût du moins) le bonheur n'est pas là où nous l'avons cherché jusqu'ici.

— Et si nous nous sommes trompés de route, ce n'est pas notre faute, n'est-ce pas, Korrigan? — reprit Gilbert.

— Nous voyons un grand seigneur et sa femme, tous deux jeunes et beaux, habitant un hôtel superbe, recevant la plus grande société de Paris; dame... nous autres, pauvres gens, nous disons naturellement : — « Ah! nom d'un petit bonhomme! nous voudrions bien « être à la place de ce grand seigneur et de cette grande « dame; » — mais bientôt nous savons *par nous-mêmes* (car tout est là); nous savons *par nous-mêmes* de quoi il retourne pour ce grand seigneur et pour son épouse... Alors... bon, suffit.

— C'est ça, Bibi, tu as raison de dire qu'il faut savoir *par soi-même* de quoi il retourne, qu'il faut enfin avoir eu l'expérience de certaines choses pour les connaître au fond et au vrai; ainsi, par exemple, notre chère petite Korrigan, qui sait tout en sa qualité de fée, nous aurait dit (s'il ne lui avait pas été défendu de nous guider de ses conseils) : « — Mes amis, croyez-moi, n'entrez ni dans la « vie du marquis et de la marquise, ni dans la vie de « Georges Hubert et de Louise; vous vous en repentiriez; » — qu'est-ce que nous lui aurions répondu?

— Je vais te le dire, Chérie; nous aurions répondu : « — Comment, Korrigan, le bonheur ne consiste pas à « avoir un grand nom, une grande fortune, ou bien à être « un des plus fameux génies de son temps? Allons donc, « Korrigan, vous voulez, sans reproche, abuser de notre « innocence! Mais Minette et moi, nous sommes comme « saint Thomas : nous voulons voir et toucher pour « croire! »

— Et maintenant que nous avons vu et touché — reprit Gilberte, — maintenant que nous savons les choses *par nous-mêmes*, puisque *nous avons été* ceux-là que nous désirions d'être, nous sommes très-certains, je le répète, que pour nous, du moins, le bonheur n'est pas là où nous l'avons cherché jusqu'ici; or, cette certitude qui nous l'a donnée? Hé! hé! notre petite expérience, mais dame..... oui!

— Bons cœurs! — murmura la voix de la fée avec un accent de douce satisfaction. — Enfin cela commence...

— Quoi, Korrigan? — reprit Gilbert — qu'est-ce qui commence?

— Rien, mes amis...

— Comment rien... Korrigan?

— Non, mes amis, rien ne commence, puisque rien ne finit. *L'éternité sans fin est sans commencement*; mais ne cherchez pas le sens de mes paroles, je me parlais à moi-même...

— Le fait est, chère Korrigan, que pour comprendre que rien ne commence parce que rien ne finit, il faut être d'autres gaillards que de pauvres et simples mortels comme nous deux Minette!

— Ainsi, mes amis, vous avez assez vu, assez senti par vous-mêmes, pour ne plus vouloir rentrer dans la vie de Georges Hubert et de Louise; c'est décidé?

— Archi-décidé, Korrigan; car, tenez, en deux mots faisons, comme je le disais, le compte de la gloire.

— Les avantages d'abord, Bibi.

— D'accord; voyons : j'ai eu un admirable talent; quand

j'entrais quelque part, l'on me regardait jusque dans le blanc des yeux, on me poussait du coude, en disant : « C'est lui... le voilà, le grand poëte, le fameux Georges « Hubert! » — Les plus jolies femmes du plus grand monde me faisaient des *mamours;* des princesses royales me disaient les choses les plus gentilles; les princesses, les ducs, les marquis, les ambassadeurs et tout le tremblement me répétaient en chœur et à satiété : — « Ah! nom d'un petit bon-« homme, monsieur Georges Hubert, quel talent vous avez! « Ah! mais un talent! un talent! Dieu de Dieu! quel talent! « Non, c'est bête, vous en avez trop! Il n'est pas permis « d'avoir tant de talent que ça! » Bon! j'ai éprouvé, le matin de la première représentation de mon drame, un très-grand plaisir, lorsque j'ai comme entrevu une superbe idée, qui devait être le sujet d'un nouveau drame, ce qui, par parenthèse, m'a engagé pendant un moment à t'envoyer au diable, ma pauvre Minette, parce que tu m'avais fait perdre le fil de mon idée...

— Ah! Bibi, c'est très-mal...

— Il est vrai de dire que je me suis repenti tout de suite, en m'avouant à moi-même que j'étais un animal!

— A la bonne heure, je te reconnais là, mon Chéri!

— Continuons le compte de mon bonheur..... Voyons. Ah! j'oubliais : tout en ne prodiguant pas mes œuvres, je gagnais douze ou quinze mille francs par an, ce qui, joint à mon patrimoine, me permettait de très-bien vivre et me donnait l'agrément de pouvoir ouvrir ma bourse à ceux qui s'adressaient à moi; très-bien; voyons, qu'y a-t-il encore à mettre au compte de mon bonheur.

— Et l'amour si dévoué, si tendre, si résigné de cette pauvre Louise..... est-ce que tu l'oublies, Gilbert?

— Non, non, au contraire, je le gardais pour la bonne bouche. Pauvre chère créature, comme elle m'adorait! et cet amour-là, je le devais absolument à mon génie, puisque mes ouvrages avaient tourné la tête de cette brave et excellente fille. Voyons, Korrigan, en fait de bonheur, je n'omets rien?

— Et ton nom populaire en Europe, dans les deux mondes! — reprit la douce voix — ton nom illustre en tous pays, et connu des plus humbles et des plus grands!

— Soit, Korrigan; si j'avais compris toutes les langues de l'Europe et des deux mondes, et que j'y eusse voyagé... dans les deux mondes, j'aurais entendu là, comme en France, répéter en chœur :

— Quel talent!
— Quel talent!!
— Quel talent!!!

Et Gilbert chantonna sur l'air des *lampions* cette triple répétition admirative, de sorte que sa Gilberte se mit à rire de tout son cœur.

— D'accord, chère Korrigan — reprit Gilbert — mettons encore cela au compte de mon bonheur! Et maintenant, voyons le revers de la médaille...

— Ah oui! il est gentil le revers! pauvre Chéri!

— Et il n'y a pas à dire mon bel ami, — poursuivit Gilbert. — Je parle de ce que j'ai vu, senti par moi-même, et notez en passant, Korrigan, que je n'avais pas pour un liard d'amour-prrpre, et si j'en avais eu, ça aurait été bien pis! Donc, je trouve bon de me dérober à des empressements très-flatteurs sans doute, mais qui ne me laissaient pas un moment à moi pour travailler et goûter le charme de l'intimité de ma maîtresse; je me retire avec elle dans une maisonnette isolée; mais comme on se dispute les moindres lignes de mon écriture, comme la curiosité publique s'attache à toutes mes actions, comme je ne peux pas éternuer sans que l'on dise : « — Vous ne savez pas? Georges « Hubert a éternué hier à onze heures moins sept minutes. « — Ah bah! — Parole d'honneur. — Merci, je vais in-« former de tout ceci mon correspondant littéraire du Mo-« nomotapa; » — il suit de cette curiosité acharnée après moi qu'un diable de journal découvre ma retraite et régale ses abonnés d'une histoire moitié vraie, moitié fausse, dans laquelle ma vie privée et celle de Louise sont données en pâture au public, y compris l'adresse de ma demeure. Alors commence la procession; elle est ouverte par cet enragé Marseillais, qui enfonce ma porte sous prétexte que je la ferme à son admiration, et il me traite comme un nègre, toujours en m'admirant; arrive ensuite cet autre enragé, l'amateur d'autographes, qui veut placer mon écriture à côté de celle de la reine *Pomaré* ou de *l'empereur Nicolas,* et il me traite environ comme m'a traité le Marseillais; puis ce sont les satanées Anglaises, marchant à la mécanique, qui viennent me lorgner, ni plus ni moins qu'une bête curieuse, et voir *le dedans de mod;* et puis enfin ce pauvre garçon, qui va se jeter à la rivière parce que je lui dis tout bonnement qu'il fera mieux de rester garçon épicier que d'écrire de mauvais vers! Mais bah! tout cela n'est rien, comparé au reste : la calomnie m'empoigne et me déchire à belles dents! Je suis un avaricieux qui enlève les héritières pour les beaux yeux de leurs millions! un brutal, un envieux, qui par la dureté de ses critiques, pousse à la rivière les garçons épiciers qui s'imaginent de faire des vers! Attendez, Korrigan, nous ne sommes pas au bout; nous voici au moment de cette première représentation. Je suis d'abord sur le gril, et ensuite, pour varier la chose, en plein dans la poêle à frire. Mon nom est sifflé, hué, moqué, conspué; on me traite (devant ma maîtresse) de défunt, d'enterré, d'homme fini! Enfin c'est elle... la malheureuse, qui, dit-on, a noyé mon génie dans le pot-au-feu! tant et si bien que, pour me rendre à la gloire, Louise me quitte; alors, mon désespoir, je veux, pour me débarrasser de la vie, me faire tuer en duel par le général Poussard. — Et partant d'un grand éclat de rire, Gilbert ajouta : — Ah, Minette... si tu avais vu ce vieux spadassin, d'abord bravache, insolent et féroce comme d'habitude en arrivant sur le terrain; mais une fois qu'il a mis l'épée à la main, serviteur de tout mon cœur! mon homme, pris d'une colique atroce, éprouve le besoin d'aller prendre l'air..... et l'on était en plein bois!...

— Il n'a eu que ce qu'il méritait, cet affreux Poussard! — reprit Gilberte en partageant l'hilarité de son mari. — Quelle bonne idée tu avais eue de le vouer à la colique, toutes les fois qu'il voudrait se battre contre quelqu'un, ce méchant homme! sans cela... juge donc! il tuait peut-être aujourd'hui ce pauvre Georges Hubert! et quand je pense, Chéri, que je t'aimais assez pour vouloir épouser ce vieux monstre de Poussard!

— Enfin, Korrigan, et voilà le pire, car je n'ai rien oublié des plus secrètes pensées qui me sont venues pendant que j'étais Georges Hubert : je me rappelle parfaitement qu'après avoir été blessé par le capitaine qui remplaçait le Poussard, je me disais avant d'être pris de la fièvre et du délire : « — Je me consolerai de l'indignité de la con-
« duite de Louise à mon égard, en songeant qu'elle avait
« une funeste influence sur mon talent, ainsi que le prouve
« la chute de mon drame; la monotonie de cette vie in-
« time m'engourdissait; et en rompant nos liens que j'au-
« rais toujours respectés, si elle fût restée pour moi ce
« qu'elle était jadis, Louise me rend à la liberté... à l'é-
« tude, qui sera désormais ma seule consolation! »

— Ah, Chéri! quelle leçon! les femmes qui s'amourachent des hommes de génie sont cruellement à plaindre!... Pauvre Louise... Pauvre martyre!

— Et maintenant, voyons, franchement, chère Korrigan — reprit Gilbert, — avouez que, un peu plus, un peu moins, l'existence de tous les hommes illustres comme Georges Hubert se ressemble?

— Oui — reprit la fée — sauf quelques événements particuliers à Georges Hubert, la vie de presque tous les hommes de génie a ses amertumes, ses dégoûts, ses déceptions, ses douleurs cachées! oui, pour eux les succès passés s'effacent devant l'appréhension ou la certitude d'une défaite! oui, rassasiés de louanges, la critique leur est doublement poignante! oui, ils usent leur intelligence, leur vie, leur âme, à élaborer dans la retraite ces belles œuvres qui charment et enseignent l'humanité; oui, souvent ils sacrifient à la gloire, à l'étude, leurs goûts, leurs sentiments les plus chers; oui, la calomnie, l'injustice, l'ingratitude, succèdent souvent pour eux à l'enthousiasme qu'ils inspiraient! mais ils vivent dans la mémoire des hommes, et malgré ses chagrins, leur vie glorieuse fait l'admiration et l'envie de tous!

— ...De tous ceux qui ne l'ont pas connue par eux-mêmes, cette glorieuse vie! chère Korrigan, car je me rappelle qu'étant Georges Hubert et sur le gril, avant cette maudite première représentation, je me disais ceci qui me paraît fort juste : « Ah! combien sont plus heureux que
« moi, ceux-là qui, doués d'une intelligence suffisante
« pour apprécier les productions de l'esprit, jouissent
« d'elles sans aucun souci, tandis que pour créer ces jouis-
« sances du public, l'écrivain s'épuise en labeurs inces-
« sants. »

— Le fait est, Chéri, qu'en lisant l'autre soir ici, au coin de notre feu, ce beau drame d'*Octave*, nous deux qui sommes pourtant des gens simples et sans instruction, nous avons certainement éprouvé au moins autant de bonheur à lire cet ouvrage que Georges Hubert en a eu à l'écrire, et nous sommes restés étrangers au travail, aux angoisses que cette œuvre lui a coûtés.

— Ainsi, mes amis — reprit la douce voix — vous renoncez à rentrer dans la vie de Georges Hubert, ou de tout autre illustre génie, et à chercher là... le bonheur?

— Vous comprenez, Korrigan, que s'il nous fallait absolument choisir entre notre condition de lithographe et de fleuriste et celle de Georges Hubert et de Louise... peut-être, nous rentrerions dans leur vie... et encore non, non, mille fois non, car enfin Georges Hubert aura sans doute la gloire pour se consoler, mais cette pauvre Louise?...

— Ah, mon Dieu! Korrigan — dit Gilberte — j'y pense, est-ce que cette brave fille si aimante, si dévouée, épousera vraiment cet affreux Poussard?

— Votre résolution de ne plus vouloir être Georges Hubert et sa maîtresse étant, je le sais, très-arrêtée... mes amis!

— Oh, oui, très-arrêtée, Korrigan.

— Je peux vous répondre au sujet de l'avenir de Louise. Oui, fidèle à son vœu de ne laisser à Georges Hubert ni un regret ni une espérance, Louise épousera le général Poussard.

— Ah! la malheureuse... Entends-tu, Chéri... elle épousera ce vilain homme!

A ce moment les deux jeunes gens entendirent ouvrir leur porte au dehors, et elle donna passage à madame Badureau, qui, d'abord très-surprise de trouver ses locataires dans leur chambre dont elle avait la clef, se fit ensuite à elle-même un sourire de reproche en disant :

— Ce que c'est que de nous pourtant, jeune ventriloque; il faut que les malheurs que j'ai *zévus* me fassent perdre la mémoire; j'oublie toujours que vous êtes M. Bosco en personne.

— M. Bosco? — reprit Gilbert abasourdi : — où diable prenez-vous M. Bosco?

Gilbert en ce moment ne se souvenait plus que la surveille, au moment de sa nouvelle métamorphose et voulant faire une *niche* à madame Badureau, il avait demandé à la Korrigan de demeurer invisible ainsi que sa femme aux yeux de la portière, pendant qu'ils lui parleraient...

Et le prodige s'était accompli.

— Vous êtes un fameux ventriloque et un fier escamoteur, vu que vous vous escamotez vous-même ainsi que vous l'annoncez dans vos affiches, monsieur Bosco! — avait, son premier étonnement passé, répondu madame Badureau, s'expliquant ainsi l'invisibilité surnaturelle des deux jeunes gens, et la rabaissant au niveau d'une scène de ventriloque et d'un subtil escamotage. Persistant donc à voir dans Gilbert, non plus un prince polonais déguisé, mais un célèbre prestidigitateur, elle reprit :

— Monsieur Bosco, vous comprenez que si je ne vous savais pas très-fort sur le sac à la malice et la poudre de perlimpinpin, j'aurais le droit de m'étonner de bien des choses.

— De quelles choses, madame Badureau ? — reprit Gilbert, se rappelant alors quel personnage il était aux yeux de la portière ; — que s'est-il donc passé ici d'extraordinaire ?

— Je vas vous le dire : je suis pour ma porte et dans ma loge comme un vrai *cerfebère*... personne n'entre ni ne sort que je ne le dévisage des yeux ; et depuis trois jours je ne vous ai pas vu sortir, ni madame non plus, qui est votre compère ; je suis montée chez vous une douzaine de fois, j'ai ouvert votre porte... dont j'ai seule la clef... je n'ai trouvé personne, et pourtant je le jurerais sur les cendres de feu Badureau, vous n'avez pas mis le pied hors de la maison ! Encore un tour tiré de votre sac à la malice, monsieur Bosco ! et puis, pendant ces trois jours, vous n'avez certes pas vécu de l'air du temps, vous et madame Bosco, puisque je ne vous ai pas fait pour un liard de cuisine... ni elle non plus, quoiqu'elle la faisait très-gentiment, surtout le mironton et la gibelotte, avant que je l'aie prise pour la fille d'un milord.

— La gibelotte !... fille d'un milord ! madame Badureau ?

— Mais non, monsieur Bosco, votre épouse ! Enfin, il y a une demi-heure, je monte ici... je ne trouve personne, je redescends et je m'asseois sous la porte cochère, afin de tricoter au frais ; si vous aviez été sorti, il vous aurait fallu, pour rentrer chez vous avec votre dame, me passer sur le corps, et pourtant vous voilà... Toujours le sac à la malice... monsieur Bosco...

— Madame Badureau, ne racontez surtout ce tour à personne... il est nouveau.

— Motus... d'autant plus que je crois qu'il y a en bas une de vos pratiques.

— Une de mes pratiques ?

— Oh ! dans le grand genre ! Ils sont en voiture. Ce monsieur et cette dame m'ont dit : « Nous voulons parler tout « de suite à M. Gilbert, ouvrier lithographe, et à son « épouse. » (Bon, que j'ai pensé à part moi, ils savent le faux nom de mon ventriloque de locataire, et ils veulent lui proposer de venir faire des tours devant leur société.) Mais motus, je ne trahis pas votre secret, monsieur Bosco, et je réponds : M. Gilbert n'y est pas, ni son épouse non plus. Je descends de chez eux, il n'est pas rentré. « — Retournez-y, ma chère dame, peut-être y

« est-il — me répondent vos pratiques, — et ferme-t-il
« sa porte ; remontez tout de suite, voilà quarante sous
« pour votre peine. Frappez encore et dites à M. Gilbert
« que c'est un meunier à barbe d'or qu'il a rencontré
« au Café de Paris... »

— Que diable nous contez-vous là, madame Badureau ? *un meunier à barbe d'or ?*

— Monsieur Bosco, il est vrai qu'un pareil meunier doit être aussi rare qu'un merle blanc... Mais je me suis dit : Ça doit être un tour de votre sac à la malice... et....

— Ah ! Chéri, je comprends ! — reprit Gilberte en interrompant la portière ; — c'est ce jeune homme qui, lors de ce fameux dimanche, dînait en même temps que nous au Café de Paris... et à qui nous avons fait la surprise du million... tu sais ?

— La surprise du million ? Encore un tour de gobelet ! — dit madame Badureau en hochant la tête. — En ont-ils dans leur sac ! Dieu de Dieu ! En ont-ils de ces tours !

— C'est ça, Minette — reprit Gilbert : — *M. Meunier, commis à la Barbe d'or.*

— A propos, chère petite Korrigan — dit la jeune femme sans songer à la présence de la portière ; — la surprise de l'autre million, l'ont-ils eue, ces bons jeunes gens ?

— Pas encore — répondit la voix de l'invisible fée ; — ordonnez, j'obéirai.

— Hum !... hum ! Minette — s'écria Gilbert en faisant à sa femme un signe d'intelligence pour lui reprocher d'avoir inconsidérément parlé, et d'avoir ainsi provoqué une réponse de l'invisible fée devant madame Badureau. Mais celle-ci, un moment stupéfaite en entendant cette voix d'un timbre si doux, si sonore, qui semblait venir de l'un des angles du plafond, leva la tête dans cette direction, puis se frappant le front :

— Ah ! monsieur Bosco... quel superbe ventriloque vous faites ! Et moi qui oublie toujours que vous l'êtes !

— Vous croyez, madame Badureau ? — reprit Gilbert dépité, presque courroucé de voir ses relations supernaturelles avec une fée produire si peu d'impression sur la portière. — Ah ! vous croyez que ce que vous venez d'entendre n'est qu'un jeu de ventriloquie ?

— Oui, monsieur Bosco, et sans vouloir rabaisser votre talent que j'adore... je vous dirai que j'ai assisté avec défunt mon époux à une séance où un ventriloque a fait miauler trois chats dans la tabatière de feu Badureau : vous n'en êtes pas encore là... jeune homme, mais ça viendra...

Pendant que Gilberte riait aux larmes de cette réponse, Gilbert, mis hors de lui-même par l'incrédulité de la portière qui se posait en esprit fort, s'écria pour la confondre :

— Korrigan, Minette et moi, nous voulons que la commode auprès de laquelle se trouve madame Badureau devienne... voyons... devienne quoi ? ah ! un chameau ; oui, un vrai chameau de dix pieds de haut, et qu'il s'agenouille devant madame Badureau...

— Oui — dit Gilberte en redoublant ses éclats de rire, — va pour le chameau !

— C'est fait! dit la voix de la fée — c'est fait!

— C'est fait... c'est fait.. jeune ventriloque... c'est bientôt dit! — reprit la portière en s'adressant à Gilbert — nous allons voir ça ; — et, après avoir lentement savouré une prise de tabac, elle se baissa quelque peu, appuya ses deux mains sur ses genoux, et contempla la commode d'un œil calme, attentif, en répétant : — voyons un peu ce tour-là !

La Korrigan avait à peine dit : — C'est fait — que la petite commode de noyer avait soudain grandi... grandi sur ses pieds, devenus les jambes cagneuses de l'animal du désert, puis s'allongeant, s'arrondissant, se bossuant, se couvrant d'un pelage rare et jaunâtre, elle donnait à l'une de ses extrémités passage à un long cou terminé par une tête busquée... en un mot, la petite commode de noyer s'était à vue d'œil transfigurée en un véritable chameau de la plus belle taille, dont la bosse rugueuse touchait presque le plafond, au moment où le docile animal s'agenouilla devant madame Badureau en balançant çà et là son long cou et sa tête difforme où brillait son grand œil intelligent et doux...

Gilberte, regrettant cette évocation magique et effrayée de cette métamorphose, se rapprocha de son mari, en lui disant avec chagrin et frayeur :

— Oh ! maintenant j'ai peur... et puis notre pauvre petite commode... j'y tenais tant!... nous l'avions achetée ensemble, le jour de nos noces... et notre linge que j'avais si bien rangé dans les tiroirs en le parsemant de feuilles de rose pour qu'il sente bon... il va être dans un joli état... s'il est dans le ventre de cette vilaine bête! Korrigan, renvoyez-la tout de suite. Nous voulons revoir notre petite commode avec notre linge bien rangé et sentant bon, n'est-ce pas, Chéri?

— Minette, rassure-toi ! — reprit Gilbert en jetant un regard triomphant et superbe sur la portière — je voulais seulement savoir si madame Badureau croirait ce tour-là, sorti *de mon sac à la malice*, comme elle dit ! ! ! Maintenant, Korrigan, nous voulons que le chameau disparaisse !

— C'est fait ! — dit la voix.

Et le chameau, se rapetissant à vue d'œil, sembla, pour ainsi dire, rentrer dans l'intérieur de la commode, à mesure qu'elle reprit sa forme primitive, qui lui demeura.

Pendant que Gilberte, non sans crainte, s'approchait du meuble, afin d'examiner en bonne ménagère s'il renfermait le linge qu'elle y avait si soigneusement mis en ordre, madame Badureau qui, l'œil écarquillé, avait attentivement suivi les phases de ce prodige, sans manifester d'autre sentiment que celui d'une curiosité à peu près satisfaite, se redressa en hochant la tête.

— Eh bien, — reprit Gilbert, déjà fort choqué de n'avoir pas causé la moindre frayeur à la portière par cette évocation magique — hé bien, que dites-vous de cela, madame Badureau?

— Je dis que j'ai vu mieux que ce tour-là ! — répondit la portière avec suffisance, en aspirant une nouvelle prise de tabac ; — j'ai vu beaucoup mieux que cela, monsieur Bosco !

— Hein? — reprit Gilbert suffoqué ; — vous avez vu mieux que ça?

— Oui, avant-hier encore, sur le boulevard du Temple...

— Madame Badureau...

— Il n'y a pas de madame Badureau qui tienne! monsieur Bosco, voici la chose : j'allais chez le propriétaire... je vois du monde rassemblé autour d'une boutique en plein vent, je me faufile... comme une petite souris, et qu'est-ce j'aperçois? Un brave homme qui vendait des boîtes grandes comme la main, épaisses d'un doigt : on ouvrait la boîte... et crac... il en sortait, comme s'il allait vous sauter aux yeux, un grand coquin de diable noir, qui vous tirait sa langue rouge avec des cornes et une queue en trompette ; et notez qu'il avait un pied de haut, le scélérat ! et il tenait dans une petite boîte de rien du tout! Allons donc, monsieur Bosco, il n'y a pas de comparaison entre ce tour-là et le vôtre : il est gentil le vôtre, c'est vrai, mais vous ne me ferez pas accroire qu'il est plus difficile de faire entrer un chameau dans une commode que de faire entrer un grand coquin de diable d'un pied de haut dans une boîte aussi petite que ma tabatière ! Allons donc, monsieur Bosco ! allons donc !

— Parole d'honneur, c'est désolant ! — s'écria Gilbert profondément humilié dans sa puissance surnaturelle par l'invincible incrédulité de madame Badureau ; — pouvoir tout ce qu'on veut, et n'être regardé que comme un simple ventriloque ou M. Bosco!

Deux ou trois coups frappés extérieurement à la porte mirent terme aux doléances de Gilbert, et sa femme, rassurée par son attentive inspection du contenu de la commode, dit à haute voix :

— Entrez...

La porte s'ouvrit, et nos jeunes gens virent venir à eux leurs voisins de table du Café de Paris, Auguste Meunier et sa femme Juliette, tous deux vêtus avec autant de magnificence que de mauvais goût! Meunier portait à sa chemise des boutons de diamants, et des boutons de rubis à son gilet de velours noir broché de soie orange ; sur cette riche étoffe serpentait une grosse chaîne d'or, à laquelle pendait un binocle rehaussé de pierreries. Juliette Meunier ne le cédait en rien à son mari pour le luxe des vêtements : chapeau de satin surmonté d'un oiseau de paradis, voile de dentelle d'Angleterre, long châle de cachemire de l'Inde, robe de velours garnie de martre zibeline (quoique l'été fût sur le point de succéder au printemps), tel était l'accoutrement de la jeune femme ;

de plus, elle portait à chacun de ses bras une demi-douzaine de bracelets et des bagues énormes par-dessus ses gants : sa *châtelaine*, étincelante de pierreries, tombait jusqu'à ses genoux. La pauvre Juliette étouffait sous son velours, son châle de cachemire et ses fourrures, par cette belle et tiède journée printanière : cependant, malgré cette exhibition d'un luxe prétentieux et de mauvais goût, les traits de Juliette et ceux de son mari ne révélaient en rien l'insolente et sotte infatuation généralement familière aux enrichis; tout au plus, lisait-on sur la physionomie rayonnante des deux jeunes gens le désir d'étonner un peu, par leurs éblouissants atours, le lithographe et la fleuriste qu'ils avaient rencontrés une fois au Café de Paris, rencontre dont les deux couples ne pouvaient conserver qu'un bon souvenir.

A l'aspect des nouveaux venus, madame Badureau s'était discrètement éclipsée en disant à demi-voix à Gilbert :

— Monsieur Bosco... vous pouvez faire payer les yeux de la tête, à ces pratiques-là, votre tour de la commode et du chameau, qui sont venus en équipage, quoique j'aie vu mieux que cela ; mais motus.

— Monsieur Gilbert — dit cordialement Meunier après la disparition de la portière, — vous allez nous trouver très sans façon, Juliette et moi, qui venons ainsi vous relancer jusque chez vous ? mais, ne voyant pas la portière redescendre, et ennuyés d'attendre, nous avons ma foi risqué l'ascension : oh ! nous sommes habitués à grimper; nous logions comme vous au cinquième, avant d'avoir fait un énorme héritage; car vous ne savez pas ? depuis que nous nous sommes rencontrés au Café de Paris, nous sommes devenus millionnaires...

— Ah bah ! — fit Gilbert en feignant la surprise, — millionnaires ?

— Mon Dieu oui — reprit Juliette, — et c'est ce qui nous amène ici, ma bonne petite madame Gilberte... nous ne sommes pas oublieux.

— Non, non, la fortune ne nous a pas tourné la tête, à nous autres ! — ajouta Meunier en tendant de nouveau la main à Gilbert; — nous ne sommes pas ingrats.

— Ah çà, monsieur Meunier, — reprit Gilbert en souriant et échangeant un regard d'intelligence avec sa femme, — est-ce que par hasard vous vous imaginez que nous sommes pour quelque chose dans votre héritage ?

— Nous le voudrions de tout notre cœur — reprit Gilberte en souriant aussi. — Mais vous le voyez, — ajouta-t-elle en indiquant du geste le modeste mobilier de la chambrette, — nous sommes de petites gens, et nous aurions nous-mêmes fièrement besoin d'un héritage. Mais comme vous voilà belle, madame Meunier... Quels bijoux magnifiques !

— Et vous donc, monsieur Meunier, — dit Gilbert, — vous avez l'air d'un milord !

— Ma foi, Juliette et moi, nous nous sommes lancés, nous avons acheté tout ce qu'il a de plus cher, — répondit Meunier ; — nous avons loué une voiture et nous nous sommes dit : Il faut aller faire une petite visite à M. et à madame Gilberte; car enfin, quoique vous ne soyez, bien entendu, pour rien du tout dans notre héritage, j'en reviens là, nous ne sommes pas ingrats...

— Monsieur Meunier — reprit gaiement Gilbert — nous demandons le mot de la charade ?

— Oui — reprit Gilberte; — dites-nous donc ce que nous avons pu faire pour vous ?

— Et cette fameuse bouteille de champagne ? — reprit madame Meunier en regardant Gilberte, — cette bouteille de champagne que vous vous faisiez une fête de boire au Café de Paris, et que vous n'avez pas bue, de crainte de nous humilier, Auguste et moi ?

— Comment, madame, — répondit Gilberte en souriant et rougissant, — vous supposez que...

— Non, non, ce n'est pas un soupçon — reprit Meunier, — c'est une certitude... Figurez-vous que ce jour-là, au Café de Paris, en vous entendant demander du champagne, j'ai été humilié... attristé par cette pensée que je ne pouvais pas offrir ce petit régal à Juliette. Aussi, quand vous avez tout à coup décommandé votre vin, madame Gilberte, ça m'a ôté un poids de dessus le cœur...

— Et vous avez été assez obligeant pour m'offrir de partager votre bourse avec moi, — reprit Gilbert ; — vous parlez de reconnaissance, c'est nous qui vous en devons.

— Attendez donc, mon brave monsieur Gilbert, laissez-moi achever, — reprit Meunier ; — je vous offre ma bourse, vous me refusez, en m'assurant que vous avez de quoi payer votre écot...

— ... Mais une fois sortis du café — ajouta Juliette — je dis à Auguste, en me rappelant plusieurs circonstances « Nos voisins de table n'avaient pas l'air de gens qui s'a-« venturent à demander quelque chose sans pouvoir payer, « je parie que cette jolie petite dame qui a tout à coup « renvoyé ce vin, a cédé à la bonne pensée de ne pas « nous humilier. » — C'est évident, m'a répondu Auguste, — car je me souviens maintenant que notre voisin semblait abasourdi en entendant sa femme dire au garçon qu'elle ne voulait plus de champagne.

— Ma foi, madame Meunier, je ne ferai pas de modestie aux dépens de Minette — reprit Gilbert. — Oui, ma petite femme a mieux aimé ne pas boire cette fameuse bouteille de vin de Champagne que de vous causer une sorte de chagrin.

— Aussi, — reprit Juliette, — nous souvenant de cette action si délicate et si gentille, dès que nous avons été riches, une de nos premières pensées a été de nous dire : Nous voilà millionnaires, les faux amis ne nous manqueront pas; mais si nous pouvions avoir de vrais amis, notre bonheur serait complet.

— Et naturellement, nous avons songé à vous, monsieur Gilbert, et à votre charmante petite dame — reprit Meunier. — Nous sommes de Lyon, venus depuis peu de temps à Paris, où ne connaissons presque personne, car nous n'avions ni le goût ni le temps de faire des connaissances ; j'étais premier commis à la *Barbe d'or*, ma femme tenait le comptoir, et sauf notre dimanche, nous n'avions pas un moment à nous ; notre patron était très-exigeant.

— Etre heureux tout seuls, c'est ennuyeux — reprit Juliette ; — avoir des amis qui vous aiment seulement pour notre fortune, c'est odieux, nous disions-nous ; or, comme un petit échantillon pour juger de la beauté d'une étoffe suffit, nous avons pu juger de l'excellent cœur de nos aimables voisins de l'autre jour... Allons donc bravement leur offrir notre amitié...

— Et s'ils l'acceptaient — ajouta Meunier, — rien ne manquerait à notre bonheur.

— Monsieur Meunier — reprit Gilbert, pensif depuis quelques moments, — vous êtes donc heureux... bien heureux... très-heureux?...

— Ah çà, mon cher ex-voisin de table (j'aime mieux vous appeler ainsi, c'est plus long que *monsieur*, mais *monsieur* me paraît froid en diable) — répondit gaiement Meunier — vous me demandez si...

— Hé ! mon Dieu, appelez-nous sans façon Gilbert et Gilberte ; entre bonnes gens pas de cérémonies ! nous vous appellerons Auguste et Juliette.

— C'est dit — reprit Meunier — et j'use tout de suite de l'autorisation en vous répondant, mon cher Gilbert : comment ! vous me demandez si nous sommes heureux, très-heureux ? Pouvez-vous nous faire une pareille question lorsque nous sommes millionnaires ?

— Ma foi, mon cher Meunier, c'est curiosité pure. Et puis... vous savez, on dit que l'or ne fait pas le bonheur...

— C'est possible que l'on dise cela ; mais ce dont je suis certain, c'est que depuis que Juliette et moi, au lieu de vivre dans la dépendance des autres, nous sommes maîtres d'une grande fortune, nous nous trouvons les gens les plus heureux du monde...

— C'est vrai — reprit Juliette, — et si nous avions pour amis Gilbert et Gilberte, rien ne manquerait à ce bonheur déjà si grand !

— Votre offre d'amitié nous fait grand plaisir, mon cher Meunier — reprit Gilbert, — et nous l'acceptons de tout cœur...

— Oh oui ! — reprit Gilberte — de tout cœur.

— Hé bien, nos bons amis — reprit Meunier — il faut commencer par nous faire une promesse ?

— Laquelle, mon cher Meunier.

— Nous promettre de venir ce soir avec madame Gilbert *pendre la crémaillère* de notre héritage ; nous ferons une partie complète : nous irons d'abord à l'Opéra.

— Nom d'un petit bonhomme ! — fit Gilbert — rien que ça... à l'Opéra.

— L'on y donne une représentation à bénéfice — ajouta Meunier : — ce sera superbe ; la célèbre *madame de Saint-Marceau*, artiste du théâtre des Italiens, chantera deux actes de la *Semiramide*... Nous avons loué une loge de quatre places, voici vos deux coupons...

— Merci, mon cher Meunier — dit Gilbert en prenant les billets d'un air pensif ; — nous acceptons sans façon...

— Et en sortant de l'Opéra — reprit Juliette, — nous irons souper au Café de Paris en souvenir de notre première rencontre.

— Quelle bonne idée, chère Juliette ! — dit Gilberte — nous ferons rapprocher les deux tables que l'autre dimanche nous occupions chacun de notre côté ; nous n'en ferons qu'une, et cette fois nous la boirons ensemble, cette fameuse bouteille de champagne...

— Ainsi, mes amis — dit Meunier en se disposant à quitter la chambre avec Juliette, — nous nous retrouverons à l'Opéra?

— C'est convenu — répondit Gilbert qui semblait de plus en plus préoccupé. — A ce soir.

A peine les deux nouveaux amis de Gilbert et de Gilberte les eurent-ils laissés seuls que Gilbert s'écria en marchant avec agitation et en gesticulant :

— Korrigan ! je suis une oie ! un âne ! une buse ! un butor ! je suis en un mot tout ce qu'il y a de plus bête, de plus crétin, de plus stupide au monde ! Minette, ma pauvre Minette... ton époux devrait manger du foin à un ratelier, ou brouter de l'herbe à quatre pattes, le triple animal !

— Ah ! mon Dieu... chère petite fée — s'écria Gilberte toute tremblante, — mon pauvre Gilbert devient fou ! Korrigan, ayez pitié de moi.

XXVII

L'inquiétude de Gilberte en voyant l'agitation de son mari et en entendant ses paroles étranges était concevable ; il allait de çà de là, haussant les épaules, se frappant le front, riant aux éclats, s'adressant les reproches les plus saugrenus ; puis, venant embrasser sa femme, il lui demandait pardon et se remettait à marcher, à gesticuler en prononçant des mots sans suite.

— Ah ! plus de doute ! il est fou — murmura Gilberte de qui les yeux se remplirent de larmes. — Oh ! mon Gilbert... Bonne Korrigan... ayez pitié de nous...

— Ne crains rien, — dit la douce voix, — ne crains rien... Non, ton Gilbert n'est pas fou...

— Quoi, Chérie ! tu pleures? — s'écria le jeune homme avec une douloureuse surprise à la vue des larmes de sa femme, tu pleures... — Et s'agenouillant devant elle en baisant ses mains avec tendresse. — Et c'est moi qui te fais pleurer !

— Dame... — répondit Gilberte en tâchant en vain de retenir ses larmes, — tu vas... tu viens... comme un ahuri... tu fais les grands bras... tu dis... tu dis... — et la pauvre enfant suffoquait — tu dis... que... que... tu dois marcher... à... quatre pattes... et... et... brou... brouter de l'herbe.

— Mais mon adorée, c'est une image, une figure ! — reprit Gilbert toujours agenouillé aux pieds de sa femme qu'il enlaçait tendrement de ses bras. — C'était une manière de dire, ma pauvre Chérie, que jusqu'ici j'avais été... bête comme une oie... voilà tout...

— Bien vrai ?

Répondit Gilberte en essuyant ses beaux grands yeux remplis de pleurs ; puis, prenant entre ses deux mains la figure attendrie de son Gilbert qu'elle contemplait avec une sollicitude passionnée. — Bien vrai ?... tu as ta raison ?... tu me reconnais ?

— Si je te reconnais ! — s'écria le jeune homme en se relevant et séchant sous ses baisers les larmes de Gilberte. Tiens... sens mon cœur comme il bat, à la seule pensée de t'avoir un instant, sans le vouloir, affligée.

— Oh, c'est vrai ! — reprit la jeune femme avec une douce émotion, et de plus en plus rassurée. — Ton cœur bat ! Je retrouve ton bon regard, ta bonne figure avenante, tu es toujours mon Gilbert... non tu n'es pas fou ! C'est moi qui étais folle de m'effrayer... Mais aussi... vilain Bibi, — et elle souriait dans ses larmes à demi taries, — tu viens me dire que tu devrais marcher à quatre pattes...

— Pauvre Minette, je comprends qu'au premier abord cette posture, que je revendiquais comme devant être la mienne, en punition de ma sottise, t'ait semblé bizarre ; mais vois-tu, j'étais si courroucé contre moi-même que je ne me ménageais pas les duretés les plus désagréables !

— Je le crois bien. Tu t'appelais âne ! buse ! oison ! butor ! bête à foin ! enfin est-ce que je sais, moi !

— Et quand on pense que je ne m'en suis pas encore dit assez !

— Mais qu'est-ce que tu as donc à te reprocher ?

— Ce que j'ai à me reprocher ? Je dirais à *nous* reprocher si, en ma qualité de chef de ménage, je ne devais pas prendre toute responsabilité sur moi ?

— Mais encore une fois, qu'est-ce que tu as à prendre sur toi ?

— Une bévue énorme ! une sottise monstrueuse ! une ânerie pyramidale !

— Allons, tu vas recommencer ?

— Voyons, raisonnons un peu.

— A la bonne heure, je t'écoute.

— Le hasard nous envoie une Korrigan, un amour de petite fée qui nous dit tout bonnement ceci : « — Mes « amis, j'accomplirai vos souhaits jusqu'à ce que vous « vous trouviez assez complètement heureux pour me dire :

« *Va-t'en, Korrigan !* » C'est simple comme bonjour, n'est-ce pas ?

— Certainement.

— Il s'agissait donc pour nous de demander à la Korrigan d'accomplir les souhaits qui pouvaient nous rendre à jamais heureux, et de lui dire ensuite très poliment : « Merci, chère Korrigan, vous pouvez aller rejoindre vos sœurs. »

— Sans doute.

— Il s'agissait donc pour nous de trouver le bonheur ?

— Pas davantage.

— Et ce bonheur, à qui l'avons-nous demandé ? où l'avons-nous cherché ? Ah, ma pauvre Minette, nous l'avons cherché bien loin... et il était à nos pieds ! nous l'avons demandé à d'autres en entrant dans leur vie, tandis que le bonheur... était en nous-mêmes.

— Quoi... déjà ? — murmura la voix de l'invisible fée avec un accent de joyeuse surprise et se parlant à elle-même. — Quoi, l'expérience du passé suffirait à douer de la sagesse ces deux bons cœurs, et je pourrais aller rejoindre mes sœurs... Oh ! je n'ose encore me bercer d'un si doux espoir.

Gilbert et Gilberte, causant ensemble, n'avaient pas entendu les paroles de la Korrigan murmurées d'une voix si faible qu'elle ne parvint pas à leur oreille.

— Voyons, Gilbert, explique-toi, — reprenait la jeune femme. — Tu dis, n'est-ce pas ? que nous avons eu tort de chercher le bonheur ailleurs qu'en nous-mêmes ?

— Hé, sans doute, Chérie, au lieu de rester nous-mêmes... et nom d'un petit bonhomme ! nous nous connaissons depuis assez longtemps pour savoir qui nous sommes, nous avons été assez buses, assez oisons... assez...

— Comment, monsieur Bibi, *nous avons* été buses... oisons ?... vous êtes poli !

— Je parle pour moi, Minette, mais je dis *nous* comme M. le préfet de police : « Nous, *préfet de police, considérant que les chiens errants, sans feu ni lieu, etc., etc.* » Tu n'as qu'à lire les affiches...

— Amour de Chéri, va ! as-tu de l'esprit, quand tu t'y mets, — reprit en riant Gilberte ; — je te passe le *nous* à cause de l'explication...

— Donc, je continue : sachant ce que nous étions l'un et l'autre, nous avons été... assez... assez... simples pour vouloir devenir et ÊTRE d'autres que nous-mêmes ! Vraiment, ça n'avait pas le sens commun !

— Tu as raison...

— Je ne prétends pas mécaniser le marquis et la marquise de Montlaur... quoiqu'enfin, à la grande rigueur...

— Et puis il suffit qu'on *ait été quelqu'un*, n'est-ce pas, Chéri, pour ne point en dire pis que pendre, de cette personne-là ?

— Je reconnais Minette à ces procédés ! Quant à Georges

Hubert et à Louise, pour ce qui est de la grandeur, de la générosité de l'âme, nous ne leur allons pas à la cheville, c'est vrai, mais que veux-tu? la noblesse de cœur, le génie de Georges Hubert, le sublime dévouement de cette pauvre Louise, ne les ont pas empêchés de souffrir l'un et l'autre comme des damnés... nous ne le savons que trop, puisque nous *avons été eux-mêmes*.

— Oh oui.., quelles souffrances! mon Dieu!

— Et les souffrances, est-ce à nous-mêmes que nous les avons dues? Non! mais à ceux-là dans la vie desquels nous avons été nous fourrer comme des étourneaux?

— Ou comme de pauvres papillons qui, attirés par la lumière de la chandelle, vont s'y brûler.

— C'est cela... aussi, vois : tant que nous sommes restés nous-mêmes, nous n'avons jamais connu le chagrin; d'où je conclus que pour trouver le bonheur, nous devons désormais rester Gilbert et Gilberte!

— Et ainsi nous serons certains de ne faire que ce que nous voudrons!

— Bon, voilà déjà la moitié de notre bonheur trouvée...
— Mais l'autre moitié?

— C'est surtout à propos de cette autre moitié que nous avons été bêtes à manger du foin (je dis toujours *nous* comme M. le préfet de police). Où avons-nous jusqu'ici cherché le bonheur? D'abord, dans la vie d'un grand seigneur et d'une grande dame, ensuite dans la vie d'un homme de génie et de sa maîtresse...

— Et Dieu sait si nous avons trouvé ce que nous cherchions.

— Or, ce qu'il y a de plus curieux, Chérie, c'est que... et je ne m'en repens pas, nous avons procuré à autrui ce que nous cherchions en vain.

— Comment cela?

— Est-ce que tu n'as pas entendu tout à l'heure ce brave Meunier et sa femme nous dire qu'à l'exception de notre amitié, rien ne manquait à leur bonheur depuis qu'ils étaient millionnaires?

— C'est vrai, ils nous l'ont dit.

— Et nous qui les avons faits millionnaires, nous qui pouvons être dix fois, cent fois, mille millions de fois millionnaires, nom d'un petit bonhomme! nous ne nous procurons pas à nous-mêmes le bonheur que nous avons donné à notre ami Meunier?

— Hélas!... — murmura d'un ton plaintif la douce voix de la Korrigan sans être entendue de Gilbert et Gilberte. — Un moment j'avais cru à la sagesse de ces deux bons cœurs! Hélas.. je ne reverrai pas encore mes sœurs!

Gilberte, au lieu de répondre à son mari, resta un moment pensive et reprit :

— Tu as peut-être raison, Chéri, cependant...
— Cependant?

— Te rappelles-tu que, lorsque la Korrigan, après nous avoir donné ces deux millions qui se sont trouvés dans ta boîte à crayons et dans mon carton à fleurs, nous a dit :
— Voulez-vous encore des millions? en voulez-vous dix? en voulez-vous cent? — tu as répondu, il me semble t'entendre : « Peuh! c'est bien commun, des millions; il doit « y avoir mieux que cela à demander. »

— Parbleu! certainement, parce qu'alors nous croyions que la richesse avait besoin de l'assaisonnement d'une grande naissance, et puis l'expérience nous a démontré les tracas, les ennuis de l'existence d'un grand seigneur, réduit lui-même à envier le sort d'un homme de génie; alors nous avons demandé le bonheur au génie, à la gloire, « — Connais pas, — a répondu la gloire. — Adressez-vous ailleurs. »

— Au fait en y réfléchissant, je suis assez de ton avis et voilà le petit raisonnement que je me fais...

— Voyons le petit raisonnement de Minette.

— Avant d'avoir éprouvé *par nous-mêmes* ce qu'il y a au fond de la vie des grands seigneurs et des hommes de génie, cela ne nous suffisait pas d'être millionnaires, parce que, quoique riches, richissimes, nous nous serions dit, en voyant passer un marquis ou un grand poète : « Nous « avons beau avoir des millions, ils ne nous donnent ni « la naissance ni la gloire! »

— Parfait, le petit raisonnement de Minette, parfait!... car maintenant le bonheur que nous aurons à être millionnaires ne sera plus gâté par de méchantes envies... et nous dirons : « Passez, marquis! passez, poète illustre! « nous avons été grands seigneurs! nous avons été grand « poète! merci, nous savons ce qu'en vaut l'aune! »

— Oui, et ma foi nous resterons tout bonnement simples millionnaires.

— Simples millionnaires! allons donc! — s'écria Gilbert en haussant les épaules; — c'est encore à cet endroit-là que nous avons été de véritables oisons. (Je dis nous, toujours pour m'exprimer comme M. le préfet de police.)

— Voyons, Bibi, entendons-nous : nous sommes à jamais revenus de la gloire et des grandeurs, n'est-ce pas?

— Oh oui... Dieu merci!

— Alors, comment veux-tu que nous soyons autre chose que de simples millionnaires?

— Pauvre Minette! ma parole d'honneur, tu me fais de la peine!

— Explique-toi.

— Et le chameau?

— Comment, le chameau?

— Et la colique...

— La colique?

— Nous! de simples millionnaires! nous qui pouvons changer une commode en chameau et donner la colique à n'importe qui, aux bergers comme aux rois! — s'écria Gilbert avec exaltation. — Et tiens! parbleu, une idée! quand j'étais grand poète, cet enragé amateur d'autographes voulait me faire mettre ma signature à côté de celle de l'empereur Nicolas... J'ai toujours eu une dent contre cet autocrate-là, moi, depuis sa tyrannie contre les Polonais !

— Comme ça se trouve, Bibi : justement madame Badureau, avant de voir en toi M. Bosco, t'avait élevé au rang de prince polonais — reprit Gilberte en riant. Ah çà, est-ce que tu voudrais...

— Donner la colique à *Nicolas?*... avec cela que je m'en priverais ! tu vas voir !... Korrigan ?

— Je suis là — répondit la voix ; qu'ordonnez-vous ?

— Je veux qu'à l'instant Sa Majesté l'empereur de toutes les Russies... ait une colique atroce.

— Oui, Korrigan — dit Gilberte, — à cause de ces pauvres Polonais qu'il a tant tourmentés !

— C'est fait ! dit la voix : — le czar était sur le point de signer l'arrêt de transportation d'une famille en Sibérie... il jette sa plume... se lève précipitamment de la table autour de laquelle siégent ses ministres et disparaît très-promptement.

— Hein ! Minette, quelle belle chose que la colique, quand on sait s'en servir ! Non d'un petit bonhomme ! pour la rapidité c'est aussi beau que le télégraphe électrique !... Et tu dis, ma pauvre Chérie, que nous sommes de simples millionnaires, lorsque nous pouvons donner la colique à Sa Majesté l'empereur de toutes les Russies... la donner même à toutes les Russies ?... Voyons ça va-t-il ? pendant que nous y sommes, donnons-nous la colique à toutes les Russies... hein ?

— Y penses-tu ?... il y a là tant de gens qui n'ont fait de mal à personne.

— Allons, soit. Minette le veut, aucune des Russies n'aura la colique ! et pourtant je me suis laissé dire qu'il existe dans ce pays certains boyards qui ressemblent fort à nos seigneurs d'autrefois ! Enfin, qu'ils prennent garde à eux... les boyards !... c'est comme l'armée russe, autrichienne et prussienne... Si jamais elle passait nos frontières !... Tiens, encore une idée et une fameuse ! Korrigan !

— Parlez — dit la douce voix — qu'exigez-vous ?

— Nous voulons que toute armée étrangère qui, sans avoir été attaquée, mettra le pied sur nos frontières pour vilipender la France, ait une colique atroce... depuis les empereurs et les généraux en chef jusqu'au dernier pioupiou russe, autrichien et prussien ! oui, nous voulons qu'au moment où on leur commandera *joue... feu !* pioupious, officiers, généraux et empereurs éprouvent tous à l'instant le besoin forcené... d'aller au plus tôt prendre l'air... comme dit le général Poussard.

— Ma foi, oui — reprit Gilberte en riant aux éclats, — car après tout la colique ne tue personne, et la guerre tue tant de pauvre monde !

— Vous serez obéis — répondit la voix, — vous serez obéis comme vous l'avez été à propos du général Poussard ;

— et la voix ajouta sans être entendue de Gilbert et de Gilberte :

— Ah ! pourquoi leur vœu n'atteint-il pas tous ceux qui dans ce monde-ci sont sujets à cette folie furieuse qu'on appelle LA GUERRE ! le vœu de ces deux bons cœurs ferait à jamais régner la paix sur cette terre... la paix fraternelle, féconde et libératrice !

— De simples millionnaires ! — répétait Gilbert dans son exaltation croissante — nous qui venons d'assurer désormais l'indépendance de la France, en donnant une colique atroce à l'étranger, toutes les fois qu'il osera mettre le pied sur nos frontières sans avoir été attaqué ! Mais, Minette, plus on l'approfondit... la colique, quand elle est bien appliquée, plus on reconnaît que la colique pourrait à la rigueur remplacer la Providence, si par malheur la Providence était défunte.

— Ah ! Gilbert !

— Comment ? voilà, je suppose un scélérat qui va voler, assassiner ! v'lan ! il est saisi d'une colique atroce au moment de commettre son crime !

— C'est vrai, pourtant !

— Voilà un beau muguet qui fait le gentil, le gracieux, le troubadour pour séduire la femme d'un honnête homme... La malheureuse va oublier ses devoirs... l'heure du berger a sonné... mais v'lan ! mon troubadour est pincé par une colique atroce au moment où il fait la bouche en cœur disant : « Ame de ma vie ! volupté des cieux... » et autres !...

— Ah ! ah ! ah ! — fit Gilberte riant de tout son cœur. — Je le vois d'ici... quelle mine piteuse !

— Hélas ! — murmura la voix de la Korrigan sans être entendue des deux jeunes gens — ces vœux... ils ne songent pas à les formuler ! Ils pourraient faire régner à jamais la vertu sur cette terre-ci !

— Je te dis, Minette — reprenait Gilbert — je te dis que la puissance de la colique est énorme ; et ce n'est qu'un des mille moyens dont nous pouvons disposer ; mais que veux-tu ? d'abord éblouis, ahuris par notre merveilleuse aventure...

— Et il y avait bien de quoi !

— Nous avons pataugé ; nous n'avons pas su nous servir de notre pouvoir afin d'y trouver le bonheur ; mais l'expérience nous vient, et cette fois nous le tenons ce scélérat de bonheur !

— Voyons, qu'allons-nous faire ?

— D'abord penser au solide. Chère Korrigan, nous voulons dépenser... voyons ? combien ? Bah !... cinquante mille francs par quart d'heure.

— Ah ! mon Dieu ! Gilbert, qu'est-ce que tu dis là ?...

— Je dis cela, parce que cinquante mille francs par quart d'heure font deux cent mille francs par heure, ou quatre millions huit cent mille francs par jour ; mettons morne silence, et elle ne s'occupa plus de ce qui se passait autour d'elle.

XXI.

Ces *trois coups* dont est précédé le lever du rideau, et qui venaient de retentir dans le cœur de Gilberte en y éveillant de profondes angoisses, eurent un retentissement non moins profond dans le cœur de Gilbert; il les comparait, dans son anxiété, à ces trois coups que les témoins d'un duel frappent lentement dans leurs mains, à l'heure sanglante du combat: dans la condition morale où il se trouvait, le poëte ne voyait plus même une partie de jeu ardente et décisive, dans la bonne ou mauvaise chance de la représentation de son œuvre; il voyait une lutte avec le public... une lutte d'où allait dépendre son bonheur, son avenir, sa vie d'écrivain! Debout derrière l'une des coulisses, dans un recoin obscur, d'où il ne pouvait être aperçu ni des spectateurs ni des comédiens, il éprouva un frisson, lorsqu'au léger bruissement que fait entendre le rideau, à mesure qu'il se replie en remontant vers les frises, succéda ce silencieux intervalle de quelques secondes qui précède les premières paroles dites au début de la scène. Cet intervalle, si court qu'il fût, parut cruellement long à Gilbert; car, grâce aux surprenantes facultés de perception que nos sens acquièrent dans certains moments de surexcitation, il *entendit* que le silence des spectateurs n'était pas le silence d'une attente sympathique, ou seulement impartiale ou même indifférente, mais le silence glacial de la malveillance.

Oui, dès avant que le premier mot de la première scène de son drame fût prononcé, Gilbert *sentit* l'extrême froideur du public; et cette froideur il l'attribuait à la disposition capricieuse de la foule, car il ignorait le suicide d'Auguste Clément, les comédiens, par une convenante réserve, n'ayant pas voulu, en ce moment si grave pour l'écrivain, l'instruire de ce triste événement.

Cet accueil glacial effraya le poëte... La première scène de son drame était d'une originalité hardie, et, comme on dit, *risquée;* mais par cela même, elle pouvait produire un effet saisissant sur un auditoire sympathique, ou être mal accueillie, ridiculisée par un public hostile. Cette scène durait au plus dix minutes, et cependant au premier mot du premier vers, dit par le comédien, la sueur perla le front de Gilbert, sa respiration se suspendit, et 'oreille tendue vers la salle, dont le séparait une cloison en toile formant la coulisse, il écouta... Grâce à cette même puissante faculté de perception qu'il devait à la surexcitation du moment, il *entendit* encore jusqu'aux muettes impressions du public durant cette scène; un moment il crut tout perdu: l'originalité de l'exposition d'abord accueillie par le silence d'une extrême surprise, excita ensuite de légers murmures, dominés çà et là par les exclamations de quelques auditeurs bienveillants qui s'écriaient :
— Ecoutez... écoutez! — Mais les murmures, momentanément apaisés, recommencèrent bientôt à sourdre, surtout vers le centre gauche du parterre, avec une malveillance évidente... Gilbert se rappela le *Marseillais,* son ex-fanatique, devenu son irréconciliable ennemi; cependant une péripétie très-inattendue, soutenue par une vingtaine de vers remplis d'énergie, d'élévation, de mordant, admirablement bien dits par le comédien, et religieusement écoutés, fut suivie d'un long murmure approbateur, qui en ce moment parut à Gilbert plus précieux que des applaudissements enthousiastes... Puis à ces heureux symptômes succédèrent différents *silences,* les uns inquiétants, les autres rassurants; pourtant quelques faibles marques de désapprobation s'élevèrent encore vers le centre gauche du parterre, mais des applaudissements nombreux annoncèrent enfin à Gilbert que cette exposition si *risquée* était favorablement accueillie.

Le poëte, pendant un moment, respira... les autres scènes du premier acte ne renfermaient pas un mot, pas une situation, qui pussent donner la moindre prise à l'hostilité du public; mais pendant les dix minutes qui venaient de s'écouler, combien d'émotions diverses, cuisantes, profondes, le poëte venait d'éprouver!... Hélas! si âpres, si anxieuses qu'elles eussent été, Gilbert en vint bientôt à les regretter : elles prouvaient du moins que l'exposition de l'œuvre avait impressionné, remué les spectateurs; mais la fin du premier acte, le second et le troisième n'excitèrent ni approbation ni improbation. Ils furent écoutés d'abord avec un morne silence, puis avec une indifférence glaciale; l'on entendait du théâtre le léger bourdonnement des conversations engagées dans les loges, et lorsque le rideau se baissa, quelques voix crièrent : *Assez! assez!*

Les comédiens, après le premier acte, étaient venus, souriants et empressés, dire à Gilbert toujours cantonné derrière une coulisse.

— Courage... tout va bien.

— Le public est ce soir rétif en diable, mais l'exposition a été enlevée...

— Courage... courage. — Quoique la fin de ce premier acte ait été un peu froidement accueillie, l'effet général est excellent.

Après le second et le troisième acte, les comédiens, soucieux, inquiets, évitèrent de s'approcher du poëte; l'un d'entre eux cependant vint lui dire :

— Rien n'est encore désespéré... le drame peut se relever au quatrième acte... mais enfin ce ne sera toujours point un succès... et nous y comptions! De si beaux vers! des situations simples, il est vrai, mais si touchantes! Quel sultan capricieux et blasé que le public! Décidément il lui faut du vitriol pour réveiller son goût. Heureusement vous êtes homme à prendre votre revanche...

Pendant que Gilbert écoutait avec amertume ces con-

7

solations banales, Gilberte, immobile à sa place, éprouvait une impression étrange : pour la faire comprendre, nous emprunterons un terme à l'argot des coulisses :

Les comédiens consommés disent de certains ouvrages qui semblent réunir de grandes chances de succès :

« — Oui, c'est beau... c'est très-beau... mais il faudra voir cela *aux quinquets.* »

Le doute contenu dans ce vulgaire aphorisme exprime un sentiment très-juste des choses du théâtre, et de la profonde différence du point de vue où il faut se placer pour apprécier une œuvre LUE OU REPRÉSENTÉE ; ainsi telle œuvre qui, à la lecture et dans le demi-jour des répétitions, semble accomplie, produit souvent un effet contraire lorsqu'elle est soumise à l'éblouissante clarté de la scène. Cette singularité se retrouve dans l'ordre physique : telle femme d'une beauté fine, élégante et délicate, qui, vue de près, est réellement ravissante, paraît souvent sinon laide, du moins insignifiante, effacée, lorsqu'elle apparaît à la lumière torride du théâtre.

Il en était ainsi de l'impression de Gilberte, lors de la représentation de ce drame ; cette œuvre si souvent lue et relue par elle et par le poëte dans leur tendre intimité, cette œuvre qui l'avait si délicieusement et si justement charmée, cette œuvre, vue à l'éblouissante clarté de la scène, semblait à Gilberte incolore, sans relief et sans vie.

L'amour de la jeune femme pour le poëte était trop intelligent, et son sens moral trop élevé, pour qu'elle eût seulement la pensée de se révolter avec un puéril dépit contre la réalité, en un mot pour admirer *quand même* : non ; car, sans méconnaître le sentiment d'évidente malveillance qui redoublait la sévérité du public, cette sévérité, jusqu'alors seulement manifestée par un silence dédaigneux et glacial, paraissait légitime aux yeux de Gilberte, et cependant, chose inexplicable, ce drame à qui le grand jour du théâtre était si funeste n'avait dû perdre aucun des mérites réels dont elle avait été si frappée en le lisant !

Hélas ! la cause de cette apparente contradiction ne fut que trop tôt révélée à la jeune femme, grâce à l'entretien suivant qu'elle écouta silencieuse, attentive et résignée.

— Messieurs, — disait le vieil habitué qui, dès avant le commencement de la représentation, avait généreusement défendu Gilbert contre d'indignes calomnies, — je ne suis certes pas suspect de prévention contre l'auteur de ce drame, car j'aime et j'admire son talent ; mais j'avoue que, sauf la première scène d'exposition, scène originale et hardie, cet ouvrage est jusqu'à présent d'une faiblesse déplorable, au point de vue scénique... l'on y retrouve, il est vrai, les rares qualités de style de notre grand écrivain et une remarquable élévation dans la pensée ; mais tous ces caractères visant à la perfection, à l'idéal, ces conversations, ces monologues sur les sentiments les plus délicats, mais aussi les plus abstraits de l'âme, tout cela est sans doute noblement pensé, admirablement écrit, mais cela est aussi d'une monotonie désespérante !

— Vous pourriez bien dire, monsieur, que c'est assommant, atrocement ennuyeux ! j'ai vu je ne sais combien de personnes bâiller à se démettre la mâchoire ; or, comme l'on dit, — « quand on bâille l'on ne saurait siffler. » — Tenez, voici encore une des princesses qui bâille de souvenir... derrière son éventail... Georges Hubert est un homme fini, enterré !

— Et il a mis deux ans à enfanter un pareil chef-d'œuvre ! quelle pitié !

— Moi, ce qui me révolte, c'est que l'homme qui fait montre et parade de si belles maximes, amène les gens à se suicider de désespoir, et enlève des héritières pour les beaux yeux de leur cassette !

— Et moi, si je ne craignais de passer pour un capucin, je dirais que je vois le doigt de Dieu dans la chute de ce drame (il n'ira pas jusqu'à la fin...), chute arrivant en manière de punition céleste, le jour même du suicide de ce malheureux jeune homme !

— Hé ! messieurs, — reprit le vieil habitué, — ne mêlons point, de grâce, la Providence à la comédie ! Je maintiens mon dire, Georges Hubert n'est pas plus que vous ou moi responsable de la mort de ce pauvre insensé ; je crois le caractère de l'illustre écrivain à la hauteur des sentiments qu'il prête à ses héros.

— Monsieur, vous êtes son séide !

— Moi ? — reprit le vieillard en haussant les épaules. — Je n'ai vu M. Georges Hubert de ma vie... mais voulez-vous savoir quelle est, à mon avis du moins, la véritable décadence évidente que l'on trouve dans cette œuvre d'un écrivain jadis si puissant, si fécond, si hardi ?

— Nous vous écoutons, monsieur.

— Je ne crois point aux vices sordides que le journal dont vous avez parlé prête à l'auteur de ce drame ; non, je ne crois pas que Georges Hubert ait enlevé une héritière pour ses écus, mais je suis très-porté à admettre que depuis deux ans notre grand poëte, complètement séquestré du monde, vit dans la retraite sous l'influence d'une liaison sans doute chère à son cœur, et je crois reconnaître l'influence de cette liaison dans l'œuvre de ce soir... œuvre si faible en comparaison des précédentes.

A ces paroles Gilberte frissonna, abaissa son voile et écouta la suite de l'entretien avec une angoisse inexprimable.

— Ah ! ah ! vous reconnaissez que Georges Hubert subit l'influence d'une femme ? — reprit l'un des spectateurs qui, debout, formaient un groupe autour du vieil habitué. — Hé monsieur ! c'est justement ce que je disais : *Hercule filant aux pieds d'Omphale,* Georges Hubert amoureux de son héritière, jouant avec elle à *une chaumière et son cœur...* en un mot Georges Hubert devenu, comme on dit, *pot-au-feu !*

— Ah! ah! ah! — firent plusieurs spectateurs, — très-plaisant! le poète *pot-au-feu* est charmant!

— *Jouant à une chaumière et son cœur* avec son héritière, est aussi très-plaisant! Ah! ah! ah!

— Et Monsieur lui-même, qui traitait l'article du journal de fable, est obligé de reconnaître...

— Morbleu, messieurs! reprit le vieil habitué auquel on s'adressait, — ne me faites pas dire ce que je ne dis point! j'ignore si la personne qui partage depuis deux ans, dit-on, la solitude de Georges Hubert est ou non une héritière, si elle est sotte ou spirituelle, laide ou jolie, de cela je n'ai nul souci... mais grâce à mon âge, je connais les hommes et les choses. Aussi, je répète... j'oserais presque affirmer que cette dame, depuis sa liaison avec Georges Hubert, a dû exercer une très-puissante influence sur le génie littéraire de cet écrivain; en deux mots voici pourquoi : certains grands esprits, et je crois Georges Hubert de ce nombre, étant surtout profondément impressionnables et observateurs, ont la rare faculté de réfléchir admirablement dans leurs œuvres les aspects variés, infinis de l'humanité, de même que le miroir réfléchit les objets ; mais ce don merveilleux, qui fait la puissance de ces génies d'élite, leur devient funeste en certaines circonstances, lorsque, par exemple, au lieu de renouveler sans cesse leurs observations, leurs impressions, grâce à une vie active, variée, curieuse des choses et des hommes, et de revenir ensuite dans leur retraite élaborer solitairement ces éléments divers, ainsi que l'abeille élabore dans son alvéole le suc des mille fleurs dont elle compose son miel, ces grands esprits s'*acoquinent* (passez-moi le terme) au charme d'une existence paisible, uniforme, casanière. Alors qu'arrive-t-il? Hé mon Dieu, messieurs, il advient ce qui arrive à Georges Hubert : homme d'impressions, de réflexion avant tout, il a *réfléchi* malgré lui, dans son œuvre de ce soir, la paisible et douce uniformité de la vie qu'il mène depuis deux ans dans sa retraite! Peintre d'après nature avant tout, il n'a eu pendant longtemps sous les yeux qu'un paysage riant, mais plane et borné, comment aurait-il peint quelqu'un de ces sites accidentés, pittoresques, aux vastes et profonds horizons, qu'il reproduisait autrefois avec un merveilleux talent? Sans doute ce rare talent de reproduction de la nature, il le conserve, témoin le drame auquel nous assistons : certes, l'on y retrouve les excellentes qualités d'artiste de cet homme éminent; le tableau est fidèle, parfaitement rendu; mais malheureusement le site est, au point de vue de l'art, d'une monotonie extrême. *Claude le Lorrain*, *Ruysdaël*, malgré leur génie, n'ont jamais songé à faire un tableau avec un ciel d'azur et une plaine gazonnée s'étendant à perte de vue. C'est cependant chose fort agréable en soi, pour s'y promener, qu'une fraîche pelouse sous un ciel sans nuages ; mais encore une fois cela ne constitue point un tableau! Enfin, je me résume, car voici que l'on rentre dans la salle pour le quatrième acte ; d'après ce que j'ai lu dans plusieurs de ses biographies dignes de foi, Georges Hubert, avant de changer de manière de vivre, étudiait, comme on dit, *de visu* les classes les plus diverses de la société, se mêlait à elles, voyageait, pratiquait constamment les hommes et les choses qui pouvaient offrir de précieux éléments à sa profonde observation; il retrempait, renouvelait ainsi et sans cesse ses impressions, puis, passant parfois des mois entiers dans la solitude, il évoquait ses souvenirs encore vivants, et nous donnait alors une de ces belles et grandes œuvres qui ont fait sa gloire, et qui la feront certainement encore, à une condition absolue : c'est qu'il ait le courage de secouer une influence, peut-être chère à son cœur, douce à sa vie privée, mais funeste et peut-être mortelle à son génie!

— Hé bien, monsieur, — reprit l'un des interlocuteurs du vieil habitué, — je reconnais votre supériorité dans la forme dont vous enveloppez votre opinion; quant au fond, vous en revenez à ce que j'avais dit le premier : Georges Hubert jouant avec son héritière à *une chaumière et son cœur*, est devenu *pot-au-feu*! aussi est-il fini, coulé, enterré, défunt!

Le rideau se levant à ce moment mit fin à cet entretien... et de cet entretien, qui fut pour elle une révélation terrible, Gilberte n'avait pas perdu un mot...

La vaillante femme ne démentit pas son courage, non... immobile à sa place, elle abaissa seulement la voilette de son chapeau, afin de cacher l'altération croissante de ses traits; elle brava le péril, au lieu de le fuir lâchement; elle pressentait un échec des plus graves.

La faiblesse relative de l'œuvre, jointe à un fatal concours de circonstances : l'article du journal le *Furet* et le suicide d'Auguste Clément, rendait impitoyable la sévérité du public; enfin le caractère général de ce drame, peinture idéalisée des sentiments les plus purs, offrait un contraste tellement étrange avec la dureté de cœur et la cupidité dont la calomnie accusait le célèbre écrivain, et le public se plaît toujours à croire si religieusement aux calomnies, que le plus grand nombre des spectateurs devaient se révolter contre ce qu'ils appelaient l'hypocrite effronterie de l'auteur.

Ainsi que deux années auparavant, la jeune femme, embrassant, pour ainsi dire, la scène et la salle d'un coup d'œil, avait suivi pas à pas le développement d'un succès qui, commençant par un vif intérêt, s'était élevé jusqu'à l'enthousiasme, alors qu'après le dernier acte, la foule enivrée avait décerné une ovation à l'illustre poète ; ce soir-là, la jeune femme s'imposa, en expiation de son bonheur passé, d'assister résolûment à toutes les phases de l'humiliant échec de l'homme qu'elle adorait, dût-elle sentir à chaque instant son cœur se briser... Elle se tint parole : le cœur torturé, saignant, elle monta, comme on dit : « jusqu'à sa cime et à deux genoux son calvaire... » — Elle vit, dès le commencement du quatrième acte, cette foule brillante et choisie hausser dédaigneusement les épaules; elle vit de charmantes femmes placées aux premières à peu de distance d'elle, se lever à demi de leur loge, se pencher vers une loge voisine, disant tout haut à des amies :

— Mais c'est pitoyable! mais c'est ennuyeux à périr! cela me porte sur les nerfs... je n'y peux tenir davantage... je m'en vais!

— Restez donc, ma chère, — répondait l'autre élégante, — cela va devenir au contraire très-amusant... voilà qu'on commence à siffler au parterre....

On commençait en effet à siffler au parterre : le Marseillais, l'ex-fanatique du poëte que Gilberte reconnut, avait donné le signal de cette marque suprême d'improbation, son exemple fut suivi; rien de plus contagieux, de plus électrique chez les hommes réunis en masse, que le dédain ou l'admiration; on siffla au parterre, à l'orchestre on siffla, on siffla dans les loges. Les comédiens, décontenancés, abasourdis, pouvaient à peine balbutier leurs rôles. Un incident puéril et ridicule changea les sifflets en huées ; l'une des comédiennes, dans son trouble, faillit tomber dans la cavité où se tient le souffleur, puis s'éloigna du gouffre tout effarée; cet incident fut suivi d'éclats de rire fous, de quolibets grossiers, de cruelles allusions aux calomnies qui circulaient dans la salle :

— Ces vertueux *rebus* sont aussi assommants qu'insolents, quand on songe à la vie privée de l'auteur!

— Bah! il se consolera des sifflets en palpant les millions de l'héritière qu'il a enlevée !

— Il recherchait l'obscurité, elle vient à lui!!!

— Du moins la mort de ce pauvre jeune homme que l'auteur a poussé au désespoir est vengée!!!

Les princesses royales, par un louable sentiment de convenance, ne voulant pas paraître, même par leur présence, participer en rien à ces humiliations, infligées non moins à la personne qu'à l'œuvre de l'écrivain, quittèrent leur loge : le tumulte allait croissant, et force fut aux comédiens de baisser la toile avant la fin du quatrième acte...

Alors le Marseillais, l'ex-fanatique du poëte, cria de tous ses poumons :

— L'auteur!... l'auteur!...

Ces acclamations ironiques furent répétées par grand nombre de spectateurs avec une violence tellement opiniâtre, qu'après quelques minutes d'un tapage infernal, les comédiens, pour mettre fin à ce scandale, ordonnèrent de relever le rideau, et l'un d'eux fit les trois saluts d'usage.

Aussitôt un profond silence régna, la foule tenait à faire boire au poëte le calice d'amertume jusqu'à la lie ; rien ne plaît tant au public que de briser ses idoles d'un jour; il aime à se venger de sa propre admiration, en foulant aux pieds ceux qu'il a portés aux nues. Aucun bruit ne couvrit donc la voix du comédien lorsque, d'une voix altérée, il prononça ces mots :

« — Messieurs! le drame dont nous n'avons pas pu avoir « l'honneur d'achever la représentation devant vous, est « de M. Georges Hubert. »

A peine ce nom glorieux, jusqu'alors entouré de sympathie et de respect, fut-il jeté en pâture aux mépris de la foule, qu'il fut couvert par une explosion de sifflets, de cris, de huées au milieu desquels le rideau se baissa pour ne plus se relever.

Gilberte, alors seulement, quitta sa place; elle avait, nous l'avons dit, voulu gravir à deux genoux et jusqu'à sa cime.. son calvaire; les traits de la jeune femme quoique altérés, loin de trahir l'abattement, la faiblesse, avaient une expression pensive, résolue, presque sereine; et lorsqu'elle sortit dans les couloirs encombrés de spectateurs, sa démarche, quoiqu'un peu fébrile, était ferme ; elle gagna rapidement le péristyle du théâtre et la place du Palais-Royal : là, elle prit un fiacre et se fit conduire barrière des Invalides, avenue Méricourt, afin de devancer l'arrivée de Gilbert dans leur modeste retraite...

XXII.

Gilberte, en cheminant vers cette demeure où pendant deux années elle avait goûté un bonheur idéal, ne perdait pas son temps à d'élégiaques comparaisons entre ce trajet et celui qu'elle avait jadis parcouru, triomphante encore du succès de son divin poëte, quoique inconnue de lui. Non, elle n'égarait pas sa pensée dans de vaines récriminations contre le sort : Gilberte envisageait vaillamment la réalité, si redoutable qu'elle fût, et en calculait toutes les conséquences avec calme et réflexion.

La soirée était douce, la jeune femme se fit descendre au commencement de l'avenue, afin d'aspirer le grand air à pleins poumons et de calmer son agitation fiévreuse en achevant à pied le chemin qui conduisait chez elle; cette promenade d'un quart d'heure au milieu du silence et de la placidité de la nuit rafraîchit l'âme de Gilberte et retrempa ses forces dont elle avait tant besoin ! Elle arrivait à un tournant de l'allée, à quelques pas de sa maison, lorsqu'elle remarqua la clarté projetée par les lanternes d'une voiture arrêtée près de la petite porte à claire-voie; deux hommes fumant leur pipe causaient avec le cocher; assez insoucieuse de cette circonstance et ne songeant qu'à l'importunité d'une visite que semblait annoncer la présence de cette voiture, Gilberte se dit avec un sourire amer :

— Allons! j'aurai été sans doute devancée ici par quelque *ami* jaloux d'offrir des premiers ses *consolations* au poëte sifflé !...

Et Gilberte agita la sonnette.

Dame Catherine, qui, après ses ébahissements de la journée, finissait par s'habituer à cette étonnante découverte : — « Que M. *Dumesnil*, le modeste employé qu'elle « avait pris pour secrétaire, était un poète illustre, » — dame Catherine accourut et vint ouvrir la porte.

— Madame Catherine, — dit la jeune femme, — mon mari est-il rentré?

— Non, madame.

— Est-ce qu'il y a quelqu'un à la maison ? Je viens de voir une voiture près de la charmille.

— Madame, il y a environ une heure que deux messieurs d'une figure très-respectable (l'un est décoré et porte de grosses moustaches grises) sont venus demander monsieur, pour lui parler d'une affaire très-importante, disant qu'ils l'attendraient jusqu'à son retour; je les ai fait entrer dans le cabinet de monsieur, où ils sont en ce moment.

Gilberte, assez chagrine de cette visite, qu'elle avait pressentie à l'aspect de la voiture, traversa le jardin, gravit les degrés du petit perron, et passant par la salle à manger, entra dans le cabinet de travail du poète, où deux hommes causaient assis, tournant le dos à la jeune femme; elle recula d'un pas et poussa un cri de surprise en s'écriant :

— Mon père!

M. Rapin (c'était lui en compagnie du général Poussard) croisa ses bras sur sa poitrine, prit autant que possible la majestueuse attitude d'un père outragé, secoua la tête d'un air imposant et courroucé, intonna sa voix la plus caverneuse et s'écria :

— Enfin! je vous retrouve, fille dénaturée!

— Abandonner ainsi son vieux père! — ajouta le spadassin d'un ton non moins tragique. — Déshonorer ses cheveux blancs! Ah... mademoiselle... mademoiselle!

La jeune femme, d'abord plus interdite qu'effrayée à l'aspect de son *malheureux père*, ne répondit rien à ces reproches, et sa première surprise passée, resta pendant quelques instants profondément pensive et absorbée; debout près de la porte, le regard fixe et attaché sur le parquet, elle déliait machinalement la bride de son chapeau, paraissant d'ailleurs aussi complétement indifférente à la présence de son père que s'il n'eût pas été là. Puis, continuant d'obéir à un mouvement machinal, car, tandis qu'elle agissait, sa pensée était ailleurs, la jeune femme traversa le cabinet, passa devant M. Rapin et alla déposer son chapeau sur un meuble, près duquel, pendant un moment, elle demeura toujours silencieuse et réfléchie...

L'ex-garde magasin avait, comme disent les comédiens, — complétement manqué son effet. — En vain il s'était croisé les bras sur la poitrine, en disant : — « Enfin je « vous retrouve, fille dénaturée! » — en vain le général Poussard, afin de renforcer la situation, avait ajouté : « — Abandonner ainsi son vieux père! » — la fille dénaturée semblait n'avoir ni entendu ces paroles foudroyantes ni remarqué l'attitude majestueuse de M. Rapin; et, chose plus grave encore aux yeux de celui-ci, la fille dénaturée semblait pensive, mais point du tout alarmée de la présence inattendue de son père; aussi le spadassin dit-il tout bas à son ami :

— Ta diablesse de fille médite quelque coup de *jarnac*, soyons prêts à la parade.

— Il n'y a rien à craindre, — répondit aussi tout bas M. Rapin; — les deux agents de police sont dans l'avenue avec le cocher, ils accourront au premier signal, et notre homme n'est pas encore rentré! Mais, — ajouta-t-il en désignant sa fille, — vois donc cette impudente! pas un mot de regrets, de remords, de...

M. Rapin fut soudain interrompu par sa fille qui, après de longues réflexions, se rapprocha et lui dit d'une voix très-calme :

— Je ne m'attendais pas, monsieur, à vous revoir; que voulez-vous de moi? Parlez, je vous prie...... Je vous écoute.

— Comment, fille indigne! vous m'écoutez! voilà une belle grâce que vous me faites!

— Ainsi, mademoiselle, — ajouta le spadassin, après avoir déshonoré les cheveux blancs de votre vieux père... vous osez...

— J'ignore qui vous êtes, monsieur, — répondit Gilberte en regardant le général par-dessus son épaule, — mais je répondrai à monsieur... — et elle se retourna du côté de l'ancien garde-magasin... — je répondrai à monsieur... qu'encore une fois, je suis prête à l'écouter.

— C'est d'une insolence sans égale! — s'écria M. Rapin; — mais, malheureuse que vous êtes, vous oubliez donc les...

— Loin d'oublier, je me souviens, monsieur! — reprit la jeune femme en interrompant M. Rapin avec dignité : — oui.. je me souviens qu'en outrageant la mémoire de ma mère, vous m'avez menacée de me chasser de votre maison, droit que vous aviez, disiez-vous... parce que je n'étais pas votre fille...

— Mademoiselle...

— Non, je ne croirai jamais, monsieur, qu'un homme ait le sacrilége audace de calomnier une femme après sa mort... Je ne croirai jamais qu'un père ait le courage impie de dire à son enfant : « Sortez de ma maison... vous « n'êtes pas ma fille!» Vous parlez de vos cheveux blancs, monsieur? Ah je les respecte trop, quoique nous soyons étrangers l'un à l'autre, pour vous supposer capable d'un mensonge infâme... Non, je ne suis pas votre fille! Vos durs traitements pendant mon enfance, l'abandon où vous me laissiez, mon défaut complet d'affection pour vous, tout me prouve que vous m'avez dit vrai. Non, je ne suis pas votre fille! Mais entre personnes étrangères l'une à l'autre, et ayant été rapprochées par certaines circonstances, l'on peut s'entretenir paisiblement, ce me semble. Aussi vous ai-je dit, monsieur, que j'étais prête à vous écouter.

— Cette gaillarde-là ne sera pas commode à brider! — dit tout bas le spadassin à son ami. — Elle a un toupet d'enfer... Jouons serré, mon vieux!

M. Rapin jeta sur son compagnon un regard qui semblait dire : — Sois tranquille. — Et se posant de nouveau avec une majesté olympienne devant Gilberte toujours calme et pensive :

— Mademoiselle... Connaissez-vous la loi?
— Quelle loi, monsieur?
— Le Code civil.
— Non, monsieur.

— Hé bien, mademoiselle, la loi dit : *Is pater est quem nuptiæ demonstrant* : ce qui signifie : « Celui-là est père « qui est réputé père par son mariage. »

— Ensuite, monsieur?
— Ensuite, mademoiselle?
— Oui, monsieur, ensuite?

— Il suit de cette disposition de la loi que je conserve tous mes droits sur vous jusqu'à votre majorité... que vous soyez ou non ma fille... Voilà, mademoiselle, ce qui s'ensuit.

— Ah... fort bien, — répondit Gilberte en réfléchissant longuement. Puis elle reprit :

— Et... de vos droits sur moi, vous comptez probablement user, monsieur?

— Non pas probablement, mais certainement... très-certainement, entendez-vous?

— J'entends à merveille, monsieur; parlez..... je vous écoute...

— Elle en revient toujours là, — s'écria le général avec indignation : — Parlez, je vous écoute. C'est une véritable audience qu'elle nous accorde. — Et il ajouta entre ses dents :

— Ah! si les choses s'arrangent, comme je saurai te mettre au pas, drôlesse!

— Puisque vous me faites la grâce de m'écouter, mademoiselle, — reprit l'ancien garde-magasin avec un sourire venimeux, — puis-je espérer que vous me ferez aussi la grâce de répondre à mes questions?

— Sans aucun doute, monsieur.

— Mademoiselle... êtes-vous mariée avec l'homme de qui vous partagez la demeure depuis deux ans?

Et M. Rapin et son ami attendirent avec anxiété la réponse de la jeune femme qui dit simplement :

— Non, monsieur... je ne suis pas mariée...

Les deux amis échangèrent un regard de triomphe à peine contenu; cependant M. Rapin reprit :

— Mademoiselle... prenez garde, on ne me trompe pas impunément! J'ai, il est vrai, compulsé les états civils des arrondissements de Paris et de la banlieue, où je n'ai trouvé aucune trace de votre mariage...

— Mais l'on se marie ailleurs qu'à Paris, — reprit le spadassin, — et il est sacrebleu difficile de vérifier dans les quarante-quatre mille mairies de France si...

— Monsieur, — reprit Gilberte en s'adressant à M. Rapin et interrompant le général, — vous m'avez adressé une question, j'y ai répondu. C'est assez ; de ma vie je n'ai menti...

— Soit! je vous crois. Vous viviez maritalement avec votre séducteur. Or, savez-vous, mademoiselle, comment la loi les qualifie, ces charmantes et amoureuses séductions?

— La loi, ce me semble, monsieur, n'a que faire ici.

— Vraiment! il vous semble cela? Hé bien! mademoiselle, la loi et ses agents ont et auront au contraire fort à faire ici; car la séduction dont vous avez été victime est qualifiée par la loi *détournement de mineure*, lorsque la fille séduite a moins de vingt et un ans... et vous en avez dix-neuf.

— Et puis, monsieur?

— Et puis, mademoiselle, la loi condamne le séducteur à quelques années de galères ou au moins à quelques années de réclusion... dans une maison de force... Ah! ah! vous pâlissez, mademoiselle?

— C'est vrai... monsieur... je pâlis un peu... je le sens...

— Soyez tranquille, je vais vous faire pâlir tout à fait, — reprit M. Rapin avec un sourire cruel.

Et fouillant à sa poche, il tira une petite édition du Code civil, marquée à l'une de ses tranches par le signet; ouvrant alors le volume à cet endroit, et le mettant sous les yeux de Gilberte il ajouta :

— Lisez ceci, mademoiselle, et vous vous convaincrez que ce que vous avez pris peut-être pour une vaine menace est une réalité. Aussi ai-je le doux espoir que bientôt vous pâlirez... tout à fait. Vous allez sans doute me répondre que l'homme célèbre, illustre, *immortel* (il est parbleu de l'Académie ce beau monsieur!) avec qui vous vivez n'a pas usé envers vous de violences, qu'il ne vous a pas détournée de vos devoirs, que vous vous êtes ignominieusement jetée à sa tête... ainsi que je le crois; c'est très-bien... Vous ajouterez qu'accusé par moi de l'enlèvement de ma fille, ce monsieur (mis préalablement sous les verrous comme prévenu du crime de détournement de mineure) sera peut-être acquitté... Je vais plus loin, moi! j'admets qu'il sera certainement acquitté, fort bien... Mais l'éclat, mais le scandale, mais l'ignominie d'un procès criminel intenté à votre cher et adoré poëte, les comptez-vous pour rien? Non... oh..... non... car tenez..... je l'avais prévu... vous pâlissez tout à fait... vous voilà pâle comme une morte!

M. Rapin disait vrai; Gilberte devenait d'une pâleur

mortelle, en songeant aux effrayantes conséquences d'un procès criminel intenté à l'homme qu'elle aimait d'un amour si dévoué, procès doublement déplorable et odieux pour lui, surtout en ce moment où l'opinion publique abusée se déchaînait contre le célèbre écrivain....., et ce nouveau et horrible coup lui serait porté? en son nom à elle et à cause d'elle!... La jeune femme, après avoir pâli de douleur et d'épouvante, referma lentement le Code civil, réfléchit encore longuement et rendit le volume à M. Rapin en lui disant d'une voix redevenue presque calme :

— Monsieur... vous venez ici me menacer de ce procès afin d'obtenir quelque chose de moi... de quoi s'agit-il?

— C'est vraiment plaisir que de traiter les affaires avec vous, mademoiselle, vous allez droit au but et sans phrases..,.. Hé bien, voici ce dont il s'agit : d'abord vous allez à l'instant quitter cette maison et me suivre...

— Vous suivre.., monsieur! vous suivre...

— Ah! ne vous récriez pas! les agents de police sont dans l'avenue auprès de la voiture.

— Le temps d'aller les prévenir, et je me charge de la commission, ajouta le spadassin, et ils arrivent ici à la minute, s'il est nécessaire d'employer la force pour vous enlever de cette maison, mademoiselle.

— Ainsi, pas d'inutile résistance, — reprit M. Rapin; — je me suis mis parfaitement en règle, la loi prête main-forte au père qui vient arracher sa fille mineure au séducteur qui l'a détournée de ses devoirs : bon gré, mal gré... vous me suivrez donc...

— Soit, monsieur, — reprit Gilberte d'une voix ferme.

— Et ensuite, que ferez-vous de moi?

— Je vais vous le dire, mademoiselle : vous comprenez qu'aux termes où nous en sommes, et après vos escapades, il est désormais impossible que nous vivions rapprochés l'un de l'autre...

— C'est aussi mon avis, monsieur.

— Je suis fort heureux, mademoiselle, de ce touchant accord... Vous aurez donc à choisir entre un couvent jusqu'à une époque indéterminée...

— Jusqu'à ma majorité, je suppose?

— Non point diable! non point! vos frasques honteuses sont des motifs plus que suffisants pour qu'assemblant un conseil de famille j'obtienne votre *interdiction*, c'est-à-dire la prolongation indéfinie de votre minorité, ainsi que de ma tutelle : en d'autres termes, la continuation de mes droits absolus sur vous. Oh! le Code est formel..... voulez-vous le lire? c'est, vous le voyez, une occupation très-intéressante. On y apprend beaucoup de choses, dans le Code, et puis d'ailleurs autrefois... vous aimiez tant la lecture!

— Il me faudra donc, monsieur, choisir entre le couvent et.. et... quoi?

— Et le mariage...

— Le mariage?...

— Oui, mademoiselle.

— Le mariage? — répéta Gilberte.

Ce mot ne semblait pas l'effrayer, mais faire naître soudain dans son esprit de nouvelles et profondes réflexions.

— C'est drôle, — dit tout bas le général à M. Rapin, — nous nous attendions à entendre ta fille pousser les hauts cris à la seule pensée de se marier... et elle ne se regimbe pas trop?

— Et pourtant... disait Gilberte pensive se parlant à elle même, — le mariage...

— Oh! je vois d'ici où le bât vous blesse! reprit M. Rapin avec un sourire féroce, — vous pensez à votre cher poète... vous...

— Justement, monsieur, j'y songeais! — reprit la jeune femme en relevant sa noble tête où rayonnait l'inspiration du dévouement et du sacrifice poussés jusqu'au martyre; — oui, justement, je songeais à mon cher et adoré poète! aussi je crois, monsieur, que nous pourrons nous entendre...

— Nous entendre! — s'écria M. Rapin stupéfait de cette soumission sur laquelle il comptait si peu, — nous entendre... au sujet de... ce mariage?...

— Oui, répondit Gilberte toujours pensive, — oui, nous pourrions parfaitement nous entendre...

— Ainsi, mademoiselle, — s'écria le spadassin — vous consentiriez à vous marier?...

— Il se pourrait, — répondit Gilberte sans regarder le général et toujours absorbée, — je ne dis pas non...

— Et il est entendu, — reprit M. Rapin revenant à peine de son étonnement, — il est convenu que vous épouseriez une personne choisie par moi?...

— Hé! qu'est-ce que cela me fait donc à moi... la personne! — répondit Louise en haussant les épaules. Et la tête penchée sur son sein palpitant, elle ajouta en se parlant à elle-même : — Oui ce moyen seul...

Soudain elle tressaillit, prêta l'oreille du côté du jardin, courut à la fenêtre, l'ouvrit, s'y pencha, écouta, et entendit le bruit encore lointain d'une voiture venant par l'avenue.

C'est lui! — dit vivement Gilberte; — à cette heure... ce ne peut être que lui! — Refermant alors la fenêtre, et s'adressant à M. Rapin : — Monsieur... accordez-moi une heure... ensuite je quitte cette maison, je vous accompagne... et vous disposerez de mon sort : je vous promets... et vous savez que l'on peut se fier à ma parole... je vous promets d'épouser... qui vous voudrez.

— Pas de conditions! Vous me tendez un piége! — s'écria M. Rapin; — vous allez me suivre à l'instant, de gré ou de force!

— Elle compte sur son écrivassier pour la défendre, — s'écria le spadassin. — Ah! sacrebleu! qu'il vienne!

— Monsieur, prenez garde ! — reprit Gilberte en s'adressant à l'ancien garde-magasin ; — vous connaissez la résolution de mon caractère... si vous me refusez ce que je vous demande, jamais je ne consentirai au mariage que vous voulez m'imposer pour des raisons... que je devine peut-être...

— Quelles raisons, mademoiselle ?

— Il me semble avoir autrefois entendu dire par quelques-uns de vos amis, monsieur, que ma mère était riche... que sa fortune devait un jour m'appartenir... et que vous vous étiez livré à des spéculations hasardeuses ?

— Mademoiselle...

— Monsieur... je connais peu la loi, vous avez dû vous en apercevoir ; mais il me semble que la loi doit se montrer non moins sévère pour les tuteurs infidèles... que pour les séducteurs de mineures.

— Quoi ! fille indigne ! vous osez me soupçonner ?

— Ces soupçons, monsieur, vous les avez éveillés par vos menaces, si je me refusais à un mariage qui sans doute convient fort à vos intérêts ; or, je vous le répète... prenez garde ! si vous voulez m'enlever d'ici par la violence, si vous ébruitez votre présence dans cette demeure pendant le dernier entretien que je veux avoir avec l'homme à qui j'ai voué ma vie et que je vais quitter pour toujours, si enfin vous ne consentez pas à m'attendre dans ce salon où je viendrai vous rejoindre pour vous suivre et me résigner à vos volontés ; ce mariage si désiré par vous n'aura pas lieu... j'en jure Dieu !

— Mademoiselle...

— Doutez-vous de ma parole ? Hé bien, lorsque je serai montée au premier étage avec M. Georges Hubert, restez au pied de l'escalier ; les chambres d'en haut n'ont pas d'autre issue... je ne pourrai vous échapper.

M. Rapin et son ami, dans leur défiance contre Gilberte, hésitaient encore à se rendre à ses désirs ; cependant comme ils connaissaient l'opiniâtreté de son caractère, ils se consultaient à voix basse lorsque la sonnette de la porte du jardin se fit entendre ; la jeune femme s'écria :

— Maintenant, monsieur... décidez-vous... si vous consentez à ce que je désire, je vais emporter cette lampe ; laissez la porte de ce salon entr'ouverte, et de l'obscurité où vous resterez sans trahir votre présence, vous me verrez monter là-haut avec Georges Hubert, puis vous m'attendrez au pied de l'escalier... je ne saurais ainsi vous échapper... je ne vous demande qu'une heure.

— Soit, mademoiselle, mais ne croyez pas vous jouer de moi, — répondit l'ancien garde-magasin au moment où des pas se faisaient entendre dans la direction du petit perron.

Gilberte saisit la lampe, laissa M. Rapin et le spadassin dans l'obscurité du cabinet de travail du poëte et courut à sa rencontre.

— Grand Dieu ! — pensait-elle, — si madame Catherine a parlé de la présence de ces deux étrangers, tout est perdu !

A peine la jeune femme arrivait-elle sur le perron, après avoir traversé la salle à manger, qu'elle se trouva face à face avec le poëte... madame Catherine le suivait lui disant :

— Monsieur... mais monsieur... vous ne m'entendez donc pas ? j'ai oublié de vous prévenir qu'il était venu... deux...

— C'est bon, c'est bon, madame Catherine, — dit Gilberte en interrompant la femme de ménage ; — il est tard, retournez chez vous, nous n'avons plus, ce soir, besoin de vos services. — Puis refermant la porte sur dame Catherine et se retournant vers Gilbert qui morne, abattu, avait traversé le jardin sans écouter un mot de ce que lui avait dit Catherine, la jeune femme ajouta en précédant sur l'escalier le poëte qu'elle éclairait : — Mon ami, si tu le veux, nous monterons dans notre chambre à coucher ? tu dois avoir tant besoin de repos !

— Montons... — répondit Gilbert avec accablement.

M. Rapin et le spadassin, cachés dans l'ombre, virent alors le poëte et sa compagne gravir l'escalier qui conduisait à l'étage supérieur.

XXIII

A peine le poëte fut-il entré dans la chambre à coucher du premier étage, qu'il se jeta dans les bras de la jeune femme, en s'écriant d'une voix déchirante :

— Ce malheureux enfant qui est venu ici tantôt... il s'est tué ! c'est affreux !

— Oh ! noble et grande âme ! — dit Gilberte en serrant passionnément Gilbert contre son cœur. — Tu oublies l'humiliation de ta défaite de ce soir, pour ne songer qu'à la mort de ce pauvre enfant !

— Je l'ai tué ! — murmurait le poëte de qui les larmes longtemps contenues coulèrent sans contrainte dans l'effusion de sa tendresse et de sa confiance. — Je n'aurais pas dû lui dire tout d'abord la vérité ! je devais mettre plus de ménagements dans ma critique, ne pas anéantir d'un mot ses innocentes illusions ! ma brutale franchise l'a désespéré ! Pauvre créature ! je vois encore sa douce et pâle figure... son regard mélancolique... son sourire navrant... et c'est moi, moi qui l'ai tuée ! oh ! c'est horrible ! horrible !

— Tu t'accuses, mon Dieu ! mais tu oublies donc l'adorable bonté de tes paroles ? Le père le plus aimant, le plus éclairé, n'aurait pas tenu à cet infortuné un autre langage que le tien.

— Hé ! qu'importe !... — reprit le poëte en sanglotant ! — il s'ost tué ! ! !

— Mon ami, de grâce, calme-toi ! que pouvais-tu faire ?

Encourager en lui de funestes espérances? mais tu le lui as dit : c'était le vouer à une existence pleine de déceptions, de douleurs, de misères !

— Ah, du moins... il vivrait !

— Et de quelle vie vivrait-il? et qui te prouve qu'à sa première déception, il n'aurait pas aussi cherché un refuge dans la mort?

— Je serais du moins innocent de ce meurtre! Oh! ce sera pour moi un remords éternel! — Et Gilbert cacha son visage entre ses mains en murmurant d'une voix suffoquée par les larmes : — Laisse-moi pleurer... cela me soulagera... ah! pauvre enfant! pauvre victime!

Le poëte ainsi abîmé dans sa douleur, et à demi couché sur un canapé aux coussins duquel il appuyait son front, laissa Gilberte debout, à quelque distance de lui.

La jeune femme, étouffant un soupir et puisant une résolution héroïque dans son dévouement qu'elle devait pousser jusqu'au sacrifice, jusqu'au martyre, la jeune femme contempla Gilbert avec un attendrissement ineffable et passionné.

— Adieu, mon poëte adoré ! — se disait-elle, — adieu... âme de mon âme ! adieu, ma vie ! Oh ! béni soit le jour où j'ai eu le courage de résister à l'orgueil d'être ta femme et d'enchaîner à jamais ta destinée à la mienne ! Quel serait en ce moment mon désespoir ! Cette liberté, qui faisait ta force et ta gloire, cette liberté je ne pourrais te la rendre aujourd'hui, et tu aurais d'ailleurs été trop généreux pour l'accepter ! Ah... je le reconnais, l'influence de mon amour a été fatale à ton génie! Ce soir, on le disait autour de moi, et l'on disait vrai. Oui, ton dernier drame, cette œuvre que tant de fois dans notre retraite nous avons lue et relue avec tendresse, caressée avec un doux orgueil comme l'enfant de notre amour... cette œuvre, ce soir, au redoutable éclat de la scène, m'a paru à moi-même pâle et monotone... pâle comme mon front... monotone comme l'éternité de mon dévouement pour toi! Un mot surtout a été dit : mot brutal, cynique, mais profondément juste : *Georges Hubert devenu pot-au-feu.* Oh... je le savais bien, lorsque je refusais de t'attacher à moi par les liens indissolubles du mariage : ton génie, pour conserver sa puissance, doit rester dégagé de toute entrave ! sinon... c'est l'aigle en cage ! Va, mon poëte ! sois libre ! Partout où je serai, du fond de mon obscurité, mon œil ravi suivra de loin ton vol glorieux, qui bientôt reprendra un nouvel essor... Oh! il me semble que, couchée dans la tombe, mon regard te chercherait encore! Adieu... et pour toujours adieu... mon poëte adoré ! Notre séparation ne te coûtera pas une larme, pas même un regret : je vais mettre entre nous une barrière infranchissable et tu vas me haïr... Oui ! ta haine... il me la faut ! la gloire est à ce prix !

Gilbert, pendant ces muets adieux de sa compagne, adieux rapides comme la pensée, était resté brisé, anéanti par la douleur que lui causait la mort d'Auguste Clément.

La jeune femme se rapprocha lentement du poëte, et lui dit d'un ton de doux reproche :

— Pauvre ami... toujours ce souvenir sinistre !

— Toujours !!!

— Je t'en conjure, chasse ces idées cruelles... Cet infortuné est mort, c'est un malheur sans doute; mais enfin..... *que peux-tu faire à cela ?*

Ces derniers mots furent accentués à dessein par la jeune femme, avec une nuance de sécheresse, insaisissable pour tout autre que le poëte, qui connaissait l'exquise délicatesse du cœur de sa compagne ; aussi, levant brusquement vers elle son visage encore baigné de pleurs, et la regardant avec une surprise pénible :

— Quoi ! c'est toi... toi qui essayes de me consoler avec cette banalité : « Ce malheureux est mort ; que peut-on faire à cela ?... »

— Cependant il me semble que ce qui serait une banalité, une odieuse banalité... si tu étais pour quelque chose dans ce fatal événement, devient un moyen de consolation sensée, lorsque tu t'es montré d'une bonté paternelle envers ce jeune homme.

— Mon Dieu, que veux-tu ! j'ai la conscience d'avoir agi en honnête homme, et malgré moi je suis bourrelé de remords, — répondit Gilbert, oubliant bientôt la pénible impression qu'il avait ressentie aux premières paroles de la jeune femme. — Oh! tiens ! — ajouta-t-il avec accablement en prenant les mains de Gilberte et les posant sur son front, — tiens... ma tête brûle... assieds-toi là... près de moi... il me semble que je souffrirai moins... laisse-moi appuyer ma tête sur ton épaule...

Gilberte se plaça sur un divan aux côtés du poëte, qui reposa son front brûlant sur l'épaule de sa compagne.

— Oh! mon courage ! — murmura-t-elle en se parlant à elle-même — me faire haïr de lui en pareil moment ! mais il le faut... il le faut! Je connais la délicatesse de son cœur, la noblesse de son caractère... je sais où je dois frapper...

Et de sa voix douce et caressante elle reprit :

— Es-tu bien ainsi?

— Ah! sans l'horrible souvenir de la mort de cet enfant je ne me plaindrais pas... mon Dieu ! à quoi sert donc la conscience, si elle ne vous absout pas d'un crime involontaire !

— Pauvre ami ! il se pourrait aussi qu'à ton insu... les tristes résultats de la représentation de ce soir, et j'ose à peine t'en parler de peur de redoubler ta peine; il se pourrait, dis-je, que les tristes résultats de la représentation de ce soir t'eussent rendu plus impressionnable encore, et que la mort de ce jeune homme ne soit pas la seule cause du violent chagrin que tu...

Gilberte fut interrompue par le poëte qui, d'abord penché sur elle, se releva lentement, et à mesure qu'elle parlait, la regardant avec un nouvel et pénible étonnement, car, pour la seconde fois depuis quelques instants, les pensées de la jeune femme *sonnaient faux*, si cela se peut dire, à l'âme délicate de l'écrivain. Mais, craignant de mal interpréter les paroles dont il se sentait blessé :

— Pardon, amie... — reprit-il doucement, — je ne te comprends pas. Quels rapports trouves-tu donc entre la chute de mon drame de ce soir? et le funeste événement dont le souvenir m'obsède?

— Je voulais dire que peut-être à ton insu, pauvre ami, tu confondais le chagrin que te causait l'insuccès de ton drame... avec...

— Avec le chagrin que me cause la mort de ce malheureux enfant?

— C'est cela...

— De sorte que le misérable ressentiment de mon amour-propre blessé prendrait le masque d'une autre douleur !... de sorte que, pour pleurer sans crainte mon drame sifflé, je feindrais de m'apitoyer sur le sort d'Auguste Clément !... — Et le poëte ajouta douloureusement : — Un pareil soupçon venir de toi... de toi... Mais non, non !... c'est impossible... tu n'as pas réfléchi à tes paroles.

— Mon Dieu ! peux-tu me croire capable de...

— Je n'accuse pas ton cœur, tu as parlé sans réflexion, mais je ne peux cacher qu'une pareille pensée venant de toi me confond !

— Excuse-moi, mon ami; en supposant que chez toi deux chagrins violents se pouvaient confondre en un seul... je jugeais d'après moi...

— Comment cela?

— Je te l'avoue, le résultat de cette soirée m'a causé le plus affreux chagrin que j'aie jamais ressenti !

— Je m'attendais, amie, à trouver en toi plus de courage.

— Si tu savais, mon Dieu ! ce que j'ai souffert ! entendre autour de moi profaner ton nom, ton glorieux nom, que l'on ne prononçait jusqu'ici qu'avec respect et enthousiasme ! ah ! cela m'a frappée au cœur.

— *Au cœur?*

— Oh, oui ! — répondit la jeune femme en insistant d'autant plus sur ce mot, qu'elle devinait la pénible pensée qu'il éveillait dans l'esprit du poëte. — Oh, oui, *au cœur !*

— Au cœur? — reprit Gilbert avec une croissante et pénible surprise, car une fois de plus, il se sentait blessé des réponses de sa compagne. — Et qu'a de commun le cœur avec le succès ou l'insuccès d'une œuvre éphémère?...

— Cette œuvre, tu me l'as souvent dit, mon ami, a été pensée, écrite sous l'influence de notre amour.

— Oui, et je m'en glorifie... L'œuvre était bonne ou mauvaise; si elle était bonne, le public a été injuste; si elle était mauvaise, c'est que mes facultés s'épuisent; mais l'inspiration sous laquelle j'ai écrit était noble et élevée; je n'ai pu atteindre à sa hauteur, voilà tout; aussi je m'étonne de t'entendre dire que cette chute, qui prouve l'injustice du public ou la défaillance de mon esprit, t'a frappée au *cœur !* je croyais, je crois encore... amie, ton cœur au-dessus de pareilles atteintes..., sinon — ajouta le poëte avec une légère amertume — si le succès ou l'insuccès devait si puissamment agir sur ton cœur... il ne connaîtrait plus du moins ni joies ni angoisses de cette sorte, car je n'écrirai plus un mot !

— Que dis-tu?

— Si le public a été injuste, il n'est pas de ma dignité d'affronter de nouveau ses caprices; si mes facultés sont épuisées, il n'est pas non plus de ma dignité de m'exposer à de justes dédains.

— Quoi ! tu renoncerais à la gloire ! !

— Ah ! sans l'éternel regret que me laissera la mort de ce malheureux Auguste Clément, ma vie, partagée avec toi, amie, serait belle encore... plus belle peut-être encore que par le passé, — ajouta-t-il avec un triste sourire. — Ce calme, cette obscurité que nous recherchions si avidement, nous en jouirions désormais pour toujours ! Va, pauvre amie, je serai bientôt oublié, je n'aurai plus à me dérober à d'importuns empressements ! ce que tu appelles ma gloire aura eu le fugitif éclat d'un brillant météore... sous peu de jours nous aurons quitté Paris.

— Quitter Paris !

— Je t'ai souvent parlé de cette propriété dans le Jura, où est née ma mère : nous irons nous retirer là... ce sera notre thébaïde ! Ah ! je te le répète ! sans le cruel souvenir dont je suis bourrelé, jamais l'avenir ne m'aurait paru plus calme et plus riant.

— Oh ! — pensa Gilberte avec un désespoir contenu — si je ne l'aimais pas pour lui, pour sa gloire qui est sa vie... avec quel bonheur je lui répondrais ; Partons ! Allons, pas de faiblesse, ô mon courage !

Et elle reprit tout haut après un moment de silence :

— Mon ami, je t'en conjure, ne cède pas trop précipitamment et par une sorte de dépit... à une résolution que plus tard tu regretterais sans doute...

Gilbert fit un mouvement d'impatience, réfléchit un moment et répondit avec une nouvelle expression de surprise et de chagrin :

— Jamais, depuis deux ans, je ne t'ai caché une seule de mes pensées; je ne sais, non plus que toi, dissimuler, mentir à mes impressions. Je t'avouerai donc, pauvre amie, et cet aveu me coûte, qu'en vérité ce soir je ne te reconnais pas...

— Mon Dieu, qu'ai-je donc fait?

— Voilà plusieurs fois que tu me blesses au cœur.

— Moi?

— Il y a un instant encore...

— Que veux-tu dire?

— Je te confie mon projet mûrement arrêté de quitter Paris, d'aller avec toi chercher ailleurs le calme, la retraite et l'oubli... je m'attendais à te voir accueillir ce projet avec empressement, il n'en est rien : ta réponse me donne même à penser que tu me crois sous l'impression du dépit... dépit sans doute causé, selon toi, par la chute de mon drame, et que demain peut-être, par une honteuse versatilité d'esprit, je regretterai ma résolution?

— Mon ami, quoique l'aveu me coûte beaucoup aussi, je ne te peux te cacher que ce soir... je ne te reconnais pas non plus — reprit la jeune femme avec une légère apparence de sécheresse et de froideur. — Tu interprètes à mon désavantage toutes mes paroles... Je comprends la juste irritation que te cause l'injustice du public... mais en vérité je ne mérite pas d'en souffrir... moi qui m'efforce de te consoler.

— Encore! — s'écria le poëte avec douleur. — Voilà maintenant que tu m'accuses de te rendre victime de ma colère, de mon orgueil blessé... mais tu n'y songes pas! mais ce reproche... est cruel!

— Mon Dieu, mon Dieu! je ne peux pas dire un mot ce soir sans te choquer! — ajouta Gilberte, voyant avec une joie amère l'impression de plus en plus pénible et pénétrante que chacune de ses paroles profondément calculées causait au poëte. Puis elle ajouta presque durement, sentant la cruelle portée de ces paroles : — Est-ce que c'est ma faute à moi si ton drame a été sifflé?

Gilbert écoutait et contemplait la jeune femme avec stupeur. Soudain, une horrible idée traversa son esprit, et il cacha sa figure entre ses mains.

— Elle m'a aimé pour mon renom, pour ma gloire! — pensait-il; — gloire et renom vont s'éteindre! elle ne m'aime plus... son amour s'est évanoui devant l'humiliation dont ce soir mon nom a été l'objet : ce nom dont elle était fière a été sifflé, a été hué! maintenant de ce nom... elle a honte... Pauvre enfant... je conçois sa désaffection, je la lui pardonne... *Tout pardonner... c'est tout comprendre!* Et cependant... je l'avoue, je ne m'attendais pas à ce dernier coup!... il me tue!

Et Gilbert baissa la tête avec accablement.

Gilberte devina la secrète pensée du poëte; cette pensée était pour elle si outrageante, et pour lui si affreuse, que pendant un instant la vaillance de la jeune femme chancela; elle fut au moment de se jeter au cou de Gilbert, de lui révéler le martyre qu'elle s'imposait dans l'héroïsme de son dévouement et de lui dire avec bonheur : — Oh! viens... viens dans la retraite que tu as choisie, mon amour te consolera de cette gloire que maintenant tu dédaignes...

— mais soudain, se rappelant les menaces de son père et sa présence dans cette maison, la jeune femme recula devant l'éclat scandaleux du procès criminel que M. Rapin voulait et pouvait intenter au poëte, déjà si bourrelé par ses remords de la mort d'Auguste Clément; exposer cet homme illustre qu'elle vénérait autant qu'elle l'adorait, à s'asseoir au banc des criminels, dût-il être acquitté de l'accusation portée contre lui... c'eût été aux yeux de Gilberte un crime, un sacrilége...

— Non, non! — pensait-elle — pas de faiblesse! plus il ressentira pour moi de mépris et de haine... plus tôt il m'aura oubliée... Oh! quoi qu'il dise, c'est à son génie qu'il demandera des consolations, et ce génie, délivré de ma funeste influence, reprendra bientôt son brillant essor... Courage donc! courage... et faisons-nous haïr!

Gilbert, après être resté longtemps silencieux et accablé, se pénétrant de plus en plus, et non sans vraisemblance, de la désaffection de la jeune femme, et voulant ne conserver aucun doute sur cette horrible déception, reprit d'une voix altérée, lente et solennelle :

— Écoutez-moi, mon enfant, ce moment doit être décisif dans notre destinée : une franchise absolue... impitoyable... peut seule nous éclairer sur l'avenir, quel qu'il soit. De cette impitoyable franchise je vais vous donner l'exemple. Tout à l'heure une affreuse pensée m'est venue... Cette pensée, la voici dans sa crudité : l'humiliante chute de mon drame vous a frappée au cœur... vous l'avez dit : *au cœur*... En moi vous aimiez l'homme d'une éclatante renommée, l'échec de ce soir a brisé le piédestal où vous m'aviez élevé... vous m'aimez moins qu'hier...

— Mon Dieu... je...

— Je vous en conjure, ne voyez pas dans mes paroles l'ombre d'un reproche : cette désaffection, si légère qu'elle soit, je la comprends, je l'excuse; elle est dans la nature des choses; cette désaffection est si involontaire, ma pauvre amie, qu'à votre insu elle a déjà percé dans plusieurs de vos paroles qui m'ont blessé... hier vous n'auriez ni pensé ni parlé ainsi...

— Je le crois comme vous.

— Bien, bien, mon enfant, que votre courageuse franchise ne vous fasse pas défaut, et quoique changé... l'avenir qui nous reste peut encore être honorablement accepté par nous... Avouez aussi que notre retraite, hier encore si chère à votre cœur, parce que j'y cachais auprès de vous ce que vous appeliez *ma gloire*... vous serait moins chère aujourd'hui que j'ai à cacher ma défaite?

— C'est vrai...

Puis, voyant Gilbert tressaillir douloureusement, la jeune femme ajouta :

— Vous me demandez la vérité... je vous la dis... Hélas! que voulez-vous! je ne me reconnais plus... et j'ai honte de moi-même.

— Pourquoi de la honte, mon amie? C'est ma gloire que vous aimiez en moi, elle a disparu... votre amour doit disparaître avec elle; il me restera du moins votre estime, votre amitié; ces sentiments, croyez-moi, je vous les conserve aussi : notre vie ne sera donc, en apparence du moins, aucunement changée... vous êtes ma femme, entendez-vous bien : MA FEMME; je n'ai pas besoin de vous en dire davantage... S'il ne vous convient pas d'aller habiter *notre* propriété du Jura, nous resterons à Paris; vos désirs seront les miens. Allons, mon enfant, du courage... nous aurons goûté deux années de bonheur idéal, remercions Dieu; remercions-le encore de ce qu'une estime et une affection mutuelles survivront en nous à un sentiment plus vif... Grâce à elles, l'avenir, je vous le répète, peut être honorablement accepté par nous.

— Écoutez-moi à votre tour, mon ami; vous l'avez dit, notre franchise doit être impitoyable...

— Oui.

— Vous vous souvenez de mes refus opiniâtres lorsque vous vouliez enchaîner à jamais votre destinée à la mienne?

— Ces refus..... je n'ai malheureusement pu les vaincre...

— Je pressentais vaguement ce qui arrive aujourd'hui...

— Expliquez-vous, de grâce!

— Mon ami, je ne me suis jamais illusionnée sur moi-même; cela est pénible à avouer, mais souvent je me disais résolûment : « Aimerais-je moins le poëte que j'adore si un jour son génie s'éclipsait... » — Je me répondais : « Il me semble que je l'aimerais moins... et si je devais « sentir un refroidissement, si léger qu'il fût, altérer mon « amour jusqu'alors passionné, par respect pour lui, « par respect pour moi, je m'éloignerais. » — Voilà, mon ami, pourquoi j'ai refusé votre main... Ce que j'osais à peine prévoir... s'est réalisé. . J'interroge mon cœur... et je le sens... je vous aime moins... Ce ressentiment involontaire s'est trahi à mon insu, vous l'avez dit, par des paroles dont vous avez été blessé... nous devons donc nous séparer...

— Nous séparer!

— Il me serait impossible de vivre désormais près de vous... la honte me tuerait, car, croyez-moi... je sens combien ma désaffection est misérable, lâche!

— Vous ai-je bien entendue! vous croyez que je consentirais jamais à vous abandonner?

— Rassurez-vous, mon ami, je ne resterai pas dans l'abandon; mon père est à Paris...

— Votre père!

— Je l'ai vu... il pardonne ma faute et consent à me reprendre chez lui.

— Votre père! c'est impossible!... Vous voulez me tromper, malheureuse enfant! vous craignez de m'être à charge et vous voulez me quitter!... Misère de moi! Vous abandonner... vous... ma *femme*. Oh! je vous l'ai juré par ma mère! notre union est aussi sainte que si la loi l'eût consacrée! non, non, vous êtes à moi... je saurais renoncer à votre amour, mais au nom du passé, j'ai le droit de veiller sur vous, sur votre avenir! n'espérez pas me tromper... la présence de votre père à Paris est une fable, et...

— Grand Dieu! le voilà — s'écria la jeune femme en proie à une terrible angoisse en voyant entrer M. Rapin et le général Poussard.

XXIV

M. Rapin et le général Poussard, lassés d'attendre en vain la compagnie du poëte, et redoutant quelque piége, étaient venus la surprendre. A la vue de son père, elle craignit surtout qu'il menaçât Gilbert du procès criminel, car alors elle perdait le fruit de son sacrifice héroïque, elle n'était plus haïe ou méprisée du poëte, il devinait facilement que la prétendue désaffection de la jeune femme n'était qu'un faux-semblant et qu'elle n'avait eu qu'un but, celui d'épargner les suites d'un odieux scandale à l'homme qu'elle adorait, et de ne lui laisser aucun regret de leur séparation, en le persuadant qu'une cause cruellement blessante pour lui amenait seule cette rupture; peut-être enfin, une fois sur la voie, pénétrerait-il aussi que, même avant la rencontre imprévue de son père, et déjà convaincue de la fâcheuse influence exercée sur le génie du poëte par la vie intime dans laquelle il s'absorbait depuis deux ans, la jeune femme s'était résolue de lui rendre une liberté indispensable à l'essor de son génie.

Ces réflexions se présentèrent à l'esprit de Gilberte avec la rapidité de la pensée : aussi, lorsque le célèbre écrivain, stupéfait de la subite entrée de deux inconnus chez lui, à une pareille heure de la nuit, s'avança vivement vers eux en s'écriant :

— Qui êtes-vous? que voulez-vous? — la jeune femme courut vers M. Rapin et lui dit tout haut :

— Mon père, je suis prête à vous suivre ; je consens au mariage que vous me proposez. — Puis elle ajouta tout bas : — Mais pas un mot du procès criminel ! sinon je me refuse à tout, et il faudra bien que vous me rendiez compte des biens de ma mère...

M. Rapin, certain de la résignation de sa fille à ses volontés, n'ayant dès lors plus aucun intérêt à poursuivre le procès criminel contre le poëte, répondit également tout bas à la jeune femme :

— Je ne dirai mot du procès, mais suivez-moi à l'instant.

Gilbert n'avait pas d'abord cru aux paroles de sa compagne, lorsque, avant l'apparition de M. Rapin, elle lui avait parlé de sa rencontre avec lui, mais il fut forcé de se rendre à l'évidence, lorsqu'il entendit la jeune femme s'écrier : « — Mon père, je suis prête à vous suivre ; je « consens au mariage que vous me proposez! » Ces derniers mots jetèrent le poëte dans une surprise et une anxiété inexprimables; aussi, voyant Gilberte prendre le bras de M. Rapin et se préparer à sortir, il s'élança vers la porte, et en y courant, il marcha involontairement sur le pied du général Poussard qui se trouvait sur son passage.

— Madame ne sortira pas d'ici sans m'avoir donné des explications que j'ai le droit d'attendre d'elle! — s'écria le poëte, debout au seuil de la porte, qu'il ferma.

Le spadassin, un moment stupéfait de l'incroyable audace de Gilbert, qui s'était permis de lui marcher involontairement sur le pied, se précipita vers le poëte en levant la main sur lui et s'écria :

— Comment, jeanfesse! tu oses me marcher sur le pied... Tiens!

Il allait souffleter Gilbert, lorsque celui-ci, aussi robuste qu'agile, saisit la main déjà levée du spadassin, la rabaissa violemment, et le repoussa ensuite si énergiquement en arrière, que le général alla trébucher à quelques pas... Reconnaissant avec rage qu'en se servant des armes naturelles, il ne pouvait lutter contre son jeune et vigoureux adversaire, de qui le poignet de fer avait la force d'un étau, le spadassin, d'abord muet de rage, se raffermit sur ses jambes et s'écria en se mordant les poings :

— Mille tonnerres!... me bousculer! moi le général Poussard! — et ses yeux, soudain injectés de sang, lançaient au poëte des regards furieux : — moi — répétait-il — moi, le général Poussard!

— Pardieu! — s'écria Gilbert — la rencontre est heureuse! Ah!... vous êtes ce fameux duelliste au sanglant renom? je pourrai donc vous donner une leçon qui, je l'espère, sera pour vos pareils d'un profitable exemple!

— Oh... c'est toi qui la recevras la leçon — reprit le général d'une voix étranglée par la colère ; mais, n'osant s'approcher de Gilbert, — oh oui, va... je te tuerai!

A ces mots dits par le spadassin avec l'accent d'une conviction sinistre, à l'aspect de cette figure martiale, illuminée par de gros yeux sanglants comme ceux d'un bouledogue de combat, Gilberte poussa un cri d'épouvante, mais elle fut heureusement rassurée en entendant Gilbert répondre au général :

— Vous ne tuerez personne, misérable et lâche meurtrier! assez longtemps vous avez abusé de votre supériorité dans les armes pour assassiner impunément vos victimes!!! Regardez-moi bien en face, monsieur Poussard, et contemplez aussi cette canne de respectable apparence, que j'ai l'honneur de vous présenter. — Gilbert, ce disant, prit sa canne qu'en entrant il avait déposée près d'un siège et la brandit aux yeux du général.

— Mille tonnerres! me menacer de coups de canne, moi, — s'écria le spadassin en rugissant. Et, aveuglé par la rage, il allait s'élancer sur le poëte, mais M. Rapin le retint en lui disant tout bas :

— A ce jeu-là... mon vieux, tu n'es pas de force... calme-toi.

Ces paroles atterrèrent le général, qui, se souvenant de la vigueur du poignet de Gilbert, leva les yeux au plafond en frappant du pied dans sa rage impuissante.

— Donc, monsieur le tueur d'hommes — reprit le poëte, — regardez bien cette canne, elle est à la fois solide et souple. Or si jamais... entendez-vous bien... si jamais vous aviez l'impudence de m'insulter, vous recevriez à l'instant la plus rude, la plus plantureuse correction que votre large échine puisse supporter.

— Lâche... lâche... lâche! — hurla le spadassin, — tu insultes les gens, et après tu refuses de te battre!

— Je veux bien vous répondre que si j'avais le malheur d'insulter un galant homme, je lui offrirais toutes les réparations qu'il lui plairait d'exiger... dût-il m'en coûter la vie — répondit Gilbert. — Mais quoi! je ne vous connais pas, vous vous introduisez chez moi au milieu de la nuit, accompagnant un homme qui vient, dit-il, m'enlever ma *femme*; courant dans mon émotion à cette porte, je vous marche involontairement sur le pied, vous avez l'audace de lever la main pour me souffleter, je vous repousse, et vous venez effrontément prétendre que je vous ai insulté?... Assez, monsieur, assez! je possède une force physique parfaitement suffisante à corriger vertement ceux qui m'outragent ; après quoi, s'ils m'outragent de nouveau, sous prétexte que je refuse de me battre, je les corrige de nouveau : vous m'entendez, monsieur le tueur d'hommes? donc tenez-vous ceci pour dit, et comptez sur ma promesse autant que sur ma canne, dans le cas où vous auriez l'insolence de m'insulter encore! Ah! vous ne jetteriez pas l'épouvante et le deuil dans les familles, si l'on vous traitait comme je vous traite et comme vous méritez de l'être!

Pendant que le général rongeait son frein avec une sombre et sourde fureur, Gilbert, s'adressant à M. Rapin, lui dit :

— Il a fallu, monsieur, un incident aussi déplorable que celui dont vous venez d'être témoin pour me distraire malgré moi des explications que j'ai le droit, je le répète, d'attendre et de vous et de celle... qui est ma femme, entendez-vous, monsieur? ma *femme* dans l'acception la plus sacrée de ce mot!

— Comment, monsieur, — s'écria l'ancien garde-magasin en se posant de nouveau en père outragé, — vous avez séduit ma fille... déshonoré mes cheveux blancs... et vous osez...

— Monsieur, sans entrer dans aucun détail sur le passé, sans vous faire un récit qui vous mettrait certainement à même d'apprécier ma conduite autrement que vous ne l'appréciez, je ne vous répondrai qu'un mot : il vous prouvera quel est mon respect, quelle est mon affection pour mademoiselle votre fille... je lui avais offert ma main, elle l'a refusée... je la lui offre encore... ce mariage ne sera pas, croyez-le, une réparation, mais la consécration d'une affection à laquelle j'ai voué ma vie.

— Monsieur...

— Je puis le dire sans orgueil : je suis un honnête homme ; je ne vous parlerai pas de ma renommée, elle a reçu de soir un rude échec ; quoi qu'il en soit, l'honorabilité de mon nom demeurera toujours intacte ; ma fortune, complétement indépendante, est plus que suffisante pour ma femme et pour moi, et de ce que j'avance mon notaire vous donnera les preuves.

— Monsieur... ces offres...

— Un dernier mot — ajouta Gilbert se souvenant d'avoir lu dans le récit de la vie de sa compagne que son père se montrait à son égard d'une sordide avarice, — ni moi, ni ma femme, et je crois pouvoir parler pour elle, nous ne prétendons... nous ne prétendrons jamais à la moindre partie de vos biens... Et maintenant, monsieur, vous ne douterez pas, je crois, que je sois un homme d'honneur ?

La jeune femme connaissait la cupidité de son père, elle craignit de lui voir accepter la généreuse proposition du poëte qui offrait de renoncer à toute espèce de dot. Aussi, avant que M. Rapin, qui semblait se consulter, ait eu le temps de répondre, Gilberte dit d'une voix ferme :

— Mon père... si reconnaissante, si touchée que je sois de la proposition qui m'est faite devant vous... je suis obligée de la refuser ; je préfère m'unir, selon vos projets, à la personne dont vous m'avez parlé.

— Ah... c'en est trop ! — s'écria Gilbert avec un douloureux accablement, car, malgré tout ce qu'il croyait avoir à reprocher à sa compagne, il l'aimait encore passionnément. — C'est du mépris, c'est de la cruauté !

— Enfin ! — pensa Gilberte — il me hait !!!

— Ma fille... réfléchissez — reprit M. Rapin fort affriandé par cette pensée, que le poëte renonçait d'avance à l'héritage maternel que sa future femme avait à réclamer. — Réfléchissez bien avant de vous décider. La personne de qui je vous ai parlé peut sans doute vous donner un titre, une belle position sociale...

— Un titre ! — pensait le poëte avec déchirement, — une position sociale !... serait-ce donc à un misérable orgueil qu'elle me sacrifierait... elle... elle... Non, c'est impossible. Ces projets de mariage si soudains... sont une fable !

— Mais, ma fille, je dois vous le déclarer, — poursuivit M. Rapin, — le prétendu que je vous destinais ne sera jamais pour vous qu'un père... d'abord à cause de son âge, puis parce qu'en consentant à vous épouser malgré votre inconduite, généreux sacrifice qu'il veut bien faire à sa vieille amitié pour moi, la première condition qu'en homme d'honneur il met à ce mariage, est que, vous et lui, vous vivrez complétement et à jamais séparés, comme si vous n'étiez pas mariés, bien que vous deviez habiter la même demeure... A ce prix seulement il consent à jeter un voile sur le passé... et à vous réhabiliter aux yeux du monde en vous donnant son nom, attendant de vous, en échange de la noblesse de ses procédés, une affection filiale... et une conduite désormais exemplaire. Tel est le mariage dont je vous ai parlé... ma fille ; une dernière fois réfléchissez avant de vous décider.

Un grand silence se fit après ces dernières paroles de M. Rapin. Gilberte parut profondément pensive : le poëte, croyant qu'elle hésitait dans sa résolution, conservait une lueur d'espérance, attendait son arrêt dans un muet accablement.

Le général Poussard, car c'était lui que M. Rapin avait d'abord voulu proposer à sa fille pour mari ; le général, remarquant l'expression douloureuse des traits du poëte, éprouvait une joie cruelle ; il n'en pouvait douter, quoique cette conviction l'exaspérât : s'il insultait de nouveau son robuste adversaire, il s'exposait à recevoir un rude châtiment ; aussi éprouvait-il une sorte de consolation en songeant que si la jeune femme persistait dans sa résolution, elle portait au poëte un coup affreux ; le spadassin, fort courroucé d'ailleurs contre M. Rapin dont il devinait la cupide arrière-pensée à l'endroit de ce mariage sans dot inopinément proposé par le poëte, attendait donc avec anxiété la réponse de Gilberte toujours pensive : elle avait d'abord été presque heureuse en entendant M. Rapin lui proposer un mariage *qui ne serait pas un mariage*, puisque son époux ne devait être pour elle qu'un père ; vivant ainsi séparée de lui, quoique habitant sous le même toit, elle pourrait, dans sa solitude et s'appartenant tout entière, continuer d'adorer en secret l'homme qui lui inspirait un dévouement héroïque... Cependant elle sentit durant un instant son courage défaillir... Elle pouvait, grâce à la cupidité de M. Rapin, épouser le poëte et lui consacrer ses jours comme par le passé ! Cette tentation fut d'abord puissante, presque irrésistible, mais convaincue, et par instinct du vrai et par la triste expérience de cette soirée, que la vie intime, monotone et casanière du foyer domestique, déjà funeste au génie du poëte, l'éteindrait complétement, la jeune femme surmonta ses hésitations et se promit d'accomplir le sacrifice tout entier ; les souvenirs cruels, odieux, qu'elle laisserait à Gilbert seraient bientôt oubliés par lui ; il chercherait et trouverait des distractions dans ses travaux, dans de nouveaux succès. En vain il disait que l'échec de la soirée brisait sa plume... A cette résolution peut-être serait-il resté fidèle, en continuant de vivre dans la douce intimité de la jeune femme ; mais séparé d'elle à jamais par l'abîme infranchissable du mariage qu'elle allait contracter, mais cruellement humilié, irrité d'un abandon si blessant pour lui, l'oisiveté lui semblerait bientôt insupportable, et son génie, désormais délivré de toute entrave, enfanterait de nouveaux chefs-d'œuvre.

« Ces chefs-d'œuvre, » — pensait la jeune femme —

« seront la récompense, la glorification du sacrifice que « je m'impose! Ils seront ma consolation, ma joie dans « ma retraite, et en y lisant avec amour, avec orgueil, ces « vers écrits par mon poëte adoré, je me dirai : — Sans « mon dévouement, la postérité serait peut-être privée de « ces sublimes œuvres. » Exaltée par ces dernières pensées, Gilberte, après un silence assez prolongé, fit cette réponse attendue avec une égale anxiété par le poëte, par le général Poussard et par M. Rapin :

— Mon père... je viens encore de mûrement réfléchir à votre proposition... je comprends l'étendue des devoirs que m'impose la générosité de l'homme qui consentirait à me réhabiliter aux yeux du monde en me donnant son nom! s'il tient sa promesse, s'il est pour moi *un père*... croyez-en ma parole... je serai pour lui une fille respectueuse et reconnaissante !

— La baronne Poussard n'aura, foi de soldat, qu'à se louer de moi! s'écria le spadassin ému malgré lui de la dignité des paroles de Gilberte et triomphant du coup qu'il portait au poëte; s'approchant alors de la jeune femme, il ajouta en lui offrant son bras :

— Venez, baronne... venez, ma fille!!!

— Quoi!... c'est vous! — s'écria involontairement Gilberte en se reculant et ne pouvant retenir une exclamation de surprise et d'aversion. — C'est vous!

A ce cri, un doute traversa l'esprit de Gilbert et, s'élançant vers la jeune femme, il lui dit avec un accent de joie ineffable :

— Ah... tu me trompais !

— Moi! — reprit Gilberte sentant, mais trop tard, qu'elle s'était trahie, — je vous trompais?... je ne sais ce que vous voulez dire...

— Si! oh si... tu le sais ma bien-aimée! ton embarras me le prouve! Ce changement inexplicable, impossible, survenu ce soir dans tes paroles, dans ton esprit, dans ton cœur, ces brusques projets de mariage, enfin ce cri que l'étonnement et l'effroi viennent de t'arracher... oui, tout me prouve que ta conduite cache un mystère! Tout me dit que tu es encore... que tu as toujours été digne de mon amour... car je t'aime... oh! je t'aime plus tendrement que jamais!

— Oh! mon courage! — pensa Gilberte en entendant la voix palpitante du poëte et voyant ses beaux traits un moment éclairés par une dernière et radieuse espérance; mais, détournant la vue, de peur de céder à l'attendrissement qui la gagnait, elle fit un effort surhumain sans répondre à Gilbert; elle reprit, feignant d'être encore en proie à la surprise qui avait failli trahir le secret de son dévouement :

— Quoi! mon père... c'est monsieur que vous me proposiez pour mari?

— Oui... ma fille.

— Monsieur, qui tout à l'heure ne parlait que de duels, que de meurtres?

— Oh! rassurez-vous, ma chère demoiselle — reprit le spadassin; — pour vous je serai plus doux qu'un agneau, et mon épée vous protégera comme elle protégerait ma fille.

— Mon père, — reprit Gilberte — mon mariage avec monsieur est impossible!

— Ah... je savais bien... moi, que tu me trompais ! — s'écria Gilbert avec une ivresse croissante; — je savais bien que tu étais toujours digne de toi-même!!!

— Je n'ai jamais, je le crois, démérité votre estime, mon ami — répondit la jeune femme d'une voix calme, — mais il me semble indispensable pour vous, pour moi, pour mon père et pour monsieur... qui m'offre son nom, par un sentiment de générosité que je ne saurais méconnaître; il me semble indispensable d'expliquer ma conduite, en apparence très-étrange, très-mystérieuse, et cependant fort naturelle. — S'adressant alors avec une mélancolie profonde à Gilbert qui sentait défaillir son espoir renaissant : — Mon ami, en vous j'ai passionnément aimé l'homme de génie! malgré vos instances si honorables pour nous deux, j'ai dû refuser votre main... en voici la raison : je pressentais... et je vous l'ai avoué tout à l'heure, que si cette gloire qui m'avait enivrée... pâlissait, mon affection pour vous pâlirait aussi ; à aucun prix je n'aurais donc voulu vous lier éternellement à moi, sachant qu'un jour pouvait venir où je vous aimerais moins... malheureusement ce jour est venu...

— Madame, — s'écria Gilbert qui retombait douloureusement de toute la hauteur de sa dernière illusion, — vous deviez m'épargner un pareil aveu devant des étrangers?

— Votre insuccès de ce soir, je vous l'ai dit, m'a frappée au cœur — poursuivit Gilberte. — Pardonnez à ma lâcheté, mais malgré moi, je me suis sentie douloureusement humiliée, en entendant votre nom, jusqu'alors glorieux, et dont j'étais si fière...

— Madame, encore une fois... devant des étrangers, de pareils aveux me blessent !!!

— Qu'ont-ils donc de blessant? Est-ce à dire que ma tendresse pour vous ait soudain fait place à l'indifférence? non, non, vous ne le croyez pas, mais... j'ai honte de le dire... j'ai senti qu'en conservant à la noblesse de votre caractère la profonde estime que j'aurai toujours pour lui, je vous aimais moins!!! Hélas! contre cette misérable faiblesse en vain j'ai lutté... Dès lors ma résolution a été prise : j'ai songé à vous rendre votre liberté; le hasard voulu qu'en rentrant ici ce soir, j'aie trouvé mon père ; il m'a offert mon pardon, si je consentais à un mariage dont vous avez entendu les conditions. Elles seules pouvaient me décider à cette union qui, sans cela, eût été la honte, et pour moi et pour l'homme qui m'offre sa main... mais enfin, en accomplissant loyalement mes devoirs, je trouvais dans cette nouvelle vie l'oubli du passé, le calme pour le présent, la sécurité pour l'avenir, avantages inespérés pour moi, dans la pénible position où, par ma faute, uniquement par ma faute... je me suis placée. Enfin, tout à l'heure, vous m'avez de nouveau, mon ami, proposé votre main; je l'ai refusée, comme je l'avais refusée il y a deux ans, dans la seule crainte d'un refroidissement que j'osais à peine prévoir. Il s'est réalisé... est-il possible que maintenant je vous épouse? Non, non! Aussi je m'étais, selon les vœux de mon père, résignée à un lien qui ne devait être qu'un échange de sollicitude paternelle et de respect filial... Ma conduite, vous le reconnaîtrez maintenant, je l'espère, ne cache aucun mystère, elle est fort naturelle...

— Oh! murmura Gilbert avec désespoir, — oh! quelle sécheresse de cœur! quel égoïsme! quelle déception, mon Dieu!

— Malheureusement — reprit la jeune femme — cette union à laquelle, par déférence pour mon père et par raison, je m'étais décidée, n'est plus possible...

— Et pourquoi? — demanda le général avec un pénible désappointement; — pourquoi donc ce mariage est-il impossible, mademoiselle?

— Vous me le demandez, monsieur? puis-je vous épouser, vous qui, dans l'emportement de votre impétueux caractère, avez gravement outragé l'homme à qui j'ai voué une estime qui ne finira qu'avec ma vie...

— Madame — dit Gilbert avec un amer ressentiment — faites-moi grâce de votre intérêt.

— Vous êtes cruel... mon ami, mais je ne saurais oublier l'outrage dont vous avez été l'objet, et si M. le général voulait au moins reconnaître qu'après avoir été involontairement heurté par vous... il a eu tort de voir là une insulte de votre part, s'il voulait regretter son emportement, je pourrais peut-être consentir à...

— Hé bien! — s'écria le spadassin, chez qui le désir de triompher de son rival et d'épouser une femme richement dotée l'emportait sur sa crânerie farouche, — si monsieur consent à répéter que c'est involontairement qu'il m'a marché sur le pied, je regretterai d'avoir levé la main sur lui.

— Mon ami — dit Gilberte au poëte — il me semble que vous ne pouviez rien exiger de plus de M. le général; quant à moi, je lui sais gré de se montrer si conciliant...

— Ah! madame! s'écria Gilbert avec désespoir — ce n'est plus de la pitié que vous m'inspirez! c'est de l'aversion!!! Laissez-moi... votre vue me fait mal!

— Enfin!... — se dit Gilberte — il me hait!... il ne me regrettera pas!

Et s'adressant à M. Rapin :

— Mon père... partons! cette scène est pour moi trop pénible. — Puis se tournant vers le spadassin : — Monsieur le général, vous vous êtes rendu à mon désir... vous avez ma parole... je consens à cette union aux conditions que vous avez posées. — Faisant enfin un pas vers le poëte, elle lui dit tristement : — Ah! mon ami... vous vous montrez pour moi d'une injuste sévérité...

— Laissez-moi, madame! — s'écria Gilbert. — Ah, maudit soit le jour où je vous ai connue! Puisse votre souvenir s'effacer à jamais de ma vie!

— Venez, mon père... venez — dit la jeune femme à M. Rapin en l'entraînant; — je ne saurais rester un instant de plus dans cette maison...

Gilberte sortit précipitamment avec son père. Le spadassin les suivait, lorsque se ravisant, et cédant à son caractère matamore et au désir de jouir de l'humiliation de son rival qu'il voyait brisé de douleur, il lui dit :

— Et vous... croyez-moi, ne venez jamais regarder la baronne Poussard entre les deux yeux!

Gilbert souffrait si cruellement en ce moment, et de l'abandon de sa compagne et du remords que lui causait la mort d'Auguste Clément, que, dans l'exaspération de sa douleur, il sentit le désir d'en finir avec la vie. Aussi regardant le spadassin avec une joie farouche, il s'écria :

— Vous êtes un vieux drôle! un insolent coquin! un lâche meurtrier, monsieur l'épouseur de ma femme!!! et malgré le mépris que vous m'inspirez, je veux me battre avec vous!

— Vrai! — s'écria le spadassin, haletant d'une espérance sanguinaire! — Oh! si tu voulais te battre... je te pardonnerais tes injures!

— L'avenue qui conduit à cette maison est déserte... Le jour va bientôt paraître... allez chercher des épées! vos témoins seront les miens, — répondit Gilbert d'une voix sourde : — Vous me tuerez, ou je vous tuerai, car je vous hais à la mort!

— Enfin — s'écria le spadassin — il se bat!!!

— Poussard!... que diable fais-tu? — dit la voix de M. Rapin, qui, pendant les quelques paroles échangées entre le poëte et le spadassin, avait déjà descendu l'escalier : — tu ne viens donc pas?...

— Me voilà, mon vieux, me voilà! — répondit le général; afin de complaire à ma future... je réitérais à monsieur mes excuses... afin de nous quitter en bons termes... me voilà! — et se tournant vers le poëte : — Dans une heure je reviens ; oh! je te saignerai, mauvais rimailleur.

XXV

Le général Poussard, durant la dernière partie de la soirée si accidentée, avait complètement oublié la terrible et mystérieuse prédiction du marquis de Montlaur presque à l'agonie :

« — *Tu auras une colique atroce toutes les fois que tu*
« *mettras l'épée à la main pour te battre en duel.* »

cinq millions, la pièce ronde... si ça ne nous suffit pas, nous verrons ensuite... Voilà mon caractère !

— Mais tu es fou !

— Et vous, chère petite Korrigan, vous allez nous payer un jour d'avance, et désormais, tous les matins, à midi sonnant, nous voulons toucher notre paye du lendemain.

— Deux cent mille francs par heure ! — dit Gilberte en joignant les mains — c'est à n'y pas croire ! Non — ajouta-t-elle naïvement — il n'y a pas dans le monde assez d'argent pour que la Korrigan puisse seulement nous faire la paye d'un jour !

— Ah ! tu crois cela, ma pauvre Minette ? Hé bien, dis comme moi : « Korrigan, nous voulons avoir tout de suite « nos cinq millions d'aujourd'hui. »

— Ah ! par exemple, nous allons bien voir — reprit la jeune femme d'un air de doute ; et elle ajouta : — Korrigan, nous voulons avoir tout de suite nos cinq millions d'aujourd'hui.

— C'est fait ! — répondit mélancoliquement la voix de l'invisible fée. — Vous trouverez les cinq millions dans le premier tiroir de votre commode... et chaque jour, selon vos désirs, à midi, pareille somme, et davantage si vous le voulez, vous sera comptée.

Gilbert et Gilberte avaient couru vers la commode. Ils virent le premier tiroir rempli de liasses de billets de banque. Gilbert en prit une au hasard, et en éparpilla le contenu sur la tablette de la commode en disant à sa femme :

— Hé bien, Chérie, qu'en penses-tu ?

— Dame... je pense que de voir de si grosses sommes ça écoeure... Qu'est-ce que nous allons faire de tant d'argent... mon Dieu !...

— Le dépenser donc et joyeusement ! avoir un hôtel à nous, des chevaux à nous, des diamants à toi ; car enfin, jusqu'ici nous n'avions que la défroque de ceux dans la vie de qui nous entrions !

— C'est vrai, en étant le marquis et la marquise de Montlaur, c'est leur hôtel que nous avions et pas le nôtre...

— Évidemment. Aussi, avant une heure nous aurons, nom d'un petit bonhomme ! l'*Hôtel Gilbert*.

— Oh ! avant une heure...

— Tu verras, j'ai mon idée. Puis, réfléchissant et tressaillant : ah ! diable ! mais j'y pense...

— Qu'as-tu donc ?

— Est-ce que tu n'as pas lu dans les contes de fée que parfois les génies faisaient la farce (histoire de rire) de donner à leurs protégés des pièces d'or qui se changeaient en feuilles d'arbres ?

— Comment, tu crois notre chère petite Korrigan capable de...

— Non, non, mais enfin... qu'est-ce que ça lui ferait ? Et cela ne vous fâchera pas, n'est-ce pas, ma bonne petite fée, que nous envoyions madame Badureau changer un ou deux de ces billets de mille francs... seulement pour avoir de la monnaie ?

— Fais ce que tu voudras — répondit la voix — cet argent t'appartient.

Aussitôt Gilbert courut à la croisée, qu'il ouvrit, et se penchant au dehors, il appela :

— Madame Badureau !... madame Badureau !

— Mais Gilbert — disait la jeune femme — tu oublies donc que les deux billets de mille francs, que par plaisanterie tu as donnés à la portière, étaient bons, puisqu'elle ne s'en est pas plainte ? Et puis le million que nous avons fait avoir à Meunier et à sa femme était bien réel aussi.

— C'est vrai, je ne songeais pas à cela ; mais changeons toujours ces billets, puisque notre chère petite fée ne se formalise point. N'est-ce pas, Korrigan ?

— Non, mes amis — reprit la voix — disposez à votre gré de votre argent.

— A propos de notre ami Meunier... — reprit Gilberte, — nous lui devons un million ! n'oublions pas cela, Chéri.

— Quel million ?

— Celui que nous devions lui donner plus tard, pour que leur joie soit double ?

— C'est juste, Minette, il faut payer ses dettes, c'est sacré... Korrigan, nous voulons qu'Auguste Meunier et sa femme aient aujourd'hui même leur second million.

— Oh oui ! — reprit Gilberte — ils ont été aujourd'hui si gentils pour nous... il faut qu'ils aient leur second million avant l'heure à laquelle nous devons les rencontrer à l'Opéra ; nous jouirons ainsi de la première fleur de leur joie.

— C'est fait ! — dit la voix. — On apprend à l'instant à Auguste Meunier qu'une créance jusqu'alors inconnue, et se montant à un million, a été recouvrée au nom de la succession qui lui appartient.

— Vont-ils être contents ! — dit Gilbert. — Mais j'y pense ! pourquoi ne leur donner que deux millions à ces jeunes gens ?

— Peste, comme tu y vas !

— Dame... pour ce que cela nous coûte...

— C'est égal, deux millions font un fort joli denier, et puis, vois-tu... si tout le monde était archi-millionnaire... il n'y aurait plus de plaisir à l'être !

— Tu crois, Chéri ?

— Certainement !

— Hélas... déjà l'égoïsme ! — murmura la voix de Korrigan sans être entendue de Gilbert et de Gilberte. — Pauvres bons cœurs !... la richesse va-t-elle altérer leur pureté native ?...

Madame Badureau s'était empressée d'accourir à l'appel de son locataire, et tout essoufflée elle entra dans la chambre en disant :

9

— Ah! monsieur Bosco! vous devriez bien... vous qui êtes un fameux escamoteur... escamoter les cinq étages de l'escalier, ça serait fièrement plus agréable pour moi, qui les grimpe, que votre tour de chameau!

— Prenez garde, madame Badureau, si je voulais... je ferais disparaître les cinq étages... et cette chambre où nous sommes deviendrait un rez-de-chaussée... ah! ah!

— Pardi, c'est bien malin!...

— Vous allez peut-être me dire que...

— Que j'ai vu ce tour-là, monsieur Bosco? — reprit imperturbablement la portière en interrompant Gilbert. — Oui, j'ai vu ce tour-là dans la féerie des *Pilules du Diable*... Les étages de la maison de Pierrot descendaient et se renfonçaient l'un dans l'autre comme une lorgnette de spectacle... Connu, monsieur Bosco, connu!

— Ah! ah! ah! — fit Gilberte en riant aux éclats de la figure dépitée de son mari, qui ne pouvait parvenir à étonner madame Badureau. — Bibi est vexé!...

— Le fait est que c'est un peu vexant, reprit Gilbert qui finit cependant par rire comme sa femme. Puis remettant deux billets de mille francs à la portière, il lui dit : — Voici deux billets de mille francs, voulez-vous aller me les changer tout de suite...

— Bon — reprit madame Badureau d'un air méditatif en tenant les deux billets et restant immobile; — bon, je prends les deux billets dans une main, je suis censée aller les changer... et puis après?

— Comment! et puis après?

— Et le tour, monsieur Bosco?

— Quel tour?

— Le tour des deux billets que je suis censée aller changer? Parions que je le devine : je tiens bien les deux billets de mille francs dans la main, n'est-ce pas? — Et madame Badureau ferma en effet ainsi ses deux mains dans chacune desquelles se trouvait un billet de mille francs. — Je gage, monsieur Bosco, que vous allez me dire : Par ma puissance magique, je veux que les deux billets que tient dans ses mains madame Badureau se changent en *moigneaux*, ou en lézards, ou bien encore qu'ils se retrouvent dans son estomac... Hé bien, connu! monsieur Bosco, j'ai vu faire ce tour-là par M. Comte avec défunt Badureau, le jour où l'on a fait miauler trois chats dans sa tabatière!

— Mais il ne s'agit pas de tour! s'écria Gilbert impatienté, tandis que Gilberte riait de tout son cœur. — J'ai besoin de monnaie, je vous dis d'aller m'en chercher : rien de plus!

— Ah, très-bien, c'est différent, — répondit la portière en se dirigeant vers la porte. — Pardon, monsieur Bosco; c'est qu'avec vous, je vois partout le sac à la malice et la poudre à perlinpinpin... Je vas chez le changeur et je vous rapporte la monnaie : en argent ou en or?

— En or! en or! — dit vivement Gilbert — nous voulons de l'or. — Et il ajouta : Ah! j'oubliais... il y a ici près un loueur de voitures, rue Saint-Dominique?

— Je ne sais pas, monsieur Bosco.

— Je le sais, moi — se dit Gilbert — c'est là que ma femme, quand elle était marquise de Montlaur, a envoyé chercher un *remise* pour se rendre le matin chez le duc de Saligny; — et il reprit tout haut : — Allez chez ce loueur de voitures, madame Badureau, et ramenez-nous tout ce qu'il y a de plus beau en équipage. Il nous faut en outre du cocher, un domestique pour monter derrière la voiture, et surtout, madame Badureau, n'allez pas croire qu'il s'agit encore d'un tour...

— Vous en seriez bien capable, monsieur Bosco! J'ai vu autrefois avec défunt Badureau une féerie dans laquelle une voiture et des chevaux se changeaient en...

— Allez au diable, madame Badureau! C'est par trop fort — s'écria Gilbert — vous abusez de notre patience...

— Suffit... motus, monsieur Bosco, je cours chercher votre or et votre voiture.

Et la portière disparut.

— Votre voiture! votre or! comme ça sonne joyeusement à l'oreille, hein, Minette? — reprit Gilbert — et quand tout à l'heure nous dirons notre hôtel, nos domestiques...

— Comment tout à l'heure?

— Tu verras, j'ai mon idée! oui, tout à l'heure nous dirons : notre hôtel, nos gens, nos chevaux; car j'en reviens toujours là, nous n'avons pas joui de la richesse par nous-mêmes, quand nous étions le marquis et la marquise de Montlaur.

— C'était peut-être pour cela que nos richesses nous étaient indifférentes, nous y étions habitués.

— Aussi maintenant, nous en jouirons d'autant plus de nos richesses, que nous n'y avons par nous-mêmes jamais été habitués; car enfin, excepté durant la nuit de notre marquisat et le temps que nous avons passé dans la vie de Georges Hubert et de Louise, nous avons toujours vécu comme des gueux, ma pauvre Minette! aussi étions-nous simples de vouloir nous fourrer dans la vie des autres, au lieu de rester dans la nôtre, en la rendant par notre pouvoir si belle, si heureuse, que nous n'ayons plus rien à désirer! Dis, Minette, étions-nous simples!

— Hé, hé, pas tant simples, Bibi, car nous avons du moins acquis par expérience la certitude que le bonheur n'était ni dans les grandeurs ni dans la gloire, deux choses que nous n'aurons plus à envier... C'est toujours cela de gagné!

— Monsieur Bosco! — accourut dire madame Badureau — votre voiture est en bas et voici votre or, avec un domestique pour monter derrière!

— Pour monter derrière notre or, madame Badureau?

— Mais non, monsieur Bosco, pour monter derrière votre voiture; elle est attelée de deux chevaux gris superbes, tout ce que le loueur avait de mieux; je l'ai payé d'avance, c'est quarante francs que vous trouverez de moins dans les rouleaux, y compris le domestique pour monter derrière. A propos, monsieur Bosco, vous ne voulez pas déjeuner avant de partir? il est plus de midi.

— Minette — dit Gilbert — est-ce que tu as faim, toi?

— Oh! mon Dieu! non, pas du tout; nous avons parlé ce matin de tant de choses que j'ai oublié mon appétit.

— Sans reproche — dit madame Badureau — ce n'est pas comme le jour du quart d'oie où je prenais pour un prince polonais déguisé ce pauvre M. Bosco, même que vous n'avez laissé que sa carcasse! Et là-dessus je retourne à ma loge où la bonne du propriétaire m'attend.

— Madame Badureau, un instant! — reprit gravement Gilbert qui, sans être vu de la portière, avait confectionné et ficelé un paquet où il introduisit, entre autres ingrédients, un morceau de pierre lithographique brisée. — Madame Badureau, vous aimez beaucoup, n'est-ce pas, les tours de gobelet?

— Je les adore, monsieur Bosco.

— Hé bien! dit Gilbert en se retournant, prenez ce paquet de poudre à perlinpinpin... ouvrez-le dans... dans... voyons? dans quatre-vingt-dix-neuf jours, ni plus ni moins, sans cela le tour serait manqué.

— Soyez tranquille, j'attendrai les quatre-vingt-dix-neuf jours.

— Prononcez alors ces mots magiques : *brou, brou*...

— *Brou, brou*, — fit madame Badureau; — c'est très-facile... *brou, brou!*

— *Babra, babra*, — reprit imperturbablement Gilbert. — *bribri*...

— *Babra, babra* — fit madame Badureau, — *bribri, bribri.*

— Très-bien! — dit Gilbert : — ces mots prononcés, vous ouvrirez le paquet et vous verrez un tour... oh! mais un tour comme vous n'en avez jamais vu !...

— Savoir! — reprit la sceptique portière en mettant dans sa poche le paquet ficelé; — enfin, dans quatre-vingt-dix-neuf jours nous verrons voir... et je vous jure sur les cendres de feu Badureau de ne pas ouvrir auparavant le paquet.

Et la portière sortit de la chambre en répétant pour se remémorer, les paroles magiques : *Bri, bri, Ba, bra, Brou, brou!*

— Chéri! — dit gaiement Gilberte à son mari, qui commençait de développer les rouleaux de pièces d'or — qu'est-ce donc que cette nouvelle niche que tu fais à cette pauvre madame Badureau? Elle est bonne femme au fond... quoiqu'elle dise toujours qu'elle connaît les tours; mais tu ne me réponds pas... — ajouta la jeune femme à qui son mari debout devant la commode tournait le dos.

— Gilbert... Gilbert...

— Regarde... touche... fais tinter, fais briller cet or, Chérie! et ce n'est qu'une paillette de notre inépuisable trésor! — s'écria Gilbert en montrant à sa femme les cent pièces d'or étalées sur le marbre de la commode. Et prenant, maniant le brillant métal avec une sorte de frénésie joyeuse, il le fit ruisseler entre ses doigts...

— O mon Dieu, que d'or! que d'or! — dit Gilberte éblouie. — Et elle ajouta dans sa curiosité enfantine : — laisse-moi donc y toucher aussi...

Et la jeune femme, ainsi que son mari, prenant l'or à poignées, le faisait tinter sur le marbre de la commode.

Cent louis d'or! la somme n'était pas considérable, elle n'avait aucune importance si on la comparait aux cinq millions représentés par les billets de banque renfermés dans le tiroir de la commode; mais ce papier-monnaie, terne, souvent graisseux, sordide et à demi lacéré, n'offrait dans son aspect rien qui pût approcher de ce miroitement, si réjouissant aux yeux des deux jeunes gens, qui, jusqu'à ce moment, n'avaient jamais possédé une seule pièce d'or.

O puissance magnétique de l'étincelant métal! A peine Gilberte, cédant d'abord à une curiosité enfantine, eut-elle plongé ses doigts délicats au milieu des louis amoncelés, que sa main, cédant à leur puissante attraction, ne put les dessaisir; et d'un mouvement précipité, fébrile, elle les maniait et les faisait tinter et tinter encore sur le marbre retentissant.

— Korrigan! — s'écria Gilbert — nous voulons avoir à l'instant un de nos millions en or!

— Tous nos millions! — s'écria Gilberte d'une voix palpitante. — Nous voulons les voir... tous... tous en or!

— C'est fait! — répondit avec un accent mélancolique la douce voix de l'invisible fée. — C'est fait!

Aussitôt le tiroir supérieur de la petite commode de noyer, qui contenait les millions en billets de banque, glissa vivement dans ses rainures, poussé par le flot de pièces d'or dont il fut soudain rempli, et qui, commençant à déborder ses parois, ruissèlerent en une cascade étincelante, sonore... et inondèrent le plancher de la chambrette qui, en quelques endroits, disparut complètement sous une épaisse couche d'or.

Gilbert et Gilberte, ivres, fous de joie, se jetèrent à genoux, et tour à tour haletants ou riants d'un rire fiévreux, se mirent à remuer, à fouiller, à brasser ce trésor, où ils enfonçaient leurs mains jusqu'aux poignets, prenant pour ainsi dire un bain d'or, se roulant sur l'or, nageant dans l'or; puis Gilbert se relevant saisit sa femme par la ceinture, et tous deux, riant aux éclats, commencèrent à danser une sorte de valse frénétique sur cet amoncellement d'or, valse dont le crépitement métallique de l'or marquait la cadence!

Trois ou quatre coups sourds frappés de l'étage inférieur, au-dessous du plancher de la chambrette, par un locataire irrité du tapage qu'il entendait au-dessus de sa tête, mirent fin à la valse effrénée des deux jeunes gens;

riant encore et presque hors d'haleine, ils tombèrent assis chacun sur une chaise.

— Aurez-vous bientôt fini votre infernal-sabbat, là-haut! — cria le locataire, qui, penché hors de sa fenêtre ouverte, s'adressait, courroucé, à ses voisins de l'étage supérieur, et il ajouta, grommelant : — Oser faire un pareil tapage!... mauvais locataires de deux liards!

Puis la fenêtre se referma.

— Mauvais locataires de deux liards! parole d'honneur, il me fait de la peine, — dit Gilbert. Et montrant le trésor épandu sur le plancher. — Nous qui venons de rouler sur l'or... des locataires de deux liards! Si ce vieux n'était pas si guincheux et si mal appris, je lui aurais flanqué cent billets de mille francs à travers la figure, pour lui montrer que nous ne sommes pas des locataires de deux liards !

— Ah! Chéri! — maintenant que c'est passé — reprit Gilberte — on peut le dire, mais en voyant tout cet or... j'ai eu vraiment comme le délire... comme une fièvre ! et pourtant la vue de ces tas de billets de banque ne m'avait pas produit le même effet!

— Et penser, Minette, que lorsqu'il n'y en aura plus, il y en aura encore! il y en aura toujours! Quel plaisir de dépenser... d'acheter tout ce qu'on voit!...

— Cela doit être si amusant! Je m'en fais une vraie fête!...

— Alors, Minette, commençons la fête : notre voiture est en bas... partons! Journée complète, nous allons acheter toutes sortes de choses ; notre hôtel d'abord.

— Tu en reviens toujours là, Chéri, mais comment est-ce possible?...

— Tu le verras, et nos emplettes finies, nous allons retrouver nos amis à l'Opéra... et... Ah! une bonne idée ! au lieu de souper avec eux au Café de Paris, nous dirons à Meunier et à sa femme : « Vous nous avez régalés du « spectacle, c'est à nous de vous donner à souper; ac- « ceptez sans façon *la fortune du pot* dans notre cham- « brette; » ils accepteront sans se douter de rien, et nous les mènerons souper dans notre magnifique hôtel... Voilà une surprise pour nos amis! Je ris d'avance de leur ébahissement.

— Toujours cet hôtel... mais encore une fois, est-il possible de...

— C'est mon secret — reprit Gilbert en interrompant sa femme. — Partons ; voilà ton écharpe et ton chapeau... Hum! c'est bien mesquin — fit Gilbert en examinant la petite écharpe et le léger chapeau de crêpe, jadis la parure de la jeune femme pour ces *beaux dimanches* si impatiemment attendus; modeste parure achetée au prix de tant de travail, de tant de veilles. — C'est bien mesquin cette toilette-là, ma pauvre Chérie? notre cocher et notre domestique vont avoir une mince opinion de nous.

— Puis se frappant le front : — Mais que je suis bête!

ma parole d'honneur, quand on n'a pas l'habitude pouvoir tout ce qu'on veut, on l'oublie toujours, ce po voir!... Korrigan! nous voulons, Gilberte et moi, êt vêtus dans le dernier genre...

— Mais pas si richement que cette bonne Juliette Meu nier, chère petite fée — dit Gilberte. — Je me souvien que quand j'étais marquise, je m'habillais toujours très simplement le matin. Hé... Hé... l'expérience sert tou jours à quelque chose... Je voudrais seulement, chère Korrigan, une toilette de très-bon goût.

— Et moi aussi, Korrigan, car lorsque j'étais marquis, j'aurais trouvé que ce brave Meunier avait l'air d'un den tiste, avec ses chaînes d'or, ses diamants à sa chemise et ses breloques !

— C'est fait! — dit la voix — vous êtes vêtus avec au tant de simplicité que de bon goût.

— C'est ma foi vrai! — dit Gilbert en remarquant la métamorphose subitement opérée dans la toilette de Gil berte. — Ah! chère Korrigan, toutes les femmes voudraient vous avoir pour couturière et marchande de modes !

— Je crois bien! on porterait chapeaux, corsages et mantelets *à la Korrigan!* — dit Gilberte riant et se miran dans son petit miroir ; — et comme tailleur, quelle vogue vous auriez, chère petite fée... car mon Gilbert a tout fait l'air d'un élégant, d'un *beau*, d'un merveilleux... ainsi que je disais quand j'étais marquise.

— Gilet à la Korrigan! redingote à la Korrigan! — re prit Gilbert en partageant la gaieté de sa femme et se mi rant à son tour dans la glace. — En ce moment, quelques pièces d'or ayant brui sous ses pieds, il dit à Gilberte :- Et nos richesses que nous laissions sur le plancher! Kor rigan, nous voulons que nos millions redeviennent billets de banque et retournent dans la commode, sauf une ving taine de mille francs en billets et une centaine de louis d'or, que nous allons emporter pour nos petites emplet tes... Mieux que cela ! afin de n'avoir pas l'ennui de nous charger de tant d'argent, nous voulons toujours trouver dans notre poche la somme dont nous aurons besoin, si considérable qu'elle puisse être!

— Tu as raison, Bibi, c'est une monnaie beaucoup plus commode. Vous entendez, chère Korrigan ?

— Ce sera fait, — dit la voix, — vous serez obéis.

— Et maintenant, vivent l'or et la joie! Partons, ma Gilberte!

— Partons, mon Gilbert!

— Hélas! — dit la voix mélancolique de l'invisible fée, sans être entendue des deux jeunes gens qui sortaient à ce moment, — cette fois, ils n'ont pas adressé de touchants adieux à cette demeure... asile de leur amour et de leur laborieuse pauvreté! Cette fois ils n'ont pas évoqué le pieux souvenir de leur modeste passé, ainsi qu'ils ont fait, lorsque, demandant le bonheur à une grande naissance ou à la gloire, ils allaient entrer dans la vie du marquis et de la marquise de Montlaur ou de Georges Hubert et de Louise! Ah! c'est que, malgré la vanité des espérances de ces deux enfants, cherchant le bonheur là où il n'était pas pour eux, leur désir d'obtenir ce que l'argent ne donne, ne donnera jamais : *l'antiquité de race et le génie*, leur désir naissait d'un sentiment élevé! Aussi gardaient-ils pieusement la mémoire de leurs jours d'épreuves, au lieu de l'oublier comme à cette heure! En proie à l'ivresse de l'or, ils ne ressentent maintenant que des convoitises matérielles! La richesse déprave ou altère les meilleurs naturels. Pauvres bons cœurs! échapperont-ils à la loi commune de l'humanité! Hélas! en ce qui les touche, en ce qui me touche... l'avenir m'est voilé. Irai-je un jour rejoindre mes sœurs!... pauvre Korrigan que je suis!

XXVIII

Une voiture de remise, assez convenablement attelée, attendait Gilbert et Gilberte à la porte de leur maison ; le loueur, quoique ce ne fût pas l'usage d'adjoindre un valet de pied au cocher, avait donné l'ordre à l'un de ses gens innoccupé de monter derrière la voiture dont il ouvrit la portière lorsque les deux jeunes gens sortirent de chez eux.

— Mon garçon — lui dit Gilbert lorsqu'il fut placé à côté de sa femme — dites au cocher d'aller rue de l'Université... il s'arrêtera devant un grand hôtel situé vers le milieu de la rue..... il y a sur la porte un écriteau avec ces mots : *Hôtel à vendre ou à louer*...

— Monsieur peut être tranquille. Je trouverai bien cet hôtel, répondit le domestique en fermant la portière et donnant ses ordres au cocher.

— Ah! Chéri, je comprends, — dit Gilberte au moment où la voiture se mit en marche — cet hôtel est celui dont tu me parlais en me disant : C'est le nôtre?

— Justement; plusieurs fois en passant je l'avais reluqué... Or, s'il convient à Minette, nous l'achetons et ce soir nous y pendrons *la crémaillère* avec notre ami Meunier ; juge de sa surprise et de celle de sa femme, eux qui croiront venir souper dans notre petite chambre!

— Ton idée est excellente... ce sera charmant!

— Dis donc, Minette, pour un remise, elle n'est pas trop mal cette voiture? — reprit Gilbert en se prélassant sur les coussins. — Mais elle nous fera l'effet d'un abominable fiacre quand nous aurons nos belles voitures à nous.

— De quelle couleur seront-elles, Bibi, nos voitures?

— Choisis.

— Le bleu d'azur... c'est si joli!

— Va pour le bleu d'azur... Et les livrées de nos domestiques, voyons quel est ton goût?

— Le rose va si bien avec le bleu...

— Mais, Minette..... nous ne pouvons pas avoir des domestiques habillés en rose... que diable!

— C'est juste... Hé bien ! les livrées seront bleues comme les voitures.

— Oui, car lorsque nous étions dans notre marquisat, nos livrées étaient de même couleur que les voitures, et un marquis se connaît en élégance.

— Les collets seront orange et galonnés d'argent, n'est-ce pas, Chéri? ces couleurs vont très-bien ensemble.

— Parfaitement.

— Mon Dieu! que c'est donc amusant de s'occuper de tout cela!

— Ah!... la voiture s'arrête — dit Gilbert en mettant la tête à la portière ; puis s'adressant à sa femme, il ajouta :

— Hé, hé... avoue, Minette, que notre hôtel ne se présente pas mal...

Et il désigna du geste une grande porte cochère surmontée d'un entablement soutenu par quatre grosses colonnes de pierre de taille ; on voyait sur l'un des panneaux de cette porte un écriteau portant ces mots : *Hôtel meublé à vendre ou à louer*.

La portière s'ouvrit et le domestique dit :

— Est-ce bien là l'hôtel où monsieur voulait être conduit?

— Oui... frappez et demandez si l'on peut visiter la maison — répondit Gilbert. Et s'adressant à sa femme : — Maintenant, tu comprends, l'hôtel est à vendre tout meublé... nous pourrons y être établis ce soir même.

— C'est ma foi vrai... quel plaisir d'y recevoir nos amis !

Le domestique revint bientôt annoncer aux deux jeunes gens qu'ils pouvaient descendre et visiter l'hôtel, guidés par le suisse qui les attendait.

— Peste ! un *suisse*... entends-tu, Minette? voilà qui est un peu meilleur genre que la mère Badureau pour nous tirer le cordon !

— Tiens! un suisse..... c'est donc comme à l'église? — reprit Gilberte — c'est ça qui est drôle !

Les deux jeunes gens descendirent de voiture et entrèrent dans une cour immense au fond de laquelle s'élevait un magnifique hôtel ressemblant à l'hôtel de Montlaur, car les anciennes et somptueuses résidences du faubourg Saint-Germain offrent à peu près toutes le même caractère dans leur construction. M. le suisse, grand et gros homme poudré, vêtu d'un habit à boutons armoriés, vint à la rencontre des deux jeunes gens et leur dit :

— Monsieur et madame veulent visiter l'hôtel?

— Oui — répondit Gilbert avec une parfaite aisance — vu que nous désirons l'acheter cet hôtel...

— Alors — reprit le suisse — je vais conduire monsieur et madame chez monsieur l'intendant; il se trouve justement ici en ce moment.

— Allons chez l'intendant — reprit Gilbert.

— Allons chez l'intendant — répéta Gilberte. Et elle ajouta tout bas : — Dis donc, Bibi, c'est joliment amusant d'acheter un hôtel !

— Écoute donc! — reprit Gilbert — si ça t'amuse tant, nous en achèterons un tous les jours, nous pouvons parbleu bien nous permettre ce délassement!

Le suisse conduisit les jeunes gens chez *M. l'intendant;* ce dernier habitait un bâtiment dépendant de vastes communs bâtis dans une cour séparée de la cour d'honneur par une muraille garnie de charmilles et ombragée de tilleuls. Le suisse ayant sonné à la porte de l'intendant, sa servante vint ouvrir et bientôt, instruite du motif de la visite de Gilbert et de Gilberte, les introduisit dans le cabinet de son maître, gros homme à figure rose, lisse et souriante, et de qui les petits yeux fins et perçants disparaissaient sous le miroitement du verre de ses bésicles d'or; sa servante lui ayant dit : — Monsieur et madame désirent acheter l'hôtel. — M. l'intendant quitta le bureau chargé de papiers devant lequel il était assis, s'avança d'un air empressé vers Gilbert et Gilberte, s'inclina profondément en leur indiquant des fauteuils :

— Veuillez, monsieur et madame, prendre la peine de vous asseoir.

— Monsieur — lui dit Gilbert — à en juger par l'apparence, cet hôtel paraît devoir nous convenir à Minette et à moi... — Et comme l'intendant manifesta un léger étonnement à ce mot de *Minette*, Gilbert ajouta carrément : — Minette... c'est ma femme, c'est madame que voici, et à qui je donne ce petit nom d'amitié...

L'intendant ne dit mot et s'inclina.

— Et en retour — ajouta Gilberte non moins carrément que Gilbert — moi j'appelle souvent mon mari *Bibi.....* et voilà...

L'intendant s'inclina de nouveau sans pouvoir dissimuler un geste de surprise.

— Maintenant, monsieur, que vous connaissez nos petits noms — poursuivit Gilbert, — parlons affaires!

L'intendant s'inclina une troisième fois, en continuant d'observer, à l'abri des verres étincelants de ses besicles, ces visiteurs de l'hôtel qui lui semblaient fort étranges.

— Primo... d'abord — poursuivit Gilbert — dans le cas où l'hôtel nous conviendrait, nous voudrions y coucher ce soir même...

L'intendant regarda Gilbert avec ébahissement.

— Il est entendu — ajouta le jeune homme — qu'avant d'y coucher, nous l'aurons payé comptant cet hôtel...

— Payé... rubis sur l'ongle! — reprit Gilberte. — Ah çà! combien qu'il vaut l'hôtel?

L'intendant observait les deux jeunes gens avec une attention et une surprise croissantes; il parut hésiter un moment à leur répondre; cependant, après réflexion, il reprit, par *acquit de conscience :*

— Le prix de l'hôtel non meublé est de huit cent soixante mille francs, sans compter les frais d'acquisition.

— Bon! — fit Gilbert — mettons, si vous voulez, un million avec les frais.

— Et n'en parlons plus... — ajouta Gilberte.

L'intendant crut décidément parler à des fous ou à de mauvais plaisants ; cette pensée se trahissant sur sa physionomie, fut devinée par Gilbert, qui reprit :

— Avant d'aller plus loin, mon brave monsieur... comment vous appelez-vous?

— *Guêpier,* — répondit presque machinalement l'intendant.

— Tiens... ce drôle de nom! — dit Gilberte en riant. — Guêpier... comme on dirait un nid de guêpes...

— Madame! — s'écria l'intendant perdant patience — madame...

— Mon brave monsieur Guêpier, calmez votre courroux — reprit Gilbert. — Minette n'a pas eu l'intention de vous insulter... Parole d'honneur!

— Ah! par exemple! pauvre cher homme! — répondit la jeune femme — j'ai trouvé son nom drôle; je l'ai dit, j'ai ri! et voilà tout...

— Monsieur — s'écria l'intendant en se levant — finissons!...

— Diable! comme vous y allez, monsieur Guêpier ; nous n'avons pas seulement commencé, reprit Gilbert.

Puis fouillant à sa poche et en tirant un paquet de billets de banque qu'il jeta sur le bureau de l'intendant, le jeune homme ajouta :

— Comptez... il doit y avoir là quelque chose comme deux cent mille francs.

Et plongeant de nouveau sa main dans ses poches devenues inépuisables par le pouvoir magique de la Korrigan, Gilbert jeta successivement sur le bureau de M. Guêpier cinq paquets de deux cent mille francs chacun en disant :

— Cela doit faire un petit million, et maintenant... causons, mon brave monsieur Guêpier...

L'intendant stupéfait feuilleta au hasard un des paquets de billets de banque, en examina quelques-uns, il les trouva excellents et regarda les deux jeunes gens avec un nouvel ébahissement.

— Mon cher monsieur Guêpier — reprit Gilbert — ce petit million est une manière de cautionnement que nous vous donnons, afin de vous prouver que nous ne vous faisons pas... une *farce* en vous parlant de l'acquisition de cet hôtel...

— Monsieur — reprit respectueusement l'intendant, fasciné par la vue des billets — je ne me serais pas permis de supposer...

— Allons! monsieur Guêpier, soyez franc : vous voyez deux jeunes gens qui répondent entre eux aux noms de *Minette* et de *Bibi,* ce qui ne se fait guère dans la belle société... Ces deux jeunes gens viennent vous proposer d'acheter un hôtel d'un million...

— Alors naturellement vous pensez que c'est une farce

— reprit Gilberte. — Rien de plus simple... nous ne vous en voulons pas.

— Madame...... — dit l'intendant — j'avoue que j'ai été un peu surpris de... la facilité avec laquelle monsieur traitait une affaire si considérable... mais...

— En deux mots voici la chose, mon cher monsieur Guêpier — dit Gilbert en interrompant l'intendant : — j'étais dessinateur lithographe... ma femme fleuriste; je m'appelle Gilbert et elle Gilberte; nous avons fait un héritage énorme... Nous ne sommes pas de ces gens qui, parce qu'ils sont devenus du jour au lendemain millionnaires, monsieur Guêpier, entendez-vous... archi-millionnaires...

— Monsieur — dit l'intendant en s'inclinant profondément — je ne doute pas un instant de...

— Nous ne sommes pas de ces gens — poursuivit Gilbert — qui, parce qu'ils sont devenus archi-millionnaires, se gênent, se rengorgent, se boursouflent pour se donner bon genre et des airs de seigneurs...

— Merci !... nous sortons d'en prendre — ajouta Gilberte; aussi nous allons, ma foi, à la bonne flanquette... Or donc, mon brave homme, vous ne m'en voulez plus d'avoir ri de votre nom de Guêpier ?...

— Ah! madame! madame!! madame!!! fit l'intendant comme s'il eût dit son *meâ culpâ;* — cette aimable plaisanterie prouvait les connaissances de madame en histoire naturelle...

— Très-bien, monsieur Guêpier — reprit Gilbert. — Vous comprendrez qu'étant archi-millionnaires, nous voulons, comme on dit, passer la vie très-douce! et pour commencer, acheter cet hôtel, s'il nous convient, mais à la condition de coucher ici ce soir et d'amener souper avec nous deux de nos amis.

— Monsieur! — s'écria l'intendant, saisi d'une inspiration subite — je ne sais qui..... répondait à je ne sais..... quel grand roi...

— Ni moi non plus — fit Gilberte en riant. — Et toi, Bibi, le sais-tu ?

— Pas davantage, Minette. Continuez, monsieur Guêpier.

— J'avais donc l'honneur de dire à monsieur et à madame qu'un des serviteurs d'un grand roi lui répondait : « Sire, si ce que Votre Majesté me commande est possible, « c'est fait ; si c'est impossible, ce sera fait ! »

— Absolument comme s'il avait une Korrigan à ses ordres — reprit Gilberte en souriant à son mari d'un air d'intelligence ; — n'est-ce pas, Chéri ?

— Absolument...

M. Guêpier sourit aussi d'un air extrêmement satisfait, comme s'il eût compris l'interruption, et continua :

— J'ai les pleins pouvoirs de madame la comtesse d'Orbeval pour...

— Tiens! dit vivement Gilberte — cet hôtel appartient à madame d'Orbeval ?

— Oui, madame...

— Voilà une brave femme ! elle a préféré quitter le monde, et un bel hôtel comme celui-ci, plutôt que de tromper sournoisement son mari, comme tant d'autres — ajouta Gilberte. — Ah çà, est-elle toujours heureuse avec M. de Baudricourt, son amant?

— Comment, madame sait...

— Hé... hé!... cela vous étonne, n'est-ce pas, monsieur Guêpier, que de petites gens comme nous sachent les histoires du grand monde ?...

— J'aurai l'honneur de répondre à madame — reprit gravement l'intendant — que si madame n'est pas de ce qu'on appelle du grand monde... elle aurait pu en être...

— Ah! ah! ah !..... — fit Gilberte en riant — vous ne croyiez pas si bien dire, mon pauvre cher homme ; telle que vous me voyez, j'en ai été du grand monde... du grandissime monde... mon Dieu, oui... et Bibi aussi !

— C'est comme Minette a l'honneur de vous l'affirmer, monsieur Guêpier — reprit Gilbert. — Voilà qui vous surprend?

— Point du tout, monsieur — répondit intrépidement M. Guêpier — point du tout. Depuis trente ans que je suis intendant, je ne me suis jamais, au grand jamais, permis de m'étonner de rien ; c'est l'une des respectueuses habitudes de ma profession... J'aurai donc l'honneur de répondre à madame que, grâce à Dieu, mon excellente maîtresse, madame la comtesse d'Orbeval est aussi heureuse que possible; et pour en revenir au désir de monsieur, qui tient absolument à prendre ce soir possession de cet hôtel, s'il l'achète, j'aurai l'honneur de lui répéter, qu'ayant les pleins pouvoirs de madame la comtesse pour la vente de cet immeuble qui est sa propriété particulière, je puis prendre sur moi, lorsque j'en aurai touché le prix, de mettre monsieur et madame en possession de l'hôtel, en attendant que l'acte d'acquisition soit passé.

— Bravo ! monsieur Guêpier, vous êtes un homme d'or ! dit Gilbert: — mais ce n'est pas tout, nous voulons donner ce soir un fin souper à deux de nos amis... nous voulons des fleurs, des bougies partout; nous voulons qu'il y ait des domestiques en livrée dans l'antichambre ; nous voulons, enfin, tout le tremblement et tout ce qui s'ensuit, mon d'un petit bonhomme !

— Monsieur! — s'écria M. Guêpier dans l'élan de son inspiration, — avec de l'argent... et un intendant intelligent et dévoué... tout est possible à Paris !

— L'intendant intelligent et dévoué... ce sera vous, mon brave monsieur Guêpier..... si Minette y consent — reprit Gilbert — et quant à l'argent, il ne vous manquera pas; vous avez déjà un million, voilà encore deux cent mille francs !

— Et allez donc ! — fit joyeusement Gilberte. — En avant les millions ! c'est convenu... monsieur Guêpier sera notre intendant, il a une bonne figure !...

— Madame, si vous m'honorez de votre confiance — répondit M. Guêpier en s'inclinant de nouveau — je ferai en sorte que mes services aient la bonté que vous daignez remarquer dans ma figure!...... mais je n'ose me bercer de l'espoir d'entrer au service de si bons maîtres; car enfin, dans le cas où l'hôtel ne conviendrait pas à monsieur et à madame ou que le prix leur parût trop élevé...

—Nom d'un petit bonhomme! monsieur notre intendant, ne nous parlez jamais du prix de rien! — s'écria Gilbert.— Parler du prix des choses! est-ce que vous croyez avoir simplement affaire à des grands seigneurs? Apprenez qu'un *lithographe* et une *fleuriste* sont au-dessus de pareilles misères et que rien n'est trop cher pour eux.

— Oh! Bibi! — s'écria gaiement Gilberte en interrompant son mari — une idée à Minette.

— Voyons?

— Nous ne rougissons pas de notre état, nous autres?

— Parbleu!

— Les grands seigneurs se font appeler M. le *marquis*, M. le *duc*... n'est-ce pas? hé bien, moi, je voudrais que nos domestiques... nous appellent *madame la Fleuriste*, et *M. le Lithographe*, de même qu'on dit M. le marquis et madame la marquise... Tiens! chacun a son amour-propre, tant pis!

— Ils sont fous! — pensa M. Guêpier — la joie d'hériter aura tourné la cervelle de ces étourneaux!... mais quelle que soit la durée de leur héritage, je peux faire ici une fortune...

— Ah! Chérie — reprit Gilbert avec émotion — ton idée ne me fait pas rire... elle me touche... elle part de ton bon cœur; en nous faisant appeler du nom de notre état, c'est une manière de l'honorer, de prouver que nous ne sommes pas de ces vaniteux imbéciles qui, enrichis par hasard, rougissent du métier qui leur donnait du pain...

— Tu as raison, et tu rends Minette toute fière de son idée; puis, vois-tu, en nous entendant toujours appeler: M. le *Lithographe* et *madame la Fleuriste*, cela nous rappellerait ce que nous avons été, si nous devenions jamais assez bêtes pour l'oublier...

— Bons cœurs! — murmura la voix de l'invisible Korrigan, sans être entendue des deux jeunes gens ni de M. Guêpier — je les retrouve! bons cœurs!... ah! puisse la richesse ne pas altérer leur excellent naturel...

— Monsieur notre intendant — reprit Gilbert — vous parliez du prix de l'hôtel, c'est inutile; seulement répondez-moi franchement: est-ce bien meublé ici? Enfin est-ce cossu?

— Je puis affirmer à monsieur que...

— Comment, monsieur Guêpier, vous m'appelez *monsieur* tout court? vous n'avez donc pas entendu ma femme? Je tiens à mon titre, moi, autant qu'un duc au sien, nom d'un petit bonhomme!

— Pardon — se hâta de répondre M. Guêpier, — j'affirmerai donc à *monsieur le Lithographe*...

— Très bien!... hein, Minette? comme ça ronfle?

— A mon avis, ça sonne joliment mieux à l'oreille que: monsieur le marquis...

—... J'affirmerai donc à monsieur le Lithographe et à madame... la Fleuriste — reprit monsieur Guêpier, — que l'hôtel d'Orbeval est admirablement meublé; madame la comtesse l'avait fait complètement restaurer, repeindre et redorer, avant de se séparer de monsieur le comte, et ces travaux, ainsi que ceux de l'ameublement, étaient terminés à peine depuis quinze jours, lorsque madame la comtesse a quitté subitement Paris... Le seul ameublement de l'hôtel (j'en ai ici les devis et mémoires acquittés) a coûté deux cent quatre-vingt-cinq mille francs... J'entre dans les détails afin de constater la somptuosité des appartements... du reste, si monsieur le Lithographe achète cette propriété meublée, le linge, l'argenterie (elle est magnifique), les porcelaines, les verreries, les services de table, sont considérés comme faisant partie du mobilier, ainsi que la cave des mieux montées; monsieur... le Lithographe et madame la Fleuriste n'auraient donc, comme on dit, à apporter ici ce soir que leur bonnet de nuit... j'aurai cependant une réserve à faire.

— Laquelle, monsieur Guêpier?

— Il y a dans cet hôtel un mystère!

—Oh, oh! entends-tu, Minette? ça devient très amusant, voyons le mystère!

— Cet hôtel appartenait avant la révolution au père de madame la comtesse: il y avait fait pratiquer, lors de la Terreur, une cachette très-secrète, pour y cacher des papiers, de l'argent, et au besoin s'y cacher lui-même.

— Et cet argent et ces papiers se trouvent encore ici?

— Non, monsieur... le Lithographe; mais madame la comtesse, au moment de quitter précipitamment Paris, m'a fait dire par sa première femme de chambre qui l'avait élevée, de lui remettre un coffret renfermé dans cette cachette, oubliant sans doute que tout en sachant l'existence de ce réduit secret, j'ignorais en quel endroit il se trouvait; il se pourrait donc que d'un moment à l'autre madame la comtesse envoyât quelqu'un chercher ce coffret, ou me fît donner par écrit les instructions nécessaires pour le trouver...

— Rien de plus simple, monsieur Guêpier, nous achetons l'hôtel sans ce coffret.

— Cette réserve faite, tout ici est à la disposition de monsieur et de madame — répondit l'intendant, puis se frappant le front:

— Hé... mais j'y songe... il serait très facile de satisfaire au désir de monsieur et de madame, qui veulent avoir dès ce soir leur maison montée; madame la comtesse avait fait justement renouveler les livrées de sa maison, pour une grande fête, qu'elle devait donner peu de temps avant sa séparation d'avec monsieur le comte : ces livrées de la plus grande richesse n'ont jamais été portées ; elles étaient à peine confectionnées lorsque madame la comtesse a quitté la France. Elles sont ici ; monsieur le Lithographe pourrait donc, selon son désir, avoir ce soir ses gens de livrée dans son antichambre ?

— Un instant — dit Gilberte — de quelle couleur est-elle, la livrée ?

— Elle est bleue, collet et parements orange, galonnés d'argent, madame... la Fleuriste.

— Entends-tu, Bibi ? justement la couleur que nous voulions. Comme ça se rencontre ?

— Ma parole d'honneur, Minette, un intendant comme monsieur Guêpier vaut la Korrigan !

— N'est-ce pas, Chéri ? alors il faut la renvoyer, cette pauvre petite...

— Nom d'un petit bonhomme ! un instant... comme tu y vas ! qui sait si nous n'aurons pas encore besoin d'elle ?

— Je me permettrai de faire observer à madame... la Fleuriste — reprit respectueusement l'intendant — que je serais désolé, véritablement désolé, de faire renvoyer de chez elle... une personne qui sans doute a été honorée de sa confiance...

Gilberte se mit à rire en regardant son mari, et répondit :

— Ah dame, monsieur Guêpier, sans reproche et malgré votre mérite, vous n'êtes que *de la Saint-Jean* auprès de notre petite Korrigan !

— J'aurai l'honneur de répondre à madame... la Fleuriste que, sans déprécier cette personne, je la défie de faire ce que je suis capable de faire aujourd'hui, si monsieur le Lithographe achète l'hôtel ; s'il me fait l'honneur de me prendre à son service — s'écria monsieur Guêpier piqué d'amour-propre — je me sens capables de prodiges !

— Oh, oh ! monsieur l'intendant, — reprit Gilbert — il vous faut en effet accomplir des *prodiges* pour rivaliser avec notre chère petite servante...

— Une servante, reprit M. Guêpier. — Une petite servante à la tête d'une maison aussi considérable que celle-ci, monsieur n'y songe pas ! Cette petite servante pourra-t-elle, comme j'en prends l'engagement formel et sur l'honneur de le pouvoir d'ici à ce soir, pourra-t-elle réunir le nombreux personnel de la maison de monsieur et de madame, s'ils veulent bien me charger de ce soin ?

— Voyons le personnel de notre maison, monsieur l'intendant ?

— Monsieur et madame veulent une excellente maison ?

— Excellente — fit Gilbert.

— Excellentissime ! — fit Gilberte.

— Alors — reprit M. Guêpier — je tablerai sur la maison qui était celle de madame la comtesse... qui dépensait environ cinq cent mille francs par an... et...

— Ah çà, monsieur l'intendant — dit Gilbert — est-ce que vous plaisantez avec vos cinq cent mille francs par an ?

— Monsieur et madame ne m'ont-ils pas dit qu'ils voulaient une excellente, une excellentissime maison ? ce sont leurs propres expressions. Or, à moins de cinq cent mille francs par an... il est bien difficile de...

— Cinq cent mille francs, hein, Minette — dit Gilbert en haussant les épaules — quelle misère !

— Ne m'en parle pas, Bibi, ça fait pitié !

— Mais, monsieur l'intendant, c'est cinq cent mille francs par jour, au petit moins, que nous voulons dépenser... entendez-vous ?

— Je comprends la plaisanterie que monsieur le Lithographe me fait l'honneur de m'adresser — reprit en souriant M. Guêpier ; — il veut, comme on dit, *jeter l'argent par les fenêtres* ; ceci le regarde, quant à moi, je me fais fort, avec cinq cent mille francs par an, de tenir cette maison sur le pied le plus grandiose... et cela dès ce soir... oui, je m'y engage, et dès ce soir, la maison sera ainsi qu'il suit, composée sous mes ordres :

— Voyons ? — dit Gilberte — c'est très-amusant.

— Comptons un peu le nombre de gens *strictement* nécessaire à notre service — reprit Gilbert — nous penserons plus tard au superflu...

— *Service de l'intérieur !* — dit M. Guêpier en enflant ses joues — un premier maître d'hôtel, un second maître d'hôtel, deux argentiers, six valets de chambre, dix valets de pied.

— Total *vingt* personnes pour le service de notre intérieur... Peuh... c'est assez mesquin — fit Gilbert. — Qu'en dis-tu, Minette ? Enfin essayons toujours ! M. Guêpier nous assure qu'ainsi nous ne serons pas trop mal servis...

— *Service particulier de madame... la Fleuriste* — reprit M. Guêpier — deux valets de chambre...

— Comment des valets de chambre ? — dit Gilberte. — Vous croyez donc que je vais m'habiller devant des hommes, monsieur Guêpier ; en voilà... une idée baroque !

— Je ferai observer à madame... que ses valets de chambre seront destinés au service extérieur de son appartement ; à introduire chez elle les visites, etc., etc. ; son service *de corps* sera fait par une première femme de chambre et par deux autres femmes ; je ne parle que pour mémoire du service de la lingerie, sous les ordres de la femme de charge, et j'arrive au *service de la bouche !*

— Ah ! ah ! voyons le service de notre bouche ? — reprit Gilbert. — Combien faudra-t-il de personnes pour nous faire manger nous deux Minette, toujours selon le strict nécessaire ?

— Un chef des cuisines — continua M. Guêpier — un sous-chef, deux entremettiers, un saucier, un rôtisseur, quatre aides ; maintenant, pour l'office, un officier avec deux aides. Pour la cave, un sommelier et un aide.

— Est-ce tout pour notre bouche, monsieur Guêpier ?

— Oui, monsieur le Lithographe.

— Total *quinze* personnes pour nous la remplir, la bouche... — dit Gilbert — qu'est-ce qui croirait cela, Chérie, en voyant ta petite bouche si mignonne ?

— Ne m'en parle pas, Bibi, nous avons l'air de Gargantuas, c'est risible ! Voilà donc une quinzaine de gaillards employés du soir au matin à nous faire manger tous les deux. Mais M. Guêpier dit que c'est là le strict nécessaire... Il faut en passer par là... plutôt que de mourir de faim !

— J'arrive au *service des écuries* — dit M. Guêpier — bêtes et gens...

— Voyons — reprit Gilbert — combien de bêtes, combien de gens, pour nous faire marcher ?

— Un piqueur, chef des écuries composées de douze chevaux, — poursuivit l'intendant ; — le premier cocher de monsieur le Lithographe, le premier cocher de madame la Fleuriste ; deux seconds cochers, quatre grooms, pour servir de postillons dans les attelages à la Daumont, monter derrière le cabriolet de monsieur ou le suivre à cheval ; six palefreniers. Voitures : la berline, la calèche et le coupé de madame ; le coupé, le brougham, le cabriolet, le tilbury, l'américaine de monsieur.

— Très-bien, — dit Gilbert — total : *quinze* personnes, *douze* chevaux et *huit* voitures, pour remplacer nos jambes !

— Avoir tant de voitures, tant de chevaux à ses ordres et n'être pas seulement bancroche ou impotent, quel dommage ! hein, Bibi ? dit Gilberte.

— Tel est le personnel nécessaire — reprit M. Guêpier, — le personnel strictement nécessaire à une excellente maison ; le superflu est naturellement sans limites ; quant au personnel en question, je me fais fort de le réunir avant ce soir, et surtout de réunir la crème des serviteurs.

— Ah çà... et comment diable vous y prendrez-vous, monsieur notre intendant ? — dit Gilbert assez surpris. — il est deux heures, et nous voulons revenir souper et coucher ici à onze heures.

— Avec cela, monsieur le Lithographe, — dit M. Guêpier en montrant les liasses de billets de banque étalés sur le bureau, — avec cela tout est possible. Je cours chez un de nos voisins, le duc de Mercœur...

— Tu sais, Bibi, le mari de cette jolie duchesse pour qui j'ai fait cette charmante coiffure de fleurs naturelles et de diamants ?

— Oui, oui, elle assistait au bal de notre marquisat — répondit Gilbert avec suffisance. — Elle est, pardieu ! bien venue me réclamer sa valse, et je l'ai fait valser, sans compter qu'elle était notre cousine !

— Décidément la tête a déménagé — pensa M. Guêpier ; — la femme dit qu'elle a fait une coiffure pour madame la duchesse de Mercœur, le mari dit qu'il a fait valser cette grande dame... et qu'elle était sa cousine..., l'héritage leur a tourné la cervelle ; je ne m'en plains pas, s'ils me prennent pour intendant.

— Ainsi donc, monsieur Guêpier — reprit Gilbert — vous courez chez notre voisin le duc de Mercœur... Très-bien... mais quel rapport cette course a-t-elle avec nos domestiques futurs ?

— Un très-grand rapport, monsieur le Lithographe, et vous allez le comprendre ; monsieur le duc de Mercœur a une maison parfaitement montée, tous gens de premier choix... Eh bien ! moi, je les lui prends... ses gens !

— Comment vous les lui prenez ?

— Je les lui prends, — répondit M. Guêpier d'un air capable. — Son premier cocher, fût-il sur son siège ! son chef de cuisine, fût-il à ses fourneaux !

— Et l'explication de ce prodige, monsieur Guêpier ? — dit Gilbert — car vous me paraissez décidément tourner au magicien ?

— Le prodige est bien simple ; je dis à son piqueur, à ses cochers : Voilà cent louis de gratification pour chacun de vous, je double vos gages et je vous paie six mois d'avance... suivez-moi... Le cocher saute à bas de son siège et me suit... le chef des cuisines quitté ses fourneaux et me suit...

— Ah ! ah ! ah ! — dit Gilberte en riant aux éclats — c'est pourtant possible... Je vois d'ici M. Guêpier ayant derrière lui cette queue de gens qu'il enlève à nos voisins !

— Oui, madame la Fleuriste — reprit l'intendant triomphant. J'arrive ici, suivi d'une véritable queue de cuisiniers, de maîtres d'hôtel, de valets de pied, de...

— Mais nom d'un petit bonhomme ! monsieur l'intendant — reprit Gilbert — il se trouvera bien quelques-uns de ces domestiques qui soient assez attachés à leur maître pour ne pas le laisser ainsi en *plan* par cupidité ?

— Ah ! ah ! ah ! — reprit en riant M. Guêpier — si un pareil phénix existe... il est introuvable. Rassurez-vous, monsieur le Lithographe.

— Dis donc, Gilbert ? — reprit la jeune femme qui ne riait plus — c'est triste... pourtant ?

— Quoi, Minette ?

— De penser que l'on fait tant de vilaines choses pour de l'argent...

— Dame... que veux-tu ? c'est triste... pour ceux qui les font, ces vilaines choses ! et encore, non ; car je suis sûr que tous ces gaillards-là seront gais comme des pinsons, en suivant tantôt M. Guêpier à la queue *leu-leu*.

— Monsieur le Lithographe est parfaitement dans le vrai. Il verra quelle figure respectueusement enchantée ses gens lui feront ce soir. Enfin, si je ne puis compléter mon personnel chez M. le duc de Mercœur, j'irai chez M. le marquis de Montlaur, un autre de nos voisins; l'occasion est excellente, M. le marquis a reçu un coup d'épée qui met ses jours en péril; ses gens seront donc très-faciles à emmener si je ne complète pas mon personnel chez M. le duc de Mercœur; et s'il fallait, j'irais butiner ailleurs. Quant aux voitures, aux chevaux, aux harnais, les marchands ne demandent qu'à vendre, et en deux ou trois heures, un piqueur intelligent peut monter son écurie, meubler ses remises et sa sellerie; ainsi donc, si monsieur le Lithographe achète l'hôtel et m'honore de sa confiance, à onze heures sonnant, l'hôtel sera éclairé *à giorno*, le jardin illuminé, les deux suisses au péristyle, les gens de livrée sous le vestibule, les valets de chambre dans les salons d'attente et le souper servi... J'en donne ma parole d'intendant à monsieur le Lithographe et à madame la Fleuriste, ma promesse sera fidèlement accomplie : ils conviendront peut-être alors que cette petite servante, en qui leur confiance paraît placée, n'aurait du moins pas mieux fait que moi!!

— C'est ce que nous verrons ce soir — reprit Gilbert — car si Minette y consent, nous achetons l'hôtel les yeux fermés... et nous vous prenons pour intendant.

— Ça va, Bibi. Tant pis, achetons l'hôtel !

— Quoi ! — dit M. Guêpier, — sans même visiter la maison ?

— Parbleu ! — répondit Gilbert — ce sera bien plus amusant pour nous de voir ce soir l'hôtel pour la première fois, n'est-ce pas, Chérie?

— Certainement, c'est une surprise que nous nous ferons... à nous-mêmes, en la faisant à nos amis.

— Ainsi donc, à ce soir, monsieur notre intendant! — dit Gilbert en se levant avec sa femme. — Que tout soit prêt, le souper servi... A propos? — ajouta le jeune homme en fouillant à son inépuisable poche — avez-vous assez d'argent?

— J'en ai plus que suffisamment, monsieur le Lithographe. Je vais vous donner un reçu des douze cent mille francs que vous venez de verser entre mes mains... Je vous demande seulement la permission de visiter les billets un à un, tout le monde est sujet à erreur...

— Visitez à votre aise, monsieur notre intendant — dit Gilbert en prenant son chapeau et sortant avec sa femme. — Ce soir vous me donnerez votre reçu.

— Mais, monsieur le Lithographe... laisser entre mes mains une somme si considérable... sans avoir de moi... seulement une simple reconnaissance !

— Monsieur Guêpier, si nous vous croyions un fripon, nous ne vous prendrions point pour intendant — dit Gilbert. — A ce soir donc, et surtout que le souper soit bon !

M. Guêpier courut ouvrir la porte de son appartement aux deux jeunes gens, qu'il accompagna jusqu'à la grande porte de l'hôtel; là ils trouvèrent leur voiture, dans laquelle ils montèrent pour aller faire des emplettes jusques à l'heure d'aller rejoindre à l'Opéra Auguste Meunier et sa femme.

XXIX

La fin de la journée fut pour Gilbert et pour Gilberte un continuel enchantement; se faisant conduire de magasin en magasin, achetant tout ce qui leur plaisait, diamants, bijoux, étoffes, tableaux, achetant enfin pour le plaisir d'acheter tout ce qui attirait ou flattait leurs regards; nos jeunes gens payaient comptant sans jamais rien rabattre sur les emplettes les plus considérables; aussi savouraient-ils les obséquieux empressements des marchands, et lorsque ceux-ci s'informaient respectueusement du nom et de la demeure de ces opulents clients, afin de faire porter chez eux tant de riches acquisitions,

— Écrivez: *Madame la... fleuriste* GILBERTE *et Monsieur le lithographe* GILBERT, demeurant en leur hôtel, rue de l'Université, 112 — répondaient nos deux jeunes gens.

Et de rire de l'ébahissement des marchands.

— Avoue, Chérie — disait Gilberte — que d'aller ainsi acheter, furetant de boutique en boutique, choisissant ceci, cela, au milieu de mille objets, n'est-ce pas bien plus amusant que de rester chez nous comme tantôt, lorsque nous avons voulu être habillés à la dernière mode, et de n'avoir que la peine de dire : « Korrigan, nous vou-« lons telle ou telle chose? »

— C'est vrai... ainsi, au lieu de laisser notre intendant se déchaîner pour rassembler, en quelques heures, tous les gens nécessaires à notre grande maison, ce qui sera vraiment un tour de force très-drôle, nous n'avions qu'à dire : « Korrigan, nous voulons avoir à l'instant le plus « superbe hôtel de Paris tout prêt à nous recevoir, avec « des domestiques et tout ce qui s'ensuit. » *C'est fait !* — aurait répondu la voix de notre petite fée et ça aurait été fait... mais c'est trop facile... il n'y a pas d'agrément !

— Tandis que ce soir, si notre intendant a rempli sa promesse, nous aurons un plaisir de plus !

— Et il la remplira, sa promesse ! ce scélérat de Guêpier... il l'a dit et il a raison : avec l'argent rien d'impossible...

— Sais-tu, Chéri, pourquoi je suis ravie de ce que nous pensions ainsi? C'est que je prévois, moi, que très-prochainement nous dirons, et cette fois pour de bon, à notre amour de petite fée : « Laissez-nous beaucoup de « millions et allez rejoindre vos sœurs, pauvre Korrigan ! »

— Un moment, Minette... un moment... ne nous pressons pas. Diantre! on ne sait ce qui peut arriver... Après tout, voilà huit jours à peine que nous l'avons près de nous... cette bonne *fée!*

— C'est vrai pourtant... Ah! Gilbert, que de choses se sont passées en huit jours!

Or, pour la Korrigan qui depuis deux mille ans attend sa délivrance... huit jours ce n'est rien...

— Ah! Bibi, vois donc là-bas, dans cette boutique, sur le boulevard, ces jolis oiseaux de toutes couleurs?... et ces petits singes?

— Achetons les oiseaux, Minette. Achetons les singes!... achetons la boutique, si tu veux...

Et nos deux jeunes gens dont la bourse ne s'épuisait jamais, achetaient toujours et achetaient encore!

— Oh! Gilbert, vois donc cette pauvre petite fille qui suit notre voiture en nous offrant des bouquets de violettes... A-t-elle l'air malheureux! il lui faut donner vingt francs... quarante francs.

— Tiens, petite — disait Gilbert en allongeant le bras hors de la portière de la voiture. Et il donnait deux louis à l'enfant déguenillée, qui, dans sa stupeur, oubliait sa reconnaissance.

Et nos deux jeunes gens donnaient, donnaient encore, semant l'or sur leur passage.

Ainsi, toujours donnant, toujours achetant, et plus las d'acheter que de donner, ils atteignirent le commencement de la soirée, heure à laquelle ils devaient aller rejoindre à l'Opéra Auguste Meunier et sa femme Juliette.

— Déjà sept heures — dit Gilbert en regardant à une magnifique montre, l'une de ses dernières emplettes. — Comme le temps passe... As-tu faim, Minette?...

— Pas beaucoup... on oublie le dîner quand on s'amuse tant; cependant, je l'avoue, en faisant nos dernières emplettes, j'étais écœurée, nous ne savions vraiment plus pourquoi nous achetions.

— Hé bien, ne dînons pas... nous souperons comme deux ogres, et nous ferons honneur, je m'en vante, au souper que M. Guêpier nous aura fait préparer... Allons à l'Opéra.

— Quel bonheur! nous n'y sommes jamais allés! — reprit Gilberte. — Dis donc, Chéri, c'est ce brave Meunier et sa femme qui ouvriront de grands yeux quand ils entreront dans notre hôtel?

— Ne m'en parle pas! Je ris d'avance de leur surprise et de l'histoire que je vais leur raconter, afin de les décider à venir souper chez nous, au lieu de souper au Café de Paris.

Les deux jeunes gens descendant sous le péristyle de l'Opéra, renvoyèrent leur voiture, après avoir donné un pour-boire fabuleux au domestique et au cocher.

— Nous allons donc assister à l'un des triomphes de cette fameuse madame de Saint-Marceau, — disait Gilbert, — cette belle cantatrice que tu aurais *pu être* si tu l'avais voulu, Minette!

— Et auprès de qui, monstre! tu faisais le gentil quand tu étais marquis et moi marquise? Pourvu que le public ne traite pas ce soir madame de Saint-Marceau comme il t'a traité avant hier... mon pauvre Chéri, quand *tu étais* Georges Hubert.

— Ça été notre punition de vouloir bêtement entrer dans la vie des autres, au lieu de rester dans la nôtre, en la rendant délicieuse comme elle l'est maintenant!

— Heureusement nous n'avons perdu que quelques jours.

En causant ainsi Gilbert et Gilberte se rendirent dans la loge du rez-de-chaussée louée par leurs amis et où ceux-ci se trouvaient déjà.

— Arrivez donc, arrivez donc! — dit Meunier en se levant pour donner sa place à Gilberte, qui fut accueillie par Juliette avec un redoublement de cordialité. — Arrivez donc! — reprit Meunier qui ne se possédait pas de joie. — On dirait, ma parole d'honneur, que c'est un fait exprès, mes amis! et que vous nous portez bonheur... c'est incroyable!

— Quoi donc? reprit Gilbert — que vous est-il arrivé?

— Nous rentrons chez nous en vous quittant...? Devinez en cent! en mille! ce qui nous attendait.

— Je donne ma langue aux chiens — répondit gravement Gilbert. — Et toi, Chérie!

— Moi aussi...

— Figurez-vous, mes amis, que notre héritage est doublé!

— Ah! nom d'un petit bonhomme! qu'est-ce que vous nous apprenez là!

— Au lieu d'un million, nous en avons deux, mon cher Gilbert!

— Et comme vous le disait Auguste — ajouta Juliette — on croirait vraiment que votre présence nous porte bonheur, car le jour où nous nous sommes vus pour la première fois au Café de Paris, nous avons fait notre premier héritage! nous nous rencontrons aujourd'hui pour la seconde fois, et voilà notre héritage doublé!

— Savez-vous ce que cela prouve, mes amis? — reprit gaiement Gilbert — c'est que si toutes les fois que nous nous voyons, notre présence, à Minette et à moi, vous vaut un million, il faut nous voir souvent! on ne peut pas plus souvent!

— Bon Gilbert!

— Pourtant, je ne sais pas si nous devons nous féliciter de ce que vous êtes devenus encore plus gros seigneurs que ce matin... car nous avons quelque chose à vous demander.

— Vous allez peut-être nous croire fiers?

— Hé... hé...

— Ah! Gilbert... nous fiers!... nous!

— Alors prouvez-moi tout de suite le contraire.

— En quoi faisant?

— En acceptant sans façon à souper dans notre chambrette après le spectacle, au lieu de nous donner à souper à ce fameux Café de Paris... c'est une idée qui nous est venue... Après votre départ, Minette a tout de suite pris son panier à provisions, et est allée *dare-dare* faire ses petites emplettes; après quoi, elle a mis la main à la pâte pour nous préparer à souper pour ce soir : attention! voici la carte : un morceau de veau froid, une salade confite, du fromage et un pot de confitures...

— Dame... — fit Gilberte, ce ne sont pas des ortolans, mais ce que nous offrons, c'est de bon cœur!

— Et c'est accepté de même, mes amis; je dirai même plus — reprit Meunier, — nous préférons cent fois ce souper de l'amitié dans votre petite chambre à un fin souper au Café de Paris...

Pendant que les deux jeunes couples causaient ainsi, la salle de l'Opéra se remplissait; les femmes les plus élégantes venaient occuper leurs places, louées à l'année; les habitués de l'orchestre, dont était voisine la loge occupée par les nouveaux amis, nommaient quelques-unes de ces *merveilleuses* à mesure qu'elles arrivaient : ce n'étaient que princesses, marquises ou duchesses; Meunier et sa femme, le cou tendu, le regard curieux, se répétaient l'un à l'autre, avec une admiration naïve, les noms aristocratiques qu'ils entendaient prononcer autour d'eux.

— Dis donc, Juliette, cette grande dame blonde, c'est la princesse de Marsan!

— Dis donc, Auguste, cette charmante brune, c'est la duchesse de Mercœur!

— Bon — dit tout bas Gilbert à sa femme — c'est justement chez le duc de Mercœur que notre intendant fait sa *razzia* de domestiques!... Malheureuse duchesse, va! Elle ne se doute pas qu'en rentrant elle va trouver sa maison déserte, et que peut-être, à l'heure qu'il est, son cuisinier fait notre souper!...

— Et j'y ferai honneur, Chéri, car je commence à sentir mes dents s'allonger...

— En voilà-t-il des grandes dames et des grands seigneurs — disait Meunier à sa femme, — on reconnaît tout de suite à un certain je ne sais quoi... qu'ils sont du grand monde!

— Vois-tu, Auguste — reprit la jeune femme avec un léger accent de regret dont Gilbert fut frappé; — on a beau être millionnaire... on est toujours au-dessous de ce beau monde-là...

— Qu'y veux-tu faire? — reprit Meunier. — C'est déjà si joli d'être millionnaire, qu'il y a bien de quoi se consoler de n'être pas grand seigneur!

— Voyons, mon cher Meunier, — dit Gilbert en échangeant avec sa femme un regard d'intelligence, — supposons qu'il y ait des fées...

— Très-bien! — reprit Meunier en riant. — Je suppose qu'il y ait des fées... quoique l'idée soit baroque!

— Vous riez? Vous croyez peut-être qu'il n'y en a pas, de fées...

— Et vous?

— Moi?

— Oui, vous, mon cher Gilbert?

— Hé! hé! je suis assez porté à croire à *Peau d'âne*, et à accepter l'*Oiseau bleu* comme très-vraisemblable!

— Farceur de Gilbert — reprit Auguste. — L'entends-tu, Juliette?

— Ah! s'il y avait des fées — répondit la jeune femme avec un soupir; — s'il y avait des fées!...

— Je parie, madame — dit Gilbert — que vous leur demanderiez d'être une de ces grandes dames que nous voyons là... aux premières?...

— Et que M. Auguste — ajouta Gilberte — demanderait naturellement d'être un grand seigneur, pour ne pas quitter sa dame, bien entendu?

— Parbleu! — fit Meunier — maintenant que nous sommes riches, s'il n'y avait qu'à dire : « Nous voulons « être, par notre naissance, des gens du grand monde... »

— Vous le diriez... hein! mon cher Auguste? — reprit Gilbert en regardant sa femme. — Voyez-vous, l'ambitieux?

— Vous êtes encore bon là, vous! — répondit Auguste en riant; — à ma place vous n'auriez peut-être pas le même désir que moi...

— Et vous, ma chère petite madame Gilbert, — ajouta Juliette, — avouez que vous demanderiez aussi à la fée d'être une grande dame?

— Oh! pour ça oui! — répondit la jeune femme en échangeant un nouveau coup d'œil avec son mari. — Oh! pour ça oui, nous ferions, Gilbert et moi, le même vœu que vous, au risque de nous en repentir après...

— Vous en repentir! — dit Auguste — pourquoi cela?

— Dame! — reprit Gilbert avec une ingénuité feinte — on dit que tout ce qui reluit n'est pas or, et peut-être ces personnes du grand monde qui sont à l'Opéra ce soir, et qui ont l'air si heureuses...

— Ne le sont qu'en apparence, n'est-ce pas? — reprit Meunier en riant. — Est-il philosophe ce soir, ce diable de Gilbert?

— Oh bien! Auguste et moi, nous ne sommes pas si philosophes que ça — reprit Juliette — et s'il y avait des fées, comme dit M. Gilbert, nous leur demanderions... — Mais s'interrompant en entendant les premiers accords de l'orchestre et ne voulant *rien perdre* de ce plaisir si nouveau pour elle, madame Meunier dit vivement : — On commence... écoutons!

Et ainsi que son mari, elle se pencha vers la scène avec une avide curiosité; Gilbert et Gilberte se regardaient, ils s'étaient compris; ils voyaient une nouvelle chance de bonheur dans leur expérience de la vie de grand seigneur, expérience dont manquaient Meunier et sa femme; ceux-ci pouvaient donc, tôt ou tard, envier une position sociale à laquelle ils ne pourraient jamais atteindre, et éprouver alors l'amertume d'un vain désir; Gilbert et Gilberte trouvaient enfin l'excuse de leurs vœux passés, en entendant ce même vœu indirectement formulé par leurs nouveaux amis, gens d'un loyal et bon naturel; ce désir de posséder ce que l'on n'a pas étant l'une des fatalités de l'humaine espèce, combien Gilbert et Gilberte se félicitaient de pouvoir désormais échapper à cette fatalité!

Bientôt nos jeunes gens s'intéressèrent doublement à la représentation à laquelle ils assistaient. Le spectacle commençait par deux actes de la *Semiramide*, l'un des triomphes de la belle madame de Saint-Marceau, *dans la vie de qui* Gilberte avait eu un moment la pensée *d'entrer;* lorsque l'illustre cantatrice parut sur la scène, trois salves de bravos frénétiques retentirent, et durant le premier acte, madame de Saint-Marceau se surpassa tellement, que lorsque la toile se baissa, l'enthousiasme du public devint du délire. Des cris d'admiration rappelèrent la *Diva*, et elle reparut au milieu d'une pluie de bouquets.

— Quel magnifique talent! — s'écria Auguste lorsque la toile fut une seconde fois baissée. — Je n'entends rien à la musique, et cependant, je suis transporté d'admiration!

— Elle a des notes dans la voix, qui vous vont à l'âme et vous donnent le frisson! — ajouta Juliette. — Je ne m'étonne pas de son succès! quel triomphe! doit-elle être fière!...

— Et heureuse! — reprit Gilberte en échangeant de nouveau un regard avec son mari. On dit que cette dame est mariée à un homme qu'elle adore..... et dont elle est adorée! Rien ne doit donc manquer à son bonheur.

— Avouez, mon cher Meunier — reprit Gilbert — que s'il y avait des fées. J'en reviens toujours là... et vous allez vous moquer de moi...

— Pas du tout, mon brave Gilbert, continuez! c'est toujours très-amusant les contes de fées!

— Avouez donc que s'il y avait des fées et que vous ayez été déjà, par leur pouvoir, grand seigneur, et madame Meunier grande dame, vous vous diriez peut-être :

« — Bah! après tout, le talent et la gloire sont encore
« audessus de la naissance. J'aimerais mieux, qu'au lieu
« d'être marquise ou duchesse, ma femme, que j'aime ten-
« drement, soit cette admirable cantatrice qui reçoit des
« ovations, comme une reine n'en reçoit pas. »

— Oh! moi, je suis de l'avis de M. Gilbert — dit Juliette. — En regardant ces belles dames des avant-scènes, je pensais à part moi : « Elles ont beau être du-
« chesses ou marquises, elles ne connaîtront jamais les
« jouissances que madame de Saint-Marceau doit unique-
« ment à son talent; avec cela, jeune, d'une rare beauté,
« adorée de son mari... »

— Et presque millionnaire, toujours grâce à son talent; reçue dans le grand monde à cause de la naissance de son mari — ajouta Gilbert. — Avouez, mes amis, que vous voudriez bien être à la place de monsieur et madame de Saint-Marceau?

— Ah çà! monsieur le philosophe — reprit Auguste en riant, — allez-vous, par hasard, nous dire que vous n'auriez pas le même désir que nous?

— Peuh... — fit Gilbert — la gloire... c'est bien éphémère!

— Quel scélérat de Caton que votre mari, madame Gilberte.

— Je vais vous dire pourquoi Bibi fait ainsi le dégoûté à propos de la gloire! Figurez-vous qu'avant-hier on nous avait donné des billets pour les Français, où nous avons assisté à la première représentation d'un nouveau drame de Georges... Hubert... et...

— Il a été sifflé, hué, conspué! tant mieux! — reprit Auguste en interrompant Gilberte. — Tenez, madame, ne me parlez pas de ce vilain homme-là.

— Ah! mon Dieu! qu'a-t-il donc fait, monsieur Meunier?

— Ce qu'il a fait! C'est un vrai Tartufe, écrivant de belles paroles et se conduisant comme un... comme un polisson!

— Un monstre d'homme qui enlève des héritières pour leur argent! — ajouta Juliette non moins courroucée. — Un indigne! qui force de pauvres jeunes gens à se jeter à l'eau de désespoir. C'est dans les journaux... il n'y a pas à dire le contraire.

— Heureusement aussi, on lit dans les journaux qu'il a reçu hier un grand coup d'épée — reprit Auguste. — Il n'a que ce qu'il mérite, ce fameux Georges Hubert!

— Et pourtant, mon brave Meunier — reprit Gilbert — on vous aurait dit, il y a quatre ou cinq jours, alors que ce grand poète était encore dans tout l'éclat de sa gloire : Voulez-vous être à la place de Georges Hubert? vous auriez répondu *oui*, j'en suis sûr! Et aujourd'hui vous le traitez de polisson... tel est le revers de la médaille.

— Voilà pourquoi Bibi fait le dégoûté à propos de la gloire, monsieur Meunier!

— Après tout — reprit Auguste d'un air pensif et frappé de réflexions de son nouvel ami — la philosophie du seigneur Gilbert a du bon...

— Oui, c'est la bonne, croyez-moi, mes amis... Je ne suis point un grand docteur, ni Minette une grande *doctoresse*, mais notre petit jugement, notre instinct nous guident ; et bien heureux nous serions si nous vous amenions à penser comme nous, et à vous contenter de votre sort, parce que nous sommes presque certains que vous seriez plus heureux — dit Gilbert.

— Tiens — s'écria soudain Juliette — voici la toile qui se lève et l'on n'a pas frappé les trois coups... et les musiciens ne sont pas à leur place.

— Et puis — ajouta Auguste — vois donc cette agitation

chez les spectateurs de l'orchestre... En voilà un qui sort en courant après avoir dit à ses voisins : — « Je vais au « théâtre savoir ce que c'est. »

Auguste achevait à peine de parler, lorsque le régisseur de l'Opéra, s'avançant au bord de la scène au milieu du profond silence des spectateurs qui venaient en hâte reprendre leurs places, dit au public :

— Messieurs! nous avons le profond regret de vous annoncer que, par suite d'une grave et subite indisposition, madame de Saint-Marceau se trouve malheureusement dans l'impossibilité absolue de chanter le second acte de la *Semiramide*.

Ces paroles du régisseur furent couvertes par un long murmure de pénible surprise; les spectateurs exprimaient ainsi beaucoup moins leur désappointement qu'un touchant intérêt pour madame de Saint-Marceau. Un grand nombre de voix s'écrièrent en s'adressant au régisseur avec une extrême anxiété :

— Est-ce que l'état de madame de Saint-Marceau est vraiment alarmant?

— Pauvre femme! que lui est-il donc arrivé?

Le régisseur, prêtant l'oreille au milieu du tumulte, saisit quelques-unes des questions qu'on lui adressait et fit signe qu'il voulait parler. Le silence se rétablit et le régisseur répondit :

— Messieurs, l'état de madame de Saint-Merceau, quoique fort grave, n'inspire, jusqu'à présent du moins, aucune crainte sérieuse à messieurs les médecins du théâtre, qui se sont empressés de se rendre auprès de madame de Saint-Marceau, lorsqu'elle a été saisie d'une violente crise nerveuse, où elle est encore plongée.

Ces paroles, sans rassurer complétement le public, furent cependant accueillies par lui comme étant d'un bon augure pour la santé de l'illustre cantatrice, et le régisseur ajouta au milieu de l'inattention générale :

— Mademoiselle Duval, qui s'est offerte pour remplir le rôle de madame de Saint-Marceau, a l'honneur, messieurs, de réclamer d'avance votre excessive indulgence.

Au moment où la toile se baissait, après les trois saluts du régisseur, l'habitué de l'orchestre qui avait précipitamment quitté sa place afin d'aller au théâtre savoir des nouvelles de la grande artiste, revint, fut entouré de toutes parts et accablé de questions.

— Hé bien... qu'y a-t-il?

— C'est donc grave?

— Va-t-elle mieux?

— C'est donc un accident?

— Madame de Saint-Marceau — reprit l'habitué — est en proie à une attaque de nerfs épouvantable... cette crise se prolonge et les médecins commencent à être fort inquiets.

— Ah! mon Dieu... cela devient alarmant.

— Et sait-on la cause de cette crise soudaine?

L'habitué répondit à demi-voix et d'un air mystérieux :

— Il paraît, messieurs, que c'est *une affaire de ménage*.

— Ah bah !

— Quelqu'un vient de m'affirmer — reprit toujours mystérieusement l'habitué — avoir vu sortir M. de Saint-Marceau de la loge de sa femme... il semblait furieux.

— Alors, plus de doute — reprirent les spectateurs — c'est une affaire de ménage...

— Georges Hubert devenu POT-AU-FEU! madame de Saint-Marceau ayant une attaque de nerfs pour AFFAIRE DE MÉNAGE ! — dit tout bas Gilbert à sa femme. — Ah ! ma pauvre Chérie, combien tu as eu raison de ne pas vouloir *être* madame de Saint-Marceau! Cette femme qui excite tant d'admiration et d'envie n'est sans doute en réalité pas plus heureuse que le grand poète...

— C'est égal — répondit tout bas Gilberte à son mari, tandis que leurs amis prêtaient l'oreille à quelques conversations engagées à l'orchestre au sujet de madame de Saint-Marceau, — c'est égal... pauvre femme, elle m'intéresse... et si tu veux, quand nous serons dans notre hôtel, nous l'inviterons à venir chanter chez nous; elle a l'air bonne personne... ce sera un moyen de faire connaissance; et si elle n'est pas trop fière, nous pourrons nous lier avec elle.

— C'est dit.

— Mais au moins, monsieur, n'allez pas faire le gentil auprès d'elle, comme du temps où vous étiez marquis?

— Minette, si vous avez de ces idées-là, je vous fais un *noir*.

La représentation terminée, les deux couples sortirent de l'Opéra pour rejoindre la voiture louée par Meunier, à qui Gilbert dit en riant :

— Ainsi, notre fortune du pot ne vous fait pas peur?

— Vous verrez, mon brave Gilbert, si Juliette et moi nous reculons devant le veau froid et la salade... nous avons une faim d'ogre !

— Dame, monsieur Meunier — ajouta Gilberte d'un petit air sournois — c'est sans façon et de bon cœur que nous vous invitons.

Les jeunes gens rejoignirent la voiture, et pendant que les deux femmes et Auguste prenaient place dans le modeste équipage, Gilbert donna au cocher l'adresse de l'hôtel d'Orbeval, lui recommandant d'entrer dans la cour et de s'arrêter devant le perron ; puis le jeune homme s'assit à côté de ses amis; tous quatre continuèrent de deviser gaiement, Juliette prétendant que, malgré son attaque de nerfs et ses affaires de ménage, madame de Saint-Marceau jouissait d'un sort bien enviable ; Auguste soutenait au contraire, selon la philosophie du *docteur* Gilbert, que les grandeurs de la gloire pouvaient avoir souvent un déboire amer.

La chambrette des deux jeunes gens était, ainsi que le somptueux hôtel d'Orbeval, située dans le faubourg Saint-

Germain; Meunier et sa femme n'eurent donc d'abord aucun soupçon de la surprise qui les attendait. Mais lorsque le cocher, arrivé rue de l'Université, devant la grande porte de l'hôtel ouverte à deux battants, s'arrêta pendant un moment afin de prendre *son tournant*, Auguste, avançant la tête à la portière, vit au fond d'une cour immense le vestibule de l'hôtel et les fenêtres du rez-de-chaussée brillamment éclairés.

— Oh! oh! — dit Meunier — quel superbe hôtel!... Il paraît qu'on y donne une fête; mais les invités sont diablement en retard, car l'on ne voit encore aucun équipage. Puis s'interrompant en s'apercevant que la voiture entrait rapidement dans la cour de l'hôtel, il s'écria :

— Ah çà, notre cocher est fou! où va-t-il donc? — Et il allait passer la tête à la portière pour avertir l'automédon de sa méprise, lorsque Gilbert, arrêtant le bras de son nouvel ami, lui dit :

— Rassurez-vous, mon cher Meunier, nous allons chez nous ; depuis ce matin..... Minette et moi nous avons déménagé.

XXX

La cour de l'hôtel d'Orbeval était si vaste qu'avant que les chevaux eussent parcouru le circuit nécessaire pour arriver devant le perron, Meunier, interprétant à sa façon les paroles de Gilbert qui venait de l'instruire de son *déménagement* du matin, eut le temps de dire :

— Vous avez donc loué une chambre dans les dépendances de ce bel hôtel, mon cher Gilbert? Je comprends la surprise que vous nous ménagez... nous allons pendre la crémaillère de votre nouveau logis?

— Justement, monsieur Meunier, — répondit Gilberte au moment où la voiture s'arrêtait en face du péristyle — nous allons pendre la crémaillère dans notre mansarde.

— Comme c'est gentil à vous d'avoir eu cette pensée, ma bonne petite madame Gilberte, — répondait Juliette, lorsque la portière fut ouverte par M. Guêpier, de noir vêtu et cravaté de blanc.

— Hé bien! monsieur Guêpier, — lui dit Gilbert en descendant de la voiture — tout est-il prêt?

— Oui, monsieur le Lithographe, — répondit l'intendant en s'inclinant avec respect — tout est prêt!

— Aurons-nous un bon souper? — ajouta Gilberte en sautant lestement à terre; — nos amis et nous, nous avons une faim de loup, je vous en préviens.

— J'ose espérer que madame la Fleuriste sera satisfaite du souper, — répondit l'intendant en s'inclinant de nouveau.

— Mon cher Meunier — dit Gilbert — donnez le bras à ma femme, moi je donne le mien à la vôtre...

Et il offrait, ce disant, son bras à Juliette. Celle-ci, ainsi que son mari, restaient pétrifiés en voyant M. Guêpier se hâter de monter les degrés du perron et faire un signe impératif aux valets de pied, vêtus de livrées splendides, bleues, oranges et argent. Ces grands laquais poudrés à blanc, galonnés sur toutes les coutures, se rangèrent debout et en haie, tandis que deux suisses aux mêmes livrées, tricorne en tête, large baudrier en sautoir, épée en *verrouil* et hallebarde en main, frappaient trois coups du manche de cette arme sur les dalles de marbre du vestibule, et ouvraient les deux battants de la porte vitrée de ce péristyle.

— Mon cher Gilbert — disait Meunier, béant, stupéfait, immobile, quoique Gilberte se fût emparée de son bras, — est-ce un rêve?

— Cet hôtel?... ces domestiques?... ce gros monsieur en noir qui vous appelle *monsieur le Lithographe* et *madame la Fleuriste* ? — ajoutait Juliette non moins immobile, non moins ébahie. — Qu'est-ce que tout cela signifie... où sommes-nous, mon Dieu! où sommes-nous donc!

— Parbleu! nous sommes chez nous! reprit gaiement Gilbert. — Minette et moi nous avons tantôt, je vous l'ai dit, déménagé, nous pendons ce soir la crémaillère de notre nouveau logis! voilà tout... A table... madame Meunier! à table, le souper refroidit!

— A table! monsieur Meunier — reprit Gilberte. — Venez vite, car je dévore...

Les deux jeunes gens entraînèrent pour ainsi dire Auguste et Juliette qui, se croyant les jouets d'un songe, suivirent machinalement leurs amis; traversant avec eux, guidés par l'intendant, le vestibule où se tenait la livrée, puis un salon d'attente où se trouvaient les valets de chambre vêtus de noir, portant culottes, bas de soie et boucles d'or à leurs souliers vernis. Deux de ces domestiques ouvrirent les battants de la porte d'un second salon, et l'intendant, s'inclinant de nouveau sans dépasser le seuil de cette pièce étincelante de dorures, de lumière et de fleurs, dit respectueusement :

— Madame la Fleuriste et monsieur le Lithographe vont être servis dans un instant.

Et les battants de la porte se refermèrent.

A travers les portières de damas vert tendre, comme la tenture encadrée de bordures dorées, l'on apercevait une interminable enfilade d'autres pièces non moins vastes, non moins brillamment éclairées, non moins somptueusement meublées et décorées que le premier salon; l'on remarquait surtout une incroyable profusion de fleurs ici épanouies en gerbes dans des vases de la Chine de cinq pieds de hauteur et formant encoignures; là massées comme de véritables buissons fleuris dans des jardinières de marqueterie ou dans d'énormes potiches du Japon, aussi ventrues que des tonnes; les bougies des lustres, des girandoles, des candélabres et des torchères de bronze doré de la taille d'un homme, et placées dans les angles des salons, jetaient des torrents de clarté sur ces magnificences, répétées à l'infini dans des glaces gigantesques.

Gilbert et Gilberte s'étonnaient d'autant moins de la surprise admirative de leurs amis qu'ils la partageaient, et, comme eux, tournant les regards de ci de là, ils s'écriaient :

— C'est magnifique !
— C'est éblouissant !
— On ne peut rien imaginer de plus beau — disait Gilbert. — Hein, Minette ?... l'attendais-tu à ces merveilles ? ma foi ! nous n'avons pas fait un mauvais marché !
— Certainement ! non. — Et se tournant vers Juliette : — N'est-ce pas, ma bonne madame Meunier, que c'est superbe ici ? Vraiment, c'est à n'y pas croire !
— Ah ça, mais vous avez l'air aussi ébaubis que nous ? — s'écria Auguste. — Je le déclare, je deviens fou si vous ne nous expliquez pas comment...
— Madame la Fleuriste est servie — vint dire à haute voix monsieur le premier maître d'hôtel, tandis que deux valets de chambre ouvraient les battants de la porte d'une salle à manger qui communiquait à ce premier salon.
— Mes amis, vous entendez : madame la Fleuriste est servie ! s'écria joyeusement Gilberte. — A table... à table !! et là, mon cher Auguste, en buvant une fameuse bouteille de champagne, je vous dirai le mot de la charade !

Il est inutile de parler de la magnificence et de l'excellent goût artistique du service de la table devant laquelle s'assirent Gilbert, sa femme et les deux amis : les plats et les réchauds de vermeil ciselé étincelaient au feu des bougies ; le premier et le second maître d'hôtel chargés de découper les mets ou de les offrir, s'acquittèrent de leur emploi en circulant autour des convives, tandis que, debout derrière chacun d'eux, se tenait prêt à les servir, un valet de chambre ganté de blanc, la serviette sous le bras.

Ces gens, en domestiques de grandes maisons, avaient dès longtemps, ainsi que M. Guêpier leur intendant, pris l'habitude de ne s'étonner de rien ou du moins de ne jamais manifester leur étonnement : impassibles dans leur respect officiel, en servant Gilbert ou Gilberte, ils les appelaient : monsieur le *Lithographe* ou madame la *Fleuriste*, avec le même accent de profonde déférence que s'ils leur eussent donné le titre de monsieur le duc ou de madame la duchesse.

Il faut le dire à la louange de Gilbert et de Gilberte, ils se montraient parfaitement à leur aise devant leurs gens, courage fort rare chez ceux qu'un tour de roue de la fortune élève à une subite opulence ; inhabitués à être servis, presque confus de l'être, tantôt craignant de laisser percer cette gêne, et prenant la dureté pour la dignité, ils se montrent, envers leurs gens, d'une hauteur grossière ; tantôt, au contraire, voulant pour ainsi dire, se faire pardonner leur soudaine élévation, ils traitent leur entourage avec une familiarité ridicule. Il n'en fut point ainsi de Gilbert et de Gilberte : loin de rougir de leur ancienne condition et de la vouloir cacher, ils la glorifiaient de leur mieux, en se faisant d'elle un *titre ;* ravis de nager en pleine richesse, et par l'une des conséquences de leur excellent cœur, *ayant le bonheur bienveillant* et gai, au lieu de *l'avoir* insolent et rogue comme tant de parvenus, ils possédaient cette dignité vraie qui résulte du naturel de la franchise et du manque absolu de prétentions à paraître ce que l'on n'est point ; ces précieuses qualités se manifestèrent chez eux dès qu'ils furent assis près de leurs amis, dont l'ébahissement redoublait à l'aspect de cette table servie avec un luxe, avec une recherche dont ils n'avaient pas même l'idée.

Gilbert, prenant dans un rafraîchissoir de vermeil, admirablement ciselé comme le reste du service, une carafe remplie de vin de Champagne à demi congelé par la glace, avait dit à Meunier :

— Votre verre, mon brave ami... et nom d'un petit bonhomme ! buvons d'abord à l'amitié !

— Enfin ! — ajouta gaiement Gilberte en tendant aussi son verre, coupe de cristal de forme antique — nous allons donc la boire, cette fameuse bouteille de champagne ! c'est pour de bon, ce coup-ci... et la boire avec des amis, voilà qui donne au vin son plus fin bouquet, n'est-ce pas, Bibi ?

Auguste, abasourdi, regardait sa femme, et celle-ci regardait son mari, lui disant des yeux :

— Y comprends-tu quelque chose ?
— Sommes-nous bien éveillés ? — répondait Meunier dans le même langage *oculaire*. Et tous deux immobiles, ne touchant pas aux mets qu'ils avaient acceptés machinalement, ne semblaient pas entendre le bachique appel de Gilbert, qui restait le bras tendu , la carafe à la main ; mais, frappé du silence et de l'attitude de ses hôtes, il réfléchit, replaça la carafe dans le rafraîchissoir de vermeil et dit gaiement :

— Non d'un petit bonhomme ! je suis bête comme *une oie !*

— Ah ! Bibi — fit Gilberte en riant — on ne se dit pas ces choses-là... soi-même.

— Minette, j'ai le droit de me parler ainsi, car enfin nos amis sont tellement confondus de la surprise que nous leur avons ménagée, qu'ils en ont pour le quart d'heure perdu la soif et l'appétit, déplorable inconvénient lorsqu'il s'agit de souper !

— Tu as raison, disons-leur tout de suite comment, de petites gens que nous étions, nous sommes devenus millionnaires, archi-millionnaires, et la soif et l'appétit leur reviendront, à ces chers amis !

— En deux mots voici la chose — reprit Gilbert : — nous avons fait comme vous un héritage, mon cher Auguste ; cette bonne nouvelle nous est parvenue hier ; mais ce ma-

10

tin nous vous avons caché notre jeu, et après votre départ, nous avons, grâce à nos millions, acheté cet hôtel, tout meublé; notre intendant, toujours grâce à la baguette magique de nos millions... a trouvé moyen de réunir en quelques heures les domestiques que vous voyez et de nous faire préparer ce fin souper auquel nous allons faire honneur. Voilà l'histoire, mon brave Meunier, elle est fort simple... Votre surprise a maintenant cessé; or, j'en reviens à mon commencement : buvons d'abord à l'amitié, après quoi, je l'espère, nous jouerons des dents à qui mieux mieux.

Gilbert se trompait; le fait qu'il regardait comme *fort simple* ne paraissait pas tel à Auguste et à sa femme.

Ainsi va la nature humaine !

Si étranges que soient les hasards auxquels nous devons parfois des fortunes incroyables, ils nous paraissent presque rentrer dans l'ordre naturel des choses, tandis qu'ils nous semblent exorbitants, s'ils favorisent autrui.

Meunier ne s'étonnait pas outre-mesure d'avoir hérité d'un parent inconnu ; mais l'héritage inopinément survenu à ses amis lui semblait tenir du prodige.

Ce n'est pas tout, cet héritage, à en juger d'après les dépenses déjà faites par les acquéreurs de l'hôtel, devait être colossal, et Meunier, quoique riche de deux millions, se sentait une manière de petit rentier en se comparant à ses amis; puis leur grand luxe ne trahissait en rien le parvenu ; et si étrangers que fussent Auguste et sa femme à ce sentiment d'exquise et suprême élégance, presque traditionnelle dans une aristocratie uniquement occupée de briller, de paraître, et souvent très-intelligente et très-amoureuse de l'art, ils étaient instinctivement frappés de la magnificence complète et grandiose dont leurs amis s'étaient entourés, grâce à leurs millions ; Gilbert et Gilberte, s'appelant sans contrainte *Minette* et *Bibi* devant leurs domestiques, et par eux se faisant superbement traiter de monsieur le Lithographe et de madame la Fleuriste, Gilbert et Gilberte gais, simples, placides, ouverts et sans l'ombre de gêne au milieu de cette prodigieuse fortune, imposaient par leur simplicité même à Meunier et à sa femme; ceux-ci étaient, dans la rigoureuse acception du mot, de braves gens, ainsi que le témoignaient le souvenir qu'ils avaient gardé du ménage et leur cordiale visite du matin ; mais ils ne possédaient pas cette élévation de l'âme qui la met au-dessus des amers ressentiments d'une vulgaire envie. Ils avaient cédé à un très-louable mouvement en venant, eux, enrichis de la veille, au devant de leurs amis d'un jour, qu'ils supposaient être pauvre comme par le passé ; mais tel qui sera bénévolement venu à celui qu'il croyait dans une condition inférieure à la sienne, éprouvera presque toujours une sorte de léger dépit, sinon de regret, d'éloignement ou de jalousie, lorsque soudain il se verra primé par celui-là vers lequel il condescendait naguère; en un mot, s'il est facile de se montrer bienveillant envers ceux qui nous sont relativement inférieurs, plus difficile est-il de ne montrer ni impatience ni envie à l'endroit de nos supérieurs, qu'il s'agisse de naissance, de caractère, de fortune ou de talent.

Meunier et sa femme commençaient donc à jalouser par mille côtés leurs nouveaux amis, jalousie encore sourde, qui tout d'abord ne se manifesta que par le froid malaise des deux convives et par la perte à peu près complète de leur appétit et de leur gaieté.

Gilbert et Gilberte, incapables, dans leur bonté, dans leur franchise ingénue, de soupçonner des sentiments mauvais et si étrangers à leur âme, ne se doutèrent pas des secrètes pensées de leurs hôtes et portèrent joyeusement leur premier toast à l'amitié, trinquant selon la bonne vieille coutume avec Meunier et sa femme qui, répondant enfin à l'appel de leurs amis, tendirent leurs verres, mais ne les vidèrent qu'à moitié. Déjà le vin de cette magnifique hospitalité leur semblait amer...

Gilbert tarit sa coupe de cristal jusqu'au fond, et sa femme, après avoir bu deux doigts de vin de Champagne frappé de glace, s'écria :

— Enfin !... j'en ai donc goûté de ce fameux champagne ! hum ! — fit-elle en passant le bout de sa langue rose sur ses lèvres vermeilles; — c'est fièrement bon ! seulement ça gèle les dents. Maintenant, Bibi, verse-moi de l'eau dans mon verre : je n'ai pas la tête bien forte et je ne veux pas m'exposer à mettre mon bonnet de travers. Ah ! mais non !...

Au moment où la jeune femme tendait sa coupe à son mari, pour qu'il la remplît d'eau, l'un des valets de chambre s'empressa de prendre une carafe, afin de satisfaire le désir de madame la Fleuriste ; mais celle-ci lui dit gaiement :

— Merci ! j'aime mieux être servie par Bibi, c'est mon habitude...

Le serviteur s'inclina et replaça la carafe sur la table. Le premier maître d'hôtel, après avoir servi aux convives d'autres mets exquis, présentait à Gilbert, tandis que celui-ci remplissait d'eau le verre de sa femme, un plat de vermeil aux bords décorés d'une garniture de pâte blanche et dure, découpée à jour comme de la dentelle ; au milieu de ce plat on voyait un mets, à peu près de la forme d'un pâté, mais rendu à demi transparent par des ornements cannelés en gelée de viande, gelée ici couleur de topaze, là couleur de rubis, et que rehaussaient des pistaches d'un vert tendre, et de rouelles de truffes d'un noir d'ébène, taillées à l'emporte-pièce et représentant des trèfles et des losanges. Gilbert dit au domestique qui lui offrait de ce mets :

— Monsieur notre maître d'hôtel, c'est très-joli à voir ce plat-là... mais qu'est-ce que c'est que ça, s'il vous plaît.

— Un *chaud-froid* de filets de canetons, monsieur le Lithographe.

— Comment, un chaufroi?

— Oui, monsieur le Lithographe — répondit le maître d'hôtel, et il accentua de nouveau de façon à rendre les deux mots compréhensibles en les scindant — un chaud... froid.

— Ah! très-bien... c'est quelque chose de chaud... qui est froid?

— Un instant, Bibi! — reprit Gilberte en riant — un instant! Si c'est chaud, ce n'est pas froid... et si c'est froid, ce n'est pas chaud... n'est-ce pas, ma bonne madame Meunier?

— Naturellement — reprit la jeune femme avec un sourire forcé; car, ainsi que son mari, elle se sentait de plus en plus aigrie par l'envie.

— Je me permettrai de faire observer à madame la Fleuriste — reprit respectueusement le maître d'hôtel — qu'un *chaud-froid*, mets ordinairement réservé pour les ambigus, et les soupers, est confectionné comme s'il devait être mangé chaud; mais on le sert froid après l'avoir décoré de gelée.

— Ah oui — reprit Gilberte, — c'est comme qui dirait de la gibelotte qu'on laisse refroidir. — Et s'adressant à son mari : — Hein, friand, c'était ton régal de manger froid le restant de la gibelotte que je t'avais cuisinée la veille avec un véritable lapin, quand nous avions gagné de quoi dîner en princes!

— Voyez comme je suis fat de ma femme, mon brave Meunier — dit gaiement Gilbert à son ami. — Je parie que votre Juliette ne fait pas mieux la gibelotte que Minette?

— Et le mironton! s'écria superbement Gilberte. — C'est que telle que vous me voyez, je ne crains personne pour le mironton! ah! mais non!

Ni Meunier ni sa femme ne possédaient la rare et philosophique franchise de Gilbert et de Gilberte, assez ouverts pour parler de leur humble passé, sans crainte et sans affectation, devant leurs gens; aussi madame Meunier, rougissant jusqu'aux oreilles, répondit-elle d'un ton aigre-doux que nos deux jeunes gens ne remarquèrent point :

— Ma chère madame Gilbert, je vous rends les armes pour la gibelotte et pour le mironton... Je ne me suis jamais occupée de cuisine, car ici, dans notre maison de commerce, nous mangions avec nos patrons; et à Lyon, Dieu merci! maman avait une *bonne*...

Et les deux envieux jetèrent un coup d'œil oblique sur les domestiques, au vis-à-vis desquels surtout madame Meunier tenait à proclamer très-haut que sa mère avait une *bonne!*

Gilbert, pendant la réponse de Juliette, avait goûté le chaud-froid de filets de canetons, tandis que Gilberte, cédant à son ancienne habitude de manger à la même assiette que son mari, avait répondu au maître d'hôtel qui lui offrait de ce mets .

— Non, non; *si ça me dit*, j'en prendrai un morceau dans l'assiette à Bibi; — ce qu'elle fit, en mettant son coude sur la table, et commençant du bout de sa fourchette à picorer dans l'*assiette à Bibi*.

Témoins de ces façons plus que familières, Juliette et son mari, afin de se rehausser dans la considération des domestiques, levèrent visiblement les épaules, afin de prouver qu'ils possédaient assez l'usage de la *belle société* pour se sentir choqués des inconvenances de Gilberte, mais celle-ci, ne remarquant pas plus que son mari la pantomime critique de leurs convives, continuait de picorer dans l'*assiette à Bibi* et disait au maître d'hôtel :

— Vous prétendez, mon brave homme, que ce plat est du canard?... à la bonne heure... cependant...

— Pardon, madame la Fleuriste, — reprit respectueusement le premier maître d'hôtel — c'est du caneton de Rouen.

— Parbleu, caneton est le mot poli, ma pauvre Minette! — ajouta gaiement Gilbert. — Canard... ah! fi donc, c'est canaille! qui est-ce qui oserait manger du canard?

— Caneton, canard! c'est toujours bonnet blanc et blanc bonnet, — reprit Gilberte. — Ce plat-là est très-bon, mais enfin au goût, ça ne ressemble pas plus à du canard qu'à autre chose! N'est-ce pas, madame Meunier?

— Quant à moi, je trouve cela excellent, répondit Juliette, voulant montrer aux domestiques qu'elle était digne d'apprécier cette cuisine recherchée. — Cela vous a un goût qui... un goût que... Enfin, c'est délicieux.

— J'en avais déjà mangé une fois à Lyon chez le receveur général, — ajouta Meunier avec suffisance (et il mentait) ; — c'est un plat très-délicat, mais je le connaissais.

— Vous trouvez tous deux cela délicieux! oh tant mieux! reprit cordialement Gilberte. — Toutes les fois que vous viendrez dîner avec nous, on vous en servira. N'oubliez pas cela, monsieur notre premier maître d'hôtel. — Et s'adressant à Juliette : — Dites donc, ma petite madame Meunier, nous avons un premier maître d'hôtel, vu que nous en avons un second... quelle farce!

Madame Meunier qui, pour Gilberte, se mourait de confusion, lui rappela, par un signe furtif, que les gens qui servaient à table entendaient cet entretien, la jeune femme répondit naïvement :

— Hé bien! qu'est-ce que cela me fait donc, que nos domestiques nous entendent, ma bonne Juliette? Ces braves gens ne savent-ils pas qui nous sommes, puisqu'ils nous appellent monsieur le Lithographe et madame la Fleuriste gros comme le bras?... Et dame, dans nos états, on n'en a guère de maîtres d'hôtel!

— Ce que je vois de plus clair là-dedans, — reprit

oyeusement Gilbert, — c'est que nos amis sont atteints et convaincus d'adorer le chaud-froid de canard... c'est à-dire de canneton... Pardon, monsieur notre maître d'hôtel ! Je déclare donc nosdits amis condamnés à venir ici après-demain, remanger dudit plat, accompagné, comme aujourd'hui, de plusieurs autres !

— C'est ça, Bibi ; condamnés sans rémission, à venir dîner avec nous après-demain !

— Et comme nous sommes des gaillards très-intéressés — ajouta Gilbert, — nous leur demanderons de nous donner en retour à dîner... le lendemain d'après-demain.

— Adopté ! — dit Gilberte en frappant de joie dans ses mains. — Partie complète !... avant dîner, nous irons vous chercher, nos amis, dans une de nos belles voitures neuves, attelée à quatre chevaux, pour aller nous promener au bois de Boulogne.

— Et après dîner... le spectacle ! — ajouta Gilbert. — Nom d'un petit bonhomme ! c'est doubler ses plaisirs que de les partager avec l'amitié !

Si nos deux jeunes gens n'eussent été aveuglés par leur bonheur et par leur confiante affection, ils auraient remarqué avec quelle froideur était reçue leur cordiale proposition, car Meunier répondit en s'efforçant de sourire :

— Y pensez-vous ? venir dîner chez nous... nous n'oserions pas recevoir de grands seigneurs comme vous, nous autres pauvres gens !

— Drôle de corps de Meunier, va ! — reprit Gilbert. — Une pauvreté de deux millions... merci du peu !

— Vous sentez bien ma chère Juliette, — ajouta Gilberte — que je pense comme Bibi, que votre mari plaisante quand il dit que vous n'oserez pas nous recevoir chez vous...

— Non, sérieusement, — reprit Auguste. — Nous craignons, ma femme et moi, que notre manière de vivre ne puisse cadrer avec la vôtre.

— Je voudrais bien savoir pourquoi, mon brave Meunier ?

— Je vais vous le dire franchement : Juliette et moi, nous n'avons pas le goût du grand luxe, lorsque nos héritages nous sont tombés du ciel, nous nous sommes dit : Nous allons pendant un mois bien, nous amuser, bien nous en donner, satisfaire toutes nos fantaisies, et après ça, au lieu d'imiter ces étourneaux, ces fous, qui jettent bêtement leur argent par la fenêtre, en singeant les grands seigneurs, en se donnant des airs de princes, et auxquels il ne reste bientôt que les yeux pour pleurer leur folle dissipation, Juliette et moi nous avons résolu de fonder, grâce à nos capitaux, une grande maison de commerce, peut-être une maison de banque, afin d'augmenter notre fortune.

— Ah, mon brave Meunier ! quel plaisir vous me faites en me parlant ainsi ! — reprit le bon Gilbert. — Ce soir, au spectacle, en vous entendant pour ainsi dire envier l'existence des grands seigneurs ou des gens de génie, ma femme et moi nous craignions...

— Que notre héritage nous eût tourné la cervelle, comme à tant d'autres ? — demanda Meunier, — et que nous ne soyons pas satisfaits de notre sort ?... Non, non, diable ! nous ne sommes point si sots !

— Oh ! rassurez-vous, reprit Juliette. — Auguste vous l'a dit : nous ne sommes pas de ces fous qui croient leur trésor inépuisable, et loin de vouloir le dissiper, nous voulons le grossir encore grâce à de bonnes opérations, et à une sévère économie ; notre seul but est de devenir deux fois plus riches que nous ne le sommes, et qui sait si un jour nous ne serons pas richissimes comme vous et votre mari... ma chère petite Gilberte !

L'accent de sourde et méchante envie dont ces paroles furent accompagnées n'attira pas plus l'attention de Gilbert et de sa femme que les allusions jalouses, malveillantes, échappées à leurs nouveaux amis depuis le commencement du souper. Non, dans l'épanouissement de leur bonheur et de leur confiante affection, ne soupçonnant pas même la cause d'une secrète irritation qu'ils ne remarquaient point, Gilbert et Gilberte, se sachant maîtres d'un trésor inépuisable, grâce au pouvoir magique de la Korrigan, ne pouvaient supposer un instant que ces épithètes de *fous*, d'*étourneaux*, de *dissipateurs réduits bientôt à la misère*, etc., etc., s'adressaient à eux, ils se sentaient au contraire fort aises d'entendre leurs amis formuler l'espérance de doubler, de quadrupler leur fortune par le travail et l'économie ; aussi Gilbert répondit-il à Meunier avec un redoublement de satisfaction et de cordialité qui désespéra les deux envieux :

— C'est cela, mon cher Auguste : enrichissez-vous encore ! enrichissez-vous toujours ! et à chaque augmentation de votre fortune, Minette et moi, nous applaudirons des deux mains ! Oh ! oh ! vous êtes, votre femme et vous, des gens de bon sens, économes, laborieux ; courage ! économisez, travaillez ! le bon Dieu, comme on dit, vous bénira !

Ces dernières paroles, dans lesquelles ils voulurent voir un conseil donné avec la hauteur d'un grand seigneur, fort au dessus de ces vulgaires idées d'économie et de travail, exaspérèrent nos deux envieux, et de crainte de se trahir davantage, ils échangèrent un regard et se levèrent de table.

— Quoi ! vous nous quittez déjà ? — dit Gilberte.

— Il faut nous excuser — répondit Meunier — ni Juliette ni moi, nous n'avons l'habitude de veiller fort tard... nous sommes des gens rangées...

— Oh ! entre nous jamais de gêne, — reprit affectueusement Gilberte. — Nous devons nous voir souvent, agissons donc toujours sans façon, comme on agit entre bons et vrais amis.

— Et à l'appui de ce que dit ma femme, voyons, mon cher Meunier, quand nous donnez-vous à dîner?

— C'est qu'en vérité, nous sommes, comparativement à vous, si mal logés — répondit Auguste avec embarras... — Nous avons pris un appartement garni... et...

— Encore cette plaisanterie-là — reprit gaiement Gilbert. — Madame Meunier, dites donc à votre mari de trouver autre chose : ça devient *rococo*! Mais sérieusement, voyons, mes amis, est-ce que vous ne croyiez pas venir manger ce soir dans notre mansarde à la fortune du pot? Est-ce que vous vous étiez seulement souciés de savoir si le petit repas que nous vous offrions de bon cœur serait délicat ou non? Alors pourquoi donc, nom d'un petit bonhomme! nous croyez-vous, Minette et moi, d'un autre acabit que vous?

— Nous ne vous demandons qu'une chose — ajouta gentiment Gilberte — c'est de juger de notre cœur par le vôtre... et alors ça ira tout seul!

— Hé bien, à jeudi, mes amis — reprit Meunier craignant de démasquer ses mauvais ressentiments en se refusant plus longtemps au désir de ses amis. — A jeudi... mais ne vous attendez pas à un festin de Balthazar, comme celui que vous venez de nous donner. Nous ne sommes auprès de vous que de petites gens, *monseigneur* Gilbert!

— *Monseigneur* Meunier, vous êtes un mauvais farceur! ce qui n'empêche pas ma seigneurie de vous proposer, avant votre départ, de boire à l'amitié un verre de ce vin de Constance. M. notre maître d'hôtel m'affirme que ce vin est excellent et se boit à la fin du repas.

Les deux couples trinquèrent une dernière fois, Gilbert et Gilberte avec une franche cordialité, Auguste et Juliette avec une cordialité menteuse, puis l'on se sépara. Nos deux jeunes gens voulurent accompagner leurs convives jusqu'à leur voiture, et leur firent ainsi traverser (autre crève-cœur pour les envieux) la haie de valets de pied en grande livrée qui se tenaient debout au passage de leurs nouveaux maîtres; enfin les deux suisses frappèrent par trois fois, du manche de leur hallebarde, les dalles sonores du vestibule, après avoir ouvert à deux battants sa grande porte vitrée devant Meunier et sa femme.

— Je donnerais cent mille francs de ma poche pour n'avoir jamais connu ces gens-là — dit Meunier en s'asseyant dans sa voiture à côté de sa femme. — Nous avons l'air de gueux auprès d'eux!

— Patience! va, Auguste — reprit Juliette — du train dont ils y vont, ils seront bientôt ruinés! ils ne nous écraseront plus de leur luxe insolent, et rira bien qui rira le dernier.

— Braves amis! — disait ingénument Gilbert en remontant les degrés du perron de l'hôtel, après avoir vu la voiture de Meunier s'éloigner, — que de bonnes petites parties carrées nous ferons ensemble!

— Oh, oui — disait Gilberte — c'est si charmant l'amitié!

XXXI

Gilbert et Gilberte, après le départ de leurs amis, rentrèrent dans l'intérieur de l'hôtel et trouvèrent M. Guêpier qui, s'inclinant, leur dit :

— Madame la Fleuriste et M. le Lithographe veulent-ils me faire l'honneur de m'accorder un moment d'entretien avant de se retirer dans leurs appartements?

— Certainement, monsieur notre intendant, nous vous ferons cet honneur-là — répondit Gilbert. — Mais auparavant — ajouta-t-il en se tournant vers les gens de livrée, toujours rangés en haie — je veux dire à ces braves gens, et qu'ils redisent à leurs camarades, que nous sommes très-contents de leur service de ce soir et qu'ils ne se repentiront pas d'être entrés... chez nous!

— Et pour commencer — reprit Gilberte, — nous vous accordons, mes amis, à chacun, une gratification...

— De mille francs par tête — ajouta Gilbert. — Mais prenez-y garde, messieurs nos serviteurs! et retenez bien ceci : — Minette et moi, nous voulons, nous exigeons et entendons que, grâce à nous, chacun de vous se dise journellement, et cela du fond de votre cœur : « — Nom « d'un petit bonhomme! est-on heureux dans cette mai- « son-ci! Vrai, on ne peut pas trouver, sous la calotte des « cieux, une condition plus heureuse que la nôtre! et ma « foi! vivent les Fleuristes et les Lithographes! ils valent « bien les ducs et les duchesses! » — Et maintenant allez souper joyeusement, dormez bien! et sur ce... serviteur... messieurs nos serviteurs!

Nos deux jeunes gens, laissant leurs gens ébahis de cette allocution et de la générosité qui l'avait précédée, rentrèrent dans l'un de leurs salons, accompagnés de M. Guêpier. Celui-ci leur dit :

— Madame la Fleuriste et M. le Lithographe sont-ils satisfaits?

— Cent mille francs de gratification pour vous, monsieur notre intendant! Voilà notre réponse, n'est-ce pas, Minette?

— Je crois bien! ce brave M. Guêpier a fait un véritable tour de force!

— Comment... cent mille francs de... gratification? — reprit l'intendant abasourdi de cette magnificence. — J'ose à peine croire...

— Ah ça — dit Gilbert en fouillant à son intarissable poche — est-ce qu'il ne vous reste rien de nos douze cent mille francs de ce matin, monsieur notre intendant... parlez!

— J'en demande bien pardon à monsieur le Lithographe... il restera quelques milliers de francs, même en dehors de cette gratification vraiment princière... que dis-je ? véritablement royale...

— Dites donc *lithographique!* monsieur Guêpier — reprit Gilberte en riant comme une folle — puisque Bibi n'est ni prince ni roi, mais tout bonnement lithographe !

— Et là-dessus, monsieur notre intendant — ajouta Gilbert — faites comme les autres, allez souper et vous coucher, demain nous remplirons votre caisse. Ah, mais j'y pense, où est notre chambre?

— L'appartement de madame est situé à l'extrémité du grand salon rouge... le troisième après celui-ci; les femmes de madame l'attendent chez elle pour sa toilette de nuit... L'appartement de monsieur est situé au premier étage... ses valets de chambre l'attendent pour le déshabiller...

— Ah! ah! ah! — fit Gilberte en riant et haussant les épaules — plus que ça de voisinage, merci! Tu entends, Chéri? madame au rez-de-chaussée, monsieur au premier ! Voilà un joli et amoureux ménage! non, parole d'honneur, nous sommes ainsi, Bibi et moi, logés par trop près l'un de l'autre! ça en devient indécent, monsieur Guêpier.

— Monsieur notre intendant — reprit Gilbert, — vous allez me faire le plaisir de dire aux femmes de ma femme et à mes valets de chambre d'aller souper comme les autres, et de nous laisser tranquilles, vu que nous avons l'habitude de nous déshabiller et de nous coucher nous-mêmes! mais auparavant nous voulons nous amuser à parcourir les beaux salons de notre hôtel, sans être dérangés ; après quoi nous rentrerons dans l'appartement du rez-de-chaussée; nous le choisissons parce qu'il est de plain-pied avec le jardin.

— A propos du jardin — reprit M. Guêpier en souriant d'un air mystérieux — s'il m'était permis de donner un conseil à mes généreux maîtres, je les engagerais à visiter le jardin... La nuit est superbe, et peut-être ne regretteraient-ils pas leur promenade...

— Nous allons suivre votre conseil — répondit Gilbert — et demain matin, nous sonnerons si nous avons besoin de quelque chose : et là-dessus bon appétit et bon sommeil, monsieur notre intendant !

M. Guêpier s'inclina, sortit, et les deux jeunes gens restèrent seuls.

— Je parie que ce gaillard-là nous a ménagé une surprise dans le jardin — dit Gilbert. — Visitons-le d'abord, nous parcourrons ensuite nos appartements.

— Tu as raison, Chéri! ce sera délicieux ! Viens vite... la soirée est si belle ! Mais tiens, cette porte de glace doit donner sur le jardin... ouvrons les volets...

A peine Gilbert eut-il fait jouer l'espagnolette des volets blancs à moulures dorées que nos deux jeunes gens virent à travers les glaces de la porte un tableau vraiment féerique.

Le jardin, presque aussi grand qu'un parc et planté d'arbres séculaires, était illuminé par des lanternes de couleurs variées : vertes, blanches, rouges, bleues, oranges; leur lumière à demi-voilée, se confondant avec celle de la lune, alors en son plein, jetait sur les arbres, les gazons et les fleurs, des reflets fantastiques ; un rideau de tilleuls et de marronniers énormes bornait l'horizon; au milieu d'une vaste pelouse, faisant face à l'hôtel, une vasque de marbre blanc, aussi merveilleusement illuminée, déversait avec un doux murmure, dans deux cippes inférieurs, une cascatelle d'eau limpide ; tantôt cette onde mobile ressemblait à une nappe d'argent, tantôt à une nappe d'or, selon qu'elle était argentée par un rayon de la lune, ou dorée par les feux de l'illumination. Les abords du vaste bassin, où retombaient en cascades les eaux des vasques, offraient surtout un coup d'œil enchanteur. Un cordon de globes de cristal dépoli, intérieurement éclairés, pareils à d'énormes perles transparentes, dessinaient le contour du bassin, répandant leur tranquille clarté sur une gigantesque corbeille de rosiers dont le miroir liquide formait le centre, et qui s'abaissaient en pente douce jusqu'à la pelouse ; six mille rosiers peut-être composaient cette corbeille, mais si rapprochés, si touffus de fleurs, qu'ils offraient l'aspect d'une montagne de roses; l'on voyait encore çà et là, au milieu des arbustes ou à demi cachés dans le gazon, une foule de verres de couleur points chatoyants de différentes nuances et semblables à ces lucioles phosphorescents qui scintillent dans l'ombre des hautes herbes durant les nuits d'été.

Gilbert et Gilberte, d'abord stupéfaits de cette *surprise* que leur avait ménagée la féconde imagination de leur intendant, éprouvèrent une joie folle à la vue de l'illumination, et, ainsi que des échappés de collège, ils descendirent les degrés du perron en se tenant par la main et se mirent à courir dans le jardin ; puis, se calmant peu à peu, ils ressentirent une sorte de charme mystérieux à se promener seuls et pas à pas dans ces longues avenues, et à jouir dans leur solitude de cette illumination charmante qui semblait préparée pour une fête nombreuse et animée. Ils se trouvaient dans l'ombre d'une allée touffue, lorsque soudain ils entendirent non loin d'eux, et paraissant sortir d'un étage souterrain de l'hôtel, de grands éclats de rire; puis ces mots arrivèrent jusqu'à leurs oreilles :

— A la santé de M. le Lithographe!

— A la santé de madame la Fleuriste !

— Bravo! bravo !

Les deux jeunes gens, d'abord interdits, se regardèrent, puis Gilbert reprit en riant :

— Ah! Minette! j'y suis ! ce sont nos domestiques qui soupent.

— Ils boivent à notre santé, les braves gens; c'est très-gentil de leur part.

— Dis donc, Chérie, si nous tâchions de les écouter pour savoir ce qu'ils pensent de nous?

— Allons vite, ce sera très-amusant. Mais comment faire?

— Viens! suis-moi. Les voix partaient du côté du perron, derrière le massif d'arbres.

Gilbert et sa femme arrivèrent en quelques instants auprès de l'un des soupiraux qui donnaient du jour aux cuisines et offices de l'hôtel, situés au-dessous du rez-de-chaussée; des châssis garnis de toile à claire-voie, remplaçant durant l'été le vitrage de ces fenêtres basses, permirent aux deux jeunes gens de s'approcher sans être vus et d'entendre cet entretien commencé :

— Moi — disait une voix que Gilbert reconnut pour être celle de Germain, son premier maître d'hôtel — je maintiens qu'ils ont eu raison.

— Parbleu! — reprit une autre voix — les maîtres ont toujours raison de faire ce qui leur plaît, puisqu'ils le peuvent; mais ça n'empêche pas que c'est ridicule au possible de se faire appeler : l'un M. le Lithographe... l'autre, madame la Fleuriste.

— Enfin, pourquoi est-ce ridicule?

— Tiens... parce que... parce que c'est ridicule...

— Ce n'est pas répondre! moi, je soutiens qu'il n'y a rien de ridicule là-dedans! J'aime mieux servir des gens qui vous mettent à l'aise en disant franchement et tout haut : Nous étions ceci ou cela, avant que le hasard nous ait enrichis, que de servir ces imbéciles de parvenus qui prennent des airs de seigneurs à vous faire crever de rire!

— Ce qui est d'autant plus désagréable, que nous devons garder notre sérieux devant nos maîtres — reprit une autre voix. Aussi je suis de l'avis de Germain... J'approuve nos maîtres de montrer qu'ils ne sont pas fiers, tant s'en faut, et qu'ils sont bons enfants!

— Bons enfants, soit — reprit le contradicteur du maître d'hôtel; — jusqu'à présent ils jettent l'argent par la fenêtre, nous le ramassons, nous ne pouvons nier leur générosité; mais vous m'avouerez qu'une femme qui, assise à la meilleure table de Paris, vient dire devant ses gens qu'elle faisait très-bien la gibelotte et le mironton, c'est un peu drôle...

— Oui, c'est drôle, mais c'est franc — reprit Germain. — Comment avoir le courage de se moquer de cette franchise?

— Monsieur Germain a raison — reprit une voix féminine (l'une des femmes de chambre); — ce qui serait risible et inspirerait l'envie de se moquer de madame, ce serait de la voir se donner le genre d'avoir toujours mangé dans du vermeil la meilleure cuisine de Paris; mais entendre madame avouer tout bonnement qu'elle faisait sa gibelotte et son mironton, ma foi, moi, ça me touche, ça me va au cœur!

— C'est vrai; c'est une preuve que madame est une bonne personne — reprirent en chœur plusieurs voix féminines et masculines. — Allons, Robert, avouez cela comme nous!

— Ah! ah! il s'appelle Robert, le scélérat qui se permet de trouver ridicule que nous nous fassions appeler monsieur le Lithographe et madame la Fleuriste — dit gaîment et à demi-voix Gilbert à sa femme. — Qu'il prenne garde à lui! nom d'un petit bonhomme!

— Écoute donc, Bibi, le voilà qui répond...

— Oh ma foi! quant à cela vous avez tous raison — reprit Robert. — Évidemment pour se montrer si franche, il faut que madame soit une bonne personne.

— Nous ne vous en demandons pas davantage — reprit le premier maître d'hôtel. — Et puis enfin, voyez-vous, mes amis, servir pour servir, j'aime mieux servir de braves gens comme monsieur et madame qui, après tout, ne sont pas plus que nous, et le disent sans façon, que de servir par exemple le duc et la duchesse de Mercœur que j'ai plantés là aujourd'hui; car après tout, ces beaux seigneurs nous regardent, nous autres domestiques, comme la boue de leurs souliers.

— Et madame est-elle jolie? — demanda l'une des femmes de chambre. — Est-elle jeune?

— Diable, ma chère Anna! — reprit une autre voix. — Ne vous habituez pas à dire comme ça : Madame, tout court; sinon vous ne resterez pas dans la maison.

— C'est ce dont l'intendant m'a prévenue — répondit la femme de chambre. — Il faut que je prenne l'habitude de lui donner son titre... Eh bien! messieurs, vous qui l'avez vue? madame la Fleuriste est-elle jeune et jolie?

— Elle est toute jeune, et aussi jolie et plus jolie que bien des grandes dames, même en comptant madame la duchesse de Mercœur — reprit Germain. — N'est-ce pas votre avis à vous autres qui serviez aussi à table?

La réponse fut affirmative et unanime parmi les gens.

— Ces marauds ont, palsambleu! fort bon goût — reprit Gilbert en se donnant des airs de marquis. — Les entends-tu, Minette?

— Tais-toi donc, Bibi, écoute... ils parlent de toi maintenant?

En effet, l'une des femmes de chambre disait à ce moment :

— Et monsieur?... ah! c'est vrai, j'oubliais; prenons l'habitude de lui donner son titre : Monsieur le Lithographe comment est-il?

— C'est un très-joli garçon, l'air ouvert, jovial, avenant, et ma foi, d'une fort bonne tournure — reprit l'un des valets de chambre. — Il paraît, et cela me confond, aussi à son aise dans ce magnifique hôtel, et au milieu de nous que s'il avait toujours eu cinq cent mille livres de rente...

aussi je ne sais pas comment diable cela se fait, mais, parole d'honneur, il m'impose davantage que M. le duc de Mercœur de chez qui je sors, comme Germain ; c'est si extraordinaire de voir quelqu'un à la fois si riche et si bon enfant.

— Hein ? monsieur Bibi, entendez-vous ? — dit Gilberte en effleurant d'un baiser la joue de son Gilbert. — Hé... hé... palsambleu ! marquis ! ils ont fort bon goût ces marauds ! Ils vous trouvent très-joli garçon !

— Cinq cent mille livres de rentes — reprit une voix.— Nos maîtres sont si riches que cela ?

— L'intendant me l'a dit — reprit Germain — et il doit le savoir...

— Voilà un fameux héritage ! — reprit l'une des femmes de chambre. — Combien faut-il donc de millions pour faire cinq cent mille livres de rentes ?

— Parbleu, ma chère, c'est bien simple — reprit Germain — Dix millions placés à cinq pour cent, vous donnent cinq cent mille livres de rentes ?

— Faut-il que nos maîtres aient eu du bonheur — reprit une des femmes de chambre. — Un lithographe... une fleuriste recueillir un pareil héritage ! Bah ! après tout, il vaut encore mieux qu'il leur soit tombé à eux, qui étaient de petites gens comme nous, que de tomber à des personnes déjà riches ! Tant mieux pour nos maîtres !

— Ce qu'il y a de certain, mes amis, c'est que je ne sais si, à leur place, nous ferions un aussi bon usage d'une grande fortune, et ma foi, en buvant ce dernir verre d'excellent bourgogne, je dirai encore : A la santé de madame la Fleuriste, à la santé de M. le Lithographe !

— Et nous buvons comme vous, Germain, à leur santé, car ce sont de bons enfants !

— Gais comme des pinsons !

— Pas fiers !

— Et généreux comme des princes...

— Comme des princes..... qui sont généreux, car le prince de Marsan, de chez qui je sors aujourd'hui pour entrer ici, était un vrai grigou !.. un fesse-mathieu !

— A la santé de M. le Lithographe et de madame la Fleuriste — répétèrent en chœur les voix nombreuses des domestiques en choquant joyeusement leurs verres.

Gilbert et Gilberte s'éloignèrent doucement du soupirail, et regagnèrent une des allées du jardin.

— Tiens, Chéri — dit la jeune femme avec émotion — je ne te cache pas, maintenant, que je n'étais pas sans crainte quand nous avons voulu entendre ce que disaient nos domestiques : s'ils avaient mal parlé de nous, cela m'aurait fait de la peine... cette belle journée était gâtée...

— C'est vrai, aussi je suis très-content de savoir que ces braves gens ne sont pas ingrats, et qu'ils nous proclament bons enfants en buvant notre vin à notre santé. Cela couronne notre journée.

— Oh oui ! quelle belle journée !

— Et penser que toutes les autres lui ressembleront !

— Nous allions si loin pourtant chercher le bonheur !

— Oh ! cette fois nous le tenons et nous ne le lâcherons pas, le scélérat ! Tiens, Minette, j'ai le cœur épanoui, radieux, je ne me sens pas d'aise... j'ai, comme on dit, le ciel dans le cœur... et toi ?

— Et moi aussi... Embrasse-moi !

Après un échange de quelques doux baisers, Gilbert et Gilberte, marchant tendrement enlacés, arrivèrent sous un quinconce de vieux tilleuls en fleur, d'où l'on découvrait les allées illuminées de mille feux, ainsi que les vasques de marbre, dont les limpides cascades réfléchissaient les lumières et jetaient une fraîche rosée sur l'immense corbeille de rosiers ; enfin, au loin, la lune éclairait en plein la façade monumentale de l'hôtel, et à travers les vitres et les rideaux de soie à demi relevés, l'on apercevait l'intérieur des vastes appartements du rez-de-chaussée, étincelants de dorures et de lumières ; le silence de la nuit était profond, l'air tiède, embaumé par la senteur des fleurs ; quelques rossignols, nichés dans les arbres, chantaient, se répondaient et luttaient de mélodieux accords ; Gilbert et Gilberte, pleins de vie, de jeunesse, d'espérance et d'amour, éprouvaient un épanouissement, un ravissement indicibles ! Leur âme se fondait dans une ineffable félicité ; tous deux s'assirent sur un large divan de jonc indien, abrité par une tente élégante.

— Ah Chérie ! — dit Gilbert — qu'il est bon de s'aimer au milieu de ce luxe, de ces magnificences ! quel riche cadre pour notre amour...

— Oh ! mon Gilbert ! cette richesse, je ne la crains pas ; nous nous aimerons autant dans ce palais que dans notre petite chambre... Ici, quand nous le voudrons, nous serons seuls comme nous l'étions chez nous. Nous vivrons à notre guise, nous pourrons, si nous nous ennuyons de ne rien faire, travailler, moi à mes fleurs, toi à ton dessin !

— Nous ferons, Chérie, tout ce que nous voudrons ! que peut-on désirer de plus ? Et puis, grâce à *ce que nous avons été*, grâce à notre expérience, nous n'envierons plus personne, ainsi que nous avons envié *d'être* Georges Hubert et madame de Saint-Marceau, quand nous étions le marquis et la marquise de Montlaur..... En un mot, nous voici heureux et pour toujours ! heureux, cette fois, comme jamais nous ne l'avons été !

— Oh ! oui ! car même avant d'avoir rencontré notre chère Korrigan, nous avons eu de bien bons jours dans notre petit ménage... Mais que de fois nous disions : « Hé-« las ! si le chômage vient..... si l'ouvrage manque, que « faire ? que devenir ? » Je sais que lorsque ces pensées-là nous attristaient, nous nous embrassions pour oublier nos craintes et reprendre courage... Mais enfin, nous sentions qu'au fond nous étions comme l'oiseau sur la branche, et que la peine et la misère pouvaient nous arriver comme à tant d'autres..., au lieu qu'aujourd'hui...

— Aujourd'hui, demain, toujours, ma Gilberte adorée ! ce sera pour nous le bonheur ! un bonheur si grand, si certain, que je suis ébloui, quand je pense à l'avenir ! Une femme comme toi ! des cœurs comme les nôtres ! des amis comme Auguste et Juliette, qui, nous croyant pauvres, sont venus à nous ! des domestiques, qui à la première vue nous aiment déjà, nous les avons entendus le dire, et ç'a été pour moi un des meilleurs moments de la journée !

— Pour moi aussi... Braves gens !

— Riches à mille millions de millions, pouvant tout ce que nous voulons, dis, Chérie, que manque-t-il ? que pourra-t-il jamais manquer à notre bonheur ?...

— Ah ! Gilbert — répondit la jeune femme, qui tressaillit soudain, frappée d'une idée pénible — non, non, notre bonheur n'est pas complet !

XXXI

A ces mots de Gilberte : — Notre bonheur n'est pas complet, — Gilbert avait regardé sa femme avec surprise d'abord, puis avec anxiété, car elle s'attrista visiblement et dit avec un accent de profond attendrissement :

— Mon Gilbert, nous avons toujours été bons, n'est-ce pas ? Jamais nous n'avons voulu de mal à personne ?

— Jamais, Dieu merci ! Mais qu'as-tu, Chérie ? Te voilà toute chagrine, je vois des larmes dans tes yeux ?

— Hélas ! c'est que sans y songer..... nous devenons ingrats... méchants !

— Nous, ingrats... nous, méchants !...

— Oui, mon Gilbert... A chaque minute ne faisons-nous pas souffrir quelqu'un ?..... quelqu'un que nous devrions bénir, adorer à genoux, puisque sa céleste bonté nous a donné le bonheur qui nous ravit aujourd'hui ! et pourtant — ajouta la jeune femme ne pouvant retenir ses larmes — et pourtant, dans l'ivresse de notre bonheur, nous nous montrons égoïstes, impitoyables ?

— Tu pleures, mon Dieu ! tu pleures, Chérie ?... Je t'en conjure, explique-toi..... Ah ! tu le sais..... je donnerai ma vie pour t'épargner un chagrin... mais je ne te comprends pas ; nous sommes, dis-tu, égoïstes, impitoyables ?

— Et la Korrigan ?

— La Korrigan ?

— Elle, qui nous a comblés de ses dons ! elle, qui, toujours soumise, résignée, a obéi à tous nos désirs, à tous nos caprices !... la Korrigan, qui, selon nos vœux, nous a fait marquis et marquise, et plus tard nous a fait *entrer dans la vie* de Georges Hubert et de Louise, lorsque nous avons voulu chercher encore le bonheur, là où il n'était pas pour nous ! la Korrigan, à qui nous devons cette félicité complète dont nous jouissons à cette heure !..... oui, notre chère petite fée, pensons-nous à elle ? Et pourtant elle n'attend qu'un mot de nous pour aller rejoindre ses sœurs ! et ce mot, avons-nous seulement songé à le dire, maintenant que tous nos désirs sont à jamais comblés pour le présent... et pour l'avenir ?... Nous en convenons nous-mêmes !

— Pour le présent... soit — répondit le jeune homme en hochant la tête — mais pour l'avenir, qui sait ?...

— Ah ! Gilbert... c'est nous qui devons le savoir ! — reprit la jeune femme d'un ton de triste et tendre reproche — sinon nous serions indignes de notre bonheur ! Quoi ! nous avons senti par nous-mêmes les chagrins, les soucis des grandeurs et de la gloire, nous sommes riches à millions... nous nous aimons... nous avons bon cœur, et nous ne pourrions pas assez répondre de l'avenir pour pouvoir dire : *Va-t'en, Korrigan !*...

— Chérie, je t'en prie, calme-toi, ne pleure pas... pour rien au monde je ne voudrais te contrarier ; mais, enfin, raisonnons un peu... Renvoyer tout de suite la Korrigan, c'est d'abord nous priver de notre pouvoir surnaturel.

— Voilà une grande perte ! — reprit Gilberte en haussant les épaules ; — de ce beau pouvoir, il est résulté que madame Badureau nous prend pour M. et madame Bosco !

— Je ne dis pas non, mais enfin.

— Gilbert, mon Gilbert... ce pouvoir serait-il cent fois regrettable, que par bon cœur, par reconnaissance, nous devrions encore y renoncer ! Mon Dieu, rappelons-nous donc ce que nous étions il y a huit jours..... un pauvre lithographe, une pauvre fleuriste, vivant au jour le jour, incertains de notre pain du lendemain... tandis qu'aujourd'hui..... Mais, regarde donc..... ce palais rempli de richesses..... c'est à nous !.... Nous pouvons encore, avant qu'elle nous quitte, demander à la Korrigan autant de millions que tu en voudras ! nous pouvons, grâce à l'argent, obtenir, comme en ce jour, des merveilles, que l'on ne croirait possibles qu'à un enchanteur... et nous ne dirions pas à cette pauvre petite fée, qui depuis deux mille ans attend le moment d'aller rejoindre ses sœurs : — *Va-t'en, Korrigan !* Ah ! Gilbert ! mon Gilbert !... toi .. toi, si bon !... toi, qui jamais ne m'as rien refusé, tu repousserais ma prière ?... tu aurais le courage de faire une action ingrate et méchante ?

— Chérie... je t'en supplie, réfléchis encore à cela : renvoyer la Korrigan, c'est nous priver de son appui, de ses conseils...

— Ses conseils ! la pauvre petite ne nous a-t-elle pas dit cent fois qu'elle ne pouvait nous conseiller !

— C'est vrai... mais...

— Mais elle souffre ! mais elle est comme je serais, si, séparée de toi depuis longtemps, j'attendais de minute en minute l'heure d'aller te trouver ! Mon Dieu, Gilbert, tu ne songes donc pas à cela ?... si demain nous étions séparés, si notre rapprochement dépendait de quelqu'un que tu aurais comblé de bienfaits, ne dirais-tu pas : « Il ne tient

« qu'à celui-là de me rapprocher de ma Gilberte, et il me laisse loin d'elle... Ah ! l'ingrat ! le mauvais cœur !... »

— Si, si... je le dirais... de même que je dis : Ma Gilberte est le meilleur cœur qui soit au monde ! s'écria Gilbert vaincu par la généreuse persistance de sa femme, qu'il serra dans ses bras avec une tendresse passionnée.

— Oui, j'étais un ingrat, oui... j'étais un mauvais cœur... Il a fallu ta voix, ta voix chérie, pour me rappeler à ce qui est juste et bien !... Oui, dussions-nous demain être aussi pauvres qu'autrefois, nous devons rendre la liberté à la Korrigan ! c'est à elle que nous devons le bonheur ; et je le dis, comme toi, de ce bonheur nous serions indignes, si nous ne pouvions répondre maintenant de notre avenir ! Oui, quand tu le voudras, à l'instant même, je suis prêt à le répéter après toi : — *Va-t'en, Korrigan, va-t'en !*

— Bons cœurs ! dit la douce voix de l'invisible fée. — Bons cœurs ! ô prodige ! la richesse n'a pas altéré leur bonté native !

— Vous avez entendu Gilberte, chère petite fée ? — reprit le jeune homme. — Vous qui savez tout, vous devez savoir qu'après avoir cédé à la méchante pensée de vous garder près de nous, je suis maintenant aussi décidé que ma femme à vous rendre la liberté ?

— Oui, répondit la voix joyeuse et attendrie de la Korrigan. — Je sais que, grâce à vous, je vais aller enfin rejoindre mes sœurs ! je sais que tous vos vœux sont comblés, je sais que c'est du cœur et des lèvres que vous allez me dire : *Va-t'en, Korrigan !*

— Chérie — reprit Gilbert — ton cœur vaut mieux que le mien ! ta raison vaut mieux que la mienne ; fixe toi-même le chiffre des millions que nous voulons demander à la Korrigan avant qu'elle nous quitte pour toujours.

Gilberte réfléchit un instant et répondit :

— Quand nous avons entendu nos domestiques parler de nous, ils prétendaient qu'avec dix millions l'on avait cinq cent mille livres de rente ? Est-ce vrai Korrigan ?

— Oui — répondit la douce voix, — c'est vrai.

— Ne trouves-tu pas, Gilbert, que c'est assez ? cinq cent mille livres de rentes ? Notre intendant nous a dit, et il nous l'a prouvé, qu'en dépensant cette somme l'on pouvait avoir la meilleure maison de Paris ?

— Va pour cinq cent mille livres de rentes, Minette ! à ce que tu décideras, je souscris d'avance !

— Nous demanderions à notre chère Korrigan vingt millions, cent millions, à quoi cela nous servirait-il ? Déjà aujourd'hui, après avoir acheté, acheté, acheté... d'abord avec grand plaisir, ne commencions-nous pas à nous lasser de jeter l'argent par la fenêtre ? et puis que veux-tu que je te dise, mon Chéri, il me semble que ce serait de notre part comme une insolence d'oser demander davantage ? Cette fortune que nous n'avons pas gagnée, qui nous tombe du ciel, est déjà si considérable ! Cinq cent mille livres de rentes ! et ce bel hôtel... n'est-ce donc point assez ?

Le fait est, Minette, que l'on peut à la rigueur vivre à moins de frais !

— Chère petite Korrigan — ajouta Gilberte, — nous voulons avoir dix millions.

— Dix millions — reprit Gilbert — renfermés dans un coffre que nous trouverons tout à l'heure dans notre chambre à coucher.

— C'est fait — répondit la voix, — lorsque vous entrerez chez vous, vous y trouverez les dix millions.

— Et maintenant adieu, chère petite Korrigan — reprit mélancoliquement Gilberte ; — vous qui savez tout, vous devez lire dans notre cœur ; ce n'est pas le pouvoir dont grâce à vous nous jouissions, que nous regrettons. En ce moment... non ! ce que nous regrettons, c'est de vous quitter pour toujours, à vous à qui nous devons notre bonheur.

— Oh ! ma femme a raison ; jamais, oh ! jamais nous n'oublierons que vous nous avez choisis pour vos préférés, parmi tant de pauvres gens qui, plus que nous peut-être, avaient droit à votre protection.

— Celui qui me retient dans ce *monde-ci* m'avait dit : « Une fois par chaque siècle, luira pour toi un jour... un « seul jour pendant la durée duquel, ta délivrance devien- « dra possible... » — répondit la voix de la Korrigan ; — « mais durant ce jour-là, tu ne pourras être délivrée que « par deux BONS cœurs qui, après une BONNE action, s'in- « téresseront à toi par BONTÉ, et te rendront la liberté par « BONTÉ, si chez eux la BONTÉ l'emporte sur l'insatiable « avidité de désirs naturelle à l'humaine espèce !!! » Vingt siècles et plus s'étaient écoulés, sans que toutes les conditions nécessaires à ma délivrance se soient rencontrés ! Le destin a voulu que ces conditions soient remplies par toi Gilbert et par toi Gilberte, qui êtes BONS et à votre BONTÉ j'aurai dû de quitter ce monde-ci pour aller ailleurs rejoindre mes sœurs.

— Korrigan, une question ? — reprit Gilbert. — Lorsque vous nous avez demandé si nous voulions rester dans la vie du marquis de Montlaur, ou dans la vie de Georges Hubert et de Louise, pourquoi avez-vous choisi des moments si critiques, qu'à moins d'être fous, nous ne pouvions que vous répondre : « Oh ! à aucun prix nous ne « voulons rester dans ces vies-là ! »

— Gilbert a raison, chère Korrigan ! vous, étiez au contraire, presque certaine de nous entendre vous dire : *Va-t'en, Korrigan*, si vous nous aviez interrogés au moment où nous étions ravis *d'être* le marquis et la marquise, ou *d'être* Georges Hubert et Louise ?

— Sans doute, vous m'auriez dit : Va-t'en, Korrigan ; mais ces mots fatidiques prononcés, il ne m'était plus permis de rester près de vous, quand même je l'aurais désiré ; ainsi, tout à l'heure, lorsque vous m'aurez dit :

Va-t'en, je devrai vous quitter pour toujours... pour toujours !

— Mais en choisissant de si fâcheux instants pour nous interroger, Korrigan, vous reculiez d'autant l'heure probable de votre délivrance ?

— Oui, mes amis, mais votre bonté ingénue et charmante me touchait, et je vous épargnais le malheur irréparable de faire un mauvais choix; il m'était défendu de vous conseiller, mais il m'était permis au risque de prolonger mon séjour en ce monde-ci, de choisir l'instant de vous proposer d'accepter ou d'abandonner les existences dans lesquelles vous étiez entrés !

— Ainsi, bonne Korrigan, c'est par générosité, par affection pour nous, que vous avez ainsi retardé l'heure presque assurée de votre délivrance ?

— Oui, mes amis, les BONS CŒURS sont si rares !

— Entends-tu, Gilbert ? et nous hésitions à lui rendre sa liberté, à cette chère petite fée !

— Ne dis pas *nous*, Chérie ! C'était moi, moi seul qui hésitais ! Oh ! je le répète, ton cœur est cent fois meilleur que le mien !

— Ainsi, chère Korrigan, c'est un éternel adieu que nous allons vous dire ?

— Oui, dès que vous aurez prononcé ces mots : *Va-t'en !* je ne pourrais rester dans ce monde-ci... lors même que je le voudrais.

— Et cette fois, Korrigan, pensez-vous que nous ayons enfin trouvé le bonheur ?

— Ce que je pense là-dessus, il ne m'est pas permis de vous l'apprendre; quant à votre avenir, il est voilé à mes yeux comme aux vôtres, je vous l'ai déjà dit, mes amis.

— Et moi, Korrigan, je suis plus fameuse devineresse que vous ! Je suis certaine que dès ce jour notre bonheur est pour toujours assuré... n'est-ce pas, Gilbert ?

— Tout me fait croire, Chérie, que tu devines juste. Je suis tes conseils les yeux fermés, certain, quoi qu'il arrive, de pouvoir me dire : « Ma Gilberte a voulu rendre « sa liberté à notre bienfaitrice, c'était juste; j'y ai consenti. Fais ce que dois, advienne que pourra ! Le proverbe est vieux, mais il est bon. »

— Ainsi, chère Korrigan, nous ne vous reverrons jamais ?

— Jamais ! — répondit mélancoliquement la voix — jamais dans ce monde-ci...

— Et dans les autres, ne nous reverrons-nous pas, chère Korrigan ? — reprit Gilbert — puisque l'on ne meurt point, et que l'on va toujours revivre de monde en monde dans les étoiles... selon vous du moins.

— Non pas selon moi, mes amis, mais selon *ce qui A ÉTÉ, EST et SERA de toute éternité* — répondit la voix. — Ayez cette croyance, que les DRUIDES enseignaient à vos pères les GAULOIS (1), et comme eux vous serez délivrés de cette vaine et ridicule peur de la mort, qui en ce monde-ci attriste toujours ce moment fortuné où la vie se transforme pour se continuer dans une autre existence, remplie de mystères et de nouveautés enchanteresses Oui, mes amis, ayez, conservez cette foi à *l'éternité de la vie, âme et corps, esprit et matière*, et quel que soit le sort que l'avenir vous réserve, et que comme vous j'ignore, vous ne craindrez pas de quitter cette terre-ci. Non, vous partirez pleins d'allégresse et de curiosité, puisque vous serez guéris de la peur de *la mort*... la mort ! invention fort absurde, mais fort fructueuse, imaginée pour leurs intérêts par les pontifes de Rome ! Adieu donc, mes amis; je vais vous attendre dans l'un de ces mondes nouveaux où chacun retrouve ceux-là qu'il a aimés, et où je vous retrouverai, ô mes sœurs !

— Et vos sœurs ne vous attendront pas longtemps, chère petite fée — reprit Gilberte. — Adieu... adieu, nous ne vous oublierons jamais. — Et se retournant vers son mari : — Allons, mon Gilbert... du courage ! et il en faut pour se décider à quitter une pareille amie, une si adorable bienfaitrice !

— Heureusement nous la retrouverons un jour... puisqu'elle nous assure que... — mais s'interrompant : — Korrigan, un dernier vœu si vous pouvez l'exaucer ?

— Parlez, mes amis.

— Vous nous dites : *Croyez que la mort n'existe point*... Nous ne demandons pas mieux que de vous croire ; mais... vous concevez, Korrigan, nous sommes, ainsi que tant d'autres bonnes gens, habitués à croire bêtement que l'on meurt. C'est stupide, mais c'est ainsi... Or, si vous pouvez nous la donner, cette croyance, que vous nous dites d'avoir, dame... donnez-nous-la !

— Oh ! oui, si cela se peut, chère Korrigan... faites-le... ce sera notre unique et dernier vœu.

— C'est fait ! — répondit la voix. — Cette croyance à *l'éternité de la vie, âme et corps, esprit et matière*, cette croyance, vous l'avez !

— C'est ma foi vrai ! c'est fait !... Nom d'un petit bonhomme voilà qui est singulier, Chérie ! — reprit soudain Gilbert en s'écoutant pour ainsi dire penser, ressentir et croire ; — je serais sur le point de m'en aller d'ici, *pour aller ailleurs*, ainsi que s'exprime la Korrigan, que je te dirais gaiement : « — A tantôt, Minette... ne te presse pas, « j'ai le temps, je vais t'attendre là-bas ! pour voir en- « semble toutes les merveilles de ces mondes curieux et « inconnus où nous allons revivre... »

— Et moi, Chéri, je sens que je te dirais non moins gaiement : — « Un instant, monsieur Bibi... l'on ne s'en « va pas comme ça les uns sans les autres... Je ne veux

---

(1) Voir dans l'Encyclopédie nouvelle l'admirable article DRUIDISME, par notre illustre ami *Jean Raynaud*. — La livraison séparée où se trouve cet article se vend 1 fr. 50 ou 2 fr.

« pas rester seule dans ce monde-ci... je pars avec toi. »
— Parbleu ! ou bien encore nous dirions : « Ah ! bah ! « c'est ennuyeux, ce monde-ci ; allons dans un autre ! » Mon Dieu, oui ! pas plus gênés que ça !... Ah ! tenez, chère petite fée, grâce à nos millions, et surtout grâce à la foi que vous nous avez donnée... nous vous disons de tout cœur : *Va-t'*...

— Gilbert ! — s'écria la jeune femme en interrompant son mari au moment où il prononçait les paroles fatidiques. — avant de nous séparer de notre chère petite fée, demandons-lui de se montrer encore à nous sous sa gentille enveloppe... O bonne Korrigan ! faites que nous vous voyions une dernière fois, chère et généreuse bienfaitrice.

— Que vos vœux soient comblés, mes amis, — répondit la douce voix.

Aussitôt Gilbert et Gilberte virent poindre à peu de distance, et au milieu de la transparence de cette belle nuit d'été, une lueur d'abord azurée ; elle devint de plus en plus vive, à mesure qu'apparaissait plus distinct le petit corps rose et diaphane de la Korrigan, qui rayonnait cette lumière, bientôt éclatante comme de l'argent en fusion. La mignonne fée, entourée de son éblouissante auréole, allait, venait, bondissant dans l'espace, envoyant des baisers aux deux époux ; ses traits enchanteurs exprimaient la joie, l'attendrissement, et elle répétait de sa petite voix douce et sonore :

— Bons cœurs ! je vous dois le bonheur d'aller rejoindre mes sœurs... bon cœurs !

Les deux jeunes gens suivaient d'un œil humide et ravi les mouvements de la Korrigan, et lui renvoyaient des baisers.

— Jamais nous n'oublierons vos bienfaits, chère petite fée — disait Gilbert. — Adieu, et à revoir !

— Adieu, et à revoir !... tous nos souhaits sont comblés, vous nous laissez heureux... pour toujours heureux ! — reprit Gilberte ; et la jeune femme, enlaçant son mari dans ses bras avec une sorte d'anxiété invincible, au moment de prononcer les paroles solennelles qui rendaient la petite fée à la liberté, s'écria :

— Maintenant, nous le disons du cœur et des lèvres... VA-T'EN... KORRIGAN !

— VA-T'EN, KORRIGAN ! — répéta Gilbert partageant l'indéfinissable émotion de sa femme et la serrant contre son sein, en attachant comme elle ses regards sur la Korrigan.

A peine les mots sacramentels eurent-ils été prononcés, que la gentille fée jeta un petit cri de joie et s'écria :

— Oh ! les bons cœurs !! Adieu, Gilbert... Adieu, Gilberte... Je vais enfin rejoindre mes sœurs.

Et de même qu'un aérostat longtemps captif s'élance irrésistiblement dans les airs lorsque sont rompus les liens qui l'attachaient à la terre, la Korrigan monta vers les cieux avec une rapidité vertigineuse. Gilbert et Gilberte, la suivant d'un œil ébloui, n'aperçurent bientôt plus dans l'espace qu'un point lumineux luttant d'éclat avec les étoiles, et qui, s'élevant à une hauteur incommensurable, alla, pour ainsi dire, se fondre dans le scintillement diamanté de l'un de ces millions d'astres dont est constellé le firmament.

XXXII

Six mois environ s'étaient passés depuis l'établissement de Gilbert et de Gilberte à l'hôtel d'Orbeval.

La mère Badureau remplissait toujours les importantes fonctions de concierge dans la maison, où avaient autrefois demeuré le lithographe et la fleuriste : huit heures du matin venaient de sonner, et, fidèle à ses habitudes, madame Badureau prenait son café au lait, en compagnie de la voisine qui lui servait d'aide lors de ces fastueux repas qu'elle improvisait jadis pour ses deux locataires : la portière semblait soucieuse, distraite, préoccupée ; de temps à autre elle s'interrompait de manger pour jeter un regard oblique et inquiet vers la soupente où se trouvait placé son lit ; puis, étouffant un soupir elle continuait de déjeuner. Son gros chat noir, qu'elle appelait *Robinet*, ne paraissait plus absorber toutes ses pensées comme autrefois, et lors de ces moments de fréquente distraction où elle semblait plongée, si le matou venait se frotter aux jambes de sa maîtresse en faisant entendre ses *ronrons* sonores, au lieu d'être tendrement caressé par elle sur l'échine, il recevait parfois un coup de pied *dicté* par l'impatience ; ces ingrates brusqueries à l'endroit des ronrons de *Robinet* prouvaient surabondamment les profonds changements survenus dans le caractère de madame Badureau. Donc, ce matin-là, en prenant leur café, les deux vieilles s'entretenaient ainsi :

— Oui, ma chère — disait la voisine — quoiqu'il y ait plus de six mois qu'ILS sont allés occuper ce superbe hôtel d'Orbeval, on jase autant sur eux dans le quartier Saint-Germain que le premier jour. On en jase même davantage ! car enfin, madame Badureau, il n'y a qu'un cri ou plutôt il y a mille cris. Et l'on se dit : « Comment « un lithographe et une fleuriste sont-ils devenus si riches, si richissimes ? » — car il paraît qu'ils font des dépenses, mais des dépenses... à preuve que... — Puis voyant la portière jeter encore les yeux du côté de la soupente, la voisine ajouta : — Allons, bon, madame Badureau ! voilà encore que vous ne m'écoutez pas et que vous regardez du côté de votre soupente.

— Moi ?
— Pardi.
— Pas du tout... je cherchais où était *Robinet*.
— Vous l'avez sur vos genoux.
— Tiens, c'est vrai !

— Décidément, madame Badureau, vous avez quelque chose, depuis deux mois vous avez l'air tout ahuric...

— C'est la suite des malheurs que j'ai *zévus!* laissez-moi tranquille.

— Moi, ce qui m'étonne toujours, c'est que vos anciens locataires, qui sont devenus assez richissimes pour faire des dépenses qui font dresser les cheveux sur la tête, ne vous aient pas assuré un sort?

— Ils m'en ont fait un sort! puisque lorsqu'ils étaient prince polonais et fille d'un milord anglais, ils m'ont fait cadeau de deux mille francs qu'ils m'ont jetés la nuit par le carreau de ma loge... qu'ils ont cassé d'un coup de poing, que j'ai placés à la caisse d'épargne. Braves jeunes gens! je me serais fait hacher pour eux en chair à pâté!

A ce moment, un homme de la figure la plus inoffensive du monde, ayant frappé à l'une des vitres de la porte prudemment fermée à double tour, madame Badureau se leva, ouvrit une sorte de vasistas, fermé d'un carreau mobile, et jetant un regard soupçonneux sur cet inconnu, elle lui dit brusquement :

— Qu'est-ce que vous voulez?

— Monsieur Godard?

— Il n'y est pas.

— Mais, madame...

— Quand je vous dis qu'il n'y est pas...

— Madame, permettez..... Godard lui-même m'a dit hier que...

— Il n'y a pas de Godard qui fasse, il est sorti ce matin pour aller au bain.

— Voici qui est fort extraordinaire, Godard m'avait dit textuellement hier...

— Eh bien! il est mort... là! Vous allez peut-être vous en aller maintenant?

— Justes dieux, ma chère dame, ne plaisantez pas ainsi... un ami de vingt ans!... Pauvre Godard !...

— Voyez-vous ce vieux gueux-là, comme il s'acharne à rester, pour rôder autour de ma loge? dit tout bas à sa voisine madame Badureau d'un air de plus en plus méfiant. — Quels yeux il fait! s'ils étaient des pistolets, il me tuerait pour entrer ici...

La défiance rendait madame Badureau souverainement injuste, car jamais homme ne fut doué d'une physionomie plus honnête, plus débonnaire que celle de ce visiteur; et il reprit du ton le plus candide :

— Puisque Godard est sorti, ma chère dame, je vais, s'il vous plaît, l'attendre dans votre loge... il ne peut tarder à rentrer du bain.

— Quand je vous le disais! — murmura tout bas madame Badureau à sa voisine — il veut forcer ma porte! Pour sûr c'est un voleur, il n'attend que le moment de faire son coup. — Et elle reprit tout haut d'un ton courroucé : — Entrer dans ma loge! Essayez un peu... jour de Dieu! et vous verrez!... si je ne crie pas à la garde...

— Pardon, ma chère dame, alors j'attendrai Godard dans la cour, s'il vous plaît...

— Ça ne me plaît pas non plus, il n'y a que les locataires qui aient le droit de rester dans la cour!

— Alors, ma chère dame, j'attendrai, s'il vous plaît dans la rue — répondit le visiteur débonnaire en se retirant et fermant sur lui la porte cochère.

— Ce brigand-là va rester au guet à espionner la maison pour manigancer son coup! — reprit madame Badureau, — A-t-il une mauvaise figure !

— Si celui-là a une mauvaise figure, par exemple...

— Je suis sûre qu'il ne va pas bouger de devant la porte maintenant !...

— Dame! puisqu'il y attend M. Godard, c'est tout simple... Vous voyez partout des voleurs; on dirait que vous craignez qu'ils vous prennent un trésor?

— Ah! ah! ah! en voilà une bonne! — fit madame Badureau en riant d'un air contraint — quel trésor voulez-vous que j'aie à l'exception de mon titre de la caisse d'épargne que je dois à mes deux anciens locataires.

— Ils ne vous ont guère donné gros, pour des gens si richissimes; car, pour en revenir à leurs dépenses, l'on dit dans le quartier qu'ils ne mangent que dans l'or massif, qu'ils couchent dans des draps de velours brodés de pierreries, qu'ils prennent des bains d'eau de Cologne toute pure, et que chaque bain revient à plus de dix mille francs!... Hein, madame Badureau, en voilà un luxe !

Cet entretien fut de nouveau interrompu par le tintement de la sonnette du dehors; madame Badureau tira le cordon, la porte s'ouvrit, se referma et un homme de noir vêtu, d'une figure sévère, frappa aux carreaux de la loge avec un certain air d'autorité.

— En voilà un qui frappe ni plus ni moins que s'il était le propriétaire — dit madame Badureau en se levant. Et s'adressant brusquement à ce nouveau venu, elle lui dit :

— Qu'est-ce que vous voulez?

— Ouvrez! — répondit impérieusement l'inconnu — ouvrez!

— Ouvrez! ouvrez! vous êtes encore bon là, vous... et pourquoi donc que je vous ouvrirais?

— Parce que je suis le commissaire de police du quartier.

— Le commissaire! — s'écria la portière avec cet accent de crainte respectueuse que cause toujours la présence de ces fonctionnaires. — Ah, mon Dieu!... vous êtes le commissaire?

— Vous le voyez bien — répondit le magistrat en montrant le bout d'une écharpe qu'il sortit de sa poche.

A l'aspect de cet insigne, la portière se hâta d'ouvrir sa porte, après avoir jeté un nouveau regard d'inquiétude sur sa soupente.

Le commissaire entra dans la loge et dit à la voisine :

— Madame, veuillez nous laisser seuls.

La voisine sortit fort contrariée de ne pouvoir assister à un entretien qui piquait singulièrement sa curiosité; le magistrat et madame Badureau restèrent seuls.

— Madame — dit le commissaire en s'asseyant — répondez, je vous prie, à quelques-unes de mes questions.

— Je vous écoute, monsieur le commissaire.

— Vous avez eu ici, pour locataires, un jeune homme et sa femme, qui exerçaient les métiers de lithographe et de fleuriste?

— Oui, monsieur.

— Ce lithographe s'appelait Gilbert?

— Oui, monsieur.

— Quelles étaient la conduite, les mœurs, les habitudes de jeune ménage?

— De vrais tourtereaux, monsieur le commissaire; ils faisaient dans les premiers temps bien gentiment leur état, payaient leur petit terme rubis sur l'ongle, travaillaient toute la semaine, ne recevaient jamais personne, ne sortaient que le dimanche, ne fêtaient jamais le lundi, et...

— Pardon, vous avez dit qu'ils se conduisaient ainsi *dans les premiers temps?* Vous auriez donc postérieurement remarqué quelque changement survenu dans la conduite de ces deux jeunes gens?

— Naturellement, monsieur le commissaire, il y a eu du changement lorsque monsieur Gilbert est devenu un prince polonais déguisé?

— Comment! un prince polonais déguisé?

— Oui, mais ça, c'était avant qu'il ne se soit fait connaître par ses tours de gobelets pour le fameux monsieur *Bosco* en personne...

— Que diable me contez-vous là?

— Dame, monsieur le commissaire, je vous conte ce que je sais, moi...

— Voyons si je vous comprends bien : vous dites qu'après avoir longtemps exercé son métier de lithographe, monsieur Gilbert vous a laissé croire, ou vous a donné à croire qu'il était un prince polonais déguisé?

— Certainement, puisque sa femme était la fille d'un milord anglais...

— Mais qui vous autorisait à croire ces choses?

— La générosité de monsieur Gilbert! Un jour il m'a donné deux mille francs tout d'un coup, et pour un dessinateur lithographe, qui payait cinquante écus de loyer et qui déjeunait avec sa femme pour un sou de lait, comme des chats... un cadeau de deux mille francs... vous concevez...

— Mais monsieur Gilbert vous a-t-il dit quelque chose qui pût vous confirmer dans cette croyance : qu'il était réellement un prince polonais, et sa femme la fille d'un seigneur anglais?

— Oui, monsieur, à preuve qu'il m'a dit qu'il craignait que le père de sa dame ne vienne la lui ravir à la tête de son *clan* : même que j'ai dit que dans ce cas-là : « ça serait « une vieille canaille de milord; » mais c'était dans le temps où je n'avais pas encore reconnu monsieur Gilbert pour le fameux Bosco.

— Et à quoi avez-vous reconnu que monsieur Gilbert était soi-disant monsieur Bosco?

— Je l'ai reconnu à ses tours de gobelets.

— Ah ça, monsieur Gilbert faisait donc aussi des tours de gobelets.

— De magnifiques! Ainsi, moi qui vous parle, je l'ai vu changer une commode en chameau, comme je vous vois, monsieur le commissaire; et une autre fois que monsieur Gilbert et sa femme avaient passé plusieurs nuits dehors...

— Un instant! arrêtons-nous à ce fait : vous m'avez dit que d'abord monsieur Gilbert et sa femme menaient la conduite la plus régulière?

— Oui, monsieur.

— Mais à vous entendre, il semblerait que depuis qu'ils vous ont donné à croire qu'ils étaient d'abord de grands personnages déguisés, puis des joueurs de gobelets, leur conduite se serait dérangée, puisqu'ils auraient passé plusieurs nuits dehors. Ces absences nocturnes étaient-elles fréquentes? à quelle heure de la nuit sortaient-ils et rentraient-ils?

— Quant à cela, monsieur, je n'en sais rien de rien.

— Il est singulier qu'en votre qualité de portière vous n'ayez vu, à cette époque, ni entrer, ni sortir les locataires dont nous parlons, et que vous affirmiez cependant qu'ils ont passé plusieurs nuits dehors de chez eux... Etes-vous bien certaine de ce fait?

— Pardi, monsieur! j'avais leur clef... je montais, je suppose, chez eux de grand matin, je ne les trouvais pas, je remportais la clef, je remontais une heure après; cette fois ils étaient dans leur chambre, et pourtant je ne les avais pas vus rentrer... quoique je n'aie pas bougé de ma loge.

— Alors, ils avaient à leur disposition une issue autre que celle de la porte cochère?

— Non, monsieur.

— C'est impossible! mais dites-moi : Est-ce que la fenêtre de leur chambre donnait sur une terrasse à l'aide de laquelle il leur eût été facile de gagner les maisons voisines?

— Ah bien oui! pour sortir de leur mansarde, par les toits, il aurait fallu être un vrai chat... et encore risquer de se casser le cou!

— Alors comment vous expliquez-vous ces excursions nocturnes? Comment surtout pouvez-vous croire que vos locataires aient pu sortir de la maison ou y rentrer sans être vus de vous?

— C'était un pur effet de la poudre à *perlinpinpin*, monsieur le commissaire.

— Parlons sérieusement, je vous prie !

— Je vous jure par les cendres de défunt Badureau, monsieur le commissaire, que j'ai vu mes deux locataires s'escamoter eux-mêmes, ainsi que M. Bosco l'annonçait dans ses affiches, de façon que sans les voir, j'entendais leurs voix qui me parlaient quasi à l'oreille.

— M. Gilbert et sa femme étaient donc ventriloques ?

— Incomparables ventriloques, monsieur le commissaire.

— Vous n'avez pas eu depuis longtemps de rapports avec M. et madame Gilbert ?

— Non, monsieur, ils ont envoyé dans le temps leur intendant payer le dernier terme courant, et chercher leur petit mobilier, auquel ils tenaient beaucoup. Enfin, tout ce que je peux dire, c'est qu'ils étaient la crème des gens.

Le commissaire garda un moment le silence, réfléchit et reprit :

— La chambre autrefois habitée par M. Gilbert et sa femme est-elle occupée ?

— Non, monsieur.

— A quel étage se trouve-t-elle ?

— Au cinquième, la porte en face de l'escalier.

— Avez-vous la clef de cette chambre ?

— Oui, monsieur.

— Donnez-la moi, je veux aller visiter moi-même cette mansarde.

— Voici la clef, monsieur le commissaire; si je pouvais quitter ma loge, je vous conduirais.

— C'est inutile... ainsi cette chambre est au cinquième, la porte en face de l'escalier.

— Oui, monsieur le commissaire.

Le magistrat prit la clef et sortit de la loge tandis que madame Badureau se livrait au monologue suivant :

— A propos de quoi M. le commissaire vient-il ainsi jaboter avec moi de mes anciens locataires, mes bienfaiteurs ! il est curieux comme une pie... — Puis jetant de nouveau un regard inquiet du côté de sa soupente : —
— Si j'apprenais au commissaire que... j'ai... là... hum... ça serait un fier débarras... pour moi ! car j'en sèche et je n'en dors pas... Robinet ne peut pas la nuit courir après une souris que je ne croie que c'est un voleur... — Puis réfléchissant : — Non... non... motus... c'est embêtant !... mais c'est sacré !... plutôt la mort !

Et madame Badureau retombant dans ses réflexions en fut retirée par le retour du commissaire qui lui remettant la clef lui dit :

— C'est bien, j'ai visité la chambre... Est-ce que le toit de la maison a subi quelques réparations depuis que monsieur et madame Gilbert n'occupent plus cette mansarde ?

— Non, monsieur.

— Ainsi la toiture est absolument dans le même état où elle se trouvait lorsqu'ils ont quitté cette maison ?

— Oui, monsieur.

— Savez-vous pour le compte de quel marchand d'estampes travaillait M. Gilbert lorsqu'il était dessinateur lithographe ?

— Son patron se nommait M. Maurice, boulevart Saint-Denis.

— *M. Maurice, boulevart Saint Denis*, — dit le commissaire en inscrivant cette adresse sur son carnet. — Et il reprit : — Savez-vous aussi pour quel marchand travaillait madame Gilberte lorsqu'elle était fleuriste ?

— Oui, monsieur; c'était madame Batton, demeurant rue de Richelieu, qui occupait madame Gilberte.

— *Madame Batton, rue de Richelieu*, — écrivit encore le commissaire sur son carnet, puis, le remettant dans sa poche, il dit à madame Badureau en se préparant à sortir :

— Vous êtes certaine que votre mémoire est fidèle, quant aux renseignements que vous venez de me donner sur vos anciens locataires ?

— J'en mettrais la main au feu, monsieur le commissaire.

— Très-bien... au revoir, madame, car j'aurai peut-être d'autres renseignements encore à vous demander.

— A votre service, monsieur le commissaire, — répondit madame Badureau en tirant le cordon au magistrat qui sortit. — Après quoi la portière se dit d'un air méditatif : — A qui en veut-il donc avec ses renseignements ce bavard de commissaire ? — Puis se frappant le front : — J'y suis... je parie que le gouvernement veut *décorer* M. Gilbert ! ma foi... un homme si riche, ça lui serait bien dû ! mais avant, le gouvernement envoie aux renseignements ! c'est ça !

XXXIII.

Plusieurs jours après l'entretien du commissaire de police et de madame Badureau sur Gilbert et sur Gilberte, le général Poussard et sa femme, arrivés la veille de l'Anjou, lieu de leur résidence, étaient, selon le désir de Louise, descendus dans le même hôtel garni, où elle s'était rendue, lors de son premier voyage à Paris, voyage entrepris pour dire à Georges Hubert : — *Je vous aime.*

Onze heures du matin sonnaient ; les deux époux déjeunaient dans un petit salon, séparant les deux chambres à coucher qu'ils occupaient dans cette auberge.

Le général Poussard était moralement et physiquement méconnaissable : ses moustaches et son impériale rasées, ses cheveux blancs assez longs, tombant derrière ses oreilles, sa large face luisante et enluminée, ses lunettes bleues, sa redingote violâtre, étroitement boutonnée jusqu'au cou, son pantalon noir, ses bas de laine de même couleur, ses souliers lacés, son chapeau à larges bords, lui donnaient la tournure et la physionomie de quelque gros chanoine en habit séculier ; fidèle à ses projets formés dans l'hypothèse où se réaliserait cette prédiction : « qu'il aurait « la colique toutes les fois qu'il voudrait se battre en duel, » l'ex-spadassin, le lendemain de sa rencontre avec Georges Hubert, avait quitté Paris en compagnie de M. Rapin et de Louise, très-satisfaite d'ailleurs de ce départ, où elle voyait une garantie de plus contre toute tentation ou occasion de revoir le poëte. Grâce aux deux cent mille francs de la dot de sa femme, payés par son père le jour de son mariage, qui eut lieu presque incognito à Angers, le général acheta près de la ville, dans cette province renommée par ses abondants produits culinaires et vinicoles, une propriété isolée, boisée, fort giboyeuse ; il y vécut dans une retraite absolue, mangeant comme un ogre, buvant comme une outre, dormant comme loir, chassant comme un Nemrod, et se donnant ainsi le plaisir de respirer encore l'odeur de la poudre ; durant le printemps et l'été il jardinait en fumant sa pipe, et s'adonnait passionnément à l'élève des lapins, innocente distraction ; durant les longues soirées d'automne et d'hiver, il dînait longuement, plantureusement, au retour de la chasse, et commençait à s'enivrer au dessert, en mangeant des noix et buvant quatre ou cinq bouteilles de vieux vin de Vouvray, après quoi une robuste servante angevine, spécialement attachée au service du général, le conduisait jusqu'à son lit chaudement bassiné où il dormait du sommeil du juste.

Malgré les jouissances de cette vie animale, l'ex-spadassin passait parfois, comme on dit — « de mauvais, de très-« mauvais *quarts d'heure,* » — incomplète expiation du sang répandu par lui ! D'abord il songeait souvent avec amertume à l'ignominie, au ridicule dont était couvert son nom, si redoutable jusqu'au jour de son duel malencontreux ; puis, quoiqu'il vécût dans un isolement absolu, lorsque d'aventure il rencontrait quelque voisin, et jugeant autrui selon lui-même, il craignait toujours *qu'on lui cherchât querelle,* et qu'ainsi l'on abusât de ce qu'il appelait *son infirmité ;* cette crainte devenait une sorte de monomanie : car il se rappelait avec terreur ses émotions durant ce duel où il s'était vu couvert de honte. Un jour ses craintes se réalisèrent cruellement : il chassait aux confins de sa propriété, non loin d'une haie de clôture, son chien (il l'appelait *Tambour* par ressouvenir de guerre), son chien tombe en arrêt sur une compagnie de perdreaux, ils se lèvent et passent au dessus de la charmille ; le général tire ses deux coups de fusil, l'un des perdreaux tombe, tandis que l'autre, à demi blessé, abaisse lourdement son vol. Presque aussitôt, deux autres coups de feu partent de derrière la haie, à travers laquelle *Tambour* avait déjà pénétré, afin d'aller chercher le gibier tué par son maître ; mais, soudain, *Tambour* pousse des hurlements douloureux. L'ex-spadassin, contourne la clôture et se trouve en face d'un jeune homme, qui d'une main tenant son fusil par le canon, assommait de coups de crosse le malheureux chien, auquel il voulait en vain arracher le perdreau mort, que l'intelligent animal s'obstinait rapporter à son maître ; celui-ci, dans le premier moment de sa colère, court au jeune homme en s'écriant d'une voix menaçante :

— Mille millions de tonnerres!!!

— Tous les millions de tonnerres du diable ne m'empêcheront pas de déclarer que j'ai tué ce perdreau... et je le prends — répondit le chasseur, parvenant à enlever l'oiseau de la gueule du chien, auquel il cassa une patte d'un violent et dernier coup de crosse. A cette blessure, le pauvre *Tambour* poussa des cris atroces, tandis que le chasseur, s'adressant au général tremblant et livide de rage, reprenait : — Je soutiens que j'ai tué ce perdreau et blessé l'autre ; si vous n'êtes pas content... dites-le ?

Les victimes du duelliste auraient tressailli d'aise dans leurs tombes, si elles avaient pu connaître la torture qu'en ce moment il éprouvait ; le bon droit était pour lui, il avait tiré et tué du gibier levé sur sa terre, et l'autre chasseur, ayant quelques instants après vainement tiré sur le même gibier, le revendiquait, et, pis encore, mutilait le chien qui le rapportait à son maître. Enfin ce chasseur, jeune homme de vingt ans, insultait grossièrement un homme à cheveux blancs, puisque l'âge blanchissait la tête de l'ex-spadassin. Non ! il est impossible d'exprimer ce que celui-ci éprouva lorsqu'il vit *Tambour* se traîner vers lui, en hurlant et tenant à demi soulevée sa patte blessée ; le général sentit le sang lui monter aux yeux ; la fureur l'aveuglait, il saisit sa poire à poudre afin de recharger précipitamment son arme se disant :

— Ah ! ce n'est pas ici un duel... je n'aurai pas la colique pour lui f...lanquer un coup de fusil... à ce gueux qui a cassé la patte à *Tambour*.

Mais au moment où il versait la poudre dans le canon de son fusil, ce spadassin féroce, qui, sans pâlir, avait entre autres assassiné à bout portant un enfant de dix-huit ans malgré les larmes de sa mère, ce spadassin, contradiction inexprimable, recula devant ce nouveau meurtre, qui, comparé à ses autres meurtres, eût été du moins explicable ; il jeta au loin son arme avec désespoir, prit son chien entre ses bras et l'emporta... pleurant de douleur et de rage, tandis que le jeune chasseur lui criait de loin en ricanant :

« — Bien des choses chez vous, monsieur Morisset ! En » votre qualité d'ancien notaire, vous allez peut-être me » faire un procès ? mais je m'en f...iche comme de vous, » mon vieux ! »

Le général avait pris le nom de *Morisset* et se qualifiait d'ancien notaire, afin de cacher son nom et sa honte ; car dans son orgueil fanfaron il se croyait beaucoup plus connu qu'il ne l'était réellement. Cette juste, mais incomplète expiation de tant de sang versé par lui, éveilla pour la première fois dans son âme, non pas un remords, mais une sorte de retour sur le passé; aussi regagnant sa maison en portant *Tambour* sur ses épaules, il se disait avec une poignante amertume en dévorant ses larmes :

« — Ah dame!... chacun son tour, mon pauvre vieux!... « on te fait ce que tu as fait aux autres !... »

La réaction morale de cette aventure eut un effet puissant sur le général, et lui donna la jaunisse; sa bile, échauffée par le bouillonnement de sa colère forcément contenue, filtra dans son sang. Cette maladie fut longue; mais Louise, fidèle aux devoirs qu'elle s'était volontairement imposés, combla de soins son mari fort étonné de trouver en elle une sollicitude presque filiale.

Louise vivait aussi heureuse qu'elle pouvait l'être, grâce à la transformation du spadassin. Fidèle aux conditions de son mariage, il avait toujours vécu complètement séparé de sa femme, ne lui demandant que de surveiller sa maison; puis, par suite de l'affaissement de son caractère, jadis si violent, si brutal, il se montrait pour elle d'une déférence presque soumise, surtout depuis certain jour où son ancien naturel reprenant le dessus, le général, extrêmement courroucé à l'endroit d'un rôti brûlé, s'était échappé en paroles grossières adressées à Louise; mais celle-ci lui répondit très-fermement ceci :

« — Une fois pour toutes, monsieur, il sera bien con-
« venu entre nous que je ferai de mon mieux, ainsi que
« j'ai fait jusqu'ici, pour surveiller la cuisinière afin que
« votre dîner soit bon; je m'efforcerai de sagement régler
« notre maison, de ne contrarier en rien vos goûts, vos
« habitudes et de vous donner mes soins si vous êtes ma-
« lade; mais en retour, et j'ai le droit de l'exiger, vous
« me parlerez poliment, vous me laisserez vivre chez moi
« dans la solitude, et vous ne me rendrez pas responsable
« des fautes de votre cuisinière; sinon..... si vous oubliiez
« encore le respect qui m'est dû, je me verrais forcée,
« moi qui jusqu'ici ai toujours recherché la retraite, je me
« verrais forcée d'aller visiter quelques-uns de nos voisins,
« et peut-être m'arriverait-il de leur apprendre, dans l'en-
« traînement de la conversation, que *M. Morisset*, le no-
« taire retiré, n'est autre que *M. le général Poussard*, de
« qui le nom a acquis une nouvelle célébrité depuis cer-
« tain duel assez fâcheux ! »

Cette menace rendit dès lors l'ex-spadassin d'une merveilleuse souplesse; il croyait le secret de ce qu'il appelait *son infirmité*, inconnu de sa femme, à laquelle il avait prétexté des raisons POLITIQUES pour expliquer son incognito; mais Louise s'était trouvée involontairement instruite de la vérité, en entendant son mari, quelques jours après le duel, se lamenter auprès de M. Rapin, sur les circonstances qui vouaient désormais au ridicule et à la honte le redoutable nom de *Poussard*. Louise, d'un cœur trop généreux pour abuser de ce secret, accomplissait loyalement les devoirs qu'elle avait acceptés en se mariant, veillait sur sa maison en bonne ménagère, se montrait affable dans ses peu nombreuses relations conjugales, mais quittait la table au moment où l'on apportait au général ses bouteilles de vin vieux, ses noix, sa pipe, son tabac et son eau-de-vie, consolations dont il usait jusqu'à ce que sa robuste servante le conduisît au lit.

Louise, absorbée dans ses souvenirs, savourait donc au fond de la solitude les joies amères du sacrifice..... Elle avait fait d'un petit salon voisin de sa chambre à coucher une sorte de sanctuaire dédié au passé; là se trouvaient les œuvres de Georges Hubert qu'elle possédait lorsqu'elle était jeune fille, le portrait du poëte, quelques feuillets raturés de ses manuscrits, débris des copies autrefois transcrites par elle, en partageant les travaux de madame André; enfin, soigneusement placées sous verre et desséchées, l'on voyait les fleurs d'héliotrope furtivement enlevées dans le jardin du poëte durant cette soirée où elle s'était rendue chez lui pour la première fois.

Le général montrait une indifférence philosophique à l'endroit du culte voué par Louise à ses souvenirs, et il ne la gênait en rien à cet égard; parfaitement accoutumé à ne voir sa femme qu'à l'heure des repas, il savait que ne recevant personne, elle ne quittait sa chère retraite que pour se promener dans l'ombreux et grand jardin de la maison qu'elle s'était plu à distribuer à peu près ainsi que l'était le jardin de Georges Hubert dans sa demeure de la rue Blanche.

Louise, nous le répétons, vivait aussi heureuse qu'il lui était donné de l'être désormais; sa raison et l'instinct de son cœur lui disaient que son sacrifice héroïque ne serait pas stérile, et que son poëte bien-aimé, rendu à sa liberté, à sa vie d'autrefois, vengerait bientôt son récent échec par une victoire éclatante; ces pressentiments, ces espérances, devaient être bientôt réalisés. Un jour Louise lut ceci dans un journal :

« On annonce que par suite du départ de M. Georges
« Hubert pour l'Italie, le mobilier de la maison qu'il oc-
« cupait rue Blanche sera prochainement vendu; sans nul
« doute, cette vente attirera grand nombre d'amateurs em-
« pressés de posséder quelques-uns des meubles qui ont
« appartenu à l'illustre écrivain. »

Louise s'étonna de l'espèce d'apparat mis à cette vente, apparat si contraire à la modestie, à la réserve habituelle du poëte; mais le lendemain, cette contradiction fut éclaircie, grâce aux lignes suivantes insérées dans le journal à la requête de l'un des amis du poëte :

« Permettez-moi, monsieur le rédacteur, en l'absence
« de mon ami M. Georges Hubert, de protester contre l'a-
« bus que l'on fait de son nom à propos d'une vente an-
« noncée hier dans votre journal.

« M. Georges Hubert, quittant pour quelques mois la
« France afin d'aller demander de nouvelles inspirations

« à la terre classique des beaux-arts, n'a pas conservé la
« maison qu'il occupait rue Blanche, et il en a cédé le
« mobilier au tapissier qui le lui avait autrefois fourni; tels
« sont les faits dans leur extrême simplicité. Ai-je besoin d'a-
« jouter que M. Georges Hubert ignorait que par une spé-
« culation, basée sur la juste célébrité de son nom, ce mo-
« bilier devait être ensuite revendu publiquement, et que
« cette vente serait annoncée avec une sorte de retentis-
« sement?

« Une calomnie aveugle et acharnée se plaît, depuis
« quelque temps, à travestir si misérablement les actions
« les plus insignifiantes ou les plus honorables du grand
« poëte dont l'amitié m'enorgueillit, que je me vois forcé
« de protester contre l'annonce en question, et que la mal-
« veillance peut exploiter.

« Il est véritablement douloureux d'avoir à défendre des
« hommes d'un caractère aussi élevé, aussi irréprochable
« que celui de M. Georges Hubert; mais grâce à Dieu!
« l'honnête homme finit par triompher de la calomnie, et
« j'ai la ferme confiance, qu'un moment égarée, l'opinion
« publique, revenant bientôt de son erreur, rendra justice
« à l'un des plus illustres écrivains de notre temps, et que
« l'œuvre nouvelle qu'il rapportera de son voyage d'Italie
« le vengera noblement des détracteurs de son génie et
« des calomniateurs de sa vie privée.

« Agréez, etc., etc. »

Louise commençait à être payée de son sacrifice héroïque, ses prévisions se réalisaient : reprenant sa vie active, accidentée, Georges Hubert allait sans doute produire une œuvre aussi belle, aussi puissante que ses aînées; l'instinct de son cœur disait aussi à la jeune femme, et il ne la trompait pas, qu'en quittant sa demeure de la rue Blanche, dont il ne voulait pas même conserver le mobilier, le poëte, douloureusement irrité contre une femme qu'il abhorrait autant qu'il l'avait aimée, voulait effacer jusqu'aux souvenirs matériels de leur liaison; sa première entrevue avec Louise, entrevue si décisive sur leur destinée à tous deux, avait eu lieu dans la maison de la rue Blanche, et là encore s'étaient passés les premiers temps de leur *mariage*, avant qu'ils allassent habiter leur maisonnette de l'avenue Méricourt. L'aspect des objets matériels auxquels se rattachent des souvenirs chers ou cruels, exerce sur certains esprits rêveurs et amoureux de la solitude une influence extraordinaire. Georges et Louise étaient de ces esprits-là, et de plus, leurs habitudes devaient les rendre plus accessibles que personne à ces ressentiments.

Ainsi, le poëte retiré dans son cabinet, méditant, élaborant une œuvre nouvelle, et y cherchant la consolation, l'oubli de ses chagrins, était par la vue des objets extérieurs, malgré lui, rappelé à la réalité qu'il fuyait.

Louise, lors de sa première visite au grand écrivain, s'était assise sur ce fauteuil...

Louise affectionnait l'angle de cette *causeuse*, lorsqu'après leur mariage, son poëte, assis près d'elle, et souvent la tête penchée sur son épaule, lui disait des vers inspirés par leur amour...

Louise s'asseyait ordinairement à cette petite table, soit pour écrire sous la dictée de Georges, soit pour copier ses manuscrits, tandis qu'il travaillait de son côté...

Les regards du poëte devaient donc rencontrer à chaque instant des objets dont l'aspect, ravivant incessamment des souvenances détestées, venait cruellement le distraire de ses méditations, son seul refuge contre le passé. Georges Hubert se décida donc à quitter momentanément la France, à abandonner pour jamais sa maison remplie de souvenirs si pénibles à ses regards et à sa pensée.

Louise, tout au contraire de Georges, afin d'échapper au présent, se réfugiait dans le passé; chacun de ces objets, témoins de son bonheur évanoui, et pieusement rassemblés dans son appartement, rappelait à la jeune femme la grandeur héroïque de son sacrifice, flattait le légitime orgueil de son cœur, et la plongeait dans des rêveries sans fin et d'un charme mélancolique; aussi, lorsqu'elle lut dans un journal que l'on allait mettre en vente le mobilier de la maison de la rue Blanche, elle éprouva le plus vif désir de posséder quelques-uns des meubles auxquels s'attachaient pour elle tant de précieuses souvenances... désir puéril, dira-t-on, si l'on ignore la toute-puissance qu'exerce sur les prisonniers ou sur les reclus volontaires une idée fixe, lorsqu'elle les possède corps et âme; Louise exprima, sans ménagements ni détours, son désir à son mari, et lui dit simplement, en lui donnant à lire le journal qui contenait l'annonce de la vente des meubles du poëte :

« — M. Georges Hubert est parti pour l'Italie, on va
« vendre à Paris sous très-peu de jours plusieurs objets
« qui lui ont appartenu; je voudrais en acheter quelques-
« uns, et je vous saurais beaucoup de gré si vous vouliez
« me conduire à Paris pour cette acquisition. »

Le général, à qui le cœur humain et surtout celui de Louise demeurait lettre close, ne comprit rien à ce caprice d'une femme qui, afin de l'épouser, lui, Poussard, avait refusé la main du poëte; mais Louise, maîtresse du secret de l'ex-spadassin, le dominait; il reconnaissait d'ailleurs en elle des qualités excellentes : elle l'avait soigné avec sollicitude lors de cette jaunisse causée chez lui par le ressentiment d'un outrage dévoré sans vengeance. Le général se rendit donc d'assez bonne grâce à la demande de sa femme, trouvant même ce voyage fort opportun pour augmenter sa lapinière de deux lapins angoras qu'il ne possédait point, et pour enrichir son office de certains condiments et épices, de certaines salaisons ou fumaisons, tant en viande qu'en poisson, que l'on ne pouvait se procurer qu'à Paris. La seule crainte de l'ex-spadassin, et il eut grand'peine à la vaincre, était que pendant le voyage on lui *cherchât querelle*; il tombait, on le voit, dans la monomanie ; mais une idée lumineuse éclairant son esprit, il se fit confectionner une longue redingote violâtre, rejeta ses cheveux blancs derrière ses oreilles, se donna autant que possible une apparence ecclésiastique, et l'ancien pillard des églises et des couvents d'Espagne, afin d'ajouter à l'illusion de son apparence cléricale, supplia Louise de l'appeler *monsieur l'abbé*. Pendant le trajet d'Angers à Paris, le coupé de la diligence fut retenu à l'avance par le général, qui voulait ainsi éviter tout contact avec des étrangers, peut-être querelleurs. Enfin, dernière précaution, sa grosse servante angevine occuperait la troisième place du coupé, et se chargerait d'un volumineux panier, contenant suffisamment de comestibles pour que le général et Louise, ou plutôt *monsieur l'abbé* et sa nièce, pussent refectionner en voiture, sans manger à table d'hôte, *les tables d'hôte* — selon l'ex-spadassin fort expérimenté en ces matières — *étant de véritables nids à querelles;* enfin, dans l'espoir de n'être reconnu de personne, pendant son court séjour à Paris, le général s'affubla d'une paire de lunettes bleues, renforcée de verres latéraux; grâce à ces précautions et à son vêtement semi-ecclésiastique, le baron Poussard ayant rasé sa moustache et son impériale, devenait en effet méconnaissable, et malgré les angoisses dont il fut tourmenté à l'endroit des querelles, l'ex-spadassin arriva sans encombre à Paris avec Louise qui voulut, nous l'avons dit, loger dans le même hôtel où elle avait descendu, lorsque quittant la maison de son père elle était venue dire à Georges Hubert : — *Je vous aime.*

XXXIII

Le général Poussard et Louise, arrivés depuis la veille à Paris, déjeunaient donc ensemble dans un salon de leur hôtel garni, et continuaient ainsi un entretien commencé :

— ... Hier, je suis allée rue Blanche, où je croyais que cette vente aurait lieu — disait Louise — et là, j'ai appris que tout le mobilier de M. Georges Hubert avait été acheté par une personne riche à millions.

— Alors, chère amie — reprenait le général Poussard avec un accent de déférence presque soumise, — si vous m'en croyez, nous repartirons au plus vite, dès que nous aurons fait chez *Chevet*, chez *Bontoux* et aux *Américains*, nos petites emplettes relatives à l'office et à la cuisine..... Je voudrais aussi acheter une couple de lapins angoras, pour augmenter ma lapinière, car l'élève des lapins m'amuse infiniment; je dois trouver ces animaux chez ces marchands de bêtes qui avoisinent le Louvre. Ceci fait, je vous en conjure, retournons en Anjou, les pieds me brûlent à Paris; je crains toujours d'être reconnu, malgré mes lunettes bleues, ma redingote marron et la perte de mes moustaches...

— Je désirerais du moins, avant de quitter Paris, faire une tentative auprès de la personne qui a acheté ces meubles, uniquement sans doute par curiosité ou pour satisfaire à l'un de ces caprices familiers aux millionnaires.

— Une tentative? quelle tentative ?

— Obtenir de cette personne qu'elle me cède quelques-uns des objets que je désire surtout posséder.

— En vérité, chère amie, et ce n'est pas un reproche puisque, afin de vous être agréable, j'ai consenti à ce voyage à Paris... mais que le diable me brûle, si je comprends rien à votre singulier caprice de...

— Permettez, monsieur, il serait, je crois, superflu d'entrer dans des explications à ce sujet; souffrez que ce voyage, auquel vous avez consenti, et je vous en sais beaucoup de gré, ne soit pas pour moi inutile...

— Comme vous voudrez, chère amie, je ne pense à vous contrarier en rien ; seulement je ne vois pas de quelle façon vous pourrez vous y prendre pour obtenir d'une personne énormément riche, qu'elle vous revende ce qu'il lui a convenu d'acheter.

— Une grande fortune n'éteint pas nécessairement, dans le cœur de ceux qui la possèdent, les sentiments généreux et délicats, et c'est à ces sentiments que je m'adresserai avec d'autant plus d'espérance que la personne dont il s'agit est une femme...

— Quelque grande dame, sans doute?

— C'est, dit-on, une fleuriste.

— Chère amie... cette plaisanterie...

— Rien de plus sérieux au contraire ; la personne qui a acheté tout le mobilier de monsieur Georges Hubert est, m'a-t-on dit, puissamment riche; elle est ou a été fleuriste, elle s'appelle *madame Gilbert*.

— Une fleuriste? madame Gilbert? je n'ai jamais entendu parler à Paris de millionnaires de ce nom et de cet acabit-là ! Je crains fort, chère amie, que l'on ne se soit moqué de vous !

— Je ne le crois pas, et d'ailleurs je saurai tout à l'heure ce qu'il en est, puisque je vais voir cette dame à l'hôtel d'Orbeval où elle demeure...

— L'hôtel d'Orbeval ! mais c'est un des plus beaux hôtels de Paris..... Comment une fleuriste peut-elle occuper une telle habitation?

— Je l'ignore, et ainsi qu'à vous, monsieur, cela me semble singulier..... mais si vous désirez m'accompagner, nous aurons sans doute l'explication de cette étrangeté !

— Certainement, chère amie, je vous accompagnerai... un homme qui donne le bras à une femme inspire toujours plus de respect qu'un homme seul; on y regarde à deux fois avant de l'insulter ! Je sais bien que d'un autre côté je suis vieux, j'ai l'air d'un sacristain; vous êtes jeune, jolie, et il y a des manants si grossiers ! Ah ! maudit voyage ! mais enfin, puisque le vin est tiré, buvons-le..... Nous ne sortirons qu'en voiture, ce sera bien le diable si l'on me reconnaît ou si l'on me cherche querelle !!

Ce disant, le général Poussard se leva de table, pendant que Louise rentrait dans sa chambre pour y prendre son mantelet et son chapeau ; l'ex-spadassin affermit ses lunettes, rejeta soigneusement ses cheveux derrière ses oreilles, enfonça son chapeau à larges bords presque sur ses yeux et appela :

— Hé... Toinon... Toinon !!

Cette fille, la grosse servante angevine qui avait été du voyage, accourut à la voix de son maître.

— Me voilà, monsieur, qu'est-ce qu'il y a ?...

— Va dire à l'un des garçons de l'hôtel de faire approcher un fiacre...

— J'y vas, monsieur.

— Attends donc ! dis au garçon de choisir, si cela se peut, un fiacre dont le cocher ait une bonne figure...

— Comment une bonne figure ?

— Oui, enfin qu'il n'ait pas l'air insolent ! qu'il ait l'air très-doux, car nous allons le prendre à l'heure ; or, quelquefois ces drôles-là regimbent pour marcher à l'heure, et font tapage ! alors la foule s'amasse, et il peut s'ensuivre des querelles... va vite !

— Mais, monsieur...

— Quoi ?

— Dame ! on va se moquer de moi, si je dis à ce garçon de choisir un fiacre qui ait l'air très-doux.

— A-t-on vu pareille grosse bête ! Est-ce que tu ne peux pas dire que *monsieur l'abbé*..... puisque nous sommes convenus que l'on m'appellerait monsieur l'abbé...

— Hi... hi... — reprit Toinon en riant de son rire.

— Hi... hi... c'est vrai... hi... hi... quel carnaval ! Vous not' maître... un abbé... Hi... hi... hi !

— Veux-tu te taire, malheureuse ! et ne pas parler si haut ! on peut t'entendre ! deviner la raison ! il n'en faut pas davantage pour me rendre la risée de l'hôtel... et s'il se trouve par hasard dans cette maison quelque infernal commis-voyageur... il est capable de m'attendre à la porte pour me gouailler et m'insulter !

— Allons, c'est bon, monsieur... monsieur l'abbé... hi... hi... je ne ris plus... hi... hi...

— Encore !

— Tenez, monsieur ! c'est plus fort que moi... Hi... hi... hi !

— Mille millions de tonnerres de Dieu ! te tairas-tu !

— Hi... hi... monsieur l'abbé... qui... hi... hi... qui jure le tonnerre... hi... hi... hi... de Dieu !

— Oh ! quelle patience ! — murmura l'ex-spadassin en serrant les poings de rage et levant les yeux au plafond. — Quand je pense que mes soldats tremblaient en me regardant ! — Et s'adressant à Toinon : — Si tu ris encore, je te chasse, entends-tu ?...

— Allons, on ne rira plus ; c'est bon !

— Écoute-moi, et fais ce que je te commande, sinon... prends-garde à toi !... Tu diras donc au garçon de l'hôtel que ton maître, M. l'abbé, craignant, vu son âge et sa profession, d'avoir quelques difficultés avec un cocher grossier, désire que l'on choisisse, s'il est possible, un cocher qui ait l'air doux et honnête ; il n'y a rien d'étonnant dans cette recommandation. Ainsi, va vite... et reviens m'avertir lorsque la voiture sera devant la porte de l'hôtel.

— Oui, monsieur... l'abbé... hi... hi...

Et Toinon sortit en étouffant de rire malgré elle.

— Cette misérable-là va me causer ici quelque avanie ! — s'écria le général Poussard avec colère. — Maudit voyage ! exécrable voyage !

Louise rentrait en ce moment après avoir ajusté son mantelet et son chapeau. Assez surprise de l'expression courroucée qu'elle remarqua sur les traits du général, elle lui dit :

— Qu'avez-vous ? vous semblez irrité !

— Allez au diable ! Vous êtes cause de tous mes désagréments avec votre s...atanée idée de voyage !

— Monsieur... nous étions convenus, ce me semble, que vous m'épargneriez de pareilles grossièretés ! Je vous le déclare, je ne saurais les souffrir, et il me serait pénible d'avoir à vous rappeler que si vous oubliez les égards qui me sont dus... je me verrai forcée d'oublier à mon tour la discrétion que je vous ai promise au sujet de...

— Pardon... pardon, chère amie, j'ai eu tort — se hâta de répondre le général, apaisé comme par enchantement ; — c'est cette brute de Toinon qui m'avait mis hors de moi !

— Soit, monsieur, mais de grâce ne me rendez plus solidaire des sottises de Toinon.

— Monsieur, la voiture est en bas — revint dire la servante. — Le garçon de l'hôtel m'a assuré que c'était un chérubin de cocher à qui *monsieur l'abbé* pourrait donner le bon Dieu sans confession. Hi... hi...

— Cette grosse bête-là, avec ses bavardages, aura fait quelque bévue — murmura le général. Puis s'adressant à Louise : — Venez, chère amie, donnez-moi le bras, et ne me quittez pas !... — Et vous — ajouta-t-il en s'adressant à la servante — allez ouvrir la porte tout doucement, et regardez s'il n'y a personne dans le corridor...

— Oui, monsieur... j'y cours...

— Je ne comprends pas le but de cette précaution — dit Louise au général après la sortie de la servante. — Que vous importe qu'il y ait quelqu'un dans ce corridor ?

— J'aime autant ne rencontrer personne. C'est une chance de moins d'avoir une querelle ; il y a des polissons si provocateurs !

— Cela devient une monomanie de frayeur — pensait Louise. — Cette punition n'est que trop méritée...

— Monsieur ! dit Toinon en entrant à pas de loup et prenant un air msytérieux — il n'y a personne dans le corridor... personne !

— Vite... vite, chère amie, profitons du moment — dit l'ex-spadassin en prenant le bras de Louise — et surtout ne me quittez pas...

Le général sortit de son appartement en serrant le bras de sa femme sous le sien, après avoir de nouveau, et du seuil de la porte, exploré d'un regard attentif le long corridor qu'il devait parcourir et dans lequel enfin il s'aventura non sans appréhension, quoiqu'il n'y vît personne. Il avait à peine marché quelques pas, lorsque l'une des portes nombreuses qui donnaient sur le couloir s'ouvrit brusquement, et un jeune homme en sortit si étourdiment, tout en fredonnant, qu'il heurta violemment le général Poussard, et marcha sur le pied de Louise, qui ne put retenir un léger cri de douleur.

— Mais, ma *nièce*, prenez donc garde! vous avez failli renverser monsieur! — s'écria le faux abbé d'un ton plein d'angoisse et de reproche en s'adressant à Louise. Puis, se tournant vers le jeune homme qui, confus de son étourderie, allait s'en excuser, il le salua par deux fois le plus humblement possible, et ajouta : — Je vous demande un million de pardons, monsieur... Je suis confus, désolé de l'inadvertance de ma nièce qui ne s'est pas rangée assez vite lorsque votre porte s'est ouverte... Encore mille et mille pardons, monsieur... c'est un peu ma faute aussi, car j'aurais dû prévoir que vous alliez sortir de chez vous ; mais vous voudrez bien excuser un pauvre vieux ecclésiastique de mon âge.

— Mais, monsieur l'abbé, c'est au contraire moi qui suis confus, désolé de mon étourderie, et je supplie madame de me la pardonner... — répondit le jeune homme.

— C'est à moi de lui faire agréer, ainsi qu'à vous, monsieur l'abbé, mes plus profondes excuses.

— Nous agréerons, monsieur, tout ce qu'il vous plaira, puisque cela vous convient, et suis trop heureux de cette occasion de vous assurer de mon très-humble respect, — se hâta de répondre l'ex-spadassin en s'inclinant de nouveau par deux fois ; puis, reprenant le bras de Louise, il s'éloigna précipitamment du jeune homme qui, fort surpris, suivit des yeux ce gros abbé si incroyablement poli.

— Je n'ai pas une goutte de sang dans les veines... la sueur me coule du front! — dit le général à sa femme en descendant l'escalier pour rejoindre la voiture. — Heureusement ce jeune homme n'était pas querelleur! S'il l'avait été... ah! rien qu'à cette pensée j'ai froid dans le dos...

— Il aurait fallu, monsieur, que cet étranger eût un singulier caractère pour vous quereller parce qu'il m'avait marché sur le pied...

— Ah! parbleu, à sa place je me serais joliment gêné, avant mon *infirmité*! — répondit ingénument l'ex-spadassin.

— Votre *infirmité* a du moins cela de bon, monsieur, qu'elle vous rend d'une politesse véritablement poussée à l'excès... Mais, remettez-vous... vous voilà tout pâle et tout tremblant... vous semblez pouvoir à peine vous soutenir... Reposez-vous un instant.

— Non, non, chère amie, venez... nous n'aurions encore qu'à rencontrer quelqu'un, hâtons-nous de monter en voiture... là je serai plus tranquille... Pourvu, mon Dieu! que le cocher ne fasse pas l'insolent quand nous allons le prévenir que nous le gardons à l'heure! Il peut parler haut, amasser la foule, et il y a des gens capables de prendre contre nous fait et cause pour lui! Je frémis des suites d'une algarade! mais vous seule, n'est-ce pas, chère amie, vous parlerez à ce cocher?... câlinez-le bien! Ces drôles-là ont toujours plus d'égards pour les femmes... que pour les hommes.

Louise, selon le désir du général, se chargea de prévenir le cocher qu'il marcherait à l'heure : le cocher, véritable *chérubin*, comme avait dit Toinon, ne fit aucune objection et prit de la meilleure grâce du monde le chemin de l'hôtel d'Orbeval.

XXXIV

Monsieur Guêpier, l'intendant de Gilbert et de Gilberte, occupait toujours son logement à l'hôtel d'Orbeval ; assis devant son bureau, le digne homme faisait, comme on dit, *ses comptes*, et se parlant à lui-même, disait :

— C'est cela, tout soldé jusqu'à ce jour, il leur reste *sept millions soixante-neuf mille francs* placés à cinq pour cent, bons du trésor et actions de la Banque de France, dont les titres sont dans ma caisse... Ils ont donc, depuis six mois, dépensé plus de trois millions sur lesquels j'ai prélevé loyalement mes petits *dix pour cent;* total : trois cent mille francs d'économies que j'embourse sans le moindre scrupule ; d'autres le feraient à ma place, et ne se montreraient pas, certes, aussi réservés que moi ; mais ces braves jeunes gens m'intéressent! Cependant, je serais par trop naïf de ne point prendre ma part de ce friand gâteau doré à même duquel tout le monde mord à belles dents ; car d'honneur, il est impossible d'être plus outrageusement exploités, dupés, dindonnés, friponnés, volés que ne le sont M. le Lithographe et madame la Fleuriste! et Dieu sait la reconnaissance qu'on leur a de leur générosité! c'est qu'aussi elle dégénère en simplicité pour ne pas dire en sottise! Donner à qui demande et tout ce qu'on demande, sans jamais refuser! c'est incroyable, fabuleux! Cependant, instruits sans doute par l'expérience, mes maîtres commencent, je crois, à s'amender ; depuis quelque temps, au lieu de donner à qui demande et tout ce qu'on demande... (quand je pense qu'ils m'ont fait distribuer jusqu'à deux cent mille francs en un jour !), ils font prendre des renseignements sur ces effrontés quémandeurs, grands et petits, dont ils sont assiégés. Puis certain autre changement dans la manière de vivre... de mes patrons me donne à penser qu'au lieu d'avoir toujours la main ouverte, ils pourraient bien songer à la fermer quelque peu ! Qui sait ? peut-être même en viendront-ils (étonnante métamorphose !) à examiner mes comptes, qu'ils ont jusqu'ici, acceptés à l'aveuglette?... J'ai donc prudemment agi en opérant mon petit prélèvement de dix pour cent sur les dépenses.

M. Guêpier fut interrompu dans ses honnêtes méditations par sa servante qui lui dit :

— Monsieur... c'est monsieur le premier maître d'hôtel et monsieur le piqueur qui viennent aux ordres.

— Faites-les entrer — répondit monsieur Guêpier.

La servante sortit et introduisit M. le premier maître d'hôtel qui, s'adressant à l'intendant :

— Bonjour, monsieur Guêpier, quels sont les ordres pour aujourd'hui?

— Les mêmes qu'hier, mon cher Germain ; deux couverts, et surtout recommandez à vos subordonnés une cuisine excessivement bourgeoise ; hier, monsieur s'est plaint de trouver encore trop de recherche dans ce que vous lui avez fait servir...

— Mais, monsieur Guêpier, à moins de vouloir une cuisine de portier?

— C'est le mot ! nos maîtres veulent cette cuisine-là... un bon pot-au-feu, un bon poisson, un bon rôti, une salade, un plat de légumes, une crème, ne les sortez pas de là...

— Alors, monsieur Guêpier, à quoi nous sert-il d'avoir ici les meilleurs chefs de cuisine et d'office de Paris ?

— A quoi cela sert, mon cher Germain ? cela sert à ce que ces braves gens-là ont comme vous des gages et des profits trois fois plus considérables qu'ailleurs.

— La maison est excellente, c'est vrai ; les maîtres sont comme la maison, excellents ; je l'ai dit dès le premier jour, et je ne m'en dédis pas, au contraire, car tous, nous les aimons et les servons avec un vrai plaisir ; mais enfin, ils sont, vous l'avouerez, fort singuliers...

— Ils paient assez cher ce plaisir-là pour se le procurer. Ah ! surtout, recommandez au sommelier de trouver quelques pièces d'un petit vin de Bourgogne très-léger ; monsieur et madame n'en veulent pas d'autres, donc n'en faites pas servir d'autres...

— Quel caprice ! Boire de la piquette ! et ils ont une cave excellente, les meilleurs vins ! du vin de Champagne de la comète ! du sillery sec que l'on paierait deux louis la bouteille !

— Ne leur parlez jamais de vin de Champagne... ils l'ont pris en aversion !

— Ah ! comme la maison a changé depuis quelque temps, monsieur Guêpier... ce n'était que fêtes et galas, lorsque monsieur de Saint-Marceau faisait des invitations...

— Probablement ces fêtes et ces galas auront à la longue ennuyé monsieur et madame ; c'est assez naturel ! ils ne connaissaient pas un de leurs invités.

— Ils étaient en cela comme tant d'autres personnes enrichies qui, n'ayant aucune connaissance dans le monde, prient un homme ou une femme de la haute société de faire pour eux les invitations. Seulement ce qui est rare, c'est que monsieur et madame ne paraissaient pas du tout gênés au milieu de ce grand monde.

— C'est ma foi vrai, ils se faisaient appeler par leurs invités comme par nous *monsieur le Lithographe* et *madame la Fleuriste*, gros comme le bras, et riaient de tout leur cœur de voir des ducs et des duchesses se soumettre à ce caprice ; il va sans dire que de leur côté ducs et duchesses se moquaient des amphitryons à cœur-joie ; mais comme ceux-ci donnaient les plus belles fêtes et les meilleurs dîners de Paris, leurs invitations étaient très-recherchées.

— Aussi combien de fois en servant nos maîtres à table, je les ai entendus dire le lendemain d'une grande fête : « Ont-ils dû faire des gorges chaudes sur nous, cette nuit « en s'en allant, nos invités?... — Et nous le leur rendons « bien — reprenait madame en riant comme une folle — « ces gens du beau monde, c'est des marionnettes que « nous faisons, lorsque ça nous plaît, danser, pirouetter « et souper devant nous ! »

— Et madame avait fièrement raison !

— Seulement, à la fin, s'ennuyant de faire danser les marionnettes, nos maîtres ont fermé le théâtre, et excepté monsieur et madame Meunier, avec qui ils se sont brouillés au bout de quelque temps, ils n'ont plus reçu personne, sauf monsieur et madame de Saint-Marceau... les fidèles !

— On ne peut imaginer en effet une amitié plus vive que celle de nos maîtres pour madame de Saint-Marceau ; je les entends souvent répéter : « — Quelle excellente et « digne amie ! Ah ! celle-là ne nous aime pas comme tant « d'autres pour notre argent ! nous sommes sûrs d'elle « comme de nous-mêmes. »

— Madame de Saint-Marceau semble, il est vrai, avoir beaucoup d'amitié pour nos maîtres ; cependant je ne me suis jamais bien rendu compte des causes de cette liaison-là......

— C'est pourtant fort simple.

— Comment savez-vous?...

— Monsieur et madame ne se gênent pas pour parler devant leurs gens...

— Oh ! non certes.

— Un jour, dans les premiers temps où ils habitaient l'hôtel, madame, en dînant, a dit à son mari : « — Je me « figure que madame de Saint-Marceau doit être une bonne « personne ; il faut nous lier avec elle, nous la prierons « de venir chanter à un concert que nous donnerons ; la « connaissance sera faite, et nous la verrons souvent. »

— Ah ! je m'explique alors comment s'est formée cette

intimité : M. de Saint-Marceau aura proposé à nos maîtres de faire leurs invitations pour les fêtes, et comme il est homme du monde, il a amené ici tout ce qu'il y a de mieux à Paris. Tenez, s'il faut tout dire puisque nous parlons de M. de Saint-Marceau, moi j'avais cru d'abord...

— Achevez, monsieur Guêpier.

— On peut vous dire ceci à vous, Germain, qui n'êtes point un bavard ; j'avais cru que M. de Saint-Marceau voulait faire la cour à madame.

— Ah bien oui ! il aurait été joliment reçu ! car voilà une singularité de monsieur et de madame ! ils sont comme des tourtereaux, comme de vrais amoureux de vingt ans !

— A qui le dites-vous ! Je les ai vus s'embrasser vingt fois dans le jardin ; cependant depuis quelque temps, ils ne paraissent plus aussi gais qu'auparavant...

— J'ai fait cette remarque comme vous, monsieur Guêpier, j'ai aussi observé que lorsqu'ils s'attristaient ainsi, ils allaient passer quelquefois des journées entières dans l'une des mansardes de l'hôtel, où ils ont fait apporter leur *petit ménage*, comme ils disent... c'est-à-dire le pauvre mobilier qu'ils possédaient quand ils étaient fleuriste et lithographe... Voilà encore une de ces choses, moi, qui me touchent et me vont au cœur...

— Ah ! mon cher Germain ! vous me rappelez justement une chose très-importante que j'allais oublier : monsieur et madame veulent déjeuner ce matin dans cette mansarde...

— En voilà bien d'une autre !...

— Attendez... vous n'êtes pas au bout...

— Comment ?

— Le déjeuner doit être composé : 1° d'un quart d'oie rôtie; 2° de pommes cuites; 3° de fromage de Gruyère !

— Vous dites, monsieur Guêpier ? — reprit le premier maître d'hôtel stupéfait, — vous dites?

— Je reprends donc : 1° Un quart d'oie...

— Mais, monsieur Guêpier, jamais *oie* n'est entrée dans les cuisines de l'hôtel ! et depuis vingt ans que je rédige des menus, jamais le mot *oie* ne s'est rencontré sous ma plume !... Enfin notre chef de cuisine n'a jamais, j'en suis certain, servi d'*oie* de sa vie !

— Tout cela est bel et bon, mais tels sont les ordres... Il faut de plus, pour ce succulent déjeuner, deux couverts de fer... ceux que monsieur et madame possédaient autrefois ont été, à ce qu'il paraît, malheureusement égarés dans le déménagement.

— Des couverts de fer ?... mais il n'y en a pas ici ! on mange à l'office dans la *petite argenterie*.

— Vous achèterez deux couverts de fer chez le premier quincaillier venu...

— Passe encore pour les couverts... mais il est déjà neuf heures ! où diable trouve-t-on des oies ? Ah ! je vais envoyer en hâte l'un des aides de cuisine à *la Vallée* ; il prendra un cabriolet et il rapportera une de ces volailles... si l'on peut appeler cela de la volaille !

— Et surtout que le chef ne serve que le quart de l'oie, rôtie à point, sans déguisement ni accompagnement; en un mot tout ce qu'il y a de plus simple et de plus naturel en fait d'oie. Ah ! j'oubliais encore ; vous ferez acheter une bouteille *de vin à quinze*, ce sont les propres expressions de monsieur ; et surtout n'allez pas décanter ce nectar dans une carafe ; laissez-le dans sa bouteille, et remplissez d'eau une autre bouteille, afin que l'on puisse mouiller au besoin ce délicieux vin *à quinze;* vous placerez cette élégante verrerie avec un seul verre, une seule assiette, et les couverts de fer sur un plateau, où vous mettrez aussi le fromage de Gruyère, les pommes cuites et le quart d'oie, ensuite de quoi vous déposerez cette réfection délicate dans la mansarde où monsieur et madame resteront seuls.

— Du vin à *quinze*, un quart d'oie ! — répéta le maître d'hôtel en sortant effaré — quelle fantaisie de gens blasés !... un quart d'oie !

— Et dites à *Thompson* d'entrer — cria M. Guêpier au maître d'hôtel.

Thompson entra ; c'était le piqueur, chef des écuries, Anglais d'origine, mais, sauf un léger accent, parlant parfaitement le français.

— Enfin, monsieur Guêpier — dit-il à l'intendant — attellera-t-on aujourd'hui ?

— Pas plus aujourd'hui qu'hier et que les autres jours, mon cher Thompson...

— Ah çà ! les chevaux ne sont donc ici que pour promener les *breaks* (1) ! Douze chevaux à l'écurie ! dix valets de pied à l'antichambre, et voilà près d'un mois que ni monsieur ni madame ne sont sortis !

— Il fait un temps superbe, ils préfèrent se promener à pied ; ça leur est bien permis.

— Non, monsieur Guêpier, avant-hier ça ne leur était pas permis! car il pleuvait à verse, et pourtant ils sont sortis à pied !

— C'est vrai; monsieur et madame avaient envoyé acheter un charmant parapluie, qu'ils ont voulu bel et bien étrenner ; cependant, rassurez-vous, c'est demain dimanche, tous vos chevaux sortiront ainsi que toutes vos voitures.

— Toutes les voitures à la fois?

— Toutes ! monsieur et madame veulent que désormais chaque dimanche leurs gens, sans exception, aillent faire une bonne partie de campagne aux environs de Paris.

— Comment? les domestiques monteront dans les voitures de monsieur et de madame?

(1) Légère voiture à laquelle on attelle les chevaux de harnais pour les conduire à la promenade.

— Oui ; autant que ces voitures pourront voiturer de monde, elles en voitureront ! En se serrant un peu, tous les gens de service pourront y trouver place : les cochers seront en perruque et en grande livrée, les postillons en veste de satin... Enfin il faut que tout votre monde soit *in fiochi*, comme si monsieur ou madame sortait.

— Monsieur Guêpier, *mes* cochers et *mes* postillons ne voudront jamais, en tenue de gala, conduire des domestiques ! et quant à moi, je ne laisserai jamais sortir de l'hôtel *mes* voitures découvertes, chargées de monde, comme des tapissières qui vont à la foire de Saint-Cloud ! Des gens qui me connaissent n'ont qu'à rencontrer ce bel équipage-là... je serai perdu de réputation et je n'oserai plus me montrer !...

La servante de l'intendant revint et lui dit :

— Monsieur, il y a là un monsieur qui voudrait vous parler pour affaires.

— Dites à ce monsieur d'entrer, et vous, mon cher Thompson, réfléchissez... il faut que les ordres de vos maîtres soient exécutés.

— J'irai parler à monsieur et à madame — s'écria le piqueur en sortant — j'irai leur parler... oui, plutôt quitter leur maison que me couvrir de ridicule !

— Croyez-moi, mon cher ami, ne risquez pas de perdre une excellente place par exagération de susceptibilité — répondit l'intendant.

A peine le piqueur fut-il sorti que Georges Hubert entra chez monsieur Guêpier.

Les beaux traits du poëte portaient l'empreinte d'une grande mélancolie ; cependant l'odieux souvenir de Louise, s'effaçant de plus en plus dans son esprit, Georges Hubert commençait à goûter de nouveau les maternelles consolations de l'étude ; il avait trouvé d'heureuses distractions dans le commencement d'une pérégrination, bientôt interrompue, mais il sentait encore peser sur son cœur la mort funeste d'Auguste Clément.

L'intendant, fort surpris de la visite de Georges Hubert, lui dit avec un accent de respectueuse déférence :

— Vous ici, monsieur...? j'avais appris par les journaux votre départ pour l'Italie...

— En effet, j'étais parti pour ce pays, prenant la route de Savoie, afin de visiter en passant madame d'Orbeval...

— Ainsi, monsieur... vous avez vu madame la comtesse ? Comment va-t-elle ?

— Parfaitement...

— Et madame la comtesse se trouve toujours heureuse ?

— Très-heureuse !

— Dieu soit loué ! Mais, monsieur, permettez-moi une question peut-être indiscrète ?

— Parlez, monsieur Guêpier.

— Vos projets de voyage en Italie sont donc changés ? vous ne pouvez avoir eu le temps de visiter cette contrée ?

— J'ai rencontré aux eaux *d'Aix*, en Savoie, l'un de mes amis, qui allait retourner en Écosse, son pays natal ; il m'a tellement vanté ses lacs et ses montagnes, qu'il m'a décidé à l'accompagner. Voyage pour voyage, celui-là me plaisait autant que l'autre ; mais je n'ai pas voulu quitter la Savoie sans rendre une visite à madame d'Orbeval, et ainsi que je vous l'ai dit, monsieur Guêpier, je l'ai trouvée heureuse... parfaitement heureuse, dans sa délicieuse retraite des environs du lac d'Annecy.

— Je vous remercie mille fois, monsieur, d'avoir bien voulu répondre à la question que je me suis permis de vous adresser... mais puis-je savoir ce qui me procure l'honneur de vous voir ?

— Madame d'Orbeval apprenant que je devais traverser la France pour aller en Écosse, m'a prié de me charger d'une commission assez importante, et je viens vous prier de m'aider à la remplir.

— Monsieur, je suis à vos ordres.

— Madame d'Orbeval revenait à peine d'une assez longue excursion dans les Alpes, lorsque je l'ai vue ; aussi n'a-t-elle appris qu'à son retour la vente de cet hôtel, quoiqu'elle ait eu lieu depuis plusieurs mois.

— En effet, monsieur, après m'être d'abord inquiété de ne recevoir aucune réponse de madame la comtesse au sujet de cette affaire, j'ai été rassuré par une lettre dans laquelle madame daignait m'expliquer pourquoi elle ne m'avait pas écrit plus tôt.

— Voici, au sujet de la commission dont je suis chargé, un mot de madame d'Orbeval...

— Monsieur, il n'est pas besoin de ce mot : ce que vous me dites me suffit — reprit M. Guêpier en se refusant presque à accepter la lettre que lui présentait le poëte. — Je sais que vous étiez l'un des meilleurs amis de madame la comtesse et...

— Il n'importe, monsieur Guêpier, lisez, je vous prie.

L'intendant décacheta la lettre et lut ce qui suit :

« Monsieur Georges Hubert a la bonté de se charger de
« me faire parvenir un coffret, laissé par moi, à l'hôtel
« d'Orbeval, dans un endroit dont je lui ai donné connais-
« sance ; je prie Guêpier de faciliter à monsieur Georges
« Hubert, la recherche qu'il veut bien se donner la peine
« de faire pour moi.

« *Marie de Saint-Geran d'Orbeval.* »

— Vous vous rappelez sans doute, monsieur Guêpier — reprit le poëte — que dans le trouble causé par son départ précipité de Paris, alors qu'elle avait dû abandonner sa maison, pour se retirer chez l'une de ses parentes, madame d'Orbeval envoya sa femme de confiance pour demander ce coffret qui renferme des papiers importants. ?

— Oui, monsieur ; mais madame la comtesse oubliait

que j'ignorais moi-même l'endroit où était déposée cette cassette.

— En effet, malheureusement madame d'Orbeval n'eut pas le temps de renvoyer ici sa femme de confiance, et s'éloigna de Paris.

— Ce qui m'a toujours étonné, monsieur, c'est que madame la comtesse ne m'ait pas plus tard donné les indications nécessaires pour qu'il me fût possible de lui adresser ces papiers... il me serait douloureux de penser que madame ne m'ait pas cru digne de...

— Je ne saurais vous répondre à ce sujet, monsieur Guêpier ; tout ce que je puis vous dire, c'est que tant que l'hôtel n'a pas été vendu, madame d'Orbeval, tranquille sur l'existence de ces papiers, cachés en lieu sûr, se disposait, lorsque j'ai été la voir, à envoyer ici, quoiqu'il lui coûtât beaucoup de se priver de ses services, sa femme de confiance pour chercher cette cassette ; j'ai proposé à madame d'Orbeval de me charger de ce soin, lors de mon passage à Paris ; je viens donc remplir ma promesse.

— Je suis, monsieur, tout à votre disposition, que faut-il faire ?

— Vous êtes entré au service des acquéreurs de cet hôtel, monsieur Guêpier, il s'agit simplement d'obtenir d'eux ce qu'ils ne sauraient refuser : la permission de prendre ce coffret dans l'endroit où il est déposé.

— Les propriétaires de cet hôtel seront ravis, monsieur, de vous être agréables ; ils sont, comme tant d'autres, fanatiques de votre génie ! Il y a peu de jours encore, par admiration pour vous, ils ont acheté en bloc, devançant les enchères, tout votre mobilier que l'on avait mis en vente. Deux salons sont uniquement remplis de ce mobilier ; on les appelle *les salons de Georges Hubert*.

— Oui — reprit le poëte avec amertume — je sais qu'à mon insu l'on avait pour cette vente spéculé sur mon nom.

— Oh ! rassurez-vous, monsieur ; votre participation à ce trafic a été publiquement démentie dans les journaux par l'un de vos amis...

— C'est ce que j'ai appris en arrivant à Paris ; mais qu'importe ? Revenons à notre affaire, monsieur Guêpier, vous êtes donc certain du bon vouloir des propriétaires de cet hôtel, au sujet de ce que j'ai à leur demander ?

— Si j'en suis certain, monsieur ? Ah ! lorsqu'ils vont apprendre que l'illustre monsieur Georges Hubert vient ici lui-même pour...

— Pardon, monsieur Guêpier, mais vous m'obligerez infiniment en ne me nommant point, et en m'épargnant ainsi l'embarras d'avoir sans doute à répondre à des compliments aussi flatteurs que peu mérités ; veuillez donc seulement prévenir vos nouveaux maîtres que l'un des amis de madame d'Orbeval désire faire les recherches que vous savez, aujourd'hui même, si cela est possible... car je voudrais quitter Paris au plus tard demain...

— Je respecterai, monsieur, l'incognito qu'il vous convient de garder... mais pourriez-vous m'indiquer dans quel appartement de l'hôtel se trouve la cachette en question ?

— Voici les renseignements que m'a donnés madame d'Orbeval, répondit le poëte en lisant un papier qu'il tira de son portefeuille : — « Il existe dans le grand salon (dit « des Gobelins) un panneau de tapisserie, représentant « Diane et Actéon... »

— Je vois cela d'ici ; le panneau se trouve à gauche du côté du jardin — répondit M. Guêpier. — Le salon des Gobelins est séparé du grand cabinet par un mur de refend.

« — En pesant fortement sur la partie inférieure de la « bordure de bois doré du côté du groupe de nymphes » — poursuivit Georges Hubert en continuant de lire — « le « panneau glissera sur sa rainure et démasquera un réduit « pratiqué dans l'épaisseur de la muraille ; cet étroit cou- « loir aboutit à une autre sortie, vers le milieu du grand « cabinet, dont l'une des boiseries est mobile et peut s'ou- « vrir au moyen d'un contre-poids ; on trouvera le coffret « au fond d'un meuble antique placé à l'extrémité de ce « couloir, près de l'issue qui donne dans le grand cabi- « net. »

— Ces indications sont parfaitement claires pour moi qui connais les êtres — reprit M. Guêpier ; — veuillez avoir la bonté de m'attendre ici, monsieur, je vais aller faire part de votre désir à M. Gilbert, c'est le nom du nouveau propriétaire, je reviens à l'instant vous chercher pour notre petite expédition.

— Et de grâce, monsieur Guêpier, ne me nommez pas ?

— Ne craignez rien, monsieur, je dirai tout bonnement, ainsi que nous en sommes convenus, qu'un ami de madame d'Orbeval vient chercher ce coffret. Cela ne surprendra nullement, du reste, les acquéreurs de l'hôtel, car, lorsqu'ils l'ont acheté, je les ai prévenus de l'éventualité probable des recherches que vous désirez faire aujourd'hui, et ils m'ont répondu qu'ils s'y prêteraient très-volontiers.

— Je vous attends donc ici, monsieur Guêpier, mais, encore une fois, ne me nommez pas !

— Monsieur, je vous réponds de ma discrétion.

M. Guêpier, ce disant, se rendit auprès de Gilbert et de Gilberte.

XXXV

Pendant que Louise se rendait à l'hôtel d'Orbeval avec le général Poussard, et que Georges Hubert avait l'entretien précédent avec M. Guêpier, Gilbert, assis devant une grande table de marqueterie, placée au milieu de son cabinet magnifiquement meublé, lisait à demi-voix plusieurs lettres que l'un de ses gens venait de lui apporter sur un plateau de vermeil. Les traits du mari de Gilberte n'offraient plus cette expression de bonne humeur qui jadis rendaient si avenante, si placide, sa physionomie franche et cordiale ; un sourire sardonique et douloureux contractait ses lèvres en lisant l'épître suivante qu'il venait de prendre sur le plateau où d'autres lettres étaient entassées :

« Monsieur le Lithographe,

« Confiant dans votre magnificence et votre immense
« fortune, je viens m'adresser à vous pour obtenir un prêt
« de dix mille francs ; il s'agit d'une dette sacrée, d'où
« dépend mon honneur ! et comme l'honneur m'est mille
« fois plus cher que la vie, j'attends votre réponse pour
« savoir si je dois me débarrasser de l'existence, seule res-
« source de mes cinq malheureux petits enfants !!

« Il dépend de vous, monsieur le Lithographe, de mé-
« riter leurs éternelles bénédictions ou de les rendre or-
« phelins...

« Votre respectueux serviteur,

« COCHARD.

« P. S. Je me présenterai ce soir à la porte de votre
« hôtel, pour prendre votre réponse et les dix mille francs
« qui peuvent me sauver l'honneur et la vie. »

— Il ne donne pas son adresse... il craint donc les renseignements que je pourrais faire prendre ? Hum ! je suis certain que c'est un menteur, cet homme aux cinq petits enfants ! allons donc, c'est une fable !! cinq enfants ! pourquoi pas douze ?... — dit Gilbert — et pourtant, peut-être ne ment-il pas... cet homme ? mais le doute m'est permis ! J'ai été si ridiculement dupé, friponné, que je me défie de tout le monde ! Ah ! l'argent ! l'argent ! — ajouta-t-il avec amertume ; puis réfléchissant : — une idée, il faut que je fasse le relevé des sommes qui me seront demandées aujourd'hui. Il serait fièrement curieux, ce tableau-là ! si j'avais inscrit toutes les sommes qui jusqu'ici m'ont été mendiées !... il n'importe, commençons :

Et prenant une feuille de papier, il y inscrivit ce premier chiffre de dix mille francs et se dit : — A une autre !

Et il lut cette seconde épître :

« Vous êtes grand ! oh ! oui, vous êtes grand ! vous qui,
« malgré votre immense fortune, ne rougissez pas d'avoir
« manié le crayon, comme nous, vos humbles et pauvres
« confrères ! Encore une fois, oui, vous êtes grand ! vos
« admirables vertus vous rendent l'admiration du monde !
« J'aurais besoin de *mille huit cent soixante-dix-sept*
« *francs quarante-trois centimes* pour payer plusieurs
« années de loyer arriérées, y compris les impositions et
« ma cote personnelle.

« Vous ne refuserez pas cette obole à un ancien con-
« frère, vous qui comptez votre fortune par millions.

« MIRABEL,

« *Vieux Lithographe !*

« P. S. Envoyez-moi, s'il vous plaît, la somme ci-dessus
« (mille huit cent soixante-dix-sept francs quarante-trois
« centimes) par un mandat sur la poste le plus tôt possible ;
« mon scélérat de propriétaire me menace de vendre
« mes meubles pour me mettre sur la paille. Répondez-
« moi, s'il vous plaît, à l'adresse de M. *Charon, marchand*
« *de vins*, RUE DES SINGES, pour remettre à M. *Mirabel.* »

— Voilà le cent troisième prétendu vieux lithographe qui, depuis le commencement de la semaine, s'adresse à moi ! dit Gilbert en haussant les épaules. — Celui-là du moins est naïf, et compte fort sur sa stupidité : il me prie d'envoyer le plus tôt possible ma réponse... chez le marchand de vins. — Et soupirant : — Mensonge et gueuserie !! inscrivons les dix-huit cent soixante-dix-sept francs, et maintenant un autre !

Gilbert prit sur le plateau une petite enveloppe de papier bleuâtre et satiné, cacheté de cire rouge ; l'enveloppe contenait un billet écrit sur papier à vignettes.

— Ah ! — fit Gilbert avec une expression de dégoût, — encore une lettre de femme !...

Et il lut :

« Si étrange que vous paraisse ma démarche, monsieur,
« de grâce ne concevez aucune prévention avant de m'a-
« voir vue...

« Je ne vous connais pas, mais tout le bien que j'en-
« tends dire de vous m'inspire le désir ardent de vous
« connaître...

« J'en ai déjà trop dit peut-être..... Mais ma plume a
« trahi ma pensée. La devinerez-vous ?. . . . .
« . . . .
« Soyez demain à dix heures du matin aux Tuileries,
« sur la terrasse du bord de l'eau.... Vous verrez, assise
« sur le troisième banc à droite, en entrant par la grille,
« une femme coiffée d'un chapeau rose et portant un man-
« telet noir.

« Cette femme est très-jeune. Peut-être la trouverez-
« vous jolie...

« Cette femme... ce sera moi.

« Viendrez-vous ?

« Mon cœur me dit que oui... ne le faites pas mentir.

« *Une inconnue.* »

— Et moi je te connais sans t'avoir jamais vue, effrontée drôlesse ! avec ton chapeau rosé et ton mantelet noir ! — murmura Gilbert avec dégoût. — L'ignominie me révolte encore plus dans une femme que chez un homme ! Ah ! l'argent !... — Et mettant de côté la lettre : — Ma pauvre Minette lira ce billet parfumé, comme elle en a lu tant d'autres !

Gilbert, continuant de décacheter sa correspondance, lut ceci :

« Monsieur,

« Vous êtes puissamment riche et je suis sans le sou, « qu'est-ce que cela peut vous faire de me généreusement « octroyer une douzaine de billets de mille francs... ou « même davantage? Cela ne vous coûtera rien que la peine « de les mettre sous enveloppe. Que dites-vous de mon « idée? Allons, un bon mouvement, que diable!! votre gé- « nérosité proverbiale m'est un sûr garant de votre ré- « ponse favorable, et je l'attends avec confiance; adres- « sez-la (les billets inclus) à M. B. V., poste restante à « Paris.

« Le bienfait reçu, mon bienfaiteur connaîtra mon « nom. »

— A la bonne heure, il est sans gêne, ce cher B. V. — re- prit Gilbert. — Vous êtes riche, qu'est-ce que cela vous fait de me donner une douzaine de billets de mille francs et même davantage?... Après tout, il a raison! qu'est-ce que ça me fait à moi de lui donner aussi douze mille francs à celui-là? — Et après un moment de réflexion : — Ça me ferait qu'il dirait de moi, comme tant d'autres l'ont dit : — « Est-il jobard, cet imbécile de lithographe enrichi! est- « il jobard! » Merci, j'en ai assez de ces reconnaissances- là! Inscrivons néanmoins les douze mille francs.

Gilbert prit alors sur le plateau une lettre écrite sur gros papier contenant ces mots :

« Monsieur,

« Je suis veuve; j'ai trois enfants dont l'aîné a sept ans; « ma misère est très-grande, mon travail insuffisant, quoi- « que je travaille dix-sept à dix-huit heures par jour; si « peu que vous daigniez faire pour nous, notre reconnais- « sance vous bénira. Je demeure rue *Grange-aux-Belles*, « n° 7. Faites prendre, monsieur, tous les renseignements « possibles sur moi; je ne le crains pas, je le désire au « contraire, parce que je suis sûre qu'alors vous verrez « que je suis une honnête femme.

« Votre très-humble servante.

« *Jeanne Buisson, femme* OLIVIER.

« *P. S.* Je travaille depuis cinq ans pour le compte de « madame *Duval*, lingère, rue *Saint-Honoré*, n° 101; vous « pouvez aussi faire prendre chez elle des renseigne- « ments. »

— Pauve femme! — reprit Gilbert en contemplant la lettre avec émotion. — Elle pleurait en m'écrivant! la trace des larmes se voit sur quelques mots à demi effacés; celle-là donne son adresse, prie que l'on aille aux rensei- gnements... sa misère doit être réelle et mériter intérêt... nous la secourrons et largement, celle-là! Oh! ça con- solé de rencontrer au moins une demande honnête... — Et souriant tristement : — Quelle douce consolation! avoir la certitude que cette pauvre veuve et ses trois enfants sont réellement dans une détresse affreuse!

Gilbert prenant une autre lettre dit en examinant l'a- dresse :

— Quel horrible griffonnage! ça doit être une lettre de savant, je connais ça... Voyons.
— Et il lut :

« Mon cher monsieur,

« Votre fortune est immense... »

— Toujours la même rengaine! — dit Gilbert en s'in- terrompant de lire : — *Votre fortune immense...* Ça de- vient insupportable à la fin! Allons, qu'est-ce qu'il lui veut encore à mon immense fortune, celui-là !

Gilbert reprit ainsi sa lecture :

« Mon cher monsieur,

« Votre fortune est immense, voulez-vous la doubler, la « quadrupler? Accordez-moi cinq minutes d'entretien, et « cent mille francs, une bagatelle pour vous.

« Il s'agit d'une incroyable découverte à laquelle je tra- « vaille depuis trente-sept ans, et dont les bénéfices seront « fabuleux. Nous les partagerons au marc le franc; mais « j'ai préalablement besoin des susdits cent mille francs « pour l'achèvement de mon invention, qui me coûte déjà « deux cent dix-sept mille francs; ils constitueront mon « *apport* dans la société que j'ai l'honneur de vous pro- « poser de former avec moi.

« Dans l'attente d'une prompte et favorable réponse, j'ai l'honneur d'être votre serviteur.

DE LA PISTOLE,
Ingénieur civil.

« *P. S.* Veuillez laisser votre réponse chez M. votre con- « cierge; dès que vous m'aurez donné rendez-vous, je « vous apporterai le modèle de ma machine. »

— Je la vois d'ici ta machine! vieux *Robert-Macaire!* — s'écria Gilbert en jetant la lettre sur la table. — C'est une petite machine très-ingénieuse, monsieur l'ingénieur civil, à l'aide de laquelle vous espérez faire très-civilement passer mon argent de ma poche dans la vôtre!! Connu ! chat échaudé craint l'eau froide! Vous n'êtes pas le pre- mier inventeur qui s'adresse à moi, mon gaillard! L'avant- dernier, entre autres, quel affreux blagueur! Il avait trouvé le moyen d'utiliser les araignées. Il leur faisait tis- ser de la superbe batiste par un procédé particulier. Il en possédait, disait-il, *neuf cent soixante trois mille sept cent onze!* (ça avait un petit air de vérité, cette frac- tion de 3,711 !) Elles travaillaient comme des petits amours, et du moment où je lui eus dit que l'araignée était no- tre bête d'horreur à nous deux Minette, il a voulu nous conduire à toute force dans le laboratoire de ces vilains animaux! Ce qu'il y a de bon, c'est que ce scélérat-là avait fini par me persuader. — « On utilise bien les vers à « soie! » — me répétait-il toujours — « pourquoi n'utili-

« serait-on pas des araignées ! » — Au fait ? qu'est-ce que l'on peut répondre à cela ? Seulement, il fallait les nourrir, et comme elles ne mangent que des mouches, il devenait fort difficile d'alimenter le million d'araignées de mon coquin d'inventeur ! mais rien ne l'embarrassait ! Il avait imaginé une machine à vapeur qui devait attirer les mouches, grâce à un réservoir rempli de cassonnade, et les prendre au moyen d'immenses filets de gaze ! Il pourrait en attirer et en prendre ainsi six millions par jour. C'était un bénéfice superbe et clair comme le jour ! les araignées ne coûtaient rien, ni leur nourriture non plus, et l'on avait pour profit... d'excellente toile de batiste ! Il m'en a montré le scélérat ! mais pour achever sa mécanique, il lui manquait *soixante-dix-huit mille sept cent soixante-trois francs soixante-quinze centimes.* (Il était très-fort sur les fractions cet inventeur-là !) J'ai été assez dindon pour lui donner quatre-vingt mille francs, et de ma vie je ne l'ai revu, l'homme aux araignées. Du reste, il avait du moins et certainement trouvé le moyen d'attraper les niais de ma trempe, à défaut de mouches ! Ce n'est pas la perte de l'argent que je regrette ! nous deux Minette nous nous moquons pas mal de quatre-vingt mille francs ! mais ce qui est odieux, c'est d'être honteusement jobardé ! ce qui est pénible, c'est d'avoir été tellement dupé que l'on finit par se défier de tout le monde ; aussi, à l'heure qu'il est, l'inventeur d'une chose peut-être utile s'adresserait à moi, que je l'enverrais paître : de sorte que le bon pâtirait pour les mauvais ! Ce qui est dégoûtant, c'est le brevet d'auguste imbécillité que tous les fripons se plaisent à vous décerner, lorsqu'ils vous savent énormément riche ! Oh ! alors, vous êtes toisé ! vous êtes un animal stupide, un crétin, à qui l'on peut impunément adresser les demandes les plus effrontées, les plus biscornues ! Comme c'est flatteur d'inspirer une si aimable confiance ! Ah ! l'argent ! l'argent !... Allons, ajoutons ces cent mille francs aux autres sommes demandées, ça commence à faire un joli denier... Continuons ! Inscrivons !

Et Gilbert prit sur son plateau une autre lettre dont il contempla pendant un moment l'enveloppe et le cachet.

— Oh ! oh ! — se dit-il — voici un cachet bien lugubre et digne du fameux général Poussard avant que je lui aie donné la colique ! une tête de mort et deux épées en croix... imprimées sur cire noire par-dessus le marché !... C'est très-gai, mais il me semble que je connais cette écriture-là... Lisons...

Gilbert décachetant l'enveloppe, lut cette lettre :

« Monsieur,

« Je vous ai écrit il y a quinze jours pour la première
« fois au sujet du *Lion*, revue du monde élégant, journal
« quotidien que je désirais fonder avec le concours de vos
« capitaux. Je vous demandais deux cent mille francs,
« comme première mise de fonds ; la demande n'avait, je
« pense, rien d'exagéré, vu l'immensité notoire de votre
« fortune ; cependant vous n'avez pas daigné honorer d'une
« réponse, ni ma première lettre, ni les cinq autres qui l'ont
« suivie ! Celle-ci sera-t-elle plus heureuse ? je le crois ;
« non que j'espère que cette réponse vous sera dictée
« par le plus vulgaire sentiment de politesse, sentiment
« auquel vous me paraissez complétement étranger... »

— Ah ! très-bien ! — dit Gilbert en s'interrompant de lire. — Ah ! mais très-bien ! au moins il n'est pas flatteur, celui-ci... avec son *Lion* ! j'adore sa franchise !

Et il continua ainsi sa lecture :

« ...Mais j'ai lieu de penser, monsieur, que la peur du
« scandale aura sur vous une influence suffisante pour
« vous décider cette fois à me répondre :

« Et je m'explique :

« Dans ma pensée le *Lion* (ainsi que je vous l'ai écrit)
« était, grâce à sa publicité qui pouvait devenir euro-
« péenne à l'aide de vos capitaux, était destiné, dis-je, à
« donner le plus grand retentissement à vos fêtes, à van-
« ter le luxe de votre hôtel, l'élégance de vos attelages,
« la délicatesse de votre table, etc., etc., à vous *poser*
« enfin aux yeux du grand monde de Paris, de la France
« et de l'Europe, comme le prototype du goût et de la
« magnificence ! Votre femme aurait eu naturellement sa
« part de ces éloges, et les merveilleuses les plus à la mode
« auraient envié la publicité que je donnais à ses moindres
« toilettes. Je faisais enfin de vous des *personnages*, en
« d'autres termes : JE VOUS DÉCRASSAIS ! »

— C'est un effronté drôle que ce monsieur *de Saint-Calandar* ! — dit Gilbert. — Il m'avait, en effet, demandé la bagatelle de deux cent mille francs pour fonder son *Lion*. Selon les premières lettres que m'adressait ce monsieur, j'étais un homme admirable, un *Mécène* et tout ce qui s'ensuit ! Et voilà maintenant que j'ai besoin d'être décrassé ! quel impudent coquin que ce monsieur de Saint-Calandar ! Voyons à quoi aboutit sa lettre... Ce doit être curieux — ajouta Gilbert en poursuivant la lecture de l'épître :

« Vous avez, monsieur, répondu par l'insolent silence
« du grossier parvenu, aux offres bienveillantes d'un ga-
« lant homme ; cette impertinence (à moins d'une amende
« honorable que j'attendrai jusqu'après-demain), cette
« impertinence sera châtiée comme elle le mérite.

« Je possède les fonds nécessaires pour la publication
« des deux ou trois premiers numéros du *Lion*, c'est vous
« dire, monsieur, qu'ils seront exclusivement, spécialement
« consacrés à vous et à votre femme ; je suis, je vous en
« préviens, résolu d'être, dans mes appréciations, très-
« méchant... très-mordant... très-venimeux... et d'em-
« porter la pièce à chaque attaque contre monsieur le
« Lithographe et madame la Fleuriste ! »

— C'est ça... du *chantage* ! je m'y attendais — dit Gilbert avec dégoût. — Je voudrais bien savoir sur quel air et à propos de quoi monsieur de Saint-Calandar prétend me faire *chanter* avec son *Lion?* Quelle turpitude! c'est à soulever le cœur! allons pourtant jusqu'au bout... c'est instructif.

Gilbert continua ainsi :

« — Prenez-y garde, monsieur, j'ai la prétention par-
« faitement méritée de manier l'arme du ridicule *aussi
« bien que l'épée;* ceci étant, monsieur, vous me trouve-
« rez prêt à vous offrir toute espèce de réparation dans le
« cas où (et j'y compte extrêmement), dans le cas où
« les premiers numéros du *Lion* vous paraîtraient san-
« glants à votre endroit et à celui de votre femme.

« Du reste, afin que vous soyez à même d'apprécier la
« chose, le premier numéro du *Lion* sera remis après-
« demain matin *sans bande ni enveloppe* au concierge de
« votre hôtel, afin que vos gens aient la primeur de cette
« satire sur leur honoré maître et non moins honorée
« maîtresse.

« Je termine, monsieur, cette trop longue lettre en vous
« posant carrément cette alternative :

« Avant demain midi, vous me ferez verser les fonds
« nécessaires à la fondation du *Lion* (deux cent mille
« francs.)

« Sinon, après-demain matin vous recevrez le premier
« numéro de ce journal, à vous spécialement consacré.

« Dans le premier cas j'oublierai votre impertinence
« passée, pour ne m'occuper que de glorifier votre ma-
« gnificence.

« Dans le second cas je me tiendrai à votre disposition,
« si, selon mon attente, vous êtes cruellement blessé de
« mes attaques contre vous.

« Charlemagne DE SAINT-CALANDAR,
« *homme de lettres,*
« Hôtel de Grenade, rue d'Amboise. »

— Je me moque de ton *Lion* comme de toi! entends-tu, monsieur Charlemagne de Saint-Calandar? — s'écria Gilbert en jetant loin de lui la lettre avec mépris. — Et si tu avais l'insolence de m'insulter autrement que sur le papier, je me rappellerais ce que j'ai dit, *étant* Georges Hubert, à cet affreux spadassin de Poussard qui voulait me forcer à me battre! Oui, je vous casserais les reins à coups de trique, mon cher monsieur Charlemagne de Saint-Calandar! vu que j'ai le poignet solide... — Et Gilbert ajouta avec une expression de douloureuse aversion : Ah! la vilaine et ignoble race que l'espèce humaine! ma foi, sauf ma femme et notre excellente amie madame de Saint-Marceau, qui du moins, celle-là, nous aime pour nous-mêmes, d'après ce que je vois depuis que je suis riche, je crois, nom d'un petit bonhomme ! que tout le monde est pourri ! Ah ! l'argent, toujours l'argent! Me voilà encore attristé pour toute la journée! Par contre-coup cette pauvre Minette ne sera pas moins triste! Nous qui nous faisions une joie de déjeuner là-haut, dans notre petite chambre avec un quart d'oie, comme autrefois, voilà notre plaisir gâté! Allons, ajoutons les deux cent mille francs du *Lion* de monsieur de Saint-Calandar aux autres sommes ; nous additionnerons tout à l'heure le total... ce sera drôle ! Puis Gilbert, voyant encore deux lettres sur son plateau, se dit : — Allons, aux derniers les bons... — Et, prenant l'une des deux lettres : — Encore une écriture de femme!

Et il lut ce qui suit :

« Hier, j'ai vu chez *Janisset* une ravissante parure de
« rubis et de brillants; ce monstre de Janisset demande
« dix-huit mille francs de sa parure; je ne les ai pas, moi,
« ces dix-huit mille francs, mais vous les avez, vous, far-
« ceur qui êtes si riche! Achetez-moi donc vite, vite, cet
« amour de parure et apportez-la-moi, vous serez bien
« gentil, bien reçu et nous ferons connaissance.

« CÉLESTE,
« *Artiste du Palais-Royal.*

« P. S. Je joue ce soir dans le vaudeville intitulé *La
« Culotte à l'envers,* et j'y danse un pas chicard avec GRAS-
« SOT : louez l'avant-scène du rez-de-chaussée, venez me
« voir jouer *avant d'acheter la parure* (comme je suis
« honnête fille, hein ?), et après m'avoir vue danser mon
« pas chicard... chicancard ! (je joue en second) vous
« courrez, j'en suis sûre d'avance, chez Janisset, vous me
« rapporterez la parure, nous souperons ! et puis... *drin...
« drin... drin !! »*

Et *drin ! drin ! drin !* mademoiselle CÉLESTE, la bien nommée! vous qui dansez avec Grassot un pas chicard et chicandard dans *la Culotte à l'envers* — dit Gilbert après avoir lu cette singulière épître — vous m'avez l'air d'un Roger Bontemps, mademoiselle Céleste ! mais malgré votre *drin, drin, drin,* vous n'aurez ni ma visite, dont vous vous souciez peu, ni la parure, dont vous vous souciez beaucoup ! Je n'aime que ma Minette ! Ah! vous croyez, mademoiselle Céleste, que parce qu'on est archi-millionnaire, on est de droit et de fait un coureur de filles ? bien obligé de l'honnête opinion que vous avez de moi en particulier et des millionnaires en général! Enfin, cette lettre repose des autres turpitudes, du moins elle est drôle et fera rire Minette ! Mademoiselle Céleste n'y va pas par quatre chemins avec son pas chicard !... et son drin, drin, drin! Pauvre fille... elle fait son métier. C'est encore dix-huit mille francs à ajouter aux demandes aujourd'hui : récapitulons et additionnons, cela doit être curieux.

Et Gilbert lut sur le papier où il avait inscrit les chiffres précédents :

« A un monsieur pour une dette d'honneur, 10,000
« A un vieux lithographe pour son loyer, rue
« des Singes, 1,800
« A un monsieur qui prétend que ça doit m'ê-
« tre bien égal de les lui donner, 12,000
« A un inventeur quelconque, 100,000

« A un monsieur de Saint-Calandar, pour son
« Lion, 200,000
« A mademoiselle Céleste, pour... *drin, drin,*
« *drin,* 18,000

Total, 341,800

— *Trois cent quarante-un mille francs !* Voilà donc le modeste chiffre de ce jour ? et j'ai cinq cent mille livres de rente. Je suis certain que si j'avais depuis six mois inscrit toutes les demandes, dix millions, vingt millions n'auraient pas suffi à les combler ! — et haussant les épaules — voyons cette dernière épître... que dit-elle ?

Et Gilbert lut ceci :

« Monsieur,

« Vous êtes immensément riche, vous pouvez faire le
« bonheur d'une honnête famille : mon mari est aveugle,
« moi je suis estropiée ; nous nous sommes, par bonté
« d'âme, chargés d'une nièce, elle a maintenant quatorze
« ans et demi.

— Pauvres gens ! dit Gilbert en s'interrompant — vieux et infirmes...

— Et il continua :

« Notre nièce ne nous a jamais quittés, elle est inno-
« cente et pure comme l'enfant qui vient de naître ; quant
« à sa beauté je ne vous en dis rien, vous en jugerez si
« vous daignez, monsieur, nous honorer d'une visite et
« alors je... »

— Ah, c'est affreux ! — s'écria Gilbert en achevant la lecture de cette lettre, qui d'abord l'avait apitoyé, et la froissant avec horreur. — Mais c'est infâme ! mais il suffit donc d'être riche pour que l'on vous croie un monstre de dépravation ! Mais c'est à fuir ce monde-ci pour se réfugier dans ceux-là dont nous parlait la Korrigan !

A ce moment, un des valets de chambre de Gilbert entra et lui dit :

— Monsieur le Lithographe, un monsieur est là... avec une petite caisse : il demande à voir monsieur sur-le-champ, pour une affaire très-importante et qui ne souffre aucun retard.

— Faites entrer ! — répondit Gilbert hors de lui. — Ah ! j'ai besoin de me distraire par quoi que ce soit de tant de noires et hideuses pensées !

XXXVI.

Gilbert, navré d'amertume, vit bientôt entrer un homme bien vêtu, portant sous le bras une caisse d'acajou plate et d'environ deux pieds carrés ; à peine fut-il introduit dans le cabinet qu'il déposa précieusement sa caisse sur une chaise, puis salua nt Gilbert jusqu'à terre :

— Monsieur le Lithographe, je viens vous faire cadeau d'un trésor...

— Hum ! — se dit Gilbert. — Ce début est nouveau, et il promet ! C'est sans doute un nouveau genre de coquetterie ! et moi qui espérais me distraire de tant d'autres ignominies ! Bah ! allons jusqu'au bout ! j'ai du fiel au cœur pour toute la journée ! Et s'adressant à l'homme à la caisse. — Ainsi, monsieur, vous venez me faire cadeau d'un trésor ?

— Oui, monsieur, un trésor dont les rois seraient jaloux... car deux souverains me demandent, je puis le dire sans vanité..... me demandent ce trésor à genoux ! C'est pour cela, monsieur, que je me suis permis de tant insister pour avoir l'insigne faveur d'être introduit auprès de vous.

— Oh ! oh ! ce trésor que deux rois vous demandent à genoux, vous venez me l'offrir comme cela,... tout bonnement... à moi ?

— Monsieur le Lithographe, je fais mon devoir ! Est-ce que je ne dois pas cette préférence à l'homme étonnant... à l'homme extraordinaire... à l'homme incomparable qui, grâce à sa prodigieuse fortune, est le protecteur magnifique, le splendide..., l'illustre protecteur des arts !

— Voyons..... pensa Gilbert — voyons jusqu'à quel degré d'ignoble flatterie peut descendre un homme bien mis ?... car ce monsieur a de très-beau linge, une montre à chaîne d'or et des boutons de rubis à sa chemise. Voyons aussi jusqu'à quel degré de stupide insolence peut impunément monter un homme qui, comme moi, remue les millions à la pelle. — Et il reprit tout haut d'un ton plein de morgue impudente et grossière :

— Mon cher... comment vous appelle-t-on ?

— *Guillaumin,* pour vous servir, monsieur le Lithographe.

— Hé bien, mon cher Guillaumin, je vous trouve mesquin dans les louanges que vous m'avez adressées tout à l'heure ?

— Monsieur, j'en suis désolé — répondit intrépidement l'homme à la caisse. — Mais malheureusement je n'ai jamais su flatter personne !

— Tant pis pour vous, mon cher, car moi j'aime à être flatté ; en ceci je dis tout haut, ce que d'autres pensent tout bas ; ça vous paraît très original ? mais voilà mon caractère, c'est à prendre ou à laisser. Donc, si vous ne me flattez pas, vous allez me faire le plaisir de sortir de mon hôtel et de remportez votre trésor...

— Monsieur... le Lithographe... permettez !

— Et puis, j'y songe ! est-ce que vous me prenez pour un mendiant ? vouloir me faire un cadeau à moi qui possède autant de millions que vous avez peut-être de sous dans votre poche ? ma parole d'honneur, vous êtes encore un drôle de corps avec votre trésor !

— Monsieur..... ah ! monsieur, de grâce, n'interprétez pas ma démarche à mon désavantage ; permettez-moi de m'expliquer...

— D'ailleurs, est-ce que je sais seulement qui vous êtes ?

vous vous introduisez dans mon hôtel sous prétexte de me faire un cadeau... Hum ! vous pourriez bien n'être qu'un chevalier d'industrie ou pis encore...

— Monsieur — reprit d'un air triomphant et sûr de lui-même M. Guillaumin en tirant de sa poche un portefeuille qu'il ouvrit et dont il tira un papier — le hasard me sert à souhait! j'ai justement sur moi cette inscription de sept mille livres de rente que je viens d'acheter au capital de cent soixante-six mille francs... Le bordereau de mon agent de change est joint à ce titre de rente, qui ne constitue que la moitié de ma fortune..... Je ne suis donc pas un chevalier d'industrie, mais je l'avoue humblement, je ne suis qu'un ver... qu'un pauvre ver de terre... comparé à un admirable capitaliste comme vous, monsieur, qui joignez tous les dons à ceux d'une fortune colossale, qui serait plus colossalement gigantesque encore si elle égalait votre incomparable mérite...

— A la bonne heure, c'est mieux! voilà comme j'aime qu'on me parle — reprit Gilbert en se rengorgeant. — Et il se dit à lui-même : Je m'en doutais ! ce gredin-là est dans l'aisance !! Ce n'est pas même la faim qui le pousse à ces honteuses bassesses! Quel exécrable race que l'espèce humaine! — Puis il reprit tout haut :

— Mais, mon cher, il n'en est pas moins vrai qu'un ver de terre comme vous, ce sont vos propres paroles... se permet l'incroyable impertinence de vouloir faire un cadeau à un admirable capitaliste comme moi?... Ce sont encore vos propres expressions.

— Distinguons, de grâce, monsieur le Lithographe ! distinguons... souffrez que j'aie l'honneur de vous adresser une question et soyez assez indulgent pour me faire la grâce d'y répondre. Pour vous, monsieur, qu'est-ce qu'une misérable somme de deux cent mille francs?

— Mon cher! voilà une question aussi insolente qu'oiseuse ! vous savez d'avance ma réponse ! Un homme aussi colossalement riche que moi se moque de deux cent mille francs comme de vous !

— Bravo !... nous y voilà ! — s'écria M. Guillaumin en se frottant joyeusement les mains. — Deux cent mille francs ne sont rien, absolument rien pour un auguste capitaliste comme vous, monsieur ! donc, si je me permets de vous offrir un objet d'art merveilleux, miraculeux, je ne vous fais pas un cadeau... Arrière, arrière cette audacieuse pensée ! puisque vous me payez la valeur vénale de cet incomparable objet d'art! Et cependant... monsieur... ma foi, je vous le dirai crûment, car j'ai le courage de mes opinions, et cependant..... j'ai l'honneur, le bonheur, la gloire, la joie de vous faire un cadeau, puisqu'en retour d'une bagatelle de deux cent mille francs qui ne sont rien pour vous, je vous donne un inimitable tableau, une Sainte Famille de Raphaël dont les envoyés de Leurs Majestés l'empereur de Russie et le roi de Hollande m'ont offert deux cent mille francs comptant. Mais je me suis écrié : Arrière ! arrière ! ce divin Raphaël appartient de droit au roi... que dis-je? au dieu.. des capitalistes !

— Peuh... — fit Gilbert — puisque vous m'appelez dieu !... mon cher... nous allons examiner le Raphaël...

A peine Gilbert eut-il prononcé ces mots, que M. Guillaumin courut à sa caisse d'acajou, ornée de fermoirs de vermeil, l'ouvrit avec une clef de vermeil, tira de la boîte une sorte d'étui de velours bleu magnifiquement brodé, renfermant une autre enveloppe de gaze, d'où M. Guillaumin sortit enfin un tableau encadré d'une bordure de vermeil délicatement ciselée ; prenant alors cette peinture avec autant de pieux respect qu'un prêtre tient à l'autel le saint ciboire, le vendeur de Raphaël se promena pendant quelques instants dans le cabinet, cherchant un jour favorable à l'exposition du divin chef-d'œuvre, après quoi il le plaça près d'une fenêtre, sur une chaise en guise de chevalet; s'approchant alors de Gilbert, il lui dit à demi-voix et d'un ton mystérieux :

— Et maintenant, monsieur le Lithographe, approchez, vous allez être ravi, ébloui... pétrifié d'admiration devant cette Sainte Famille !

— Oh superbe! — s'écria Gilbert en s'approchant. — Superbe! admirable !

— N'est-ce pas, monsieur? mais laissez-moi vous faire l'historique de ce trésor pour vous démontrer son authenticité... il provient de la galerie de...

— Ah çà, mon cher, est-ce que vous me prenez pour un imbécile ? quand je dis que c'est superbe!... tout est dit...

— Monsieur, vous avez le regard d'aigle et le laconisme de César !

— Et vous, mon cher, vous êtes un sot; vous n'entendez rien à la vente des tableaux. Ce Raphaël vaut cinquante mille francs de plus que vous ne le voulez vendre, et comme j'aime à faire les choses royalement — ajouta Gilbert en allant à son bureau où il prit une liasse de billets de banque qu'il compta — je vais vous remettre deux cent cinquante mille francs ! et ma foi, vous m'aurez fait, je l'avoue, un vrai cadeau !

— Je l'avais bien dit, monsieur, que vous étiez le dieu des capitalistes, — s'écria M. Guillaumin d'une voix palpitante de cupidité, tandis que Gilbert comptait les billets de banque. — Mais j'ajouterai, monsieur, que vous êtes le dieu des connaisseurs en peinture et le dieu des protecteurs des arts.

— Comme qui dirait une manière de *Trinité*, n'est-ce pas, mon cher? — reprit Gilbert en se levant et tenant la liasse de billets de banque. — Voici donc votre argent... vous compterez les billets...

— Ah! monsieur! y pensez-vous? je les accepte les yeux fermés — dit M. Guillaumin en tendant à Gilbert ses mains tremblantes d'avidité — je vais vous donner un reçu de la somme.

— Un instant! — reprit Gilbert en paraissant se raviser, mais gardant toujours les billets de banque. — J'ai des caprices... je suis assez riche pour me les passer. Or donc, généralement j'aime à être flatté, sous ce rapport-là, mon cher, je suis assez content de vous !

— Moi ! un flatteur ! rayez cela de vos papiers, monsieur ! — reprit M. Guillaumin guignant toujours de l'œil les billets de banque et affectant un ton bourru. — Je vous en ai prévenu très-carrément, je n'ai su de ma vie flatter personne ! tant pis pour vous si vous confondez la vérité avec la flatterie, monsieur, tant pis pour vous !

— Soit, mon cher, vous m'avez appelé homme étonnant, extraordinaire, sublime, auguste, gigantesque ! Vous m'avez traité d'aigle, de César, de roi, de dieu.... de Trinité ! Cela me semblait au premier abord un peu exagéré, mais en y réfléchissant, je trouve que vous êtes dans le vrai, seulement, voyez-vous, j'aime parfois les contrastes. Rien ne me plaît davantage après avoir été louangé que d'être injurié..... C'est une dépravation de goût, mais ça m'amuse ; ainsi donc, avant d'empocher ces deux cent cinquante billets de mille francs, — et de nouveau il les montrait à M. Guillaumin, — vous allez me dire ceci : « — Mons Gilbert, vous n'êtes qu'un sot animal. »

— Ah ! monsieur !

— A votre aise, mon cher, notre marché ne tiendra qu'à ce prix....

— Mais, monsieur, il m'est impossible de mentir ainsi honteusement, outrageusement, lâchement à ma conscience ! j'aimerais mieux mourir que de....

— Adieu, mon cher — répondit Gilbert en se préparant à replacer les billets de banque dans le tiroir de son bureau ; — remportez votre Raphaël.

— Mais, monsieur, je vous en conjure...

— Assez ! mon cher ! je ne souffre jamais la contradiction... faites-moi le plaisir de me laisser tranquille.

— Ah ! j'y suis ! — s'écria soudain M. Guillaumin en se frappant le front — je comprends ! c'est une plaisanterie ! une *charge* d'atelier.... oh ! alors d'accord ! Vous avez, monsieur, le génie sublime d'un grand peintre pour reconnaître, apprécier la valeur des tableaux ; il va de soi que vous vous donniez l'innocente distraction d'une *charge* ! et je suis à vos ordres pour faire ma petite partie dans cette plaisanterie. Elle est vraiment adorable....

— Mon cher, je ne plaisante qu'à mes heures et avec qui me plaît. Je suis en ce moment très-sérieux, vous allez donc très-sérieusement me dire ceci : — « Mons « Gilbert, vous n'êtes qu'un sot animal... »

M. Guillaumin fit à Gilbert un signe d'intelligence qui signifiait : — Je devine ! les plaisanteries sérieuses sont les plus drôles, et il répéta : « — Mons Gilbert, vous n'êtes « qu'un sot animal ! »

« — Je vous ai accablé de louanges les plus stupides « — poursuivit Gilbert — et comme un imbécile que vous « êtes, vous avez donné dans le panneau ! »

— Mais, monsieur — s'écria M. Guillaumin — il m'est impossible, même par plaisanterie, d'oser me permettre de....

— Mon cher, je vous préviens d'une chose : Si vous m'interrompez encore, si vous ne répétez pas mot pour mot, après moi, ce que je vais dire, sans la moindre réflexion..... je vous fais mettre à la porte, vous et votre Raphaël.

Gilbert accentua tellement ces paroles que M. Guillaumin ne put douter de la réalisation de la menace, et se résigna de répéter.

« — Mons Gilbert, je vous ai accablé des louanges les « plus stupides, et comme un imbécile que vous êtes, vous « avez donné dans le panneau. »

« — Vous avez été, monsieur le Lithographe, grossier, « insolent et bête comme un parvenu qui se croit tout « permis parce qu'il possède des millions — poursuivit Gilbert ; — vous avez enfin poussé l'impertinence jusqu'à « l'idéal... »

M. Guillaumin suait à grosses gouttes, il commençait à croire qu'il ne s'agissait pas d'une *charge*, cependant il répéta à tout hasard :

« — Vous avez été, monsieur le Lithographe, grossier, « insolent et bête comme un parvenu qui se croit tout « permis parce qu'il possède des millions. Vous avez en-« fin poussé l'impertinence et la sottise jusqu'à l'idéal... »

« — Mais — ajouta Gilbert — moi, Guillaumin, dans « mon for intérieur je me moquais de vous, car je vous « vendais pour un Raphaël une abominable croûte qui « n'a de valeur que sa boîte d'acajou et son cadre de « vermeil, ajustés pour parer la chose et jeter de la pou-« dre aux yeux des niais de votre espèce, monsieur le « Lithographe ; aussi j'endurais fort patiemment vos in-« solences et je redoublais de bassesse en me disant : Va ! « crétin ! j'empocherai ton argent ! » — Puis regardant M. Guillaumin qui semblait atterré, Gilbert reprit avec une ironie amère : — La phrase vous semble un peu longue ? hein, mon cher ?... C'est égal, dites-la toujours... si vous manquez de mémoire, je vous reprendrai...

— Monsieur... — balbutia le vendeur de Raphaëls — je ne saurais... même en plaisantant, déprécier... un chef-d'œuvre...

— Sortez ! Vous n'êtes qu'un misérable ! — s'écria Gilbert donnant cours à sa douloureuse indignation longtemps contenue. — Ce n'est pas même le besoin qui vous pousse à tant d'ignominies ! Vous avez des rentes, et par cupidité vous voulez me voler ! Oui, me voler ! Est-ce que ce n'est pas voler, que de vendre deux cent mille francs une mauvaise copie qui ne vaut pas cinq cents francs ! Heureusement je suis dessinateur et suffisamment connaisseur pour découvrir votre coquinerie ! mais, ainsi que tant d'autres, et parce que je suis riche à millions, vous m'avez regardé comme un triple niais ! comme une bête à tondre effrontément jusqu'au vif! comme un oison bon à prendre à la glu des flatteries les plus ignobles! Sortez, vous dis-je! vous me soulevez le cœur! Ah! l'argent! l'argent! quelle idée il donne de nous, et quelle idée il nous donne des autres! Oh, c'est à maudire la richesse!

Gilbert élevait de plus en plus la voix, en proie à une irritation croissante; Gilberte l'entendit du salon voisin où elle se trouvait, et accourut. M. Guillaumin, après avoir écouté, impassible, les reproches du jeune homme, lui dit avec un calme effronté en prenant son chapeau :

— Monsieur, vous m'avez acheté mon Raphaël, je prouverai le fait... Donc je vous laisse le tableau, et ce soir vous recevrez une assignation à cette fin que vous ayez à me solder.

— Comment, voleur que vous êtes!... vous avez l'audace...

— Voleur!... oh! très-bien! — s'écria M. Guillaumin.

— Voleur! une injure de plus... elle figurera au procès.

— Un procès! — dit Gilberte avec inquiétude. — Pourquoi veut-on te faire un procès?

— Ah! voilà qui passe toutes les bornes! — s'écria Gilbert exaspéré. Puis s'adressant à M. Guillaumin qu'il avait envie de battre : — Comment! vous aurez le front de soutenir que j'ai acheté votre horrible croûte, et de me faire un procès là-dessus?

— Parfaitement, monsieur, *tout se plaide* — répondit M. Guillaumin. Et profitant de l'ébahissement où son impudente menace plongeait Gilbert, il s'esquiva laissant son Raphaël sur une chaise.

— Mon Dieu! dit la jeune femme à son mari — qu'est-ce que cela signifie, tu es tout pâle, mon pauvre ami?

— Ah! quelle matinée!... voilà encore une journée attristée... j'ai le cœur plein d'amertume et de colère! Hélas! nous qui nous faisions fête de déjeuner là-haut, dans notre petit ménage comme autrefois...

— Raison de plus, mon Gilbert! N'est-ce pas là haut que nous allons nous consoler des vilaines choses dont nous sommes témoins presque chaque jour?

— Non, laisse-moi... Sauf toi, j'ai tout le monde en horreur!.., mon Dieu! moi qui me sentais autrefois l'âme toujours si joyeuse! Tiens, si tu savais, ce matin...

Gilbert fut interrompu par un valet de chambre qui vint dire :

— Madame de Saint-Marceau demande si madame la Fleuriste peut la recevoir?

— Oh! qu'elle vienne... qu'elle vienne tout de suite! — répondit Gilberte au domestique qui sortit. Et s'adressant à son mari, elle ajouta : — Ah! c'est le ciel qui nous envoie cette excellente amie! elle ne pouvait venir plus à propos; elle m'aidera à te raisonner, à te calmer, mon pauvre Gilbert!

— Peut-être as-tu raison — reprit le jeune homme avec accablement. — Il ne faut pas se désespérer, lorsque du moins l'on a une si digne amie! Elle est, Dieu merci, éprouvée celle-là!... nous le savons; elle nous aime pour nous et non pour notre argent!

— Oui... et elle nous aime aussi malgré notre argent; elle n'est pas comme Meunier et sa femme, ces vilains envieux!

— Tiens, Gilberte, ne me parle pas d'eux, tu vas m'exaspérer de nouveau... Les méchants! les ingrats!...

A ce moment madame de Saint-Marceau parut; l'illustre cantatrice était toujours d'une rare beauté; mais sa pâleur, la profonde altération de ses traits trahissaient une émotion profonde et douloureuse; elle entra précipitamment en disant :

— Ma chère Gilberte...

Mais à la vue de Gilbert, elle fit un mouvement de surprise et ajouta : — Pardon, mon amie, je croyais vous trouver seule... — Puis, s'adressant au mari de la jeune femme, et tâchant de sourire : — Bonjour, monsieur Gilbert.

Et elle lui tendit affectueusement la main que Gilbert serra cordialement en lui disant :

— Vous désirez causer avec ma femme, je vous laisse...

— Non... restez... — reprit madame de Saint-Marceau après un moment de réflexion, — restez, je vous en prie... je n'ai rien à dire à Gilberte que vous ne puissiez... que vous ne deviez entendre.....

— Mon Dieu, chère Antonia, vous paraissez souffrante — reprit Gilberte remarquant seulement alors l'altération des traits de la célèbre artiste. — Qu'avez-vous?

— En effet... madame — ajouta Gilbert avec non moins de sollicitude — vous semblez toute troublée...

— Ah! mes amis... — s'écria madame de Saint-Marceau d'une voix étouffée... Mais les sanglots la suffoquant, elle s'interrompit et cacha dans son mouchoir son visage baigné de larmes.

Un valet de chambre paraissant de nouveau s'arrêta au seuil de la porte et dit :

— M. Guêpier demande s'il peut parler à monsieur...

— Non, non, pas à présent — répondit Gilbert avec impatience; — qu'il revienne plus tard et que personne n'entre ici sans que j'aie sonné.

Le valet de chambre s'éloigna. Gilbert et Gilberte restèrent seuls avec madame de Saint-Marceau.

XXXVII.

Gilbert et Gilberte restèrent immobiles de surprise en voyant madame de Saint-Marceau fondre en larmes sans pouvoir prononcer un mot. Elle rompit la première ce triste silence, essuya ses yeux baignés de larmes et dit aux deux jeunes gens d'une voix profondément attendrie:

— Mes amis... accordez-moi de grâce quelques moments d'attention et surtout soyez-moi indulgents... oh, oui, j'en ai besoin... grand besoin de votre affectueuse indulgence! Laissez-moi, en peu de mots, vous rappeler les circonstances auxquelles je dois votre précieuse amitié. Ce regard jeté sur le passé m'encouragera, me rassurera, me donnera la force de vous faire des aveux pénibles. Un jour vous me priez de venir chanter à l'un de vos concerts, je me rends à votre désir ; de ce soir-là date notre liaison ; en quelques heures j'avais pu apprécier votre naturel exquis, ma chère Gilberte, la franche cordialité de votre mari, et votre excellent cœur à tous deux : enrichis par le hasard d'un héritage immense, vous étiez restés purs des ridicules, des défauts, ou des vices malheureusement habituels à presque tous les parvenus ; loin de rougir de l'humble et laborieuse condition où vous aviez longtemps vécu... vous l'affichiez avec une fierté originale et charmante : c'était bien, c'était beau...

— Chère Antonia — reprit Gilberte avec un modeste embarras — ne parlez pas ainsi, vous nous flattez...

— Ah! cette parole m'ôte tout mon courage, — répondit madame de Saint-Marceau morne et abattue. Et s'adressant aux deux jeunes gens avec une anxiété profonde : — Mes amis, je m'adresse à votre sincérité... à la bonne opinion que vous avez peut-être conçue de moi... me croyez-vous, mon Dieu! assez vile pour vous flatter?

— Non, non, ma chère madame de Saint-Marceau — reprit Gilbert touché de l'émotion de la cantatrice, et se rappelant les ignobles bassesses de M. Guillaumin. — Oh, non! nous ne vous ferons jamais l'injure de vous accuser d'être une flatteuse; seulement nous pensons que votre bonne amitié pour nous s'exagère le peu que nous valons.

— Soit, mais du moins vous ne me croyez pas capable de vous flatter... oh! en ce moment surtout, un pareil soupçon de votre part me serait affreux... — reprit madame de Saint-Marceau en essuyant ses yeux remplis de larmes. Puis elle ajouta, ensuite d'un moment de pénible réflexion, et faisant un mouvement pour sortir : — Tenez, mes amis..... excusez-moi..... je me sens un peu souffrante... adieu !

— Pardon, pardon... si nous vous avons fait de la peine sans le vouloir ! — s'écria la jeune femme en retenant la cantatrice par la main. — N'est-ce pas, Gilbert, que nous l'aimons tendrement, cette chère Antonia ?

— Hélas! nous le disions lorsque vous êtes entrée, vous êtes notre seule amie, madame, — reprit tristement Gilbert. — Si vous nous quittez injustement fâchée, il nous faudra donc ne plus croire même à votre affection, notre unique consolation au milieu de toutes les ignominies dont nous sommes chaque jour témoins !

L'accent pénétré des deux jeunes gens, l'angoisse peinte sur leurs figures, rassurèrent madame de Saint-Marceau; elle se rapprocha d'eux, et leur dit avec un sourire navrant :

— Oui... vous m'aimez, je le crois, vous ne doutez pas de moi, vous ne me croyez pas assez misérable pour vous flatter!... Pardon, à mon tour, de vous avoir un instant crus capables de concevoir un pareil soupçon. Ah! c'est que, voyez-vous, mes amis, le malheur nous rend souvent, malgré nous, si ombrageux, si injustes!

— Le malheur! — s'écrièrent à la fois Gilbert et Gilberte. Vous êtes malheureuse?

— La plus malheureuse des femmes! — s'écria la cantrice en fondant en larmes. Et elle ajouta en portant son mouchoir à ses lèvres tremblantes : — Oui, la plus malheureuse des femmes... aujourd'hui surtout!

Les deux époux restèrent douloureusement frappés de cet aveu, plus inattendu qu'imprévu ; ils se souvenaient de cette représentation à l'Opéra, interrompue par une crise nerveuse de madame de Saint-Marceau, crise attribuée, disait-on, à des *affaires de ménage;* mais depuis leur intime liaison avec la célèbre artiste, rien n'avait pu leur faire supposer le renouvellement de ses chagrins domestiques.

— Vous, malheureuse! chère Antonia — reprit Gilberte d'un ton de tendre reproche, après un moment de silence.

— Et nous ignorons vos peines?

— Ce serait à nous de vous gronder de ce manque de confiance — ajouta non moins affectueusement Gilbert.

— A quoi bon les amis, si l'on ne vient pas à eux quand on souffre? Mais ce que vous nous apprenez me confond! Vous malheureuse!..... vous..... dont le talent et la gloire...

— Le talent!... la gloire! — s'écria la célèbre artiste avec une ironie amère. — Ah! mes pauvres amis... si vous saviez!... si vous saviez!

— Oh! nous savons!!! — se dirent du regard Gilbert et Gilberte, en échangeant un coup d'œil expressif, pendant que madame de Saint-Marceau, péniblement absorbée, gardait un morne silence; puis, faisant sur elle-même un violent effort, elle reprit :

— Mes amis, ne m'accusez pas d'un manque de confiance envers vous ; car, grâce à un hasard où ma superstitieuse amitié veut reconnaître votre bonne influence, mes chagrins, depuis que je vous ai connus, s'étaient presque dissipés, mais aujourd'hui ils m'accablent de nouveau, ils me brisent, ils me tuent !

— Au nom du ciel, expliquez-vous !

— Écoutez-moi : il est, à cette heure, de mon devoir de vous faire un aveu cruel... Il y a un an à peine, je me suis mariée par amour... Cet amour était partagé, du moins cette illusion fut longtemps la mienne. M. de Saint-Marceau, par sa naissance, m'ouvrit les salons qu'il fréquentait avant notre union; bientôt je m'aperçus, à mille nuances presque imperceptibles, mais blessantes pour ma dignité, je m'aperçus de la distance que les femmes du grand monde mettaient entre elles et moi...

— Oui — dit Gilbert — ces belles dames vous receviez dans leur salon, mais elles auraient considéré comme une énormité de vous offrir publiquement une place dans leur voiture, ou dans leur loge au spectacle!

— Les bégueules! — ajouta Gilberte en haussant les épaules. — Elles se seraient crues compromises en se montrant publiquement avec une *actrice*, avec une femme qui *montait sur les planches*, comme elles disaient, ces vilaines envieuses, qui jalousaient votre beauté, votre talent et vos succès!

Madame de Saint-Marceau, pendant un moment, oublia ses chagrins, dans sa surprise d'entendre Gilbert et Gilberte parler ainsi, cédant à la remémorance de leurs impressions alors qu'ils ÉTAIENT le marquis et la marquise de Montlaur.

— Mes amis — reprit la cantatrice — ces nuances si délicates d'une société qui n'était pas la vôtre... comment avez-vous pu les deviner?

— Cette société-là, qui fait fi d'une honnête et excellente femme comme vous, parce qu'elle doit tout à son talent — répondit Gilbert — cette société-là, si orgueilleuse chez elle, ne gueusait-elle pas des invitations auprès de M. de Saint-Marceau, afin d'être reçue chez nous deux Minette, une fleuriste! un lithographe! à la seule fin de venir manger nos glaces, goinfrer notre souper, danser dans nos salons, et se moquer de nous par-dessus le marché?

— C'est ainsi que, sans être très-malins, nous deux Bibi nous avons deviné ou appris bien des choses, — répondit Gilberte en jetant à son mari un regard d'intelligence.

— Oh oui... vous l'avez deviné ce monde impitoyable dans ses vaniteuses distinctions — reprit amèrement madame de Saint-Marceau. Mais enfin de ces préjugés, dont j'ai eu quelquefois la faiblesse de souffrir... j'aurais triomphé par le dédain, si mon mari n'avait été encore plus blessé et surtout plus irrité que moi de ces impertinences; mais, hélas! de sa colère j'étais journellement victime!

— Ah! pauvre femme! — dit Gilbert apitoyé — je comprends maintenant la cause de vos chagrins.

— Non — reprit madame de Saint-Marceau avec accablement — non, vous ne pouvez encore comprendre mes chagrins... vous ne les savez pas tous...

— Hélas! — s'écria Gilberte en joignant les mains — c'était pourtant bien assez de celui-là...

— Non, pour mon malheur ce n'était pas assez — répondit madame de Saint-Marceau contenant à peine ses pleurs. — Ainsi mon mari, au retour de l'une de ces fêtes brillantes auxquelles d'abord il m'accompagnait, me dit un jour : « — Les distinctions blessantes que l'on établit entre les femmes du monde et vous qui portez mon nom, « sont pour moi un continuel outrage, je ne saurais le « subir patiemment; désormais vous irez seule dans le « monde. » — Mais ce n'était rien encore! M. de Saint-Marceau devint bientôt jaloux de mes succès. « — Quel « misérable et sot rôle que le mien! me disait-il souvent « — ajouta la cantatrice — L'on m'appelle *le mari de* « *la Bernardi!* Votre nom absorbe et éclipse le mien! je « ne suis rien que par vous! »

— C'était insensé! — s'écria Gilbert — Que n'avait-il un nom aussi glorieux que le vôtre!

— Ah! mes amis, cette gloire, je la payais chèrement! je la redoutais presque, depuis que mon mari s'en irritait, s'en offensait et que dans l'aberration de son esprit jaloux il se croyait amoindri, annulé par moi! Mais enfin je souffrais en silence, je plaignais plus encore que je ne le blâmais ce pauvre caractère morose et bizarre qui me reprochait les succès dont il s'enivrait avant notre mariage. Ah! combien de fois, ensuite d'une journée passée dans le découragement, dans la tristesse, et pourtant obligée de chanter le soir au théâtre, j'ai pleuré de vraies larmes dans mes rôles! l'on m'applaudissait avec transport « — Elle a des larmes dans la voix, » disait-on. Hélas! non, je les avais dans le cœur!

— Ah! pauvre Antonia! et tant de femmes enviaient votre sort!

— Une seule pensée m'aidait à supporter mon chagrin... je me croyais aimée... je croyais que l'amour seul avait inspiré à M. de Saint-Marceau plusieurs traits de passion presque romanesque, qui me décidèrent à l'épouser; je ne devais pas longtemps conserver cette dernière illusion... Un coup affreux m'était réservé!

— Quoi! — s'écria Gilbert — votre mari ne vous a pas épousée par amour?...

— Mais alors — reprit Gilberte — pourquoi s'était-il donc marié avec vous?

— Pour jouir de ma fortune... pour dépenser l'argent que je gagnais! — murmura madame de Saint-Marceau en fondant en larmes. Et navrée de honte, elle cacha sa figure dans son mouchoir. — Mon Dieu! mon Dieu! — reprit-elle en sanglotant. — Et je croyais mon mari d'un caractère si noble, si élevé!

— Ma pauvre Antonia — dit Gilberte attendrie jusqu'aux pleurs par la douleur de son amie — peut-être vous trompez-vous... avez-vous la preuve d'une si vilaine conduite?

— Ah! l'argent! toujours l'argent! — dit Gilbert en soupirant — que de bassesses, que de mensonges, que d'ignobles sentiments il inspire! Nous l'avons vu à l'œuvre, l'argent, depuis que nous en regorgeons! Tenez, ce serait à dégoûter de la richesse, ma pauvre madame de Saint-Marceau! Mais ma femme a raison; avant de vous désoler ainsi... vous êtes-vous bien assurée que vos craintes étaient fondées?

— Hélas! depuis hier le doute ne m'est plus permis...

Vous allez savoir pourquoi... accordez-moi encore quelques moments d'attention... Je m'étais mariée avec M. de Saint-Marceau sans m'informer de l'état de sa fortune. En agissant autrement, j'aurais cru lui faire injure; il possédait, me dit-il ensuite, douze mille livres de rente; je le crus, d'ailleurs que m'importait? je gagnais plus de cent mille francs par an! Peu de temps après notre mariage, mon mari m'apprit qu'ayant répondu pour l'un de ses amis, non-seulement il perdait tout ce qu'il possédait, mais qu'il se trouvait en outre engagé pour deux cent mille francs; je lui remis cette somme, croyant à sa parole... Il mentait... Joueur effréné, il avait eu promptement dissipé son patrimoine, et lors de notre mariage, il devait ces deux cent mille francs payés par moi.

— Généreuse comme vous l'étiez, chère Antonia, il était si facile de vous tromper...

— Aussi cette découverte m'affligea, surtout parce qu'en cela mon mari me parut manquer de confiance envers moi; mais bientôt, ne me demandant même plus mon assentiment pour les ventes qu'il jugea convenable de faire, il disposa seul de ma fortune dont il s'était réservé la direction absolue d'après notre contrat de mariage que j'avais signé sans vouloir le lire... Que vous dirai-je, mes amis? tout ce que je possédais a été englouti dans l'abîme du jeu...

— Ah! mon Dieu! — s'écria Gilberte — est-il possible! entends-tu, Chéri?

— J'entends — répondit sèchement Gilbert dont le cœur se serra; ses traits, jusqu'alors empreints d'une touchante commisération pour les chagrins de la cantatrice, se rembrunirent, un sourire amer et défiant effleura ses lèvres; il croyait pressentir que la confidence de madame de Saint-Marceau, *leur excellente amie*, allait aboutir à une demande d'argent... aussi écouta-t-il la suite de l'entretien avec une anxiété croissante.

— Grâce à Dieu! — reprit la cantatrice — peu de temps après qu'un hasard que je bénirai toujours eut amené nos relations, ma chère Gilberte, M. de Saint-Marceau, toujours si malheureux au jeu, vit la chance tourner pour lui, et il regagna des sommes considérables...

— Ah! je respire! — pensa Gilbert; et son cœur s'allégea, sa figure se rasséréna, s'épanouit. — Madame de Saint-Marceau ne vient pas nous demander de l'argent... Il m'eût été par trop cruel de voir en elle la seule amie qui nous reste, une amie... de notre fortune.

— Cette heureuse chance qui favorisa M. de Saint-Marceau — reprit la cantatrice, — le plaisir qu'il prenait à faire, selon votre désir, les honneurs de votre maison eurent sur lui la meilleure influence; après avoir beaucoup gagné, il joua fort peu, et n'étant plus continuellement aigri par la perte, il me rendit la vie supportable; conservant encore quelques illusions, je me disais : « J'ai
« épousé un joueur, un homme d'un esprit morose, d'un
« caractère difficile; mais il m'a passionnément aimée, il
« m'aime encore; un changement favorable s'est opéré
« dans ses habitudes, espérons... espérons. » Voilà ce qu'hier encore je me disais; mais aujourd'hui...

Et madame de Saint-Marceau ne put achever, les larmes la suffoquèrent de nouveau.

— De grâce, chère Antonia — reprit tendrement Gilberte — achevez. Que s'est-il passé aujourd'hui?

— Ne sommes-nous pas vos amis? — ajouta Gilbert — ne nous avez-vous pas fait déjà des aveux bien pénibles pour vous?

— Cette nuit... — reprit madame de Saint-Marceau d'une voix entrecoupée — mon mari... a perdu au jeu tout ce qu'il avait regagné; il doit de plus une somme considérable... il est hors d'état de la payer...

— Ah!... je ne m'étais pas trompé! — pensa Gilbert avec un redoublement d'amertume. — Cette femme aussi spéculait sur nos richesses! je n'en puis plus maintenant douter? Elle est venue ici pour nous demander de payer la dette de jeu de son mari... Mon Dieu! ne pas rencontrer en ce monde-ci un seul cœur désintéressé! C'est hideux! ah! vaudrait cent fois mieux aller vivre *ailleurs...* comme disait la Korrigan!

Gilberte, absorbée par le récit de madame de Saint-Marceau qu'elle ne quittait pas des yeux, ne remarqua pas le soudain assombrissement des traits de son mari, alors en proie à des pensées remplies de défiance et de tristesse; la cantatrice continua ainsi son récit d'une voix de plus en plus altérée :

— Au sujet de cette nouvelle perte, je fis à M. de Saint-Marceau des reproches graves mais mesurés... lui représentant que cette énorme dette nous mettait dans le plus cruel embarras; il me répondit avec emportement, avec brutalité... il me dit enfin ces mots qui ont été pour moi... une révélation terrible : « Payez-moi cette dernière dette
« de jeu... donnez-moi cent mille francs comptant. Assu-
« rez-moi sur vos appointements une pension de douze
« mille francs, je vous rends votre liberté! Vous serez
« débarrassée de moi... et je serai débarrassé de vous! »

— Oh! c'est affreux! — s'écria Gilberte tandis que madame de Saint-Marceau sanglotait. — Hélas! il n'est que trop vrai! un homme capable de proposer un pareil marché ne vous a jamais aimée pour vous, ma pauvre Antonia; n'est-ce pas, Gilbert?

— Ah! l'argent... l'argent! — répondit le jeune homme avec accablement et dégoût, tandis que madame de Saint-Marceau atterrée n'osait lever les yeux sur ses amis.

Soudain, Gilberte reprit vivement :

— Mais il me semble, Antonia, qu'à votre place, moi, j'accepterais cette indigne proposition? Vous seriez délivrée de ce méchant homme; vous vivriez du moins tranquille, au lieu d'être exposée à avoir tous les jours des *scènes* qui vous rendent malheureuse comme les pierres. Ma foi, oui...

tant pis, j'accepterais le marché! Qu'en dis-tu, Chéri?

— Je dis — reprit le jeune homme en jetant à la dérobée sur madame de Saint-Marceau un regard de douloureux mépris — je dis que l'on ne saurait en effet se débarrasser trop vite de ces gens sur l'affection desquels l'on a longtemps compté... mais qui, au fond... ne nous aimaient que pour notre argent.

Gilberte, ne songeant dans son attendrissement qu'à consoler son amie qui, par sa pâleur, l'altération de ses traits, son tremblement nerveux presque convulsif, excitait de plus en plus sa compassion, ne remarquant ni la réponse à double entente de son mari, ni sa physionomie sombre et contractée, Gilberte dit à la cantatrice :

— Pauvre amie... vous entendez Gilbert? comme moi, il pense qu'il vous faut quitter au plus tôt ce vilain homme qui ne vous aimait que pour votre argent... Pourriez-vous seulement hésiter à vous séparer de lui?

— Et le pouvoir! — s'écria madame de Saint-Marceau avec un accent déchirant. — Ah! surtout aujourd'hui je la regrette cette fortune amassée par moi à force de travail, et follement dissipée par mon mari!... A défaut du bonheur que j'avais rêvé, je retrouverais du moins le repos et la liberté... Mais cette somme considérable que M. de Saint-Marceau me demande pour me séparer de lui... je ne la possède pas!...

— Nous y voilà! — pensa Gilbert. — Oh! la comédienne est habile! Elle joue à s'y tromper ce rôle-là... comme elle en a joué tant d'autres sur le théâtre! Elle a l'habitude : larmes, sanglots, étouffements, rien ne manque à la scène! et ma pauvre femme est dupe de cette ignoble jonglerie!

— Comment, Antonia! — s'était écriée Gilberte — c'est seulement l'argent qui vous embarrasse? mais est-ce que nous n'en avons pas d'argent, nous deux Gilbert? mille fois plus qu'il ne nous en faut! Comment! vous ne pouviez pas nous dire tout de suite et tout bonnement : Mes amis, j'ai besoin de cent, de deux cent, de trois cent mille francs pour être tranquille... donnez-les-moi... Ah! chère Antonia, ce n'est pas gentil de votre part... Chéri, aide-moi donc à la gronder, cette méchante amie...

— Ma femme a raison — reprit Gilbert avec un sourire glacial et sardonique. — Vous avez besoin d'argent, madame, vous savez que nous en avons à remuer à la pelle, et vous auriez pu hésiter un moment à nous demander à nous, *vos amis...* la somme qu'il vous faut? Allons donc, madame, je ne croirai jamais cela! — Et se rapprochant de son bureau, il ouvrit le tiroir rempli de billets de banque et ajouta : — Combien vous faut-il, madame?

— O mes amis! — s'écria madame de Saint-Marceau en joignant les mains et versant des larmes de reconnaissance sans remarquer, dans son émotion non plus que Gilberte dans la sienne, l'accent ironique de Gilbert, — ô mes amis, je vous devrai le repos, la vie... car je n'aurais pu résister à cette torture de tous les instants! Hélas! vivre avec un homme qui ne m'avait épousée que par cupidité... cela eût été au-dessus de mes forces! Oh! merci à vous, nobles cœurs, merci!

— Voulez-vous bien, méchante amie, ne nous pas parler de remerciements! — reprit Gilberte. — Il ne manque plus que cela! qu'est-ce que cela nous fait donc, à nous, l'argent! Est-ce que nous y tenons? Et quand même nous y tiendrions, n'est-ce pas un plaisir, un devoir que de s'obliger?

— Certainement, on a des amis... c'est pour s'en servir — reprit Gilbert toujours sarcastique et froid ; puis il réitéra cette question : Combien vous faut-il, madame?

La cantatrice, dans l'explosion de sa joie, de sa reconnaissance, n'entendit pas les dernières paroles du jeune homme, et reprit :

— Non! je n'ai jamais douté de votre cœur, tendre et généreuse Gilberte! J'étais venue chez vous dans l'intention de vous demander franchement cet immense service et de vous dire : « Prêtez-moi cette somme : grâce à Dieu, « je pourrai en peu d'années m'acquitter envers vous; « mes engagements à Paris et à Londres vous offriront « toutes les garanties désirables. »

— Antonia... y pensez-vous? entre nous... des garanties... Ah! c'est mal.

— Ceci me regarde et je sais ce que je dois faire, chère Gilberte... Mais savez-vous ce qui m'a empêchée d'oser vous demander tout de suite ce service? c'est que vous m'avez dit au commencement de notre entretien : « Antonia, vous me flattez, » alors une horrible idée m'est venue...

— Vous avez craint qu'en vous voyant nous demander un service, nous ayons la méchante idée de croire votre amitié intéressée?... — reprit Gilbert en interrompant l'illustre artiste. — Ah! madame, madame! si nous ressentions un doute si cruel... il y aurait de quoi maudire à jamais notre richesse!

— Oh! je crois bien — reprit Gilberte : — douter de vous, Antonia... de vous... notre meilleure... notre seule amie... il y aurait de quoi se désespérer... Douter de vous, mon Dieu!

— Heureusement, le doute ne nous est pas permis — reprit Gilbert. Et s'adressant à madame de Saint-Marceau qui répondait avec effusion aux tendresses de la jeune femme, il ajouta d'un ton bref et contraint comme s'il avait eu hâte de mettre fin à cet entretien dont il était douloureusement impressionné :

— Ma femme vous l'a dit, madame, et je suis de son avis : l'on ne saurait se débarrasser trop vite des gens qui ne nous aiment que pour notre argent... leur présence révolte et soulève le cœur!

— C'est bien vrai! — reprit ingénument Gilberte. —

Ainsi, Antonia, débarrassez-vous vite de votre affreux mari !

— M. de Saint-Marceau vous demande, madame, cent mille francs pour se séparer de vous ?... les voilà — dit Gilbert en mettant les billets sur la table. — Il demande de plus que vous payiez sa dernière dette de jeu... à combien se monte-t-elle ?

— O mes amis ! quelle touchante générosité ! — murmura la cantatrice accablée sous le poids de sa reconnaissance. — Comment jamais vous témoigner tout ce que mon cœur...

— Mon Dieu, madame, nous savons ce que vaut le *cœur* d'une *amie* telle que vous ! mais le temps presse ; votre mari peut devenir plus exigeant, dites-nous vite quelle somme il a perdue au jeu et hâtez-vous de terminer cette affaire.

— Nobles âmes ! — reprit l'illustre artiste — je le vois... l'expression de ma reconnaissance embarrasse votre amitié si touchante dans sa modestie... Le service rendu, vous voulez vous épargner mes remerciements...

— Peut-être... — répondit Gilbert avec une impatience à peine contenue. — Mais encore une fois, quelle somme M. de Saint-Marceau a-t-il perdue au jeu ?

— En vérité... c'est abuser... — dit la cantatrice avec un mélange de confusion et d'anxiété, — la somme... est si considérable... je n'ose...

— Madame ! — s'écria Gilbert pouvant à peine vaincre sa méprisante indignation, — madame... parlez donc !

— C'est ça, Chéri, fâche-toi ! gronde-la, cette vilaine amie qui nous fait ainsi languir dans le plaisir que nous avons à l'obliger !

— La dette de jeu de M. de Saint-Marceau, — répondit l'illustre artiste d'une voix tremblante — est, m'a-t-il dit, de quatre-vingt mille francs !

— Voilà-t-il pas une belle affaire ! — dit Gilberte en haussant les épaules, — c'était bien la peine, chère Antonia, de tant barguigner !

— Enfin ! dit Gilbert avec un soupir d'allégement, et comptant avec une rapidité fébrile les billets qu'il remit ainsi que le premier paquet de cent mille francs à madame de Saint-Marceau lui disant : — Voici l'argent... partez vite, madame !

— Oui, oui, je pars, — répondit la cantatrice avec une expression d'attendrissement ineffable. — Je vous délivre de la vue d'une femme à qui vous sauvez la vie... mais laissez-moi au moins le temps de vous donner un reçu de cette somme... Quant aux garanties sur mes engagements, mon notaire va, dès aujourd'hui, préparer un acte qui...

— Mais, madame — s'écria Gilbert presque hors de lui — vous avez l'argent qu'il vous faut et...

— ...Et vous perdez un temps précieux. Bibi a raison ! — se hâta d'ajouter naïvement Gilberte. — Est-ce que nous avons besoin de votre reçu, de vos garanties ! Allez-vous-en vite, chère Antonia ! dépêchez-vous de vous débarrasser de M. de Saint-Marceau, mais il faut nous promettre de venir dîner ici ce soir.

— Oh ! de grand cœur, chère Gilberte — répondit la cantatrice en embrassant la jeune femme avec effusion ; — au moins je pourrai vous exprimer tout ce que... mais je me tais... à ce soir ! à ce soir ! Vous me permettrez peut-être alors de librement épancher mon cœur... Adieu, nobles et généreux amis !

Madame de Saint-Marceau, après avoir une dernière fois serré tendrement les mains des deux jeunes gens, sortit précipitamment suivie de Gilberte qui voulut la reconduire jusqu'au vestibule.

— Oh ! l'argent ! — s'écria Gilbert avec une amertume désespérée en tombant accablé dans un fauteuil. Maudit soit-il l'ARGENT ! !

XXXVIII

Gilbert, douloureusement blessé de ce qu'il regardait comme une cruelle déception à l'endroit de l'amitié de madame de Saint-Marceau, vit rentrer Gilberte rayonnante de bonheur ; elle venait d'accompagner la cantatrice jusqu'à sa voiture.

— O mon Gilbert — dit la jeune femme en accourant auprès de son mari, — est-on heureux de pouvoir obliger ses amis ! Pauvre Antonia ! c'est à peine si elle pouvait croire au service que nous lui rendions.

— Oui — reprit le jeune homme avec ironie — madame de Saint-Marceau a joué parfaitement son rôle.

— Quel rôle ?

— C'est une habile comédienne ; mais, malgré tout son talent, si elle était restée un moment de plus ici, je la mettais dehors, elle, son cœur et sa reconnaissance !

— Parler ainsi de madame de Saint-Marceau !... Je ne te comprends pas, mon Gilbert... Mon Dieu ! comme tu parais soucieux et colère !

— Il n'y a pas de quoi, peut-être ? Cette femme, que nous croyions notre amie, nous regardait comme des vaches à lait. L'intérêt seul l'attirait auprès de nous. Tiens, c'est honteux ! c'est ignoble ! c'est à prendre la richesse en horreur, quand on voit à quelles déceptions elle nous expose ! Et toi qui ne te méfies de rien, ni de personne, ma pauvre Minette, tu accablais de tendresses cette femme si vilainement intéressée !

— Antonia intéressée ! elle qui chaque jour nous donnait des preuves de son amitié !

— Quelles preuves ? Est-ce en venant manger notre dîner, en se servant de nos voitures, de nos loges au spectacle, en invitant chez nous sa société que madame de Saint-Marceau nous prouvait son amitié ? Oh alors, c'est vrai ! elle nous la prouvait tous les jours, et plutôt deux fois qu'une, sa belle amitié !

— Ah ! Gilbert... Gilbert !

— Et pour bouquet, elle vient nous emprunter près de deux cent mille francs, cette délicate et sincère amie !

— Ainsi toi... toi toujours si bon, si généreux, tu regrettes cette somme employée à rendre service à notre meilleure amie !

— Moi ! je m'en moque pas mal de ces deux cent mille francs ! elle m'en aurait demandé quatre cent mille que je les lui aurais donnés tout de même ! Qu'est-ce que cela me fait donc à moi ! Quand nous ne posséderons plus un sou vaillant, nous aurons du moins l'agrément d'être débarrassés de cette bande de gueux, de fripons, de mendiants, grands et petits, que notre fortune attire, et dont la platitude, l'audace ou la fausseté me donnent mal au cœur, à commencer par *ta* madame de Saint-Marceau !

— Mais que t'a-t-elle donc fait cette malheureuse femme pour t'acharner ainsi après elle ? Tiens, je ne te reconnais plus, Gilbert, on croirait que tu deviens défiant, méchant... injuste !

— Et toi... tu n'y vois pas plus loin que le bout de ton nez... Tu n'es qu'une pauvre dupe !

— Hé bien, j'aime encore mieux être dupe... qu'injuste !

— A l'heure qu'il est, ta madame de Saint-Marceau rit de toi !

— Chacun son goût — reprit Gilberte, dont le cœur se gonflait, et qui sentait les larmes lui venir aux yeux. — J'aime mieux faire rire que pleurer... Va, tu es un vilain, un méchant !...

— Oh ! c'est par trop fort aussi ! Hé bien ! toi tu n'es... car il est impossible de se laisser traiter ainsi ! tu n'es... — Et malgré l'emportement de sa colère, Gilbert hésitait encore à adresser à Gilberte l'effroyable injure qui lui venait aux lèvres en manière de représailles ; mais son exaspération l'entraîna et il s'écria : — Oui, toi, tu n'es, tu ne seras jamais qu'une... petite *dindonne*, que l'on a toujours dindonnée... que l'on dindonnera toujours !

A cette énormité, arrachée à Gilbert par sa colère, Gilberte qui, depuis quelques instants, contenait à peine son envie de pleurer, fondit en larmes ; son mari, navré de cette douleur, déchiré par le remords de s'être oublié jusqu'à traiter sa Gilberte de *petite dindonne*, la première, la seule injure que le digne garçon lui eût adressée de sa vie, se jeta suppliant aux pieds de la jeune femme, lui disant avec des pleurs dans les yeux et dans la voix :

— Ma Chérie ! ma Minette adorée ! pardonne-moi ! j'ai été indigne ! je suis un malheureux ! j'ai eu l'infamie de te traiter comme la dernière des dernières ! — Et le bon Gilbert pleurait, se lamentait, se maudissait, se faisait horreur à lui-même dans toute la sincérité de son excellent cœur. — Je te le jure à genoux, Chérie, cela ne m'arrivera plus ! plus jamais... au grand jamais ! pardonne-moi, ma bonne petite Gilberte. J'étais ahuri, fou, hors de moi-même ! Ah ! si tu savais combien de lettres honteuses ou effrontées j'ai reçues ce matin, toujours à propos de ce maudit argent ! j'avais l'âme pleine de fiel. Mais qu'est-ce que cela prouve ! Est-ce que cela m'autorisait à t'insulter si indignement, ma pauvre Minette aimée ? Est-ce que nous n'en recevons pas journellement de pareilles lettres ? Non ! ce n'est pas là pour moi une excuse ! mais que veux-tu que je te dise ? je n'avais plus la tête à moi, j'étais devenu un forcené... un monstre !

A mesure que son Gilbert s'accusait, et se repentait si naïvement, si humblement de *sa forcenerie* et de sa monstruosité, Gilberte sentait avec une douceur ineffable ses larmes se tarir, son cœur s'épanouir, et à peine son mari eut-il, dans sa désolation, achevé son lamentable *meâ culpâ*, que sa femme sautant à son cou le couvrit de baisers, en lui disant d'une voix entrecoupée par une délicieuse émotion :

— Ne pleure plus, mon pauvre Chéri, pardonne-moi ; c'est moi qui avais tort !

— Toi, tu avais tort, parce que, grossier comme un pain d'orge, j'avais eu l'indignité de t'outrager, et tu te donnes tort ! Mais tu es donc un ange descendu des cieux, ma Minette adorée ?

— Je te dis que j'ai eu tort de pleurer comme une Madeleine parce que tu m'as appelée petite dindonne, que l'on dindonnera toujours !

— Tiens, Chérie, ne répète pas, je t'en supplie, ces mots affreux... tu me donnes horreur de moi-même !

— Mais, mon Dieu ! après tout, qu'est-ce qu'ils signifiaient, au pis aller, ces mots affreux ? Que j'étais une petite *bonasse*, confiante et crédule. Voilà-t-il pas quelque chose de terrible ! Est-ce que cela attaquait mon cœur ou mon amour pour toi ? Tu parles de reproches, mon pauvre Chéri ? c'est moi qui devrais m'en faire. Est-ce que je n'ai pas été assez *dindonne*, car en vérité c'est le mot ! ah ! mais oui ! Est-ce que je n'ai pas été assez dindonne pour t'appeler méchant, injuste ! Ah ! pour le coup, voilà de gros vilains mots que l'on doit regretter... comme je les regrette ! car enfin, tu as plus de clairvoyance et plus d'esprit que moi...

— Ah, Minette !

— Mon Dieu si, Bibi ! D'abord tu dis souvent des mots très-drôles...

— Et toi donc ?

— Si ça m'est arrivé par hasard, c'est que tu me donnais de l'esprit ; mais j'en reviens là, tu as plus de clairvoyance que moi, et peut-être as-tu raison au sujet de madame de Saint-Marceau, comme tu avais raison, cent fois raison, au sujet de cet envieux de Meunier et de sa femme !

— Il ne fallait pas être malin pour deviner que l'envi

les rongeait, lorsque, sans raison, après être venus plusieurs fois chez nous, ils nous ont cherché une querelle d'Allemand pour se brouiller ; ils étaient possédés par la jalousie que leur inspirait notre fortune, un vrai crève-cœur pour eux ! Et pourtant, l'un des premiers usages que nous avons faits de notre pouvoir surnaturel, ça a été de les rendre deux fois millionnaires, ces ingrats-là ! Ils ignorent, il est vrai, que nous les avons enrichis, mais ce n'était pas une raison pour se montrer si méchamment jaloux de nous !...

— Toujours est-il que c'est toi qui le premier as découvert le pot aux roses ; moi je croyais bêtement à la bonne amitié de Meunier et de sa femme, comme une vraie petite dindonne que j'étais...

— Allons... encore...

— Certainement, car j'étais par trop bêtasse avec ma confiance aveugle dans ces vilaines gens ! Dame ! les vrais amis sont rares, et l'on y regarde toujours à deux fois avant de se méfier d'eux ! Enfin Auguste et Juliette éloignés, démasqués, grâce à ta clairvoyance, il ne nous restait plus que madame de Saint-Marceau... et tu m'assures qu'elle ne vaut pas mieux que les autres ! Que veux-tu, mon pauvre Bibi ? cette idée-là m'a d'abord causé tant de chagrin que plutôt que de me résigner à croire, j'ai été assez folle pour te traiter de méchant et d'injuste.

— Mon Dieu ! après tout, peut-être ai-je tort d'accuser madame de Saint-Marceau ; cependant, Minette, raisonnons un peu ? Ni l'un ni l'autre nous n'avons pas pour deux liards d'amour-propre, n'est-ce pas ?

— Oh ! pour ça, non.

— Aussi je me demande, la main sur la conscience, ce qu'il peut y avoir en nous de si charmant, de si attrayant, pour que madame de Saint-Marceau nous aime de cette amitié tendre, dévouée, qu'elle prétend ressentir pour nous ?

— Au fait... je ne vois pas trop ...

— Nous sommes bons enfants, rieurs et sans façon, soit ; mais enfin, est-ce une raison suffisante pour que madame de Saint-Marceau, habituée à vivre à Paris avec ce qu'il y a de mieux en grands artistes et en gens du beau monde, trouve un plaisir extrême dans notre société ? Voyons... si nous étions tout simplement la Gilberte et le Gilbert d'autrefois, travaillant la semaine dans notre mansarde pour gagner notre vie, crois-tu qu'elle aurait cette amitié qu'elle dit avoir pour nous, Gilbert et Gilbert riches à millions ?

— Ah ! mon ami, cette réflexion-là me frappe ! je crains que tu n'aies que trop raison... cette grande artiste ne nous aura aimés que pour notre fortune !

— Et si le contraire existait cependant ? et c'est possible... ce serait encore pis.

— Comment cela ?

— Admettons que par caprice, par bonté d'âme, enfin par une cause quelconque, madame de Saint-Marceau nous ait aimés jusqu'ici sincèrement, sans arrière-pensée intéressée ? Nous en sommes pourtant venus, à force d'avoir été dupés, trompés, dindonnés, jobardés, à regarder cette pauvre femme comme une indigne créature ! Et pourquoi ? parce que, poussée à bout de tourments par son mari, elle nous a demandé un service d'amis, que sans nous gêner nous pouvions lui rendre, et que nous devions lui rendre, même en nous gênant, si son attachement pour nous était réel.

— Hélas ! c'est désolant quand on songe à cela, mon Gilbert. Et comment savoir la vérité ? Ah ! si nous avions encore auprès de nous notre chère petite fée, nous lui dirions : « Korrigan, vous qui savez tout, apprenez-nous « si madame de Saint-Marceau nous aime véritablement ? »

— Oui, mais nous avons dit à notre petite fée : *Va-t'en, Korrigan !*

— Et nous ne nous en repentirons jamais, n'est-ce pas, Gilbert ? puisque, grâce à nous, elle est maintenant avec ses sœurs, dans ces mondes inconnus où nous la reverrons un jour !

— Ah ! Chérie, aujourd'hui, plus d'une fois, le cœur soulevé, révolté des ignominies dont j'étais témoin, je me suis dit : « Vraiment ! ce serait à quitter cet abominable « monde-ci... pour aller se réfugier dans les autres ! »

— Ma foi ! ce monde-ci, du moins, ne serait pour nous guère regrettable ! Mon Dieu ! personne sur qui pouvoir compter ! car enfin, en admettant même que tu aies mal jugé madame de Saint-Marceau, lorsque nous la reverrons, un doute cruel nous restera toujours au cœur ; car ce doute je le ressens maintenant malgré moi, après avoir eu en elle une aveugle confiance !

— Oui, il nous faut ainsi renoncer à notre dernière amitié .. ou la voir à jamais empoisonnée par la méfiance !

— Oh ! Chéri... que c'est triste !

— Dame... l'argent !... l'argent !

A ce moment l'on frappa discrètement à la porte du cabinet.

— Allons ! — dit Gilbert avec impatience — que nous veut-on encore ? — Et élevant la voix : — Qui est là ?

— Moi... Guêpier, monsieur le Lithographe — répondit la voix de l'intendant.

— Entrez !

M. Guêpier entra et dit à Gilbert :

— D'après les ordres de monsieur et de madame, je n'ai pas osé les interrompre pendant leur entretien avec madame de Saint-Marceau, mais après le départ de cette dame, j'ai cru pouvoir...

— Au fait, au fait : que voulez-vous, monsieur Guêpier ?

— Monsieur et madame se souviennent que lors de l'acquisition de l'hôtel j'avais fait une réserve ?...

— Quelle réserve ?

— Au sujet d'une cachette pratiquée dans l'hôtel et renfermant...

— ...Un coffret appartenant à madame d'Orbeval? — reprit Gilbert; — oui, je me souviens de cela... Et ensuite?

— Madame la comtesse a prié une personne de sa connaissance qui, venant de Savoie, passait par Paris, de se charger du soin de retirer elle-même ce coffret de l'endroit secret où il se trouve. Cette personne est en ce moment chez moi, elle a les renseignements nécessaires pour accomplir aujourd'hui même la mission dont il est question; je viens demander à monsieur et à madame s'ils permettent que cette recherche soit faite ce matin?

— Certainement, rien de plus simple — répondit Gilbert — mais en quel endroit se trouve cette cachette?

A l'instant où M. Guêpier allait répondre, un valet de chambre paraissant au seuil de la porte, dit :

— Madame Louise Poussard demande si madame la Fleuriste peut la recevoir?

Au nom de LOUISE... les deux jeunes gens tressaillirent de surprise, et simultanément ils éprouvèrent le désir de voir et d'entendre cette jeune femme dont ils appréciaient d'autant plus les éminentes qualités, que Gilberte *ayant été Louise*, et connaissant ainsi les plus secrètes pensées, les moindres aspirations du cœur de celle-là dans la vie de qui *elle était entrée*, pouvait, mieux que personne, juger de la délicatesse, de la vaillance et de l'élévation de cette belle et grande âme.

— Louise ici! — s'écria Gilbert. — Ah! nous parlions des amitiés douteuses ou intéressées! si Louise voulait être notre amie! voilà une affection dont nous serions certains! Mais que peut-elle avoir à nous dire? quel motif l'amène ici?

— Il n'importe! et puisque le ciel nous l'envoie, il faut la recevoir tout de suite, cette brave Louise!

— Priez à l'instant cette dame d'entrer — dit Gilbert au valet de chambre, qui disparut aussitôt.

— Ainsi, monsieur et madame autorisent les recherches en question? — reprit l'intendant, — et cette personne peut... ce matin même...

— Hé sans doute! — reprit Gilbert ne songeant plus qu'à l'arrivée imprévue de Louise. — Que l'on fasse toutes les recherches que l'on voudra, mais laissez-nous, je vous prie, monsieur Guêpier.

L'intendant s'inclina et sortit tandis que Gilberte disait à son mari :

— Quel bonheur! nous allons la voir, cette chère Louise! nous deux seuls, nous possédons le secret de sa conduite envers Georges Hubert... Va-t-elle être surprise en nous entendant lui exprimer notre admiration pour cette preuve de dévouement, qu'elle croit ignorée de tout le monde, et que personne ne peut connaître à moins d'avoir *été*, comme moi, *Louise elle-même!*

Gilberte fut interrompue par le retour du valet de chambre qui introduisit Louise dans le cabinet en annonçant à haute voix :

— Madame Louise Poussard.

XXXIX

Gilbert et Gilberte s'étaient avancés vers Louise, avec l'empressement cordial que l'on témoigne à une amie chère et depuis longtemps connue; le bonheur qu'ils éprouvaient à la voir, la sympathie, l'admiration qu'elle leur inspirait, se lisaient si visiblement sur leurs physionomies ingénues et ouvertes que Louise resta d'abord interdite, et son étonnement alla croissant en entendant les deux époux lui dire tour à tour avec un irrésistible accent de sincérité :

— Enfin... vous voilà!

— Combien nous sommes contents de vous voir!

— Vous ne pouviez venir plus à propos!

— Quel heureux jour pour nous que celui-ci!

La jeune femme, après un moment de réflexion, s'expliqua cet accueil en l'attribuant à une méprise, et s'adressant à Gilberte :

— Pardon, madame, mais je crois que vous me prenez pour une autre personne.

— Oh, non pas! mon mari et moi nous vous connaissons bien! Dieu merci! nous ne faisons pas d'erreur. Vous vous appeliez mademoiselle Louise Rapin...

— Oui, c'était votre nom, avant que vous ayez épousé cet affreux Poussard, ajouta Gilbert. — Je dis affreux au physique, mais aussi au moral... et, j'en suis certain, vous serez de mon avis, madame Louise... à moins que sa colique ne l'ait fièrement changé, ce vieux spadassin! Et pour vous, nous le désirons de grand cœur, cet heureux changement!

— Nous vous aimons, nous vous admirons tant! — reprit Gilberte avec effusion. — Ah! croyez-le, nous donnerions tout au monde pour vous voir aussi heureuse que vous méritez de l'être...

— Evidemment cet accueil n'est pas la suite d'une méprise — pensait Louise. — Ces deux jeunes gens sont même instruits de quelques particularités de ma vie... Après tout, pourquoi m'étonnerais-je de cette circonstance; j'ai pendant deux années partagé l'existence de Georges Hubert, et la publicité qui s'est attachée à tous les actes de la vie de cet homme illustre m'aura sans doute fait connaître à ces étrangers malgré mon obscurité!... Allons, le hasard me sert... La sympathie que me témoignent ces personnes, à l'obligeance de qui je dois m'adresser, les rendra peut-être favorables à ma demande! Et puis, la bonté, la simplicité, la franchise, se lisent sur leurs traits... Allons, du courage... — S'adressant alors à Gilberte :

— J'ignore comment j'ai l'honneur d'être connue de vous, madame, et quoique peu méritée par moi, votre bienveillante réception me fait espérer que peut-être vous ne me refuserez pas ce que je me permets de venir solliciter de vous...

— Elle aussi! — pensa Gilbert avec une douloureuse surprise en échangeant avec sa femme un regard qu'elle comprit. — Louise aussi! venir ici mendier comme les autres! Ah! l'argent... l'argent.

Gilberte, quoiqu'elle partageât le pénible désappointement de son mari, répondit à Louise non sans embarras et en rougissant beaucoup :

— Madame... certainement... ce qui dépendra de nous... pour vous obliger... nous le ferons... et si vous voulez nous dire de quelle somme vous avez besoin...

— Madame, — s'écria Louise avec indignation et devenant pourpre de honte — avant de m'outrager par une pareille offre... vous auriez dû m'écouter !

— Quoi ! s'écria Gilbert rayonnant — ce n'est pas de l'argent que vous venez nous demander ?

— Monsieur, après un si injurieux soupçon... — répondit Louise avec dignité en se dirigeant vers la porte — je n'ai plus qu'à me retirer !

— Vous retirer? ah bien oui! — s'écrièrent les deux époux en proie à une joie indicible ; puis, courant vers la jeune femme et chacun d'eux la prenant par une main :

— Non, non! notre bon ange vous envoie... nous vous gardons!

— Certes ! nous vous gardons! nous comptons sur votre brave et excellent cœur!

Ces mots, leur accent, la physionomie attendrie, soulagée, radieuse des deux jeunes gens, leur familiarité naïve, leur empressement cordial à s'opposer au départ de Louise, la touchèrent profondément ; dans sa surprise mêlée d'émotion, elle se laissa presque machinalement ramener par Gilbert et Gilberte, qui se disaient avec ivresse :

— Ce n'est pas de l'argent qu'elle vient nous demander !

— Oh! notre Louise n'est pas comme les autres, elle !

— Un si noble caractère!

— Une âme si généreuse !

— Comment avons-nous pu seulement la soupçonner, ma pauvre Minette ?

— Ne m'en parle pas, Bibi ! c'était indigne de notre part !

— Mais elle nous pardonnera... Elle est si bonne !

— Elle comprendra notre position de malheureux archi-millionnaires! hélas ! témoins de tant de vilenies dont notre grande fortune est cause... nous en sommes venus à nous défier de tout le monde... même de Louise !

— Mais elle est au-dessus d'un pareil soupçon et nous excusera.

— Oui je vous excuserai — répondit la jeune femme encore plus émue que surprise de cette familiarité d'ailleurs si ingénue, si charmante, qu'il était impossible de s'en trouver blessé. — Oui — ajouta-t-elle en regardant tour à tour les deux époux avec un intérêt croissant — je vous pardonne un soupçon injurieux, malheureusement autorisé par les cruelles déceptions dont vous semblez avoir été victimes! mais au moins expliquez-moi comment il se fait... et votre sincérité est pour moi évidente... comment il se fait que vous me traitiez en amie, en amie éprouvée, moi qui ne vous ai jamais vus?

— A cela nous vous répondrons, madame Louise — poursuivit Gilbert — lorsque vous nous aurez appris ce que vous désirez de nous, car nous sommes impatients de savoir l'objet de votre demande.

— Vous paraissez me connaître si intimement, que je n'ai sans doute pas besoin de vous dire qu'après avoir longtemps partagé l'existence de M. Georges Hubert, j'ai dû rompre avec lui... mais ma profonde estime pour le caractère de cet homme célèbre, et surtout mon admiration pour son génie, ont survécu à notre liaison, dont j'ai gardé, dont je veux toujours garder la mémoire... Vous avez, je crois, acheté le mobilier qui garnissait la maison de M. Georges Hubert?

— C'est vrai — reprit Gilbert. — Un matin, Minette et moi, nous avons lu dans les journaux l'annonce de cette vente, et comme nous aimons, nous admirons M. Georges Hubert, presque autant que nous vous aimons et admirons vous-même, madame...

— ...Nous avons acheté ce mobilier pour conserver un souvenir de vous et de notre grand poète — ajouta Gilberte. — Nous avons ici ce que nous appelons : les chambres de Georges Hubert et de Louise...

— C'est là que souvent, afin d'oublier ces turpitudes qui nous attristent journellement, nous nous retirons pour lire les œuvres de cet homme célèbre, qui nous ravissent autant que lorsque nous les lisions dans notre mansarde, au coin de notre petit poêle, alors que ma femme était ouvrière fleuriste et moi lithographe.

— Et notre pauvre ménage d'autrefois nous ne l'avons pas dédaigné ! Ah ! mais non ! — reprit Gilberte — nous l'avons fait transporter ici, dans une pièce voisine des chambres de Georges Hubert, et là aussi, nous allons souvent nous consoler des vilaines choses dont nous sommes témoins chaque jour...

— Rien de plus touchant à mes yeux que ce pieux hommage rendu à votre humble passé... rien de plus honorable pour vous et pour M. Georges Hubert, que cet hommage rendu à son génie — répondit la jeune femme émue et sympathisant de plus en plus avec les deux époux ; — c'est un raffinement plein de délicatesse, que de vouloir lire les œuvres d'un poëte illustre, au milieu des objets qui lui ont appartenu...

— Et qui vous ont aussi appartenu — reprit Gilbert. — Tenez, il y a entre autres une petite table d'acajou très-simple... vous savez?... elle se reploie des deux bouts.

— Oh! cette petite table-là, mon mari et moi nous ne la donnerions pas pour son pesant d'or! car c'est sur cette table, madame, que pendant la nuit qui a précédé la première représentation du dernier drame de Georges Hubert, vous avez écrit le récit de votre amour pour lui... ce récit qui nous a tant fait pleurer!

— Oh! de ce jour — ajouta Gilbert — nous vous avons aimée, respectée, admirée! Vous avez été à nos yeux le plus vaillant cœur qui fût au monde!

— Je ne puis croire à ce que j'entends! — s'écria Louise avec stupeur. — Ces détails si intimes sur ma vie... au nom du ciel, comment en êtes-vous instruits?

— Nous vous le dirons lorsque nous aurons appris ce que vous désirez de nous.

— J'ose à peine vous l'apprendre, maintenant que je n'ignore plus le prix que vous attachez à certains objets du mobilier de M. Georges Hubert; cependant, vous qui pratiquez si religieusement le culte du passé, vous comprendrez sans doute mon vif désir de posséder certaines choses qui ont appartenu à celui que je n'aime plus d'amour... puisque j'ai librement consenti à me marier... mais de qui le souvenir me sera toujours précieux : ainsi je voulais vous prier de me céder, entre autres meubles, cette petite table dont vous parliez... tel était le but de ma visite...

— Oh! quel bonheur de pouvoir vous être agréables! — s'écria Gilberte. — Choisissez... prenez tout ce qui vous plaira dans les chambres de Georges Hubert! C'est à vous, disposez en... N'est-ce pas, Bibi?

— Un instant! Oh! moi je ne suis pas si désintéressé que Minette : je mets une condition à l'offre qu'elle vous fait, madame; c'est que vous nous accorderez votre amitié... c'est que vous nous donnerez des conseils dont, hélas! nous avons besoin, grand besoin, pauvres archimillionnaires que nous sommes!

— Oh mon Dieu oui! — ajouta Gilberte avec un soupir — car nous avons souvent de cruels moments à passer!

— Et vous qui possédez un si excellent jugement, un si bon esprit, un cœur si généreux, madame Louise — dit Gilbert, — vous pourrez, j'en suis certain, sagement nous conseiller, si vous daignez vous intéresser à nous.

— Et comment ne m'y intéresserais-je pas? — s'écria la jeune femme. — Vous m'êtes tous deux inconnus, et cependant depuis le peu de moments que nous causons ensemble, ma sympathie pour vous va toujours augmentant; enfin que vous dirai-je? je vous vois aujourd'hui pour la première fois, et pourtant il me semble qu'un lien mystérieux nous unit! Ce lien se rattache-t-il à notre admiration commune pour le poëte illustre dont vous chérissez comme moi le génie? Je le crois... mais enfin, quelle que soit la cause de l'affectueuse et soudaine confiance que vous m'inspirez, cette confiance existe. Parlez-moi donc en toute sincérité : je vous répondrai sincèrement!

— Hé bien! nous vous le répétons en toute sincérité : nous sommes de pauvres archi-millionnaires très à plaindre.

— Conseillez-nous, madame, venez à notre aide... De jour en jour, notre cœur souffre et se resserre davantage.

— Quoi! vous êtes jeunes, vous vous aimez? vous êtes, tout me le dit, restés simples et bons, malgré votre opulence, et vous n'êtes pas heureux? quel usage faites-vous donc de votre immense fortune?

— Ma foi, nous la dépensons à deux mains, et aussi facilement qu'elle nous est venue, tâchant de rendre heureux ceux qui nous entourent, et menant un train de princes — répondit Gilbert. — Vous voyez quel luxe il y a chez nous, de ce grand luxe dont nous avons d'abord joui...

— ...Comme des enfants pauvres qui n'ont jamais possédé de joujoux, et à qui l'on donnerait pour étrennes un joli petit *ménage* — ajouta Gilberte. — Pendant les premiers temps, ils jouent toute la journée à la *dînette*, et puis peu à peu, le joli petit ménage, si ambitionné d'abord, ne leur cause plus grand plaisir...

— Ma Gilberte a raison, madame Louise : elle vous le dira comme moi : les yeux une fois habitués aux *lambris dorés*, l'on ne s'en soucie plus guère! l'on finit par préférer une nourriture simple à toutes les recherches d'une cuisine fardée. La présence de nombreux domestiques, si braves gens qu'ils soient, mais qu'on a toujours sur les épaules, vous pèse à la longue. Jeunes et lestes, on a de bonnes jambes, et l'on s'ennuie, au bout d'un certain temps, de se faire traîner en voiture comme des impotents; quand on va tous les soirs au spectacle, on y bâille ou l'on y dort le plus souvent. Enfin, l'on se lasse d'acheter pour le plaisir d'acheter; l'on se lasse plus vite encore de donner des fêtes à des gens qui ensuite se moquent de vous : on le leur rend au double, c'est vrai, mais le dédommagement est triste! On peut encore, pour se distraire, voir du pays, voyager en grands seigneurs, avec deux ou trois voitures, un courrier, cinq ou six domestiques; notre intendant voulait nous régaler de l'un de ces voyages-là, mais Minette et moi, en vrais enfants de Paris, nous préférons notre grande ville à toutes les capitales du monde : tels sont donc les plaisirs de la richesse! nous les connaissons de reste! aussi, madame Louise, voulez-vous savoir ce qui nous plaît davantage? C'est d'aller par un beau soleil, bras dessus bras dessous, ma femme et moi, faire à pied une promenade sur les boulevards, et de dîner ensuite, au restaurant, dans un cabinet particulier, pour nos cinq ou six francs, comme des amoureux qui ont plus d'amour que d'argent! Avouez que ce n'est guère la peine d'avoir environ cinq cent mille livres de rente pour savoir si mal s'en servir!...

— Mais n'est-il pas un plus noble emploi de la richesse?... Et vous de qui le cœur est, je n'en doute pas, généreux... ne...

— ...Pardon de vous interrompre, madame Louise: vous voulez parler, n'est-ce pas, de la bienfaisance?... des largesses?

— Sans doute...

— Tenez — reprit Gilbert avec un sourire d'une amertume navrante en allant vers son bureau et indiquant du geste le paquet de lettres reçues par lui dans la matinée. — Voici les demandes d'aujourd'hui, et journellement j'en reçois de semblables! savez-vous ce qu'ils contiennent ces appels à ma générosité, à ma bienfaisance? L'un me dit effrontément: — Vous êtes riche, envoyez-moi de l'argent. — Une jeune et mystérieuse inconnue me donne rendez-vous aux Tuileries; dans quel but? point n'est besoin de vous l'apprendre... Celui-ci (*j'en passe et des meilleurs*, comme dit le grand Victor Hugo) me menace de son journal *le Lion* et de son épée si je lui refuse la bagatelle de deux cent mille francs, moyennant quoi il chantera la magnificence de mes fêtes et l'élégance des toilettes de Minette! Une intéressante actrice du Palais-Royal, mademoiselle *Céleste*, la bien nommée, m'annonce qu'elle dansera ce soir un pas *chicard* avec Grassot dans *la Culotte à l'envers*, et m'attend à souper avec elle après le spectacle, à la condition qu'à ce galant pique-nique, j'apporterai pour ma part une parure de dix-huit mille francs... Enfin, le croirez-vous, madame Louise, le croirez-vous? une misérable femme me propose de me vendre sa nièce... une enfant de quatorze ans!

— Oh! dit Louise avec horreur — c'est affreux!

— Dame! que voulez-vous? reprit Gilbert avec une poignante ironie — je suis immensément riche, il paraît que je dois être nécessairement un infâme débauché, un coureur de filles, un poltron, un crétin, puisque chaque jour je reçois des offres, des menaces ou des demandes dans le goût de celles d'aujourd'hui! Pourtant,... non! pas d'injustice! parmi ces demandes, une seule est honnête, c'est celle d'une pauvre veuve, chargée de famille. Oh! nous lui donnerons, à celle-là, comme nous avons donné à d'autres vraiment méritantes; car, souvent fatigués d'être dupés, dindonnés, nous avons voulu nous renseigner par nous-mêmes sur la position des personnes qui s'adressaient à notre générosité; nous sommes allés dans d'affreux galetas, et là nous avons trouvé des misères si atroces, que nous en restions attristés pendant huit jours, et Minette en perdait le sommeil et l'appétit. Voilà encore le meilleur côté de la richesse, l'on ne peut pourtant prétendre qu'il soit excessivement gai!

— Enfin, madame Louise, à force d'avoir été rançonnés, trompés, nous en sommes venus à nous défier de tout le monde, à nous dire quand quelqu'un nous témoigne la moindre affection: « — Tôt ou tard il nous faudra « payer cette amitié-là en beaux écus comptants! ».

— Ah, l'argent! j'en reviens là — reprit Gilbert avec dégoût et accablement — l'argent! que de bassesses il fait faire... quelle mauvaise opinion il donne de nous... et quelle mauvaise opinion il donne d'autrui! Non, ce n'est pas vivre que de vivre toujours dans la défiance ou le mépris des hommes! C'est là ce qu'il y a, voyez-vous, madame Louise, de plus chagrinant dans notre position; d'autres riraient de ces turpitudes, ou en prendraient leur parti et jouiraient de leurs richesses en vrais sans-souci; mais nous ne sommes pas de ceux-là, et les vilenies dont nous sommes journellement témoins empoisonnent tous nos plaisirs!

— Que faire à cela, madame Louise? — reprit Gilberte: — dites-nous le, vous, qui avez un si bon cœur, un si grand esprit... Conseillez-nous, guidez-nous, maintenant que vous avez entendu notre confession.

Louise avait attentivement écouté sans l'interrompre la *confession* des deux époux. — Et s'adressant à eux, après un moment de réflexion:

— Parmi vos confidences, il en est une qui m'étonne peu; inhabitués à l'opulence, vous en avez d'abord joui avec ivresse, puis est venu le dégoût; enrichis, dit-on, par le hasard d'un héritage, vous prodiguez sans plaisir une fortune gagnée sans labeur, tandis qu'autrefois le travail donnait de l'attrait à vos modestes plaisirs... Votre satiété est dans l'ordre naturel des choses; les gens accoutumés au luxe dès leur enfance éprouvent des besoins factices, aussi absolus que les nécessités de la vie; ces besoins, nés d'une longue habitude que la seule richesse peut satisfaire, sont toujours renaissants, comme ceux de la soif et de la faim; aussi les gens desquels nous parlons n'éprouvent-ils presque jamais le blasement dont vous vous plaignez... Mais ce qui surtout vous afflige cruellement, n'est-ce pas, ce sont ces bassesses, ces ignominies dont vous êtes chaque jour témoins? ce sont enfin ces méfiances incurables, ce douloureux dédain de l'humanité, que vous ressentez depuis que vous jouissez d'une grande fortune?

— Oh! certainement; car autrefois Gilbert et moi nous voyions tout en rose, et nous avions confiance en tout le monde.

— Rien de plus louable en vous que cette susceptibilité de cœur d'une rare délicatesse... oh, oui, bien rare! car si les gens que le hasard de la naissance a rendus très-riches méprisent presque tous souverainement l'humanité, ce mépris, loin de leur être douloureux comme à vous, loin d'empoisonner leurs plaisirs, sert d'excuse à leur pitoyable égoïsme! Quant aux parvenus, presque tous étourdis ou hébétés par des jouissances nouvelles pour eux, ils achèvent leur vie au sein d'une opulence imprévue, ignorants ou insoucieux de ces indignités dont le ressentiment vous accable et vous désole!

— Oui, oui, c'est là surtout notre mal, madame Louise; car enfin, à moins de nous claquemurer, nous ne pouvons échapper au spectacle de ces indignités dont notre grande fortune est la cause ou le prétexte.

— Vous vous révoltez avec raison de voir l'argent que vous prodiguez tomber en des mains indignes ou ingrates — reprit Louise; — car, vous me l'avez dit, lorsque, grâce à des renseignements pris par vous-mêmes, vous soulagiez une infortune digne d'intérêt, vous ne regrettiez jamais les sommes consacrées à de pareils bienfaits?

— Oh! non, certainement... dans ces moments-là, au contraire, nous disions : « Au moins cela nous sert à quelque « chose d'être riches! »

— Hé bien, il faut faire en sorte, et c'est, selon moi, facile, qu'au lieu de maudire, dans la généreuse amertume de votre âme, une richesse stérile entre vos mains, vous vous disiez avec bonheur, avec ivresse, et cela non plus de temps à autre, mais chaque jour : « Cela nous sert « à quelque chose... cela nous sert beaucoup d'être ri- « ches! »

— Et comment donc y parvenir, madame Louise?

— Au lieu de donner aveuglément à tout venant, et d'être ainsi dupes des fripons, des ingrats, ou des affections intéressées, ne donnez rien qu'avec discernement; réservez-vous seulement ce dont vous avez besoin pour vous assurer une existence conforme à la simplicité de vos goûts d'autrefois, simplicité vers laquelle vous tendez par habitude ; et tout d'abord vous aurez ainsi éloigné de vous ces gens dont la basse avidité vous révolte et vous désole : votre opulence les attirait, la modestie de votre nouvelle existence les fera fuir!

— Voilà déjà une excellente idée, madame Louise! nous serons ainsi débarrassés de cette bande de mendiants, grands et petits, qui nous obsèdent!

— Le cœur désormais allégé par leur absence, consacrez votre temps, vos richesses, votre intelligence, au soulagement, à l'amélioration du sort de vos semblables; informez-vous, ainsi que vous l'avez fait quelquefois, des misères réelles, visitez chaque jour la mansarde du pauvre malade ou de l'infirme, donnez du travail à ceux qui sont valides; car l'aumône avilit et déprave ceux qui peuvent gagner leur pain quotidien; assurez à l'enfance l'éducation qui moralise, assurez aux vieillards le repos et l'asile de leurs vieux jours! que sais-je encore? l'on peut rendre tant de services à l'humanité, grâce au judicieux emploi d'une grande fortune! Ah! croyez-moi! cette noble et douce tâche ne laissera pas un de vos moments inoccupé! si considérables que soient vos richesses, loin d'en être embarrassés, elles vous paraîtront toujours insuffisantes !

— Certes, madame Louise, le conseil est parfait et digne de vous — reprit Gilbert en hochant tristement la tête — mais que vous dirai-je? toutes les fois que Minette et moi nous avons été témoins de misères atroces, nous en étions nous-mêmes malheureux pour huit jours! Que serait-ce donc, mon Dieu! si notre vie se passait à avoir toujours sous les yeux des spectacles qui nous navrent! Et puis que de tracas pour nous informer si ceux-ci manquent d'ouvrage, pour assurer l'éducation des enfants, l'asile des vieillards! Et tant d'autres choses encore?

— Je vous l'ai dit, c'est une vie d'abnégation et de dévouement. Elle demande un grand courage, une rare persévérance et une non moins rare intelligence des hommes et des choses ; mais aussi, quel adorable contentement elle vous laissera au cœur! de quel doux orgueil elle remplira votre âme! Oh! une vie employée ainsi est sublime!

— Hélas! madame Louise, je crains fort que Minette et moi nous ne soyons pas taillés pour le sublime! Tenez, nous ne voulons pas nous faire ni pires ni meilleurs que nous ne sommes; nous avons bon cœur, mais franchement, nous aimerions autant redevenir, moi lithographe, Gilberte fleuriste, et gagner du moins gaiement notre pain en travaillant, que de passer notre vie au milieu des gens malades, infirmes ou en larmes, et de nous occuper du soir au matin d'être, comme vous dites, les dispensateurs de nos richesses. Que voulez-vous? nous n'entendrions rien du tout à cet emploi, sublime il est vrai ; oh oui, sublime, mais au-dessus de notre capacité : avec la meilleure volonté du monde, nous ne ferions que des sottises, à moins d'avoir autour de nous grand nombre de personnes habiles pour nous diriger. Est-ce que nous connaissons quelque chose à l'éducation des enfants? Est-ce que nous sommes capables d'administrer la maison d'asile des vieillards? Est-ce que nous pouvons nous informer par nous-mêmes de ceux qui manquent de travail et trouver les moyens de leur en procurer? Que d'affaires! que de détails! rien qu'en y songeant, j'en ai comme un casse-tête! Dame! excusez-nous; l'on ne peut demander aux gens que ce qu'ils peuvent donner! Oh! s'il s'agissait simplement d'argent à bien employer, mais par d'autres que par nous, nous en donnerions tant et plus! tant qu'on voudrait!

— Et sans faire en cela, madame Louise, un grand sacrifice, — ajouta Gilberte. — Nous n'y tenons guère à l'argent! mais, mon mari vous l'a dit, les belles choses que vous nous conseillez seraient superbes à faire ; seulement, que voulez-vous? nous sommes trop simples, trop ignorants pour accomplir un si grand bien par nous-mêmes! oh! si d'autres voulaient se charger de le faire à notre place, et avec notre argent, nous dirions tout de suite : Oui, et de bon cœur, n'est-ce pas, Chéri?

— Parbleu !

Louise, touchée de cette générosité naïve, réfléchit pendant quelques moments et reprit :

— Il y aurait, ce me semble, moyen de concilier... votre désir de faire un utile et noble usage de votre fortune... d'échapper aux ennuis qui vous attristent... et de trouver le bonheur que la richesse ne vous a pas donné.

— Oh ! parlez... parlez, madame Louise.

— En peu de mots résumons l'entretien que nous venons d'avoir. Lorsque vous étiez pauvres et laborieux, vos modestes distractions, dues à votre travail, avaient un charme que n'ont pas vos fastueux plaisirs d'aujourd'hui. et malgré beaucoup de privations, votre vie était heureuse lorsque vous aviez gaiement gagné le pain du jour et l'amusement du lendemain?

— Certainement ! et nos plaisirs n'étaient pas coûteux ; souvent une lecture le soir, auprès de notre poêle, après notre journée, nous rendait contents.

— Nos seuls soucis étaient la crainte du chômage, dont par miracle nous n'avons jamais souffert ; car nous sommes vraiment nés sous une heureuse étoile...

— Hé bien — reprit Louise — supposez qu'au temps où vous étiez pauvres et incertains de l'avenir, l'on vous eût dit : « — Jamais vous n'aurez à redouter le manque de « travail, c'est-à-dire, la misère... et lorsque l'âge vien- « dra, vous pourrez vous reposer de vos longs labeurs « dans une douce et modeste aisance. »

— Ah ! madame Louise, nous serions devenus fous de joie !

— Nous nous serions embrassés je ne sais combien de fois !... c'était notre manière de nous témoigner notre satisfaction ou de nous consoler, quand la pensée du chômage venait nous attrister.

— A merveille. — Maintenant, vous le pensez bien, je ne vous conseillerai pas d'abandonner votre fortune pour reprendre votre vie précaire d'autrefois, ce serait insensé ; non, je vous dirai : Mettez-vous pour toujours à l'abri du besoin ; mieux que cela, assurez-vous une modeste aisance, selon moi l'unique milieu où se rencontre le vrai bonheur, surtout lorsque comme vous, avantage inestimable, l'on connaît par expérience la vanité de tant de choses enviées par le vulgaire ! mais, avant tout, retournez au travail ; lui seul vous rendra la conscience sereine, l'âme fière, le plaisir attrayant ! Je ne vous parle pas d'un travail sans suite, où vous chercheriez une distraction passagère ; je vous parle d'un travail sérieux, continu, lucratif ; pour qu'il soit tel, demandez-lui sinon la totalité, du moins une partie de ce qui vous est nécessaire pour vivre. Le hasard a voulu que vos professions à l'un et à l'autre touchent à l'art par plusieurs côtés ; croyez-moi, désormais à l'abri du besoin, n'étant plus obligés de produire souvent avec précipitation, afin de gagner le pain de la journée, perfectionnez-vous, soignez amoureusement vos ouvrages : vous, monsieur Gilbert, employez un mois, deux mois, et plus s'il le faut, à la reproduction d'une gravure ; vous, madame Gilberte, consacrez tout le temps nécessaire à rendre parfaite, dans vos fleurs, l'imitation de la nature. Il est en tout des chefs-d'œuvre ! Visez au chef-d'œuvre ; vous atteindrez votre but, et vos travaux, soyez-en certains, recevront leur légitime salaire. Pressés par la nécessité, vous subissiez la loi de ceux qui vous exploitaient ; vous leur ferez à votre tour la loi, au nom de la perfection de vos œuvres.

— Ah ! madame Louise, on dirait que vous avez été fleuriste... et lithographe ! Combien de fois mon mari et moi nous nous sommes dit : « S'il ne fallait pas livrer cette « pierre ou ces fleurs demain afin de toucher l'argent de notre « semaine, que de temps nous passerions encore sur ces « commandes ! » Tenez, je me rappelle que j'avais entrepris une coiffure de marguerites blanches et de bruyères roses : c'était un amour ! Rien que pour imiter les fleurs d'un brin de bruyère, j'avais passé près d'une demi-journée, tant c'était un ouvrage difficile et délicat ; mais aussi combien il était attrayant ! seulement du train dont j'y allais et au prix que l'on me payait, c'est au plus si en travaillant avec tant de conscience et de plaisir j'aurais gagné cinq ou six sous par jour ; alors, et bien à regret, j'étais forcée de renoncer à chercher la perfection et de me contenter de l'à peu près. On me rétribuait en conséquence, mais du moins... nous vivions...

— Et moi donc ! te souviens-tu, Minette, de la copie de cette superbe gravure d'après Greuze que l'on m'avait demandée?

— Ah, oui ! *la bonne mère*, une belle grande femme, jeune encore, entourée de sept ou huit enfants de tout âge ; je les vois encore : les plus petits, lui grimpant sur les épaules et sur les genoux, se disputaient gentiment à qui l'embrasserait, tandis que les deux plus grands lui baisaient les mains.

— Enfin, madame Louise, c'était un chef-d'œuvre... j'en étais si enthousiasmé que je me suis dit : Tant pis, nom d'un petit bonhomme ! je vais tant soigner cette copie, quand je devrais passer trois ou quatre mois sur ma pierre, que je pourrai peut-être en faire exposer une épreuve au Musée... figurer à *l'exposition !* C'était notre ambition à nous deux Minette.

— Je crois bien ! voir le nom de mon Gilbert imprimé en grosses lettres dans le livret, avec notre adresse encore !... Hein, madame Louise, c'est ça qui aurait été glorieux !

— Oui — reprit Gilbert — mais malheureusement mon bourgeois ne tenait pas aux chefs-d'œuvre, il ne voulait que de la pacotille... je faisais de la pacotille, mais elle nous donnait du pain !

— Aussi, du moment où votre pain sera assuré, vous pourrez travailler à la fois et pour vivre et pour votre art; car le beau trouve toujours acheteur : maintenant, voyons ce qui vous est nécessaire afin de vous assurer, votre travail aidant, une modeste aisance.

— Cela me rappelle, madame Louise, le jour où notre intendant faisait avec nous le compte de ce qu'il nous fallait dépenser pour nous procurer strictement ce qu'il appelait *le nécessaire*...

— Environ cinq cent mille francs par an ! — ajouta Gilberte — rien que ça !

— Examinons donc s'il vous serait possible de trouver à moins de frais le nécessaire et même quelque peu de superflu — répondit Louise en souriant. — Et d'abord, combien estimez-vous pouvoir gagner tous deux par votre travail?

— Bon an, mal an, quinze à dix-huit cents francs à nous deux, n'est-ce pas, Minette?

— Oui, s'il n'y a pas de chômage. Enfin mettons au plus bas ! quinze cents francs !

— Ainsi, moyennant cette somme, vous viviez autrefois très-modestement, mais enfin vous pouviez même vous procurer quelques plaisirs? Hé bien... ajoutons à ces quinze cents francs que doit vous rapporter votre travail, deux mille cinq cents francs de rente, je suppose... Total, quatre mille francs.

— Oh ! — répondit naïvement Gilberte — il me semble que c'est beaucoup !

— Dites donc, ma bonne madame Louise, — reprit en riant Gilbert — avouez que c'est curieux? Nous avons encore, je crois, sept à huit millions de fortune..... et voilà que cette pauvre Minette trouve que c'est beaucoup de dépenser *quatre mille francs* par an !

— C'est vrai, c'est étrange ; mais cette simplicité est de votre part encore plus honorable qu'étrange ; seulement je ferai observer à votre chère et gentille femme que la somme que je propose n'est pas exagérée; songez-y, le chômage peut survenir, durer longtemps, vous priver ainsi des ressources de votre travail et vous réduire alors à vos deux mille cinq cents francs ; puis, il ne faut pas dépenser tout votre revenu, vous devez toujours garder à votre disposition une petite épargne pour les cas imprévus.

— C'est ça, nous mettrons tous les mois quelque chose à la caisse d'épargne ! ça toujours été notre ambition à nous deux Bibi !

— Va pour les deux mille cinq cents francs de rente, qui, joints à ce que nous gagnerons, feront quatre mille francs par an. Voyons-en l'emploi.

— D'abord nous n'avions qu'une chambre avec un petit cabinet où je faisais la cuisine : nous pourrions nous loger mieux que cela, n'est-ce pas, Gilbert?

— Parbleu !

— Madame Louise — reprit la jeune femme après un moment de réflexion — combien est-ce donc que vous payiez votre jolie maison de l'avenue Méricourt? je ne me le rappelle pas ..

Assez surprise de ces derniers mots, dans lesquels Gilberte exprimait son étonnement de *ne se point rappeler* le prix du loyer de la maison qu'elle, Louise, occupait elle répondit:

— Cette maison nous coûtait mille francs par an de location.

— Hum ! c'est trop cher pour nous, n'est-ce pas, Bibi? c'est dommage...

A ce moment un valet de chambre entra et dit à Gilbert :

— Le piqueur de monsieur le Lithographe demande si monsieur veut sortir aujourd'hui à quatre chevaux, et si l'on attellera en grand'guides ou en *Daumont*?

— Mon garçon, dites à M. notre piqueur que M. notre intendant a nos ordres comme d'habitude...

— Pardon, monsieur le Lithographe, M. Thompson désire avoir les ordres de la bouche de monsieur, et...

— Mon garçon, priez M. Thompson de vouloir bien nous laisser tranquilles, nous sommes en affaires, nous causons ménage...

Le valet de chambre s'inclina et sortit.

— Pauvres gens ! — dit Gilberte en soupirant — ils sont si heureux à notre service ! quel crève-cœur pour eux quand ils sauront que nous les quittons... Il faudra être généreux à leur égard, n'est-ce pas, Chéri ?

— A chacun quelques milliers de francs de gratification, nom d'un petit bonhomme ! afin qu'ils sortent de chez nous aussi contents qu'ils l'ont été en y entrant — répondit Gilbert. — Mais, Minette, revenons à nos comptes, c'est très-important, et ma foi, ce budget-là est plus selon nos goût que celui que nous réglions y a six mois avec M. notre intendant.

XL

Louise, à mesure qu'elle approfondissait le caractère de Gilbert et de Gilberte, sentait augmenter sa surprise et son émotion. Le naturel des deux époux se révélait dans son ingénuité charmante, à chacune de leurs paroles ou de leurs actions : leur détachement de la richesse était si sincère, qu'ils ne songeaient pas au touchant et singulier contraste qu'offrait la modestie volontaire de leurs projets d'avenir, comparés à leur opulence présente.

— Je disais donc — reprit Gilberte — que mille francs de loyer c'était trop cher pour nous, et pourtant, j'aurais adoré une petite maison comme celle de madame Louise. Quel agrément! demeurer tout près de Paris que nous aimons tant, et avoir un petit jardin, comme à la campagne !

— C'est délicieux! Je vois d'ici notre atelier donnant sur le jardin, et ayant ainsi un jour superbe, avantage précieux pour mon travail.

— Et moi, j'aurais toujours trouvé des fleurs fraîches pour me servir de modèle, je n'aurais eu que le choix parmi celles de notre parterre que nous aurions cultivées nous-mêmes! Quel dommage qu'un loyer de mille francs soit trop cher pour nous!

— Mais, ma pauvre Chérie, qu'à cela ne tienne! au lieu de deux mille cinq cents francs de rente, prenons-en trois mille, quatre mille, dix mille... nous avons de la marge, et fièrement!

— Au fait, — reprit Gilberte; puis réfléchissant : — Et cependant, d'un autre côté, vois-tu, si nous allions sortir de cette modeste aisance dont nous parle madame Louise, si nous ajoutons mille francs de rente pour ceci, mille francs de rente pour cela, où nous arrêterons-nous? Notre demi-richesse nous causera encore des soucis; elle attirera de nouveau autour de nous une foule de gens intéressés dont nous serons obsédés! Nous recommencerons à nous défier de tout le monde, et nous retomberons dans ces tracas, dans ces dégoûts dont nous voulons justement sortir! Crois-moi, mon Gilbert, ne dépassons pas nos quatre mille francs; n'est-ce pas suffisant? Et puis, songes-y donc, si l'on nous avait dit quand nous vivions au jour le jour : « Vous aurez deux mille cinq cents francs de rente! »

— Nous aurions cru faire un rêve! Allons, tu as, comme d'ordinaire, plus de bon sens que moi : soyons raisonnables, ne dépassons pas nos quatre mille francs!

— Je ne saurais vous dire combien ce petit débat me touche et m'intéresse — reprit Louise — et combien il est d'un heureux augure pour votre avenir : du reste, tout se peut concilier; je me souviens avoir visité dans l'avenue Méricourt une jolie habitation avec jardin; l'on voulait la louer cinq cents francs, mais elle ne contenait pas suffisamment de logement, et j'ai préféré une autre maison.

— Quel bonheur! cinq cents francs! ce ne serait pas trop cher pour nous! — s'écria Gilberte; et elle reprit avec une curiosité enfantine : Madame Louise, combien de pièces a-t-elle, cette maisonnette?

— Elle n'a qu'un rez-de-chaussée, et autant que je peux me le rappeler, elle se compose ainsi : à gauche de l'entrée se trouvent la cuisine et la salle à manger, à droite, deux chambres, dont l'une est fort grande, et au-dessus dans les combles, une mansarde très-logeable pour une servante.

— C'est parfait! — s'écria Gilbert — c'est juste ce qu'il nous faut! nous prenons la petite pièce pour chambre à coucher, et nous faisons notre atelier de la grande!

— Et le jardin? — reprit Gilberte ne se contenant pas de joie — le jardin est-il gentil, madame Louise?

— Mais il est grand peut-être quatre fois comme ce salon — répondit Louise en jetant les yeux sur cette pièce immense éblouissante de dorures, — et il est planté d'un joli bosquet d'acacias et de tilleuls.

— Un bosquet d'acacias? Nous louons la maison! — s'écria Gilbert non moins ravi que sa femme. — Je vais envoyer notre intendant faire le bail.

— Mais Gilbert, si elle est malheureusement louée?

— Si elle est louée, je l'achète! Qu'est-ce que cela me fait donc à moi? Je la paie vingt mille francs, cent mille francs s'il le faut, pour y entrer tout de suite, nom d'un petit bonhomme!

— Acheter une maison cent mille francs, quand nous ne pouvons mettre que cinq cents francs à notre loyer? tu es fou, mon bon Gilbert!

— C'est vrai! c'est l'habitude de jeter les millions par la fenêtre!

— Et puis, en supposant que cette maison soit louée, est-ce que nous ne pourrons pas en trouver une autre du même prix et à proximité de Paris?

— Tu as raison, allons, c'est dit : cinq cents francs de loyer pour cette maisonnette-là ou pour une autre. Et continuons notre budget! nous pouvons nous permettre une petite bonne pour t'aider dans les soins du ménage?

— Va pour la petite bonne, car le temps que je passerais à faire le ménage et la cuisine serait perdu pour le travail, ce qui ne m'empêchera pas, monsieur Bibi, de soigner moi-même ces mirontons et ces gibelottes dont vous êtes si friand.

— Et j'y compte... ainsi, deux cent cinquante francs de gages pour notre bonne et cinq cents francs de loyer, ça fait sept cent cinquante francs. Maintenant pour notre nourriture combien faut-il compter, madame la ménagère?

— Pour trois personnes... voyons : mettons soixante-dix à quatre-vingts francs par mois, c'est très-raisonnable, vu que nous logerons hors barrières, où l'on ne paie pas de droits d'entrée, ce qui est une fameuse économie.

— Mettons cent francs par mois avec les *extra*.

— Entendez-vous, madame Louise, comme il est gourmand! il pense déjà aux extra!

— Allons, passez-lui ce petit défaut — répondit Louise en souriant. Il résulte que jusqu'ici vous aurez à dépenser pour votre loyer, votre servante et votre table...... dix-neuf cent cinquante francs. Ce sont là les grosses dépenses; il vous restera donc, y compris les fruits de votre travail à tous deux, environ deux mille francs pour subvenir à vos autres besoins, à votre entretien, à vos modestes plaisirs, à votre épargne...

— Et si d'aventure, le travail venait à nous manquer à tous deux pendant un an, nous renvoyons notre bonne, nous rognons nos plaisirs, et nous vivons parfaitement avec nos deux mille cinq cents livres de rente.

— Et quand nous serons vieux et hors d'état de travailler, nos rentes nous suffiront encore, — reprit Gilberte

— parce que, dame! quand nous serons devenus de bonnes vieilles gens, nous ne penserons plus guère à la toilette et aux plaisirs : jouir des gais rayons du soleil en été dans notre petit jardin, rester au coin de notre feu l'hiver en causant du temps passé ou en faisant de longues lectures, grâce à nos lunettes : tels seront nos plaisirs...

— Je vois d'ici Minette avec des lunettes au bout de son petit nez rose : quelle gentille vieille elle sera...

— Hé, hé, je ne dis pas non! mais ce qu'il y a de sûr, c'est que je ne serai ni grondeuse ni ruchonneuse, et notre gaieté ne vieillira pas!

— Et puis un beau jour — reprit Gilbert en adressant à sa femme un signe d'intelligence — nous partirons gaiement ensemble, et curieux comme des pies, pour aller voir *ailleurs*... si les vieilles gens portent des lunettes. Ainsi donc, madame Louise, voilà notre budget convenu : nous vivrons parfaitement avec nos quatre mille francs! Mais qu'est-ce que nous ferons de ce tas de millions qui nous restent aujourd'hui, et qui attireraient autour de nous ces nuées de gueux, de fripons, de mendiants, comme le miel attire les mouches?

— Vous avez un moyen d'employer vos richesses au soulagement de ceux qui souffrent, sans vous occuper de ces mille détails, de cette espèce d'administration dont vous vous sentez incapables. Vous parliez tout à l'heure du doux repos que votre modeste aisance assurerait à vos vieux jours? Ce repos, combien en est-il qui puissent l'espérer parmi celles-là qui, comme vous, sont fleuristes, madame Gilbert? parmi ceux-là qui, comme vous, sont lithographes, monsieur Gilbert? Un bien petit nombre, n'est-ce pas?

— Oh oui, malheureusement, madame Louise, car dans nos états la vue se fatigue et s'use vite; or, une fois les yeux perdus, l'on n'est plus bon à rien : hélas! que peuvent devenir de pauvres vieilles gens à demi aveugles?

— Tenez, madame Louise, lorsque ma femme et moi, après une longue veillée à la brûlante clarté de notre lampe, nous sentions, quoique bien jeunes encore, des éblouissements et les yeux presque nous manquer... nous nous attristions en nous disant : Si par malheur un jour notre vue s'affaiblissait assez pour qu'il ne nous fût plus possible de travailler... quel serait notre sort, mon Dieu!

— Ne songeons pas à cela, c'est trop effrayant! nous répondions-nous; et, comme d'habitude, nous nous embrassions pour oublier nos craintes.

— Le sort que vous redoutiez est malheureusement celui de grand nombre de vos compagnons de travail; hé bien! puisque vous avez, par une originalité touchante, glorifié votre profession, en vous faisant d'elle un titre dont s'honorait votre opulence que ces deux mots, FLEURISTE et LITHOGRAPHE se retrouvent encore dans la pensée de votre compatissante générosité! Oui, ces grands biens qui vous pèsent, et auxquels vous avez dû ces déceptions, ce douloureux mépris de l'humanité dont vous avez surtout tant souffert, ces grands biens, employez-les à fonder un asile pour la vieillesse et l'infirmité de ceux qui auront exercé votre profession.

— Hein, Minette voilà une fameuse idée!

— Excellente! mais nous vous l'avons dit, madame Louise, nous donnerons tout l'argent que l'on voudra, mais nous sommes incapables de nous occuper d'une fondation pareille.

— Cette fondation ne vous causera aucun souci : abandonnez vos biens à cette ville de Paris que vous aimez tant; sa municipalité est intègre, éclairée, dévouée au bien public, elle se chargera de réaliser votre vœu, de fonder, de diriger cette maison d'asile, paisible refuge des lithographes et des fleuristes accablés par l'âge ou les infirmités; ces pauvres gens, grâce à vous, connaîtront ainsi le repos et le bien-être durant leurs derniers jours, et le nom de *Gilberte* et de *Gilbert* sera béni d'âge en âge, puisque cette fondation vous survivra autant que le souvenir de vos bienfaits...

— Comment, madame Louise, c'est aussi simple que ça? On n'a qu'à donner son argent en disant : Je veux fonder tel ou tel établissement et cette excellente municipalité de Paris a la complaisance de se charger du reste? vous avez le plaisir sans avoir la peine. Mais, Minette, c'est délicieux!

— Je crois bien! cette bonne municipalité de Paris sera, pour cette fondation, ce qu'était M. Guêpier, notre intendant, pour nos dépenses. Mon Dieu! comme c'est facile et commode et agréable de faire de bonnes actions!

— Ainsi, le conseil que je vous donne, vous vous sentez décidés à le suivre?

— Oh! de tout cœur, madame Louise, n'est-ce pas, Gilbert?

— Ma foi, oui! Je crois, par exemple, que cela nous fera un certain effet au moment où d'archi-millionnaires... nous deviendrons de petits rentiers de rien du tout... mais ce moment-là passé, loin de nous repentir de notre résolution, nous nous en réjouirons en pensant d'abord au bonheur que nous devrons à perpétuité tant de pauvres gens, et en nous rappelant les dégoûts, les tristesses que nous causait notre maudit argent!

Gilbert fut interrompu par un valet de chambre qui, entrant, lui dit :

— Monsieur le Lithographe, le monsieur qui accompagne madame — et il désigna Louise du regard — prie madame de vouloir bien venir le rejoindre...

— C'est M. Poussard... Il doit en effet trouver que notre entretien se prolonge beaucoup — reprit Louise — mais je vais bientôt me rendre auprès du général.

— Comment! il est ici? — s'écria Gilbert — et il se permet de vous relancer, madame Louise?... Attendez un moment... je vais, moi, lui apprendre à vivre, à M. le général!

Et Gilbert, courant à son bureau, écrivit ces mots sur une feuille de papier :

« Gros malheureux !

« Si vous vous avisez encore de me faire souvenir que « vous êtes chez moi, si vous vous avisez de ne pas avoir « pour madame Louise les égards, les respects qui sont « dus à cette excellente et admirable dame ! écoutez bien « ceci que je souligne :

« *Si vous manquiez jamais à mes recommandations,* « *vous auriez une* COLIQUE ATROCE *toutes les fois que* « *vous voudriez* BOIRE OU MANGER, *abominable goinfre* « *que vous êtes!*

« Ce serait votre juste et suprême punition.

« Tremblez ! ! !

« Et je signe :
                                    « GILBERT. »

« P. S. — Je suis celui qui, dans le salon du duc de « Saligny et au moment où le marquis de Montlaur était « quasi mourant, vous a infligé cette colique atroce que « vous avez eue, que vous aurez toujours au moment de « vous battre en duel.

« Que le passé vous serve de leçon!

« A bon entendeur, salut. »

Gilberte, voyant son mari écrire, s'était approchée et avait lu à mesure qu'il écrivait; aussi, elle partit d'un grand éclat de rire lorsque le billet fut terminé.

— Nous n'avons plus, il est vrai, le pouvoir de lui donner la colique à cet affreux Poussard ! — dit à demi-voix Gilbert à sa femme — mais comme nous la lui avons déjà donnée une fois... il aura peur et n'osera jamais tourmenter sa pauvre femme!

Pliant alors le billet, tandis que Louise regardait les deux jeunes gens avec étonnement, ne s'imaginant pas quels rapports le général pouvait avoir avec eux, Gilbert remit la lettre au domestique et lui dit :

— Portez cela à ce gros monsieur.

Le domestique sortit.

— Ah ! madame Louise ! — dit Gilbert en revenant près de la jeune femme — quel courage il vous a fallu pour épouser cet affreux Poussard, vous qui aimiez si tendrement, si héroïquement Georges Hubert !

— Oh oui ! c'était de votre part un sacrifice héroïque ! — ajouta Gilberte. — Vous marier avec ce vilain homme, tandis qu'au fond du cœur, plus que jamais, vous adoriez votre poëte bien-aimé... comme vous disiez !

XLI

Louise, entendant Gilbert et Gilberte parler de son amour pour Georges Hubert et du sacrifice héroïque qu'elle s'était imposé, resta pétrifiée, devint pâle et tremblante de frayeur. Des étrangers possédaient son secret! et elle le croyait tellement impénétrable, qu'elle avait cru pouvoir s'adresser à eux pour obtenir la cession de plusieurs objets qui avaient appartenu au grand poëte ; aussi, voyant maîtres de son secret ces deux jeunes gens, déjà instruits de certaines particularités de sa vie, Louise sentit s'augmenter son effroi, songeant que le fruit de son dévouement pouvait être perdu pour elle par une indiscrétion.

Gilbert et Gilberte, pleins d'admiration pour Louise, profondément touchés de l'intérêt qu'elle venait de leur témoigner par ses sages et nobles conseils, ne pensèrent en ce moment qu'à la louer, qu'à la glorifier de son amour héroïque ; cédant peut-être aussi à l'innocent désir de *l'étonner* en lui révélant des faits connus d'eux seuls, puisqu'ils *avaient été* Georges Hubert et sa maîtresse.

Gilbert, remarquant l'altération des traits de la jeune femme et l'attribuant à l'inquiétude que lui causait la présence du général dans la maison, reprit :

— Soyez tranquille, madame Louise, je lui ai écrit et de bonne encre, à cet affreux Poussard! et s'il a eu l'indignité de vous rendre malheureuse, il ne recommencera plus, je vous en réponds!

— Ah! pauvre madame Louise ! — reprit Gilberte d'un ton apitoyé. — Quelle terrible nuit que celle... où, pour vous faire haïr de Georges Hubert, vous avez cherché à lui dire tout ce qui pouvait le blesser davantage?

— Et avec quelle adresse, quel courage, vous avez joué ce rôle qui à chaque instant vous brisait le cœur!.

— Tenez, madame, les mots qui vous ont peut-être coûté le plus à prononcer sont ceux où vous disiez à Georges Hubert que vous ne l'aviez jamais aimé que par amour-propre... et... que...

Gilberte s'interrompit à l'aspect de Louise, pâle comme une morte, tressaillant convulsivement, jetant autour d'elle des regards effarés; elle fit quelques pas pour sortir du salon, mais les forces lui manquèrent, et elle fut tombée, privée de connaissance, sans Gilbert qui courut, la reçut dans ses bras et la déposa sur un canapé à l'aide de Gilberte, non moins alarmée que son mari et regrettant comme lui l'imprudente révélation dont ils voyaient les suites funestes.

— Mon Dieu! mon Dieu! qu'avons-nous fait ? — murmurait Gilberte éplorée, agenouillée devant le canapé où Louise était étendue presque privée de sentiment ; puis, prenant une de ses mains qu'elle couvrit de pleurs, elle ajouta : Nous lui avons, sans le vouloir, porté un coup affreux!

— Maudits soyons-nous!... Il y a de quoi la rendre folle!... nous lui disons des choses qu'il est impossible qu'une autre qu'elle-même puisse savoir...

— Hélas, c'est pour elle à en perdre la raison ! — répondit Gilberte. Puis, sentant la main glacée de Louise reprendre quelque chaleur, et voyant son pâle visage se colorer peu à peu, elle s'écria : — Elle revient à elle ! son tremblement nerveux a cessé... ses joues redeviennent roses !

— Et lorsqu'elle aura repris ses sens, — murmura tout bas Gilbert à l'oreille de sa femme auprès de laquelle il s'était aussi agenouillé, — quand elle va nous demander comment nous possédons son secret, que répondre ?

— Il faut tout lui avouer, lui apprendre que nous *avons été* Georges Hubert et elle-même.

— Elle ne nous croira pas !

— Oh ! que si... puisque c'est la vérité !

— Mais si elle nous croit, ce sera pis encore... elle nous prendra pour le diable ! elle en deviendra folle...

— Ah ! Chéri ! — s'écria soudain Gilberte dont le charmant visage rayonna sous ses larmes, — une idée à Minette ! nous sommes sauvés !

— Que dis-tu ?

— Tout s'expliquera naturellement !

— C'est impossible !

— Silence... elle ouvre les yeux... elle se relève !

Ces quelques mots, échangés à voix basse, n'avaient point été entendus par Louise ; elle sortait à peine de la crise nerveuse où venait de la jeter la stupéfiante révélation de son secret ; cependant son sang recommençait de circuler, sa pensée encore confuse se dégageait de son anéantissement passager ; elle se soulevait lentement sur le canapé en jetant autour d'elle ses regards effarés ; soudain ils s'arrêtèrent sur les deux jeunes gens agenouillés à ses pieds ; alors les contemplant avec une expression de terreur renaissante, et à mesure qu'elle rassemblait ses souvenirs, elle se rejeta brusquement en arrière, cacha son visage entre ses mains et poussa une exclamation d'épouvante.

— Laissez-moi — s'écria-t-elle — oh ! laissez-moi !..... vous me faites peur !

A peine eut-elle poussé ce cri, prononcé ces paroles, que soudain un sourd retentissement, pareil à celui d'un objet assez pesant que l'on laisserait tomber, se fit entendre derrière un panneau de la boiserie, très-voisin du canapé où se trouvait Louise.

D'abord surpris de ce bruit, qui semblait sortir de l'intérieur de l'épaisse muraille, Gilbert et Gilberte échangèrent ensuite un regard qu'ils comprirent :

« — C'est sans doute cette personne qui s'occupe de la « recherche mystérieuse que nous avons permise » — pensaient-ils.

Puis ils oublièrent cet incident, ne songeant qu'à Louise et à la rassurer, Gilberte ayant promis à son mari (qui doutait fort de l'accomplissement de cette promesse) d'expliquer à Louise d'une façon très-naturelle comment les deux époux possédaient son secret.

— Madame ! — s'écria Gilberte en joignant les mains et s'adressant à la jeune femme qui venait de manifester son épouvante — rassurez-vous ! ne vous défiez pas de nous ! nous nous ferions plutôt tuer... que de trahir votre secret !

— On nous pilerait dans un mortier, ma femme et moi, que nous ne dirions pas : *ouf !*

— De grâce, écoutez-moi, madame Louise ; vous allez savoir comment nous sommes instruits de votre secret... mon Dieu... c'est tout simple...

— C'est tout ce qu'il y a au monde de plus simple !... vous allez en être convaincue, madame — ajouta Gilbert, quoiqu'il se creusât en vain la cervelle pour deviner ce que sa femme allait dire à Louise qui, malgré son effroi, prêtait cependant l'oreille aux paroles des jeunes gens.

— Voilà — reprit Gilberte — comme c'est arrivé... Il y a quelque temps nous avions lu dans un petit journal, que M. Georges Hubert vivait sous un nom supposé avec une dame qu'il adorait...

— Et même... le journal s'appelait *le Furet* — ajouta Gilbert afin de corroborer par ce détail le récit de sa femme. — Un scélérat de journal d'une indiscrétion révoltante !

— Le soir du jour où nous avons lu cela, mon mari et moi, avant de nous coucher, nous nous sommes mis à causer de M. Georges Hubert et de cette dame qu'il aimait...

— A preuve que nous en avons causé jusqu'à deux heures et demie du matin, et que je disais à Minette : Mais couchons-nous donc ! petite bavarde ! couchons-nous donc !

— C'était bien naturel ! cette longue causerie-là... nous avions une véritable adoration pour Georges Hubert, à cause de sa bonté, de son talent ; aussi tout ce qui l'intéressait, nous touchait...

— Ensuite... ensuite ! — reprit Louise avec une impatience remplie d'angoisse. — Achevez...

— Où diable Minette veut-elle en venir ? — pensait le jeune homme. — Elle ne pourra jamais se tirer de là !..... quant à moi, je n'y vois que du feu et je sue à grosses gouttes !

— Enfin, le soir, avant de nous coucher, nous avons tant, et si bien, et si longtemps parlé de M. Georges Hubert et de cette dame, qui n'était autre que madame Louise — reprit Gilberte — que... et cela arrive tous les jours, n'est-ce pas ?... que tout naturellement j'ai rêvé de M. Georges Hubert et de vous..... Mais ce qu'il y a de curieux, c'est que dans mon rêve, *j'étais vous-même*, madame Louise, et que mon mari était M. Georges Hubert.

— Bravo ! Minette ! — pensa Gilbert. — Bravo ! c'est très-fort ! Je n'aurais jamais trouvé cela tout seul !

Cette explication d'ailleurs assez vraisemblable, et la seule qui pût éclaircir un mystère incompréhensible pour l'esprit de Louise, la frappa et, commençant à se rassurer, elle écouta Gilberte avec un redoublement d'attention.

— En rêvant de la sorte, j'ai eu, vous le voyez, très-naturellement connaissance de beaucoup de circonstances de la vie de M. Georges Hubert et de la vôtre, madame, puisque dans ce rêve, *j'étais vous-même*. Ainsi, par exemple, *j'étais vous-même*, lors de cette triste soirée où vous avez assisté à la chute du drame de votre ami, chute qui, selon vos voisins de spectacle, était causée par votre fâcheuse influence sur ce grand poète que vous rendiez, disaient-ils, *pot-au-feu*...

— Ce qui était dégoûtant! — ajouta Gilbert — car enfin, quand j'étais Georges Hubert... toujours suivant le songe de Minette, vous m'avez rendu, madame, le plus heureux des mortels!

— Poursuivez, de grâce — dit la jeune femme à Gilberte — je peux à peine croire à ce que j'entends!

— En revenant du spectacle (il va sans dire que je rêvais toujours *être vous-même*, madame Louise) j'ai trouvé mon père.... non, c'est-à-dire le vôtre..... car je m'embrouille ; il venait vous chercher, vous menaçant de vous enfermer dans un couvent, de poursuivre M. Georges Hubert, votre ravisseur, de le faire aller en justice et autres indignités, si vous refusiez d'épouser ce monstre de Poussard... Alors, au lieu de vous révolter contre cette proposition, vous vous êtes dit (toujours selon mon rêve) : « J'ai, « sur le grand poète que j'adore, une mauvaise influence, « j'éteins son génie. Mon père me menace de traîner en « justice l'homme pour qui je donnerais ma vie..... Hé « bien, tant pis! j'épouse le général Poussard, c'est le seul « moyen de sauver mon Georges des poursuites dont il « peut être victime... et de l'éloigner à jamais de moi, qui « ai sur son talent une action si funeste... »

— Non — s'écria la jeune femme — non, un rêve ne saurait approcher à ce point de la réalité! c'est impossible... Il y a là... un mystère effrayant, que ma raison s'efforce en vain de pénétrer..... Mon Dieu! je doute de mes sens! de moi-même!

— Dame! moi je vous raconte tout bonnement ce que j'ai rêvé, madame...

— Et ce rêve, Minette, à notre réveil, me l'a raconté ainsi qu'elle vous le raconte à cette heure.

— Et pourtant — reprit Louise après de nouvelles et impuissantes tentatives pour se rendre compte de ce prodige — ce songe, si extraordinaire qu'il soit, peut seul expliquer ce qui, sans cela, reste inexplicable!..... impossible!... surnaturel!

— Enfin — continua Gilberte en jetant un regard de triomphe sur son Gilbert — une fois que vous avez été décidée à vous sacrifier en épousant ce vilain Poussard, vous vous êtes dit :

« — Ce n'est pas tout : mon Georges m'aime comme je « l'aime ; il faut maintenant qu'il me haïsse, qu'il me mé« prise autant qu'il m'a adorée.., » — Oh! pauvre madame Louise! Voilà (toujours selon mon rêve) ce qui vous a le plus coûté!... Vous faire haïr de votre Georges!

— Et moi, il paraît que j'ai été, malgré mon génie, assez... bon enfant, pour croire que vous, madame... vous! la perle des femmes, vous pouviez de but en blanc devenir une créature haïssable; cependant, il faut le dire à ma louange, j'ai eu quelques soupçons que vous me trompiez...

— Mais vous avez joué si courageusement ce rôle, qui à chaque instant vous brisait le cœur, madame Louise, que votre Georges a fini par croire que vous ne l'aviez jamais aimé... que par amour-propre, par vanité, et vous lui avez fait horreur! C'est tout ce que vous demandiez! vous brisiez ainsi par dévouement les liens qui entravaient le génie de votre poète, afin de le rendre à la gloire, à la liberté ; alors il a cherché dans ses travaux l'oubli du passé, ne vous regrettant même pas, puisqu'il vous croyait une femme indigne de lui ; et au contraire vous l'adoriez plus que jamais! Vous le voyez, madame, ce n'est pas de ma faute si, grâce à ce rêve, nous possédons votre secret..... mais rassurez-vous... nous le garderons fidèlement, et...

Gilberte ne put achever..... soudain, le panneau de boiserie, non loin duquel Louise était assise, glissa rapidement dans ses rainures et donna passage à Georges Hubert, pâle, le visage baigné de larmes; il s'élança aux pieds de la jeune femme, lui criant avec un accent déchirant :

— Grâce, Louise..... oh! grâce! pardon! Ma vie... ma vie entière à toi! pour expier ma fatale erreur!

— Georges! — s'écria la jeune femme avec stupeur — où suis-je?..... ma raison s'égare! mon Dieu..... ayez pitié de moi!

Gilbert, se retirant précipitamment avec sa femme au fond de l'appartement, afin de laisser Louise et le poète isolés autant que possible, dit à demi-voix :

— Ah! Chérie! M. Georges Hubert était la personne qui venait chercher le coffret dans la cachette...

— Il nous a entendus, il sait tout maintenant!

— Louise... grâce!... murmurait le poète d'une voix entrecoupée de sanglots en couvrant de pleurs et de baisers les mains de la jeune femme. — Oh! ma Louise adorée! pauvre martyre..., pauvre martyre!

— Georges... laissez-moi — répondait la jeune femme d'une voix défaillante — vous me tuez!

— Oh! le premier cri de ma conscience, de mon cœur... avait été : Non, Louise ne peut devenir indigne d'elle-même. Hélas!... la profondeur de ton dévouement m'a trompé! mais je te retrouve, âme de ma vie!!! je te retrouve... et c'est pour toujours!

— Au nom du ciel, écoutez-moi... — reprit la jeune femme d'une voix palpitante tandis que Gilbert et Gilberte, se tenant par la main près du seuil de la porte, pleuraient en silence. — Écoutez-moi!

— Il faudra bien, vois-tu, qu'à force de bonheur je te fasse oublier tout ce que tu as souffert, pauvre martyre! — reprit le poëte dans une ivresse qui tenait du délire. — Il faudra bien que vaincue par ma tendresse... tu me pardonnes... d'avoir un jour... un seul jour douté de toi!

— Mais, insensé... je suis mariée... mon mari est ici... il m'attend...

— Ton mari!... Est-ce que tu es sa femme? Est-ce que tu n'es pas à moi, comme je suis à toi?

— Georges... j'ai eu le courage d'accomplir un grand sacrifice, j'aurai le courage de garder pure... la foi que j'ai jurée volontairement...

— Non! tu ne l'as pas volontairement jurée! non!... ton âme éblouie par l'héroïsme du sacrifice n'a pas eu conscience de son action!... tu pouvais disposer de ta vie... mais non de la mienne!

— Dieu le sait!... j'aurais préféré la mort à la révélation de mon secret! — reprit Louise en interrompant le poëte avec cet accent d'inébranlable fermeté qu'elle puisait dans ce qu'elle regardait comme le *devoir*. — Une fatalité presque inexplicable vous apprend que je n'ai pas démérité votre tendresse, Georges... je ne démériterai jamais votre estime en manquant à des devoirs librement acceptés par moi...

— Librement! tu oses dire!...

— Vous me connaissez! aucun sophisme ne pourra changer ma résolution ; notre destinée a voulu cette rencontre d'aujourd'hui; sachons en subir vaillamment les conséquences... Nous ne nous reverrons plus... adieu !

— Louise... mais tu n'y songes pas! pour moi la vie sera désormais horrible !

— Et la mienne plus horrible encore... si avant de nous quitter... vous repoussez mon unique et dernière prière!

— Ah! c'est trop souffrir! — murmura le poëte en fondant en larmes — c'est trop! c'est trop!

— Écoutez-moi, Georges, mon sacrifice a été grand, mais ce qu'il m'a coûté ne serait rien auprès de mes souffrances à venir... si vous rendiez mon dévouement stérile...

— Te retrouver pour te perdre à jamais, mon Dieu !

— Et pour me rendre à jamais malheureuse... si vous trompez ma dernière espérance !... Savez-vous en me dévouant pour vous quelle était ma seule consolation? Cette pensée : que rendu à vous-même, à la liberté, vous écririez de nouveaux chefs-d'œuvre qui seraient la joie de ma solitude, le prix de mes souffrances !

— Ah maudite soit la gloire! pour toujours j'y renonce! Elle me coûte le bonheur de ma vie!

— Ainsi — reprit Louise avec un désespoir navrant — mon sacrifice aura été inutile... inutile comme la dernière prière que je vous adresse!

— Quoi! vous voulez que je songe à la gloire quand mon existence ne doit être qu'un long chagrin!

— Georges! ce chagrin ne sera-t-il pas du moins adouci par cette conviction : qu'une femme que vous croyez indigne de vous n'a pas démérité votre estime? que vous êtes comme par le passé l'objet de son éternelle adoration?

— Alors pourquoi m'avoir fait croire que vous ne m'aimiez plus? pourquoi avez-vous épousé cet homme! oh! contradiction des femmes!... leur âme est un abîme !

— Non, Georges, ma conduite ne se contredit pas ! j'ai épousé cet homme pour vous épargner un odieux procès dont vous menaçait mon père! Je vous ai fait croire à ma désaffection parce que je savais qu'un cœur comme le vôtre doit vite oublier une femme qui ne semble plus estimable! Le hasard vous a livré mon secret! au lieu de m'oublier dans votre dédain, vous me regretterez... Ces regrets vous seront parfois douloureux, je le sais, puisque j'avais voulu vous les épargner au prix de votre amour ! mais enfin, par pitié, ne me dites pas que vos chagrins seront incurables! qu'ils anéantiront votre génie! Mon Dieu! que me restera-t-il alors?... vous voulez donc désespérer ma vie!

A ce moment Gilbert et Gilberte, qui par réserve continuaient de se tenir au fond du salon, désolés de leur indiscrétion involontaire, et pourtant trouvant quelque consolation à se dire que du moins l'héroïque abnégation de Louise serait connue de celui-là qui l'avait inspirée, Gilbert et Gilberte virent entrer un valet de chambre.

— Le monsieur qui accompagne madame — et il indiqua Louise du regard — veut absolument entrer.

— Mon mari! — s'écria Louise; puis elle ajouta, devinant à un geste de Georges l'inquiétude qu'il ressentait pour elle. — Restez! ne craignez rien pour moi! Je n'ai rien à cacher de ce qui s'est dit ici...

— Oh! cet homme! — reprit le poëte avec rage — cet homme, je ne l'ai pas tué!

— Comment! — s'écria Gilbert en s'adressant au domestique — malgré la lettre que je lui ai écrite, le général persiste à vouloir entrer?

— Depuis que je lui ai remis la lettre de M. le Lithographe — répondit le valet de chambre — ce monsieur va et vient dans le salon, comme une âme en peine, il s'essuie le front et paraît être dans une inquiétude mortelle... et...

Le domestique s'interrompit en entendant des pas précipités derrière lui; il se retourna, et vit accourir le général Poussard, pâle, tremblant, éperdu.

Cette menace de Gilbert :

Je vous donnerai la colique toutes les fois que vous voudrez boire et manger,

Avait d'autant plus impressionné l'esprit déjà très-affaibli de l'ex-spadassin, que cette menace était signée :

Celui *qui t'a donné la colique toutes les fois que tu as voulu te battre en duel.*

Cette prédiction s'était terriblement réalisée, de sorte qu'à en juger d'après ce premier fait, si incompréhensible qu'il fût resté pour l'entendement du général, la seconde menace pouvait, selon lui, s'accomplir pareillement, et il la regardait comme bien autrement redoutable que l'autre; en effet : « ressentir une colique atroce toutes les fois que « l'on se dispose à boire ou à manger, » c'est simplement être condamné à mourir de faim et de soif! L'on comprend dès-lors les craintes, les angoisses de M. Poussard, lorsqu'il eut reçu, lu et relu le billet de Gilbert.

En proie à une anxiété croissante, oubliant la défense expresse qu'il avait reçue de ne pas venir troubler la conversation des maîtres de la maison, l'ex-spadassin ne put résister au désir d'entretenir l'auteur de cette menace, qui ne pouvait n'être aussi qu'une méchante plaisanterie à l'endroit de laquelle le général se fût montré très-peu susceptible: aussi accourut-il éperdu, effaré, sur les pas du valet de chambre.

Gilbert, à l'aspect du baron et songeant à la présence de Georges Hubert, présence si compromettante pour Louise, s'élança vers l'intrus pour l'empêcher de dépasser le seuil de la porte, et lui barra le passage.

— Monsieur!... — s'écria Poussard d'une voix haletante et suppliante, et l'inquiétude empreinte sur sa figure livide et baignée d'une sueur froide — monsieur... permettez-moi de grâce de vous demander humblement si ce billet... — et il le montrait d'une main convulsive — si ce billet... a été écrit par vous?...

— Oui, c'est moi qui l'ai écrit! — s'écria Gilbert, voyant l'effet de sa menace dépasser ses espérances — oui, c'est moi qui, dans le salon du duc de Saligny, t'ai déjà infligé une colique atroce lorsque tu as voulu te battre en duel...

— Oh... la voix... c'est la même voix! — murmura le général, les cheveux hérissés d'épouvante en reconnaissant la voix de Gilbert qui, lors de cette nuit funeste et au moment où, *sortant de la vie* du marquis de Montlaur, il redevenait lui-même, avait voué le spadassin à la colique — cette voix, cet accent... je les reconnais — reprit le général, de qui les dents claquaient de terreur. — Jamais... je... ne... les ai oubliés... c'est la même voix !

— Ah! malgré mes ordres tu es entré ici, gros malheureux ! — reprit Gilbert d'un ton formidable. — Ah ! tu viens me braver !

— Grâce... grâce!

— Pas de grâce... tu as été aussi féroce que goinfre, tu seras puni par où tu as péché...

— Un mot... écoutez-moi... — reprit l'ex-spadassin en joignant les mains — un seul mot... par pitié!

— Pas de pitié pour toi, horrible glouton! qui as eu l'indignité de demander une soupe à l'oignon au moment où étant le marquis de Montlaur, j'allais me battre dans un duel où tu m'avais fourré, abominable spadassin!...

— Monsieur... laissez-moi vous dire seulement...

— Tais-toi! nom d'un petit bonhomme! et écoute ton arrêt : jadis, pour punir ta férocité... je t'ai donné une colique atroce toutes les fois que tu as voulu te battre en duel. — Aujourd'hui, pour punir ta goinfrerie, j'entends, je veux, j'ordonne qu'à dater de ce moment où je te parle, toi, Poussard, tu aies une colique atroce toutes les fois que tu voudras boire ou manger... C'est fait!

— Je suis perdu! — balbutia le général en sentant ses jambes flageoler. — Je suis mort...

Et il tomba anéanti sur un fauteuil, au moment où M. Guêpier accourait effaré, criant à Gilbert :

— Monsieur... monsieur!... il y a là un magistrat et un commissaire de police. Ils veulent vous parler à l'instant ; ils me suivent; ils ont laissé deux agents de planton à la porte de mon cabinet où se trouve ma caisse ; il y a des sergents de ville dans la cour de l'hôtel, ils ont l'ordre de ne laisser sortir personne de la maison, personne, pas même vous, monsieur!... pas même vous, madame

XLII

Gilbert et Gilberte, entendant M. Guêpier leur annoncer d'un air effaré qu'un commissaire de police et un magistrat venaient d'entrer dans l'hôtel, en ordonnant que personne n'en sortît, sans même les excepter de cette mesure, eux, les maîtres de la maison, Gilbert et Gilberte furent plus surpris qu'inquiets, car ils pensaient n'avoir rien à démêler avec la police.

Georges et Louise témoignèrent aussi quelque étonnement; déjà distraits de leur douleur par l'arrivée du général et par l'étrange invocation de Gilbert, qui vouait l'ex-spadassin à une colique atroce toutes les fois qu'il voudrait boire et manger, ils s'étaient d'abord demandé du regard si le propriétaire de l'hôtel d'Orbeval devenait fou! Cependant, chacun d'eux se rappelant à part soi *l'infirmité* du général, ainsi qu'il disait, et ce duel durant lequel ce forcené spadassin *avait été* (toujours selon ses expressions) *forcé d'aller prendre l'air*, ensuite de quoi il n'avait pas reparu, Georges et Louise, sachant que le première menace de Gilbert s'était, chose incompréhensible, réalisée, sentirent redoubler leur surprise à la vue d'un magistrat et d'un commissaire de police, accompagnés d'un greffier, entrant presque sur les pas de l'intendant. Louise, remarquant à quelques pas d'elle son mari, immobile sur le siége où à la voix de Gilbert il était tombé anéanti, dit à demi-voix au poëte :

— Adieu, Georges... si vous ne voulez pas désespérer à jamais ma triste vie, faites que votre nom arrive encore glorieux jusques à moi!

— Quoi! un éternel adieu ! — s'écria le poëte avec un

accent déchirant en voyant la jeune femme se diriger rapidement vers son mari. — Louise... Louise!

Mais Louise, sans répondre à Georges Hubert, se rapprocha du général, tandis que le magistrat, allant droit à Gilbert, lui dit :

— Monsieur, vous êtes monsieur Gilbert, propriétaire de cet hôtel ?

— Oui, monsieur.

— Et madame est votre femme?

— Oui, monsieur.

— Très-bien — reprit le magistrat. — Et se tournant vers le commissaire de police : — L'identité est constatée.

— Monsieur — dit Gilbert — qui êtes-vous et que nous voulez-vous ?

— Monsieur, je suis juge d'instruction — répondit gravement le magistrat — et je viens ici remplir le mandat dont je suis chargé.

Gilbert et Gilberte fort interdits se regardaient lorsque soudain l'ex-spadassin se dressant brusquement, s'écria d'un air égaré :

— Monsieur le magistrat, je suis le baron Poussard, général en retraite...

Le magistrat s'inclina légèrement et reprit :

— Qu'y a-t-il pour votre service, monsieur le général ?

— Monsieur, je veux justice contre cet homme-là ! — Et du geste il indiqua Gilbert qui se disposait à demander aux gens de justice ce qu'ils venaient faire chez lui. — Monsieur... — balbutia le général de plus en plus hagard — protégez-moi, défendez-moi contre les maléfices de cet homme! Je vous dis qu'il est effrayant...

— De grâce, calmez-vous — dit Louise à son mari — prenez mon bras, sortons...

— Je ne sortirai pas avant d'avoir obtenu justice de cet homme effrayant, — reprit le général en repoussant sa femme qui voulait s'emparer de son bras. — Justice, monsieur le magistrat, justice !

— Mais justice... à propos de quoi, monsieur le général ? — répondit le magistrat — quelle plainte avez-vous à formuler?

— Cet homme infernal m'a déjà donné la colique lorsque j'ai voulu me battre en duel...

— Parbleu ! — fit Gilbert — et je m'en vante !...

— Monsieur le magistrat, vous l'entendez ! — s'écria le général — il s'en vante ! Hé bien, ce n'est pas assez, il vient de me déclarer que j'aurais la colique toutes les fois que je voudrais boire ou manger ; il me condamne à mourir de faim !

— Oui, — reprit Gilbert d'un ton superbe, sans remarquer les regards de moins en moins bienveillants que le juge d'instruction jetait sur lui, — oui... et ce sera la punition de ta goinfrerie passée, gros malheureux !

— Monsieur — se hâte de dire Louise au magistrat, — M. Poussard, mon mari, est un peu souffrant ; permettez-moi de me retirer avec lui. — Et elle fit signe au juge que le général avait la cervelle un peu dérangée.

Le magistrat comprit le geste, ne s'étonna plus de la singulière déposition de l'ex-spadassin, répondit à Louise par un signe d'intelligence, et reprit :

— Madame, avant de vous retirer, veuillez me déclarer si vous ou M. le général, vous êtes parents de M. ou de madame Gilbert ?

— Parents de cet homme diabolique ! — s'écria le baron — nous serions donc parents de Béelzébuth !

— Ni M. le général ni moi — répondit Louise — nous ne sommes parents de M. et de madame Gilbert.

— Les connaissez-vous depuis longtemps ? — reprit le magistrat. — Avez-vous eu avec eux de fréquentes relations ?

— Non, monsieur, j'ai eu l'honneur de voir aujourd'hui M. et madame Gilbert pour la première fois.

— Vous pouvez vous retirer, madame ; ayez seulement la bonté de me laisser votre adresse, elle pourra m'être nécessaire.

— Mon adresse ?

— Oui, madame, il est possible que l'on vous mande comme témoin dans le cas où aurait lieu une instruction criminelle...

Gilbert et Gilberte, bien qu'ils n'entendissent rien au jargon judiciaire, commencèrent à éprouver une vague inquiétude et se rapprochèrent l'un de l'autre en s'interrogeant des yeux.

— Une instruction criminelle ! ah, scélérat, j'aurai justice de toi ! — s'était écrié le général croyant qu'il s'agissait de donner suite à sa plainte contre Gilbert. Et s'adressant au magistrat : — Monsieur, le temps presse... l'heure du dîner approche, et vous comprenez... Si, au moment de me mettre à table, et ainsi que cet homme effrayant m'en a menacé, j'allais avoir la... colique... je...

— Soyez tranquille, monsieur — répondit le magistrat de ce ton que l'on emploie pour calmer les fous. — Veuillez accompagner madame...

— Nous demeurons *hôtel de Bordeaux*, rue Montmartre — reprit Louise en détournant, avec une triste surprise ses regards de Gilbert et de Gilberte, contre qui, selon les paroles du magistrat, pouvait s'élever une instruction criminelle.

— Greffier, écrivez cette adresse — dit le juge à un scribe dont il était accompagné : — *Monsieur et madame Poussard, demeurant hôtel de Bordeaux, rue Montmartre.* — Maintenant, madame — ajouta-t-il en s'adressant à Louise — vous pouvez vous retirer avec M. le général.

La jeune femme se hâta d'emmener son mari, de qui l'esprit déjà très-affaibli menaçait de se détraquer complètement depuis la dernière prédiction de Gilbert. Mais Georges, voyant Louise s'éloigner et connaissant l'inébranlable résolution de son caractère, fit, éperdu de désespoir, quelques pas pour la suivre, mais il fut arrêté par le magistrat qui lui dit :

— Pardon, monsieur... mais avant de sortir d'ici, veuillez me dire votre nom et répondre à quelques-unes de mes questions.

— Hé, monsieur! — reprit impatiemment le poëte en voyant Louise disparaître avec son mari par la porte d'un salon voisin — je me nomme Georges Hubert!

— Ah, monsieur, — dit le magistrat — je suis heureux de l'occasion qui me procure l'avantage de voir l'illustre écrivain... qui...

— Si vous avez, monsieur, quelques questions à m'adresser — reprit le poëte avec un redoublement de douloureuse impatience — je suis à vos ordres...

— Vous n'êtes pas parent de M. et de madame Gilbert?

— Non, monsieur, je les ai vus aujourd'hui pour la première fois.

— Écrivez, greffier, la réponse de M. Georges Hubert — dit le magistrat à son scribe.

— Madame d'Orbeval, à qui précédemment appartenait cet hôtel — reprit le poëte — m'avait prié de venir ici, et de lui renvoyer un coffret, placé dans le réduit secret que voici. — Et du geste il indiqua le panneau de boiserie encore à demi-ouvert : puis il dit à l'intendant de plus en plus atterré de cette scène à laquelle il assistait silencieux :

— Monsieur Guêpier, veuillez prendre et me remettre le coffret que j'ai laissé tomber dans ce couloir...

— Alors, ce couloir doit avoir deux issues? — reprit le magistrat en voyant M. Guêpier se diriger vers la cachette. — Greffier, accompagnez monsieur...

Le scribe suivit l'intendant, tandis que le magistrat s'adressant au poëte :

— Monsieur Georges Hubert, il m'est impossible de laisser sortir ce coffret d'ici, sans m'être assuré de ce qu'il contient; je regrette cette formalité, mais elle est indispensable...

— Je m'y soumettrai donc, monsieur. Voici la clef que madame d'Orbeval m'a remise.

— Ah çà, monsieur le magistrat, — dit Gilbert perdant patience — saurai-je enfin ce que vous venez faire ici? nous sommes les maîtres de la maison..... et fort étonnés de ce qui se passe chez nous, sous nos yeux, sans que vous nous ayez autrement adressé la parole que pour nous demander nos noms?

— Je vais à l'instant, monsieur, procéder à votre interrogatoire — reprit sèchement l'homme de justice — veuillez prendre patience.

— Comment! notre interrogatoire?

— Oui, *votre interrogatoire*, — répondit le magistrat en appuyant sur ces mots, puis laissant les deux époux de plus en plus interdits; et voyant M. Guêpier rentrer, apportant un coffret de marqueterie, le juge d'instruction l'ouvrit, et n'y trouvant qu'un portrait d'homme et un assez grand nombre de liasses de lettres, dit au poëte :

— Ce coffret ne renferme aucunes valeurs ; vous pouvez, monsieur, l'emporter et vous retirer en voulant bien toutefois me laisser votre adresse.

— Mon adresse vous sera fort inutile, car je quitte Paris ce soir même — répondit le poëte avec un accent navré; — je demeure *hôtel Voltaire, quai Voltaire*.

— Il est bien juste que le génie demeure à l'enseigne du génie! — reprit le magistrat du ton le plus gracieux.

— Monsieur, je vous salue — répondit le poëte en emportant le coffret. — Et il sortit comme était sortie Louise, abîmé dans sa douleur et sans jeter un regard sur Gilbert et Gilberte qui restèrent seuls avec M. Guêpier, le magistrat, son scribe et le commissaire de police.

Le juge d'instruction, après un moment de silence, dit à Gilbert :

— Monsieur, il est de notoriété publique que depuis plusieurs mois, vous et madame votre épouse vous vous livrez à des dépenses énormes.

— C'est ma foi vrai, monsieur le juge, nous avons énormément dépensé — répondit Gilbert, non moins que sa femme, étonné de ce début. — Mais ce sont, il me semble, nos affaires, et nos dépenses ne regardent que nous.

— Vos dépenses, monsieur, ont par leur exagération enfin attiré l'attention de l'autorité.

— Vraiment! l'autorité s'est occupée de nous?

— Beaucoup, monsieur, et même beaucoup plus que vous ne le supposez probablement...

— L'autorité nous fait trop d'honneur, mais que nous veut-elle?

Le magistrat jeta sur les jeunes gens un regard pénétrant et répondit lentement en pesant sur chaque mot :

— L'autorité demande, monsieur, que vous fassiez connaître à la justice l'origine de la fortune immense dont vous jouissez..,

Gilbert et Gilberte, ébahis de cette question, à laquelle ils s'attendaient si peu, mais dont ils ne s'inquiétaient nullement d'ailleurs, n'en prévoyant pas la portée, gardèrent cependant le silence, durant quelques secondes, tandis que le magistrat échangeait avec le commissaire de police un regard significatif.

— Ah çà, Minette — reprit Gilbert — y comprends-tu quelque chose? qu'est-ce que ça peut faire à l'autorité de savoir de quelle manière nous sommes devenus riches?

— Que veux-tu? on nous le demande, il faut le dire, c'est bien simple.

— Parbleu ! — Et s'adressant au magistrat : — Ainsi, monsieur, l'autorité veut tout bonnement savoir de quelle manière nous sommes devenus archi-millionnaires ?

— Oui, monsieur.

— Hé bien, monsieur, nous avons fait un héritage... ce n'est pas plus malin que ça — répondit Gilbert d'un ton leste et dégagé. — Aussi, parole d'honneur, je trouve incroyable que l'autorité dérange tant de monde, y compris nous deux Minette, pour venir s'informer d'une chose aussi naturelle.

— Pardi! ça saute aux yeux — ajouta Gilberte. — Comment serions-nous riches si nous n'avions pas hérité?

— Ah! — reprit le magistrat en attachant sur Gilbert et Gilberte son coup d'œil inquisiteur. — Ah!... vous avez hérité?

— Parfaitement hérité.

— Et... de qui? — poursuivit lentement le magistrat. — De qui avez-vous hérité?

— De qui?

— Oui.

— Parbleu! d'un de nos parents.

— Et ce parent, — reprit le magistrat, — comment s'appelait-il?

— Comment il s'appelait?

— Oui, quel était son nom? A quel degré vous était-il parent? où demeurait-il? quelle était sa profession? où est-il décédé?

A ces demandes brèves, précipitées, les deux époux gardèrent de nouveau le silence; jamais depuis leur enrichissement, pareilles questions ne leur avaient été adressées; ils se trouvaient fort embarrassés d'y répondre. Gilberte, rougissant jusqu'au blanc des yeux, regardait avec inquiétude son mari; mais celui-ci, sa première surprise passée, semblait alors intérieurement sourire à une pensée très-drôle, car il continuait de ne pas comprendre la portée de l'interrogatoire du magistrat. Celui-ci, après avoir échangé quelques mots à voix basse avec le commissaire de police, rompit le premier le silence et reprit avec un accent sardonique :

— Il me paraît très-singulier que vous restiez si longtemps à vous rappeler le nom du généreux parent à qui vous devez, dites-vous, votre immense fortune?

— Minette, tu vas rire! — dit tout bas Gilbert à sa femme, et il ajouta tout haut avec un accent comiquement lamentable, en portant le bout de son doigt au coin de son œil comme pour y essuyer une larme absente. — Ah, monsieur le magistrat! c'est l'émotion qui m'étouffait et m'empêchait de répondre. Hélas! je songeais à notre excellent oncle GALUCHARD, qui est malheureusement décédé sur les bords du Mississipi, et nous a légué tous ses biens!

Gilberte toujours joyeuse ou triste, selon les impressions de son mari, et qui comme lui trouvait la plaisanterie fort amusante, put à peine contenir un éclat de rire étouffé, tandis que Gilbert reprenait :

— Donc, monsieur le juge, voici les renseignements demandés : nous avons hérité de notre oncle paternel *Galuchard*; nom de baptême : *Borromée-Mathusalem*; âge : *quatre-vingt-dix-sept ans et neuf jours*; profession : *ancien fabricant de bilboquets en gros pour l'étranger*; domicile et lieu de décès : *les bords du Mississipi*..... et voilà!

— Et voilà! — reprit Gilberte en pouffant de rire. — Brave oncle Galuchard, va!!

L'homme le moins clairvoyant eût à l'instant reconnu que les deux jeunes gens mentaient et se moquaient en se donnant pour les héritiers de ce prétendu *feu Galuchard*; le magistrat, rompu à son métier, ne pouvait être un instant dupe de cette fable grotesque ; aussi échangeant avec le commissaire de police un regard qui semblait dire : — J'en étais sûr! — reprit-il d'une voix sévère et menaçante :

— Il n'y a pas un mot de vrai dans l'histoire absurde que vous me contez!... Prenez garde! car si vous n'établissez pas par des titres, par des pièces parfaitement authentiques et légales, de quelle façon les sommes énormes que vous dissipez follement depuis six mois sont parvenues en votre possession, la justice commencera d'abord par mettre le séquestre sur ces biens dont vous ne pouvez prouver la provenance légitime.

— Le séquestre? — reprit Gilbert en regardant sa femme. — Qu'est-ce que c'est que ça le séquestre... hein, Minette?

— Connais pas, Bibi.

— En d'autres termes — poursuivit le magistrat — l'autorité prendra possession de tous vos biens jusqu'à ce qu'elle soit suffisamment édifiée sur leur origine!

— Vraiment? — s'écria joyeusement Gilbert — l'autorité prendra tous nos biens?

— Oui — reprit le magistrat, fort surpris de la joie du jeune homme. — Oui, l'autorité mettra provisoirement le séquestre sur tout ce que vous possédez.

— Ah, ma pauvre Chérie! entends-tu ce digne homme? Quel service elle nous rend, cette excellente autorité!

— Vois donc, Gilbert, comme ça se rencontre?... nous qui voulions justement, d'après les avis de cette bonne madame Louise, nous débarrasser de ce qui nous reste de ce tas de millions qui nous ont valu tant de dégoûts, qui nous ont montré le monde sous un si vilain jour!

— Mais, c'est à dire que l'on ne peut pas être plus délicieusement aimable que l'autorité; car veux-tu que je t'avoue une chose?

— Quoi donc?

— J'étais décidé comme toi à nous contenter de nos deux mille cinq cents francs de rente, à reprendre gaîment le travail de nos états, et à donner notre fortune à la ville de Paris, afin qu'elle fonde cette maison d'asile pour les vieilles gens de nos métiers; mais enfin, qui sait?... au moment d'abandonner nos millions nous aurions peut-être, malgré les chagrins qu'elle nous a causé, hésité à renoncer à une si grosse fortune?

— Oh! moi, je n'aurais pas hésité un moment!

— Toi? à la bonne heure; car tu as une meilleure tête que la mienne, et encore...

— Oh! sois tranquille, je me connais.

— Soit, mais enfin, si au dernier moment j'avais bien gentiment prié ma Minette adorée de me permettre de garder quatre ou cinq cent mille francs, au lieu de nous borner à notre petite rente..... tu aurais peut-être cédé à ma prière? et nous retombions dans les soucis d'une demi-richesse! Et puis... assez à notre aise pour rester oisifs, nous ne nous serions pas remis à notre cher travail, qui nous plaisait tant et qui va nous plaire davantage encore...

— Tu as peut-être raison, Bibi; après tout, l'autorité vient à nous comme *Mars* en carême, il n'y a plus maintenant à reculer; demandons à M. Guêpier nos cinquante mille francs, afin de nous assurer notre rente et ma foi... bonsoir la compagnie.

— Ah! si la maison dont madame Louise nous a parlé était à louer!

— Quel bonheur, nous nous y établirons dès demain...

— En emportant notre petit ménage d'autrefois.

Le magistrat, en homme expert, laissait Gilbert et Gilberte jaser fort à leur aise sans les interrompre; il savait, depuis longtemps, combien la loquacité des prévenus aide à la besogne des juges instructeurs, tandis que rien n'est plus difficile à pénétrer qu'un accusé sobre de paroles, ou retranché dans un silence imperturbable; donc le magistrat ne souffla mot pendant l'entretien des deux jeunes gens, épiant chaque mouvement de leur physionomie, après quoi il résuma son jugement sur eux par ces mots qu'il dit à l'oreille du commissaire de police:

— Ce sont de rusés coquins!

— D'effrontés filous! reprit le commissaire — le projet d'abandon de leur fortune n'est pas mal inventé?

— Oui, mais je suis un vieux renard qui évente le piège — répondit le magistrat. — Du reste d'après les antécédents déplorables qui forment le dossier de cet honnête ménage, et auxquels nous allons arriver tout à l'heure, l'on ne doit s'étonner de rien. Mais laissons-les parler.

— Ainsi, monsieur — reprit Gilbert en s'adressant au magistrat — il est entendu que si nous ne vous fournissons pas les titres qui prouvent que nous sommes les héritiers de feu Galuchard, notre excellent oncle, l'autorité prendra possession de nos biens?

— Oui, ce sera la première formalité.

— Très-bien, nous y consentons.

— Oh, de grand cœur — ajouta Gilberte — à condition que l'autorité emploiera nos biens à fonder une maison d'asile pour les lithographes et les fleuristes que l'âge et les infirmités empêcheront de travailler...

— Et là-dessus, serviteur, messieurs de l'autorité, bien des choses chez vous! — reprit Gilbert en se disposant, ainsi que sa femme, à sortir du salon. — Nous allons demander cinquante mille francs à M. Guêpier, notre intendant, et lui dire de vous remettre le fond de sa caisse.....

— Bonsoir la compagnie; viens, Bibi, nous allons voir si la petite maison de l'avenue Méricourt est à louer..... Il fait un temps charmant, vois donc ce beau soleil.

— C'est dit, Minette, et cette jolie promenade vaudra bien celles que nous faisions en bâillant dans nos voitures.

Au moment où Gilbert tenant sous son bras le bras de sa Gilberte qui sautillait de joie, se dirigeait vers la porte, le commissaire de police, à un signe du magistrat, se mit debout au seuil du salon, et montrant son écharpe, barra le passage aux deux époux en disant:

— Au nom de la loi, vous ne sortirez pas!

— Comment? — s'écria Gilbert — nous ne sortirons pas? Voilà qui est un peu fort de café! Nous vous abandonnons tout ce que nous possédons, et vous voulez nous retenir ici! Ah çà, nom d'un petit bonhomme! est-ce que vous vous moquez du monde à la fin?

— Ne t'emporte pas, Gilbert, c'est un malentendu... tu vas voir — dit Gilberte — n'est-ce pas, monsieur le juge?

— Il y a, en effet, un malentendu — répondit le magistrat avec ironie — un très-grand malentendu! Vous vous imaginez que tout est terminé par l'abandon forcé de votre fortune? Il n'en va point ainsi! Écoutez-moi bien: de deux choses l'une: ou les sommes énormes dont vous avez dissipé une partie vous appartenaient légitimement, et vous prouverez facilement la légitimité de cette possession; ou bien cette preuve vous sera impossible à produire; en ce cas, la justice dont je suis l'organe, sera autorisée à croire que vous vous êtes rendus maîtres de ces valeurs par des moyens frauduleux, peut-être même criminels, et alors... elle avisera...

— Nous, enrichis par des moyens criminels! — s'écria Gilbert avec stupeur et indignation. — Ah çà, est-ce que vous nous prendriez pour des voleurs, par hasard!

— Nous sommes aussi honnêtes que vous! entendez-vous! — reprit Gilberte non moins indignée que son mari.

— Ah, mais oui! faites prendre des renseignements chez madame *Batton* où j'ai fait mon apprentissage! elle vous dira que vingt fois elle m'a confié des diamants pour des sommes de douze à quinze mille francs! cela prouve peut-être que j'ai de la probité? Allez encore aux renseignements chez M. Maurice, le marchand d'estampes pour qui travaille mon mari, et vous verrez si nous sommes de malhonnêtes gens! C'est indigne! un pareil soupçon!

Et la jeune femme, l'œil brillant, la joue empourprée, le sein bondissant d'une généreuse colère, ne se contenait plus. Ce fut cette fois à son mari de l'apaiser, lui disant:

— Calme-toi, Chérie, tout va s'éclaircir.

— Ah, vous avez l'audace d'invoquer vos antécédents? — reprit le magistrat d'une voix redoutable. — Apprenez donc que la justice, avant de se décider à la grave démarche dont je suis chargé, s'est minutieusement informée

— de vos antécédents, et les renseignements obtenus sur vous deux sont détestables!

— Ce n'est pas vrai! — s'écria Gilberte, qui devenait une lionne lorsque l'on attaquait sa probité et celle de son mari. — Et s'adressant au magistrat : — Vous êtes un vieux menteur!

— Ah! Minette!

— Une vieille bête!

— Mais mon Dieu oui, c'est vrai, Minette chérie! — reprit Gilbert tâchant en vain de calmer sa femme. — Mais ne te mets pas en colère, tu te fais du mal!

— Oser dire que nous avons mené une conduite détestable! si ça ne fait pas bouillir le sang dans les veines..... Tiens, viens... sortons! Je ne me sens pas de colère!

Et la jeune femme se dirigea rapidement vers la porte du salon, suivie de son mari qui l'accompagnait machinalement ; mais la porte fut de nouveau barrée par le commissaire de police qui dit au greffier :

— Allez chercher nos hommes. — Puis s'adressant à Gilberte qu'il saisit par le bras : — Madame, au nom de la loi je vous arrête!

— Nom d'un petit bonhomme! vous osez porter la main sur ma femme, vous! — s'écria Gilbert furieux en prenant au collet le commissaire de police. — Ah! mais pas de ces jeux-là!

Et il repoussa vigoureusement l'homme de justice, qui, abandonnant le bras de Gilberte, alla trébucher à quelques pas de là... tandis que le jeune homme voyant le passage libre disait à sa femme :

— Viens, sauvons-nous!

A ce moment revint le greffier accompagné de plusieurs agents de police; le commissaire les voyant entrer leur cria en leur désignant Gilbert et Gilberte :

— Empêchez-les de sortir, et s'ils bougent mettez-leur les menottes!

XLIII

Gilbert et Gilberte, arrêtés dans leur hôtel et menacés *des menottes*, s'ils tentaient la moindre résistance, restèrent immobiles, effrayés, se serrèrent l'un contre l'autre et commencèrent à vaguement entrevoir la gravité de leur position, surtout lorsque le magistrat eut dit à son scribe :

— Greffier, écrivez l'interrogatoire des prévenus, car maintenant ils sont sous la double prévention : 1° d'outrage et de violences envers des magistrats dans l'exercice de leurs fonctions; 2° de s'être rendus maîtres de valeurs considérables par des moyens illicites.

— Gilbert, mon Gilbert — dit la jeune femme effrayée — qu'est-ce que l'on va nous faire?

— Ne crains rien, Chérie, nous n'avons rien absolument à nous reprocher, sinon que tu as appelé le juge vieux menteur et vieille bête et que j'ai bousculé le commissaire : en cela nous avons eu tort! mais je vais arranger la chose. — Puis s'adressant au magistrat : — Monsieur le juge...

— Vous parlerez lorsque je vous interrogerai — reprit sévèrement le magistrat en interrompant le jeune homme ; — et prenez garde d'empirer votre situation déjà si grave... Maintenant — ajouta-t-il en compulsant un dossier apporté par lui — accusé, répondez, et vous, greffier, écrivez les réponses des prévenus. Accusé Gilbert, vous demeuriez il y a six mois avec votre femme rue de l'Université, n° 17?

— Oui, monsieur le juge.

— Vous travailliez pour le compte de M. Maurice, marchand d'estampes, boulevard Saint-Denis?

— Oui, monsieur.

— Après avoir vécu des fruits de votre travail, et mené, ainsi que votre femme, une conduite assez régulière, lassé sans doute de la médiocrité de votre condition laborieuse, vous avez soudain changé d'existence, votre vie est devenue extraordinairement mystérieuse, suspecte et problématique...

— Problématique! tu entends, ma pauvre Minette...

— Accusé, taisez-vous... Il est notoire que vous avez passé, ainsi que l'accusée, plusieurs nuits hors de votre logis?

— C'est vrai, monsieur, mais...

— Vous reconnaissez le fait? Il demeure acquis à l'instruction; vous vous expliquerez plus tard, et d'ailleurs nous y reviendrons. Ce n'est pas tout : vous avez cherché par de coupables usurpations de titres nobiliaires à abuser de la crédulité de différentes personnes.

— Moi, monsieur le juge? — reprit Gilbert avec stupeur. — J'ai cherché à abuser quelqu'un?

— Oui, entre autres la portière de la maison où vous demeuriez : ainsi tantôt prétendant être un prince polonais déguisé, vous faisiez passer votre femme pour la fille d'un riche seigneur anglais ; ce sont là de ces mensonges qui dénotent toujours de très-mauvais desseins... On commence par éblouir ses dupes pour mieux les tromper.

— Mais, monsieur le juge, c'est une plaisanterie! Figurez-vous que la mère Badureau, ne pouvant rien comprendre à ce qu'elle voyait chez nous, s'est imaginé que j'étais un prince polonais déguisé, et ma femme la fille d'un milord anglais, alors... (histoire de rire, nous étions toujours très-gais dans ce temps-là...) nous avons laissé la mère Badureau dans son erreur!

— Greffier — reprit le magistrat — vous avez écrit la réponse du prévenu?

— Oui, monsieur.

— Accusé Gilbert, vous venez de faire un aveu des plus graves, vous avez dit : *que la portière de votre maison* NE COMPRENAIT RIEN A CE QU'ELLE VOYAIT CHEZ VOUS!

— Sans doute, monsieur le juge — reprit Gilberte — c'est bien simple ; mon mari et moi nous...

— Prévenue, vous n'avez pas la parole, vous répondrez quand je vous interrogerai. Accusé Gilbert, il est donc acquis à l'instruction que depuis l'époque où vous avez commencé à passer, ainsi que votre femme, plusieurs nuits hors de votre demeure (nous arriverons tout à l'heure à ces excursions ténébreuses), votre domicile était le théâtre de faits si flagramment contradictoires avec la médiocrité de votre condition habituelle, que votre portière a cru voir en vous un prince polonais déguisé, et que pour la perpétration de vos projets ultérieurs, vous avez astucieusement entretenu ladite portière dans son erreur...

— Oui, monsieur... toujours l'histoire de rire... mais...

— Le fait est acquis, vous l'expliquerez plus tard. Ce n'est pas tout ! Après vous être audacieusement posé comme l'un des membres de la plus haute aristocratie polonaise... après avoir passé plusieurs nuits hors de votre domicile, tout à coup vous changez de rôle... vous n'êtes plus un prince polonais déguisé ! votre femme n'est plus la fille d'un seigneur anglais...

— Allons ! bon ! et qu'est-ce que nous devenons alors ?

— Vous usurpez le nom d'un prestidigitateur honorable, votre femme devient encore complice de cette nouvelle machination ; vous vous donnez effrontément pour M. et madame Bosco !

— Ma parole d'honneur, si cette pauvre Minette n'était pas si triste, ce serait à crever de rire !... Mais c'est encore la mère Badureau qui...

— Accusé, taisez-vous et écoutez ; vous voici donc, vous et votre femme, ayant usurpé le nom de M. et madame *Bosco* ; la combinaison était profondément habile et l'illusion possible, car il est prouvé que vous êtes d'une rare habileté dans les tours de prestidigitation et les scènes de ventriloquie !

— Moi ! — s'écria Gilbert exaspéré. — Que le diable m'emporte si j'ai jamais joué du gobelet ou été ventriloque !

— Accusé, prenez garde ! les dépositions de la portière de votre dernière demeure sont formelles, sont accablantes à ce sujet.

— Parbleu ! je le crois bien ! elle m'a vu changer une commode en chameau !

— Et une autre fois — ajouta Gilberte — restant invisibles pour la mère Badureau, nous lui avons parlé...

— Mais tout cela — reprit Gilbert — ne prouve pas que...

— Encore des aveux ! toujours des aveux ! — reprit le magistrat d'un air triomphant. Et interrompant Gilbert : — Malgré vous, la vérité sort de vos lèvres coupables ; d'un côté, vous niez être versés tous deux dans l'art de la ventriloquie et de la prestidigitation, et de l'autre voici que vous avouez avoir parlé à ladite portière en vous rendant invisibles à ses yeux, et avoir changé une commode en chameau. N'est-il pas évident que de pareils tours d'adresse ne peuvent être exécutés que par des praticiens consommés dans l'art que vous prétendez ignorer !

— Mais, monsieur le juge...

— Le fait est acquis, vous l'expliquerez plus tard. Je vous ferai seulement remarquer qu'il ressort de ceci une présomption des plus graves : il est avéré par tous les renseignements pris au nom de la justice, que jamais vous n'avez laissé soupçonner aux personnes qui vous ont employés, vous accusé et vous accusée, aux travaux de vos états de lithographe et de fleuriste, que vous étiez si profondément habiles dans la ventriloquie et la prestidigitation.

— Parbleu ! je le crois bien, puisque ma femme et moi, je vous le répète, monsieur le juge, nous n'avons été ni joueurs de gobelets ni...

— Allons, vous retombez encore dans vos contradictions mensongères et flagrantes... Prenez garde !

— Mais nom d'un petit bonhomme ! c'est à devenir chèvre... Quand je vous dis que...

— Accusé, taisez-vous !

— Oui, tais-toi, Gilbert ; tout à l'heure nous dirons la vérité, tout s'expliquera, et l'on nous laissera nous en aller.

— Les faits s'enchaînent et se déroulent parfaitement — reprit le magistrat ; — votre existence est d'abord pleine de mystères, vous vous donnez pour ce que vous n'êtes point, et vous cachez ce que vous êtes, avec une incroyable dissimulation ; témoin vos négations contradictoires au sujet de votre habileté comme joueur de gobelets et ventriloque ; j'arrive à l'un des points capitaux de la prévention qui pèse sur vous... je veux parler de vos excursions nocturnes : il est acquis à l'instruction que vous avez passé, vous et votre femme, plusieurs jours et plusieurs nuits hors de votre domicile.

— Oui, monsieur le juge, et c'est tout clair... car...

— Ce n'est point du tout clair, ces excursions nocturnes sont au contraire des plus ténébreuses ! vous les avez entourées d'un si profond mystère, de tant d'habiles précautions, que vous êtes parvenus à sortir de chez vous et à y rentrer, soit de jour, soit de nuit, à l'insu de la portière, à l'extrême vigilance de qui les locataires rendent cependant un hommage éclatant et unanime.

— Je me joins à eux pour chanter en chœur la vigilance de la mère Badureau, c'est un véritable cerbère, un argus, mais...

— Et ce cerbère, cet argus, ne vous aurait pas vu rentrer ou sortir de chez vous ? toujours vous retombez dans un abîme de contradictions ! Revenons au fait : pour entrer ou sortir à l'insu de la portière, par quelle voie passiez-vous ?

— Par aucune, monsieur le juge... car...

— Quelle réponse ! vous ne passiez par aucune voie ? hé bien, je vais vous le dire, moi, par où vous passiez !

— Ah par exemple ! je voudrais bien le savoir ?

— Vous allez être satisfait : après de longues investigations, après un examen attentif des localités, en s'entourant d'hommes compétents, la justice, d'induction en induction, a acquis la certitude, qu'au risque de vous tuer cent fois, vous sortiez, vous et votre femme, par la fenêtre de votre mansarde... et que marchant sur la pente du toit avec une incroyable adresse...

— Ah ! très-bien ! — s'écria Gilbert en haussant les épaules — tu vas voir tout à l'heure, ma pauvre Minette, que nous aurons été *couvreurs !*...

— Pourquoi pas danseurs de corde sans balancier ? — reprit Gilberte. — Dame, pour marcher sur les toits sans se casser le cou... il faut avoir pratiqué cet état-là.

— Évidemment une pareille adresse à marcher si périlleusement sur les toits sans tomber, ne peut s'acquérir que par une longue pratique — reprit le magistrat. — Cette réflexion a frappé la justice... vos antécédents sont déjà si ténébreux, si suspects, que l'instruction éclaircira sans doute cet autre mystère.

— Mais, monsieur le juge, ce mystère nous allons d'un mot vous l'expliquer...

— Vous parlerez en temps et lieu : toujours est-il, qu'après être sortis par la fenêtre de votre mansarde et avoir marché sur la pente rapide de la toiture, vous deviez arriver à un étroit chéneau de plomb, autre passage des plus dangereux, sur lequel s'ouvrait la lucarne d'un grenier dépendant d'une maison voisine dont vous parveniez ainsi à gagner l'escalier. Cette maison ayant deux issues et plusieurs corps de logis, il vous était facile, sans être remarqués, d'en sortir ou d'y entrer lors de vos excursions nocturnes ; ainsi s'explique parfaitement le mystère dont elles sont enveloppées, et cette explication est la seule possible.

— Mais, monsieur le juge, ça n'a pas le sens commun ! — s'écria Gilbert avec un redoublement d'impatience — on est allé chercher de midi à quatorze heures pour la chose la plus simple du monde...

— Oh ! tout vous paraît fort simple, nous verrons tout à l'heure si cela est aussi simple que vous le prétendez.

— Vous en conviendrez vous-même, monsieur le juge, lorsque vous saurez la vérité — reprit Gilberte ; — vous serez étonné d'avoir pu un instant nous croire coupables de vilaines choses ! nous ! mon Dieu ! qui n'avons fait ni tort, ni mal à personne !

— Accusée Gilberte, n'espérez pas m'abuser par votre air naïf ! je connais mon monde ; taisez-vous ! Ainsi pour moi, il est avéré que, durant ces excursions nocturnes entourées de tant de précautions, de mystères, de dangers, puisque plusieurs fois vous avez risqué votre vie en marchant sur les toits, vous perpétriez les machinations à l'aide desquelles vous êtes parvenus à vous rendre possesseurs de valeurs énormes. En effet, coïncidence frappante ! après la dernière de ces excursions ténébreuses... vous quittez soudain votre modeste logis, vous achetez cet hôtel, et vous vous livrez à de si folles prodigalités que la justice finit par s'en émouvoir ; cependant elle n'agit qu'avec une extrême réserve : avant de faire planer sur vous une prévention des plus graves, elle recherche vos antécédents ; ces antécédents sont des plus fâcheux, et vous n'avez pu nier la majorité des charges accablantes qui en ressortent contre vous ; de ce moment, la justice est fondée à véhémentement soupçonner que cette immense fortune dépensée par vous avec une sorte de frénésie, ne vous appartient pas légitimement. Selon le bruit public, un énorme héritage vous a subitement enrichis ; c'est ce qu'il s'agit d'éclaircir, d'approfondir, cette mission m'est confiée. Je vous interroge sur l'origine de vos richesses ; alors, poussant la raillerie jusqu'au cynisme le plus révoltant, vous me répondez que ces biens immenses vous ont été légués par je ne sais quel oncle Galuchard, fabricant de bilboquets et mort au Mississipi ! Ah ! prenez garde ! accusés, prenez garde ! vous feignez de méconnaître votre situation ! elle est écrasante pour vous ! car si vous ne justifiez pas légalement, authentiquement, de l'origine de vos grands biens, non-seulement la justice mettra le séquestre sur eux, mais vous demandera un compte sévère des machinations frauduleuses, criminelles peut-être, à l'aide desquelles vous avez acquis ces richesses ! vous serez immédiatement conduits en prison, une instruction criminelle sera dirigée contre vous sans préjudice de l'action correctionnelle, à l'endroit de vos injures et de vos violences contre des magistrats dans l'exercice de leurs fonctions. Maintenant, accusé Gilbert, répondez : persistez-vous à déclarer que vos richesses vous ont été transmises par héritage ?

— Non, monsieur !

— Ah... enfin ! — s'écria le magistrat triomphant — vous l'avouez donc ?

— Oui, monsieur le juge : j'avouerai même que Minette et moi nous avons eu tort de faire une mauvaise plaisanterie en vous parlant de feu notre oncle Galuchard...

— Ce repentir est tardif... mais il n'est jamais trop tard pour dire la vérité ; alors expliquez-moi comment ces valeurs énormes, qui se comptent par millions, se trouvent entre vos mains ?

— Je vais vous l'apprendre, monsieur le juge...

— Et vous verrez, comme vous le disait mon mari, que rien n'est plus simple. Jamais de notre vie, nous n'avons menti, et nous ne commencerons pas aujourd'hui ; quand Gilbert vous aura dit toute la vérité, monsieur le juge, vous serez le premier à reconnaître que nous sommes d'honnêtes gens, et alors vous me pardonnerez, n'est-ce pas, de vous avoir manqué de respect quand vous nous avez accusés d'avoir eu une mauvaise conduite? A ce reproche, je me suis emportée contre vous, monsieur le juge; j'ai eu tort, grand tort, car vous êtes un homme d'âge... Enfin, écoutez Gilbert, je ne vous demande que cela... et quand vous l'aurez entendu, je suis sûre que vous serez bon et indulgent pour nous, n'est-ce pas?

— Quelle rusée coquine avec son petit air *sainte-n'y-touche!* — dit tout bas le commissaire au magistrat. — C'est qu'on serait capable de se laisser prendre à sa voix doucereuse!

— Ce sont de grands coupables, si je ne me trompe — répondit le magistrat... — Ils ont un front d'airain! Ils feignent de se trouver fort à leur aise. Voyons un peu comment ils espèrent se tirer d'affaire?

XLIV

Gilbert et Gilberte se voyaient déjà libres; il ne s'agissait pour eux que d'expliquer l'origine de leurs richesses. Le jeune homme, s'adressant donc au magistrat d'un air parfaitement sincère et rassuré.

— Voici donc, monsieur le juge, de quelle manière nous sommes devenus millionnaires. Il y a environ six mois, un dimanche, en nous promenant, ma femme et moi, sur le boulevard Saint-Denis, nous avons acheté, à l'étalage d'un marchand ambulant, une petite bonne femme coueur de rose et grosse comme le pouce. C'est à elle que nous devons nos richesses...

A ce début le magistrat, d'abord stupéfait, bondit sur son siége et s'écria :

— Quelle audace! comment! vous osez continuer vos cyniques et révoltantes plaisanteries?

— Mais, monsieur le juge, — reprit Gilberte — mon mari vous dit la pure vérité... à preuve que la petite bonne femme nous a coûté cent sous ou cent dix sous, je ne me le rappelle pas au juste... Enfin, c'est un Auvergnat qui nous l'a vendue... il en voulait douze francs et...

— Taisez-vous! — s'écria le magistrat de plus en plus persuadé, non sans raison d'ailleurs, que les accusés se moquaient de lui. — Comment! vous me dites que vous aliez m'expliquer clairement l'origine de votre fortune, et vous venez me parler d'une petite bonne femme qui vous a coûté cent sous!

— Certainement! fit Gilbert — puisque c'est cette petite bonne femme qui, je vous le répète, nous a donné nos millions!

— Quoi! — reprit le magistrat abasourdi et ne pouvant croire à ce qu'il entendait. — Quoi! c'est là l'explication que vous me donnez?... mais vous voulez donc me mettre hors de moi!

— Ah! çà, monsieur le juge, entendons-nous! vous me demandez la vérité, je vous la dis et elle vous met hors de vous... ce n'est pas pourtant pas ma faute à moi!

— Je vous jure que Gilbert vous dit la vérité, monsieur le juge! Cette petite bonne femme était une *Korrigan*, une fée... qui satisfaisait à tous nos désirs et nous donnait autant de millions que nous en voulions...

— Les entendez-vous! — s'écria le magistrat de plus en plus courroucé en s'adressant au commissaire. — Voilà maintenant qu'ils me répondent par des contes de *la Mère l'Oie!* par des contes de fées!

— Dame... monsieur le juge, puisqu'une fée est venue à nous! cela nous a d'abord autant surpris que cela vous surprend, mais ce que nous vous disons n'en est pas moins la vérité.

— Ainsi, accusés, vous persistez dans cette fable absurde? vous refusez d'expliquer comment vous vous trouvez possesseurs d'une fortune considérable?

— Mais au contraire! — s'écria Gilbert. — Nous vous l'expliquons, puisque c'est la *Korrigan* qui nous l'a donnée, cette fortune!

— Voyons jusqu'à quel point ira votre audace — reprit le magistrat avec une indignation contenue — poursuivez...

— Après avoir acheté la petite bonne femme qui semblait être fabriquée en une sorte de porcelaine, nous l'emportons et en arrivant chez nous, nous la plaçons sur notre cheminée...

— Mais voilà-t-il pas qu'elle s'anime, qu'elle saute, qu'elle parle, et puis elle se change en lumière, s'évanouit et il ne reste d'elle que sa voix qui nous dit, à mon mari et à moi : « — Mes amis, je suis retenue dans ce « monde-ci depuis deux mille ans et plus! demandez-moi « tout ce que vous voudrez, je vous l'accorderai jusqu'à « ce que vous vous trouviez assez satisfaits de votre sort « pour me dire : *Va-t'en, Korrigan.* Alors seulement le « charme qui me retient en ce monde-ci sera rompu et je « pourrai aller rejoindre mes sœurs. »

— C'est absolument comme si vous entendiez la Korrigan, monsieur le juge! aussi vous comprenez que n'ayant qu'à ordonner à la petite fée, nous lui avons demandé toutes sortes de choses, par exemple d'ÊTRE le marquis et la marquise de Montlaur...

— Et nous l'avons été, *nous sommes entrés dans leur vie*, je suis devenue marquise et Gilbert marquis; cela vous paraît peut-être extraordinaire, monsieur le juge, c'est pourtant vrai.

— Mais bientôt dégoûtés des grandeurs, nous avons voulu tâter de la gloire, et grâce à la *Korrigan* J'AI ÉTÉ Georges Hubert, qui était ici tout à l'heure, et ma femme a été la baronne Poussard avant son mariage avec le général à qui, par mon ordre, la Korrigan a donné la colique toutes les fois qu'il a voulu se battre en duel. Vous avez entendu ce vieux spadassin me la reprocher, sa colique, monsieur le juge? je ne le lui ai pas fait dire ! cela doit vous prouver évidemment que nous vous racontons la vérité.

— Voilà comment nous sommes restés plusieurs jours et plusieurs nuits absents de chez nous, monsieur le juge, car lorsque *nous étions* le marquis et la marquise de Montlaur ou que *nous étions* Georges Hubert et Louise, mon mari et moi, nous ne pouvions être à la fois *eux-mêmes* et nous-mêmes, et nous trouver à la fois chez eux et chez nous.

— Aussi la mère Badureau s'est-elle imaginé d'abord que j'étais un prince polonais déguisé parce que je lui avais fait cadeau de deux mille francs ; et plus tard, que nous étions M. et madame Bosco, à cause de nos disparitions qu'elle ne pouvait s'expliquer ; sans compter quelques petits prodiges que, pour notre amusement particulier, j'ordonnais à la Korrigan d'accomplir afin d'étonner la portière ; entre autres, la transformation d'une commode en chameau, lequel n'était point du tout une illusion de chameau, mais bel et bien un chameau, en chair et en os, aussi véritable que vous êtes, monsieur le juge, et sans comparaison, un véritable et respectable magistrat en chair et en os!

— Enfin, las de gloire comme nous avions été las des grandeurs, Gilbert et moi, nous avons tout bonnement demandé à la Korrigan dix millions qu'elle nous a donnés ; puis par bon cœur, nous avons renvoyé notre chère petite fée rejoindre ses sœurs...

— Et c'est ce qui reste de ces dix millions, monsieur le juge, que nous voulions consacrer à une maison d'asile pour les ouvriers de nos états, ne nous réservant que deux mille cinq cents livres de rente...

— Parce que, de même que nous nous sommes lassés des grandeurs et de la gloire, Gilbert et moi, nous sommes las d'être millionnaires, car le bonheur n'est pas là pour nous! oh non, allez, monsieur le juge. Voilà la vérité, toute la vérité. Nous abandonnons de bon cœur nos millions pour en faire profiter tant de pauvres vieilles gens de nos états : notre seule ambition est maintenant de vivre bien tranquillement, bien heureusement, de notre travail et de notre petite rente! Cela vous prouve, monsieur le juge, que nous sommes de braves gens, et vous nous pardonnez, n'est-ce pas, d'avoir eu le tort de nous emporter, lorsque, avant de nous connaître, vous nous traitiez comme de malhonnêtes gens !

Le magistrat et le commissaire avaient à grand'peine écouté patiemment, et on le conçoit, ces naïves explications, échangeant entre eux des regards où se lisaient tour à tour la surprise, la colère et le mépris que leur inspiraient et cette fable à leurs yeux si incroyablement extravagante, et l'impudence des deux époux qui débitaient cet amas d'impossibilités avec une assurance imperturbable. Aussi, lorsqu'ils eurent achevé leur récit, le magistrat reprit d'un air sardonique :

— Accusés, vous n'avez rien ajouter?
— Non, monsieur le juge.
— Signez votre interrogatoire.
— Oui, monsieur le juge.

Et ils allèrent apposer leurs noms, *Gilbert* et *Gilberte* au bas du griffonnage du scribe.

— Ça va bien — dit tout bas le jeune homme à sa femme. — L'on va nous relâcher, ma pauvre Minette.

— Dieu merci, Bibi! Vois-tu, l'on gagne toujours à dire la vérité.

— Maintenant, monsieur le commissaire — reprit le magistrat — faites entrer l'intendant,

Le commissaire amena l'intendant, jusqu'alors enfermé dans une pièce voisine.

M. Guêpier entra pâle et interdit : le magistrat s'adressant à lui :

— Monsieur, vous étiez l'intendant de M. Gilbert?
— Oui, monsieur.
— Pouvez-vous donner à la justice quelque éclaircissement sur l'origine de la fortune de vos maîtres?

— Monsieur le Lithographe m'a dit que cette fortune provenait d'un héritage ; la chose m'a paru si naturelle que je ne me suis pas permis à ce sujet le moindre doute.

— À quelle somme se montaient les valeurs remises par les accusés entre vos mains, lorsque vous êtes entré à leur service?

— A dix millions, sans compter douze cent mille francs employés à l'achat de cet hôtel et à diverses dépenses.

— Combien vous reste-t-il en caisse?

— *Sept millions soixante-neuf mille francs* placés en bons du Trésor, en rente cinq pour cent, en actions de la Banque de France, et *trente-deux mille sept cent francs* en espèces pour les dépenses courantes.

— Où se trouvent ces valeurs?

— Dans ma caisse, monsieur, gardée par les deux agents que vous avez, en arrivant, mis de planton à la porte de mon cabinet.

— Monsieur le commissaire de police — dit à ce fonctionnaire le magistrat — vous allez accompagner M. l'intendant, mettre sous cachet ces valeurs et ces espèces nous transporterons le tout à la caisse des Dépôts et consignations ; vous apposerez ensuite les scellés sur les portes des appartements et des dépendances de cet hôtel, et ils y resteront jusqu'à ce que l'administration ait envoyé ici des gardiens chargés du séquestre.

— Allons, monsieur, dit le commissaire à M. Guêpier — veuillez me conduire à votre caisse...

— Un instant! — dit vivement Gilbert qui ne pouvait encore croire à son arrestation et à celle de sa femme — nous voulons nous réserver cinquante mille francs pour l'achat de notre petite rente! N'oubliez pas cela, monsieur Guêpier, nom d'un petit bonhomme !

Le magistrat haussa les épaules et dit au commissaire

— Vous avez mes instructions, je n'ai pas besoin d'ajouter que pas un centime ne doit être distrait de la somme que vous trouverez dans la caisse de l'intendant.

— C'est entendu — reprit le commissaire, et s'adressant à M. Guêpier : — Allons, monsieur.

— Ah, mes pauvres maîtres ! — dit l'intendant en suivant le commissaire — mes pauvres maîtres !

— Comment, monsieur le juge, — reprit Gilbert — n'aurons-nous pas du moins nos cinquante mille francs pour acheter notre petite rente ?

— Ah ! ce n'est pas gentil — ajouta Gilberte — puisque nous abandonnons tout le reste.

Le magistrat se tournant vers les agents de police :

— Allez à la place la plus voisine chercher un fiacre, deux d'entre vous y monteront avec les accusés et vous suivrez ma voiture jusqu'au dépôt de la Préfecture de police.

L'un des agents sortit, tandis que les deux époux se regardaient avec stupeur et effroi ; ils avaient dit la vérité, si incroyable qu'elle fût, sur l'origine de leurs richesses. Ils comptaient sur la clémence du magistrat pour pardonner à un moment d'emportement et ils se voyaient sur le point d'être conduits en prison ; Gilbert s'écria :

— Mais, monsieur le juge... nous sommes innocents ! nous vous avons expliqué comment la Korrigan...

— Assez ! — reprit le magistrat en interrompant Gilbert avec dédain — vous et votre complice, vous simulez fort habilement, il est vrai, la folie.

— La folie !

— Mais je vous en préviens, cette ruse vulgairement employée par grand nombre de criminels, est éventée ; ne voulant pas expliquer la coupable origine de votre fortune, vous feignez d'être atteints d'aliénation mentale, en parlant de vos prétendus rapports surnaturels avec une fée... et autres absurdités révoltantes ; je vous le répète, cette ruse est percée à jour, l'instruction éclaircira le mystère dont vous vous entourez, et découvrira par quels moyens ces énormes valeurs se trouvent en votre possession ! Vous les devez sans aucun doute au vol... peut-être au meurtre !!

— Nous, des voleurs !

— Nous... des assassins ! — s'écrièrent à la fois les deux époux pétrifiés d'épouvante et comprenant alors tout le danger de leur position ; ils ne pouvaient expliquer la possession de leurs richesses que d'une façon incroyable, inadmissible et qui justifiait pleinement les préventions du magistrat à leur égard et les terribles soupçons qu'il faisait planer sur eux ; aussi, dans leur candide ignorance des choses de la justice, confondant l'*accusation*, le *jugement* et la *condamnation*, Gilbert et Gilberte se sentant incapables de prouver leur innocence, se voyaient déjà frappés de la peine ignominieuse infligée à celui qui vole ! peut-être même frappés du supplice infligé à celui qui tue ! puisqu'on les accusait de devoir leur fortune au vol, peut-être même au meurtre ! Se jetant alors dans les bras l'un de l'autre, ils s'écrièrent en pleurant :

— On va nous mettre aux galères !

— On va nous envoyer à la guillotine !

M. Guêpier revenait en ce moment accompagné du commissaire de police, porteur de plusieurs grandes enveloppes cachetées, contenant les différentes valeurs en titres et en billets de banque trouvés dans la caisse de l'intendant, enveloppes qu'il remit au magistrat, tandis que l'agent de police chargé d'aller chercher une voiture revenait en disant à l'homme de justice :

— Monsieur... le fiacre est en bas.

— Suivez-moi — dit le magistrat aux deux époux. — N'essayez pas de résister, car je serais forcé de vous faire mettre les menottes.

Les malheureux ne songeaient pas à résister ; ils n'espéraient plus même attendrir leur juge ; ils comprenaient enfin que leurs relations surnaturelles avec la Korrigan, dont ils avaient fini par ne plus s'étonner, devaient paraître aux yeux de tous une fable absurde, inventée par des coupables aux abois. Non, ils ne pensaient qu'à une chose, horrible pour eux dans leur commun malheur, à leur séparation possible !

Gilberte, pâle, le visage baigné de pleurs, tomba brisée aux pieds du magistrat, tendit vers lui ses mains suppliantes et lui dit d'une voix entrecoupée de sanglots :

— Monsieur le juge... nous vous avons dit la vérité...., vous ne nous croyez pas... vous ne pouvez pas nous croire... nous le savons bien... vous ferez de nous ce que vous voudrez ; mais par pitié... oh ! par pitié, ne nous séparez pas !

— Depuis notre mariage, nous ne nous sommes jamais quittés — ajouta Gilbert non moins éploré que sa femme.

— Nous séparer... mon Dieu ! ce serait nous faire mourir tout de suite...

— Vous irez, vous, dans la prison des hommes — répondit le magistrat en haussant les épaules — et votre femme dans la prison des femmes : c'est la règle. Allons... marchons. — Et se tournant vers le commissaire : — Monsieur, faites mettre ici les scellés partout, dressez un inventaire, dont M. l'intendant sera responsable... Et vous, accusés... suivez-moi...

— Monsieur le juge ! — s'écria Gilbert en sanglotant — je vous le jure devant Dieu ! nous n'avons fait de tort à personne ! nous sommes innocents !... nous sommes innocents !

— Korrigan... — murmura Gilberte dans le délire du désespoir — bonne petite fée... nous vous avons, par bonté de cœur, renvoyée près de vos sœurs... si vous nous voyez... si vous nous entendez des autres mondes où vous êtes... ayez pitié de nous ! sauvez-nous, Korrigan !

— Korrigan ! — s'écria le jeune homme partageant le

dernier espoir de sa femme — Korrigan ! ayez pitié de nous !

La Korrigan ne répondit pas ; elle avait pour jamais abandonné les deux jeunes gens... mais en invoquant la fée dans ce moment suprême, Gilberte sentit se réveiller en elle la foi à perpétuité de la vie, âme et corps, foi qu'elle devait, ainsi que Gilbert, à la Korrigan ; aussitôt les traits de la jeune femme se transfigurèrent, ses pleurs se tarirent, ses yeux brillèrent, son front rayonna, et enlaçant son mari dans ses bras, elle s'écria, frappée d'une idée subite :

— Mais nous sommes fous de nous désoler ! Viens ! — ajouta-t-elle en lui montrant une des fenêtres du salon, située au premier étage et alors ouverte — viens... allons-nous-en de cet affreux monde-ci !...

— Oh ! nous sommes sauvés ! — reprit Gilbert partageant la foi et le désespoir de sa femme. — Oui, mourons ensemble ! allons revivre ailleurs !

Et les deux époux, dédaigneux de la mort, pleins de croyance dans la résurrection des corps et des âmes, perpétuellement renaissants dans les mondes inconnus, où, selon la mâle et sublime croyance de nos pères, les méchants deviennent meilleurs, et les bons meilleurs encore ; de sorte que, dans les migrations incessantes, l'impérissable humanité s'élève ainsi de sphère en sphère jusqu'à une perfection infinie comme celle de Dieu ! Les deux époux allaient donc s'élancer par la fenêtre, afin de quitter ce monde-ci, lorsqu'ils furent saisis par les agents de police, qui les séparèrent, puis, suivant les pas des magistrats, ces hommes, tenant chacun par une main Gilbert et Gilberte, les entraînèrent hors du salon.

Les deux jeunes gens radieux, car ils conservaient l'espérance de mourir bientôt, le front serein, le sourire aux lèvres, traversèrent d'un pas tranquille et ferme leurs somptueux appartements.

— Chéri — disait Gilberte à son mari — lorsque ce soir minuit sonnera dans ta prison, va t'en de ton côté... je m'en irai du mien... et un moment après, nous nous retrouverons ensemble, et ensemble nous partirons pour ce merveilleux voyage à travers des mondes nouveaux, curieux et charmants, où nous irons revivre !

— C'est dit ! Chérie — répondait joyeusement Gilbert. — A minuit sonnant, nous déménagerons tous deux gaîment de cet affreux monde-ci, où grandeurs, gloire et richesse, ne vous laissent au cœur que satiété, amertume ou dégoût !

— Ainsi, à minuit, mon Gilbert !

— A minuit, ma Gilberte (1) !

— Les avez-vous entendus, monsieur ? reprit à demi-voix le commissaire de police s'adressant au magistrat, pendant que l'on faisait monter Gilbert et Gilberte dans le fiacre qui leur était destiné. — Ils parlent de se tuer ? Il paraît que décidément il y a du sang dans leur affaire... ils espèrent échapper, par le suicide, au supplice qu'ils méritent sans doute...

— Leur espoir sera trompé — répondit le magistrat. — Les ordres seront donnés en conséquence, ils seront mis en cellule, et on leur enlèvera tout moyen d'attenter à leur vie ; la justice aura son cours, et l'instruction dévoilera sans doute quelque sanglant mystère ! Les renseignements pris sur eux, leur folie feinte, leurs projets de suicide, ne prouvent que trop que c'est par un crime qu'ils se sont rendus maîtres de l'énorme fortune qu'ils dissipaient follement.

Gilbert et Gilberte, conduits par les agents de police, avaient descendu les degrés du vaste perron de l'hôtel, au milieu de nombreux domestiques, consternés de l'arrestation de leurs maîtres qu'ils adoraient ; les femmes de Gilberte sanglotaient ainsi que Germain, le premier maître d'hôtel ; d'autres serviteurs témoignaient de leurs regrets par de sourdes menaces contre les agents de police, et cinq ou six grands diables d'Anglais, taillés en hercules, et chargés du pansage des chevaux sous les ordres du piqueur Tompson, proposaient en mauvais français à leurs camarades d'aller prendre des fourches à l'écurie, et de délivrer leurs maîtres par la force ; mais le nombre des sergents de ville imposa aux gens de l'hôtel, et empêcha toute manifestation hostile : les deux jeunes gens s'aperçurent avec bonheur du touchant intérêt qu'ils inspiraient à leurs serviteurs, et la jeune femme, au moment où le fiacre allait se mettre en marche, avançant hors de la portière sa figure souriante et charmante, dit aux gens groupés sur le perron :

— Adieu, mes amis ! nous vous avons rendu aussi heureux que nous l'avons pu ! nous en sommes récompensés en voyant votre chagrin de nous quitter... Adieu... souvenez-vous de mon mari, *Gilbert le Lithographe*, qui avait si bon cœur...

— Et surtout, rassurez-vous, mes amis, ne nous plaignez pas — ajouta Gilbert en avançant sa tête auprès de celle de sa femme. — Nous allons, Minette et moi, partir ce soir pour un charmant voyage... Adieu, mes amis... souvenez-vous de ma femme, *Gilberte la Fleuriste*, qui avait si bon cœur.

— En route ! — dit l'un des hommes de police d'une grosse voix enrouée au cocher de fiacre où se trouvaient

---

(1) Nous croyons plus que jamais nécessaire de peser chacune de nos paroles ; quelle que soit notre opinion sur la question si controversée du SUICIDE, acte parfaitement innocent de nos jours au point de vue *légal*, puisque l'on ne fait plus de procès aux cadavres, nous n'entendons point faire ici l'apologie du suicide ; nous supposons nos héros pénétrés d'une foi sublime qui, pendant des siècles, fut celle des Gaulois, nos pères, croyance dont le caractère primordial était un souverain mépris de la vie. — *Les Gaulois ne connaissent pas le mal de la mort : ils sont persuadés que l'on ne meurt pas*, — dit CÉSAR dans ses *Commentaires* sur la guerre des Gaules. (DE BELL. GALL. XVIII, paragr. 2.)

14

les deux époux, en compagnie d'un autre agent placé sur le devant de la voiture. — En route! ils sont emballés...

Tu charges pour le dépôt de la Conciergerie, mon vieux !

Le fiacre se mit en marche, tandis que les domestiques, rassemblés sur le perron de l'hôtel et presque tous pleurant, disaient d'une voix attendrie :

— Adieu, madame la Fleuriste! adieu, monsieur le Lithographe!... Ah! jamais! jamais! nous ne retrouverons de si bons maîtres !

XLV.

Auguste Meunier et sa femme (ces deux envieux enrichis par Gilbert et par Gilberte) occupaient dans le haut de la rue Saint-Lazare une petite maison de l'aspect le plus sombre; cette demeure, adossée à un grand mur noirâtre, s'élevait au fond d'une cour, où l'on entrait par une porte cochère flanquée de deux pavillons surbaissés. L'un avait autrefois servi de logement à un concierge, l'autre d'écurie ; mais Meunier ne possédait ni chevaux ni concierge. Nos deux envieux étaient devenus d'une avarice sordide, poussés par l'âpre et insatiable désir d'augmenter leur fortune déjà considérable, dans l'espoir de la voir un jour, peut-être, atteindre le chiffre de celle de leurs anciens amis.

Auguste et Juliette, afin d'assouvir leur dévorante soif de l'or, enduraient stoïquement les plus dures privations ; Juliette suffisait aux soins du ménage, allant acheter tous les deux ou trois jours un pain, quelque peu de charcuterie, et remplir d'eau une cruche à la borne-fontaine voisine; rapetassant ses vieilles hardes et celles de son mari, tenant ses écritures, et introduisant ses clients, annoncés par le bruit d'une sonnette communiquant de la porte cochère au rez-de-chaussée de la maison, seulement élevée d'un étage.

La clientelle de Meunier était assez nombreuse ; en apparence, il faisait, comme on dit, l'escompte, mais en réalité, il se livrait à une usure effrénée, afin d'augmenter sans cesse ses capitaux. Mis en rapport par ses anciennes relations avec un grand nombre de marchands, connaissant parfaitement la place de Paris, selon l'expression consacrée, il ne prêtait qu'à bon escient son argent, et à un intérêt exorbitant, spéculant particulièrement sur les terribles exigences de ces fin de mois, l'angoisse mensuelle des petits commerçants.

Ce n'était pas tout; Meunier, de connivence avec d'autres entremetteurs placés dans un certain monde, prêtait de l'argent à des fils de famille, non pas à la légère, mais avec une circonspection extrême, et jamais sans des garanties de solvabilité tellement certaines qu'il n'avait point encore bu de bouillon, ainsi qu'il disait dans son pittoresque langage. Il se tenait d'ailleurs très-habilement en garde à l'endroit des conséquences judiciaires que pouvaient avoir ses spéculations sévèrement qualifiées dans le Code pénal, et grâce aux combinaisons familières à ses pareils, il savait parfaitement se sauvegarder de toutes poursuites pour délit d'usure.

Les deux avares se trouvaient en possession de leur maison qu'ils occupaient seuls, ensuite d'une expropriation amenée par le non-paiement d'un prêt hypothécaire fait par eux ; ils avaient d'abord hésité à rester possesseurs d'un immeuble d'un prix assez considérable, au point de vue de leur avarice ; mais cette petite maison isolée, située au fond d'une cour, entourée de hautes murailles, et dans laquelle l'on ne pouvait pénétrer que par une porte cochère toujours soigneusement fermée et munie d'un guichet à travers lequel Juliette, d'un œil soupçonneux, examinait les clients avant de les introduire, cette petite maison avait paru aux deux époux réunir assez d'avantages pour qu'ils se décidassent à la conserver. Le rez-de-chaussée suffisait et au delà au logement des deux époux : ils laissaient le premier étage inhabité. L'escalier qui y conduisait avait été muré pour plus de sûreté.

Rien ne peut donc donner une idée de la tristesse de cette demeure solitaire, dominée de tous côtés par les murs des maisons voisines, sorte de sépulcre où le soleil ne jetait ses rayons qu'en été ; mais en hiver, et cette saison était venue, la noire humidité du brouillard ou le blanc linceul de la neige couvraient incessamment les pavés de la cour.

Il faisait nuit depuis peu de temps : Meunier et sa femme, retirés dans la chambre où ils couchaient, achevaient de dîner à la clarté d'une maigre chandelle. Malgré l'excessive rigueur du froid, l'on ne voyait pas une étincelle de feu dans la cheminée de cette vaste pièce, sombre et délabrée : la tenture de papier, décolorée par la vétusté, décollée çà et là par l'humidité, pendait en lambeaux à certains endroits; un lit de fer, sans rideaux, garni d'une paillasse, d'un mince matelas, de draps sales, et de l'une de ces grossières couvertures grises que l'on voit dans les casernes et les prisons, occupait le fond de la chambre ; à côté de cette couche sordide, une table de nuit boiteuse servait de dépôt à la panoplie de Meunier, composée d'une paire de pistolets à deux coups, chargés et amorcés, d'un poignard et d'un fléau ou casse-tête. L'opportunité de cet arsenal s'expliquait par la présence d'une énorme caisse de sûreté, recouverte et doublée de fer, le meuble le plus apparent de cette chambre. Des nippes d'homme et de femme, qu'un chiffonnier eût hésité à ramasser, étaient appendues dans un coin à des porte-manteaux, et au-dessous ; sur le plancher, s'étalaient plusieurs paires de vieilles chaussures, racornies, éculées, crottées. Les fenêtres, sans rideaux comme le lit, et extérieurement défendues par d'épais barreaux de fer, étaient intérieurement garnies de volets renforcés de lames de tôle et percées de deux étroites meurtrières, à travers lesquelles Meunier pouvait faire feu en cas de tentative d'effraction. Le carrelage du sol, jadis rouge, mais alors d'une couleur terreuse, craquelé en vingt endroits, suintait l'humidité glaciale de cette demeure, humidité si intense que la flamme jaunâtre de la chandelle placée sur sur la table à manger vacillait au milieu d'une sorte de brumeuse auréole ; sur cette table graisseuse, on voyait une bouteille à demi remplie d'eau, deux assiettes fêlées, la moitié d'un pain de six livres, durci comme du biscuit de mer, puis formant *milieu*, un plat de faïence ébréché, contenant des bribes de charcuterie rance, dont l'exhalaison rendait plus nauséabonde encore l'odeur aigre et fétide, répandue dans l'appartement.

Les deux avares, placés en face l'un de l'autre, recoquillés sur eux-mêmes, tremblaient de froid ; quoique Meunier eût endossé par-dessus ses vêtements un carrik jaunâtre, dont le collet relevé dépassait de beaucoup ses oreilles cachées par un bonnet de soie noire, et que Juliette, en guise de capuchon, eût mis sur sa tête un vieux châle de tartan crasseux et déteint, tous deux avaient le nez écarlate et les mains violettes. L'incurie de leur personne répugnait doublement, car ils étaient jeunes, et la figure de madame Meunier ne manquait pas de régularité ; mais l'ardente cupidité qui dévorait cette femme et son mari, les dures privations qu'ils s'imposaient, donnaient à leurs traits soucieux et amaigris une expression de sécheresse et de dureté repoussante. Les deux avares continuaient ainsi un entretien commencé :

— Nous, riches comme eux de dix millions ! — disait Juliette avec incrédulité — c'est impossible !

— C'est très-possible au contraire! chère bonne, comptons un peu et tu vas voir : nous possédons, n'est-ce pas, à l'heure qu'il est, deux millions ? je ne parle pas même des intérêts que nous leur avons fait *suer* depuis que j'escompte des valeurs ; donc, mettons deux millions chiffre rond ?

— Très-bien !

— Tu sais comme moi qu'une somme, grâce à ses intérêts capitalisés à cinq pour cent, est doublée en dix ans ?

— Ensuite !

— Donc nos deux millions étant placés à cinq pour cent et capitalisés, nous posséderons dans dix ans quatre millions au lieu de deux ! mais comme je prête en moyenne à quinze, à dix-huit pour cent, en tablant au plus bas la capitalisation de ces intérêts à quinze pour cent, c'est donc cinq millions que nous posséderons dans dix ans, lesquels cinq millions, capitalisés pendant dix autres années (en ne portant même le taux de leur intérêt qu'à cinq pour cent), nous constitueront une fortune de *dix millions*.

— C'est pourtant vrai ! Ainsi j'ai vingt-cinq ans, tu en as vingt-six, et avant l'âge de quarante-cinq à cinquante ans, nous serons riches de dix millions !

— Oui, ma bonne ; et pour peu que nous vivions jusqu'à soixante-dix ans, ce qui n'aurait rien d'étonnant, vu la vie sobre et rangée que nous menons... juge un peu à quel chiffre énorme peut monter notre fortune !

— Auguste, en songeant à cela, j'ai une espèce d'éblouissement ! dix millions ! quinze millions peut-être !

— Ah ! dame ! voilà ce que c'est que l'ordre et l'économie !

Ce disant, Meunier ne se trouvant sans doute qu'à demi rassasié, souffla dans ses doigts bleuâtres engourdis par le froid, prit sur la table un couteau rouillé afin de couper un morceau de pain, vers lequel il allongea la main ; mais Juliette, sortant soudain de dessous son châle son bras osseux, étendit sur le pain ses maigres doigts aux ongles cerclés de noir, et dit à son mari d'une voix impérieuse et brève :

— Assez mangé ! nos six livres doivent nous durer jusqu'après demain...

— C'est vrai — répondit Meunier en hochant la tête et ramassant machinalement quelques miettes éparses autour de lui — quelle femme *d'ordre* tu es !

Puis, tâchant de rire afin d'oublier sa faim, il reprit :

— Tu veilles sur le pain comme le dragon des Hespérides sur son trésor ! Cela me rappelle ce dîner au Café de Paris... jour fortuné où nous avons hérité de notre premier million !... cela me rappelle, dis-je, ce dîner au Café de Paris où tu veillais avec une si sévère sollicitude sur notre bouteille afin que je n'en boive pas plus que la moitié... Hé ! hé ! hé !... t'en souviens-tu ? C'est là où nous avons rencontré pour la première fois ce *fameux* Gilbert qui, Dieu merci... en ce moment...

— Couchons-nous et éteignons notre chandelle qui brûle pour rien ! — reprit Juliettte en se levant et interrompant son mari — nous aurons plus chaud dans notre lit... et on cause aussi bien sans y voir clair qu'à la lumière...

— Ah ! chère bonne ! je ne saurais trop te le répéter, t'en glorifier, tu es la femme d'ordre par excellence ! tu as raison, couchons-nous et causons dans l'obscurité

Meunier, après avoir inspecté les fermetures de la chambre, s'être assuré que ses pistolets étaient armés, commença de se déshabiller, tandis que sa digne compagne plaçait soigneusement dans l'un des tiroirs de la commode, servant de garde-manger, les bribes de charcuterie rance et le restant de pain, afin de soustraire ces comestibles à la voracité des rats dont cette vieille maison était infestée; puis à peine Auguste fut-il au lit que Juliette souffla prestement la chandelle en disant :

— Oh ! moi, je me déshabille parfaitement bien sans y voir clair !

— Tu as raison, pas de gaspillage — reprit Auguste. —

Et l'entretien des deux époux continua ainsi dans les ténèbres :

— A propos de ce *fameux* Gilbert et de sa non moins *fameuse* Gilberte, leur procès dont parlent tous les journaux ne finit donc pas? on tarde bien à les juger, nos chers *amis!* — reprit Juliette avec un accent haineux. — Te souviens-tu de ce souper qu'ils nous ont donné pour pendre la crémaillère de leur magnifique hôtel?

— Si je m'en souviens? certes, et je m'en souviens avec délices, puisque sans l'atroce humiliation que ce luxe insolent nous a causée, nous ne serions pas, j'en suis certain, dans cette voie de prodigieux enrichissement où nous sommes aujourd'hui! car enfin, avoue-le, chère bonne! avant notre héritage, quand nous avions mille écus d'appointements, nous vivions comme de véritables prodiges en comparaison de notre vie actuelle; mais l'envie de devenir un jour peut-être aussi riches que ce fameux Gilbert qui nous écrasait de sa magnificence, nous a providentiellement donné le goût de l'ordre et de l'économie!

— Oh! mes pressentiments ne me trompaient pas, va, Auguste! lorsqu'après ce premier souper où ils nous avaient invités pour nous vexer, je t'ai dit la rage dans le cœur : — « Patience, patience! ils se donnent des airs de grands « seigneurs, mais tôt ou tard il ne leur restera que les yeux « pour pleurer! rira bien qui rira le dernier. »

— C'est vrai, tu m'as dit cela, et en effet nous rions les derniers!

— Et nous rirons bien davantage quand ils seront envoyés aux galères comme des voleurs qu'ils sont, puisque ces millions dont ils étaient si fiers, ils les ont volés... Mais pourquoi donc tarde-t-on autant à les juger?

— Mon huissier, qui lit les journaux, m'a dit que l'instruction se poursuivait toujours, mais que l'on n'avait pas encore trouvé assez de charges contre eux pour les mettre en jugement.

— Il faut que la justice soit fièrement bonasse alors! — reprit aigrement Juliette. — Comment! ces malheureux-là, au moment de leur arrestation, ont manifesté l'intention de se suicider la nuit suivante; et cela ne suffirait pas à prouver combien ils sont coupables?

— Heureusement, ils ont été veillés de si près, chacun dans sa prison, qu'ils n'ont pu accomplir leur dessein...

— Il n'en est pas moins vrai que leur projet de suicide montre qu'ils ont quelque crime à se reprocher; aussi j'en reviens là : Comment la justice est-elle assez bonasse pour ne pas trouver de preuves contre eux?

— Elle en trouvera sans doute, chère bonne; espérons-le : oh! je donnerais quelque chose pour assister à leur jugement! à leur ignominie! à eux qui se sont plu à nous humilier par leur luxe au milieu duquel ils affectaient un sans-gêne aussi insolent que s'ils avaient été habitués à cette existence princière, tandis que nous autres, dans les premiers temps de notre fortune inattendue, nous en étions quasiment honteux!

— Oh, je suis comme toi, Auguste : je donnerai quelque chose pour jouir de leur honte, pour les voir sous mes pieds!

— Les impudents! quand on pense que lorsque nous nous sommes brouillés avec eux, parce que chaque fois que nous allions les voir leur opulence nous souffletait, ils ont eu le front de nous dire : « Tenez, ne cherchez pas « de prétextes : parlez franchement; avouez que vous en-« viez notre richesse, qu'elle est pour vous un crève-« cœur et que telle est la cause de votre rupture avec « nous! » — Ha, ha, ha! elle est belle maintenant ta richesse, *fameux* Gilbert!

— Ha, ha, ha! — reprit Juliette avec un rire sardonique et méchant — elles sont fraîches, les jolies toilettes que tu fais dans ta prison, *fameuse* Gilberte, toi qui étais toujours mise comme une duchesse!

— Ha, ha, ha! vous avez, à l'heure qu'il est, des premiers et des seconds maîtres d'hôtel qui vous servent des *chaud-froids* de caneton, n'est-ce pas?

— Et dans le préau de votre prison, vous vous promenez sans doute en voiture à quatre chevaux, conduits par votre premier cocher anglais! Ha, ha, ha!

Pendant quelques secondes, le rire strident et aigu des deux envieux, triomphants de haine, troubla seul le silence des ténèbres : soudain, à ces rires cruels se joignit le bruit de la sonnette qui de la porte cochère communiquait au rez-de-chaussée; dix heures à ce moment tintaient à une horloge lointaine.

— Qui peut venir maintenant? — dit Juliette. — Jamais nous ne recevons personne le soir.

— Eh bien, celui qui se trouve à notre porte y restera! du diable si je me lève pour aller lui ouvrir! Sonne... mon gaillard, sonne!

— Sonne... sonne! En vérité je t'admire avec ton sang-froid — répondit aigrement Juliette — et si l'on casse la sonnette? Ah, mon Dieu! on va la casser! — ajouta-t-elle avec crainte. — Entends-tu cet infernal carillon!... On va tout briser... un instant, moi je ne veux pas d'un pareil dégât... Je vais mettre fin à cela.

— Quelle femme d'ordre! — dit Auguste en sentant sa femme s'élancer hors de son lit. — Mais tu vas t'enrhumer en traversant la cour... il neige, laisse-moi aller à ta place!

— Mon Dieu! mon Dieu! on va tout casser! encore des réparations! comme si ce n'était pas assez de celles de la toiture, à peine finies d'avant-hier... — s'écria Juliette avec angoisse, en marchant dans l'obscurité pieds nus et cherchant à tâtons des allumettes pour allumer sa chandelle, tandis que le carillon, redoublant d'activité, devenait de plus en plus menaçant pour l'existence de la sonnette.

— Mais je te répète que tu vas t'enrhumer, chère bonne! je vais me lever.

— Ah, je les tiens ! — s'écria Juliette — mais en vain elle frotta sur la table l'extrémité phosphorescente des allumettes, les cinq premières ne prirent pas feu. — Cinq allumettes de perdues! — murmurait l'avaricieuse avec dépit — il fait si humide ici... mais du feu est bien autrement coûteux que la perte de quelques allumettes... Enfin! — ajouta-t-elle en voyant l'étincelle jaillir cette fois. Et elle alluma la chandelle ; puis s'accroupissant à terre, elle ramassa soigneusement les cinq allumettes qu'elle posa sur la table en disant à son mari : — Tu les effileras par le bout ; elles te serviront de cure-dents... toi qui en demandes toujours, tu pourras cette fois t'en régaler !

— Quelle femme d'ordre, et qu'elle est prévenante! — s'écria Meunier.— Aussi dans l'élan de son admiration fit-il de nouveau un mouvement pour sortir du lit en disant : — Non, chère bonne! je ne veux pas que tu sortes, tu peux avoir froid, tomber malade...

— Et si tu tombes malade, toi? — répondit Juliette en passant à la hâte un jupon sale et chaussant de savates ses pieds nus. — Oui, si tu es malade, qui est-ce qui fera l'escompte? — Puis jetant un cri d'effroi en entendant le carillon redoubler de violence : — Ah ! de ce coup-ci, la sonnette ne résistera pas !...

Ces craintes furent trompées, mais la sonnerie continua violente, précipitée. Juliette, s'enveloppant alors à la hâte d'un manteau rapiécé, souleva d'une main virile les crochets de fer qui assujettissaient la porte au dedans, tandis que Meunier lui criait :

— Et surtout n'ouvre pas, vois et parle seulement à travers le judas... Mais quoi ! tu sors sans lumière, tu risques de te heurter à l'échelle que ces maudits couvreurs ont laissée dans la cour?

— J'y prendrai garde... je n'ai pas besoin de lumière, le vent ferait couler la chandelle ou l'éteindrait, et il faudrait encore perdre des allumettes pour la rallumer — reprit Juliette; — sois tranquille, je connais les êtres...

— A la bonne heure! mais défie-toi de cette diable d'échelle ! — cria Meunier à Juliette qui sortit précipitamment. — Ah, quelle femme! quelle femme! — répéta-t-il en se fourrant sous sa couverture, afin d'échapper à la bise glaciale et pénétrante qui sifflait à travers la porte laissée ouverte par sa compagne. — Sortir sans lumière de crainte de voir couler sa chandelle et utiliser des allumettes *ratées* en faisant avec elles des cure-dents !... Ah ! je l'avoue humblement, auprès de Juliette, je ne suis qu'un dissipateur ! — Puis prêtant l'oreille : — Dieu merci, notre sonnette est sauvée... cet infernal carillon a cessé... Mais qui peut venir ainsi sonner à cette heure!

Bientôt madame Meunier rentra en toute hâte ; elle était hideuse à voir : d'épais flocons de neige couvraient le vieux tartan dont elle avait à demi enveloppé sa tête, et qui laissait apercevoir quelques mèches de cheveux tombant sur son visage bleui par le froid ; les traits empreints d'une détestable joie, cette mégère, en rentrant dans la chambre, s'écria d'une voix haletante :

— Auguste... Auguste... c'est le *fameux* Gilbert !

— Que dis-tu? — s'écria Meunier se dressant sur son séant — Gilbert?

— Je l'ai vu par le judas à la lueur de la lanterne de la rue... il a l'air d'un mendiant ! il est en guenilles! il crève de faim !... Quel bonheur !

— Mais il s'est donc échappé de prison? il faut le faire arrêter !... Que vient-il faire ici ?

« — Madame Meunier, ouvrez-moi par pitié ! je m'a-« dresse à vous au nom de notre ancienne amitié, je « meurs de faim, de fatigue et de froid, » — m'a-t-il dit. — Moi je lui ai répondu :

— Attendez là... je vais aller parler à mon mari ; hein, Auguste, est-il assez aplati, assez écrasé, ce fameux Gilbert? Il faut le recevoir pour le mettre sous nos pieds! allons-nous nous venger !

— Le laisser entrer ! y penses-tu? il vient peut-être pour nous voler? — reprit Meunier en jetant un coup d'œil sur ses pistolets chargés. — Il se sera pour sûr évadé de prison ! ! !

— Raison de plus ! faisons-le entrer chez nous et pendant que, ne se défiant de rien, il causera avec toi, j'irai chercher la garde.

— Tiens, c'est une bonne idée !

— Mais auparavant, nous aurons eu le bonheur de le mettre sous nos pieds, cet insolent qui nous a tant humiliés!

— C'est dommage que ça ne soit pas plus beau ici... pour le vexer davantage.

— Et ça donc ? — reprit Juliette en indiquant du geste la caisse de fer renfermant leur trésor — est-ce que ça ne vaut pas les plus beaux meubles?.. Oh, il faudra ouvrir notre caisse devant lui pour que le cœur lui en saigne !

— Attends... je me lève aussi — reprit Auguste en endossant à la hâte quelques vêtements. — Gilbert, malgré son air de mendiant, peut avoir fait cacher aux environs quelques bandits, qui, une fois la porte ouverte, entreraient de force avec lui, afin de nous voler et de nous assassiner; je vais prendre mes pistolets sous mon carrik.

— C'est inutile va! il a l'air abattu, abîmé de chagrin et de misère... il pleurait en me disant : « C'est au nom de « notre ancienne amitié que je viens à vous. »

— Il n'importe! pas d'imprudence, soyons sur nos gardes !

— Et surtout, dès qu'il sera entré, ayons l'air d'oublier notre brouillerie passée pour le mettre en confiance...

— Oui, car sans cela, il ne nous raconterait pas ses chagrins.

— Et quand il nous aura tout dit, nous l'écraserons

sous notre mépris; et puis, vois-tu! s'il s'est échappé de prison, il nous l'avouera, ne se défiant pas de nous, alors nous le ferons arrêter... J'aurai l'air de sortir pour quelque chose, et je courrai au poste voisin chercher la garde!

— C'est ça... accueillons-le d'abord en ami, afin qu'il nous fasse ses confidences et qu'il se *déboutonne.*

— Notre chandelle s'usera pendant cet entretien-là, mais nous pouvons, vu les circonstances, nous permettre ce luxe-là... et nous donner la comédie du fameux Gilbert devenu mendiant! seulement quel dommage que sa coquine de femme manque à la fête!

— Que veux-tu, chère bonne! il faut se contenter de ce que le ciel nous envoie. Allons, viens! — reprit Meunier qui, pendant cette conversation, s'était ainsi que Juliette, complètement vêtu. — Nous poserons la chandelle par terre derrière la porte de la maison, sa lueur suffira pour guider jusqu'ici le fameux Gilbert.

Ce disant, les deux avares sortirent de la chambre, Juliette portant le luminaire qu'elle abritait avec sa main, et Auguste tenant sous son carrik ses deux pistolets armés. Au dehors la nuit était profonde, la bise glaciale; a neige, tombant à gros flocons, formait une couche épaisse et cachait les pavés de la petite cour; Juliette laissa son flambeau près du seuil de la maison et suivit son mari. Celui-ci, s'approchant du judas pratiqué dans l'épaisse porte cochère, vit à la lueur de la lanterne voisine, Gilbert abrité dans le renfoncement de la voussure de la porte. Meunier, prenant alors un ton apitoyé, dit à travers le guichet :

— Comment c'est vous... mon pauvre Gilbert?

— Meunier, par pitié! ouvrez-moi! — répondit d'une voix navrée ce malheureux de qui les dents claquaient de froid. — Vous êtes ma dernière espérance!

— Je vais vous ouvrir, mon bon ami, mais cette maison est isolée... nous craignons les rôdeurs de nuit, ne voyez-vous personne dans la rue!

— Non — répondit Gilbert en grelottant sous ses haillons — vous pouvez vous assurer par vous-même qu'il n'y a personne dans la rue.

Meunier suivit ce conseil, et, la main sur la détente de l'un des pistolets qu'il tenait cachés sous son carrik, il entre-bâilla suffisamment la porte, jeta au dehors un regard rapide, après quoi, s'effaçant, il dit à Gilbert :

— Venez vite, mon pauvre ami, et prenez garde à l'échelle qui est là-bas près de la maison!

Gilbert entra, et le lourd battant de la porte cochère se referma pesamment.

XLVI

Gilbert, suivant les pas de ses *amis*, arriva dans leur chambre, dont l'aspect sordide ne le frappa pas tout d'abord. L'époux de Gilberte semblait arrivé au dernier terme de la douleur et de la misère; coiffé d'une vieille casquette couverte de neige, vêtu d'une blouse presqu'en lambeaux, d'un pantalon souillé de boue tombant à peine à sa cheville et laissant voir ses pieds demi-nus, violacés de froid, à demi enveloppés de chiffons débordant des chaussures éculées, rattachées avec des ficelles; le visage livide, la barbe longue et drue, ses cheveux collés aux tempes par l'humidité de la neige fondue, les traits empreints d'un sinistre désespoir, ce malheureux eût apitoyé les cœurs les plus durs; aussi les deux *envieux* échangèrent-ils un sourire de haine triomphante en se montrant du regard cet homme qui, par son luxe princier, avait autrefois si cruellement excité leur envie.

Meunier, déposant avec précaution ses pistolets chargés sur sa table de nuit, auprès de laquelle il se tint assis, car il se sentait peu rassuré par l'aspect effrayant de Gilbert, lui dit au moment où celui-ci tombait anéanti sur une chaise :

— Hé bien! mon pauvre ami, vous avez donc décidément quitté votre magnifique hôtel?

— Et cette jolie madame Gilberte, — ajouta Juliette, — comment se porte-t-elle? j'espère quelle est toujours charmante, élégante et pimpante?

Les deux envieux, malgré leur résolution de cacher d'abord leurs méchants ressentiments, les trahissaient involontairement; mais de leurs paroles envenimées, une seule parvint au cœur de Gilbert... ce fut le nom de sa femme... A ce nom, il poussa un cri déchirant, cacha sa figure entre ses mains et fondit en larmes.

Il se fit un silence de quelques instants...

Auguste et Juliette eurent ainsi le temps de réfléchir à la façon imprudente dont ils venaient d'ouvrir l'entretien, et de reconnaître que dès leurs premiers mots ils avaient failli dévoiler la secrète pensée de leur vilaine âme, risquant ainsi de refouler les confidences de leur hôte au lieu de les attirer par une feinte compassion. Meunier, adressant donc un signe d'intelligence à sa femme, prit la main de Gilbert et lui dit d'une voix qu'il tenta de rendre affectueuse :

— Courage, mon pauvre ami, courage... nous avons eu nos torts, vous avez eu les vôtres... mais aujourd'hui tout est oublié, parole d'honneur!

— Certainement — reprit Juliette — nous ne nous souvenons maintenant que des premiers jours de notre amitié.

— Voyons, cher ami, contez-nous vos peines.

— Ne nous cachez rien. Oh! il faut nous dire tout, absolument tout... après quoi Auguste et moi nous aviserons aux moyens de vous être utiles si nous le pouvons, mon bon monsieur Gilbert!

Rien de plus prompt à l'attendrissement et à la confiance qu'une âme désolée. Aussi l'infortuné, relevant son visage baigné de larmes, répondit avec effusion :

— Ah! mes amis, je ne m'étais pas trompé en comptant sur votre ancienne amitié pour nous... Puis s'interrompant avec un sanglot : — Mon Dieu, mon Dieu ! je dis toujours *nous*, comme si ma petite Gilberte était là, près de moi comme autrefois... mais non, non, elle n'y est plus! murmura-t-il d'une voix déchirante — elle n'y est plus!

— Et où est-elle donc ? — demandèrent à la fois les deux envieux — qu'est-elle donc devenue ?

— Hélas! je n'en sais rien! — Et les sanglots de Gilbert le suffoquaient. — J'ignore où elle est à présent... Paris est si grand, où la chercher? où la retrouver? Un moment j'avais espéré qu'ayant la même pensée que moi, elle serait aussi venue à vous; mais je m'étais trompé, vous ne l'avez pas vue?

— Hélas, non! — répondit Juliette. — Pauvre madame Gilberte..... à son âge et si gentille, seule ainsi dans ce grand Paris, éloignée de vous qui ne la quittiez jamais ! que peut-il lui être arrivé?..... Rien que de penser à cela, on se forge toutes sortes d'idées noires et funèbres... c'est effrayant!

— Oh, oui, c'est effrayant! reprit Gilbert en frissonnant. Et il s'écria d'un air presque égaré : — Ne me parlez pas de cela! je ne veux pas qu'on me parle de cela....; c'est trop affreux! — Puis se reprenant, il ajouta d'un ton suppliant : — Si, si, parlons de cela, mes *amis* ! parlons de ma femme!... Pardon! ayez pitié de moi!... je suis comme un fou... Ah! misère de moi! Et il porta ses poings crispés à ses tempes. — Misère de moi!... c'est trop souffrir!

Auguste et Juliette savouraient cette douleur désespérée, buvaient ces larmes amères, mais leur soif de vengeance s'en irritait encore...

— Calmez-vous, mon bon Gilbert — reprit Meunier — voyons, contez-nous vos peines..... Nous savons, il est vrai, la plus grande de toutes, probablement. Votre séparation d'avec votre femme... mais ce n'est pas tout; que vous est-il donc arrivé depuis cette fête à laquelle nous avons assisté dans votre magnifique hôtel?

— Vous savez, monsieur Gilbert, cette superbe fête?..... Votre chère petite femme portait ce soir-là une éblouissante parure de rubis et diamants..... et une robe de..... mais, pardon — ajouta Juliette — nous étions convenus de ne pas parler de votre aimable compagne, afin de ne pas augmenter vos chagrins! C'est qu'aussi elle était, lors de cette fête-là, si charmante, si rayonnante, votre jolie Gilberte... que le souvenir m'en est toujours resté...

Le malheureux, chaque fois qu'on lui parlait de sa femme, tressaillait aussi douloureusement qu'un homme blessé de qui l'on titillerait la plaie vive avec un fer brûlant; cependant surmontant cette douleur atroce et rassemblant ses forces épuisées, il répondit d'une voix oppressée :

— Vous ignorez, je le vois, que Gilberte et moi nous avons été arrêtés...

— Ah, mon Dieu! arrêtés! et pourquoi cela?

— L'on nous a demandé l'origine de notre fortune, nous avons répondu la vérité; elle était, je l'avoue, si invraisemblable, que l'on ne nous a pas crus... l'on ne pouvait pas nous croire... conduits en prison, chacun dans une cellule séparée... nous étions convenus, ma femme et moi, de nous tuer ce soir-là... au premier coup de minuit.

— Vous tuer !... mais c'est horrible! et pourquoi vous tuer?

— Pour aller... *ailleurs*.

— Que voulez-vous dire, mon cher ami? expliquez-vous?

— C'est inutile, vous ne me comprendriez pas! Notre projet, dont malheureusement nous ne nous étions pas cachés, n'a pu être exécuté ; en arrivant dans ma cellule, l'on m'a mis la camisole de force, minuit a sonné... l'heure était passée... On traitait dans sa cellule... ma femme de la même façon que moi. Le rendez-vous que nous nous étions donné pour nous en aller ensemble de cet odieux monde-ci, étant manqué, nous n'avons pu convenir d'un autre départ, puisqu'à dater de ce jour jusqu'à celui où nous avons été remis en liberté, Gilberte a toujours été renfermée à *Saint-Lazare*, moi *à la Force*; aucune communication verbale ou écrite n'était possible entre nous, et l'on nous interrogeait séparément afin que nous ne pussions pas concerter nos réponses...

— Ainsi vous avez été relâchés de prison?

— Oui, mes amis, après plusieurs mois passés au milieu des bandits; on nous avait accusés de devoir notre fortune au vol, peut-être même au meurtre!! mais après de nombreux interrogatoires et les recherches les plus minutieuses sur notre compte, on a été forcé de reconnaître que nous n'avions ni volé, ni tué, nous avons été remis en liberté.

— Mais vos biens?

— Tout est encore provisoirement resté sous le séquestre; l'on n'a pu trouver, il est vrai, aucun fait à notre charge ; mais la justice demeure persuadée que nos biens appartiennent à d'autres qu'à nous, et elle les garde afin de pouvoir les rendre un jour à ceux qu'elle suppose en être les maîtres légitimes!

— Du moins — reprit Meunier — la justice vous a laissé une fortune..... suffisante pour vivre! vous et votre femme?

— Non, l'on ne nous a rien laissé, absolument rien! — répondit Gilbert avec accablement. — Voilà pourquoi, malgré notre rupture, mes amis, et après beaucoup d'hésitations, je me suis résolu de venir à vous...

— Comment, monsieur Gilbert, — dit Juliette avec un feint accent d'amitié blessée. — vous avez hésité à venir à nous?

— Oh! c'est mal — ajouta Meunier — c'est très-mal!...

— Je l'avoue, j'ai eu tort de douter de votre amitié, car

après tout..... et peut-être encore mon reproche n'était-il pas fondé..... si autrefois vous avez envié notre magnificence, hélas! aujourd'hui ce sentiment doit faire place à la compassion... mais j'y songe — ajouta Gilbert en commençant à remarquer le misérable aspect de cette demeure, et jetant autour de lui un regard surpris — peut-être, mon Dieu! avez-vous aussi été frappés dans votre fortune?

— Oh! rassurez-vous! — se hâtèrent de répondre à la fois les deux époux. — Vous n'avez pas à nous plaindre! au contraire!

— Tant mieux, mes amis, j'avais craint... que...

— Que nous soyons ruinés, parce que nous sommes pauvrement logés? non, non, rappelez-vous ce que nous vous disions autrefois, Juliette et moi : — « Nous n'avons « aucun goût pour le luxe, nous sommes des gens d'ordre... « nous autres! »

— Deux mots, mes amis, pour vous expliquer le service que je viens vous demander.

— Parlez, mon cher ami.

— L'instruction n'ayant pu trouver la moindre charge contre nous, on fut obligé de nous remettre en liberté; ma première question fut de demander au geôlier de la Force dans quelle prison se trouvait ma femme, il me répondit qu'elle était sans doute à Saint-Lazare. Je cours à Saint-Lazare, et là j'apprends que Gilberte avait, dans la matinée, quitté cette maison en compagnie d'une vieille femme, libérée comme elle, et qui s'était chargée, me dit-on, de la conduire à l'endroit où j'étais détenu... Je reviens en hâte à la Force, ma femme n'avait pas paru. Cependant, je l'y attends assez longtemps, puis lassé de l'attendre, je m'imagine qu'elle me cherche dans les autres prisons, où je me rends en hâte, espérant l'y rencontrer aux environs de l'une ou de l'autre! Vain espoir! Enfin, de guerre lasse, à la tombée de la nuit, je reviens à la Force! Hélas! deux heures auparavant Gilberte s'y était présentée; mais instruite de mon départ, elle avait fondu en larmes en s'éloignant.. Jugez, mes amis, de mon désespoir !

— Ah! nous en jugeons... nous le comprenons, nous l'apprécions, il devait être atroce! atroce!!!

— Que faire? que résoudre? où, et comment retrouver ma femme au milieu de l'immensité de Paris!

— Que d'horribles angoisses vous avez dû éprouver..... hein?

— Vous deviez être cent fois plus malheureux qu'en prison, n'est-ce pas?

— Oh! oui, j'ai cruellement souffert, allez! mes amis!... Du matin au soir, j'arpentais Paris ne pouvant plus compter désormais que sur le hasard pour retrouver Gilberte! La nuit venue, brisé de fatigue, je me retirais dans quelque méchant garni, où je ne pouvais pas même dormir, tant j'étais bourrelé..... Tantôt je me disais : Ma femme,

désespérée de ne pas me revoir, s'est peut-être décidée à sortir de ce monde ci pour aller m'attendre ailleurs.

— Si, je vous comprends bien, vous craigniez qu'elle se fût suicidée?

— Oui, et j'étais sur le point de me débarrasser de la vie... mais bientôt je me disais — « Et si au contraire Gil-« berte, espérant me rejoindre, est restée en ce monde-ci, « et que moi, j'en sorte?...

— Naturellement ce n'était guère le moyen de vous rencontrer, mon pauvre ami!

— Je me résignai donc à vivre, mais de quelle vie! Lors de mon arrestation je n'avais pas d'argent sur moi, le seul objet de quelque valeur qui fût en ma possession était une paire de petits boutons de chemise en or et en rubis; je les vendis quarante francs; je tirai une modique somme de la vente de mes habits, déjà fort usés par mon séjour en prison; j'achetai les vêtements que vous voyez sur moi, et qui maintenant tombent en lambeaux! Dieu sait si je ménageais mes ressources! je couchais moyennant quatre sous dans d'horribles garnis, pêle-mêle avec des vagabonds et des voleurs, je mangeais deux sous de pain, et je buvais l'eau des fontaines...

— Ah! mon cher Gilbert, ce n'était plus le temps des *chaud-froids* de caneton, servis dans des plats de vermeil par votre premier maître-d'hôtel... hein?

— Ce n'était plus le temps de votre superbe chambre à coucher, tendue de damas ponceau, avec son grand lit de bois doré, et ses trois fenêtres donnant sur votre beau jardin — ajouta Juliette, non moins méchamment que son mari.

Ces méchancetés, Gilbert ne les remarqua pas; abîmé dans son désespoir, il vit dans l'évocation du souvenir de sa magnificence une comparaison assez naturelle entre le présent et le passé, arrachée sans doute à *ses amis* par un touchant intérêt pour sa position du moment; aussi reprit-il :

— Oui, ma chute a été cruelle! Jamais je n'avais souffert du froid et de la faim !!! jamais je n'avais traîné dans la boue des ruisseaux mes pieds meurtris et presque sans chaussure! Mon travail, par bonheur, m'avait toujours mis à l'abri d'une pareille détresse; mais, hélas! mes angoisses, mes souffrances, sont doublées par cette pensée que sans doute ma femme les partage! Mon Dieu! elle aussi elle a faim et grelotte sous ses haillons! elle aussi me cherche..... use ses pieds sur les pavés, sans pouvoir me retrouver! Misère de moi!... misère de moi!...

Et de nouveau les sanglots de Gilbert éclatèrent.

— Hé..... mais j'y pense, mon pauvre ami — reprit Meunier — vous avez peut-être faim?

— Quel fâcheux contretemps! — se hâta d'ajouter Juliette — il ne nous reste pas une bouchée de pain à la maison, et il est si tard que toutes les boutiques sont fermées..

— Depuis hier soir..... je n'ai bu que de l'eau — reprit Gilbert — en entrant chez vous, j'avais des tiraillements d'estomac douloureux... ils se sont un peu calmés; l'émotion que m'a causée notre entrevue, la certitude où je suis maintenant d'être secouru par vous, mes amis, m'ont fait oublier ma faim!

A ces mots, qui montraient l'espoir que Gilbert mettait en eux, les envieux échangèrent un regard d'ironie féroce, et Meunier reprit :

— Comment ne vous êtes-vous pas adressé, dans votre malheur, à tous ces gens du grand monde qui assistaient à vos fêtes? car vous receviez chez vous des ducs, des princes, des marquis!

— Des princesses, des marquises, des duchesses! — ajouta Juliette, afin de rendre plus cruelle à leur hôte cette énumération aristocratique, si dérisoire en ce moment. — Est-ce que vous croyez que tout ce beau monde, qui jadis emplissait votre hôtel, vous aurait chassé comme un mendiant, mon pauvre monsieur Gilbert?

— Et puis enfin — reprit Meunier — parmi tant de personnes que vous avez généreusement obligées de votre bourse, ne pouviez-vous pas recouvrer quelque chose?

— J'avais pensé d'abord à notre intendant, comblé par nous de libéralités; mais en allant m'informer de lui à l'hôtel d'Orbeval, j'appris, par les gardiens du séquestre, que M. Guêpier avait quitté Paris; il me restait quelque espérance en madame de Saint-Marceau...

— Cette grande cantatrice qui chantait à vos admirables concerts, où l'on faisait de si bonne musique? — dit Juliette. — Mon Dieu, était-ce beau! était-ce donc beau! on se serait cru à l'Opéra... Hé bien, madame de Saint-Marceau, que vous a-t-elle répondu?

— Nous lui avions prêté environ deux cent mille francs afin de la mettre à même de se séparer de son mari, qui lui rendait la vie insupportable. Je me suis rendu chez cette dame, et là, malheureusement, j'ai appris que le jour même où nous venions de lui rendre le service dont je vous parle, elle avait eu, avec M. de Saint-Marceau, une dernière entrevue si pénible, qu'après une effroyable crise nerveuse, cette pauvre femme était tombée dangereusement malade; les médecins un moment désespérèrent de la sauver; cependant, elle ne mourut pas, mais resta très-souffrante et dut quitter Paris pour passer l'hiver en Italie et renoncer au théâtre, sinon pour très-longtemps. Elle comptait nous rembourser sa dette sur ses appointements; la somme est donc perdue pour moi. Lorsque je me rendis chez madame de Saint-Marceau, je possédais encore une vingtaine de francs, grâce auxquels je pouvais retarder d'humiliantes démarches, dont la seule pensée me révoltait. Il y a cinq jours, après avoir, comme d'habitude, erré dans Paris à la recherche de Gilberte, j'ai été passer la nuit dans un mauvais garni de la rue de la Bibliothèque, et pour la première fois, depuis plusieurs nuits, j'ai dormi profondément. Mon camarade de lit, profitant de mon sommeil, m'a volé le peu d'argent qui me restait; le jour venu, je me suis réveillé sans un sou... alors, avant de me décider à mendier, je me suis rendu chez le marchand qui me faisait autrefois travailler...

— Sans reproche, mon cher ami — reprit Meunier — il me semble qu'à votre place cette pensée me serait venue plus tôt, afin de ménager du moins vos petites ressources, au lieu de vous amuser à flâner, ainsi désœuvré, sur le pavé de Paris...

— M'amuser à flâner désœuvré!... — répéta Gilbert avec amertume. — Hélas! il le fallait bien! sans cela comment espérer de retrouver ma femme? Mon Dieu! vous oubliez donc que je ne songeais pas à autre chose? et puis d'ailleurs, bourrelé comme je l'étais, est-ce que j'avais la tête et l'esprit assez calmes pour me mettre tranquillement au travail?

— C'est juste, pardon! je ne pensais pas à cela.

— Hélas! cette incapacité de travail ne m'a été que trop tôt démontrée; M. Maurice, mon ancien patron, m'accueillit d'abord très-mal; la police était allée chez lui aux renseignements sur mon compte; les journaux avaient retenti du bruit de mon arrestation, et quoiqu'il me vît en liberté, M. Maurice conservait encore des doutes sur ma probité. Cependant, vaincu par mes prières, il consentit à me donner du travail chez lui, puisque j'étais sans asile... je m'installe, une gravure sous mes yeux, ma pierre devant moi, mes crayons à mes côtés... Mais quelle torture! Pendant que je suis assis là, me disais-je, peut-être le hasard m'aurait fait rencontrer Gilberte. Oh! cette idée, voyez-vous, m'obsédait sans relâche! assis devant ma table, mon esprit était à la recherche de ma femme; je pleurais, les larmes obscurcissant ma vue, me permettaient à peine de distinguer mon modèle; mon crayon vacillait dans ma main; je tremblais comme si j'avais eu la fièvre, mes jambes tressaillaient d'impatience... Être cloué là... immobile... et je ne pouvais espérer de retrouver ma femme qu'en errant dans les rues.

— Le fait est, mon pauvre ami, que ce devait être pour vous un fier supplice!

— Pourtant le travail seul pouvait vous donner du pain, et peut-être le moyen de vous remettre à la recherche de votre femme! — ajouta Juliette. — Vous avez raison, monsieur Gilbert, c'était une fameuse torture!

— Oui, c'était affreux, mes amis! je ne pouvais rien faire, le temps se passait, j'attendais avec frayeur le retour de mon patron... Enfin il entre; mon sang ne fait qu'un tour. « Hé bien, » me dit-il en s'approchant, « où en « sommes-nous? » Et jetant les yeux sur ma pierre, il y voit le commencement d'une esquisse dont aurait eu honte un débutant. « Comment! » s'écria-t-il courroucé, « je « pousse la pitié jusqu'à vous donner du travail, et voilà « comment vous reconnaissez mes bontés! Vous me gâtez

« une pierre qu'il me faudra repolir ! » Alors je lui explique, en pleurant, pourquoi le travail me devenait impossible. « Je vous plains, » me répondit-il, « mais à cela je « ne peux rien, voilà vingt sous ; revenez quand vous au- « rez l'esprit assez tranquille pour travailler. Je tâcherai « de vous employer... » Les vingt sous m'ont aidé à vivre pendant quatre jours ; afin de ménager cette dernière ressource, je n'ai couché dans un garni qu'une nuit sur deux ; les autres, malgré le froid, je les ai passées errant dans les rues ; à chaque pas trébuchant de fatigue, de sommeil et de douleur, car faute de bas et de bonnes chaussures, à force de marcher, mes pieds sont meurtris, saignants ; je les ai entortillés comme j'ai pu avec des chiffons que j'ai ramassés. Hier soir, il me restait un sou ; j'ai acheté un morceau de pain ; j'ai passé la nuit sous la petite arche du pont Notre-Dame ; ce matin, à mon réveil, car j'avais fini par sommeiller engourdi par le froid, j'ai regardé la rivière... Ah! sans mon incertitude sur le sort de ma pauvre Gilberte, je ne serais pas resté une minute de plus dans ce monde-ci... Ah! si ma femme eût été avec moi, il y a longtemps que nous serions partis! Enfin, je ne désespérais pas de la retrouver ; mes pieds endoloris pouvaient à peine me porter : je les ai frottés avec de la neige. Cela m'a un peu soulagé. Je me suis alors décidé, malgré ma répugnance, à aller tendre ma main à l'un de ces gens du grand monde que nous recevions chez nous ; le prince de Marsan m'avait, dans le temps, paru bon homme, je vais frapper à la porte de son hôtel ; je demande à lui parler à lui-même : le concierge, voyant mes guenilles, me chasse de la cour avec mépris ; une pareille réception devait m'attendre partout ailleurs ! Accablé de désespoir, je me couchai sur l'un des bancs de pierre placés de chaque côté de la porte de l'hôtel de Marsan, et replié sur moi-même, je restai là, dans une sorte d'agonie, entendant parfois les passants dire de moi : « Voilà un « ivrogne qui cuve son vin. » Après quelques heures d'anéantissement, je ne sais comment ma pensée s'est arrêtée sur vous, mes amis! La cause de notre brouille a été légère, me suis-je dit ; au fond, leur cœur est bon, ils sont autrefois venus à nous, quand ils nous croyaient pauvres, et aujourd'hui, j'en suis sûr, ils auront pitié de moi. Lorsque j'ai pris cette résolution, il faisait nuit : je me suis traîné jusqu'à la demeure que vous occupiez lorsque nous nous fréquentions si souvent ; là, j'ai su votre adresse, et je suis venu... Telle est, mes amis, ma triste histoire ; quant à ce que j'attends de vous, le voici : quelques vêtements, des chaussures, un morceau de pain le matin avant que je me mette en course pour chercher Gilberte ; le soir à mon retour, quelque chose à manger ; puis, pour la nuit, un matelas dans un coin de votre maison... C'est peu pour vous... ce sera tout pour moi ; grâce à vous, je pourrai sans doute retrouver ma femme, et alors, mes amis, elle et moi, nous ne vous serons pas longtemps à charge... »

Nous irons vivre ailleurs, car nous avons assez de ce monde-ci !

XLVII

Les deux envieux avaient écouté le récit de Gilbert avec une joie haineuse. — Juliette reprit, espérant porter un dernier coup à ce malheureux :

— Ainsi vous voilà réduit à l'aumône, vous autrefois si riche ? avec quelle rage vous devez regretter votre immense fortune !

— Nous y avions volontairement renoncé avant que l'on vînt nous arrêter — répondit Gilbert en secouant mélancoliquement la tête — nous voulions seulement nous assurer deux mille cinq cents livres de rentes et reprendre notre vie d'autrefois...

— Renoncer volontairement à vos millions ! — s'écrièrent à la fois les deux avares, — c'est impossible !

— Vous cherchez à vous consoler en disant cela !

— Vous vous mentez à vous-même !

— Ah, mes amis! cette résolution ne vous surprendrait pas si vous saviez les soucis, les dégoûts, la satiété qui, chez ma femme et moi, avaient succédé au premier enivrement de notre fortune ! Je la regrette non pour nous... mais pour les pauvres gens qu'elle aurait secourus ; nous voulions l'abandonner à la ville de Paris, elle se serait chargée d'employer utilement nos richesses ! Ah! ce que je regrette amèrement, ce que ma pauvre Gilberte, si elle est encore en ce monde-ci, regrette comme moi, c'est cette modeste aisance mêlée de travail, cette vie paisible, occupée, où nous aurions peut-être trouvé le bonheur que nous avons si longtemps cherché là où il n'était pas pour nous! Oui, tel était notre dernier vœu ! une modeste et laborieuse aisance dont plus que jamais je sens le prix, à cette heure où j'ai subi les humiliations, les douleurs d'une détresse affreuse que nous avions toujours ignorée et dont en ce moment ma femme souffre aussi sans doute !

Cette pensée lui brisant de nouveau le cœur, Gilbert cacha son visage entre ses mains et sanglota en murmurant :

— Misère de moi ! misère de moi!

Les deux envieux s'entre-regardèrent avec une expression de dépit courroucé. L'infortuné ne regrettait aucunement l'immense richesse dont il se voyait dépossédé ; il n'ambitionnait qu'une modeste aisance. Les envieux, persuadés de la réalité de ce vœu, grâce à l'irrésistible accent de sincérité qui régnait dans les paroles de leur ami, s'exaspéraient contre lui... leur vengeance leur échappait ; c'est en vain qu'ils lui disaient :

« — Tu es réduit à une misère atroce, toi jadis si ma-
« gnifique... nous sommes restés millionnaires et nous

« jouissons de ton abaissement, de tes regrets furieux
« d'être dépouillé de tes grands biens ! »

Cette déception redoublant la haine d'Auguste et de Juliette, ils voulurent du moins frapper Gilbert à un endroit plus sensible que celui de la perte de sa fortune ; Meunier recula la table de nuit où il déposait ses armes, la plaça hors de la portée de Gilbert, dont il redoutait la prochaine indignation, prit un pistolet et s'approcha silencieusement de sa caisse de fer qu'il ouvrit.

A ce bruit, Gilbert releva son visage baigné de larmes qu'il tenait caché entre ses mains et se trompa sur la pensée de Meunier, car en le voyant ouvrir sa caisse, il lui dit dans l'effusion de sa reconnaissance :

— Non, non, généreux amis, je n'ai nullement besoin d'argent. Je vous le répète : quelques vêtements, des chaussures, un morceau de pain et un abri, voilà tout ce qu'il me faut, tant que je n'aurai pas retrouvé ma Gilberte.

Puis, remarquant seulement alors le pistolet que Meunier tenait, il ajouta, fort surpris :

— A quoi bon cette arme que vous avez à la main, mon cher Auguste ?

— Ne faites pas attention, mon cher Gilbert, c'est une simple mesure de précaution.....

— Contre qui ?

— Contre vous peut-être, *mon tendre ami*.

— Contre moi ! que voulez-vous dire ?

— Vous voyez les valeurs contenues dans cette caisse ? — Et il lui montrait du doigt, rangés sur des tablettes, de gros sacs gonflés d'écus, de nombreux rouleaux d'or, enveloppés de papier blanc, et servant à maintenir sur ces tablettes de non moins nombreux billets de banque. — Vous voyez ces richesses — poursuivit donc Meunier. — elles ne constituent pas la dixième partie de notre fortune ; elle est complétée par ces immenses valeurs de portefeuille, le meilleur *papier* de Paris, renfermé dans ces cartons, je vous les montrerai de loin... si vous voulez.

— Mais encore une fois — s'écria Gilbert — qu'est-il besoin d'ouvrir cette caisse?

— Nous sommes si mal logés, voyez-vous, mon excellent ami, que peut-être, malgré nos affirmations, vous pourriez vous imaginer que nous sommes à peu près aussi gueux que vous ?

— Dieu merci, il n'en est rien ! — ajouta Juliette. — Nos deux millions nous ont déjà rapporté plus de cent quatre-vingt mille francs ! A la fin de l'année, ils nous auront rapporté plus de deux cent cinquante mille francs, et dans vingt ans, nous serons riches de dix millions, juste la somme que vous possédiez lorsque vous nous écrasiez de votre luxe insolent ! s'écria cette mégère, le visage hideux de haine triomphante.

Et ne pouvant contenir plus longtemps ses exécrables ressentiments, elle ajouta en éclatant d'un rire sardonique, tandis que Meunier refermait seigneusement sa caisse :

— Ah, ah, ah ! les voilà aujourd'hui, traînant la guenille dans les ruisseaux et crevant de faim, ce *fameux* Gilbert qui se donnait des airs de prince, et cette *fameuse* Gilberte, qui se donnait des airs de duchesse, avec ses falbalas et ses *diamants* ! Oh ! que je suis heureuse de les voir dans cette misère atroce ! mon Dieu ! que je suis donc heureuse !

Ces derniers mots furent prononcés par Juliette avec un accent de si épouvantable sincérité que Gilbert ne put retenir un cri douloureux, tant la délicatesse de son âme était cruellement atteinte ; il comprenait alors que les deux envieux l'avaient en apparence cordialement accueilli afin d'attirer sa confiance et de lui porter ensuite un coup doublement cruel en l'insultant dans sa misère ; aussi, un moment accablé, il cacha sa figure entre ses mains pour ne plus voir Juliette, et s'affaissa sur son siège en gémissant.

— Ah ! seigneur Gilbert ! — reprit à son tour Meunier toujours armé, se mettant pour ainsi dire sur la défensive et faisant signe à Juliette de se retrancher derrière lui — Ah ! vous avez le front de venir nous demander l'aumône, après nous avoir insolemment humiliés par votre magnificence ! ah, vous nous avez impudemment reproché d'être des envieux ? vraiment, seigneur Gilbert, nous étions envieux de vos superbes voitures ?... Eh bien, maintenant c'est vous qui enviez nos vieilles savates ! Ah ! nous étions envieux de votre élégance et des ébouriffantes toilettes de votre femme ?... eh bien, maintenant c'est vous qui enviez notre défroque ! Ah ! nous étions envieux de votre table somptueuse servie en vermeil ?... Eh bien, maintenant, c'est vous qui enviez les miettes de notre pain ! Ah ! nous étions envieux de votre demeure princière ?... Eh bien, maintenant c'est vous qui enviez une poignée de paille pour vous coucher dans notre grenier ! Ah ! ah ! ah ! c'est très drôle ! nous en rirons longtemps.

— Ah ! ah ! ah ! nous en rirons toujours — reprit Juliette. — Car voyez-vous, seigneur Gilbert, c'est très drôle... mais surtout très bête à vous d'envier ainsi nos vieilles savates... parce que vous ne les aurez pas, nos vieilles savates !

— Ni un lambeau de notre défroque, seigneur Gilbert !

— Ni une miette de notre pain, seigneur Gilbert !

— Ni une poignée de paille dans notre grenier, seigneur Gilbert ! Et vous allez vous retirer à l'instant, car si vous osiez vouloir rester chez nous et nous menacer, prenez garde ! je suis armé... Oui, si vous ne sortez pas d'ici sur l'heure, ma femme va chercher la garde et nous vous faisons arrêter, misérable mendiant !

Les craintes de Meunier étaient vaines. Gilbert ne s'emporta pas, ne menaça pas ; brisé de fatigue, épuisé de besoin, il n'aurait même pas eu la force de se livrer aux violents mouvements de la colère, mais il n'en ressentait pas... Non, son coude sur son genou, son front dans sa main, il jeta sur les deux envieux, sans changer de position, un regard où se peignaient à la fois la tristesse, le dégoût, le dédain, nuancés cependant d'une sorte de compassion profonde, et il reprit d'une voix sourde :

— Ah! l'argent!... toujours l'argent! Voilà pourtant un homme et une femme que notre bon cœur a enrichis... nous les avons faits deux fois millionnaires...

— Vous! — s'écria Meunier — vous nous avez enrichis! Quelle audace!

— Laisse-le donc dire — reprit Juliette — la tête déménage, la misère et la rage le rendent fou!

— ...Quel funeste cadeau, ma pauvre Gilberte et moi, nous leur avons fait à ces gens-là en leur donnant ces deux millions! — poursuivit Gilbert sans s'arrêter à l'interruption d'Auguste et de sa femme. — Avant d'être enrichis par nous, cet homme et cette femme étaient bons! Cette bonté a même survécu, chez eux, aux premiers jours de leur richesse! Nous croyant pauvres, ils sont venus à nous... mais instruits de notre grande opulence... ils l'ont enviée... cela devait être. Je ne peux leur en vouloir, l'opulence excite presque chez tous les hommes une haineuse envie ; et une fois entrée dans le cœur de ces deux malheureux, l'envie les a dénaturés, les a dépravés! elle a engendré la haine, l'avarice, la mauvaise foi; afin de thésauriser pour devenir aussi riches que nous, ils sont devenus fripons... usuriers! ils se sont privés du nécessaire. Presque vêtus de haillons, ils vivent dans l'ordure! ils ont perdu le sommeil! ils ne dorment que d'un œil, dans la crainte d'être volés, ils s'entourent d'armes, ils défendent leur repaire, à grand renfort de verroux, de barres de fer! Pauvres gens! pauvres gens!... quel triste cadeau nous leur avons fait en leur donnant ces deux millions! Ah, l'argent!... l'argent!

— Vois-tu, Juliette, ce gueux-là fait le fou pour pouvoir impunément nous injurier, — reprit Meunier atteint au vif par les calmes et tristes paroles de Gilbert. — Et s'adressant à lui, furieux : — Sors d'ici, mendiant! ou je te jette à la porte!

— Hélas! — ajouta Gilbert en secouant mélancoliquement la tête ; — vous ne comprenez pas ma mansuétude! c'est que, voyez-vous, le complet détachement de cet horrible monde-ci, et la certitude d'en sortir, lorsqu'il nous répugne par trop, nous rend très-compatissants... Et puis de bons que vous étiez, je vous ai rendus méchants en vous enrichissant! c'est ma faute... J'ai étouffé sous ces maudits millions ce qu'il y avait de bons sentiments généreux dans votre âme! Je vous ai à jamais privés de toutes sortes de douces émotions... Mon Dieu, oui... Tenez, entre autres, avouez que ce jour, où, au Café de Paris, touchés de la délicatesse de ma Gilberte, qui avait refusé de boire du vin de Champagne de peur de vous humilier, vous êtes venus cordialement nous offrir votre bourse? avouez qu'alors vous ressentiez au cœur quelque chose de doux, de bon, que vous ne ressentez pas en ce moment, tant s'en faut! et cependant vous contentez votre haine! et cependant vous triomphez à la vue de ma misère, à moi jadis si magnifique? Et cependant vous me chassez de chez vous, mourant de faim et de froid, par cette nuit d'hiver! hé bien, malgré tout cela, non, vous n'êtes pas heureux! non, et au fond de l'âme vous préférez ce bon mouvement qui au Café de Paris vous rapprochait de nous!

— T'en iras-tu! — s'écria Meunier exaspéré, car il s'avouait que Gilbert disait vrai. — T'en iras-tu?

— Laisse-le donc divaguer! — s'écria Juliette irritée du secret remords de son mari, remords qu'elle devinait sans le partager (car jamais nous n'égalons les femmes ni en méchanceté, ni en bonté.) — Ce va-nu-pieds veut faire le philosophe! c'est un niais! Comparer le plaisir que nous éprouvons aujourd'hui en l'écrasant, ce fameux Gilbert, dont le luxe nous a tant de fois soufflétés! C'est stupide! S'il disait qu'il manque à nos délices de ne pas voir de nos yeux la fameuse Gilberte comme lui dans la crotte! oh! à la bonne heure... il serait dans le vrai!

— Voici un sentiment bien affreux — reprit Gilbert en secouant la tête. — Pauvre Meunier! vivre avec une pareille femme! allons décidément vous valez encore mieux qu'elle!... Et penser que vous étiez tous deux, au demeurant, d'assez bonnes gens avant la venue de ces deux maudits millions! mais l'argent!... ah! l'argent!

Gilbert fit un mouvement pour se lever de dessus sa chaise et quitter la maison ; mais ses pieds endoloris, ses jambes affaiblies ne purent le supporter, il trébucha et retomba sur son siége.

— Ce n'est pas, vous le voyez, la volonté de m'en aller d'ici qui me manque — ajouta-t-il avec un sourire navrant et essayant par un pénible effort de se soulever de nouveau! — Meunier... votre bras... s'il vous plaît ; votre bras... mon ancien ami! aidez-moi à me traîner jusqu'à la porte de votre maison...

A ces mots prononcés par Gilbert, sans fiel, sans ironie et avec une résignation touchante, Meunier, malgré sa dureté, malgré sa haine, se sentit ému... Il baissa les yeux devant son hôte et hésita devant cette odieuse cruauté : « Donner l'appui de son bras à un ancien ami presque « hors d'état de se soutenir afin de le conduire hors de la « demeure d'où on le chassait. » — L'avare chercha même dans sa poche une pièce de *dix sous!!!* mais Juliette, devinant l'émotion et la pensée *généreuse* de son mari, le saisit par le bras en lui disant d'une voix aigre :

— Eclairez-nous... je me charge de le mener jusqu'à la porte... ce fameux Gilbert!

L'avare, confus de son bon mouvement, ne répondit mot,

baissa la tête, prit la chandelle se disposant à marcher le premier.

— Et vos pistolets? — lui dit durement Juliette. — S'il y avait dans la rue quelque malfaiteur embusqué et qu'il voulût forcer la porte au moment où nous l'ouvrirons?

Meunier alla vers la table de nuit où étaient déposées ses armes, puis, un pistolet d'une main, le flambeau de l'autre, il se dirigea vers la porte de la chambre, tandis que Juliette disait à Gilbert :

— Allons, debout! debout! si vous *faites* le fatigué, nous vous porterons sur une chaise...

Et elle tendit son bras osseux à son hôte; celui-ci, grâce à un dernier effort, parvint à se soulever, s'appuya pesamment sur le bras de Juliette qui ne fléchit point, et avec son aide, se traînant plutôt qu'il ne marchait, il sortit de la chambre.

— Dites donc, madame Meunier — reprit-il en cheminant lentement — nous nous donnions aussi le bras, ce beau soir où nous montions le perron de l'hôtel d'Orbeval, pour pendre la crémaillère de notre nouvelle demeure...

— J'allais vous le dire... vous m'avez volé ce souvenir-là — reprit Juliette avec un dépit cruel. — Vos gens, en grande livrée, vous attendaient rangés en haie, et vos deux suisses, hallebarde en main, ouvraient à deux battants la grande porte du vestibule... C'est malheureux... vous n'aurez pas de suisses ici... pour ouvrir la porte qui va se refermer sur vous, fameux Gilbert...

— Je le sais bien, mon Dieu, je le sais bien, madame Meunier ; mais laissez-moi vous dire une chose avant de nous quitter : vous avez prononcé tout à l'heure des mots si cruels, si naïvement cruels... que je suis forcé de reconnaître qu'il y a chez vous un fond de mauvais naturel.

— Vraiment! vous croyez cela?

— Vraiment je crois cela... mais je crois aussi que sans l'envie qui vous a mordu au cœur, pauvre femme, et sans ces maudits millions, dont la fatale possession a développé de mauvais instincts sommeillant dans votre âme, ils y seraient probablement demeurés toujours assoupis! Oui, faute d'occasion de devenir une méchante femme vous seriez restée à peu près bonne... C'est pour vous dire qu'en me séparant de vous, je vous pardonne, madame Meunier; ces maudits millions ont, voyez-vous, causé tout le mal... et pourtant, je vous le jure, en vous enrichissant, nous avons obéi à un mouvement généreux. Ah! si nous avions su alors comme à présent ce que c'est que l'argent!... soyez tranquille, allez! vous ne seriez pas millionnaire... il faut donc, madame Meunier, nous pardonner comme je vous pardonne.

— Voyez donc, fameux Gilbert, quel temps affreux! — s'écria Juliette ne sachant que répondre, et exaspérée par la placidité de son hôte, et du doigt elle lui montrait à travers la porte ouverte par Meunier, de blancs tourbillons de neige fouettés par une bise glaciale au milieu des ténèbres. — Quel froid noir! comme il neige, — ajouta-t-elle avec un accent de triomphe farouche, tandis que son mari déposant le flambeau derrière la porte de sa maison, se mit en devoir d'accompagner sa femme, lui disant :

— Prends bien garde à cette diable d'échelle que les couvreurs ont laissée près du grand mur...

— C'est bon... c'est bon — reprit sèchement Juliette — on n'est pas aveugle. — Et traversant la cour remplie de neige, elle se dirigea, soutenant toujours les pas de Gilbert, vers la porte cochère, dont les pesants verrous furent tirés par Meunier, après quoi il l'entr'ouvrit prudemment.

Juliette abandonnant alors le bras de Gilbert, lui dit avec un éclat de rire impitoyable :

— Bien le bonsoir, fameux Gilbert!

Et la porte se referma sur ce malheureux, qui, aveuglé par la neige, alla trébucher au milieu de la rue, où il glissa et tomba sur le pavé couvert de verglas. Alors sentant ses forces l'abandonner, il murmura d'une voix éteinte :

— Oh! ma Gilberte! je vais te devancer ou te rejoindre dans l'un de ces mondes inconnus où l'on va renaître... Mon seul regret est de partir seul pour ce voyage!

Au moment où la porte cochère s'ouvrit et se referma sur Gilbert, trois hommes à figures sinistres venaient de s'embusquer dans l'angle d'un mur avoisinant la demeure des deux avares.

XLVIII

Les trois hommes cachés dans le renfoncement de la muraille, voyant Gilbert trébucher, puis tomber au milieu de la rue, en sortant de la maison des deux avares, et rester pendant quelques moments étendu sans mouvement sur le pavé, prirent ce malheureux pour un homme ivre; ses haillons leur ôtèrent toute tentation de le voler, et ils se concertèrent à voix basse, se disant :

— On est encore éveillé dans la maison, puisque l'on vient d'en chasser cet ivrogne?

— Les gens éveillés s'endorment ; il n'est pas minuit, il faut attendre.

— En nous faisant la courte échelle, nous escaladerons facilement le coin de muraille qui est entre le pavillon de gauche et la maison voisine.

— Et tu crois que la cheminée?...

— Tu es plus gros que moi, et tu y passerais; je l'ai examinée lorsqu'il y a six jours, j'ai été remettre des ardoises sur le toit. J'ai laissé exprès mon échelle dans la cour...

— Pourvu que ces gueux-là n'aient pas fait barrer l'intérieur de la cheminée?

— Silence! rencognons-nous. Voilà le *pochard* qui remue!

Gilbert, en effet, après quelques moments d'anéantissement, se remit sur son séant; la froideur de la neige sur aquelle il était tombé, le ranima. Il rassembla ses esprits et se dit :

— Je ne mourrai pas encore cette fois-ci.,... allons jusqu'au bout... cherchons Gilberte jusqu'à ce que mes pieds ne puissent plus me porter... courage!... Mais que faire? où aller? Ah! jadis nous étions pauvres! mais nous avions du moins un abri. Oh! pauvre petite chambre où nous avons passé des jours si heureux, combien je te regrette!...

Cette pensée amena dans l'esprit de Gilbert le souvenir de la mère Badureau, bonne et honnête créature, malgré ses excentricités.

— Allons frapper à sa porte — se dit-il soudain. — Le jour où nous avons quitté la maison, j'ai enrichi cette brave femme en lui donnant cinquante mille francs enveloppés dans un papier qu'elle ne devait ouvrir que longtemps après, en prononçant certaines paroles cabalistiques... Hélas! nous étions si gais alors!! Peut-être ne me refusera-t-elle pas ce que Meunier et sa femme viennent de me refuser, un asile... et du pain!..... Pourvu qu'elle soit restée portière de notre ancien logis! pourvu que celle-là aussi... n'ait pas été dépravée par l'argent! Allons... un dernier effort, pour me traîner, si je le peux... jusque là...

Et Gilbert, se relevant péniblement, résolut de se rendre rue de l'Université.

Peu de temps après qu'il eut quitté les abords de la maison des avares, les trois hommes, embusqués jusqu'alors dans le renfoncement d'un mur, se mirent en devoir de l'escalader en se faisant, l'un à l'autre, la courte échelle.

Gilbert, se reposant presque tous les cent pas, car ses pieds endoloris lui causaient de vives souffrances, ne parcourut que très-lentement le long trajet qui sépare la rue Saint-Lazare de la rue de l'Université.

— Pourvu que madame Badureau soit encore portière de la maison! se répétait-il avec angoisse, craignant la ruine de sa dernière espérance.

Enfin il arrive devant son ancien logis à une heure avancée de la nuit; épuisé par ce dernier effort, il sonne à plusieurs reprises, la porte reste fermée. Le malheureux, désespéré, allait tomber d'épuisement au seuil de la maison, lorsque soudain s'ouvre une petite fenêtre donnant extérieurement sur la rue et intérieurement dans la soupente de la portière, et il entend la voix courroucée de celle-ci s'écriant :

— Si vous touchez encore à ma sonnette, malfaiteur que vous êtes, je crie au feu et à l'assassin !

— C'est moi, ma bonne madame Budureau... moi, Gilbert, votre ancien locataire; ne reconnaissez-vous pas ma voix ?

— C'est vous, enfin! ah, jour de Dieu... c'est bien heureux! attendez un moment, je passe un jupon et une camisole... car, jeune homme... vous êtes un jeune homme! Ah! vous pouvez vous vanter de m'avoir causé de fameux cauchemars! — ajouta la portière en refermant la petite fenêtre.

— Je suis sauvé! — dit Gilbert oubliant ses souffrances — je trouverai là un abri, du repos, et je pourrai me remettre à la recherche de ma pauvre femme!

Bientôt la porte cochère s'ouvrit, Gilbert la poussa et l'ayant refermée, se dirigea vers la loge au seuil de laquelle se tenait madame Badureau, abritant sa chandelle de sa main; mais à la vue de son ancien locataire hâve et pâle, vêtu de haillons, couvert de neige, en un mot méconnaissable, elle poussa une exclamation d'épouvante et s'écria :

— C'est un voleur!... il m'a trompé... A la garde! à l'assassin !

Gilbert, craignant que ces cris ne missent en émoi les habitants de la maison, se décida, non sans regret, à repousser la portière dans l'intérieur de sa loge tout en disant :

— Reconnaissez-moi donc..... regardez-moi bien...... ne craignez rien... Au nom du ciel, calmez-vous !

A chacune de ces paroles, la frayeur de madame Badureau s'apaisait, et reculant à mesure que Gilbert avançait, elle élevait d'une main encore tremblante sa chandelle à la hauteur de la figure du nouveau venu afin de mieux l'envisager; aussi, ne conservant plus aucun doute sur son identité, elle dit à la fois d'un ton grondeur et soulagé, sans songer à s'étonner de la misérable apparence de son interlocuteur :

— Enfin, vous voilà donc! vous êtes encore un joli garçon... avec vos *bri-bri*, vos *bra-bra*, vos *brou-brou*, et vos CINQUANTE MILLE FRANCS ! qui depuis tant de nuits m'ont empêchée de fermer l'œil et m'ont donné des rêves à m'hérisser les cheveux sur la tête !

Et sans remarquer la surprise de Gilbert, elle s'élança vers sa soupente, y grimpa, bouleversa son lit, ses matelas, ses couvertures, y compris son chat Robinet dont elle se servait en guise d'édredon, et qui tomba du haut en bas en poussant un miaulement courroucé, auquel madame Badureau resta profondément insensible; fouillant alors dans sa paillasse, elle retira de ses profondeurs un petit paquet enveloppé dans un vieux bas soigneusement ficelé, puis *dégringolant* lestement, malgré son âge, l'escalier qui conduisait à sa soupente, elle remit à Gilbert stupéfait... le vieux bas, en disant avec un accent d'inexprimable allégement :

— Reprenez votre dépôt!! jour de Dieu! vous m'ôtez un fameux poids de dessus *l'estomaque*..... un poids de cinquante mille livres!— Et s'extasiant de ce jeu de mots, elle ajouta : — Oh! un calembour! J'ai zévu bien des malheurs, mais c'est le premier que je me permets de ma vie... ce que c'est pourtant que la joie, jeune homme!

Ces mots de l'honnête créature : *Reprenez votre dépôt*, furent pour Gilbert une révélation. Madame Badureau n'ayant pu croire au don d'une somme si considérable, relativement à son humble position, avait regardé comme confié à sa probité cet argent au sujet duquel son ancien locataire ne s'était autrefois expliqué que vaguement, et ce dépôt, elle le rendait intact, toute joyeuse d'être dégagée d'une pesante responsabilité.

Les larmes vinrent aux yeux de Gilbert.

— Ah! — pensait-il — combien à cette heure je regrette tant de largesses tombées entre des mains indignes! J'aurais pu récompenser cette rare honnêteté..... mais après tout, cette somme destinée dans ma pensée à madame Badureau lui appartient; reprendre ce qu'elle regarde comme un dépôt..... c'est presque la voler! non, non, jamais!... Et cependant, hasard étrange! cet argent représente cette rente qui, jointe aux fruits de notre travail, devait nous assurer la modeste aisance où grâce aux conseils de madame Louise, nous espérions enfin trouver le bonheur! Et si je parvenais à rejoindre ma femme! qui sait, si nous ne tenterions pas une dernière épreuve avant de quitter ce monde-ci!... Oh! espérance! te dévier du droit chemin! Je suis faible! je n'ai pas la force de m'élever jusqu'à l'héroïsme du devoir absolu! Mais Gilberte! Gilberte! Ah! du moins, je saurai de mon mieux reconnaître la probité de l'excellente créature qui me rend à l'espoir.., à la vie...

Ces réflexions s'étaient présentées à l'esprit de Gilbert avec la rapidité de la pensée, et il venait à peine de recevoir le dépôt des mains de la portière que celle-ci lui dit :

— Vite..... vite..... jeune homme, comptez la somme! et voyez si rien ne manque au magot, je veux en avoir le cœur net!!

— Brave et digne femme, me faites-vous l'injure de croire que je doute de votre probité?...

— Jeune homme, il faut que vous ayez le cœur fièrement dur!... vous devez supposer que la langue me démange, à cette fin de vous demander comment il se fait que vous courez les rues de Paris, par un temps où l'on ne mettrait pas un chien dehors, vêtu comme un mendiant ; je ne peux vous parler de cela et d'autres choses que lorsque vous aurez vérifié le magot, ce qui me laissera l'esprit tranquille. Et vous ne le vérifiez pas!

— Soit, madame Badureau, mais pendant que je compterai l'argent, puisque vous l'exigez... de grâce, donnez-moi un morceau de pain, un verre d'eau... je meurs de faim, de soif et de fatigue... je n'ai rien mangé depuis hier soir!

— C'est-y Dieu possible! — s'écria la portière. Et courant à un petit buffet, elle en tira une jatte de bouillon froid, un morceau de veau, du fromage, du pain, une demi-bouteille de vin, prit dans sa commode une serviette bien blanche, une timbale et un couvert d'argent dont elle ne se servait qu'aux grands jours, et avec empressement s'occupa de préparer cette réfection sur une petite table. Gilbert, déroulant le vieux bas, y trouvait le dépôt, entouré de cinq ou six enveloppes successives, composées de papier, de chiffons, toutes ficelées, reficelées avec des cordons de toutes natures. Madame Badureau, dans la crainte d'être volée, s'était naïvement ingéniée à sauvegarder du moins le contenu par le contenant : enfin il déroula le papier dans lequel il avait lui-même autrefois placé les cinquante billets de mille francs. Aucun d'eux ne manquait ainsi qu'on le pense.

La possession de cette somme, si insignifiante auprès de l'énorme fortune dont il jouissait autrefois, causait à Gilbert une satisfaction profonde; ce n'était plus cet éblouissement vertigineux, malsain pour l'âme et pour l'esprit, que donne la possession imprévue, imméritée, d'une fortune immense que l'on n'a point gagnée! Ce n'était point ce mirage étincelant, à travers lequel on ne voit que jouissances matérielles, désordonnées, sans autres limites que celles de la satiété ou de l'impossible! Non, dans cette somme, complément nécessaire de son labeur, Gilbert voyait cette modeste aisance qui permet le délassement après le travail, les nobles et salutaires plaisirs de l'intelligence, les distractions indispensables à l'homme longtemps occupé, une alimentation simple et salubre, un logis sans luxe, mais propre et riant, une garantie contre le chômage, une épargne qui permet d'obliger l'amitié ou de secourir l'infortune, et enfin le repos et la sécurité de la vieillesse... En un mot, dans cette laborieuse aisance, Gilbert voyait *le bonheur*, cet idéal si opiniâtrement, si instinctivement rêvé, cherché, convoité, *parce qu'il est le but et la fin de l'humaine espèce*... et que, moyennant éducation, travail et probité, l'homme *a droit* au bonheur renfermé dans ces modestes limites.

Est-il besoin de dire que pour Gilbert cette félicité n'existait que partagée avec sa Gilberte?

Il achevait de feuilleter les derniers billets de banque, lorsque madame Badureau s'approcha de lui, tenant le gobelet d'argent qu'elle venait de remplir de vin sucré.

— Jeune homme — lui dit-elle — le compte y est-il?

— Oui, madame Badureau... je le savais avant d'avoir compté ces billets.

— Bon, maintenant je ne réponds plus, Dieu merci, du scélérat de magot, et à cette heure, avalez-moi ça, c'est du vin sucré... ça vous remettra *l'estomaque* : je ne vous donnerai pas à manger tout de suite, ça vous ferait du mal.. il faut rester sur votre faim jusqu'à ce que le vin ait fait son effet...

Gilbert suivit ce sage conseil et s'en trouva bien ; ranimé, réchauffé par un breuvage réconfortant, il sentit diminuer les douloureuses contractions de son estomac affamé ; puis l'espérance et le revirement soudain de sa mauvaise fortune aidèrent puissamment à la cure commencée par madame Badureau ; celle-ci voyant les traits de son ancien locataire se colorer légèrement, quoique parfois il frissonnât sous ses haillons couverts de givre et de neige, lui dit, frappée d'une idée subite :

— J'ai là, dans mon armoire, des effets presque neufs qui ont appartenu à défunt Badureau : il y a des chemises toutes blanches, je vous prêterai une paire de chaussons de lisière ; voulez-vous vous changer? je vas vous donner les effets, et je regrimperai dans ma soupente. Mais ne craignez rien pour la décence, jeune homme, je fermerai mes rideaux, et je ne regarderai pas.

Gilbert accepta l'offre avec reconnaissance, et tandis que la portière regagna prestement sa soupente, il put, grâce à la défroque de feu Badureau, qui se trouvait à peu près de sa taille, troquer ses guenilles pour des vêtements secs; et après cet échange, il éprouva autant de bien-être que de délassement.

— Est-ce fait? — dit la voix de la digne femme pudiquement retranchée derrière ses rideaux — puis-je revenir?

— Certainement, ma bonne madame Badureau.

— Ah, jeune homme! — fit-elle en descendant de son échelle — si les voisins savaient qu'un joli garçon comme vous s'est habillé et déshabillé dans ma loge, quels cancans! Hé bien, quoi donc, après tout, est-ce que je ne suis pas libre de moi-même? Ah ça, maintenant vous voilà séché, prenez quelques cuillerées de bouillon froid, une vraie gelée, comme vous voyez, deux doigts de vin par là-dessus, et dans un quart d'heure je vous permettrai une petite tranche de veau et quelques bouchées de pain.

— Quel bon cœur vous avez! — reprit Gilbert en se conformant aux instructions que lui donnait madame Badureau avec une sollicitude presque maternelle — quels soins vous avez de moi!

— Jeune homme, est-ce que vous n'êtes pas mon bienfaiteur?

— Moi?

— Et vos deux mille francs?

— Quels deux mille francs?

— Ceux que vous m'avez jetés, une nuit, par un des carreaux de ma loge quand vous étiez un prince polonais déguisé... que vous avez même cassé d'un coup de poing, et que j'ai placés à la caisse d'épargnes.

— C'est vrai — pensa Gilbert — j'avais oublié cette libéralité... Allons, cela me console un peu de ne pouvoir mieux récompenser la probité de cette excellente femme!

— Allez, jeune homme, j'ai *vécu* bien des malheurs, mais non celui d'être ingrate ; j'ai donc placé vos deux mille francs à la caisse d'épargne ; ainsi, du moins, quand je ne serai plus bonne à garder une porte, chien de métier, c'est vrai!... mais où est attachée la chèvre, il faut qu'elle broute... je pourrai me retirer aux *Petits-Ménages*, au lieu de balayer les ruisseaux comme tant d'autres pauvres vieilles, avec une pelle attachée sur le dos en manière de guitare... et encore bien heureuse est-on quand on peut dans ses vieux jours travailler dans les ruisseaux!

— J'espère que si je retrouve ma pauvre femme, vous aurez une retraite préférable à celle des Petits-Ménages!

— Comment! si vous retrouvez votre femme?... vous l'avez donc perdue? Au fait, elle n'est pas avec avec vous, et ça me semble tout drôle de ne pas vous voir ensemble, vous qui n'alliez jamais l'un sans l'autre. Et puis enfin cette débine où vous êtes, tandis que vous saviez avoir cinquante mille francs ici en dépôt; enfin, je n'y comprends rien... je m'y perds!

— En peu de mots, voici notre triste histoire : Vous avez dû savoir que ma femme et moi nous avons été arrêtés, puisque vous avez été interrogée par la justice?

— Ne m'en parlez pas! j'en ai été aux cent coups! La première fois que le commissaire est venu ici me faire jaboter sur votre compte, j'ai dit tout ce que je savais sans penser à mal, d'autant plus que je croyais que le gouvernement envoyait aux renseignements sur vous, parce qu'il voulait vous décorer, jeune homme! Étais-je simple! Enfin, j'ai eu vingt fois sur le bout de la langue l'envie de déclarer au commissaire que j'avais le magot, tant il me cauchemardait! mais je me suis interrogée et je me suis répondu : Motus! M. Gilbert, mon bienfaiteur, m'a dit : « — Madame Badureau, prenez ce paquet; vous « l'ouvrirez dans quatre-vingt-dix-neuf jours en disant trois « fois : *bri bri, bra bra, brou brou*, et vous verrez un « tour comme vous n'en avez jamais vu! » Mais à propos de ça, il faut que vous sachiez ce que j'ai fait : le quatre-vingt-dix-neuvième jour venu, je dis trois fois : bra bra, bri bri, brou brou. J'ouvre le paquet, qu'est-ce que j'y trouve? cinquante mille francs! Le fait est que je n'avais jamais vu de tour de cinquante mille francs : je crois d'abord que c'est une farce, je prends un billet, je m'en vas chez le changeur ; mais il me garantit que le billet est bon ; c'est alors que je me suis dit : « Motus! je n'y com- « prends rien du tout, mais si mon bienfaiteur m'a remis « cet argent, c'est pour que je le lui garde! c'est embêtant, « mais c'est sacré! » Je dis que c'est embêtant, jeune homme, à cause de la peur qu'on a d'être volé ; plus tard, j'ai appris que la justice vous voulait du mal, on m'a interrogée, j'ai répondu la vérité. Ensuite j'ai su dans le quartier qu'on vous avait mis en prison avec votre dame, et qu'on vous accusait d'avoir volé vos richesses. Monsieur et madame Gilbert seraient des voleurs! allons donc! je n'en crois pas un mot de ce conte-là, répétais-je à mes voisins! Tant que je vous ai su en prison, je ne me suis pas étonnée de ce que vous ne veniez pas chercher votre argent, et je pensais, à part moi, que j'avais fièrement eu raison de ne pas parler du magot à la justice, qui serait pour vous une poire pour la soif. Mais quand on a appris dans le quartier que vous étiez relâché, je m'attendais chaque jour à vous voir, dans l'espérance que vous viendriez me délivrer de l'inquiétude que me causait votre satané dépôt. Enfin vous l'avez repris, Dieu merci! Mais comment se fait-il donc, mon Dieu! que je vous revoie déguenillé comme un mendiant et mourant de faim? ce qui me fait penser que vous pouvez maintenant manger cette petite tranche de veau; mais ne vous pressez pas, jeune homme, ça vous serait malsain.

— Vous nous aviez bien jugés, ma femme et moi, en vous refusant à croire que nous étions des voleurs, ma bonne madame Badureau — répondit Gilbert en se réfectionnant. — La justice a été obligée de reconnaître notre innocence; elle nous a remis en liberté, tout en conservant sous sa main notre fortune, dont nous nous ne soucions guère. Ma femme et moi nous étions enfermés dans deux prisons différentes, sans avoir la moindre communication, de sorte que libérés le même jour, nous n'avons pu nous rencontrer.... Depuis ce temps-là je cherche ma pauvre Gilberte dans tout Paris.

— Allons, jeune homme, ne vous désespérez pas — reprit la portière voyant les larmes venir aux yeux de Gilbert qui s'interrompit de manger. — Courage... vous la retrouverez votre jolie petite femme... courage!

— Ah! maintenant que j'ai repris des forces et que l'argent ne me manque pas, je renais à l'espérance!

— Mais comment vous êtes-vous laissé réduire à mourir de faim, au lieu de venir me redemander le magot? et puis d'ailleurs vous faisiez si gentiment vos tours de gobelets? Vous aviez de l'argent gros comme vous dans votre sac à la malice; si vous vous étiez mis sur un théâtre? Le tour du chameau était fort joli!

— Un jour je vous expliquerai pourquoi je n'ai pu recourir à cette ressource; quant au dépôt...... — répondit Gilbert en rougissant, car il mentait — sorti de prison presque sans argent, j'avais, dans le trouble, dans le chagrin que me causait l'éloignement de ma femme, oublié ce dépôt; ce soir seulement je m'en suis souvenu...

— Après tout, jeune homme, ça ne m'étonne pas... Quand j'ai zévu le malheur de perdre défunt Badureau, j'étais toute sens dessus dessous, je ne me rappelais de rien. Enfin, Dieu merci! à cette heure l'argent ne vous manque pas... et quand vous devriez courir tous les jours les quatre coins de Paris, il faudra bien que vous rencontriez votre petite dame.

— Ah! si j'ai ce bonheur, madame Badureau, nous vous prendrons avec nous, si cela vous convient, et nous ne nous quitterons plus!

— Vraiment! — s'écria la portière toute joyeuse — qu'est-ce que vous me dites là... je serais votre concierge?

— Nous vivrons trop modestement pour avoir une concierge. Notre intention est de prendre une petite maison, avec un jardin, dans la banlieue de Paris, et de continuer nos états de fleuriste et de lithographe; vous aiderez ma femme dans les soins du ménage et...

— Vous ne pouvez pas vous figurer comme ça me chausse! — reprit la portière de plus en plus radieuse. — Car enfin depuis que vous m'avez donné (sans reproche) votre satané magot à garder, j'étais comme une ahurie... Je ne laissais personne regarder les carreaux de ma loge; je prenais tout le monde pour des voleurs; je bougonnais les locataires, et l'un d'eux a eu la bassesse de me dénoncer au propriétaire. Ce monstre de dénonciateur s'appelle Godard! il m'a accusée d'avoir dit qu'il était mort, pour me débarrasser d'un de ses amis que je soupçonnais d'en vouloir à votre magot, parce qu'il s'obstinait à entrer dans ma loge. Le propriétaire m'a menacée de me flanquer à la porte si je prétendais encore que ses locataires étaient morts! Alors, moi, outrée de la menace du propriétaire, je l'ai appelé *vieux Pierrot!* Depuis ce moment-là nous sommes très en froid; aussi, jugez de ma joie, jeune homme, si je pouvais entrer chez vous et votre petite dame!

— Que je retrouve Gilberte, ma bonne madame Badureau, et nous ne nous quitterons plus! Mais, dites-moi, le jour va bientôt paraître, je me sens tout à fait remis, je vais aller me faire raser, prendre un bain, puis, comme je suis hors d'état de marcher, je louerai un cabriolet à l'heure pour parcourir les rues de Paris.

— C'est une bonne idée, vous ferez ainsi deux ou trois fois plus de chemin, vous aurez donc deux ou trois chances de plus de rencontrer votre dame.

— Est-ce que la chambre que nous occupions ici est louée?

— Elle l'a été seulement pendant un terme... maintenant elle est vacante.

— Pouvez-vous ce matin quitter votre loge?

— Certainement; la mère Ramichon, la femme de ménage qui demeure là haut, me remplacera.

— Voici ce que j'attends de votre obligeance: pendant que j'irai au bain et chez le barbier, veuillez vous rendre au Temple, m'acheter un peu de linge et un habillement complet, propre, mais pas trop cher, il faut ménager notre bourse; vous ferez aussi apporter ici un lit de sangle, un matelas, des draps; je paierai le demi-terme pour loger dans notre ancienne chambre, jusqu'à ce que j'aie retrouvé ma femme; je partirai le matin, je ne rentrerai que le soir, et je vous donnerai des nouvelles de la journée...

— C'est dit, jeune homme, gardez un moment la loge; je vais prévenir la mère Ramichon, elle me remplacera, et avant huit heures du matin, vos commissions seront faites et vous pourrez monter en cabriolet.

Madame Badureau, grâce à son activité, tint sa promesse : à huit heures Gilbert, reposé, calmé, rafraîchi par le bain, proprement vêtu, montait dans un cabriolet de régie.

— Bourgeois — lui dit le cocher, — où allons-nous ?

— Où vous voudrez, mon brave, mais ne marchez pas trop vite afin que je puisse bien regarder les passants.

— Bon — se dit le cocher. — C'est un maniaque! mais il me prend à l'heure et veut que j'aille doucement, je ne me plains pas de la pratique!

XLIX.

Vers la fin de ce jour où Gilbert, grâce à la probité de madame Badureau, était rentré en possession de ses cinquante mille francs, deux femmes, l'une vieille et d'une figure repoussante, l'autre très-jeune et d'une figure charmante, quoique pâle et amaigrie, traînaient et poussaient une petite voiture à bras remplie de pommes, que la plus âgée des deux femmes vendait aux passants, tandis que sa compagne demeurait attelée dans les brancards, au moyen de bretelles de cuir terminées par une courroie fixée à l'avant-train par un crochet et un anneau.

Cette jeune femme ainsi attelée était Gilberte... Un mouchoir rouge à carreaux noué en marmotte couvrait ses beaux cheveux, dont on apercevait seulement deux bandeaux; sa camisole d'indienne dessinait sa taille élégante, et sa jupe de futaine, un peu relevée de côté par crainte de la boue, découvrait à demi sa jolie jambe et laissait voir son petit pied chaussé de bas bleus et de sabots. Malgré la pauvreté de ces vêtements, ils étaient si proprement ajustés, la beauté de la jeune femme offrait un charme si attrayant, que souvent les passants s'arrêtaient pour la contempler, ou achetaient quelques pommes afin d'adresser la parole à la jolie marchande.

Donc, Gilberte attelée à sa charrette s'épuisait, haletante, à gravir la montée rapide du boulevard qui s'étend depuis la porte Saint-Denis jusqu'aux environs du Gymnase; la pente était rude, le pavé rendu glissant par le verglas. La vieille femme, poussant la voiture par derrière, disait de temps à autre à Gilberte d'une voix grondeuse et enrouée :

— Hue donc! hue donc! feignante !

Mais les forces de la jeune femme étaient à bout : essoufflée, brisée de fatigue, elle fut obligée de s'arrêter un moment, et d'une main s'appuyant au brancard, elle essuya du revers de son autre main son front que baignait la sueur, quoiqu'il fît un froid très-vif. Ainsi debout et immobile pendant quelques moments, elle profita de ce temps d'arrêt pour jeter çà et là, autour d'elle et sur les passants, des regards inquiets, avides, comme si elle eût cherché quelqu'un. Ses yeux rencontrèrent ainsi par hasard la voûte de la porte cochère où, près d'une année auparavant, nos deux jeunes gens, sortant de leur *fameux dîner* au Café de Paris, avaient acheté à un Auvergnat la figurine de la *Korrigan* ; à ce souvenir mille pénibles pensées s'éveillèrent dans l'esprit de Gilberte; elle ne put retenir ses larmes, qui coulèrent lentement sur ses joues marbrées par le froid, et elle tomba dans une rêverie profonde; mais bientôt la vieille femme, sa compagne, lui cria d'une voix rauque et d'un ton courroucé :

— Ah çà ! t'es-tu assez reposée ? hue donc, feignante!... hue donc !

Et dans sa colère, la vieille, poussant violemment la charrette par derrière, lui imprima un mouvement si brusque, que le choc fit trébucher Gilberte et faillit la renverser ; mais, se raffermissant sur ses pieds sans proférer une seule plainte, elle jeta au loin un dernier regard *chercheur*, puis, de chacune de ses mains reprenant le brancard de la petite voiture, elle continua de gravir péniblement la rapide montée.

Comment Gilberte était-elle devenue la compagne ou plutôt la bête de somme de la mère Maillart, marchande de pommes ambulante ?

En peu de mots nous le dirons :

Gilberte, durant sa captivité à Saint-Lazare, avait vécu dans l'isolement absolu de ses compagnes de prison, indifférente au présent et absorbée par cette unique pensée, cette unique espérance : « rejoindre Gilbert après leur « mise en liberté, puis partir gaiement avec lui pour ce « voyage merveilleux et infini à travers des mondes nou- « veaux et inconnus, où l'on va revivre incessamment... »

Cette foi inaltérable à la perpétuité de la vie, âme et corps, qu'elle devait à la Korrigan, rendait Gilberte insoucieuse de ce qui se passait autour d'elle, et non moins insoucieuse de son avenir sur cette terre-ci qu'elle brûlait de quitter ; aussi faisait-elle continuellement, comme on dit, *des châteaux dans les autres mondes,* en proie à cette curiosité ardente et toujours inassouvie, particulière à ceuxlà qui, convaincus que l'on ne meurt jamais, voient, dans ce qu'on appelle vulgairement *la mort,* le moment suprême et impatiemment désiré, où sera enfin satisfaite cette curiosité dévorante dont ils sont possédés.

L'on comprendra que, grâce à cette foi puissante, Gilberte, indifférente au présent et à l'avenir, vit passer comme un songe le temps de sa captivité. Une seule préoccupation attristait parfois ses rêveries à l'endroit des autres mondes : la crainte de ne pas rencontrer Gilbert au sortir de prison, toute communication verbale ou écrite ayant été, on le sait, interdite entre les deux époux.

Le jour de sa mise en liberté, la jeune femme s'étant informée auprès du directeur de sa prison du lieu de détention où était renfermé Gilbert, apprit qu'il était *probable-*

ment détenu à la Force, et qu'il serait rendu à la liberté le jour même.

Gilberte attendait au greffe la levée de son écrou, lorsqu'elle fit connaissance de la *mère Maillart*, libérée de prison, après avoir été incarcérée comme prévenue de recel d'objets volés, mais faute de preuves, et malgré de graves présomptions, on avait dû la relaxer. Détenue dans un autre quartier que Gilberte, elle la voyait au greffe pour la première fois; mais, frappée de la beauté de sa jeune compagne, la mère Maillart eut soudain la pensée d'un trafic infâme; faisant alors la bonne femme, se posant en victime d'une erreur de la justice, elle offrit ses petits services à Gilberte; celle-ci, apprenant que la mère Maillart avait été faussement accusée, crut à son honnêteté, se mit en confiance avec elle, et lui dit ingénument son vif désir d'aller retrouver son mari, libéré comme elle de prison, le même jour, après plusieurs mois de prévention.

— Soyez tranquille, vous le retrouverez, ma belle petite — répondit la mère Maillart d'un air parfaitement renseigné; — les femmes sortent de prison le matin de huit heures à midi, mais les hommes n'en sortent jamais que de deux à quatre heures: c'est la règle; je sais cela, j'ai un parent dans l'administration. Il n'est que dix heures, vous aurez donc tout le temps d'aller rejoindre votre mari; mais j'y pense, voulez-vous que je vous accompagne? Il me sera facile par la protection de mon parent (qui est dans l'administration) de vous faire entrer dans la prison de votre époux, au lieu de rester à l'attendre dehors.

On juge de la joie de Gilberte: revoir son Gilbert quelques heures plus tôt! Touchée de l'obligeance de la vieille, elle accepta son offre avec empressement.

— Chère petite belle — demanda la mère Maillart — dans quelle prison est-il, votre mari?

— On m'a dit qu'il devait être probablement à *la Force*.

— Il me semble cependant que vous venez de m'apprendre qu'il était mis en liberté après plusieurs mois de prévention?

— Oui, madame.

— Alors, il est impossible qu'il soit à la Force; on vous a trompée: on n'écroue jamais les prévenus à la Force; votre mari doit être à *la Roquette* ou à *la Conciergerie*, c'est la règle. Je sais cela par mon parent qui est dans l'administration.

— Pourtant — reprit Gilberte — l'on m'a dit que mon mari devait être à la Force. Quel malheur pour moi, si pendant que j'irai le chercher dans une prison, il se trouvait dans une autre!

— Pauvre petite, vous m'intéressez; mais rassurez-vous, voilà ce que nous allons faire: il n'est que dix heures, les hommes ne sont, je vous l'ai dit, mis en liberté qu'après deux heures; nous avons donc, en sortant d'ici, le temps d'aller savoir à la Roquette et à la Conciergerie si votre mari y est incarcéré; alors, par mes protections, je vous ferai arriver jusqu'à lui...

— Mais, madame, s'il est à la Force?

— C'est impossible, je vous le répète : jamais, au grand jamais, on n'a écroué un prévenu dans cette prison-là! Mais enfin, si par impossible cela était, nous pourrions encore arriver à la Force avant l'heure à laquelle on met les hommes en liberté.

L'assurance de la mère Maillart imposant à Gilberte, incapable d'imaginer d'ailleurs quel intérêt sa compagne avait à la tromper, elle crut à ces renseignements qui ne manquaient pas d'une certaine vraisemblance, et les deux *libérées* sortirent de Saint-Lazare, Gilberte se félicitant de l'heureux hasard qui lui faisait rencontrer cette brave femme si prévenante.

— Celle-là du moins — pensait Gilberte — ne s'intéresse pas à moi pour mon argent!

Il est inutile de dire que tout était mensonger dans les renseignements donnés par la mère Maillart : elle avait un but odieux, mais fort simple : égarer les recherches de la jeune femme afin de l'empêcher de retrouver son mari, qu'elle paraissait adorer, puis lui offrir un asile et l'amener ensuite à écouter d'abominables propositions.

Gilberte part donc de Saint-Lazare avec sa compagne, afin de se rendre à la Roquette, puis ensuite à la Conciergerie. Ces trajets à travers Paris sont considérables, la mère Maillart voulait gagner, ou plutôt perdre assez de temps pour que, selon son secret espoir, Gilbert, avant l'arrivée de sa femme, eût quitté la Force s'il y avait été réellement détenu.

Au bout d'une heure de marche, la vieille se sentit, disait-elle, défaillir; il fallut entrer dans un cabaret et y déjeuner : elle espérait griser Gilberte, mais celle-ci n'accepta qu'un verre d'eau et un morceau de pain, et voulut se remettre aussitôt en route.

— Soyez tranquille, ma petite belle — répondait toujours la mère Maillart — nous avons le temps...

Enfin l'on sort du cabaret; la vieille se plaignait de ses cors aux pieds et n'avançait que lentement; l'on arrive à *la Roquette*, aucun prisonnier du nom de Gilbert n'y était détenu.

— Vous voyez bien, j'avais raison! il est à la Force — dit Gilberte désolée. — Allons à cette prison!

— Assurons-nous d'abord qu'il ne se trouve pas à la Conciergerie — reprit la vieille — il doit y être, j'en suis certaine; c'est le règlement.

— Non, non! — reprit Gilberte — je ne sais quoi me dit qu'il est à la Force, je veux y aller!

— Soit — reprit la vieille; — mais ne marchez pas si vite! pour l'amour de Dieu, chère petite belle, mes cors me lancent comme si je marchais sur des épingles!

Gilberte, dans son impatience, fut tentée d'abandonner

sa compagne; mais elle n'osa, retenue par son bon cœur; puis enfin, il n'était pas encore deux heures, et selon la mère Maillart, les détenus n'étaient mis en liberté qu'après cette heure. Enfin la jeune femme arrive à la Force, et apprend que son mari a été, le matin même, remis en liberté. A ce coup cruel, Gilberte fut atterrée.

— C'est incroyable! — s'écria la mère Maillart — il faut que le règlement ait été changé depuis que mon parent est dans l'administration!

Retrouver Gilbert... telle fut dès lors l'unique pensée de Gilberte : mais que devenir ainsi perdue dans Paris, sans argent, sans asile? Elle songea d'abord à se rendre auprès de madame *Batton*, espérant obtenir ainsi du travail, malgré les fâcheuses préventions que son incarcération avait pu laisser dans l'esprit de son ancienne patronne; mais la jeune femme fit la même réflexion que son mari et se dit :

— Ce n'est pas en restant douze à quinze heures dans une chambre que je retrouverai Gilbert! il doit me chercher comme je le cherche! c'est donc en courant les rues de Paris durant la journée que je peux seulement espérer de le rencontrer par hasard!

Mais pour courir les rues de Paris durant le jour, il faut avoir du moins du pain et un abri assurés; Gilberte ne possédait ni l'un ni l'autre; tantôt elle songeait à travailler pendant toute la nuit, longue en cette saison, et à consacrer le jour à la recherche de son mari; tantôt elle voulait s'adresser à madame de Saint-Marceau, qui devait aux deux époux une somme considérable. La mère Maillart, témoin et confidente des perplexités de la jeune femme, lui dit :

— Ma chère petite belle, je ne suis qu'une pauvre marchande des quatre-saisons, au printemps et en été ; l'hiver, je vends des pommes, traînant, comme je le peux, ma petite charrette à bras ; j'ai conservé ma chambre, je n'ai qu'un lit, je vous offre de le partager. Il me reste quelques sous, tant que j'aurai un morceau de pain vous n'en manquerez pas, car vous m'intéressez comme si vous étiez ma propre enfant! Venez loger chez moi, nous aviserons ensuite pour le mieux.

Gilberte, pénétrée de reconnaissance pour cette offre généreuse, voulut, avant de l'accepter, tenter, comme l'avait fait Gilbert, une démarche auprès de madame de Saint-Marceau. Elle se rendit chez elle, accompagnée de la mère Maillart, et apprit le départ de la célèbre cantatrice pour l'Italie. Ce départ ruinait le dernier espoir de la jeune femme, car, plus clairvoyante que son mari, elle pressentit avec quelle impitoyable cruauté elle eût été accueillie par les époux Meunier; elle accepta donc comme une bonne fortune inespérée la proposition de sa compagne; tout en cheminant elle lui dit, frappée d'une idée subite :

— Ma chère dame, avez-vous l'intention de reprendre votre commerce de marchande de pommes?

— Certainement, chère petite, c'est mon gagne-pain en hiver, comme de vendre des quatre-saisons en été... Aussi, dès demain, je vais aller au port Notre-Dame acheter de la marchandise, faire graisser les roues de ma petite charrette, ajuster ma bretelle de cuir et m'atteler...

— Pour vendre vos pommes, vous parcourez les rues de Paris?

— Il le faut bien! aujourd'hui je vais dans un quartier, demain dans un autre, mais j'étale surtout sur les boulevards, parce que c'est là où il passe le plus de monde...

— Et le soir vous vendez aussi?

— Oui, quand le temps est beau, j'allume ma lanterne et quelquefois je ne *remise* qu'à dix ou onze heures.

— Ma chère dame, voulez-vous me rendre un service pour lequel je vous bénirai toute ma vie?

— Lequel, chère petite?

— Vous êtes âgée, cela doit vous fatiguer beaucoup de traîner toute une journée durant votre charretée de pommes?

— Oh! pour ça oui, car souvent le soir j'ai les reins brisés et les jambes me rentrent dans le ventre!

— Je ne suis, vous le voyez, ni bien grande ni bien robuste, mais je suis courageuse comme un lion, prenez-moi avec vous, je traînerai votre charrette.

— Vous!

— Oui, moi, et pour tous gages, je vous demande un morceau de pain, un verre d'eau, quelqu'une de vos plus mauvaises pommes, et un asile dans votre chambre, où je dormirai très-bien sur une chaise.

— Allons donc! vous, jeune et jolie comme un petit ange, vous *atteler*? Ah bien oui! Vous n'êtes pas faite pour ce métier-là... et si vous m'en croyez... je vous donnerai le moyen de...

— Mais figurez-vous donc, ma chère dame, que je n'ai qu'une pensée au monde : retrouver mon mari! — s'écria Gilberte au moment où la vieille allait lui donner d'infâmes conseils. — Pour le rencontrer, il me faut courir Paris, où de son côté il me cherche, j'en suis certaine! Eh bien, justement votre métier me met à même de parcourir les rues du matin au soir et souvent une partie de la nuit... J'ai donc la chance, ou jamais je ne l'aurai, de rejoindre mon pauvre Gilbert!

— Mais, chère petite, vous ne savez pas comme c'est éreintant de tirer tout le jour à la bretelle?

— Bah! bah!.. on peut ce qu'on veut! J'ai du courage, et puis quand je serai trop fatiguée vous me donnerez un coup de main en poussant par derrière. Oh! ma chère dame — ajouta Gilberte les larmes aux yeux — je vous en supplie, ne me refusez pas! Vous pouvez me donner le moyen de gagner mon pain et de chercher mon mari; sinon, que voulez-vous que je devienne? Je suis fleuriste de mon état, et quand même on me donnerait tout de suite de l'ouvrage, je ne pourrais travailler, je n'aurais pas la tête à ce que je ferais! je ne songerais qu'à Gilbert, tandis qu'en traînant votre charrette, j'ai, je vous le répète, la chance de le retrouver!

Le courage, la résignation, l'accent convaincu de la jeune femme, prouvaient un amour si profond pour son mari, que la mère Maillart, malgré la grossièreté de son intelligence, comprit qu'il lui fallait ajourner ses projets d'exploitation infâme, ne renonçant pas d'ailleurs à ses espérances, mais comptant, pour les réaliser, sur la fatigue et sur les privations que devait endurer Gilberte dans son rude et nouveau métier; puis elle était charmante, elle pourrait, par sa jolie figure, attirer les chalands autour de la boutique ambulante de la marchande de pommes. Enfin, si corrompue que fût cette mégère, elle se sentait touchée malgré elle par la jeunesse, par la vaillance, par la douceur de sa jeune compagne: aussi, grâce à ce mélange d'espérances ignobles, de calcul personnel et de compassion véritable, la mère Maillard se rendit aux désirs de Gilberte, et elles arrivèrent dans le taudis que la vieille occupait avant sa captivité.

Gilberte, dès le lendemain, s'attela résolûment à la petite charrette, après avoir changé pour des vêtements appropriés à sa condition présente l'habillement qu'elle portait en sortant de prison.

Il fallut à la jeune femme, pendant les premiers jours de son *attelage*, l'incroyable énergie de son espoir et la courageuse énergie de sa volonté pour ne pas succomber à la fatigue écrasante à laquelle elle s'exposait et dont elle ne ressentait la réaction que le soir, car durant le jour, cherchant incessamment Gilbert du regard, elle oubliait tout et entendait à peine les compliments, souvent grossiers, que l'on adressait à sa ravissante figure. Les prévisions de la mère Maillart s'accomplissaient; la beauté de la petite vendeuse de pommes, lors des fréquents stationnements de la charrette, attirait souvent assez de chalands pour que la marchandise fût épuisée avant la nuit; alors la vieille emmenait la voiture vide, et Gilberte restait jusqu'à une heure assez avancée de la soirée, toujours vainement à la recherche de son mari; puis triste, mais non découragée, elle regagnait son logis...

Cependant, un jour, bonheur inouï que nous n'essaierons pas de dépeindre, non plus que l'horrible déception dont il fut suivi, la jeune femme se vit au moment d'être récompensée de son vaillant dévouement...

C'était à la nuit tombante, la charrette stationnait à l'angle du boulevard du Temple, en face duquel se trouve une sorte de carrefour où aboutissent trois rues : celle du *Faubourg-du-Temple*, celle des *Fossés-du-Temple* et celle qui, se prolongeant derrière le *Château d'Eau*, s'appelle la rue *Samson*; Gilberte, debout entre les brancards de sa voiture, jetait çà et là ses regards *chercheurs* autour d'elle, lorsque soudain elle pousse un cri : elle apercevait au loin son Gilbert, misérablement vêtu.. Elle tend ses bras en avant, s'élance pour courir à lui, mais elle est retenue par ses bretelles de cuir que terminent une courroie et un anneau engagé dans un crochet fixé à l'avant-train de la charrette. Cette violente et brusque tension arrête l'élan de Gilberte; elle veut se faire entendre de son mari, tout en se hâtant de dégager l'anneau du crochet d'avant-train, mais l'émotion, mais ses larmes étouffent sa voix, et dans sa précipitation désespérée à se débarrasser de ses bretelles, elle les enchevêtre tellement qu'elle ne parvient à se délivrer de ses liens qu'au bout de quelques minutes; alors elle s'élance... arrive au carrefour où de loin elle venait d'apercevoir entrer Gilbert... Il avait disparu!... Laquelle des trois rues avait-il suivi? impossible de le deviner : leurs angles saillants et rentrants s'opposaient à ce que la vue pût les embrasser dans toute leur étendue; d'ailleurs, la nuit devenait de plus en plus sombre; la jeune femme, illusion ou réalité, crut se rappeler que son mari semblait se diriger vers la rue du Faubourg-du-Temple.

Courons! — se dit-elle — il n'a que quelques minutes d'avance sur moi!

Et au risque d'être écrasée par les voitures, elle se précipita, haletante, à la recherche de Gilbert. Vaine tentative! elle ne l'aperçoit plus; désolée d'abord, mais songeant bientôt que, grâce à son ambulant et rude métier, cette rencontre infructueuse, ce jour-là, pouvait se renouveler avec succès et combler ainsi son unique vœu, la jeune femme sentit son espoir se raffermir, son courage redoubler; cependant elle devait être encore cruellement éprouvée; elle avait jusqu'alors, par l'opiniâtre dévouement de son amour, assez imposé à la mère Maillart pour que celle-ci eût ajourné ses ignobles conseils; mais, cédant à l'appât d'une somme d'argent que lui offrait l'un des locataires de la maison qu'elle occupait, la vieille eut avec Gilberte l'entretien suivant, le lendemain du jour où celle-ci avait de loin entrevu son mari.

— Ma chère petite — dit la mère Maillart, en prenant un accent patelin et caressant, — décidément ça me fend par trop le cœur de vous voir, jeune et gentille comme vous l'êtes, attelée à notre charrette comme un cheval de porteur d'eau.

— Je ne me plains pas de ma peine... hier j'ai entrevu mon Gilbert.

— C'est par un hasard.

— Oui, mais grâce à un autre hasard, je le rencontrerai encore... et cette fois, je ferai si bien que je l'atteindrai!

— C'est peu probable; moi, je crois, voyez-vous, qu'il y aurait un moyen certain de retrouver votre mari, sans rester dans les brancards à vous éreinter douze à quinze heures par jour.

— Quel est ce moyen?

— Tenez... chère petite, quand on a perdu son chien (soit dit sans comparaison), comment s'y prend-on pour le retrouver? On l'affiche, n'est-ce pas?

— Sans doute...

— Hé bien, moi, à votre place, je ferais placarder sur tous les murs de toutes les rues de Paris d'énormes affiches, imprimées en lettres grosses comme le pouce, et on y lirait: *Madame Gilbert attend monsieur Gilbert, telle rue, tel numéro.* Votre mari qui, dites-vous, court aussi Paris à votre recherche, lirait immanquablement une de ces affiches, et vous le verriez vous arriver un beau matin... Qu'est-ce que vous dites de cela, hein, mignonne?

— Je dis, mère Maillart, que si bizarre qu'il vous paraisse, le moyen serait bon s'il était possible...

— Et pourquoi ne le serait-il pas?

— Est-ce qu'il ne faudrait pas payer les affiches, payer les hommes qui les placarderaient dans tous les quartiers de Paris? ce sont là des dépenses que je ne peux pas faire, vous le savez.

— Bon! ainsi ce n'est que l'argent qui vous manque?

— Rien que cela.

— Hé bien, chère petite belle, dites un mot, et vous aurez autant d'argent qu'il vous en faudra, pour les affiches et pour autre chose encore...

— Je ne vous comprends pas.

— Est-ce que vous n'avez jamais, en descendant ou en montant les escaliers, remarqué M. Soufflot?

— Qu'est-ce que c'est que M. Soufflot?

— Le locataire du premier étage de notre maison, un homme sur le retour, mais très-propret, toujours en beau linge, avec une chaîne à breloques; il a une bonne, de l'argenterie; enfin, ce digne homme est tout ce qu'il y a de plus respectable, de meilleur au monde... c'est la crème des bonnes gens...

— Ensuite, mère Maillart?

— Figurez-vous que ce cher homme vous a vue plusieurs fois sortir, attelée à notre charrette. Ce matin, en remontant avec mon lait, j'ai rencontré ce brave M. Soufflot sur son palier, il m'a dit: « Ma chère dame, je suis
« si peiné de voir la charmante personne qui vous accom-
« pagne s'atteler à une charrette, que si cette personne
« consentait à *me payer de retour*... car je l'adore... je
« lui assurerais un joli petit sort; il y a au second une
« belle chambre à louer, je la lui ferais très-gentiment
« meubler... en noyer... il y aurait une pendule sur la
« cheminée... » — Puis s'interrompant, la vieille hocha la tête et ajouta: — Hein, ma petite? être meublée en noyer... avoir une pendule?... sans compter que ce digne M. Soufflot vous mènerait, j'en suis sûre, promener en fiacre! Ah! ah! c'est ça, mignonne, qui vous ferait ouvrir de grands yeux?

Gilberte, malgré sa tristesse, malgré l'ignominie des propositions de la vieille, trouva, en se souvenant de son opulence passée, les offres splendides et séductrices de M. Soufflot si plaisantes, qu'elle ne put s'empêcher de sourire; la mère Maillart, se trompant à l'expression de ce sourire, s'écria triomphante:

— J'en étais sûre, ma petite! vous ne pouviez résister à un ameublement de noyer et à une pendule!

— C'est sans doute très-tentant! mais ça n'a pas de rapport avec les affiches dont vous me parliez tout à l'heure?

— Hé... les affiches viendront après! acceptez d'abord les offres de M. Soufflot, payez-le de retour, c'est un vieux penard! vous le mènerez par le nez.

— Merci, mère Maillart — répondit Gilberte en se levant, sans même se sentir courroucée de cette offre infâme. — Merci, je ne mange pas de ce pain-là...

— Chère mignonne, réfléchissez donc!...

— Voilà huit heures... le temps est beau, partons...

— Mais je vous dis que M. Soufflot est un homme d'âge.. il est fou de vous... vous tirerez de lui tout ce que vous voudrez!

— Mère Maillart, écoutez-moi bien: vous m'avez donné un asile et du pain, je m'acquitte envers vous de mon mieux; je traîne votre charrette, et vous m'avez dit que la petite marchande de pommes aidait à la vente de la marchandise; je fais votre ménage, je balaie votre chambre, c'était un vrai taudis, et maintenant, grâce à moi, elle est propre et rangée. Le soir, quand nous rentrons, je raccommode votre linge, et les jours où le temps est trop mauvais pour que nous puissions sortir, je savonne vos nippes et les miennes; je suis enfin votre servante, en retour de quoi vous me logez et vous me nourrissez. Je ne me plains pas de mon sort, je ferai de mon mieux pour que vous me gardiez près de vous; ceci entendu, vous pouvez maintenant, si ça vous amuse, me parler tant que vous voudrez de votre M. Soufflot, de ses meubles de noyer et de sa pendule... cela m'est fort égal, parce que je n'ai au monde qu'une pensée: retrouver mon Gilbert, et je le retrouverai!

— Tu n'es qu'une feignante, une meurt-de-faim! s'écria la vieille exaspérée; car, connaissant la résolution de Gilberte, elle voyait échouer ses ignobles projets. — Tu ne gagnes pas le pain que tu manges!

— Pardon, mère Maillart, je le gagne et je m'en vante!

— Sors d'ici, vagabonde! je te remets sur le pavé où je t'ai ramassée...

— Soit, je ne peux pas rester de force chez vous!

— Non, mais au fait tu y resteras! et je te rendrai, vois-tu, la vie si dure et ton pain si amer qu'il faudra bien que tu écoutes M. Soufflot.

— Nous verrons cela, mère Maillart; voilà huit heures et demie... le temps est beau, dépêchons-nous de partir!

Quoique furieuse contre Gilberte, la vieille sentait ce

qu'elle eût perdu en la quittant, et cette perte, la somme d'argent proposée par M. Soufflot pouvait seule la compenser aux yeux de l'infâme entremetteuse! Elle s'était habituée aux services de la jeune femme, qui lui épargnait les soins de son ménage et la peine de traîner sa charrette; elle attirait les acheteurs par sa gentillesse, et à force d'ordre et de propreté elle rendait habitable le taudis commun : elle la garda donc auprès d'elle; mais, fidèle à son espérance de la voir suivre ses abominables conseils, elle lui rendit la vie si dure et le pain qu'elle mangeait si amer, qu'il fallut le courage héroïque de la jeune femme et son inébranlable espoir de retrouver son mari pour endurer une position pareille; une seule fois la mère Maillart s'oublia jusqu'à vouloir frapper Gilberte, mais celle-ci, leste et résolue, se saisit de son épaisse bretelle de cuir et signifia nettement à la vieille qu'elle la sanglerait de coups de lanière si elle osait une seconde fois la menacer; renonçant dès lors à toute tentative de sévices, la mère Maillart se dédommagea de cette contrainte en injuriant sa compagne, ainsi qu'elle l'injuriait encore ce jour où Gilberte traînait péniblement la petite charrette sur le boulevard Saint-Denis, tandis que la vieille lui criait brutalement :

— Hue donc, feignante! hue donc!

Lorsque la nuit s'approcha, la neige recommençant de tomber comme la veille, la marchande n'espérant plus rien vendre, donna l'ordre à sa compagne de rebrousser chemin et de regagner leur logis, situé dans le faubourg du Temple. Elle arrivèrent ainsi aux environs de la porte Saint-Denis, à cette même pente du boulevard rapide et glissante qu'il avait fallu gravir et qu'il fallait à cette heure redescendre ; aussi, se roidissant de toutes ses forces dans le brancard, afin de résister à l'impulsion de la charrette, Gilberte s'écria en tournant la tête vers sa compagne:

— Mais retenez donc la voiture, mère Maillard!... Elle m'entraîne!... il y a du verglas, je vais tomber!

— Hue donc! — répondit la vieille — va donc, feignante?

Bientôt la jeune femme, incapable de résister plus longtemps à l'entraînement de la voiture, tomba sur le pavé en jetant un cri d'épouvante... Elle voyait un cabriolet s'arrêter brusquement si près d'elle, que quelques pas encore et elle était foulée sous les pieds du cheval... Mais à ce cri d'effroi succéda une exclamation dont nous n'essaierons pas de rendre l'accent inexprimable..

Cette exclamation était celle-ci :

— Gilbert!

Puis, incapable de résister à la violence de son émotion, a jeune femme s'évanouit, et Gilbert, sautant d'un bond hors du cabriolet, la releva et l'emporta dans ses bras.

L.

Lorsque Gilberte sortit de son évanouissement, après avoir failli être écrasée sous les roues de ce cabriolet, hors duquel Gilbert était sauté d'un bond pour recevoir sa femme entre ses bras, elle ouvrit les yeux et se vit dans le petit salon d'un café placé à l'angle du boulevard et de la rue Saint-Denis; elle était étendue sur un canapé, où on l'avait transportée; son mari, agenouillé près d'elle, soutenait sa tête, et à côté de lui, imbibant un mouchoir du contenu d'un flacon de spiritueux, se trouvait Louise vêtue de deuil et portant le bonnet des veuves.

A peine Gilberte eut-elle complétement repris ses sens, qu'elle se jeta au cou de son Gilbert, et le couvrit de larmes, de baisers ; les deux époux, dans leurs étreintes passionnées, ne prononçaient que ces mots d'une voix entrecoupée :

— Enfin... te voilà...

— Je te retrouve!... je te vois!

Louise, profondément émue, pleurait en contemplant les deux jeunes gens.

— Non! — se disait-elle — non, ils n'ont pu se rendre coupables d'une action déshonorante! des cœurs si naïfs, si tendres, si courageusement dévoués l'un à l'autre, ne sauraient être pervertis! et cependant un inexplicable mystère plane encore sur l'origine de leur fortune!

— Ma pauvre femme adorée! — murmurait Gilbert fondant en larmes — toi! mon Dieu... toi... attelée à une charrette!

— Oh! j'étais bien certaine qu'en faisant ce métier-là, qui me donnait du pain, tôt ou tard je te rencontrerais dans les rues de Paris!

— Ainsi, c'est pour me chercher que tu te résignais à...

Le digne garçon ne put achever, sa voix s'éteignit dans ses pleurs, il ne put que murmurer :

— Elle! elle!... attelée à une charrette! mon Dieu! mon Dieu!

— Une fois déjà... je t'avais aperçu de loin, près le boulevard du Temple...

— Il y a huit jours, à la tombée de la nuit?

— Justement, je ne m'étais pas trompée! quelle rue as-tu prise?

— La rue des Fossés-du-Temple.

— Et moi, j'ai couru après toi dans la rue du Faubourg-du-Temple! aussi je t'ai perdu; mais cette fois-ci... oh! cette fois, je te tiens!... je ne te perdrai plus! — ajouta la jeune femme en serrant dans une nouvelle étreinte son époux contre son sein. — Et toi, dans ton cabriolet, tu me cherchais aussi? — Puis regardant plus attentivement son mari : — Mon Dieu... comme tu es pâle... mari! tu as donc bien souffert, pauvre Chéri?

— Oui..... car je n'ai pas toujours eu un cabriolet pour aller à ta recherche !... Ce n'est que depuis ce matin... car tu ne sais pas... je...

— Et madame Louise qui est là et à qui je ne dis rien... — s'écria la jeune femme en interrompant son mari. — Pardon, madame... mais vous comprenez... dans le premier moment de joie... on perd la tête... et puis, j'y songe maintenant... par quel heureux hasard êtes-vous près de nous?

— Au moment où votre mari vous relevait évanouie, je passais sur le boulevard en voiture; elle s'est arrêtée devant la foule assemblée; j'avançai la tête à la portière... je vous reconnus, madame Gilberte, je suis descendue de voiture, espérant vous être utile, et je vous ai accompagnée dans cette maison où l'on vous a transportée...

— Tant de bonté ne m'étonne pas de votre part — répondit Gilberte. Puis remarquant alors seulement les vêtements noirs de la jeune femme, elle s'écria : — Ah! mon Dieu, madame! vous êtes en grand deuil... avec un bonnet de veuve?

— C'est vrai! je ne l'avais pas remarqué — reprit Gilbert. — Est-ce que le général... Poussard?...

— Le général est mort — répondit Louise : — j'ai accompli mon devoir envers lui jusqu'à la fin, je l'ai entouré de soins jusqu'à son dernier jour, je l'ai ramené de l'Anjou à Paris, où j'ai appelé près de lui les plus célèbres médecins..... mais leur science a échoué devant l'aberration de l'esprit du général, mortellement frappé de la prédiction que vous lui avez faite, monsieur Gilbert, dans un moment de triste plaisanterie...

— Quoi! madame Louise, le général, toutes les fois qu'il a voulu boire ou manger... a eu la colique?

— Ensuite d'une étrange réaction du moral sur le physique, en vertu de laquelle, selon les médecins, l'on finit souvent par ressentir certains maux dont l'on s'est longtemps préoccupé, effrayé, il est arrivé que le général, d'autant plus alarmé de votre prédiction qu'une précédente menace s'était déjà réalisée, éprouvait, au moment de boire ou de manger, de telles angoisses, de telles appréhensions, que sa santé s'altéra rapidement. Il y a un mois... il est mort, au milieu d'une effrayante agonie; il croyait voir, dans son délire, le spectre des nombreuses victimes de ses duels... ses derniers moments ont été horribles!... horribles!

— Ma foi! si feu le général Poussard n'avait pas été un spadassin féroce... je regretterais une plaisanterie qu'il a prise trop au sérieux... mais enfin il est mort... n'en parlons plus...

— Et M. Georges Hubert, madame Louise? — dit Gilberte — quand il va savoir que vous êtes veuve..... quelle sera sa joie!!

— M. Georges Hubert voyage, je crois, en Écosse — répondit la jeune veuve; puis elle poursuivit avec une pénible anxiété : — De grâce, plus un mot de M. Georges Hubert ni de moi... parlons de vous... je vous en prie.....

— Hé bien, madame, vous nous retrouvez au même point où nous étions, lorsque vous nous conseilliez d'abandonner notre fortune et de vivre de notre travail et de notre petite rente. Si ma Gilberte est de mon avis, avant d'aller chercher le bonheur ailleurs qu'ici-bas, nous essaierons de le trouver en suivant votre conseil. La justice a mis le séquestre sur nos biens, nous voilà, Minette et moi, pour toujours réunis. Nous avons grande envie de travailler; j'ai là (et il tira de sa poche un portefeuille), j'ai de quoi nous acheter deux mille cinq cents francs de rente, et la petite maison de l'avenue Méricourt est peut-être encore à louer.

— Que dis-tu! — s'écria Gilberte. — Tu as de quoi nous acheter des rentes?

— J'ai cinquante mille francs... sauf ce que j'ai dépensé aujourd'hui pour m'habiller des pieds à la tête, prendre un bain, et payer les heures de trois cabriolets que j'ai pris depuis ce matin, car lorsque je t'ai rencontrée, ma pauvre Minette, j'avais déjà mis deux chevaux sur les dents!

— Mais cet argent dont tu parles...

— Figure-toi, qu'à bout de ressources, depuis ma sortie de prison, hier soir, mourant de faim, pouvant à peine me traîner, je me suis décidé à aller chez Meunier.

— Un moment j'y avais aussi pensé..... mais je me suis dit : Ces gens-là ont trop mauvais cœur..... ils seront sans pitié.

— Parlez-vous d'un M. Meunier, banquier fort riche? — reprit vivement Louise en interrompant Gilbert. — Ne demeure-t-il pas rue Saint-Lazare?

— Oui, madame... Est-ce que vous le connaissez?

— Ce M. Meunier habite non loin de mon notaire; tantôt, je me suis rendue chez ce dernier, pour quelques affaires relatives à la succession du général, et j'ai appris que cette nuit un vol considérable avait eu lieu chez ce M. Meunier...

— Eux si avares! — s'écria Gilbert. — Quel coup écrasant!

— Ce vol a été, dit-on, commis avec une audace extraordinaire — poursuivit Louise. — Les voleurs se sont introduits par la cheminée, au moyen d'une échelle de couvreur laissée à dessein dans la cour; M. Meunier et sa femme, surpris durant leur sommeil, ont été garrottés dans leur lit, tout ce qu'ils possédaient leur a été volé, car leur fortune était, dit-on, tout entière en argent, billets de banque et valeurs de portefeuille.

— Ah! Gilberte! il y a une Providence!

— Oui — reprit Louise — car les auteurs de ce vol audacieux ont été arrêtés presque aussitôt le crime commis; ils ont fait les aveux les plus complets, mais l'on n'a retrouvé en leur possession ni l'argent ni les billets de banque, et ils avaient détruit toutes les valeurs de portefeuille, de sorte que M. Meunier est complétement ruiné !

— Ah ! madame, la Providence a fait d'une pierre deux coups ! Les voleurs ont été découverts ; Meunier et sa femme ont été punis, justement punis ! car ces avares, ces envieux, après avoir été nos amis, ont eu le courage hier..... de me chasser de leur maison par un temps affreux, de me refuser un asile, et de me railler sur ma misère !

— Ah ! — reprit Louise — c'est odieux !

— Ce sont de si mauvais cœurs — reprit Gilberte — que je pressentais qu'ils seraient impitoyables. Mon dernier espoir était dans madame de Saint-Marceau, à qui nous avions prêté près de deux cent mille francs...

— Ah, mon Dieu, tu ne sais pas ? la pauvre femme est morte !

— Que dis-tu ?

— Tantôt, en entrant dans un café pour manger un morceau, — j'ai parcouru un journal, et j'y ai lu, aux nouvelles d'Italie : « Que la célèbre cantatrice madame de « Saint Marceau était morte à Naples où les médecins « l'avaient envoyée pour rétablir sa santé. »

— Mourir à la fleur de l'âge et dans tout l'éclat de son talent ! — reprit Louise — pauvre madame de Saint-Marceau !

— Sa mort devra éternellement peser sur la conscience de son mari — dit Gilbert. — Il l'a tuée par son indigne conduite envers elle ! Mais, Minette, pour en revenir à mon récit, repoussé par Meunier, l'idée me vint d'aller m'adresser à madame Badureau ; j'arrive à notre ancien logis, je sonne, elle m'ouvre, me reconnaît, et ses premiers mots sont : « — Vous êtes encore un joli garçon avec vos cin-« quante mille francs ? »

— Quels cinquante mille francs ?

— Te rappelles-tu, qu'avant de quitter notre mansarde pour l'hôtel d'Orbeval, j'ai remis un paquet ficelé à la mère Badureau ?

— Oui, en lui disant de prononcer quelques mots, en ouvrant ce paquet, au bout de je ne sais combien de jours...

— Ce papier contenait cinquante billets de mille francs, c'était une surprise et un don que je voulais lui faire. Mais ne s'expliquant pas une pareille générosité, elle a considéré cette somme comme un dépôt, et me l'a fidèlement remis...

— Brave et honnête femme ! Pourtant, selon notre intention, cet argent lui appartient,... peut-être avons-nous tort de le lui reprendre ?

— J'ai d'abord partagé ton scrupule, mais je me suis dit : Grâce à cette somme, nous pouvons essayer, selon le conseil de madame Louise, de trouver dans une vie laborieuse et modestement aisée le bonheur que, jusqu'ici, nous n'avons trouvé nulle part ; et puis nous avons autrefois donné deux mille francs à madame Badureau,

elle les a placés, ils suffiront à lui assurer, m'a-t-elle dit, dans sa dernière vieillesse, un asile aux *Petits-Ménages* ; de plus, je lui ai proposé de la prendre avec nous : elle a accepté cette proposition avec joie... Croyez-vous, madame Louise, vous dont le cœur est si délicat, qu'en de pareilles circonstances nous puissions conserver ces cinquante mille francs, sans manquer à la probité, sans être ingrats envers la digne créature qui a regardé cette somme comme un dépôt sacré ?

— Cette honnête femme doit à votre libéralité un asile pour ses vieux jours ; elle accepte avec reconnaissance votre offre de la garder près de vous ; il me semble que dans la position extrême où vous vous trouvez, vous pouvez rentrer en possession de cette somme.

— Alors notre joie est complète, madame. Votre approbation lève nos derniers scrupules ! — reprit Gilberte ; nous pourrons donc, après tant de traverses, tant de chagrins, tant de déceptions, essayer d'être heureux en ce monde-ci ? Mais vous, madame, ne ferez-vous pas aussi le bonheur de M. Georges Hubert ? N'êtes-vous pas maintenant veuve et libre ?

— J'étais libre aussi avant d'épouser le général — répondit Louise avec un mélange de mélancolie et de fermeté. — J'étais libre aussi... lorsque je suis venue à Georges Hubert... et j'ai refusé, j'ai dû refuser sa main ; aujourd'hui... je le refuserais encore !

— Quoi ! — s'écrièrent à la fois les deux jeunes gens — vous aurez le courage de.....

— J'ai toujours eu le courage d'accomplir ce que je considère comme mon devoir, et ce devoir... je l'accomplirai jusqu'à la fin... Mais de grâce, ne parlons pas de moi... parlons de vous...

— Mon Dieu ! lorsque M. Georges Hubert saura que vous êtes veuve..... il voudra ....

— Cet entretien m'est pénible, très-pénible... je vous l'assure — répondit la jeune veuve en interrompant Gilberte d'un ton si pénétré que, craignant de la blesser ou d'augmenter son chagrin, les deux époux n'osèrent pas insister au sujet du poëte. Ils se turent et Louise poursuivit ainsi :

— Je vous laisse dans des conditions de bonheur plus favorables encore que celles où vous vous trouviez avant vos cruelles épreuves.

— Pourquoi plus favorables, madame ?

— Avant d'arriver au comble de l'opulence, vous aviez vécu pauvrement, mais du moins à l'abri de cette affreuse détresse, dont vous avez dernièrement souffert, monsieur Gilbert ; vous ignoriez cette vie rude et pénible à laquelle vous vous êtes courageusement résignée, madame Gilbert..... dans l'espoir de retrouver votre mari ; ainsi vous aurez connu par expérience les amères déceptions de l'extrême richesse... et les douleurs de l'extrême misère ; la modeste aisance dont vous jouirez vous semblera donc doublement précieuse en la comparant à l'une ou à l'autre de vos deux existences passées...

— C'est vrai, nous n'avions pas songé à cela, ma Gilberte : c'est le cas de dire : A quelque chose malheur est bon...

— Oui, car lorsque nous serons dans notre heureux petit ménage et que nous nous souviendrons que tu as failli mourir de faim et de froid, mon pauvre Gilbert... errant sans asile dans Paris, et que moi je traînais une charrette dans la boue et dans la neige, partageant le taudis d'une horrible vieille de qui j'étais la servante, avec quelles délices nous jouirons de notre aisance!

— Chose triste à penser, madame Louise ! — reprit Gilbert — faut-il donc, pour trouver le point milieu du vrai bonheur en ce monde-ci, avoir connu, tour à tour et par soi-même, les angoisses de la dernière misère... et la vanité des grandeurs, des richesses et de la gloire ?

— Hélas ! oui : voilà pourquoi le plus grand nombre des hommes à qui manque cette expérience ne se trouvent jamais satisfaits de leur sort... ou ne savent pas l'apprécier à sa juste valeur.... Mais avant de nous séparer, ma franchise m'impose une question indiscrète peut-être...

— Parlez... oh ! parlez, madame Louise, nous vous répondrons sincèrement.

— La loyauté, la bonté, la délicatesse se révèlent à chacune de vos paroles ; aussi m'est-il impossible de comprendre ce mystère étrange qui plane sur l'origine de votre fortune... je l'avoue... lorsque, en ma présence, un magistrat est entré chez vous parlant de la possibilité d'une instruction criminelle...

— Vous nous avez pris pour de malhonnêtes gens?

— Non, mais sans aller jusque-là, j'ai senti s'élever en moi de fâcheuses préventions contre vous ; et sans le trouble où m'avaient jetée vos révélations sur le secret le plus important de ma vie... sans la présence inattendue de M. Georges Hubert, j'aurais tâché d'approfondir ce qu'il pouvait y avoir de faux ou de vrai dans l'accusation portée contre vous. Cette accusation est abandonnée, votre mise en liberté prouve votre innocence ; vos biens, dont vous vouliez faire un si généreux usage, restent sous le séquestre, mais enfin de ces biens... quelle était donc l'origine?

— Madame Louise, vous ignorez naturellement ce que c'est qu'une KORRIGAN?...

— Autant qu'il m'en souvient... et selon la tradition, ce sont de gentilles petites fées qui se plaisent à peigner leurs cheveux blonds au bord des fontaines...

— Comment... madame Louise, vous savez ce que c'est qu'une Korrigan ?

— Vous en avez vu aussi?...

— Ah! vous nous croirez alors, vous !

— Je n'ai pas vu de Korrigan — reprit Louise en souriant — puisque ce sont des êtres imaginaires ; mais ces petites fées sont une de ces charmantes fictions de la mythologie *celtique* ou *gauloise*. M. Georges Hubert, pendant longtemps, s'est livré à de profondes études sur les temps primitifs de notre histoire ; je partageais ces études, elles nous charmaient et nous instruisaient des mâles croyances de nos pères qui, persuadés, selon la sublime religion druidique, que *l'on ne mourait jamais*, étaient ainsi délivrés du mal de la mort... Cette foi si consolante, si salutaire, nous ravissait, M. Georges Hubert et moi ; aussi nous tendions de toutes les forces de notre intelligence et de notre âme vers cette divine croyance.

— Il serait vrai, madame ! vous croyez, ainsi que nous, que l'on va revivre ailleurs et toujours renaître de monde en monde jusqu'à l'infini?

— Vous vous êtes donc occupés de ces questions si abstraites? — reprit Louise fort surprise. — Auriez-vous donc lu les admirables pages de JEAN REYNAUD sur le druidisme (1) ?

— Jean Reynaud?

— Oui, c'est l'une des plus hautes intelligences, l'un des plus nobles caractères de ce temps-ci !

— Nous le croyons tel, si vous le jugez tel, madame Louise ; vous vous connaissez en grands esprits et en grands cœurs !... Mais nous sommes deux pauvres ignorants qui n'avons pas cherché dans des livres notre foi.... à l'éternité de la vie, âme et corps, esprit et matière !

— Cette foi, où l'avez-vous puisée?

— La Korrigan nous l'a donnée.

— Quelle Korrigan ?

— Tenez, madame Louise... au risque de passer, ma femme et moi, à vos yeux pour des fous, je vous dirai que nous avons vu une Korrigan, oui... une véritable Korrigan : grâce à elle, nous pouvions, en un temps, tout ce que nous voulions ; ainsi, voulant tâter des grandeurs, NOUS AVONS ÉTÉ, ma femme et moi, *le marquis et la marquise de Montlaur*.

— Ensuite, voulant tâter de la gloire, NOUS AVONS ÉTÉ M. Georges Hubert, NOUS AVONS ÉTÉ VOUS-MÊME, madame Louise ; voilà comment j'ai su votre secret... J'ai imaginé l'histoire du rêve afin de ne pas vous effrayer.

— Enfin, dégoûtés de la vie de grand seigneur et de la gloire, croyant trouver le bonheur dans une grande fortune, nous avons demandé à la Korrigan des millions qu'elle nous a donnés ; après quoi nous lui avons rendu

(1) Que notre excellent et illustre ami, vivant comme nous loin du sol de la France, nous permette ce témoignage d'admiration et de souvenir d'inaltérable attachement ; nous engageons ceux de nos lecteurs, qui voudront partager l'enthousiasme que nous inspire l'une des œuvres les plus remarquables de notre temps, par la profondeur de la science, par l'élévation de la pensée, par le plus saint patriotisme, à se procurer la livraison de *l'Encyclopédie nouvelle* contenant l'article DRUIDISME, chez *Gosselin, libraire à Paris*. Le prix de cette livraison est de 1 fr. 50 cent. ou 2 francs au plus.

sa liberté, car elle devait rester près de nous jusqu'à ce que nous soyons assez satisfaits de notre sort pour la renvoyer.

— Mais jusqu'à son départ, nous avons pu tout ce que nous avons voulu ; c'est ainsi que Gilbert a donné la colique à défunt le général Poussard, toutes les fois qu'il a voulu se battre en duel.

— Voilà, madame Louise, la pure vérité ; vous ne pouvez pas nous croire, la justice ne nous a pas crus non plus ; ce que nous vous disons nous paraîtrait à nous-mêmes impossible, insensé, si nous ne l'avions pas vu ; mais enfin... cela est.

— Je vous sais incapables de me railler ou de mentir, et tout me prouve que vous jouissez de votre raison — reprit Louise après un moment de stupeur. — La révélation de ce secret, que moi seule pouvais savoir... votre première menace au sujet du général, si étrangement accomplie... tout cela est incompréhensible à mon esprit, et il m'est non moins impossible de vous accuser de mensonge que de vous croire.

— Quoi qu'il en soit — reprit Gilberte — vous nous regardez comme d'honnêtes gens?

— Pouvez-vous en douter?

— Alors, madame Louise, donnez-nous encore une preuve d'intérêt.

— Laquelle?

— Nous sommes plus que jamais résolus de suivre vos conseils, mais qui sait si nous n'aurons pas encore à vous en demander? Permettez-nous, si vous devez habiter Paris, d'aller vous faire de temps à autre une petite visite le dimanche?

— Si j'avais dû rester ici, j'aurais été la première à désirer continuer des relations qui ont pour moi un grand charme, mais avant peu j'aurai quitté Paris... et je ne sais si jamais j'y reviendrai!

— Où allez-vous donc demeurer?

— Je l'ignore... je n'ai pas de projets arrêtés, mais je veux vivre dans une retraite absolue...

— Ah! voilà qui gâte notre belle journée... ne plus vous voir !... vous à qui nous devons peut-être le bonheur de notre vie, madame Louise...

— Les éléments de ce bonheur étaient en vous, je vous ai seulement aidés à les découvrir.

— Mon Dieu... et nous ne pourrons seulement pas même savoir de vos nouvelles?

— Il me serait, je vous le répète, très-pénible d'être privée de tous rapports avec vous — répondit la jeune veuve en réfléchissant. Puis elle ajouta : — Si vous voulez m'écrire, adressez vos lettres à mon notaire, dont voici l'adresse (et elle donna une carte à Gilbert). Faites-lui connaître votre demeure, et, par son intermédiaire, nous pourrons facilement correspondre. Maintenant, adieu...

— reprit Louise d'un air pensif. — Tous deux, à votre insu, vous aurez exercé une puissante influence sur ma vie, en révélant à M. Georges Hubert un secret... qui devait toujours rester ignoré de lui, et en amenant par une prédiction étrange l'événement qui m'a rendue veuve... Ces faits, vous les attribuez à des causes surnaturelles, dont ma raison ne peut admettre la réalité... ces faits auront-ils des conséquences bonnes ou mauvaises pour la destinée de M. Georges Hubert et pour la mienne? Dieu seul le sait !... mais, quoi qu'il arrive, je conserverai toujours de vous le meilleur souvenir... Adieu.... encore adieu... — ajouta Louise avec une vive émotion en embrassant Gilberte à plusieurs reprises ; puis, tendant la main à Gilbert, qui la serra respectueusement, elle quitta les deux époux.

Ceux-ci montèrent en fiacre et se firent conduire à leur ancienne et pauvre demeure, où ils voulurent loger provisoirement, jusqu'à leur établissement dans la petite maison de l'avenue Méricourt, ou dans tout autre logis, situé hors barrière et à proximité de Paris.

LI

ÉPILOGUE.

Trois années environ s'étaient écoulées depuis l'accomplissement des faits précédents.

Ce soir-là, l'on représentait à la Comédie-Française une œuvre nouvelle: la salle était comble, la famille royale tout entière assistait dans sa loge à cette *solennité littéraire*. Le rideau venait de se baisser après le quatrième acte, au milieu de bravos enthousiastes, et, selon l'usage, les spectateurs profitaient de l'entr'acte, pour échanger leurs impressions sur le drame que l'on jouait, ou leurs observations sur certaines personnes très-connues dans ce que l'on est convenu d'appeler : LE MONDE. L'entretien suivant était spécialement consacré à ces dernières remarques, car ceux qui les faisaient, hommes et femmes, étaient plus mondains que lettrés, quoiqu'ils eussent largement accordé leur part d'applaudissements à la pièce nouvelle.

Deux femmes très-élégantes, l'une d'un âge mûr, l'autre fort jeune, et trois hommes debout derrière ces *merveilleuses*, qui occupaient les places de devant de l'une des loges au-dessous desquelles se trouve le balcon, avaient donc l'entretien suivant :

— Je vous le disais bien, madame la duchesse, c'est M. de Baudricourt. J'étais certain de ne pas me tromper ; je l'ai reconnu tout à l'heure, au moment où il n'a pu s'empêcher de s'avancer du fond de son obscure loge de baignoire, lors de la magnifique scène du quatrième acte, où mademoiselle Rachel a été si admirable!

— En vérité, c'est à n'y pas croire! Après son odieuse

conduite envers cette malheureuse madame d'Orbeval, avoir l'audace de venir ici, s'afficher publiquement avec cette danseuse espagnole qu'il amène d'Italie..... c'est affreux !

— Affreux ? Voilà qui est, d'honneur, fort singulier ! — reprit le duc. — Ah çà, est-ce que par hasard, Baudricourt était marié avec madame d'Orbeval ?

— Eh monsieur ! s'il eût été son mari, son indigne conduite aurait eu du moins une excuse...

— Ma chère amie... voici des principes... permettez-moi de vous le dire, fort étranges.

— Mais non, mon cher duc ! — Madame, si j'interprète bien ses paroles, pense, avec raison, que Baudricourt ayant accepté les sacrifices que lui a faits madame d'Orbeval, il est doublement coupable d'avoir si cruellement rompu avec elle...

— C'est évident!

— Selon moi — reprit la jeune femme — madame d'Orbeval est très-justement punie... Après le scandaleux éclat de sa conduite, elle ne mérite aucune pitié !

— Ma chère Alix — dit la duchesse — soyez plus charitable ! vous n'étiez pas encore entrée dans le monde lorsque madame d'Orbeval en sortait ; et si vous aviez été, comme moi, son amie, vous la plaindriez, je vous l'assure ! Songez-y donc? avoir renoncé à sa famille, à la société, à la plus grande existence possible, pour se vouer à une affection que l'on croit éternelle, et, après plusieurs années de bonheur, être indignement abandonnée pour qui?...

— pour une danseuse de bas étage !

— Danseuse de bas étage tant que vous voudrez ! — reprit le duc qui tenait en ce moment sa double lorgnette approchée de ses yeux — je la vois en ce moment à merveille, cette grande diablesse..... Elle a de superbes yeux noirs, brillants comme des charbons ardents, des dents perlées qu'elle montre en riant de tout son cœur... Ses lèvres, d'un rouge de sang, font un singulier contraste avec son teint mat et olivâtre... et puis quels épais sourcils, aussi noirs que ses magnifiques cheveux ! une véritable crinière frisée ! ils tombent jusque sur son corsage. Elle est véritablement faite au tour... quelle taille ! et avec cela une main d'enfant... On dit que c'est une Bohémienne... cela ne m'étonne point.

— Ne trouvez-vous pas aussi, monsieur, une circonstance atténuante, pour l'indigne conduite de M. de Baudricourt, dans cette belle excuse : que cette fille est une Bohémienne ?

— Ma foi, ma chère, on dit qu'une fois que l'on est sous le charme ou plutôt sous la griffe de ces créatures-là... il est très-difficile de s'en dépêtrer. Il faut qu'il en soit ainsi : ce pauvre Baudricourt aura été fasciné, ensorcelé ! car je le tiens pour le plus galant homme qui soit au monde ; oui, s'il a brusquement rompu avec madame d'Orbeval, rupture, selon moi, tellement inouïe, que je n'y croirais point si je ne le voyais pas là, c'est que ce pauvre garçon aura été, je le répète, ensorcelé par cette grande diablesse.

— Vous allez maintenant, monsieur, plaindre M. de Baudricourt ? Tenez, vous êtes fou ! c'est odieux ce que vous dites là !

— Ah ! madame, votre curiosité va être satisfaite ! — reprit l'autre personne placée derrière la duchesse — voici que l'on ouvre la porte de cette loge des secondes de face, inoccupée jusqu'ici, quoique la salle soit comble... et qu'il y ait du monde jusque dans les couloirs.

— Oh, mon Dieu !... — s'écria la comtesse Alix — mais les deux hommes qui entrent dans cette loge sont ivres ! en voilà un qui a failli tomber dans le parterre.

— Bon... c'est Montlaur ! avec son fidèle Saint-Marceau. Pauvre Montlaur ! voilà pourtant comme il est tous les soirs... et souvent aussi le matin !

— Quand on se trouve dans un pareil état, l'on ne sort pas du cabaret où l'on a dîné !

— Ils vont certainement se faire mettre à la porte..... Tout le monde les regarde...

— Ah ! les voilà qui saluent le public en lui envoyant des baisers !

— C'est révoltant ! ! des hommes de bonne compagnie, causer un tel scandale !... se donner ainsi en spectacle !

— Que voulez-vous, madame la duchesse, le chagrin.....

— Comment, le chagrin ?

— Je connais Montlaur depuis dix ans, madame ; avant son malheureux duel avec Saligny, c'était l'homme le plus heureux du monde, magnifique sans prodigalité, réglant sa fortune à merveille, ayant la meilleure maison de Paris, vivant au mieux avec madame de Montlaur...

— Monsieur de Surville, je vous en prie, ne prononcez pas le nom de cette femme-là... elle est devenue, par ses dérèglements, la honte de sa famille et de notre société. Dieu merci, elle a quitté la France avec ce misérable petit comédien, dont elle s'était affolée. Fasse le ciel qu'elle ne revienne jamais !

— Si j'ai prononcé le nom de madame de Montlaur, madame la duchesse, c'est que sa conduite, qui à bon droit vous révolte, a causé le plus cruel chagrin à son mari ; quoique séparé de corps et de biens avec la marquise, elle n'en portait pas moins son nom, et ce nom elle le déshonorait publiquement, par les liaisons les plus basses ; aussi Montlaur, profondément affecté, a commencé de se griser pour s'étourdir, et ce vice est malheureusement devenu pour lui une habitude.

— Une habitude que Saint-Marceau partage s'il ne la favorise pas, l'effronté parasite ! il s'est accroché à ce pauvre Montlaur, loge chez lui, ne le quitte pas d'un moment, vit à ses dépens et lui emprunte tout l'argent qu'il joue !

— Je ne comprends pas qu'un homme salue de M. Saint-

Marceau! Après avoir ruiné sa malheureuse femme, il l'a fait mourir de désespoir!

— Je puis vous assurer, madame la duchesse, que Saint-Marceau est de tous points fort mal vu... quant à moi je ne lui rends jamais son salut...

— Mais c'est scandaleux!..... voyez donc quel tapage M. de Montlaur et son ami font dans cette loge; on commence à les huer...

— Voici tout le parterre debout!

— Allons, Montlaur recommence à envoyer des baisers à la foule!

— Ah! la porte s'ouvre... un monsieur en noir entre et parle à Saint-Marceau, qui paraît avoir conservé plus de sang-froid.

— C'est sans doute un commissaire de police qui les engage à sortir.

— Dieu merci, ils l'écoutent, les voilà partis...

— Ma chère — dit soudain à demi-voix le duc à sa femme — les voyez-vous parmi les spectateurs du balcon, qui s'étaient levés en entendant le tapage des deux ivrognes... les reconnaissez-vous?

— Qui cela?

— La *Fleuriste* et le *Lithographe*.

— Ne me parlez pas de ces gens-là — reprit la duchesse avec une impatience hautaine — c'est encore un des hauts faits de ce M. de Saint-Marceau d'avoir eu l'inconcevable idée de patronner de pareilles *espèces!*

— Ma foi! ma chère, ils avaient la meilleure table de Paris; et puis enfin n'êtes-vous pas allée chez eux comme tant d'autres?

— J'ai eu ce malheur-là, il est vrai, et je suis restée avec ma courte honte!

— De qui parlez-vous donc, chère duchesse.

— Ma chère Alix, vous n'étiez pas encore entrée dans le monde, lorsque deux aventuriers, se faisant ridiculement appeler *Monsieur le Lithographe* et *Madame la Fleuriste*, ont ouvert leur maison sous le patronage de M. de Saint-Marceau; homme de la société, quoiqu'il eût épousé une femme de théâtre, il se chargea, non seulement des invitations de ces gens-là, mais de les faire accepter, ces invitations, ce qui n'était guère facile, car enfin, si ces inconnus avaient pris un nom étranger, passe encore! on va chez un étranger, ni plus ni moins que l'on irait en Angleterre ou en Italie, sans considérer pour cela l'Angleterre ou l'Italie comme étant de votre société; mais aller chez *des espèces* qui se faisaient un titre impertinent de leur ancien métier, voilà qui était parfaitement ridicule et souverainement inconvenant!

— Cependant, chère duchesse, le duc disait tout à l'heure que vous étiez allée chez ces gens-là?

— Hé! mon Dieu, oui! par faiblesse, et j'en rougis! C'est cette insupportable princesse de Marsan qui, malgré moi, m'a débauchée! M. de Saint-Marceau avait eu l'art d'attacher premièrement le grelot à cette belle princesse ainsi qu'au prince, car celui-là... pourvu qu'il dîne à ravir, irait, je crois, dîner chez le bourreau; de même que la princesse, pourvu que l'on fasse danser, valser, pirouetter ses quarante-cinq ans et son embonpoint, irait au bal chez je ne sais pas qui; aussi M. de Saint-Marceau lui avait-il garanti, s'il vous plaît, à cette grosse corybante, autant de contredanses et de valses qu'elle en voudrait, *à valoir* sur M. le Lithographe, comme disent nos gens d'affaires: au prince et à la princesse, M. de Saint-Marceau adjoignit le ragoût de cette écervelée de madame de Bellefontaine, qui, à l'endroit des fêtes, quelles qu'elles soient, où qu'elles soient, montre environ autant de judiciaire et de réserve dans son choix qu'un papillon de nuit au vis-à-vis des bougies; cette folle attirait nécessairement dans son orbite M. de Blainville et sa pauvre femme, puisqu'il avait la cruauté de la traîner partout où se trouvait madame de Bellefontaine dont il s'occupait alors plus qu'ouvertement; ce noyau, formé de gens du meilleur et du plus grand monde, comme vous le voyez, chère Alix, attira d'autres personnes; l'on se disait: — Après tout, puisque l'on va là, pourquoi n'irions-nous point?
— Ce fut l'histoire des moutons de Panurge; beaucoup d'hommes et de femmes de notre société sautèrent le fossé à la queue-leu-leu et s'encoururent à l'ancien hôtel d'Orbeval, où *ces espèces*, grâce à l'intendant de la pauvre comtesse, tenaient véritablement une excellente maison; j'étais, cela va sans dire, restée étrangère à ces belles équipées qui me révoltaient, lorsque la princesse arrive un matin chez moi et entreprend de me décider à assister aux fêtes de l'hôtel d'Orbeval; je hausse les épaules en la priant de me laisser tranquille et de ne pas m'impatienter; elle insiste en me disant: « — Mais venez donc, ma chère,
« toute notre société va là! c'est très-amusant! on y en-
« tend la meilleure musique de Paris! on y danse jusqu'à
« six heures du matin! on y soupe à outrance! tout est
« servi avec une incroyable magnificence, et cela n'engage
« à rien, mais à rien du tout envers les maîtres de la
« maison que personne ne reçoit et à qui l'on ne dit pas
« quatre paroles dans la soirée; on les appelle, puisqu'ils
« y tiennent: Madame la Fleuriste et monsieur le Litho-
« graphe, mais le dos tourné, l'on pouffe de rire. Leur
« maison n'est autre chose qu'un délicieux *Casino* dont
« ils font splendidement les frais, exclusivement pour
« notre société, car vous sentez bien que M. de Saint-Mar-
« ceau ne leur permettrait jamais d'oser inviter chez lui
« quelqu'un qui ne fût pas des nôtres. Voyons, de quoi
« vous offusquez-vous? Est-ce que lorsque vous êtes aux
« eaux d'Aix ou de Baden, vous n'allez pas au Casino?
« Est-ce que vous recevez chez vous les gens qui font les
« frais du Casino? pas du tout! Hé bien, c'est ici absolu-
« ment la même chose; l'hôtel d'Orbeval est notre *Casino*,
« ma chère! » Enfin que vous dirai-je? cette insuppor-

table princesse me rabâcha tant et tant de son Casino (et il y avait après tout assez de justesse dans sa comparaison) que je fis comme les autres bêtes moutonnières, je sautai le fossé. Que voulez-vous... chère Alix, *ces espèces* donnaient de ravissantes fêtes de printemps, le moment d'aller dans nos terres ou aux eaux n'était pas encore venu, toutes les maisons où l'on reçoit étaient fermées, je me décidai donc comme tant d'autres à cette sottise, mais je fus bientôt et très-justement punie de ma faiblesse.

— Que vous est-il donc arrivé, chère duchesse?

— Je comptais me rendre un soir à une fête de nuit, qui devait avoir lieu à notre *Casino d'Orbeval*, comme nous disions, lorsque je vois la princesse arriver chez moi, aussi cramoisie, aussi furieuse, aussi suffoquée que si elle eût manqué douze contredanses. « — Vous ne savez pas, « ma chère? — me dit cette hurluberlue — la fête de ce « soir n'a pas lieu! Ces manants ferment leur maison, « sous cet impertinent prétexte qu'ils nous ont, pour « leur argent, assez vu danser et souper, et que cela ne « les amuse plus du tout, mais du tout!... conçoit-on pa-« reille insolence? » — Et voilà qui nous punit fort justement de notre bassesse, dis-je à madame de Marsan — et je n'oublierai jamais que c'est à vos comparaisons de Casino et autres sornettes, que j'aurai dû ma part de cette indigne humiliation.

— Un pareil procédé de la part de *ces espèces* devenait, chère duchesse, d'une grossièreté inouïe.

— Mais vous n'êtes pas au bout, ces gens-là étaient des voleurs... ou l'équivalent.

— Ah! mon Dieu!

— Ils avaient pris, on ne sait où, et on l'ignore encore, l'argent qu'ils dépensaient; la police s'en est mêlée; ils ont été mis en prison; il est vrai qu'on les a ensuite relâchés, mais leurs biens sont restés sous la main de la justice...

— J'ai entendu dire — ajouta le duc — que le temps de *prescription*, comme ils appellent cela, je crois, était arrivé, et qu'il ne serait pas impossible qu'on leur rendît cette immense fortune que personne ne réclame!

— Cela m'est fort indifférent, mais toujours est-il qu'il est exorbitant que tant de personnes de notre société, et moi la première, nous soyons allés chez des gens qui ont été traduits en justice! Et voilà, chère Alix, jusqu'où peut vous mener l'oubli de la bienséance et du respect de soi...

— Madame la duchesse — reprit tout bas M. de Surville — êtes-vous curieuse de voir la femme de Georges Hubert?

— Certainement... où donc est-elle?

— Justement entre le Lithographe et la Fleuriste... Tenez, à ce moment elle tourne la tête: elle doit être bien heureuse et bien fière du succès de ce soir!

— Mais c'est qu'elle est fort belle... cette madame Georges Hubert — répondit la duchesse en lorgnant — mais c'est qu'elle a vraiment fort bon air... c'est incroyable!...

— Elle est mise avec une simplicité pleine de bon goût — ajouta la comtesse Alix. — Mais comment est-elle liée avec *ces espèces* dont vous parliez, chère duchesse? Tenez, la voici qui cause encore avec ces gens-là!

— Vous devez penser, chère Alix, que la femme d'un écrivain ne saurait être très-difficile sur le choix de ses connaissances.

— Mais il me semble vous avoir entendu dire que M. Georges Hubert était autrefois très-bien accueilli dans le monde?

— Sans doute; malheureusement depuis longtemps il est devenu très-sauvage. Nous ne le voyons plus, et c'est grand dommage, car, malgré son manque de naissance et beaucoup de raideur dans le caractère, il était parfois fort aimable et toujours d'excellente compagnie.

— Peut-être, maintenant qu'il est marié, reviendra-t-il dans le monde?

— Je crains au contraire qu'il ne soit complètement perdu pour nous; sa femme ne pouvant être reçue dans notre société, nous ne le reverrons plus.

— Pourquoi donc ne recevrait-on pas madame Georges Hubert, chère duchesse?

— Comment, pourquoi? mais parce que si l'on reçoit M. Georges Hubert en sa qualité de grand poète, il n'y a pas le moindre prétexte pour recevoir sa femme... une bourgeoise!

— C'est vrai, chère duchesse; en vérité, je ne sais à quoi je pensais... en parlant ainsi.

Pendant l'entretien précédent Gilbert et Gilberte se trouvaient au balcon, ayant entre eux deux Louise, assise à cette même place où, plusieurs années auparavant, elle avait assisté la première fois au triomphe, et la seconde fois à la défaite de son poète; la physionomie des trois amis révélait un bonheur profond, et le ressentiment de l'éclatant succès du nouveau drame de l'illustre écrivain, succès cher à leur cœur à tant de titres.

Gilberte, plus que jamais charmante, était mise avec une élégante simplicité; son Gilbert, joyeux comme en ses plus beaux jours, continuait, selon l'expression de sa femme, *à n'avoir pas l'air marié du tout*, si l'on en jugeait d'après les tendres œillades qu'il jetait de temps y autre à Gilberte, dont il était séparé par MADAME GEORGES HUBERT.

— Ma chère Louise — dit soudain la jeune femme à son amie en se penchant à son oreille — écoutons... écoutons... Je vois là, près de nous, un groupe se former autour du vieil habitué... vous savez? celui qui, lors de cette malheureuse soirée, prenait si généreusement la défense de M. Georges Hubert...

— Oui, je m'en souviens — reprit Louise — mais aujourd'hui... je l'écouterai sans crainte...

Et la jeune femme, ainsi que ses deux amis, prêtèrent une attention croissante à l'entretien du vieil habitué et de ses voisins.

LII

Le vieil habitué, fidèle à la place qu'il occupait à l'angle du balcon, disait à ses voisins groupés autour de lui, tandis que Louise, Giberte et Gilbert ne perdaient pas une de ses paroles :

— Tenez, messieurs, il y a quelques années, ici, à cette même stalle, j'assistais à la chute mémorable du dernier drame que Georges Hubert ait écrit avant celui-ci... Je dis chute mémorable... parce que c'est le seul échec que cet illustre écrivain ait jamais subi.

— Et l'échec fut, dit-on, monsieur, des plus rudes... et des mieux mérités ?

— Rude... oui, mais, selon moi, peu mérité ; l'opinion publique, si souvent extrêmement capricieuse et passionnée dans sa sympathie ou sa malveillance, et que vous voyez aujourd'hui enthousiaste de Georges Hubert, s'était alors déchaînée contre cet homme illustre, de qui le caractère est aussi élevé que le talent ; on lui imputait à crime le suicide d'un malheureux enfant qu'il avait voulu sagement détourner d'une fausse vocation pour la poésie... L'on accusait encore Georges Hubert d'avoir enlevé une riche héritière pour les beaux yeux de sa cassette. Enfin que vous dirai-je, messieurs ? depuis quarante ans j'assiste à des premières représentations, et jamais je n'ai été témoin d'une chute plus scandaleuse, plus outrageante pour un écrivain ! Ce fut pour notre poëte une sorte d'exposition au pilori, aussi cruelle qu'elle était inique.

— Mais la pièce était, à ce qu'il paraît, détestable ?

— Détestable, non, messieurs, elle renfermait de rares beautés de style, de grandes pensées, mais l'œuvre était froide, monotone, tranchons le mot, ennuyeuse... L'élan, le mouvement, l'invention lui manquaient.

— C'est cependant par l'originalité, par la puissance de l'invention que Georges Hubert est si remarquable...

— Mon Dieu ! messieurs, si je ne craignais de sembler vouloir ériger ma stalle de spectateur en chaire de professeur d'art dramatique... je vous dirais en quelques mots...

— Parlez, monsieur, parlez de grâce ! nous avons le plus grand plaisir à vous entendre.

— Je voudrais savoir le nom de ce brave homme-là — dit tout bas Gilbert à Louise — il a une excellente et noble figure avec ses grands cheveux blancs... si nous l'invitions à souper ce soir ?

— Y penses-tu, Gilbert? l'inviter sans le connaître... mais écoute-le donc...

— Messieurs — reprit le vieil habitué — vous avez sans doute lu, il y a quelque temps, dans les journaux cette nouvelle : « Notre illustre poëte, M. Georges Hubert, vient « d'épouser la veuve de M. le général Poussard, l'un des « glorieux débris, etc., etc. »

— Ce devait être ce fameux duelliste qui a tué dix ou douze personnes en duel ?

— Oui, messieurs, c'était lui-même ; or, remarquez une chose qui bientôt vous paraîtra fort contradictoire, je vous parlais tout à l'heure de cette héritière, riche à millions, disait la calomnie, et enlevée par notre poëte dans un but d'ignoble cupidité ?

— En effet, monsieur, vous nous rappeliez ce fait..

— Or, cette riche héritière (qui, par parenthèse, avait à peine deux cent mille francs de fortune) n'est autre chose que madame Poussard, que notre poëte a épousée...

— Ah bah !

— C'est fort curieux.

— De grâce, monsieur, continuez !

— Mon notaire est par hasard le notaire de madame Poussard, je n'ai pas d'ailleurs l'honneur de la connaître personnellement, mais j'ai ainsi souvent entendu parler d'elle : ceci vous expliquera, messieurs, comment je suis instruit de certains détails intimes, dont j'userai sans scrupule, puisqu'ils sont aussi honorables pour M. Georges Hubert que pour la femme éminemment distinguée qu'il vient d'épouser.

— Chère Louise... entendez-vous ce digne homme ! — dit tout bas Giberte à son amie. — Moi, je suis comme Bibi, j'en raffole de ce bon vieillard !

— Je vous en conjure, Giberte — répondit l'épouse du poëte en rougissant — prenez garde d'attirer l'attention sur nous... Si j'étais reconnue, quel serait mon embarras !

— Allons... Louise, ne me grondez pas... je serai *bien sage*, je ne serai plus bavarde.

— Voici, messieurs — reprit le vieil habitué — ce qui va vous paraître sans doute contradictoire : savez-vous quelle fut, à mon avis du moins, et je ne me trompais pas, savez-vous quelle fut la cause réelle de la chute de ce drame dont nous parlions tout à l'heure ?

— Non, monsieur.

— Cet échec fut dû à l'influence de la longue liaison de M. Georges Hubert avec l'héritière dont nous parlions, liaison de notoriété publique, en ce temps-là, et dont je peux ainsi parler sans indiscrétion.

— Mais comment cette influence fut-elle funeste au génie du grand poëte, monsieur?

— Excusez-moi, messieurs, si j'emploie une expression triviale que j'ai, lors de la chute de ce drame, entendu prononcer à cette même place où nous sommes ; cette expression est, dans sa vulgarité, d'une extrême justesse : en un mot, la liaison dont nous parlons avait rendu M. Georges Hubert *pot-au-feu !*

— Très-bien ! nous comprenons.

— Selon vous, monsieur, notre poëte se serait accoquiné, allangui, éteint dans cette liaison casanière, lui qui, selon ses biographies, avait l'habitude d'une vie mobile et animée ?

— C'est cela même, messieurs, et comme je le disais alors, Georges Hubert, homme de *réflexion* avant tout, a *réfléchi* dans cette œuvre la douce et paisible monotonie de sa vie, existence calme et reposée qui, retenez bien ceci, messieurs, contrariait réellement ce besoin d'activité qu'il éprouvait encore malgré lui à cette époque, mais qu'il sacrifiait à l'amour ! Aussi, l'œuvre en question se ressentit de ces deux tendances contraires, elle fut bâtarde, sans élan, sans passion ; n'en parlons plus. Maintenant, messieurs, que pensez-vous du drame de ce soir ?

— C'est magnifique !

— Jamais Georges Hubert ne s'était élevé à cette hauteur !

— C'est un succès étourdissant !

— Les autres succès de Georges Hubert pâlissent auprès de celui-là !

— N'avons-nous pas vu, à la fin du quatrième acte que l'on vient de jouer, la famille royale se lever tout entière dans un mouvement d'enthousiasme ?

— Et ce Provençal, qui, placé là, au-dessous de nous au parterre, s'est dressé debout sur sa banquette, si transporté d'admiration, qu'il n'a pu crier que : *Tron de l'air !...* après quoi il a eu une attaque de nerfs et on l'a emporté...

— Madame Louise — dit tout bas Gilbert riant — c'est l'enragé Marseillais du café de Grenette. Vous souvenez-vous ? il a enfoncé la porte d'un coup de pied quand *j'étais* Georges Hubert, pour venir me déclarer qu'il serait désormais mon *ex*-fanatique !

— Pauvre homme ! — répondit Louise — il n'a pu tenir rigueur au nouveau chef-d'œuvre de Georges Hubert !

— Il est capable d'être venu exprès de Marseille ici pour assister à cette première représentation — ajouta Gilberte — mais voilà ce digne homme qui parle... écoutons...

— Ainsi donc, messieurs — reprit le vieil habitué — jusqu'à présent du moins (et entre nous, je tiens de MM. les comédiens que le cinquième acte est à la hauteur des quatre premiers), jusqu'à présent, le succès de la nouvelle œuvre de Georges Hubert est incontesté ?

— Et incontestable ! Il n'y a qu'un cri dans toute la salle : C'est admirable !

— Hé bien, messieurs, savez-vous à qui doit revenir une bonne part de ce triomphe éclatant ?

— A qui donc ?

— A madame Georges Hubert !

— Comment, à elle ? qui, avant d'être la femme du général Poussard, avait eu sur le génie de Georges Hubert une si fâcheuse influence ?

— Oui, messieurs.

— Ceci, en effet, monsieur, semble fort contradictoire.

— Et cependant, messieurs, rien de plus naturel....

— Expliquez-nous cela, monsieur, vous piquez fort notre curiosité.

— Lors de sa première liaison avec notre grand poëte, cette dame voulut, quoiqu'elle l'aimât éperdument, le rendre à cette existence indépendante où il avait jusqu'alors puisé les éléments de ses succès ; elle eut le rare courage d'épouser le général Poussard, pour qui elle ne ressentait aucune affection ; celui-ci ne fut d'ailleurs pour elle qu'un père, et elle se conduisit envers lui, jusqu'à sa mort, comme la plus digne des filles !

— Ce dévoûment à Georges Hubert est héroïque !

— Sublime !

— Une pareille femme mérite autant de respect que d'admiration.

— Certes, messieurs, car ces sentiments, je les éprouve pour madame Georges Hubert, quoique je n'aie pas l'honneur, je vous l'ai dit, de la connaître personnellement.

— Chère Louise — dit tout bas Gilberte à la femme du poëte — nous ne sommes pas les seuls à vous aimer... à vous admirer !

— Ah ! mes amis—répondit en soupirant madame Georges Hubert — il est pénible pour la pudeur de l'âme de voir les actes de notre vie intime, notre pensée secrète, ainsi livrés à la curiosité publique... mais il faut se résigner : le rayonnement du génie met forcément en lumière, si obscurs qu'ils soient, les dévoûments qu'il inspire !

— Monsieur, permettez — reprit l'un des interlocuteurs du vieil habitué — voici qui me semble encore contradictoire ; cette dame, lors de sa première liaison avec notre illustre écrivain, liaison que j'appellerais un véritable mariage, s'était, dites-vous, convaincue que cette existence paisible et casanière entravait le libre développement du génie de Georges Hubert, comment alors, une fois devenue veuve, a-t-elle consenti à l'épouser ?

— Monsieur a raison... c'était retomber dans cette vie de *pot-au-feu* dont la courageuse femme avait voulu, dans son dévoûment, affranchir le poëte...

— Aussi, vous disais-je, messieurs, qu'il y avait contradiction, mais elle existe seulement à la surface.

— Comment donc cela ?

— Le voici : et d'abord, messieurs, sachez que Georges Hubert, dès avant le veuvage de Poussard, instruit par un singulier hasard de l'héroïque dévoûment de cette dame, voulut, en homme de cœur, l'épouser lorsqu'elle fut libre... car il l'aimait plus que jamais.

— Je le crois bien ! c'était de l'adoration qu'elle devait inspirer après son sacrifice héroïque !

— Oui, messieurs, mais la jeune veuve refusa... d'épouser Georges Hubert.

— Elle refusa !

— Ah ! c'est pousser par trop loin l'amour du sacrifice.

— C'est l'exagérer !

— C'est presque ridicule !

— Voilà bien les femmes ! elles ne savent garder un juste milieu, ni dans le bien, ni dans le mal !

— Il leur faut avant tout l'excentrique !

— Faire parler d'elles !

— Forcer, coûte que coûte, l'admiration !

— Permettez, messieurs — reprit le vieil habitué — permettez... vous êtes, ce me semble, sévères dans votre appréciation de la conduite de madame Georges Hubert... veuillez, je vous prie, répondre à cette question : A quoi s'était jusqu'alors sacrifiée cette dame ?

— A la gloire de notre grand écrivain !

— A merveille ! Or, voici ce qu'a dit M. Georges Hubert à la jeune veuve, après être parvenu, non sans de longues recherches, à découvrir la retraite où elle vivait : « Lors de votre mariage, dont j'ignorais le secret et cou« rageux motif, j'ai essayé de vous oublier en cherchant « dans de nouveaux travaux une distraction à mes cha« grins ; mais bientôt, instruit du véritable mobile d'une « conduite dont j'avais été d'abord indigné, l'amour, le « regret, le désespoir, remplissant mes tristes jours, n'y « ont plus laissé de place pour l'étude, pour l'inspiration. « Aujourd'hui vous êtes libre, ne me dites pas que l'in« fluence de la vie domestique serait de nouveau funeste « à mon talent ! Non ! durant ces derniers temps, les an« nées ont modifié, presque transformé mon caractère : « avec la maturité de l'âge sont venus pour moi des goûts, « des besoins autres que ceux de ma jeunesse ; en un « mot, si vous m'épousez, j'écrirai, je le sens, un chef« d'œuvre..... si vous me refusez votre main, je le jure..... « je brise à jamais ma plume ! Votre sacrifice sera inutile ! « il n'aura fait que notre malheur à tous deux ! » — Or j'ajouterai, messieurs, que la menace du poëte n'était pas vaine. Il eût d'ailleurs voulu reprendre ses travaux, qu'il n'en aurait eu ni moralement ni physiquement le pouvoir. Mon notaire, de qui je tiens tous les détails précédents, et auquel Georges Hubert s'est souvent adressé pour le supplier de l'aider à vaincre la résistance de la jeune veuve, m'a dit qu'il lui faisait peine à voir... Ce n'était plus que l'ombre de lui-même ; son désespoir morne, profond, était effrayant.

— Pauvre Georges Hubert !

— Sans doute madame Poussard se montrait héroïque, une vraie Spartiate ; mais enfin, monsieur, avec ce bel héroïsme-là l'on peut faire le malheur des gens !

— Oui, mais les femmes se disent : — « J'ai fait quelque « chose d'extraordinaire ! de... très-fort ! »

— Moi, à la place de Georges Hubert, j'aurais planté là madame Poussard et son stoïcisme !

— Enfin, la vie de ménage n'a heureusement pas eu, comme autrefois, une fâcheuse action sur le talent de Georges Hubert, car, à en juger du moins par ces quatre premiers actes, jamais son génie ne s'était élevé à cette hauteur.

— Et voici pourquoi, messieurs — reprit le vieil habitué — « si vous refusez ma main, je brise à jamais ma plume... « si vous m'épousez, j'écris un chef-d'œuvre, » — avait dit Georges Hubert. Enfin, après de longues hésitations, la jeune veuve céda.

— C'est parbleu fort heureux !

— C'était bien la peine de se faire tant prier !

— Oui, mais on a l'agrément de voir à ses pieds un homme de génie, suppliant, désolé !

— Ah ! les femmes ! les femmes ! il faut toujours qu'on les conjure à mains jointes d'accorder ce qu'elles brûlent de donner !

— Evidemment, c'était pour madame Poussard une position superbe que d'épouser Georges Hubert ; mais il fallait se faire longtemps prier...

— Messieurs — reprit le vieil habitué — vous vous méprenez, je vous l'assure, à l'endroit des motifs de la détermination de cette dame ; toujours est-il que nous lui devons un chef-d'œuvre, car enfin Georges Hubert a tenu parole : il a épousé madame Poussard et il a écrit un chef-d'œuvre !..... Maintenant, deux mots encore, car l'on commence de reprendre sa place pour le cinquième acte : non, le mariage n'a point nui au génie de notre illustre écrivain, et lui a donné, au contraire, un nouvel et magnifique élan. Encore une contradiction ? direz-vous peut-être, messieurs, en songeant au passé ! Cependant, permettez : il y a, n'est-ce pas, environ quatre ans que Georges Hubert a subi l'échec dont nous parlions tout à l'heure ? Croyez-vous que quatre ans, surtout à l'époque de la vie où est arrivé Georges Hubert (il a maintenant dépassé la quarantaine), n'apportent pas une profonde modification dans le caractère, dans les habitudes d'un homme et dans l'expression de son talent ? Tant que notre poëte a été jeune, cette vie, tour à tour solitaire, nomade, aventureuse, qui se réfléchissait si merveilleusement dans ses œuvres, était pour ainsi dire nécessaire au développement de son génie ; mais est venu l'âge mûr, et avec lui des pensées plus recueillies, des aspirations plus contenues, des goûts plus sédentaires : transformation qui s'est traduite par le caractère mâle, sobre et puissant de l'œuvre de ce soir, œuvre d'un tout autre aspect que celles de sa jeunesse. Celles-ci... ressemblent, selon moi, à de luxuriants paysages, accidentés, touffus, verdoyants, éclatants de lumière et de soleil : les torrents écumants, les bois ombreux, les âpres montagnes, les vastes horizons, charment notre œil de leurs beautés diffuses. A la vue de cette nature riche,

16

variée, vivace, nous voudrions nous égarer sous ces frais ombrages, côtoyer ce torrent, gravir cette montagne, et celle-là encore, et ces autres que l'on aperçoit là-bas à l'extrême horizon; nous nous sentons jeunes, ardents, prêts à entreprendre un voyage infini à travers tant de sites pittoresques... Mais l'œuvre de ce soir... la première de l'âge mûr du poëte et de sa *seconde manière*, puisque la maturité de l'âge modifie toujours profondément chez les grands maîtres, et pour la continuité de leur gloire, le caractère premier de leur talent... l'œuvre de ce soir me rappelle l'aspect d'une magnifique gravure anglaise, que je remarquais hier dans une boutique des boulevards; figurez-vous, messieurs, la cour intérieure de l'un de ces vieux châteaux gothiques encore si nombreux en Écosse et assez semblables à la cour d'un cloître; le soleil à son déclin jetait ses derniers rayons sur une fontaine environnée de galeries ogivales déjà noyées d'ombre; à travers l'un de leurs arceaux, l'on découvrait au loin les cimes de quelques montagnes aux lignes simples et sévères, derrière lesquelles le soleil allait bientôt disparaître. Assis près de la fontaine, le front penché dans sa main, un livre sur ses genoux, un beau lévrier couché à ses pieds, un homme d'un âge mûr contemplait avec un doux recueillement sa jeune femme allaitant un enfant; l'aspect de ce tableau m'inspirait une émotion grave et tendre, j'aurais voulu finir mes jours dans ce noble asile où tout respirait la paix, le charme, la grandeur sereine du foyer domestique!... Hé bien! messieurs, cette impression, le drame de ce soir la réveille en moi. Je me résume : les premiers ouvrages de Georges Hubert reflétaient l'ardeur aventureuse et les adorables témérités de la jeunesse; sa dernière œuvre reflète le calme, la force et la majesté de l'âge mûr : mais le rideau se lève, messieurs, voyons si, comme on l'assure, ce cinquième acte est à la hauteur des premiers.

Ce disant le vieil habitué reprit sa place avec empressement et ses voisins l'imitèrent.

Est-il besoin de dire avec quel intérêt Gilbert et Gilberte écoutèrent l'entretien précédent? Quant à Louise, douée d'une exquise délicatesse, elle se sentait cruellement blessée de l'indiscrète publicité donnée aux actes de sa vie intime, actes si diversement et souvent si faussement interprétés par ces inconnus qui à côté d'elle, parlaient d'elle, et après avoir exalté son dévouement pour le poëte, la blâmaient, l'accusaient d'exagérer ses principes, de viser à l'héroïsme, de mettre au prix des prières désespérées de Georges Hubert, un mariage qu'elle brûlait, disait-on, de conclure! Mais à ces blessures de l'âme elle se résignait; il en devait être ainsi, elle le savait; c'était là une des amertumes inséparables de la gloire de l'homme qu'elle adorait, et dont la curiosité publique s'occupait avidement; tout ce qui se rattachait à lui, était mis, si cela se peut dire, hors la loi de la discrétion commune par ses ennemis ou par ses amis connus et inconnus; ces derniers, tels que le vieil habitué, ne pouvaient résister à cet orgueil (si flatteur pour le poëte) de se montrer instruits des moindres particularités de l'existence de cet homme illustre; car, ainsi que Louise venait de le dire à Gilberte : *Le rayonnement du génie met toujours en lumière, si obscurs qu'ils soient... les dévoûments qu'il inspire.* Louise possédait au plus haut degré cette ombrageuse pudeur morale, encore plus douloureusement susceptible que la pudeur physique : aussi que l'on juge de ce qu'elle ressentit à la fin de cette soirée... qui valut cependant à Georges Hubert le plus éclatant des triomphes.

Il faudrait épuiser le vocabulaire admiratif pour rendre l'impression produite par le cinquième acte du nouveau drame; elle fit pâlir les précédents succès du poëte, et le rideau se baissa au milieu d'un tonnerre d'applaudissements et de cris frénétiques demandant l'auteur.

Le rideau se releva, mais alors il se passa un incident très-imprévu et dû à la précipitation des machinistes : au moment où ceux-ci, sans attendre l'ordre du régisseur, se hâtaient de faire remonter la toile vers les frises, les spectateurs aperçurent au fond du théâtre, Georges Hubert entouré, pressé, soulevé par un groupe de comédiens en costume, et des gens de lettres admis sur la scène, qui, tour à tour, le serraient dans leurs bras, ne remarquant point au milieu de leur enthousiasme qu'ils se trouvaient alors en vue du public...

A ce moment, une voix haletante, entrecoupée par le paroxysme d'une admiration touchant au délire, s'éleva du milieu du parterre et cria :

— Georges Hubert! *tron de l'air!* nous voulons qu'il paraisse! Georges Hubert! Georges Hubert!

— Minette... c'est l'enragé Marseillais! — dit Gilbert à sa femme. — Il paraît que ce brave fanatique de notre ami est guéri de son attaque de nerfs!

C'était en effet le digne Marseillais; ses cris produisirent un effet électrique; toute la salle répéta comme lui, au milieu d'applaudissements prolongés :

— Georges Hubert! qu'il paraisse! Georges Hubert!

Instruit par ce tumulte de la levée intempestive du rideau, le groupe de comédiens et d'hommes de lettres qui entouraient le poëte, entendant la salle l'appeler à grands cris, s'opposèrent à l'effort qu'il fit pour rentrer dans la coulisse, et entreprirent de l'amener, malgré lui, sur le devant de la scène afin de satisfaire aux vœux du public. Résister plus longtemps et se débattre contre cette violence si cordiale, si honorable, eût été de la part de Georges Hubert une chose ridicule et de mauvais goût; aussi, sacrifiant sa modestie et son sincère éloignement de tout ce qui pouvait le mettre en évidence... il se résigna.

Ce fut alors un noble, un touchant tableau!

Un autre grand poëte de ce temps-ci, et celui des comédiens qui avait joué le rôle le plus important de l'œuvre nouvelle, prirent chacun par la main Georges Hubert, et le conduisirent lentement sur le devant de la scène.

Un religieux silence succéda soudain au tumulte, et par un mouvement spontané, tous les spectateurs se levèrent respectueusement ; puis après ce muet et solennel hommage rendu au génie, de nouveaux tonnerres d'applaudissements ébranlèrent les voûtes de la salle, au milieu des cris mille fois répétés :

— Bravo ! Georges Hubert ! c'est sublime ! bravo ! bravo ! Georges Hubert !

Le grand poëte, pâle, profondément ému, s'inclinant, déclina par un geste l'insigne honneur d'une pareille ovation, et se retira... Le rideau était baissé que les applaudissements, les cris, les bravos retentissaient encore....

Essayer de dépeindre les sensations de Louise, de Gilbert et de Gilberte, à quoi bon ?... on les devine.

A peine le rideau fut-il baissé, que la compagne du poëte dit à Gilbert :

— Vite, vite, votre bras. Allons, selon notre promesse, attendre Georges au rendez-vous convenu.

Gilbert, donnant le bras à Louise, à côté de qui marchait Gilberte, quitta le balcon, et les trois amis eurent à traverser un large couloir, régnant derrière les loges du premier rang, d'où sortait alors une foule élégante. Quelqu'un, parmi cette foule, dit à demi-voix en désignant Louise du regard :

— Voilà madame Georges Hubert !

Ces mots circulèrent de bouche en bouche, et soudain la foule, s'écartant avec déférence, s'ouvrit devant Louise ; les hommes la saluèrent avec respect, et grand nombre de femmes s'inclinèrent légèrement.

Louise, douée d'un tact exquis, n'était pas de celles-là qui, portant arrogamment le nom illustre qu'elles doivent à leur mari, se drapent dans sa gloire comme dans un vêtement *voyant* fait pour attirer les yeux ; non ; elle poussait au contraire si loin sa délicate réserve à ce sujet, que si, par goût, elle n'eût préféré les toilettes les plus simples, les moins susceptibles d'être remarquées, elle les eût adoptées depuis son mariage avec le poëte. Elle traversa donc cette foule brillante d'un pas assez hâté, rougissante, timide, et comme ployant sous ce grand nom, auquel s'adressaient les hommages dont on l'entourait.

Une seule femme ne partagea pas ce sentiment général de sympathie et de respect envers la compagne du célèbre écrivain ; ce fut cette fière duchesse qui, durant l'entr'acte, s'entretenant avec sa jeune amie, la comtesse Alix, lui racontait avec une impertinence aristocratique ses déconvenues à l'endroit de ce qu'elle appelait *le Casino d'Orbeval*; au moment où Louise passait devant la duchesse, en s'appuyant sur le bras de Gilbert, celui-ci entendit la grande dame dire d'un air hautain et railleur à la comtesse, en faisant allusion aux marques de déférence prodiguées à madame Georges Hubert :

— En vérité, ma chère, je me demande ce que l'on pourrait faire de plus au passage d'une princesse du sang ?... Toutes ces flagorneries-là sont parfaitement ridicules !

— Pardon, madame la duchesse — lui dit Gilbert en la regardant fixement. — Quelque chose de parfaitement ridicule, car cela n'avait aucune excuse, c'étaient les flagorneries de ceux-là qui venaient dans le temps festoyer à notre hôtel !

La duchesse, pourpre de dépit, tourna brusquement le dos à Gilbert, et celui-ci continua de traverser les groupes avec Louise et Gilberte, qui riait comme une folle de la repartie de son mari.

Bientôt les trois amis, sortant du théâtre, gagnèrent la place du Palais-Royal et montèrent dans un fiacre qui, par leur ordre, alla stationner au coin de la rue de *Valois*, où Georges Hubert devait venir les rejoindre en sortant du Théâtre-Français par l'issue spécialement réservée aux comédiens.

La voiture venait à peine de s'arrêter lorsque Gilbert poussa la portière laissée entr'ouverte, et s'écria tout joyeux :

— Voici notre ami Georges et sa gloire, l'un portant l'autre !

Le poëte, presqu'au même instant, se précipita dans la voiture : puis, saisissant et baisant les mains de sa femme, ses premiers mots furent ceux-ci :

— Ah, Louise ! ah, mes amis ! quelle soirée ! quelle torture... combien j'ai souffert !...

Et se jetant sur le siége de devant, il resta un moment muet et comme brisé, essuyant la sueur dont sa figure pâle et altérée était baignée ; il tremblait de cette espèce de tressaillement convulsif qui succède aux violentes commotions nerveuses. Enfin, après quelques instants de silence, il reprit d'une voix faible :

— Je suis anéanti !... Cela tue... cela tue !...

— Georges ! — s'écria Gilbert de plus en plus inquiet — que vous est-il donc arrivé ? quel malheur vient troubler votre succès inouï... sans pareil ?

— Ah, mes amis ! reprit le poëte avec une expression d'angoisse indéfinissable — j'avais dit à Louise : « Sois « ma femme et j'écrirai un chef-d'œuvre. »

— Oui — reprit Louise avec ivresse. — Et ce chef-d'œuvre est salué par des acclamations unanimes, mon glorieux Georges !

— Et si on l'eût sifflé, ce chef-d'œuvre ! murmura le poëte d'une voix où palpitait encore l'écho de ses angoisses passées... On eût dit qu'il frémissait d'épouvante au souvenir d'un péril de mort auquel il venait d'échapper.

Ces mots : — *Et si on l'eût sifflé, ce chef-d'œuvre* — résumaient les terribles anxiétés, les tortures morales auxquelles Georges Hubert venait d'être en proie durant cette représentation, jusqu'au moment où son succès devait être assuré.

— Oh! la gloire! — pensaient Gilbert et Gilberte. — Après une ovation sans égale dans les fastes du théâtre, ce grand poëte revient auprès d'une épouse adorée, auprès d'amis dévoués! Hélas, les premiers mots qu'il prononce sont les mots *souffrance, torture*! Oh, la gloire! la gloire!...

— Georges... mon Georges! je comprends ce que tu as dû souffrir — répondait Louise émue jusqu'aux larmes, en serrant passionnément les mains de son mari entre les siennes. — Grâce à Dieu, maintenant nous n'avons plus qu'à jouir de ton succès...

— Et ce succès nous allons le fêter de notre mieux — dit gaiement Gilbert. — Mes amis, je vous en conjure, ne faites pas attendre le souper de la mère Badureau... elle serait comme une lionne, et Minette et moi... n'oserions affronter ses terribles regards!... Ah! nom d'un petit bonhomme! je crois que j'ai fait un vers: ce que c'est que d'aller en fiacre avec Apollon!

— Bourgeois — demanda le cocher à Gilbert — où allons-nous?

— Avenue Méricourt, près la barrière des Invalides — répondit Gilbert — et bon train!

LIII

La petite maison située dans l'avenue Méricourt, dont Louise avait autrefois parlé à Gilbert et à Gilberte, s'était par hasard trouvée vacante, à l'époque où les deux époux, grâce au dépôt de cinquante mille francs conservés par la probité de madame Badureau, purent se constituer un revenu de deux mille cinq cents francs, en conservant même environ mille écus d'excédant, la rente s'étant trouvée très au-dessous du pair lors de leur achat. Cette dernière somme, judicieusement employée, leur servit à parfaitement *monter*, comme on dit, *leur ménage*. Ils devaient à leur pratique de la vie somptueuse, combinée avec leur bon goût naturel, des habitudes d'élégance et de recherche, très-conciliables avec une modeste existence, et qui sont l'un des plus grands charmes. N'est-il pas charmant d'avoir à peu de frais *ce que tout le monde pourrait avoir, et ce que presque personne ne sait avoir*?

Ainsi, Gilbert et Gilberte, ne voulant consacrer que cinq cents francs à leur loyer, s'étaient bien gardés d'aller se loger à Paris au quatrième étage, dans quelque rue sombre et triste, souvent infecte, privée d'air et de soleil, n'ayant pour horizon que des toitures et des cheminées; non, Gilbert et Gilberte s'étaient, pour ce même prix de cinq cents francs, logés hors barrière, et leur demeure offrait à l'œil un aspect enchanteur; elle se composait d'un rez-de-chaussée surmonté d'un grenier en partie mansardé; le jardin avait au plus cent toises carrées, mais une simple haie de clôture le séparait d'autres jardins, de sorte que leurs grands arbres semblaient être de sa dépendance. Les murailles nues et froides de la maisonnette furent extérieurement garnies d'un treillage peu coûteux et entourées d'une plate-bande dans laquelle à la fin de l'hiver, les deux jeunes gens plantèrent des chèvrefeuilles de l'Inde, des jasmins, des rosiers grimpants (*sempervirens*) et des lierres d'Écosse. Une douzaine de francs suffirent à l'achat de ces plantes, qui en deux ou trois ans couvrirent complétement la maisonnette, en été, d'un réseau de feuillage et de fleurs odorantes; en hiver, d'un manteau de verdure. Devant la porte d'entrée, Gilbert, au moyen de quelques baliveaux de chêne achetés sur pied quarante à cinquante sous pièce, et de plusieurs bottes de longues tiges de châtaignier, construisit, aidé d'un charpentier dont il paya les journées, une rotonde rustique à toiture de chaume attenant à la porte d'entrée de la maison, et servant de salon ou de salle à manger durant la belle saison. Les panneaux de treillage de châtaignier, séparés par des piliers de chêne brut et couverts ainsi que les murailles de plantes grimpantes, formaient un rideau de verdure, impénétrable aux rayons du soleil; et pendant l'été, rien de plus ombreux, de plus frais, de plus parfumé que ce salon rustique; la porte qu'il abritait conduisait à une petite antichambre, à gauche de laquelle se trouvaient une salle à manger et une cuisine; celle-ci communiquait par un escalier avec la chambre mansardée occupée par madame Badureau: une table à manger, un buffet, une étagère et des chaises de bois de noyer bien luisant, des rideaux de coutil rayés de bleu et de blanc bordés d'un galon de laine rouge, un poêle de faïence dans sa niche, brillant comme de la porcelaine, tel était l'ameublement de cette pièce, dont le plancher disparaissait sous une toile cirée simulant le jonc, objet peu dispendieux, gai à l'œil et facile à conserver d'une extrême netteté; un papier imitant le coutil d'une tente, pareil à celui des rideaux, couvrait les murailles; enfin les portes et le bois de la fenêtre, peints couleur de noyer naturel, s'harmoniaient avec l'ameublement. Venait ensuite la cuisine, domaine de madame Badureau; sous ses mains actives, le cuivre des casseroles étincelait comme de l'or bruni, et le fer-blanc des cafetières et autres ustensiles miroitait comme de l'argent; la faïence et la verrerie, très-simples, d'un prix très-minime, mais choisies avec goût, remplissaient un dressoir de bois blanc, et leur éclatante propreté, l'art de leur disposition sur chaque tablette, leur donnaient l'apparence de l'étalage d'un marchand.

A droite du petit vestibule se trouvaient l'atelier et la chambre à coucher.

L'atelier, éclairé par deux fenêtres donnant sur le jardin, semblait être à la fois un lieu de travail, un salon et un musée; la tenture de papier vert disparaissait presque entièrement sous un grand nombre de cadres de bois blanc verni, imitant le citronnier à s'y méprendre, et renfermant sous leurs verres les meilleures lithographies de Gilbert et un choix d'excellentes gravures anciennes, achetées à peu de frais par lui aux étalagistes ambulants, lors de ses promenades du dimanche avec sa femme; dans l'un des angles de l'atelier se dressait, sur son large socle de bois, une épreuve en plâtre de cet inimitable chef-d'œuvre de l'art grec: la *Vénus de Milo;* dans l'autre angle, et lui faisant pendant, l'on voyait une épreuve du *Petit Joueur de flûte,* autre merveilleux chef-d'œuvre attribué à Phydias. Ces deux statues, coûtant à l'atelier de moulage du Louvre environ *quarante francs,* offraient à l'œil ravi absolument le même aspect que les originaux, d'un prix inestimable. Sur une étagère de bois de chêne verni, appuyée à la muraille du fond de l'atelier, était rangée une collection de statuettes et de moulages de médailles, de coupes de la Renaissance ou de camées antiques, de la plus grande beauté, le tout en soufre ou en plâtre, enduit d'une eau cuivrée, valant au plus *cent cinquante francs.* Cependant, abstraction faite de la matière, cette collection avait absolument la même valeur artistique que les originaux sur lesquels on l'avait modelée et dont le prix eût dépassé un million. Au-dessus de cette étagère, une panoplie, disposée avec goût, attirait les yeux; elle se composait d'un magnifique casque du moyen âge, d'un immense bouclier et de deux masses de combat; ces armes, merveilles de l'art florentin (le bouclier représentait le combat des Lapithes et des Centaures en ronde bosse) étaient en carton-pierre, enduit d'une légère couche de mine de plomb, et avait absolument l'apparence du fer ciselé; leur valeur vénale ne s'élevait pas à deux louis, et les originaux, dont ils ne différaient en rien par le fini précieux du travail, eussent coûté cinquante mille francs. L'ornementation de la cheminée se composait: pour milieu, d'un bloc de bois d'ébène renfermant le mouvement d'une pendule, et surmonté de la *Polymnie,* autre prodige de la statuaire grecque, figure coulée en *fonte de zinc,* ainsi que les deux vases *Médicis* dont était acostée la pendule; ornements très-peu dispendieux et, sauf le poids, réunissant l'aspect, la sonorité, la patine des plus beaux bronzes. Deux bouquets de fleurs artificielles, chef-d'œuvre de Gilberte, imitant la nature à s'y tromper, placés sous verre dans les vases Médicis, égayaient de leurs nuances vives et riantes la sévérité artistique de la garniture de la cheminée se reflétant dans une glace entourée d'une simple bordure noire; de chaque côté de cette glace, enchâssées dans un petit cadre de velours rouge, brillaient deux médailles d'argent obtenues, l'une par Gilbert pour deux lithographies admises à l'exposition du Louvre, l'autre par Gilberte lors de l'exposition de l'Industrie, en récompense des deux merveilleux bouquets de fleurs placés dans les vases Médicis. Au milieu de l'atelier, une table ronde, recouverte d'une housse de tapisserie due à l'aiguille de Gilberte, était chargée d'albums lithographiques, et au milieu s'élevait, rempli d'une gerbe de fleurs du jardin, l'un de ces beaux vases de grès rougeâtre entourés de feuilles de vigne d'un vert d'émeraude, véritable objet d'art, d'une élégance aussi exquise que son prix est minime. Entre les deux fenêtres, un corps de bibliothèque en chêne poli, d'une extrême simplicité, renfermait un choix de bons livres modestement cartonnés; seules, les œuvres de Georges Hubert, *données par l'auteur,* se faisaient remarquer par leur reliure magnifique; enfin, dans l'embrasure de chacune des deux fenêtres, se trouvaient la table de travail de Gilberte et la table de son mari, toutes deux garnies des objets nécessaires à la profession des deux époux: çà et là, disséminés dans l'atelier, quelques fauteuils et siéges recouverts d'une élégante tapisserie façonnée par Gilberte complétaient l'ameublement. Été comme hiver, un tapis couvrait le plancher; les rideaux des fenêtres, en damas de laine vert tendre, de même nuance que la tenture, et bordés d'un large galon noir, se relevaient par de pareilles torsades rattachées à des patères tournées en chêne; les deux jeunes gens avaient possédé tant et tant d'or... qu'ils éloignaient de leurs regards la moindre dorure.

Tel était l'aspect matériel de cet atelier: dans sa simplicité extrême (le tapis seul pouvait être regardé comme un objet dispendieux), il empruntait uniquement à l'ART le plus noble, le plus exquis et le moins coûteux des luxes; mais pour animer cette charmante retraite, pour lui donner son caractère moral, il fallait la présence de Gilbert et de Gilberte occupés de leurs travaux, ou le soir, veillant au coin du paisible foyer à la clarté de leur lampe.

L'on entrait de l'atelier dans la chambre à coucher dont la croisée s'ouvrait aussi sur le jardin; rien de plus simple, de plus frais et de plus coquet que ce sanctuaire de l'amour des deux époux; une délicieuse étoffe perse, fond gris perle à dessins roses et blancs, valant au plus *quinze sous* le mètre et moins coûteuse qu'une tenture de papier vulgaire, couvrait les murailles et le plafond, ainsi radié de quatre larges tuyaux d'étoffe qui, partant de ses angles, venaient aboutir à une bouffette servant de point milieu; là était suspendue par des chaînettes de bronze une petite lampe d'albâtre servant de veilleuse; un support de bois de chêne poli, gracieusement contourné, soutenait, élégamment drapés, les rideaux du large lit de fer complètement caché sous une housse de perse pareille à la tenture, ainsi que l'étaient deux portières abaissées masquant l'entrée de deux cabinets de toilette entourés d'armoires. Gilbert et Gilberte, au lieu d'acheter assez chèrement des meubles d'acajou d'un aspect morne et d'une vilaine forme, avaient acquis, moyennant un prix modique, une commode, une chiffonnière et un secrétaire du temps de Louis XV, en marqueterie de bois exotique rose et vert, qui charmaient la vue; la *table à coiffer* de Gilberte (toilette *à la duchesse*, s'il vous plaît!) se composait d'une table de bois blanc aux coins arrondis, recouverte d'une housse d'étoffe perse et surmontée d'un miroir ovale entouré de longs voiles de mousseline blanche à douze ou quinze sous l'aune ; en face de cette toilette se trouvait une causeuse, et Gilberte pendant des soirées avait soigneusement ouvragé, pour ce sanctuaire, quatre jolies chaises de tapisserie fond blanc semé de bouquets de roses reliés avec des rubans bleus; le plancher disparaissait sous un tapis pareil à celui de l'atelier; enfin, sur la cheminée, surmontée d'une glace aux bords perdus dans le plissement de l'étoffe, l'on voyait une pendule à figures et deux petits groupes formant candélabres, le tout en *biscuit de Sèvres*, d'un blanc mat, ornementation fort dédaignée de nos jours, sans doute à cause de son bas prix, quoique les modèles de ces moulages soient presque tous dus au gracieux talent de *Houdon*, l'un des plus charmants sculpteurs du siècle dernier.

Le jardin, d'environ cent toises carrées, planté à l'un de ses angles d'un quinconce d'acacias et de tilleuls, était consacré à l'agrément; aux abords d'une petite pelouse qui s'étendait devant la rotonde rustique, l'on voyait quelques corbeilles de rosiers *remontants* et de fleurs vivaces, amoureusement cultivées par les deux jeunes gens. Profitant de l'expérience acquise durant leur somptueuse résidence à l'hôtel d'Orbeval, lorsqu'ils voyaient procéder *leurs jardiniers*, ils avaient réservé un coin de terrain, et là ils semaient en plate-bande, puis ils *repiquaient* et élevaient en *pots* des fleurs de chaque saison qu'ils transplantaient ensuite, à demi-fleuries, dans les corbeilles de la pelouse, ainsi toujours garnies de plantes fraîches et nouvelles comme les jardinières dont on pare les appartements.

La journée de Gilbert et de Gilberte était invariablement employée : en hiver, ils se levaient avec le jour ; la jeune femme mettait la chambre à coucher en ordre, époussetait les meubles, balayait le tapis; ces soins minutieux, d'une propreté recherchée poussée jusqu'au scrupule, elle ne voulait les confier à personne. Gilbert, de son côté, donnait pareillement ses soins à l'atelier, pendant que madame Badureau s'occupait de l'antichambre, de la salle à manger et de la cuisine. A neuf heures on déjeunait; madame Badureau servait, mais s'*attablait* avec les deux époux, patriarcal usage conservé dans beaucoup de *petits ménages*, et qui rend familiales et douces les relations du maître et du serviteur. Après déjeuner, Gilbert se mettait à sa table de travail, Gilberte à la sienne ; à midi tous deux se promenaient dans leur jardin afin de reposer leur vue fatiguée par une longue contention, et après une demi-heure de *récréation*, ils reprenaient leur besogne jusqu'à la tombée de la nuit, si hâtive en hiver; alors, quelle que fût l'intempérie de la saison, trouvant même un certain charme à braver la pluie ou la neige, afin de jouir à leur retour de la douce quiétude du foyer, ils sortaient, gagnaient les larges trottoirs brillamment éclairés qui bordent le Seine du côté du pont d'Iéna, se promenaient jusqu'à six heures, revenaient au logis et faisaient leur toilette pour dîner; chacun quittait ses vêtements humides ou mouillés, pour endosser une moelleuse robe de chambre fort simple mais d'une coupe gracieuse : Gilberte donnait un tour à ses cheveux, se coiffait d'un joli bonnet, chaussait de mignonnes pantoufles ; Gilbert se coquettait aussi de son mieux, et l'on dînait sobrement, mais gaîment, à la tiède chaleur du poêle, après quoi l'on rentrait dans l'atelier ; un bon feu flambait à l'âtre, les volets et les rideaux, soigneusement cachés, défendaient de la bise du dehors ; une lampe répandait sa joyeuse clarté sur les statues, sur les gravures, sur les livres de la bibliothèque, objets d'art et de littérature auxquels nos deux jeunes gens demandaient les pures et nobles jouissances de leur soirée, jouissances inépuisables et toujours nouvelles! Tantôt ils consacraient une heure à admirer sous les plus piquants et les plus vigoureux aspects de lumière et d'ombre, grâce à la disposition de l'abat-jour de la lampe, les statues grecques, ces chefs-d'œuvre où l'on découvre incessamment d'exquises beautés à mesure que l'œil se familiarise avec l'étude de ces merveilles; tantôt Gilbert et Gilberte s'adonnaient à l'examen des coupes, des médailles ou des camées antiques, reproduits par un moulage si délicat, si parfaitement exact, qu'il égale le fini précieux de l'original ; tantôt les gravures les captivaient, ils analysaient, approfondissaient la pensée de leur composition, dont les moindres détails, comme dans l'œuvre de *Greuze* par exemple, sont autant de petits poëmes ; puis à ces plaisirs artistiques succédait la lecture des écrivains anciens et modernes : les deux jeunes gens ressentaient une prédilection singulière pour *La Fontaine* et pour *Molière*, ces deux immortels génies d'une profondeur si naïve et si admirablement *humains* qu'ils sont accessibles à toutes les intelligences. Gilbert et Gilberte, en vrais gourmets, ne lisaient jamais en une soirée qu'une longue fable ou une comédie; mais avec quelle savante sensualité ils la savouraient, ils la dégustaient! Gilberte excellait dans la lecture des fables empreintes d'un caractère ingénu, fin, touchant et charmant; Gilbert excellait dans la lecture des comédies de *Molière*, qui souvent faisaient rire aux larmes madame Badureau, car celle-ci, son service terminé, venait rejoindre les deux jeunes gens et s'occupait de raccommoder le linge de la maison, soins auxquels l'aidait Gilberte, lorsqu'elle ne s'occupait pas de sa tapisserie ou d'une *commande* pressée en écoutant la lecture faite par son mari ; puis venaient de longues causeries sur le passé, source intarissable de souvenirs piquants et variés; c'étaient encore de longs entretiens où se construisaient, ainsi qu'on le pense, — *d'innombrables châteaux dans les autres mondes,* — car, bien que Gilbert et Gilberte n'eussent plus aucune hâte de quitter ce monde-ci, leur dévorant désir de voir et de savoir, à l'endroit de ces sphères merveilleuses où l'on va revivre âme et corps, restait toujours inassouvi ; de sorte que, sans désirer positivement la mort, ils l'auraient vue allégrement arriver avec un sentiment d'inexprimable curiosité. Enfin, à dix heures... (et dès avant qu'elles vinssent à sonner les deux époux parfois regardaient impatiemment la pendule), à dix heures ils regagnaient leur chambre à coucher.

Le dimanche, ils partaient, comme ils disaient, *pour leur cher Paris,* visitaient les musées remplis de trésors presque inconnus des Parisiens, dinaient ensuite dans un de ces cabarets exclusivement fréquentés par la *petite propriété,* et où l'on fait à peu de frais une excellente chère ; ils terminaient leur soirée au spectacle, l'omnibus les ramenait jusqu'à la barrière, et de là ils regagnaient bravement à pied leur logis. Une fois par semaine, ils laissaient à madame Badureau la complète disposition de sa journée et de sa soirée, afin qu'elle pût se récréer ou aller voir ses amies ; la digne femme, habituée par son ancienne condition de portière à une vie très-sédentaire, profitait rarement de ce jour de vacance ; mais lorsqu'elle en profitait, c'était une sorte de petite fête pour les jeunes gens : Gilberte s'occupait ce soir-là du dîner, Gilbert l'aidait dans ses fonctions culinaires, et Dieu sait quels fous rires s'ensuivaient!

La belle saison venue, la culture du jardin variait les plaisirs des deux époux. Ils se levaient à cinq heures, et après les soins donnés à l'intérieur de la maison, ils jardinaient, plantaient, arrosaient ou palissaient les plantes grimpantes jusqu'à neuf heures ; on déjeunait alors sous la rotonde rustique et l'on se remettait au travail jusqu'à l'heure accoutumée ; après quoi, nos deux jeunes gens, au lieu de borner leur promenade comme dans l'hiver aux environs de leur demeure, poussaient jusqu'aux Champs-Élysées ou aux boulevarts, qui durant l'été offrent un si charmant coup d'œil ; ils ne rentraient que vers huit heures, jardinaient encore quelque peu, puis ils dînaient sous la rotonde rustique remplie d'ombre, de fraîcheur et de parfums ; ensuite ils lisaient, ils causaient, jouissant ainsi délicieusement de la sérénité nocturne, jusqu'à l'heure habituelle du coucher.

Telle était la vie simple, paisible, occupée, intelligente, et surtout *heureuse,* de Gilbert et de Gilberte : les prévisions de Louise se réalisèrent ; ne travaillant plus pressés par le besoin, ils perfectionnèrent leurs travaux avec une patiente ardeur, les caressèrent avec amour : le succès dépassa leur attente ; une excellente lithographie de Gilbert, admise aux honneurs du Louvre, obtint, nous l'avons dit, une médaille d'argent, et Gilberte en obtint une autre pour un merveilleux bouquet de fleurs artificielles envoyé à l'exposition de l'Industrie ; leurs productions peu nombreuses, mais d'un art et d'un goût achevés, leur valurent un gain très-supérieur à leur gain d'autrefois : ils avaient annuellement évalué les fruits de leur travail à quinze cents francs, il dépassa toujours ce chiffre, et il atteignit, dans une seule année, à près de deux mille cinq cents francs ; ce surcroît leur permit de soulager quelques infortunes réelles et modestes. Ils purent aussi se procurer quelques jouissances de *comfort* intérieur et augmenter leur petite épargne.

Ces deux cœurs si pareils, si merveilleusement faits, comme on dit, l'un pour l'autre, se suffisant à eux-mêmes, s'isolaient dans leur bonheur ; jadis cruellement déçus dans leurs affections, ils n'avaient formé aucune nouvelle liaison ; mais ils voyaient assidûment Georges Hubert et sa femme ; ceux-ci, depuis leur mariage, ayant voulu revenir habiter dans l'avenue Méricourt, cette maison jadis témoin de leur amour et de leurs chagrins, se trouvèrent ainsi voisins de Gilbert et de Gilberte.

Le poëte, instruit par sa compagne des sages conseils qu'elle avait donnés aux deux jeunes gens, et de leur confidence au sujet de leurs relations supernaturelles avec une Korrigan, mais ne pouvant ni les croire, ni les accuser de mensonge, ni les regarder comme des fous ou comme de mauvais plaisants, éprouvait à leur égard ce singulier attrait toujours inspiré, sinon par le merveilleux, du moins par l'incompréhensible et le mystérieux.

Georges n'en pouvait douter, quoiqu'il lui fût impossible de se rendre compte et raison de ce fait incroyable : *Gilbert était,* comme il le disait, *entré dans sa vie à lui Georges Hubert!*

Gilbert ne lui avait-il pas raconté, avec une exactitude stupéfiante, les plus secrètes pensées de son cœur, les plus vagues aspirations de son âme, les plus intimes évolutions de son esprit, à lui, poëte, durant cette matinée où, au moment d'entrevoir une idée longtemps cherchée, mais brusquement interrompu par Louise, il perdit le fil conducteur de cette idée ?

Gilbert ne lui avait-il pas raconté, précisé avec une fidélité de détails non moins stupéfiante, ses angoisses fiévreuses, à lui, Georges Hubert, ses amères défaillances, ses émotions dévorantes durant la représentation de ce drame dont la chute fut si outrageante pour lui ?

Par quel phénomène psychologique Gilbert s'était-il ainsi trouvé un jour en communion absolue de pensées, d'impressions, avec lui, Georges Hubert ? Aussi le poëte, forcé de se rendre à l'évidence du fait, épuisait en vain son esprit à la recherche de la cause incompréhensible de ce fait, sa raison se refusant d'accepter comme possible l'intervention surnaturelle de la Korrigan.

Le singulier attrait que les deux époux inspiraient au poëte et à sa compagne se compliquait encore d'une sorte de charme étrange : Gilbert et Gilberte n'*étaient* point impunément *entrés dans la vie* du marquis et de la marquise de Montlaur, ni dans la vie de Georges Hubert et de Louise ; si peu de temps qu'ils *eussent été* ces différents personnages, ils avaient conservé d'eux quelque chose dans leur langage, dans leurs habitudes, dans leur manière d'être, de voir, de sentir.

Ainsi Gilbert et Gilberte, maîtres de l'hôtel d'Orbeval, usant de leur prodigieuse fortune avec une aisance parfaite, et ne se trouvant nullement étourdis de leur luxe princier, témoignaient la ressouvenance de leur position de grands seigneurs, alors *qu'ils étaient* marquis et marquise ; ainsi parfois encore leur langage coloré, poétique, élevé, contrastant avec le langage souvent vulgaire et plaisamment déluré qu'ils devaient à l'humilité de leur condition première, témoignait d'une autre réminiscence de ce temps où *ils étaient* Georges Hubert et Louise. Enfin leur propre vie de millionnaires, à l'expérimentation de laquelle ils devaient une profonde connaissance des hommes et des choses, connaissance si rare chez la jeunesse, leur foi inébranlable à la perpétuité de la vie, foi à laquelle tendaient de plus en plus le poëte et sa compagne, donnaient un attrait d'une puissante originalité à l'entretien des deux époux, et ajoutaient au charme de leur naturel exquis et de leur excellent caractère. Aussi, à part même de ce qu'il y avait d'inconcevable dans certaines parties de leur existence, ce mélange d'expérience et de candeur, d'élévation et de vulgarité de langage, leur gaieté, leur inaltérable bonne humeur, leur touchant amour, leur extrême intelligence de l'art, leur vie laborieuse mêlée de si nobles délassements, la parfaite élégance de leur modeste aisance, rendant leur commerce et leurs relations infiniment chers et agréables à Georges Hubert et à Louise, il se passait peu de jours sans que les deux couples, demeurant à peu de distance l'un de l'autre, n'allassent se visiter ; or, il avait été convenu entre eux, ce soir-là, qu'après la représentation de son nouveau drame, Georges Hubert et sa femme souperaient chez nos jeunes gens.

Ce souper, ainsi qu'on le pense, devenait pour madame Badureau une importante affaire, quoiqu'il se composât simplement d'un excellent bœuf à la mode entouré de gelée, d'un chapon rôti, d'une salade, d'une crème au chocolat confectionnée par Gilberte et de fruits de la saison.

Madame Badureau, en attendant l'arrivée des convives, jetait un dernier coup d'œil sur le *couvert* mis dans la salle à manger d'été, car la soirée était douce et d'une sérénité délicieuse.

Une lampe de bronze éclairait intérieurement cette rotonde, et selon le gracieux usage adopté par Gilberte, quelques branches flexibles de lierre et de clématite fleurie, enroulées aux chaînes de suspension de la lampe et retombant çà et là, cachaient à demi son globe de verre dépoli, formant ainsi le plus charmant des abat-jour ; la lumière donnait un éclat presque métallique à la verdure des plantes grimpantes enlacées au treillage ou enroulées autour des piliers rustiques de la porte ; les fleurs de rosiers, de jasmins et de chèvrefeuilles, se balançant comme autant de bouquets aériens agités par une légère brise nocturne, répandaient leurs suaves senteurs dans cette salle à manger d'été ; en son milieu se trouvait la table couverte d'une nappe de damas de coton d'une blancheur éblouissante, et servie à très-peu de frais avec un bon goût et une élégance qui faisaient oublier la somptuosité ; une corbeille de joncs valant au plus *dix sous* et occupant le point central en manière de *surtout* contenait des fleurs du jardin groupées avec art par Gilberte et mélangées de feuilles de vigne et de rameaux de lierre ; les assiettes, en faïence d'imitation anglaise, fond blanc à dessins vert tendre des plus réjouissants à l'œil et d'un prix presque aussi minime que la faïence commune, étaient accostées d'un verre à pied d'une jolie forme et d'un couvert d'argent aussi brillant que s'il sortait de chez l'orfèvre, car madame Badureau n'avait pas sa pareille pour l'entretien de l'argenterie ; le vin, fraîchement décanté de ses laides bouteilles noirâtres et ternes, remplissait des carafes de verre d'une clarté limpide et y brillait de tout l'éclat du rubis ; des salières de cristal fondu, ornées d'un simple anneau d'argent, à l'aide duquel on pouvait les soulever, complétaient l'orfévrerie de table du ménage. Dans une encoignure de la rotonde l'on voyait symétriquement rangés sur les tablettes d'une étagère de bois de chêne les assiettes et les couverts nécessaires à la desserte, car Gilbert et Gilberte avaient conservé de leur opulence passée ce luxe de propreté qui consiste à changer de fourchette et de couteau aussi souvent que d'assiette, et d'user de linge blanc à chaque repas ; ce *grand luxe* se bornait à une lessive un peu plus fréquente (madame Badureau et Gilberte *coulaient* la lessive) et à l'achat *au poids* d'une douzaine de couverts complets, plus une demi-douzaine de fourchettes, le tout de la valeur d'environ quatre cents francs : nos jeunes gens ne mangeant que de deux ou trois mets au plus à leur dîner, cette argenterie leur suffisait donc, et au-delà. Ces détails minutieux, trop minutieux peut-être, prouveront du moins à quel degré de bon goût et de propreté recherchée l'on peut atteindre, sans sortir des limites d'une modeste aisance.

Madame Badureau, pendant que le chapon rôtissait, vint donc donner un dernier coup d'œil à la table, afin de s'assurer que rien ne manquait au service ; la digne femme n'avait pas le sens poétique extrêmement développé, cependant elle se livra au monologue suivant :

— Est-ce joli, est-ce gai, est-ce frais, est-ce aimable à l'œil cette petite table avec sa corbeille de fleurs au milieu, son linge blanc comme la neige, son argenterie, ses verres, ses carafes brillantes à s'y mirer, et ce couvert si propret, mis dans cette salle de verdure qui embaume par cette belle nuit d'été, avec la lune qui se lève là-bas sur les hauteurs de Meudon!!... Non! mon jeune homme et sa dame, quand ils avaient des millions et des *milliasses*, et des hôtels, et des domestiques, et tout le tremblement, non, mon jeune homme et sa dame ne pouvaient avoir une table plus gentiment servie, un meilleur bœuf à la mode, un meilleur chapon, une meilleure salade, une meilleure crème, de meilleures pêches et une meilleure compagnie! puisqu'il vient souper ici ce grand, ce fameux Georges Hubert, qui, malgré mon âge et mon sexe, m'a donné autrefois l'envie de le suivre!... Mais j'entends une voiture... c'est eux!... courons leur ouvrir! Ils arrivent juste à temps, car mon scélérat de chapon est cuit à point!

Ce disant, madame Badureau se hâta d'aller ouvrir à ses maîtres une petite porte à claire-voie perdue dans la charmille.

Bientôt les deux couples entrèrent dans le jardin.

— Bonsoir, ma bonne madame Badureau — dit gaîment le poëte; — ne grondez pas Gilbert, car si nous sommes en retard, c'est ma faute!

— Monsieur Georges Hubert, et la pièce de ce soir? — demanda madame Badureau avec anxiété — ça a-t'y réussi?... le public est quelquefois si canaille!

— Succès étourdissant, madame Badureau! — reprit Gilbert — notre ami Georges a été obligé de paraître sur la scène... jamais je n'ai vu un pareil enthousiasme!

— Monsieur Georges Hubert, s'écria l'ex-portière, oubliant dans l'élan de son admiration cette pudique réserve, l'un des plus charmants attraits de son sexe — tant pis! faut que je vous embrasse! voilà assez longtemps que j'en meurs d'envie!..

— De grand cœur, madame Badureau — reprit le poëte en se prêtant à l'accolade de la meilleure grâce du monde.

— Jamais je n'aurai embrassé plus honnête et plus excellente femme!

— J'ai embrassé le fameux Georges Hubert! j'adore mes deux jeunes gens! ils m'ont fait oublier les malheurs que j'ai *zévus!* Il n'y a pas sur la terre une créature plus heureuse que moi! — s'écria la digne femme avec un mélange d'émotion et d'exaltation grotesque, mais partant d'un sentiment si sincère, que les larmes lui vinrent aux yeux: puis rougissant de cette faiblesse, elle reprit en s'encourant : — Et mon chapon que j'oublie! Il est capable, pour me jouer un tour, de se laisser brûler, le gredin!... Jeunes gens... je vas mettre le bœuf à la mode sur la table... Vous commencerez toujours par là...

— Georges et Louise, Gilbert et Gilberte, suivant la petite allée sablée, s'approchèrent de la rotonde rustique.

— Ah, mes amis — dit le poëte — quelle charmante idée vous avez eue de nous faire souper sous cette tonnelle de verdure! C'est ravissant... ce petit couvert si coquet....

ce silence, ces fleurs embaumées, cette nuit magnifique, ce frais jardin que la lune commence à éclairer... encore une fois, c'est ravissant!

— Je ne sais s'il est à cette heure beaucoup de personnes qui soupent — reprit Louise — mais je défie la plus folle opulence de pouvoir rivaliser avec ce tableau vraiment enchanteur que nous avons sous les yeux!

— Mon Dieu! madame Louise — répondit Gilbert — cela se résume à ceci : « Avoir ce que tout le monde *pourrait* « *avoir* et ce que presque personne ne *sait avoir*, dans « notre modeste condition. »

— Parce que tout le monde n'a pas et ne peut pas avoir votre expérience des choses, mon cher Gilbert; cette thèse, nous la développerons en philosophant après souper.

— C'est dit, Georges! nous philosopherons, nom d'un petit bonhomme! c'est dimanche, nous pouvons, Minette et moi, ne nous coucher qu'au jour et nous lever tard!

— A table! ma chère Louise — reprit Gilberte en prenant avec une douce familiarité le bras de la compagne du poëte. — Je me sens très en train de vous donner l'exemple, en faisant honneur à notre petit souper.

— A table — répétèrent Gilbert et Georges — à table!!!

Les deux couples s'attablèrent et soupèrent délicieusement au milieu de la verdure et des fleurs, par cette nuit tiède, sereine, embaumée, encore embellie par la radieuse clarté de la lune qui se leva bientôt.

Après le souper les deux couples d'amis *philosophèrent*, comme avait dit le poëte, mais cette philosophie fut troublée par un incident fort étrange.

LIV

Gilbert et Gilberte, Georges et Louise, philosophaient donc après souper, jouissant de la beauté de la nuit, réunis sous la rotonde rustique. L'entretien durait encore... et déjà les étoiles commençaient de pâlir à l'orient; une lueur rose, presque imperceptible, annonçait le retour de l'aurore si hâtive à la fin du mois de juin.

— Oui — disait Georges Hubert — cette foi à la perpétuité de la vie... âme et corps, est sublime. Elle délivre l'homme de la peur de la mort corporelle. Arrière-pensée fatale! elle empoisonne les plus nobles sentiments! Vous chérissez un père, une mère, une sœur, une épouse.. un tendre attachement vous lie à un ami... mais toujours à l'horizon de notre courte vie, se dresse l'impitoyable spectre de la mort, qui, à un moment donné, change en deuil, en désespoir, ces adorables jouissances du cœur! Sans doute certaines théogonies nous promettent la renaissance des âmes; mais le corps..... si intimement lié à l'âme, qu'il réagit sur elle comme elle réagit sur lui, le corps, dévolu à une éternelle destruction, ne renaîtrait pas? Erreur! l'homme n'est pas qu'esprit, il est aussi matière!... L'esprit est immortel, le corps doit l'être aussi!

« *Guenille si l'on veut, ma guenille m'est chère!* a dit notre Molière — reprit Gilbert — et il avait fièrement raison! car enfin, avec quelle ingratitude on la traite cette prétendue guenille, cette enveloppe humaine à qui l'art grec a dû l'inspiration de ses divins chefs-d'œuvre. Oui, lorsque notre âme quitte le corps pour aller en animer un nouveau, on lui dit à cette guenille, à cette chrysalide de l'une de nos transformations infinies : « — Va pourrir à « jamais en terre, va, vilaine! tu n'es que néant, ordure, « bonne à engraisser les charniers! voici enfin l'âme pour « l'éternité dégagée de toi, maudite! et désormais l'âme « sera toujours nue comme un petit saint Jean! »

— En effet, ce qui concourt surtout à ce déplorable effroi de la mort — reprit Louise — c'est l'appareil lugubre dont on entoure les trépassés : regrets funèbres, noires draperies! Or, comme le dit Georges, l'âme est si étroitement unie, confondue avec le corps, que la pensée de l'éternelle destruction de notre enveloppe charnelle doit impressionner les esprits les plus fermes!

— Tandis qu'au contraire, nos pères, les Gaulois, se faisaient de la fin de cette vie-ci la plus riante image — ajouta le poëte. — Te souviens-tu, Louise, de ce ravissant tableau reproduit par *Jean Reynaud*, d'après un chant druidique? Ce sont des barques remplies d'enfants, de jeunes filles, de femmes, d'hommes jeunes ou vieux, revêtus d'habits éclatants et couronnés de fleurs, tout rayonnants d'allégresse et de curiosité, voguant dans l'espace où gravitent les astres, quittant un monde pour entrer dans un autre! Quelle charmante image de ce qu'on appelle la mort...

— Et puis — reprit Gilberte — nous avons lu avec Bibi que les anciens brûlaient les défunts..... à la bonne heure! voilà qui me va! un beau bûcher..... une flamme brillante qui monte vers le ciel... et après... un peu de cendre blanche... mais ces affreux croque-morts, cette bière, ce trou noir, cette terre humide, ces vers! fi! fi! Ah! que c'est laid! cela suffirait à vous dégoûter de mourir!

— Sans compter que les morts finiront par forcer les vivants de déménager — ajouta Gilbert. — Les cités des tombes augmentent chaque jour leurs murailles d'enceinte aux dépens des cités des maisons; quoiqu'on le paie au poids de l'or, l'on ne vend plus de terrain à perpétuité; on logerait merveilleusement cent vivants avec le prix de la glaciale demeure d'un défunt : or, je ne comprends vraiment point pourquoi, ainsi que le dit Minette, l'on ne brûle pas les morts?

— Vous avez ma foi raison, mon cher Gilbert — reprit Georges Hubert. — Cette destruction par le feu a du moins quelque chose de noble pour l'enveloppe que nous quittons. Elle se dissout ainsi dans les flammes et remonte vers les cieux en brillants atomes; sa décomposition souterraine, au contraire, me semble humiliante pour la créature que Dieu a faite, dit-on, à son image. Les gentilshommes réclamaient l'honneur de mourir par le glaive, regardant la potence comme une honte : moi, je dirais : « — Brûlez mon corps..., mais ne l'enterrez pas! »

— Savez-vous aussi, Georges, ce que je trouve d'admirable dans la foi que nous a donnée la Korrigan? — reprit Gilbert. — C'est cette pensée, surtout chère à nous autres gens laborieux, ennemis déclarés de l'oisiveté : « — Que « l'homme renaît incessamment, âme et corps, pour con- « tinuer à l'infini l'utile activité de sa vie morale et maté- « rielle; je dis utile, parce que Dieu n'a pu créer l'homme « qu'à des fins d'utilité. »

— Évidemment — reprit le poëte; — encore une fois il m'est impossible d'admettre qu'à une âme immortelle le Créateur ait donné un corps mortel. Comment! la vie de l'âme serait éternelle, et la vie du corps, ce merveilleux instrument, ce prodige de la création, se bornerait aux quelques instants que nous passons sur cette terre-ci?

— Aussi, ma parole d'honneur — dit Gilbert — je ris de pitié en lisant que, selon la croyance de ces imbéciles de païens, si par votre bonne conduite vous aviez mérité, aux yeux de Jupiter, une place aux Champs-Elysées, votre âme à perpétuité restait là comme une grande fainéante, comme une véritable *âme sans corps* qu'elle était, ne faisant œuvre de ses cinq sens du soir au matin de l'éternité! Or, m'est avis que, sans compter que c'est immoral au dernier chef, puisque l'homme est créé pour travailler, ça devait, à la longue, finir par être fièrement assommant, les Champs-Elysées!

— Et pour ceux qui allaient chez Pluton, Bibi, c'est encore ça qui devait être atroce : se voir éternellement tourmenté par les Furies, pour une malheureuse petite faute que l'on avait commise. Ah! vraiment, en sa qualité de dieu qui devait donner l'exemple de la clémence, le seigneur Jupin n'était pas gentil du tout!

— Ne m'en parle pas, Minette, de ce Jupin : c'était le dieu des drôles! Mais j'en reviens là : chez ces imbéciles de païens, châtiment ou récompense, c'était toujours *l'oisiveté... dans l'éternité!* châtiment stérile, récompense stérile, partant choses complètement inutiles! Quelle différence avec la croyance que nous a donnée la Korrigan! L'homme ressuscitant incessamment au grand complet, âme et corps, va perpétuellement renaître, c'est-à-dire vivre, penser, agir dans ces mondes où les méchants deviennent meilleurs, et les bons meilleurs encore! Voilà qui est consolant, logique, sensé; car enfin, si méchant que je sois, j'aurai beau être sanglé à grands coups de serpents par mesdames les Furies, l'éternité durant, je vous demande un peu à quoi cela servira? Est-ce que ces fessées de couleuvres me rendront meilleur? Est-ce que le seigneur Jupin, en vertu de sa sublime omnipotence, ne ferait pas cent fois mieux de m'envoyer renaître dans un autre monde, où de coquin je deviendrais honnête homme, et d'inutile et fainéant martyr des Furies... je deviendrais laborieux et utile?

— De même — reprit Gilberte — que si j'étais une bonne femme...

— Comment, Minette, *si* tu étais?

— Madame Gilberte — reprit le poëte en riant — en matière philosophique, et, Dieu me pardonne, nous philosophons, l'hypothèse ou la supposition ne sont admises qu'à défaut de réalité.

— Or — ajouta Louise — en réalité, ma chère Gilberte, vous êtes une bonne... une excellente femme.

— Allons! j'y consens — reprit Gilberte — puisque vous le voulez, je suis une bonne femme : j'ai mérité de me promener, les bras croisés, l'éternité durant aux Champs-Elysées? Voilà-t-il pas une belle avance! Est-ce qu'il ne vaudrait pas mille fois mieux, qu'au lieu de rester à perpétuité *bonne* femme aux Champs-Elysées, à m'ennuyer comme une morte.. c'est le cas de le dire! j'aille devenir dans d'autres mondes *très*-bonne femme, *excellente* femme, *excellentissime* femme, et toujours ainsi, montant de grade en grade jusqu'à l'infini!

— Rien n'est plus vrai — reprit le poëte — l'essor de l'humanité, visible et invisible, est infini! vouloir l'immobiliser dans un châtiment ou dans une récompense d'une éternelle stérilité, ainsi que le voulaient les païens, c'est une absurdité! L'humanité en ce monde-ci, et hors de lui, ne s'améliore, ne s'élève que par des transformations successives, incessantes. Eh! mon Dieu ! tenez, mes amis... je vois un exemple de cette loi divine dans votre histoire à tous deux! oui, vous êtes une preuve vivante de ce que l'on peut gagner à des transformations successives; vous étiez *bons* et vous êtes devenus *meilleurs* encore; durant vos pérégrinations à travers d'autres conditions que votre condition primitive. Ainsi, après avoir été longtemps lithographe et fleuriste, vivant pauvrement et honnêtement du fruit de vos labeurs, vous *avez été*, dites-vous, MOI *Georges Hubert* et *Louise*... (et en vérité vous nous avez donné à l'appui de votre affirmation des détails tellement intimes, tellement secrets sur ma femme et sur moi, qu'ils sont inexplicables, à moins de les attribuer à la mystérieuse puissance d'un agent encore inconnu, ayant peut-être quelque analogie avec le magnétisme, aujourd'hui encore à son berceau ; toujours est-il que, selon vous, vous et votre femme *vous avez été* tour à tour grand seigneur et grande dame, poëte de quelque renom et femme stoïque! Enfin, ceci est un fait évident, vous avez été millionnaires; puis enfin, misérables et réduits à la dernière détresse. Hé bien, croyez-vous que si vous étiez restés lithographe et fleuriste, vous auriez acquis cette profonde et rare connaissance des hommes et des choses, ce dédain des vanités si enviées du vulgaire, cette conscience des tourments, des déceptions inséparables de ce qu'on appelle la gloire, ce mépris sincère des richesses, cette noble aversion des ignominies que presque fatalement l'opulence traîne après soi, ce besoin des pures jouissances de l'esprit, et, par suite, cet incroyable développement intellectuel qui vous permet à cette heure de philosopher, d'aborder les plus hautes questions qu'il soit donné à l'homme d'agiter, sinon de résoudre? Vous... vous que le hasard avait déshérités des bienfaits de l'instruction, croyez-vous enfin que vous eussiez acquis cette inestimable expérience, en un mot, *cette sagesse* grâce à laquelle vous avez trouvé le vrai point milieu du bonheur, je veux dire une aisance modeste et laborieuse, poétisée par le bon goût et l'élégance? Non, non! demeurant dans votre condition première, vous seriez restés bons, tandis qu'en passant par vos transformations successives, par de nombreuses et cruelles épreuves, vous êtes devenus meilleurs, et meilleurs encore vous deviendrez. Ainsi, selon moi, ces résurrections perpétuelles de l'homme allant revivre, âme et corps, dans des mondes nouveaux, c'est-à-dire renaissant dans de nouvelles existences morales et physiques, doivent avoir pour l'humanité tout entière, et poussées jusqu'à l'infini, ces mêmes résultats obtenus par vous : la *sagesse* qui procède de *l'expérience*... et le BONHEUR qui procède de la *sagesse!* Oui, vous avez été sages, profondément sages, vous et votre femme, mon cher Gilbert! car pour parler votre langage, et en admettant une impossibilité, si vous *étiez* tous deux *restés dans notre vie* à Louise et à moi, vous seriez, il est vrai, aussi heureux que nous le sommes; mais ce bonheur, au lieu d'être comme le vôtre rempli d'une quiétude absolue, serait, par la nature même des choses, çà et là exposé à de rudes atteintes!... Vous *avez été*, dites-vous, *moi-même*, mon cher Gilbert? vous m'avez du moins raconté avec une inconcevable fidélité mes angoisses, mes tortures lors de la représentation de ce drame qui subit un si éclatant échec. Hé bien, ce soir, mes amis, ce soir... le croiriez-vous?... ces angoisses, ces tortures, ont été plus poignantes encore que par le passé. Oui, car j'avais dit à Louise : « Epouse-moi... et j'écris « un chef-d'œuvre! »

— Pauvre grand poëte! — reprit Gilberte avec une tendre commisération — en effet, ce soir, après un véritable triomphe, en revenant auprès de votre femme et de nous, vos amis, encore enivrés de ce succès inouï, vos premières paroles ont été : *souffrance et torture!* et je me disais à part moi : Oh! la gloire!... la gloire!

— Allez, mes amis, en cela plus heureux que Louise et moi, vous goûtez les divines jouissances de l'intelligence sans éprouver les anxiétés dévorantes de ceux-là qui, comme nous autres poëtes, s'épuisent à nous les procurer... ces jouissances!

— En cela aussi plus heureux que nous — ajouta Louise — vos amours charmantes, abritées par une douce obscurité, ne sont pas traînées au grand jour et livrées à la curiosité publique! vous n'éprouverez jamais ce que j'ai éprouvé ce soir, lorsque des inconnus, si bienveillants qu'ils se soient montrés pour Georges et pour moi, s'entretenaient hautement de nos sentiments les plus intimes. Non, non, mes amis, vous ne connaîtrez jamais cette peine indicible pour une femme, de voir lever le voile pudique et sacré dont elle entoure pieusement les plus chères affections de son cœur ! Si vous saviez ce que j'ai souffert en entendant colporter, discuter, apprécier légèrement, faussement, par des étrangers, comme le serait une nouvelle publique, ma résolution d'épouser Georges, résolution que j'avais prise dans le saint recueillement de ma conscience, après des nuits d'insomnie, après des journées de réflexions profondes, presque redoutables, car mon avenir et celui de Georges dépendaient de cette décision solennelle. Ah! contre ces souffrances, nous ne nous révoltons pas! elles ressortent de la nature même des choses... elles sont l'une des fatales conséquences de la gloire qui à peine les compense ; nous les subissons avec fermeté, mais heureux, oh! bien heureux sommes-nous de penser que vous ne les connaîtrez jamais!

— Et cependant, madame Louise, votre existence à vous et à ce cher Georges est un paradis, comparée à celle où nous sommes aussi entrés, ou dans lesquelles nous avions fièrement envie d'entrer; car enfin, si nous étions restés, Minette et moi, dans la vie du marquis et de la marquise de Montlaur, je vous le demande, que serais-je à cette heure?... un malheureux homme, que le chagrin a conduit à l'abrutissante dégradation de l'ivresse. Et ma pauvre Gilberte, que serait-elle?... une de ces femmes désordonnées, dont on ne prononce le nom qu'avec dégoût et pitié... Si nous étions entrés dans la vie de madame de Saint-Marceau et de son mari, comme nous en avions fort envie, ma femme serait morte de chagrin, à la fleur de l'âge, après une lente agonie, et forcée de renoncer à cet art qui lui donnait la richesse et la gloire, tandis que moi, je serais ce qu'est M. de Saint-Marceau, un vil effronté parasite!!! Enfin, si nous étions entrés dans la vie de madame d'Orbeval et de M. de Baudricourt, ainsi que nous en avons eu un moment la pensée, tentés par le bonheur idéal dont jouissaient alors ces deux amants dans leur délicieuse retraite du lac d'Annecy, nous serions à cette heure, moi, sous la griffe d'une grande drôlesse de saltimbanque que tout le monde se montrait ce soir au théâtre, en s'indignant de la conduite de M. de Baudricourt. Et...

— ... Et madame Gilbert — reprit Georges Hubert — serait en ce moment retirée dans un couvent d'Italie, où, en proie à une sorte de fanatisme qui touche à la folie, elle expierait quelques années de bonheur dans d'horribles austérités...

— Mon Dieu, monsieur Georges — reprit Gilberte — vous qui connaissez si intimement madame d'Orbeval et M. de Baudricourt, comment vous expliquez-vous leur rupture, des gens jusqu'alors si sûrs d'eux-mêmes, si dévoués l'un à l'autre ?

— Mes amis, je ne saurais vous expliquer ce qui est, je crois, même inexplicable pour M. de Baudricourt ; j'ai vu dernièrement ici la femme de confiance de madame d'Orbeval, qu'elle a renvoyée en assurant largement son avenir, car la pauvre comtesse, cette femme autrefois si élégante, se traîne maintenant pieds nus sur la dalle de sa cellule, et se couche dans la cendre, avec un cilice de crin sur la peau...

— Mais c'est affreux !

— Hélas! oui, ma chère madame Gilberte. Mais pour en revenir à la rupture des deux amants, la femme de confiance m'a raconté le fait, il est d'une effrayante simplicité. Le voici : Baudricourt et la comtesse avaient momentanément quitté leur chère retraite pour faire une excursion en Italie ; ils arrivent à Venise, aussi amoureux que jamais. Un soir, ils ont la fantaisie d'entrer dans je ne sais quel petit théâtre où une troupe ambulante de bohèmes d'Espagne donnait une représentation. L'une de ces filles danse un pas andalous qui dure à peine dix minutes : M. de Baudricourt semble fort indifférent à cette danseuse, ne l'applaudit même pas; il prétexte une migraine, prie madame d'Orbeval de vouloir bien rentrer avec lui à leur hôtel, en ressort quelques moments après, emportant ses lettres de crédit, court à dix heures du soir chez son banquier, se fait compter cinquante mille francs, retourne au théâtre, détermine... chose des plus faciles, cette danseuse à partir la nuit même de Venise avec lui, et écrit à madame d'Orbeval ces seuls mots : — *Je suis un misérable fou; je vous quitte, je ne mérite même pas votre pitié... oubliez-moi !*

— Mais alors cet homme, ainsi qu'il le disait dans sa lettre, était véritablement fou! — s'écria Gilberte. — N'êtes-vous pas de mon avis, Louise?

— C'était en effet du vertige, car d'après ce que m'en a raconté Georges, M. de Baudricourt avait été jusqu'alors un honnête et galant homme, dans toute l'acception du mot.

— Et un homme d'infiniment d'esprit — ajouta le poëte — d'un jugement exquis, d'un caractère ferme et d'un cœur excellent ! Aussi, j'en suis certain, tôt ou tard M. de Baudricourt éprouvera l'impression d'un homme sobre, que l'on aurait enivré malgré lui, et qui sortirait avec stupeur, dégoût et effroi de son ivresse involontaire...

— Quel abîme que le cœur humain! reprit Gilbert — la conduite de M. de Baudricourt est insensée, atroce... et pourtant je la comprends!

— Comment, monstre que vous êtes! — s'écria gaiement Gilberte. — Entendez-vous, mes amis? ce monsieur Bibi qui comprend une pareille abomination!

— Minette, je comprends parfaitement que notre ami Georges fasse des chefs-d'œuvre comme celui de ce soir, et cependant, je serais aussi incapable d'écrire un chef-d'œuvre que d'imiter la déplorable escapade de M. de Baudricourt.

— A la bonne heure, Chéri; mais je soutiens que sa conduite est incompréhensible, inexplicable, et moi, je n'admets pas ce qui est inexplicable et incompréhensible, voilà mon caractère !

— Oh, oh, madame Gilberte — reprit en riant le poëte — ceci, de votre part, n'est ni juste, ni charitable, ni reconnaissant !

— Que voulez-vous dire, monsieur Georges ?

— Vous vous refusez à admettre la possibilité de mon récit, et Louise et moi nous admettons, sans le comprendre, ce fait bien autrement et terriblement inexplicable, à savoir, que vous et Gilbert, *vous avez été nous-mêmes*... après *avoir été* le marquis et la marquise de Montlaur ?

— Quant à cela, monsieur Georges, c'est très-différent !...

— Bon ! — reprit Gilbert. — Voilà notre éternelle discussion sur la réalité du pouvoir de la Korrigan, qui va recommencer : d'ailleurs nous vivrions cent ans et plus qu'elle durerait toujours, cette discussion... Tant mieux ! nous sommes du moins certains d'avoir ainsi toujours sous la main un sujet de controverse !

— Et moi qui justement oubliais, mon cher Gilbert, de vous apprendre une nouvelle importante — dit le poëte en se frappant le front. — Il paraît certain que vos biens vous seront rendus.

— Ah, bah ! vraiment ?

— J'ai rencontré ce matin un magistrat haut placé : « Vous connaissez M. Gilbert — m'a-t-il dit — vous pouvez « lui apprendre une chose qui le comblera de joie : « voici bientôt le terme de la prescription arrivé en ce qui « touche ces valeurs énormes placées sous le séquestre « et que personne ne réclame; il est évident que mainte-« nant, pour ceux qui en étaient détenteurs, *possession* « *vaudra titre*, et que ces biens seront prochainement « rendus à M. Gilbert. »

— Ah, Chéri !— s'écria Gilberte les larmes aux yeux, en sautant au cou de son mari — quel bonheur... pour les pauvres vieilles gens de nos états !

Cet élan fut si naïf, les mots qui l'accompagnaient furent prononcés avec une telle sincérité, que Louise et Georges profondément émus se regardèrent en silence.

— Oh, ma Gilberte! — reprit le jeune homme les yeux humides, en serrant avec une tendresse passionnée sa femme entre ses bras. — Quel cœur que le tien !... comme toujours, il vaut mieux que le mien !

— Que veux-tu dire?

— Tenez, mes amis — reprit Gilbert — je vais être franc... hé bien, lorsque tout à l'heure Georges m'a appris que nos millions nous seraient restitués, ma première pensée a-t-elle été spontanément généreuse comme celle de ma femme?... Hélas! non.

— Fi, le vilain! il dit cela pour me flatter à ses dépens — reprit Gilberte — ne le croyez pas, mes amis !

— Pauvre Chérie, te flatter! — ajouta Gilbert avec un accent d'amour inexprimable — Est-ce que tu as besoin d'être flattée?... non, non, je vous dis la vérité, mes amis ; lorsque Georges m'a parlé de la restitution de notre fortune, malgré moi, j'ai ressenti une espèce d'éblouissement en nous voyant sur le point de redevenir immensément riches... de même que lorsqu'autrefois, selon le sage conseil de madame Louise, nous étions résolus d'abandonner nos biens à la ville de Paris, j'avais ressenti une sorte de serrement de cœur! Certes, la cupidité n'est et n'était pour rien dans ces deux ressentiments; le bonheur inaltérable que nous devons depuis plusieurs années à notre modeste aisance et à notre travail me rend, plus que jamais, l'ennemi mortel de ces maudits millions à qui nous avons dû tant de chagrins; mais enfin, que voulez-vous, mes amis? l'homme est ainsi fait que ce diable d'argent lui cause toujours plus ou moins de vertige! Maintenant, ce vertige est passé, je dis comme ma Gilberte : « Quel bonheur pour les pauvres vieilles gens de nos « états! » Oh, oui, ce sera pour eux un grand bonheur! nous savons ce qu'ils doivent souffrir, à en juger par cette atroce misère dont nous avons enduré les tourments, lorsque ma femme et moi nous nous cherchions dans l'immensité de Paris! et encore nous étions jeunes, nous étions soutenus par l'espérance de nous retrouver un jour et par la certitude de bientôt partir ensemble de ce monde-ci... où nous nous trouvions trop malheureux. Aussi, après ma Gilberte, je le répète — « notre fortune nous « est rendue... quel bonheur pour les pauvres vieilles « gens de nos états ! » — Mais cette généreuse pensée t'est venue à toi la première, ma femme adorée!

— Bons cœurs! — dit soudain la douce voix de la Korrigan, au milieu du silence qui avait suivi les dernières paroles de Gilbert. — Bons cœurs !

— La Korrigan! — s'écrièrent à la fois les deux époux avec un étonnement et une joie qui tenait du délire. — La petite fée !!!

Peindre la surprise de Georges et de Louise, serait impossible : aux premiers mots prononcés par cette voix dont l'ineffable mélodie n'avait rien d'humain, ils avaient levé les yeux vers le ciel d'où elle semblait descendre; puis, muets de stupeur, ils se demandaient du regard s'ils n'étaient pas jouets d'une illusion. Gilbert, devinant leur pensée, reprit en riant :

— Je gage qu'aussi sceptiques que notre brave Badureau, qui dort à cette heure du sommeil des justes, vous croyez, mes amis, que je fais le ventriloque?

— Je crois... que cette voix n'a rien d'humain — s'écria

le poëte palpitant. — Je crois qu'il se passe ici quelque chose de surnaturel !

— Parbleu ! — fit Gilbert d'un ton dégagé — c'est tout simple...

— Oh, chère Louise ! — reprit Gilberte — si la Korrigan voulait se montrer à vous, vous verriez comme elle est gentille !... Je vais lui demander de se faire voir, peut-être qu'elle ne nous refusera pas. — Et, élevant la voix, la jeune femme ajouta : — Chère petite fée, nous vous en supplions, montrez-vous à nos amis... nous vous le demandons en grâce, puisque nous n'avons plus le pouvoir de vous commander.

— Soyez satisfaits, mes amis — répondit la douce voix.

— Soyez satisfaits, car Georges et Louise, ainsi que vous, sont bons !

Alors... phénomène nouveau ; la présence de la petite fée ne se révéla plus par le doux et soudain éclat d'une lueur argentée, mais par un incommensurable rayon de clarté sidérale qui, éblouissante à l'endroit où apparut le petit corps rose et diaphane de la Korrigan, allait, diminuant l'intensité de sa traînée lumineuse, se fondre dans l'orbe diamanté de l'une des étoiles encore visibles à l'orient.

— Voilà notre chère Korrigan ! — s'écria Gilberte joyeuse et attendrie jusqu'aux larmes. — La voyez-vous, Louise, la voyez-vous... comme elle gentille ?

— Hé bien, mon cher Georges — reprit Gilbert fort à son aise, car il se trouvait en pays de connaissance — croirez-vous enfin aux Korrigans ?

— Ah, jeunes gens ! — dit tout à coup la voix essoufflée de madame Badureau accourant dans l'intérieur de la rotonde rustique. — C'est pas gentil à vous ! vous refaites des tours de gobelet comme quand vous étiez M. et madame Bosco, et vous ne m'invitez pas ? C'est la clarté de la chose qui m'a réveillée là-haut, dans ma chambre, où je dormais sur une chaise, toute habillée, pour être plus tôt prête ce matin...

— Nom d'un petit bonhomme ! vous venez à propos ! — s'écria Gilbert triomphant, car il voyait déjà l'indomptable incrédulité de madame Badureau confondue cette fois par la surnaturelle apparition. — Que dites-vous de ce merveilleux prodige ?

— Ça ? — reprit intrépidement la sceptique en clignotant le rayon lumineux — quoiqu'il fasse papilloter les yeux, le tour est joli ! très-joli... mais... connu !

— Hein ! — fit Gilbert pétrifié. — Comment... vous... dites ?

— Je dis : connu !... puisque j'ai déjà vu ce tour-là sur le Pont-Neuf.

— Sur le Pont-Neuf !

— Pardi ! dans une des petites boutiques qui sont au-dessus de la rivière ; ils appellent ce tour-là... la lumière élep... élic... ah ! j'y suis : élecrique ! C'était un grand diable de rayon comme celui que je vois là... ça vous éblouissait à l'endroit où il commençait, et puis il s'en allait finir en queue de poisson et à perte de vue dans les étoiles, toujours comme celui-là... Seulement dans l'autre lumière élep... élac... satané nom, va ! dans l'autre lumière élecrique... il n'y avait pas, ainsi que dans celle-ci, une petite bonne femme qui gigottait, mais j'avais déjà vu des petites bonnes femmes dans ce genre-là, et en verre, qui dansaient au bout des jets d'eau, ce qui est la même chose, si ce n'est que celle-ci gigotte au milieu de la lumière... C'est égal, le tour est gentil... mais connu !

— Korrigan ! — s'écria Gilbert exaspéré — redevenez invisible, je vous en conjure, car je crois, nom d'un petit bonhomme ! que je battrais notre excellente Badureau, tant son incrédulité me met hors de moi et me rend féroce !

— Sois satisfait — répondit la voix avec un accent de douce malice — je t'épargnerai l'horrible crime où tu crains de te laisser entraîner.

Et le rayon s'amoindrissant peu à peu disparut, ainsi que la Korrigan, au milieu des premières lueurs de l'aurore, où il se perdit.

— Ah, bon ! — dit madame Badureau ayant entendu la voix de la fée redevenue invisible — vous allez, jeune homme, recommencer à faire le ventriloque comme autrefois ? Connu !... je m'en vas ranger ma cuisine... car voilà qu'il fait jour.

Et l'indomptable sceptique rentra dans l'intérieur de la maison, tandis que Georges et Louise, l'œil fixe, le cou tendu, la respiration suspendue, incapables de prononcer une parole, croyaient rêver...

— Korrigan — reprit Gilberte — vous n'êtes donc pas allée rejoindre vos sœurs ?

— Si, mes amis — répondit la voix — mais du monde où je suis, j'entends, je vois, je sais ce qui se passe en ce monde-ci, et de là-haut j'ai assisté aux épreuves que vous avez vaillamment subies, braves et bons cœurs !

— Hélas, Korrigan, Gilberte et moi, nous vous avons appelée à notre secours lors de l'un des moments les plus critiques de notre vie !

— Oui, lorsqu'on vous conduisait en prison — répondit la voix — j'ai entendu votre appel.

— Et vous n'êtes pas venue à notre secours, bonne petite fée, vous qui nous aviez toujours protégés !

— Il ne m'était plus permis de venir à vous... mais aurais-je eu le pouvoir de vous secourir, que j'aurais laissé votre destinée s'accomplir ; ces cruelles épreuves devaient être l'un des éléments de votre bonheur à venir, en vous rendant plus douce et plus chère encore la modeste et laborieuse aisance où vous avez enfin trouvé le bonheur — répondit la voix. — Et puis... je vous avais donné la foi à l'éternité de la vie... et ceux-là pour qui la mort n'existe pas, se rient de l'adversité, quittent ce monde-ci sans regrets, y fussent-ils aussi profondément heureux que vous l'êtes, Gilbert et Gilberte.

— Korrigan... vous savez tout, vous connaissez l'avenir qui nous est réservé à nous et à nos amis, pouvez-vous maintenant nous le révéler cet avenir ?

— Oui... votre vie à vous, Gilbert et Gilberte, s'écoulera paisible, heureuse, occupée, ainsi qu'elle s'est écoulée depuis quelques années ; vos biens vous seront rendus, et, dédaigneux de ces richesses qui vous ont causé tant de soucis, vous accomplirez votre généreuse résolution envers les pauvres gens de vos états. Arrivant enfin au terme d'une riante vieillesse, vous partirez gaîment ensemble pour aller revivre ailleurs...

— Oh ! bénie soyez-vous, Korrigan !
— Mais Georges ?
— Mais Louise ?

— Toujours dignes l'un de l'autre — reprit la voix — Georges et Louise connaîtront durant quelques années encore les nobles tourments de la gloire, les mâles angoisses du génie ; puis, le grand poëte ayant accompli, pour l'enseignement de l'humanité, la tâche pénible et sainte imposée par Dieu à ses privilégiés en retour de la divine intelligence dont il les a doués, le grand poëte goûtera le victorieux repos du vieil athlète après une longue carrière de luttes et de triomphes. Coulant leurs jours près de vous, dans le charme d'une inaltérable amitié, Georges et Louise, ayant foi comme vous à la perpétuité de la vie, quitteront allégrement ce monde-ci... pleins d'espérance et de curiosité !

Au moment où la fée parlait ainsi, le soleil se leva radieux ; ses premiers rayons, pénétrant sous la rotonde de verdure, émaillée de fleurs encore humides de la rosée nocturne, semblèrent entourer d'une vermeille auréole les deux couples d'amis...

— Bons cœurs ! — murmura la voix en s'affaiblissant de plus en plus, à mesure qu'elle remontait vers le ciel — Gilbert et Gilberte... Georges et Louise... vous êtes BONS... heureux vous serez...

Et la douce voix de l'invisible fée se perdit dans l'espace en répétant :

— *Heureux vous serez... Vous êtes* BONS... *heureux vous serez !*

FIN.

AUX LECTEURS.

Notre conte fantastique est achevé :

Nous sera-t-il permis d'essayer de faire ressortir de ce récit la pensée morale et philosophique qui l'a inspiré ?

Peut-être résumée ainsi et dégagée des incidents et des fictions de la fable, cette pensée, selon notre espoir, paraîtra-t-elle offrir quelque utilité pratique ?

Les sages, les penseurs de tous les temps ont diversement formulé, mais unanimement reconnu cette vérité :

Le bonheur est dans la médiocrité.

Seulement il est arrivé, il devait arriver ceci :

Cet axiome, glorification de la médiocrité, axiome radicalement vrai, profondément moral, répété par tout le monde jusqu'à la vulgarité, n'est pratiqué par personne, ou du moins ne l'est volontairement, sciemment, que par un petit nombre de gens placés dans des conditions spéciales et fort rares.

Expliquons-nous :

Nous avons connu des hommes qui, après avoir joui, usé, abusé de toutes les superfluités d'une extrême opulence, finissaient par lui préférer une vie des plus simples, et autant par satiété que par une saine appréciation des choses, trouvaient un grand charme dans la *médiocrité*.

Nous avons connu des hommes d'un génie illustre ; parmi ceux-là, cruellement éprouvés par ces angoisses, par ces déceptions, par ces chagrins, par ces calomnies, par ces capricieux revirements de l'opinion publique, par ces curiosités indiscrètes jusqu'à la tyrannie, par ces fiévreux et épuisants labeurs, inséparables de la gloire des arts ou des lettres, parmi ceux-là, disons-nous, les uns nous avouaient avec l'indubitable sincérité d'un cœur honnête qu'ils ne trouvaient jamais dans un succès éclatant, si au-dessus qu'il fût de leur mérite, la compensation de leurs soucis au moment de l'éclosion de chaque œuvre ; et ils déploraient la fatalité qui les poussait à poursuivre une carrière à la fois douloureuse et chère. D'autres, plus logiques, plus absolus, arrivés au comble d'une renommée européenne, renonçaient complètement à l'art, préférant désormais passer leurs jours dans la quiétude et le repos.

Vers la fin de la Restauration, alors qu'il existait encore ce qu'on appelait *des gens de cour*, nous avons connu de très-grands seigneurs, qui, fatigués, dégoûtés de leur brillante existence de courtisans, allaient terminer leurs jours dans quelque terre isolée, au fond d'une province, et là ils vivaient avec bonheur de la vie simple et agreste d'un fermier dans l'aisance.

Nous avons connu des hommes politiques, admirables intelligences, nobles cœurs, tout-puissants orateurs, pleins de foi, de dévouement à leur cause, ennoblis par la persécution, jouissant d'une immense et légitime popularité, honorés même de leurs adversaires, et nous les avons vus renoncer avec une satisfaction profonde, avec un allégement inexprimable au fardeau des affaires publiques et retourner avec délices dans leur retraite.

Mais ces gens opulents, mais ces grands seigneurs, mais ces hommes illustres par le génie, mais ces politiques célèbres, n'étaient arrivés, ne pouvaient, ne devaient arriver à ce sage et philosophique détachement des vanités humaines qu'à cette condition primordiale *d'avoir expérimenté* PAR EUX-MÊMES *le néant des vanités si enviées de la foule.*

Oui, ce sage et heureux détachement de la gloire, des grandeurs ou des richesses, ne pouvait s'accomplir qu'en raison *des déceptions, de l'ennui, de la satiété* dont elles sont presque toujours suivies.

Or, est-il concevable, est-il possible que le vulgaire, voyant, du fond de sa misère ou de son obscurité, miroiter à ses yeux éblouis tant de brillantes existences au faîte de l'édifice social... ne les envie point ?

Est-il concevable, est-il possible que le vulgaire croie les sages sur parole, et qu'il ne désire pas ardemment D'ÊTRE CEUX-LÀ de qui la condition lui semble représenter la somme de toutes les félicités imaginables ?

Non, non, répétons-le : il faut absolument AVOIR VÉCU DE LA VIE de ceux de qui l'on ambitionne le sort, pour SAVOIR AINSI PAR SOI-MÊME si ce sort est réellement désirable et s'il ne nous trompe point par son séduisant mirage.

C'est cette moralité : *la sagesse acquise par l'expérience personnelle* que nous avons tenté de mettre en action, et si un tel vœu nous eût été permis, nous aurions espéré, qu'*entrant* avec Gilbert et Gilberte *dans la vie* de certains personnages dont la condition semble généralement très-enviable, le lecteur expérimentant à tour, et cela se peut dire, par *lui-même,* LES RICHESSES, LES GRANDEURS ET LA GLOIRE, ces trois points culminants de l'ambition humaine, arriverait ainsi que nos héros, par la pratique, par la sensation, par le ressentiment de ces existences diverses, à cette heureuse et inébranlable conviction :

Que LE VRAI BONHEUR consiste dans une MODESTE AISANCE, *sanctifiée par le travail,*
Embellie par l'amour et par l'amitié,
Poétisée par le bon goût,
Charmée par l'intelligence des arts,
Rehaussée par les nobles jouissances de l'esprit,
Purifiée par la conscience du juste et du bien,
Et par-dessus tout, guérie du mal de la mort par une foi divine, à LA PERPÉTUITÉ DE LA VIE;

En un mot; cette existence paisible, honnête, souriante, laborieuse, élégante, où, après tant d'orages, Gilbert et Gilberte ont trouvé le bonheur.

Cette existence doit être, selon nous, le moyen terme, LE NÉCESSAIRE auquel doit tendre la saine et légitime ambition de chacun ; nous sommes persuadé que la solution pacifique des grands problèmes sociaux qui agitent le monde réalisera souverainement un jour, pour le plus grand nombre, cet idéal du *nécessaire* en cela qu'il satisfait à toutes les *nécessités* de l'âme, de l'esprit et du corps.

N'est-ce pas vrai que, dans un état social basé sur ces divins principes : la justice et l'humanité, toujours la législation et les institutions économiques tendront à ceci : « Que d'abord le *nécessaire*, c'est-à-dire la vie du corps, « de l'âme et de l'intelligence, soit assurée à chacun, « moyennant éducation, travail et probité ; parce qu'en- « suite le *superflu* naîtra forcément d'un état de choses « où chacun, jouissant du nécessaire, tendra virtuelle- « ment, en raison de la loi du progrès infini de l'huma- « nité, à rechercher les superfluités ? »

Mais si le corps social procure à l'universalité de ses membres les moyens de s'assurer le NÉCESSAIRE par leur travail, là s'arrête sa mission collective ; c'est à l'*individu*, c'est à celui qui désire le SUPERFLU, de s'ingénier à le gagner par des expédients honnêtes, par sa valeur personnelle, sans léser en quoi que ce soit l'intérêt général ou particulier ; de la sorte, le SUPERFLU acquis par lui, et dont il dispose à son gré, devient une possession aussi légitime que le NÉCESSAIRE.

Quant à cette question si controversée :
— *A quelles limites s'arrête le nécessaire ?*
— *A quelles limites commence le superflu ?*
nous ne prétendons point la résoudre d'une manière absolue ; nous dirons seulement comme terme de comparaison :

Le *superflu* pour Gilbert et pour Gilberte, c'était cette opulence princière où ils ne trouvaient que dégoûts, déceptions et mépris de l'humanité.

Le *nécessaire* pour Gilbert et pour Gilberte, c'était ce point milieu où ils ont trouvé le bonheur après avoir expérimenté l'extrême opulence et l'extrême misère.

Et à ce sujet un mot encore :

L'on a beaucoup blâmé dans un certain temps la surexcitation imprimée, dit-on, *aux appétits matériels* et immodérés des masses ; plus que personne, nous blâmerions aussi une pareille surexcitation contre laquelle nous protesterions au besoin par ce livre ! Certes, rien de plus détestable pour un peuple que de tout sacrifier à l'immodération de ses appétits matériels ; dans ce honteux commerce il perd sa dignité, sa conscience, son indépendance, il vend son droit d'aînesse pour un plat de lentilles.

Mais autant nous nous indignerions contre un peuple avide de *superflu*, autant nous accepterions comme juste et sacrée son aspiration au *nécessaire*. Et pour en revenir à notre point de comparaison, nous pensons que le *nécessaire* légitime, possible, auquel tout homme laborieux, honnête, moralisé, développé par l'éducation, devrait pouvoir prétendre, serait cette modeste aisance dont nous avons peint le tableau : or, au moment où il la désire, si cet homme a faim, s'il a froid, s'il est épuisé par un travail écrasant et ingrat, s'il est dégradé par l'ignorance, subjugué par la misère, ne manque-t-il point alors véritablement du *nécessaire ?* ses appétits, en le désirant, ne sont-ils pas légitimes ? et n'est-ce pas au législateur d'aviser, dans sa sagesse, à les satisfaire selon les limites du juste et du possible ?

Ah! ceux-là qui, selon nous, font réellement preuve et honteuse preuve d'appétits immodérés, sont ces gens insatiables, qui, n'ayant jamais connu les douleurs de la pauvreté, dédaignent l'existence modeste et assurée dont ils pourraient jouir grâce à leur patrimoine ou à leur travail, et ne rêvent que luxe, fausse grandeur, oripeaux, fainéantise salariée ou agiotages aventureux, et pour arriver à leur but, font litière de leur dignité, de leur honneur.

Depuis bientôt cinquante ans, et sous tous les régimes, les honnêtes gens qui n'attendent rien de l'État se sont élevés contre le chiffre exorbitant et constamment accru du budget; nous pensons (et nous ne parlons ici que de 1815 à 1848), nous pensons que rien n'a plus puissamment contribué au développement de ces basses et sordides convoitises à l'endroit du *superflu*, obtenu par l'intrigue ou par l'avilissement, que la création de ces sinécures, véritables prébendes d'oisiveté où ces chanoines du budget de ces temps-là se prélassaient dans l'impudeur de leur paresse, dans l'effronterie de leur inutilité ! c'était, ce nous semble, aux gouvernements d'alors de donner eux-mêmes l'exemple de la modération dans les appétits, en refrénant premièrement la voracité des fonctionnaires ; leur influence, leur autorité devaient s'assurer, se manifester, s'exercer en raison de leur mérite, de leurs services et non point du tout en raison du chiffre de leurs gages. Mais loin de là, un haut fonctionnaire de cette époque eût rougi de la modeste existence de Gilbert et Gilberte; il fallait à monsieur le haut fonctionnaire et madame sa femme un hôtel, des laquais, des voitures, une table ouverte à des subordonnés ou à des créatures, à seule fin que monsieur le haut fonctionnaire et madame sa femme fussent incessamment flagornés par une parasite séquelle ! En surexcitant continuellement ainsi l'appétit de ces fanatiques du droit au budget, ce n'était point le droit au travail, tant s'en faut! les gouvernements d'alors favorisaient les plus mauvais instincts, et leur satisfaction, entraînait de funestes conséquences !

Donc, nous le répétons en terminant : à défaut de gouvernements qui offrent eux-mêmes l'exemple d'une sage modération dans les désirs, à défaut d'une éducation morale et rationnelle donnée à tous, l'expérience seule (chez des natures saines et bonnes, comme celles de Gilbert et de Gilberte) peut amener le détachement ou le désabusement raisonné, réfléchi, des vanités; aussi nous nous féliciterons du plus pur et du plus doux des succès, si, par impossible, après avoir vaguement souhaité quelqu'une de ces positions brillantes, exceptionnelles, points de mire de tous les regards, en cela qu'elles semblent résumer la somme de toutes les félicités de l'esprit ou de la matière, l'un de nos lecteurs, *un seul* désormais, initié aux secrètes amertumes de ces existences enviées, instruit, expérimenté en compagnie de Gilbert et de Gilberte, bornait sa légitime ambition à désirer leur modeste et laborieuse aisance; s'il ne la possédait point, en apprécierait le charme, s'il la possédait ; et surtout, demeurait, comme nos deux héros, à jamais guéri du *mal de la mort* !

EUGÈNE SUE.

Annecy-le-Vieux (SAVOIE), 17 juillet 1852.

www.ingramcontent.com/pod-product-compliance
Lightning Source LLC
Chambersburg PA
CBHW070633170426
43200CB00010B/2007